THE HISTORY
OF THE DECLINE AND FALL
OF THE ROMAN EMPIRE

로마제국
쇠·망·사

2

EDWARD GIBBON

THE HISTORY
OF THE DECLINE AND FALL
OF THE ROMAN EMPIRE

로마제국
쇠·망·사

2

에드워드 기번

송은주 | 윤수인 | 김희용 옮김

민음사

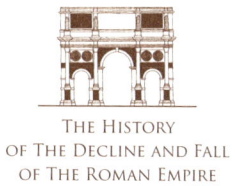

THE HISTORY
OF THE DECLINE AND FALL
OF THE ROMAN EMPIRE

차 례

17 콘스탄티노플의 창건 · 콘스탄티누스 황제와 후계자들의 정치 체제 · 군율 · 궁정 · 재정 · 일반 조세 · 자발적 기부금 ·········· 1

18 콘스탄티누스 황제의 품성 · 고트 전쟁 · 콘스탄티누스 황제의 사망 · 세 아들에 의한 제국 분할 · 페르시아 전쟁 · 콘스탄티누스 2세와 콘스탄스 황제의 비극적인 죽음 · 마그넨티우스의 찬탈 · 내전 · 이탈리아의 정복 · 콘스탄티우스 황제의 승리 ·········· 55

19 독재자 콘스탄티우스 황제 · 갈루스의 즉위와 죽음 · 율리아누스의 고난과 즉위 · 사르마티아 전쟁과 페르시아 전쟁 · 갈리아에서의 율리아누스의 승리 ·········· 103

20 콘스탄티누스 대제의 개종 동기 및 그 진행과 결과 · 그리스도교 또는 가톨릭 교회의 공인과 조직 · 성직자 ·················· 153

21 이단에 대한 박해 · 도나투스파의 분립 · 아리우스파 논쟁 · 아타나시우스 · 콘스탄티누스와 그 아들들 치하에서의 교회와 제국의 혼란 · 그리스도교 분파 개괄 · 이교에 대한 관용 ·················· 195

22 율리아누스가 갈리아 군단에 의해 황제로 추대되다 · 진군과 승리 · 콘스탄티우스의 죽음 · 율리아누스의 민정 · 그의 훌륭한 품성 ·················· 265

23 율리아누스의 종교 · 모든 종교의 자유 · 이교 숭배의 부활과 개혁의 시도 · 예루살렘 신전의 재건 · 그리스도교도에 대한 교묘한 박해 · 양 파의 광신과 부정 ·················· 305

24 율리아누스의 안티오크 체류 · 성공적인 페르시아 원정 · 티그리스 강 도하 · 율리아누스의 퇴각과 사망 · 요비아누스의 추대 · 굴욕적인 강화 조약으로 로마군을 구하다 ·················· 355

25 요비아누스의 통치와 사망 · 발렌티니아누스의 선출, 동생 발렌스를 공동 통치제로 선택하여 동로마와 서로마 제국을 최종 분할하다 · 프로코피우스의 반란 · 민정과 교회 행정 · 게르마니아 · 브리타니아 · 아프리카 · 동방 · 도나우 강 · 발렌티니아누스의 사망 · 그의 두 아들, 그라티아누스와 발렌티니아누스 2세가 서로마 제국을 계승하다 · 동로마 황제의 무력함 ·················· 415

26 유목 민족들의 풍습 · 중국에서 유럽으로의 훈족의 이동 · 고트족의 패주 · 고트족이 도나우 강을 넘다 · 고트 전쟁 · 발렌스의 패배와 사망 · 그라티아누스가 테오도시우스에게 동로마 제국을 맡기다 · 그의 인품과 승리 · 고트족의 평화와 정착 · 아타나리크의 죽음과 장례 …… 491

일러두기

1. 이 책은 에드워드 기번의 『로마 제국 쇠망사(*The History of the Decline and Fall of the Roman Empire*)』(전6권, 1776~1788, 런던)를 번역한 것이다. 번역 대본으로 쓴 것은 버리(J. B. Bury)가 편집한 *The Decline and Fall of the Roman Empire*(New York : Random House, Inc., 1995)이다.

2. 로마 시대의 인명, 지명 등은 영어식 음이 아닌 라틴어 음으로 표기하였다. 예: 트라얀(Trajan)→트라야누스, 브리튼(Britain)→브리타니아. 나머지 외국어는 외래어 표기법에 따라 표기하였다.

3. 로마 시대의 민간, 군사 관련 각종 관직명의 번역은 대체로 현재 통용되고 있는 번역어를 사용하였으며, 마땅한 번역어가 없는 것은 라틴어 음을 그대로 달아 놓았다. 예: proconsul→총독, auxiliaries→보조군; spectabiles→스펙타빌레스, dux→두크스

4. 전체 분량의 4분의 1을 차지하는 수많은 각주의 완전 번역에는 많은 무리가 따랐는데, 이른바 '기번의 잡담'이라고도 불리는 4700여 개의 각주 중 기번의 개인적인 감회가 너무 진하게 담긴 것, 각주에서 언급된 본문 부분을 이해하는 데 큰 필요가 없는 것 등 350여 개는 번역을 생략하였음을 밝힌다.

※ 표지를 펼치면 뒷면에 지도가 수록되어 있습니다.

The History
of The Decline and Fall
of The Roman Empire

17

THE DECLINE AND FALL
OF THE ROMAN EMPIRE

콘스탄티노플의 창건 · 콘스탄티누스 황제와 후계자들의 정치 체제 · 군율 · 궁정 · 재정 · 일반 조세 · 자발적 기부금

　불운한 리키니우스 황제는 콘스탄티누스 황제의 위세에 저항한 마지막 경쟁자이자 그의 승전을 장식한 마지막 포로였다. 이 승리자는 평화롭고 성공적인 치세를 마감한 후 유족에게 로마 제국, 즉 새로운 수도, 새로운 정책, 새로운 종교를 유산으로 물려주었는데, 후손들은 그가 기반을 닦은 개혁 조치들을 채택하여 신성화했다. 콘스탄티누스 대제와 아들들의 시대는 중대한 사건들로 가득하다. 따라서 역사가가 시간적 순서로만 연결된 사건들을 세심하게 분류하지 않는다면 사건들의 방대함과 다양함에 압도당할 것이다. 역사가는 제국의 멸망을 재촉한 전쟁과 변혁을 설명하기에 앞서 제국에 힘과 안정을 가져다 준 정치 제도에 대해 기술해야 할 것이다. 그리고 고대인들은 생각하지 못했던 정치와 종교 문제를 분리해서 서술하는 방식을 채택할 것이다. 그리스도교인의 승리와 교회 내부의 불화는 좋은 의미에서든 나쁜 의미에서든 풍부하고 명확한 자료를 제공해 줄 것이다.

서기 324년,
새로운 수도의 설계

리키니우스 황제가 패배하고 퇴위한 후 승리자가 된 콘스탄티누스 황제는 장차 동방의 여왕으로 군림하고 황제 자신의 제국과 종교보다도 오래 살아남게 될 새로운 도시의 건설 사업을 진행했다. 자존심 때문이었는지 혹은 정책이었는지 모르지만 처음에 디오클레티아누스 황제가 오랜 정치의 중심지였던 로마를 떠날 수밖에 없었던 이유들은 40년간 후대 황제들의 통치를 거치면서 더욱 중요해졌다. 로마는 한때 수도로서 자신의 최고 권위를 인정했던 속주들과 뒤섞여 어느덧 권위를 잃고 있었다. 도나우 부근에서 태어나 아시아의 궁정과 군대에서 교육받고 브리타니아 군단에서 제위를 받은 군인 황제 콘스탄티누스는 로마에 대해 냉담한 태도를 취하면서 대수롭지 않게 여겼다. 콘스탄티누스를 구원자로 받아들인 이탈리아인들은 황제가 이따금씩 로마 원로원과 시민들에게 내리는 칙령에 순순히 복종했지만, 새 황제의 존재를 직접 보는 영광은 좀처럼 얻지 못했다. 콘스탄티누스 황제는 한창때에는 평화와 전쟁이 교차하는 정세에 따라 광대한 영토 변방을 여유로이 위엄을 부리면서 또는 활발하게 부지런히 누비고 다니면서 항상 나라 안팎의 적들에 대비하여 전투 준비를 했다. 그러나 점차 번영의 절정에 이르면서 나이가 들어가자, 황제의 권위와 힘을 영구적인 근거지에 안정시키려는 계획을 세웠다. 지리적 이점을 갖춘 장소를 찾으려고 한 황제는 유럽과 아시아의 경계 지역을 선호했다. 그 이유는 강력한 군사력으로 도나우와 타나이스 강 중간에 사는 이방인들을 진압하고, 치욕스러운 조약의 멍에를 짊어진 채 분노를 품고 굴복했던 페르시아 군주의 행동을 감시하기 위해서였다. 디오클레티아누스 황제도 이런 생각에서 니코메디아를 거주지로 선정했다. 그러나 교회의 보호자인 콘스탄티누스는 디오클레티아누스 황제의 흔적에 혐오감을 느꼈을 뿐 아니라, 자신의 영광스러운 이름을 남길 도시를 건설하고픈 야심이 있었다. 리키니우스 황제와 벌인 최근 전쟁에서 콘스탄티누스는 군인으로서, 정치가로서 비잔티움이라는 요지를 심사숙고하면서, 이곳이 사방에서 상업 교류의 혜택을 누리기 좋은 위치인 동시에 지형적으로 적의 공격을 얼마나 강력히 방어할 수 있는지 관찰할 수 있었다. 콘스탄티누스 황제가 집권하기 오래전에 매우 현명한 한 고대 역사가는[1] 이곳이 그리스의 미약한 식민지였음에도 해상 지휘권을 따내어 번성한 독립국가라는 영예를 얻었다는 말로[2] 비잔티움의 이점을 설명했다.

비잔티움의 상황

콘스탄티노플이라는 존엄한 이름을 얻게 되는 비잔티움의 범위를 살펴보면 수도의 형태는 부등변 삼각형으로 표시된다. 동쪽과 아시아 연안으로 뻗은 뭉툭한 둔각형 돌출부는 트라키아 보스포루스의 곡선과 만나서 튕겨 나가는 모양이며, 시의 북쪽은 항구가 경계선을 이루고, 남쪽으로는 프로폰티스, 즉 마르마라 해가 물결치고 있다. 삼각형의 밑변에 해당하는 서쪽은 유럽 대륙과 맞닿아 경계를 이룬다. 육지와 바다가 어우러진 감탄할 만한 형태와 분할을 명확히 이해하려면 좀 더 자세한 설명이 필요하다.

콘스탄티노플

굽이진 해협을 통해 흑해의 물이 빠르게 쉼없이 지중해까지 흘러가는데, 이 해협이 고대 설화와 역사에 등장하는 유명한 보스포루스이다. 가파르고 숲이 우거진 기슭을 따라 흩어져 있는 수많은 신전과 제단은 서투른 그리스 항해자들이 아르고호 선원들의 길을 따라 험난하고 위험한 흑해를 탐험하면서 품

보스포루스

[1] 폴리비우스에 따르면, 난폭한 트라키아인들이 자주 침입하여 비잔틴인들의 평화를 자주 어지럽혔을 뿐 아니라 영토도 빼앗았다.

[2] 넵투누스의 아들로 불리던 항법사 비자스가 기원전 650년에 이 도시를 건설했다. 그를 따르는 무리들은 아르고스와 메가라에서 온 사람들이었다. 비잔티움은 나중에 스파르타의 장군인 파우사니아스에 의해 재건되고 요새화되었다. 비잔틴인들이 필리푸스 황제와 갈리아인들, 그리고 비티니아의 왕들과 벌인 전쟁들에 대해 살펴보려 한다면, 믿을 만한 자료로는 이 위대한 황제의 도시가 사람들의 아첨과 상상력을 불러일으키기 이전에 살았던 옛 작가들의 기록밖에 없다.

였던 공포심과 신앙심을 보여 주었다. 이 기슭들에는 오랜 전설이 전해 오는데, 추잡한 하피들(harpies)이 몰려와 더럽힌 피네우스의 궁정 이야기,[3] 레다의 아들과 권투 시합을 하여 패배한 숲의 신인 아미쿠스 이야기 등이다.[4] 보스포루스 해협은 키아네아 암초들이 한계선을 이루는데, 시인들이 묘사한 바에 따르면 이 암초들은 한때 수면까지 떠올랐다가 흑해의 출입구를 속세의 호기심으로부터 보호하려는 신들에 의해 다시 잠겼다고 한다.[5] 키아네아 암초에서 비잔티움 곶과 항구까지 보스포루스 해협의 굴곡 길이는 약 16마일에 달하고,[6] 평균 폭은 1.5마일 정도이다. 유럽과 아시아에 건설된 새로운 성곽들은 유명한 두 신전 세라피스와 유피테르 우리우스 신전을 토대로 하고 있다. 동로마 황제들의 작품인 옛 성곽들은 기슭 간격이 500보폭 이내인 해협에서 폭이 가장 좁은 곳을 내려다보고 있다. 이 요새들은 마호메트 2세가 콘스탄티노플을 공격할 계획을 세우면서 보수하고 강화했다.[7] 그러나 터키의 정복자도 자신이 통치하기 거의 2000년 전에 다리우스가 두 대륙을 선교(船橋)로 연결하기 위해 이 지역을 택했다는 사실은 몰랐을 것이다.[8] 옛 성에서 약간 떨어진 곳에 크리소폴리스 혹은 스쿠타리라는 소도시가 있는데, 이곳은 거의 콘스탄티노플의 아시아 외곽으로 여겨도 좋다. 보스포루스 해협은 프로폰티스로 펼쳐지면서 비잔티움과 칼케돈 사이를 통과한다. 칼케돈은 비잔티움보다 몇 년 앞서 그리스인들이 건설했는데, 건설자들이 맞은편 해안의 우월한 이점을 보지 못한 탓에 경멸의 대상이 되어 왔다.

보스포루스 해협의 한 팔이라고 할 콘스탄티노플 항구는 항구가 그리는 곡선이 수사슴 뿔, 혹은 수소의 뿔과 비슷했기 때문에 아주 오랫동안 황금뿔이라 불려 왔다.[9] 여기서 황금

[3] 르 클라크(Le Clerc)의 정교한 추측에 따르면, 하피들이란 실제로는 메뚜기 떼에 불과했다. 이 곤충들의 시리아어 혹은 페니키아어 명칭, 시끄럽게 날아다니는 소리, 이것들이 초래하는 악취와 황폐화, 그리고 이것들을 바다로 몰아내는 북풍 등, 이 모든 요소들은 신화 속 하피와 놀라울 정도로 유사한 점들이다.

[4] 아미쿠스의 거처는 라우루스 인사나라 불리는 곳에 있는 옛 성곽과 새로운 성곽 사이의 지점으로 아시아에 있었다. 피네우스의 거처는 마우로몰레 마을과 흑해에 가까운 곳으로 유럽에 있었다.

[5] 이 속임수는 파도 속으로 사라졌다가 나타나기를 번갈아 반복하는 뾰족한 몇 개의 암초로 이루어졌다. 오늘날에는 두 개의 작은 섬이 있는데, 하나는 양쪽 해안을 모두 향해 있으며 유럽의 다른 하나는 폼페이우스의 기둥으로 유명하다.

[6] 고대인들은 (이 길이를) 120스타디아, 즉 15로마마일로 계산했다. 그들은 새 성곽에서부터만 측정했을 뿐이지만, 이 해협을 칼케돈까지 연장하여 측정했다.

[7] 그리스 제국 시대에 이 성곽들은 레테 혹은 망각의 탑이라는 무시무시한 이름을 지닌 국가의 감옥으로 사용되었다.

항구

은 먼 나라에서부터 콘스탄티노플의 안전하고 너른 항구로 불어오는 바람이 재물을 나른다는 뜻으로 붙은 것이다. 두 개의 작은 시내가 합쳐 형성된 리쿠스 강은 항구로 끊임없이 신선한 물을 공급해 바닥을 깨끗하게 유지해 주고, 정기적으로 수많은 물고기 떼가 모여들 수 있는 편안한 휴식처를 제공한다. 조류의 변화를 거의 느낄 수 없는 곳이라 항구의 수심이 항상 일정하다. 그 덕분에 작은 배의 도움 없이도 물건들을 부두에 내려놓을 수 있다. 또한 고물은 물에 띄워 놓은 채 뱃머리를 창고로 향한 거대한 배들의 모습을 도처에서 볼 수 있다. 리쿠스 강 어귀에서 콘스탄티노플 항구 입구까지 보스포루스 해협의 길이는 7마일이 넘는다. 하지만 항구의 입구는 폭이 약 500야드에 지나지 않아, 유사시에 입구를 튼튼한 쇠사슬로 가로질러 쳐 놓으면 적의 공격으로부터 항구와 도시를 방어할 수 있었다.[10]

8 다리우스는 두 개의 대리석 기둥에 자신이 지배하는 민족들의 이름과 놀라운 규모의 육해군 병력 수를 그리스와 아시리아 문자로 새겨 넣었다.

9 대부분의 가지인 뿔은 지금은 꺾여 나가고 없다. 즉 좀 더 직설적으로 표현하자면, 이 항구의 후미진 곳들이 오늘날에는 거의 다 메워졌다는 의미이다.

10 이 쇠사슬은 오늘날의 키오스크 부근인 아크로폴리스로부터 갈라타 탑까지 늘어져 있었고, 적당한 간격마다 커다란 나무 지지대를 세워 떠받쳤다.

보스포루스와 헬레스폰투스 해협 사이에 유럽과 아시아의 해안선 양쪽이 마르마라 해를 둘러싸는데, 이곳은 고대인들에게 프로폰티스라는 이름으로 알려졌다. 보스포루스 어귀에서 헬레스폰투스 입구까지의 항로는 약 120마일이다. 프로폰티스 중앙을 거쳐 서쪽으로 항해하는 사람들은 트라키아와 비티니아 고지대를 동시에 보면서 만년설로 뒤덮인 올림푸스 산의 드높은 정상까지도 볼 수 있다. 항해자들은 왼편으로 깊은 만을 지나가는데, 만의 아래쪽이 디오클레티아누스 황제가 머물던 니코메디아가 있던 곳이다. 이어서 키지쿠스와 프로콘네수스의 작은 섬들을 통과하면 갈리폴리 항구에 닻을 내리게 된다. 아시아를 유럽과 분리시킨 이곳의 바다는 또다시 좁아져

프로폰티스

해협을 이룬다.

헬레스폰투스

헬레스폰투스의 형태와 넓이를 기술적으로 정확하게 측정한 지리학자들은 이 유명한 해협의 굴곡의 길이를 약 60마일, 폭은 평균 약 3마일로 잡았다.11 그러나 해협에서 가장 좁은 부분은 세스투스와 아비두스 두 도시 사이로 이곳이 옛 터키 성들의 북쪽에 해당한다. 바로 여기서 레안드로스는 연인을 만나기 위해 용감하게 물살을 가로질러 건너갔다. 또한 크세르크세스 왕은 170만 명의 군대를 유럽에 보내기 위해 양쪽 기슭 사이 간격이 500보를 넘지 않는 이곳에 거대한 선교를 만들었다.12 이렇게 폭이 좁은 바다에 오르페우스뿐 아니라 호메로스도 자주 사용했던 '광대한'이라는 야릇한 형용사는 어울리지 않는다고 생각될지 모른다. 그러나 광대하다는 개념은 상대적인 것이다. 여행자, 특히 헬레스폰투스 해협의 굴곡을 따라가면서 사방의 절경이 끝나는 듯한 시골 풍경을 열심히 관찰하는 시인은 바다에 떠 있다는 사실을 어느덧 잊어 버린다. 그리하여 시인의 상상력은 이 유명한 해협을 숲이 우거진 오지에서 흘러나온 빠른 물살이 너른 어귀를 지나 마침내 에게 해나 다도해로 들어가는 거대한 강처럼 묘사하는 것이다. 고대 트로이는13 이다 산기슭 고지에 자리하여 헬레스폰투스 어귀를 내려다보고 있어서, 끊임없이 흐르는 시모이스와 스카만데르 강에서 물을 공급받는 일은 거의 없었다. 일찍이 그리스 군대의 야영지는 시게안에서 로에테안 곶에 이르는 해안선을 따라 12마일에 걸쳐 펼쳐져 있었고, 군대의 측면은 아가멤논의 군기 아래서 싸웠던 용맹한 장수들이 지키고 있었다. 시게안 곶은 아킬레우스가 무적의 미르미돈족을 이끌고 점거했고, 로에테안 곶에는 용감무쌍한 아이아스가 진을 치고 있었다. 아이아스가

11 헤로도투스가 흑해, 보스포루스 등을 기술하면서 사용한 측량 방식은 틀림없이 모두 같은 종류였을 것이다. 그러나 측량 내용이 사실이 아닌 경우도 있으며 수치가 상호 모순되는 경우도 있다.

12 자신과 조국의 명성을 위해 기념비적인 작품을 남긴 헤로도투스의 저서 제7권을 참조할 것. 이 조사는 어느 정도는 정확하게 이루어진 듯하다. 그러나 처음에는 페르시아인들이 그리고 나중에는 그리스인들이 허영심 때문에 동원된 병력 규모와 승리를 과장하고 싶어 했다. 침략자들이 과연 그들이 공격한 어느 한 나라에서라도 그 나라 사람들보다 수적으로 우세할 수 있었는지 의문이다.

13 스켑시스의 데메트리우스는 호메로스의 저술 목록 가운데 고작 30행에 관하여 무려 예순 권의 책을 썼다. 스트라보의 저서 제13권도 사람들의 호기심을 끌기에 충분하다.

무너진 자신감과 배은망덕한 그리스인들 때문에 희생된 후에, 그의 무덤은 제우스와 헥토르의 분노에 맞서 그 해군을 지켜냈던 땅 위에 만들어졌다. 그리고 신흥 도시 로에테안 시민들은 신으로 모시며 그의 공을 기렸다.[14] 콘스탄티누스 황제가 비잔티움을 수도로 정하기 전에, 그는 로마의 기원 설화가 비롯된 바로 이 유명한 곳에 제국의 중심지를 건설하고자 계획했다. 처음에 황제는 고대 트로이 아래 펼쳐져 로에테안 곶과 아이아스 묘지를 향하고 있는 이 넓은 평원을 새로운 수도로 선정했던 것이다. 건설 사업은 곧 중단되었지만, 미완성인 채로 장중하게 남아 있는 성벽과 탑들은 헬레스폰투스 해협을 지나는 항해자들의 눈길을 사로잡는다.

[14] 호메로스는 뭍으로 끌어올려진 선박들의 배치 및 아이아스와 아킬레우스의 주둔지에 대하여 매우 명쾌하게 묘사했다.

콘스탄티노플의 이점

마치 본래부터 광대한 제국의 중심지이자 수도로서 만들어진 듯한 콘스탄티노플의 유리한 위치 조건은 오늘날까지도 여전한 가치를 지니고 있다. 북위 41도에 위치한 이 도시의 일곱 언덕에 올라서면 유럽과 아시아의 맞은편 해안이 내려다보인다. 기후는 온화하여 건강에 좋고, 토양은 비옥하며 항구는 안전하고 널찍한 반면, 대륙으로부터의 접근 통로는 좁아서 방어하기 쉽다. 보스포루스와 헬레스폰투스는 콘스탄티노플의 양대 관문으로 간주되었으므로, 황제는 이 중요한 통로를 장악하여 항상 적에게는 차단하고 교역 선박에게는 개방했다. 어떤 면에서는 콘스탄티누스 황제의 정책이 동방 속주들을 수호했다고 볼 수 있을지 모른다. 왜냐하면 얼마 전까지만 해도 군사력을 지중해 중심부에 집중시키고 있던 흑해의 야만족들이 이곳이 수도로 정해지자 곧바로 해적 행위를 중단하고 난공불락의 장벽을 무력으로 뚫어 보려는 시도를 포기했기 때문이다. 헬레스폰투스와 보스포루스 관문이 폐쇄된다 하더라도, 수도

15 온갖 종류의 생선들 가운데서도 다랑어의 일종인 펠라미데스가 가장 유명했다. 폴리비우스, 스트라보, 타키투스에 따르면 어업에서 나는 이익이 비잔티움의 주요 세입을 구성했다.

는 두 해협의 넓은 영역 내에서 수많은 거주민들의 필수품뿐만 아니라 사치품까지도 공급받을 수 있었다. 지금은 터키의 압제에서 고통받는 트라키아와 비티니아 연안 지역은 여전히 넓은 포도밭과 농경지에서 풍작을 이루고 있다. 프로폰티스도 예전부터 맛이 일품인 생선들의 무진장한 보고로 유명했는데, 제철이 되면 특별한 기술이나 노동 없이도 손쉽게 고기들을 잡을 수 있다.15 더욱이 해협의 수로가 무역상에게 개방되면, 북쪽은 흑해에서 남쪽은 지중해에서 천연 물자와 제조품들이 번갈아 유입되었다. 게르마니아와 스키타이 삼림 지대와 멀리 타나이스 강과 보리스테네스 강의 수원지에서 수집된 천연 물자, 유럽과 아시아의 기술로 제조된 물품들, 이집트의 곡류, 멀고 먼 인도의 보석과 향료들이 계절풍을 타고 콘스탄티노플 항으로 운반되어 왔다. 그 덕에 수세기 동안 콘스탄티노플은 고대 상업을 이끌었다.

도시의 건설

풍광이 아름답고 안전하며 부에 대한 전망이 이처럼 한 곳에 집중되어 있었으니 콘스탄티누스 황제의 선택은 당연한 것이었다. 그러나 어느 시대나 위대한 도시의 기원에 걸맞은 위엄을 부여하기 위해 새로운 전설이 만들어지곤 했다. 콘스탄티누스 황제도 자신의 선택을 불확실한 인간의 결정으로 돌리기보다는 절대 오류가 없는 영원한 신의 지혜로 돌리길 원했다. 그는 한 법령을 통해 신의 명령에 복종하여 콘스탄티노플에 영원한 초석을 놓게 되었음을 후손들에게 밝히고 있다. 비록 황제는 신의 영감을 어떻게 전달받았는지에 대해 설명하지 않았지만, 이후 작가들은 이처럼 겸손하게 침묵한 부분을 창의력을 발휘하여 훌륭하게 메워 놓았다. 이들에 따르면 콘스탄티누스 황제가 비잔티움 성 안에서 잠자는 동안 환상처럼 계시를 받았다고 한다. 늙고 쇠약하여 구부정하고 점잖은 노부인이었던 비잔티움의 수호신이 갑자기 젊디젊은 아가씨로 변신했고, 황제가 손수 그녀를 위대한 황제의 표상으로 장식해 주었다.[16] 잠에서 깨어난 황제는 이것을 상서로운 조짐으로 해석하여 주저 없이 신의 뜻에 따랐다는 것이다. 로마인들은 도시나 식민지가 탄생한 날을 자신들의 신앙이 규정하는 의식에 따라 경축했다.[17] 콘스탄티누스 황제는 지나치게 이교도의 분위기를 드러내는 몇몇 절차들은 삭제했지만, 의식에 참석한 시민들의 마음에 희망과 경의의 강렬한 인상을 심어 주고 싶었다. 황제가 창을 손에 들고 스스로 장엄한 행진을 이끌면서 예정된 수도의 경계선을 가리켰다. 경계선이 점점 넓어지자 놀란 신하들이 과감히 황제에게 이미 수도로서 충분한 크기를 넘어섰음을 간언했다. 그러자 콘스탄티누스 황제가 이렇게 대답했다.

> 짐은 짐 앞에 걸어가고 있는 보이지 않는 인도자이신 신께서 멈추는 것이 좋겠다고 생각할 때까지 더 나아갈 것이다.

다만 여기서는 이 비범한 안내자의 의도와 동기를 감히 조사해 보는 것은 그만두고, 콘스탄티노플의 규모와 경계를 설명하는 정도로 만족하려고 한다.

도시의 크기

당시의 콘스탄티노플의 상황을 보면, 세랄리오 궁전과 정원이 일곱 언덕 중 첫 번째 언덕인 동부 곶을 차지하고 있는데, 그 면적은 오늘날의 치수로 150에이커 정도였다. 터키의 방비와 전제 정치의 본거지는 그리스 국가의 토대 위에 건설되었는데, 비잔티움 시민들이 항구의 편의성에 마음이 끌려 현재의 세랄리오 궁전보다 훨씬 해안선 가까운 곳까지 주거지를 넓힌

---

[16] 테오파네스, 케드레누스 및 알렉산드리아 연대기의 작가 등 그리스인들은 막연하고 일반적인 표현으로 일관하고 있다. 이 환상에 대해 좀 더 상세한 설명을 보려면, 맘스베리의 윌리엄 같은 라틴 역사가의 기록을 참조해야만 한다.

[17] 예전의 다른 의식들 가운데는 이 의식을 거행하기 위해 일부러 커다란 구멍을 파고, 거기에다 그 도시의 정착민들이 각기 자신의 출신지에서 가져온 흙을 한 움큼씩 채워 넣은 후, 그곳을 자신의 새로운 조국으로 삼는 의식도 있었다.

것으로 추정된다. 콘스탄티누스 황제가 세운 새로운 성벽들은 고대 요새로부터 15스타디아 떨어진 곳에 항구에서 프로폰티스까지 삼각형의 긴 변을 따라 뻗어 있었다. 그리고 비잔티움의 성벽들은 일곱 언덕 중 다섯 개의 언덕을 둘러싸고 있는데, 콘스탄티노플로 다가오는 사람들 눈에는 각각의 언덕이 아름답게 정렬하여 솟아 있는 듯이 보인다. 창설자 콘스탄티누스 황제가 죽고 약 1세기가 지났을 때에는 이미 새 건물들이 한편은 항구 쪽으로 다른 한편은 프로폰티스 해협을 따라 뻗어 나가, 여섯 번째 언덕의 좁은 능선과 일곱 번째 언덕의 드넓은 정상을 뒤덮었다. 이들 교외 지역을 야만족들의 끊임없는 침공으로부터 방어해야 할 필요성을 느낀 젊은 테오도시우스 2세가 수도 주위에 영구적인 성벽을 세웠다.[18] 동부 곶에서 황금문까지 콘스탄티노플의 최대 거리는 대략 3로마마일,[19] 둘레는 10에서 11로마마일 사이, 면적은 대략 2000에이커로 측정되었다. 현대의 여행자들 가운데는 콘스탄티노플의 경계선을 유럽 해안의 인근 마을과 심지어 아시아 해안 마을까지 확장시키는 사람도 있지만, 이런 헛되고 경솔한 과장을 증명할 만한 근거는 찾을 수 없다.[20] 그러나 페라와 갈라타의 교외 지역들은 항구 건너편에 위치하지만 수도의 한 부분으로 인정할 만하다.[21] 그렇게 보면 비잔틴 역사가가 둘레를 16그리스마일(약 14로마마일)로 설정한 계산도 일리가 있다.[22] 이만한 넓이라면 제국의 수도로 적당해 보일지 모르지만, 바빌론과 테베,[23] 고대 로마와 런던, 심지어 파리보다도 작다.[24]

〰〰〰 로마 세계의 지배자 콘스탄티누스는
도시 건설 작업의 진전 자기 치세의 영광을 남길 영원한 기념물
〰〰〰 을 세우길 열망했다. 그래서 위대한 수도를 건설하는 사업에 순종적인 백 만 시민의 부와 노동력과 모

[18] 테오도시우스가 새로 세운 성벽은 서기 413년에 축조되었다. 이것은 447년에 지진으로 무너졌지만, 부지런한 키루스가 3개월 만에 재건했다. 블라케르나이 교외 지역은 헤라클리우스 치세에 처음으로 이 도시로 편입되었다.

[19] 『노티티아(Notitia)』에는 이 길이가 1만 4075피트로 표시되어 있다. 이것은 그리스식 피트였다고 보는 것이 적당하다. 그 비율을 정교하게 확정한 사람은 당빌(M. d'Anville)이었다. 그는 180피트를, 다른 역사가들의 기록에서 성 소피아 사원의 높이로 산정되어 있는 78해슈마이트큐빗에 견준다.

[20] 삼각형의 두 변에 해당하는 둘레, 즉 세라글리오의 키오스크에서 일곱 개의 성채가 있는 곳까지의 거리를 걸어가는 데 1시간 45분 이상이 소요되었다. 당빌은 주변 길이가 10 내지 12마일에 이른다는 이 결정적인 증언을 조심스럽게 조사한 후 자신 있게 받아들였다. 투른포르(Tournefort)는 스쿠타리 호를 포함하지 않고서도 그 거리를 터무니없이 34 내지 30마일로 산출했는데, 이것은 그의 평소 방식과 다르다.

[21] 시케, 즉 무화과 나무 숲이 이곳의 열세 번째 관구인데, 유스티니아누스가 이를 매우 아름답게 꾸며 놓았다. 이것은 지

든 능력을 동원했다. 황제 역시 성벽, 주랑, 수도교 등 콘스탄티노플의 기초 건설에 비용을 아낌없이 쏟아부어 대략 250만 파운드에 이른다고 추정하기도 한다.[25] 흑해 연안을 뒤덮은 숲과 프로콘네수스 섬의 유명한 흰 대리석 채석장은 무궁무진한 재료를 공급했고, 배를 이용해 비교적 쉽사리 비잔티움 항까지 운반할 수 있었다. 수많은 노동자와 기술공들이 쉬지 않고 일하여 작업을 진척시켰다. 하지만 조급한 콘스탄티누스 황제는 얼마 지나지 않아 건축가들 수가 부족할 뿐 아니라 기술도 자신의 위대한 계획을 완성하기엔 턱없이 뒤떨어진다는 사실을 곧 깨달았다. 따라서 멀리 떨어진 속주의 관료들에게까지 학교를 세우고 교사를 임명하여 보상과 특전을 주어 교양 교육을 받은 많은 우수한 젊은이들이 건축학을 연구하고 실습하게 하라는 명령을 내렸다.[26] 새 수도의 건물들은 콘스탄티누스 황제의 지시로 모은 기술자들에 의해 완성되었으나, 건물의 장식은 페리클레스와 알렉산드로스 시대의 유명한 거장들의 솜씨로 꾸며졌다. 로마 황제의 권위로도 피디아스와 리시포스의 천재성을 부활시킬 수는 없었지만, 이들이 후세에 남긴 불후의 작품들은 전제 군주의 탐욕스러운 허영 앞에 무방비로 노출되었다. 황제의 명령에 따라 그리스와 아시아의 도시들은 소중한 장식품을 강탈당했다. 유명한 전쟁의 전리품들, 종교 의식의 대상들, 고대의 신들, 영웅들, 현인들, 시인들의 세련된 조각상이 콘스탄티노플의 화려한 위업을 위해 바쳐졌다. 이를 주의 깊게 지켜 본 역사가 케드레누스는[27] 저 훌륭한 기념물들이 표현하려 했던 빛나는 인물의 영혼이 결여된 것 같다고 언급했다. 그러나 호메로스와 데모스테네스의 영혼은 콘스탄티누스 황제의 수도에서도, 인간의 마음이 정치와 신앙에 예속되어 쇠약해져 버린 쇠퇴기의 로마 제국에서도 찾을 수 없다.

금까지도 페라와 갈라타라는 이름을 지니고 있다. 페라의 어원은 명백하지만 갈라타의 어원은 알려져 있지 않다.

[22] 111스타디아이다. 현대의 그리스마일로 바꾸면 7스타디아가 660프랑스투아즈(toises) 혹은 때로는 불과 600프랑스투아즈에 해당한다.

[23] 바빌론과 테베의 면적을 설명하는 고대의 기록들의 과장된 수치를 축소 조정하고 정확히 조사해 보면, 이 유명한 도시들의 주변 길이가 약 25 내지 30마일 정도로 매우 길었음을 알 수 있다.

[24] 콘스탄티노플과 파리를 50프랑스투아즈 평방으로 나누면, 콘스탄티노플에는 850개의 구역이 들어가고, 파리는 1160개를 포함한다.

[25] 600센테나리스 혹은 무게가 6000파운드에 달하는 황금. 이런 총액은 코디누스의 기록을 따른 것이지만, 만약 그가 이 수치를 다른 출처에서 발견하여 인용한 것이 아니라면 수치 산정 방식을 제대로 알지 못했던 것 같다.

[26] 이 법령은 서기 334년에 공표되어 이탈리아의 총독 앞으로 보내졌는데, 그의 관할권은 아프리카 너머로까지 뻗어 있었다. 이 칭호에 관해서는 고드프루아(Godefroy)의 논평을 참조하는 것이 좋을 것이다.

²⁷ 케드레누스는 호메로스의 조각상 또는 흉상을 묘사하면서 이전의 좋았던 시대의 문체를 모방했음을 확실히 보여 주는 심미안을 드러내고 있다.

²⁸ 가장 신성한 유물들의 보호자들은 이 경우에 일련의 증거들을 제시할 수 있다면 기뻐할 것이다. 1. 헤로도투스와 파우사니아스는 이 세발솥과 기둥이 델포이 신전에 최초로 헌납된 사실을 기록해 두었다. 2. 이교도 역사가인 조시무스도 콘스탄티누스가 델포이 신전의 이 성스러운 장식물들을 콘스탄티노플로 옮겨 왔다는 점에서는 세 명의 교회사가, 즉 에우세비우스, 소크라테스, 소조메노스와 같은 의견이다. 그리고 이들은 특별히 히포드롬의 뱀 모양 기둥에 대해 언급한다. 3. 부옹델몽트(Buondelmonte)에서 포콕(Pocock)에 이르기까지 콘스탄티노플을 방문했던 유럽인 여행객들은 모두 이 도시를 동일한 입장에서 거의 동일한 방식으로 묘사한다. 이들의 서술 사이에 차이점이 있다면, 콘스탄티노플이 투르크인들에게 받은 피해에 관한 내용뿐이다. 마호메트 2세가 전투용 도끼로 뱀들 중 하나의 아래턱을 깨부쉈다고 한다.

²⁹ 비잔틴의 그리스인들도 라틴어 이름인 'Cochlea' (달팽이)로 불렀는데, 이런 라틴식의 이름이 붙는 일은 흔한 경우였다.

건축물

비잔티움 공격 기간 중 콘스탄티누스 황제는 두 번째 언덕 정상에 지휘 거처를 정했다. 그는 승리를 영원히 기념하기 위해 이 장소를 포룸(Forum)으로 선택했는데, 광장은 원형보다는 타원형에 가깝게 보였다. 마주한 두 출입구가 개선문형 아치를 이루고, 사방을 둘러싼 주랑들은 조각으로 채워졌다. 광장의 중심부에는 높은 기둥이 세워졌는데, 지금은 훼손된 부분만이 남아 '불탄 기둥'이라 불리고 있다. 원래 이 기둥은 20피트의 흰 대리석 주춧대 위에 세워진 열 개의 반암 기둥으로 구성되었는데, 각 기둥의 높이는 10피트가 넘고 둘레가 약 33피트였다. 지상에서 120피트 이상 솟은 기둥 꼭대기에는 거대한 아폴론 신상이 서 있었다. 이 신상은 청동상으로, 아테네나 프리기아에서 가져 온 피디아스의 작품으로 추정되었다. 이 청동상은 오른손에는 홀(笏), 왼손에는 지구를 들고 머리에는 번쩍이는 왕관을 쓰고 있었다. 예술가는 태양신을 조각한 것이었지만 후일에는 콘스탄티누스 황제로 해석되었다. 경기장은 길이가 약 400보, 넓이가 100보나 되는 장중한 건물이다. 양쪽 결승점 사이에는 조각상과 오벨리스크가 세워졌는데, 여기에서 매우 기묘한 파편을 볼 수 있다. 세 마리의 뱀이 하나의 놋쇠 기둥에 엉켜 있는 것으로, 세 마리의 뱀 머리는 크세르크세스 왕을 격파한 후 승리한 그리스인들이 델포이 신전에 봉헌했다는 황금 세발솥을 받치고 있다.²⁸ 경기장의 아름다움은 오래전에 터키 정복자들의 무례한 손에 훼손되었지만, 아트메이단이라는 유사한 이름으로 불리며 말 훈련소로 사용되고 있다. 황제가 경기를 관람했던 왕좌로부터 나선형 계단이 궁정으로 이어졌는데,²⁹ 이 장대한 궁정은 부속 궁전, 정원, 주랑을 합쳐 경기장에서 성 소피아 교회까지의 프로폰티스 해협 연안의 상당한 면적을 차지했다.30 또한 감탄할 만한 공동 목욕탕이 있는데, 콘스탄티누스 황제가 후원하여 높은 기둥과, 다양한 대리석 장식, 예순 개가 넘는 청동상들로 꾸며진 후에도 여전히 제우크십푸스(Zeuxippus)라는 이름으로 불리고 있다.31 수도의 새로운 건물과 거리를 상세히 설명하려 한다면 이 역사서의 의도에서 벗어날지 모른다. 따라서 여기서는 위대한 수도의 위엄을 장식하고 수많은 시민들의 편의와 행복에 기여하는 모든 것들이 콘스탄티노플 성벽 내에 갖춰져 있었다고 말하는 것으로 충분할 것이다. 수도를 건설하고 1세기가 지난 후에 작성된 구체적인 기록에서는 카피톨리움, 즉 학교 1곳, 경기장 1곳, 극장 2곳, 공중 목욕탕 8곳과 153개의 사설 목욕탕, 주랑 현관 52곳, 곡물 창고 5개, 수도교 또는 저수지 8곳, 원로원 회의실이나 법정으로 사용된 4개의 넓은 홀, 교회 14곳, 궁정 14곳, 크기와 미관상 다수의 평민 주거지와 구별되는 4388채의 저택을 열거하고 있다.32

창건자 콘스탄티누스 황제에게 수도의 인구는 최대 관심사였다. 제국의 천도 이후 암흑기에 벌어진 중대한 사건의 직간접 결과들은 그리스인의 허영과 라틴 민족의 경솔함으로 인해 이상하게도 혼돈을 빚었다.33 로마의 모든 귀족과 원로원과 기사 계급은 수많은 수행원들과 함께 황제를 따라 프로폰티스 연안으로 이동했고, 하류층인 이방인들과 평민들만이 이전 수도에 남아, 오래전에 전원화한 이탈리아 땅은 순식간에 경작지도 주민도 모두 사라지게 되었다는 것이다. 이 역사서 집필 중에 이러한 과장들은 정정되겠지만, 콘스탄티노플이 인구와 산업의 전반적인 증가로 성장한 것만은 아니었으므로, 이런 인위적인 이민 거주지가 로마 제국의 고대 도시들을 희생시키면서 성

인구

30 이 궁전의 위치를 나타내 주는 세 가지 지형학적인 특징들이 있다. 1. 계단, 이것은 히포드롬 혹은 아트메이단과 연결되어 있었다. 2. 프로폰티스의 작은 인공 항구, 이 항구에서부터 대리석 계단으로 야트막한 오르막길을 올라가면 궁전의 정원으로 이어졌다. 3. 아우구스테움은 드넓은 안뜰이었는데, 이 안뜰의 한 면은 궁전의 정면과 접해 있었고 다른 면은 성 소피아 사원과 면해 있었다.

31 제우크십푸스는 유피테르의 별명이었고 이 목욕탕들은 옛 비잔티움의 일부였다. 뒤캉주(Ducange)는 별 어려움 없이 이 위치를 정했다. 역사가들은 이 목욕탕들이 사원 및 궁전과 연결되는 위치에 있었다고 보지만, 최초의 계획이 기록되어 있는 반두리(Banduri)를 보면, 항구 부근에 두려했다는 것을 알 수 있다.

32 로마에는 대규모 가옥, 즉 도무스가 1780개에 불과했다. 그러나 이 단어는 좀 더 고귀한 의미를 가졌던 것이 분명하다. 콘스탄티노플에 공동 주택이 있었다는 언급은 없다. 옛 수도는 424개의 거리로, 그리고 새 수도는 322개의 거리로 이루어져 있었다.

33 현대 그리스인들은 콘스탄티노플의 고아한 아름다움을 기이할 정도로 망쳐 놓았다. 터키인들과

17장 13

아라비아인들의 잘못은 용서할 수 있을지 모르지만, 자신들의 언어로 보존된 믿을 만한 자료들을 참조할 수 있는 그리스인들이 진실보다 꾸며 낸 이야기를 더 좋아하고 전통을 과거의 역사로서만 내버려 두는 것은 다소 놀라운 일이다. 코디누스가 쓴 단 한 페이지의 기록에서만도 열두 개의 용납할 수 없는 실수들을 발견할 수 있다. 예를 들자면 세베루스와 니게르가 화해를 했다거나, 그들의 아들, 딸이 결혼했다거나, 마케도니아인들이 비잔티움을 포위 공격했다거나, 갈리아인의 침공으로 세베루스가 로마로 소환되었다거나, 그가 죽은 후 60년이 지나서 콘스탄티노플이 세워졌다거나 하는 등의 실수들이다.

34 코디누스의 말을 그대로 믿는다면, 콘스탄티누스는 로마에 있는 원로원 의원들의 집을 그대로 본떠 이곳에 그들의 집을 짓도록 해서, 자기 자신은 물론이고 원로원 의원들까지도 만족시켰다고 한다. 그러나 이 모든 이야기는 거의 완전한 허구이며 모순으로 가득 차 있다.

장했다는 사실은 인정해야 한다. 아마도 로마나 동방 속주의 부유한 원로원 의원들 중 다수가 콘스탄티누스 황제가 수도로 선택한 은혜로운 이곳을 고향으로 정하라는 권유를 받았을 것이다. 황제의 권유는 명령이나 다름없었고, 여기에 황제의 관대함이 더해져 즉각 의원들로부터 마음에서 우러난 복종을 얻어 냈다. 황제는 총애하는 신하들에게 수도의 여러 구역에 세운 궁정을 나눠 주고 품위를 유지할 토지와 연금을 할당해 주었으며,34 수도 안에 거주하겠다는 간단한 조건만으로 폰투스와 아시아의 국가 영토를 매각해서 세습 사유지로 배분했다. 그러나 이러한 장려 정책과 은혜도 곧 필요 없어져 점차 폐지되었다. 정부의 본거지가 어디로 정해지든지 간에 국가 세금은 대부분 황제와 장관들, 사법관들, 궁정 관리들의 몫이었다. 속주의 부유한 시민들은 이해와 의무, 오락과 호기심이라는 강력한 동기에 이끌려 수도로 옮겨 왔을 것이다. 다음으로 가장 수가 많은 제3계층이 형성되었는데, 이들은 각자의 노동이나 상류층의 필요와 사치를 충족시킴으로써 생계를 꾸려 가는 하인들, 기술자들, 상인들이었다. 건설된 지 백 년도 지나지 않아, 콘스탄티노플은 부와 인구에서 로마와 견주게 되었다. 위생 상태나 편리성은 전혀 고려하지 않은 채 꽉 들어차 버린 새 건물들은 끊임없이 오가는 사람, 말, 마차의 통행에 필요한 만큼의 통로만을 간신히 남겨 두었다. 지정된 거주지도 불어나는 인구를 수용하기에는 부족했다. 따라서 양쪽으로 바닷가까지 확장된 추가 거주지만으로도 꽤 상당한 규모의 도시를 형성했을 것이다.

특권

포도주와 기름, 곡류와 빵, 돈과 식량의 빈번하고 정기적인 배급 덕에 로마의 가난한 시민들조차 노동할 필요가 거의 없었다. 초기 황제들의 관대한 정책을 콘스탄티노플의 창립자도 어느 정도는 모방했던 것이다.[35] 콘스탄티누스 황제의 이런 관대함은 대중에게는 환영을 받았다 하더라도 후세의 비판을 초래했다. 입법자들과 정복자들의 나라는 자신들의 피로 대가를 치른 만큼 아프리카의 수확에 대한 권리를 주장할 수도 있었다. 아우구스투스 황제는 교묘한 수법으로 로마 시민들이 풍요를 만끽하면서 자유에 대한 기억을 잊어 버리게 만들었다. 그러나 콘스탄티누스 황제의 낭비는 국익이나 사익 어느 면으로 보아도 변명의 여지가 없었다. 새로운 수도의 이익을 위해 이집트에서 해마다 거두어들인 곡물 조세로 말하자면 근면한 속주 농민들을 희생시키는 대신 게으르고 나태한 새 수도 시민들을 먹여 살린 셈이다. 황제의 다른 몇몇 규정들도 비난할 만한 것은 아니더라도 주목할 가치는 없다. 그는 콘스탄티노플을 열네 개 지역으로 나누고[36] 시의회에 원로원의 명칭을 부여해 격상시켰으며 시민들에게 이탈리아의 모든 특권을 주었다. 또한 새로운 수도에 콜로니아(Colonia)라는 칭호를 부여했는데, 이는 고대 로마에서 맏딸이자 가장 사랑받는 딸이란 뜻이었다. 하지만 유서 깊은 어버이인 구수도는 그 역사와 위엄과 과거의 위대성에 대한 기억 덕분에 여전히 적법한 위치를 유지하면서 우월성을 인정받았다.[37]

　콘스탄티누스 황제는 마치 연인을 기다리듯이 건설 사업의 진행을 재촉했기 때문에, 성벽과 주랑, 주요 건물들이 몇 년 내에, 혹은 다른 기록에 따르면 불과 몇 달 만에 완성되었다. 하지만 이런 엄청난 근면함은 감탄을 자아낼 만한 것은 아니었다. 많은 건물들이 너무 서둘러 완공되어 결함이 많아서 다음 시대에는 거의 붕괴될 위험에 처했던 것이다. 그러나 이 새 건물들이 활기와 신선함을 자랑할 동안, 건설자인 콘스탄티누스

[35] 소크라테스에 따르면 이 도시의 일일 배급량은 8만 시토우(σίτου)로, 이것은 발레시우스처럼 곡물의 모디(modii)로 번역하거나 혹은 빵 덩어리의 숫자를 표현한 것으로 간주할 수 있을 것이다.

[36] 콘스탄티노플의 관구들은 유스티니아누스 법전에 언급되어 있고, 특히 테오도시우스 2세의 『노티티아』에 자세히 설명되어 있다. 그러나 『테오도시우스 법전』에 기록된 것 중 마지막 네 개 구역은 콘스탄티노플 성벽 안에 위치한 것이 아니어서, 과연 여기에 기록된 도시 분할 상태가 창립자의 분할 방식과 일치하는가에 의문이 제기된다.

[37] 율리아누스는 콘스탄티노플이 로마를 제외하고는 그 밖의 어떤 도시보다도 우월하다고 찬양하고 있다. 그에 관해 박학한 주석자인 스판하임(Spanheim)은 몇 가지 당대의 유사한 표현들을 예로 들며 정당화한다. 소크라테스와 소조메노스뿐 아니라 조시무스 또한 테오도시우스의 두 아들이 제국을 분할한 후 활동했다. 이것으로 옛 수도와 새 수도 간에 완벽한 평등이 확립되었다.

38 당대의 미신에 가까운 소문을 충실히 기록한 케드레누스와 조나라스는 콘스탄티노플이 성모 마리아에게 헌납되었다고 기록한다.

39 이 색다른 의식에 대한 가장 오래되고 완벽한 기록은 알렉산드리아 연대기에 실려 있다. 이 그리스도교 군주에게 어울리지 않는 이교도적 분위기에 화가 난 티유몽(M. de Tillemont)과 콘스탄티누스의 다른 지지자들은 이를 불확실한 기록이라고 생각하지만, 그들이 이에 대한 언급을 생략할 권한은 없었다.

40 콘스탄티노플이라는 이름은 콘스탄티누스의 메달들에도 남아 있다.

41 활기찬 퐁트넬(Fontenelle)은 인간의 야망이라는 허영심을 조소하는 체한다. 그리고 콘스탄티누스가 이제는 자신의 불멸의 이름이 터키식 이름인 이스탐불(Istambol)이라는 세속적인 이름으로 바뀌어 버린 데 실망할 것이라며 기뻐한다. 그러나 이 도시의 최초의 이름은 1. 유럽 여러 나라에 의해서, 2. 현대의 그리스인들에 의해서, 3. 그 작품이 아시아와 아프리카의 드넓은 점령지에 퍼져 있는 아랍인들에 의해서, 4. 보다 박식한 투르크인들과 공식 명령서에 기록되어 있는 황제 자신의 이름에 의해서 여전히 보존되고 있다.

는 수도의 완공을 경축하고자 준비했다.[38] 경기와 선물로 축제의 화려함을 장식했으리라는 사실은 쉽게 추측할 수 있다. 이에 덧붙여 빠뜨려서는 안 될 이상하고 영구적인 성격을 지닌 행사가 있었다. 해마다 수도의 창립일이 되면 콘스탄티노플 황제의 명령에 따라 금박을 입히고 오른손에 수도의 수호신 상을 든 그의 조각상을 전차 위에 세우는 것이다. 하얀 양초를 들고 화려한 예복을 입은 근위병들이 조각상이 경기장을 따라 이동하는 엄숙한 행진을 호위했다. 황제는 조각상 행렬이 옥좌 맞은편에 이르면, 자리에서 일어나 선대 황제들의 업적을 경건히 찬미한다.[39] 창립 축제에 대리석 기둥에 새겨진 칙령을 발표하여, 콘스탄티노플에 제2의 로마 혹은 신로마(New Rome)라는 명칭을 수여하였다. 그러나 영예로운 호칭보다 콘스탄티노플이란 이름이[40] 널리 퍼져서, 1400년이 흐른 후에도 여전히 창건자의 이름으로 불리고 있다.[41]

통치 체계

새 수도의 건설은 자연히 새로운 정치, 군사 체제의 확립으로 이어진다. 디오클레티아누스 황제가 처음 도입하고 콘스탄티누스 황제가 개선하여 직계 황제들이 완성한 복잡한 통치 체계를 자세히 살펴본다면, 대로마 제국의 특이한 상황에 대해 상상할 수 있을 뿐만 아니라 로마 제국이 급격하게 멸망하게 된 숨겨진 내적 요인들을 밝히는 데도 도움이 될 것이다. 주목할 만한 제도를 연구하려면 주로 초기 로마사나 최근 시대로 들어가야 한다. 그러나 이 역사서의 적정한 범위는 콘스탄티누스 황제의 즉위로부터 『테오도시우스 법전』 공표에 이르는 약 130년 내의 기간으로 한정된다.[42] 이 법전과 동서 로마 제국의 『노티티아(Notitia)』(민간·군사 관직 명부)를 통해[43] 제국의 정세에 관한 가장 상세하고도 확실한 정보를 얻을 수 있다. 이를 두루 살펴보기 위해 이야기의 전개를 잠시 중단해야 하겠다. 이런 중단을 비난하는 독자들이 있다면, 그들은 역사를 법과 관습의 중요성은 모르면서 오직 궁정의 덧없는 음모나 전쟁 같은 우발적인 사건에만 호기심을 느껴 읽는 사람들일 것이다.

  로마인들의 남성적인 자부심은 실질적인 권력에 만족했으므로, 겉모양만 화려한 형식과 의례는 동양의 허세로 여겨 중요하게 생각지 않았다. 그러나 고대 로마의 자유에서 비롯한 미덕의 외형조차 잃게 되자, 간소함이 특징이었던 로마 예법은 어느덧 아시아 궁정의 위엄 있는 겉치레로 전락했다. 공화정에서는 개인의 뛰어난 재능과 능력이 매우 두드러졌지만, 군주제 아래에서는 미약하고 모호해지면서 황제들의 전제 정치로 완전히 파괴되었다. 황제들은 개인 능력 대신 왕실의 노예로부터 전제 권력의 미천한 앞잡이에 이르기까지 계층과 직위에 따른 엄격한 종속 관계를 도입했다. 다수의 비참한 하인들은 혁명이 나면 단번에 희망이 깨지고 봉사한 대가도 날아갈 것이 두려워 현 정부를 지지한다. 이런 신성한 위계 질서에서(종종 이렇게 불렸다.) 모든 계급은 빈틈없이 정확하게 구분되었고 위계의 권위는 경박한 혹은 엄숙한 의례로 다양하게 과시되었기 때문에, 의례를 익히고 연구해야 했고, 무시할 경우엔 신성 모독으로 몰렸다. 오만과 아첨이 난무하면서 툴리우스는 이해하지도 못했을 것이고 아우구스투스 황제라면 분개하여 거부했을 수많은 형용사가 채택되어 라틴어의 순수성도 오염되었다. 예를 들어 황제조차도 '성실하신(your Sincerity)', '근엄하신(Gravity)', '탁월하신(Excellency)', '고귀하신(Eminence)', '숭고하신(sublime)', '대단히 위대한(wonderful Magnitude) 분', '뛰어나고 훌륭한 고관(illustrious magnificent Highness)이여' 등의 호

> 위계 질서

42 『테오도시우스 법전』은 서기 438년에 공포되었다.

43 판키롤루스는 그의 정교한 주석서에서 『노티티아』 또한 『테오도시우스 법전』과 거의 비슷한 시기에 발표된 것으로 기록하고 있다. 그러나 그가 제시한 증거들이라기보다는 차라리 추측들은 근거가 매우 빈약하다. 여기에서는 차라리 이 유용한 책이 제국의 마지막 분열 시점(서기 395년)과 야만족들의 갈리아 침공 성공 시점(서기 407년) 사이에 발표된 것으로 보고자 한다.

44 『학설휘찬』에서 두 안토니누스 황제 치세에 대해 살펴보면, 이 당시에 클라리시무스는 원로원 의원의 일반적이고 합법적인 칭호였음을 알 수 있다.

칭을 붙여 신하들을 불렀다. 또한 공문서나 사령장의 직급 표시도 그 본질과 권위를 설명하기 위한 상징들로 진기하게 꾸며졌는데, 집권 황제들의 초상화, 개선 전차, 화려한 융단을 덮고 네 개의 촛불을 밝힌 탁자 위에 놓인 칙령집, 자배하는 속주들을 나타내는 비유적인 형상, 황제가 지휘하는 군대의 명칭과 군기들이 그것이다. 이런 공식적인 표장들은 접견장에 실제로 걸려 있었고, 공개 행렬에서는 늘 화려한 행진의 선두에 세워졌다. 표장들의 움직임, 복장, 장식물, 행렬 등 모든 사항이 이들이 상징하는 최고 황제에 대한 깊은 경외심을 불러일으키도록 고안되었다. 냉정한 관찰자라면 로마 제국의 정부 체제를 보면서 다양한 성격과 지위의 배우들이 각본에 따라 본보기인 황제의 언어를 반복하고 감정을 모방하면서 연기하는 화려한 연극 무대로 착각할지도 모를 일이다.

세 개의 명예로운 지위

로마 제국의 정부에서 주요 지위를 차지한 관리들은 정확하게 세 계급으로 나눌 수 있는데, 일루스트레스(The Illustrious), 스펙타빌레스(The Spectabiles, Respectable), 클라리시미(The Clarissimi, Honourable)가 그것이다. 로마 정부가 간소했던 시기에는 세 번째 호칭은 막연한 존경을 표시하는 의미로만 사용되었으나, 나중에는 원로원 의원들과 이들 중 속주 총독으로 선발된 자들에 대한 특별 호칭이 되었다.[44] 총독으로 선발된 자들은 허세를 부려 나머지 원로원 의원보다 우월한 서열을 주장하여, 나중에는 스펙타빌레스라는 새로운 호칭을 받았다. 그러나 일루스트레스라는 경칭은 두 하위 계급으로부터 복종과 존경을 받는 몇몇 저명한 인사들에게만 국한되었다. 일루스트레스에 해당하는 지위는 1. 집정관과 귀족 2. 로마와 콘스탄티노플의 근위대장 3. 기병대와 보병대의 대장 4. 황제 주변에서 종교 행사를 집행하는 궁정의 일곱 대신들뿐이었다.[45] 일루스트레스들은 서로 동격으로 간주했지만, 고위직을 겸한 이에게 우선권을 주었다.[46] 은혜를 베풀기를 즐기던 황제들은 때때로 명예직을 추가하는 편법을 이용해 신하들의 야심까지는 아니더라도 허영심을 만족시켜 주었다.

1. 로마 집정관이 자유 국가의 최고 관직이었던 시절에는 국민들의 선택에 따라 권력을 행사할 권한을 얻었다. 황제들이 국민의 뜻을 따르는 척 가장하는 동안에도 집정관은 여전히 원로원의 실질적 혹은 형식적인 투표로 선출되었다. 그러나 디오클레티아누스 황제가 집권하면서부터 이런 선거권은 흔적조차 사라졌고, 매년 집정관의 영예를 받은 후보자들도 선대 집정관의 굴욕적인 신분을 개탄하는 척했다. 예전에는 스키피오와 카토 일가도 평민들의 투표를 애원하면서 국민 투표라는 지루하고 돈이 많이 드는 형식을 거쳐야 했으며, 때로는 국민에게 거부당하는 수치를 겪고 품위가 손상되기도 했다. 그러나 이제는 운이 좋으면 자비로운 황제의 지혜로운 판단에 따라 오랫동안 집정관 지위를 맡을 수 있었고, 공적을 세울 경우 포상을 받을 수도 있다.[47] 황제가 선임된 두 집정관에게 보낸 서한에 따르면, 오로지 황제의 권한으로 그들을 임명했다고 밝히고 있다. 집정관의 이름과 초상을 새긴 상아로 만들어진 금빛 명판을 속주와 도시, 행정관들, 원로원, 국민들에게까지 선물로 전달하였다. 엄숙한 취임식은 황제가 거주하는 곳에서 거행되었는데, 로마는 120년 동안 고대 집정관이 없는 상태로 지냈다.[48] 1월 1일 아침이면 집정관들은 직위의 표장을 갖추고 비단에 금으로 수를 놓고 값비싼 보석 장식을 단 자줏빛의 예복을 입었다. 장엄한 행사에서는 원로원의 관례대로 문무 고위

집정관

[45] 여기에서는 페르펙티시무스(Perfectissimus)와 에그레기우스(Egregius)라는 두 개의 하위 계급은 다루지 않고 있는데, 이 두 계급은 원로원급으로 승격되지 못했던 많은 사람들에게 주어졌다.

[46] 황제들은 이러한 관례의 규칙을 매우 상세하고 정확하게 확립해 놓았으며, 이를 연구하는 학자들 또한 장황할 정도로 상세하게 설명을 해 놓았다.

[47] 아우소니우스는 비열하게도 이런 하찮은 주제에 대해 상세히 말하고 있다. 마메르티누스는 이것을 좀 더 자유롭고 독창적으로 다루었다.

[48] 카루스 치세로부터 호노리우스의 6차 집정관직 취임에 이르기까지 120년간의 공백 기간이 있었다. 이 기간에 황제들은 언제나 1월 1일에는 로마에 머무르지 않았다.

[49] 클라우디아누스는 매우 생생하고 기발한 방식으로 새 집정관이 제공했던 대경기장, 극장, 원형경기장에서의 온갖 오락들을 묘사하고 있다. 다만 검투사들 간의 잔인한 결투만은 이미 금지되어 있었다.

관리들의 수행을 받았다. 또한 한때는 무서운 도끼로 무장했던 수행원(lictor)들이 이젠 쓸모없는 권표(權標, fasces)를 집정관 앞에서 받들고 있었다. 행렬이 궁정에서부터 포럼이나 도시의 주요 광장에 이르면 집정관들은 법정에 올라 옛 양식에 따라 제작된 고관용 의자에 앉는다. 그리고는 즉각 재판권을 행사하여 이 목적을 위해 끌려나온 한 노예에게 해방 증서를 수여한다. 이 의식은 자유권과 집정관의 창설자인 대(大)브루투스가 타르퀴니우스의 음모를 밝혀 낸 충성스러운 빈덱스를 노예에서 해방시켜 준 유명한 재판을 재현하려는 의도로 이루어졌다. 공식 행사는 주요 도시에서 여러 날 계속되었는데 로마는 오랜 풍습에 따라, 콘스탄티노플에서는 이에 대한 모방으로, 카르타고와 안티오크와 알렉산드리아에서는 향락적인 행사와 부를 과시하기 위해 이러한 행사가 이어졌다. 해마다 두 수도의 극장, 원형경기장에서 행사를 열어[49] 4000파운드에 해당하는 황금, 대략 16만 영국파운드를 낭비했다. 이런 과중한 경비가 집정관의 능력이나 의도를 넘어설 경우에는 황실 재정에서 보충했다. 이런 관습적인 행사가 끝나면, 집정관들은 사생활로 돌아가 아무런 방해를 받지 않고 자유로이 직위를 누릴 수 있었다. 더 이상 국가 회의를 주재하지도 않았고, 평화와 전쟁의 갈림길에서 결단을 내릴 필요도 없었다. 집정관들의 능력은 (더욱 실질적인 임무를 맡지 않는 한) 그다지 중요하지 않았다. 단지 기록에 마리우스와 키케로의 지위를 맡은 자로 이름이 게재되면 그만이었다. 그러나 로마 제국 말기의 예속 상태로 가서도, 이 공허한 직위는 실질적인 권력의 소유에 필적하거나 오히려 능가하는 것으로 인정되었다. 집정관이라는 직함은 여전히 야심을 품을 만한 화려한 대상이었고, 덕행과 충성에 대한 최고의 보상이었다. 공화정의 희미한 잔재조차 혐오하던 황제들도 해마다 집정관의 위엄을 드러내는 의식을 치름으로써 자신들의 권위 역시 한층 빛나고 높아진다고 인식했다.[50]

어느 시대나 나라를 통틀어 귀족과 평민 간에는 확연한 차별이 존재하기 마련이다. 아마도 로마 공화정 초기에 귀족과 평민 사이에 가장 확실한 차별이 존재했을 것이다. 부와 명예, 정부 관직과 종교 제사는 귀족들이 거의 독점적으로 차지했으며, 혈통의 순수성을 무례한 경계심을 갖고 지키면서[51] 자신들의 보호 아래에 있는 평민들을 예속 상태로 묶어 두었다. 그러나 자유민의 정신과 대치되는 이런 차별은 호민관들의 오랜 투쟁 끝에 철폐되었다. 매우 적극적이고 성공한 평민들은 재산을 축적하고 영예를 갈망하며 업적을 쌓고 단결하여, 몇 세대 후에는 고대 귀족 못지않은 긍지를 얻었다.[52] 반면 귀족 가문들은 공화정 말기까지 그 수가 최초보다 늘어나지 않았고, 자연스러운 과정을 밟아 몰락하거나 수많은 국내외 전쟁으로 소멸하거나 능력과 재산을 탕진하여 어느덧 평민 집단과 뒤섞였다.[53] 카이사르와 아우구스투스, 클라우디우스와 베스파시아누스 황제들은 여전히 영예롭고 신성하게 여겨졌던 귀족 계급을 영속시키려고 원로원 의원들 중에서 상당수의 새 귀족 가문을 일으켰다.[54] 당시에는 로마 시 초기나 공화정 초기부터 이어진 순수한 정통 귀족 가문은 거의 남아 있지 않았다. 그러나 이런 인위적인 보충도(여기에는 항상 지배 가문이 포함되었다.) 독재자들의 폭정과 잦은 혁명, 풍습의 변화, 민족들 간의 혼합 때문에 급속히 사라져 갔다.[55] 콘스탄티누스 황제가 즉위할 당시에는 귀족들이 한때 로마의 최고 계급이었다는 막연한 과거의 전통만이 남아 있을 뿐이었다. 사실 황제의 권위를 안정시키는 동시에 견제하는 귀족 집단의 영향력은 콘스탄티누스 황

귀족

[50] 집정관직이 고귀한 것이라는 개념은 콘스탄티우스의 비굴한 법정에서 율리아누스가 행했던 연설에서 차용되었다.

[51] 귀족과 평민 간의 결혼은 12표법 공포 이전에는 금지되어 있었다. 그리고 일반적인 인간 행동의 원칙에 따라 이 법 공포 이후에도 관습은 여전히 지켜졌다.

[52] 유구르타 전쟁에 대한 살루스티우스의 생생한 묘사를 보면, 자존심 강한 귀족들과 집정관직의 명예가 자신들의 미천한 부관 마리우스에게 부여된다는 생각을 참을 수조차 없었던 독선적인 메텔루스에 대한 기록을 볼 수 있다. 200년 전에는 메텔루스 일가 자신들도 로마의 평민들 가운데 섞여 있었다. 카이킬리우스라는 그들 이름의 어원으로 보건대, 이들 오만한 귀족들이 종군 상인의 후예들이었으리라는 것은 거의 확실하다.

[53] 로마의 800년 역사에서, 여러 오래된 귀족 가문뿐 아니라 심지어 카이사르와 아우구스투스에 의해 시작된 가문들까지도 거의 남지 않게 되었다. 귀족인 아이밀리우스 가문의 방계인 스카우루스 가문의 경우, 목탄 상인이었던 그의 아버지가 그에게 겨우 노예 열 명과 영국 돈으로 300파운드가 채 못 되는 돈만을 남겨 주었을 정도로 몰락했다. 이 가문의 이름이

17장

역사에서 사라지지 않을 수 있었던 것은 그 아들의 재능 덕분이었다.

54 베스파시아누스 황제 덕에 귀족 신분에 올랐던 덕스러운 아그리콜라의 경우 그의 미덕들은 구체적인 서훈 방식을 잘 반영했다. 그러나 그의 조상들은 기사 계급 이상의 신분은 아니었다.

55 귀족 가문이 이처럼 부족하다는 것은 거의 있을 수 없는 일이었다. 카우사본의 기록을 참조한 아우렐리우스 빅토르는 베스파시아누스가 한 번에 1000개나 되는 귀족 가문들을 만들어 냈다고 확언하고 있는데, 이것이 사실이라면 이처럼 귀족 가문이 부족했다는 것은 사실이 아닐 것이다.

제의 성격이나 정책과는 전혀 맞지 않는 것이기도 하다. 설사 그가 진심으로 이를 받아들였다 해도, 시대와 여론의 승인을 얻어야만 하는 제도를 단순히 황제의 독단적인 칙령으로 비준한다는 것은 권한 밖의 일이었다. 실제로 콘스탄티누스 황제는 귀족이라는 칭호를 부활시켰으나, 세습되는 지위로서가 아니라 한 개인의 지위로 부활시켰다. 귀족들은 해마다 바뀌는 집정관이 단기간 행사하는 권력에만 복종할 뿐, 다른 모든 고위 관리보다 우월한 지위를 누리면서 황제와 가장 친밀한 관계를 유지할 수 있었다. 이런 영예로운 지위는 평생토록 보장되었다. 이들은 대부분 궁정에서 총신으로서, 행정관으로서 살아왔기 때문에 귀족이라는 칭호의 참된 어원은 무지와 아첨으로 변질되고, 콘스탄티누스 황제 시대의 귀족들은 황제와 국가의 양부(養父)들로서 존경받는 데 그쳤다.

근위대장

2. 근위대장의 운명은 집정관이나 귀족과는 본질적으로 달랐다. 집정관과 귀족은 예전의 권위를 잃고 공허한 칭호에 불과하게 되었다. 반면 근위대장은 미천한 신분에서 점차 승진하여 로마 제국의 행정과 군사 통치권을 부여받았다. 세베루스 황제부터 디오클레티아누스 황제 집권기 동안, 근위대와 궁정 측근들, 법과 재정, 군대와 속주 등이 모두 근위대장들의 감독을 받았다. 그들은 동방의 태수처럼 한 손에는 제국의 옥새를, 다른 손에는 군기를 들고 있었다. 근위대장들은 근위대의 힘을 이용해 야망을 이루어 왔다. 이러한 야망은 늘 그들이 모시는 주군에게 가공할 위험이 되었으며 때로는 치명적이기도 했다. 그러나 이 거만한 군대는 디오클레티아누스 황제에 의해 약화되고, 결국 콘스탄티누스 황제에 의해 진압되었다. 몰락을 면한 일부 근위대장들은 별 저항 없이 종속적인 부서의 각료로

전락했다. 더 이상 황제를 경호하지 않게 되면서 궁정의 각 부서에서 행사하던 권한도 박탈당했다. 즉각적인 명령에 따라 움직이는 로마의 정예 부대인 근위대를 이끌고 전장에 나가는 일이 없어지자, 콘스탄티누스 황제는 근위대장들의 모든 군사 지휘권마저도 빼앗았다. 마침내 일대 개혁을 통해 근위대장들은 지방 총독으로 격하되었다. 디오클레티아누스 황제가 제정한 통치 방식에 따르면, 네 명의 황제들은 각각 민정 총독을 한 명씩 두었다. 콘스탄티누스 황제가 제국을 다시 통일한 후에도 여전히 네 명의 민정 총독을 두고 종래의 지방을 그대로 통치하게 했다. 1) 동부 총독은 나일 강 폭포 지역부터 파시스 기슭까지, 또 트라키아의 산악 지역부터 페르시아의 변경에 이르기까지 로마가 통치하고 있는 지역 전체의 4분의 3을 관할했다. 2) 판노니아, 다키아, 마케도니아 그리고 그리스 등 중요한 지방의 통치는 우선 일리리쿰 총독의 승인을 받아야 했다. 3) 이탈리아 총독의 통치 범위는 이탈리아로 한정되지 않고 도나우 강변에 이르는 라에티아 지역과 지중해 부속 섬들, 그리고 키레네와 팅기타니아 국경 사이의 일부 아프리카 대륙까지 확대되었다. 4) 갈리아 총독은 브리타니아와 에스파냐 인접 지방을 통치했으며, 그의 통치권은 안토니우스의 방벽에서 아틀라스 산의 기슭에까지 미쳤다.

 민정 총독들이 군사권을 박탈당한 후에도 수많은 예속 국가들을 다스리는 행정권은 유능한 관료들의 야심과 능력을 만족시키기에 충분했다. 최고사법권과 최고재정권이 그들에게 위임되었는데, 두 직분은 평화시에는 통치자와 국민의 거의 모든 의무를 포함했다. 최고사법권은 법에 복종하는 시민들을 보호할 의무이고, 최고재정권은 국가 경비에 필요한 자산을 분담하는 의무이다. 화폐, 간선 도로, 초소, 곡물 창고, 공장 등 국가의 번영과 관계가 있는 모든 것은 민정 총독의 권한 아래에 두었다. 이들은 황제의 직접 대리인으로서 총괄적인 칙령에 자유재량으로 선언문을 덧붙여 알기 쉽게 설명하거나 강조하면서 일부 수정할 권한이 있었다. 또한 속주 행정관들의 행동을 감시하고, 나태한 관리를 해임하고, 범죄를 저지른 관리를 처벌하기도 했다. 하위 법원에서 민사, 형사상 주요 사항에 대한 상소가 올라오면 총독 주재의 법정에서 심의했다. 총독의 판결은 최종적이고 절대적이었으며, 황제들도 무한한 신뢰를 가지고 자신이 임명한 총독의 판단이나 공정성에 대해 이의를 제기하지 않았다. 총독의 보수는 권위를 세울 만한 액수였는데,56 만일 탐욕스러운 총독이라면 거액의 사례금과 선물 등 부수입을 올릴 기회는 자주 있었다. 황제들은 더 이상 총독들의 야심을 두려워할 필요가 없었으나, 총독의 임기를 불확실하게 만들고 단축함으로써 막강한 지위의 권력이 도를 넘지 않도록 주의를 기울였다.57

로마와 콘스탄티노플만은 그 중요성과 위엄을 고려하여 민정 총독의 관할권에서 제외되었다. 황제는 거대한 도시의 규모와 더디고 비능률적인 법 집행을 구실삼아 새로운 행정관을 임명했다. 이 행정관은 강력한 전제 권력을 부여받아 비굴하고 불온한 시민을 제압할 수 있었다. 로마의 초대 총독으로 발레리우스 메살라를 임명하였는데, 그의 명성이라면 시민의 비위에 거슬리는 정책에 대해서도 지지를 얻을 수 있으리라 기대하였다. 그러나 임명된 지 며칠 지나지 않아 교양 있는 시민 메살라는58 브루투스의 친구답게 시민의 자유에 위배되는 권력을 행사할 수 없다는 이유로 사임했다. 자유에 대한 관념이 쇠퇴함에 따라 사회 질서를 유지할 필요성이 분명해져 갔다. 그

로마와 콘스탄티노플의 총독

56 유스티니아누스는 피폐해진 제국의 상황 속에서도 아프리카에 민정 총독을 두고 연봉으로 100파운드의 금을 지급했다.

57 제국의 여러 가지 작위들에 대해서는 팬키롤루스와 고드프루아(Godefroy)의 풍부한 주석들을 언급하는 것으로 충분할 것이다. 이들은 적절한 순서로 그 모든 법적, 역사적 자료들을 부지런히 수집하고 정확하게 정리했다.

58 메살라는 재능에 비해 명성은 얻지 못했다. 그는 아주 어린 시절부터 키케로의 추천으로 브루투스와 친교 관계를 맺었으며, 필리피 벌판에서 공화정이 해체될 때까지 공화주의의 기치를 따랐다. 그런 뒤 승리자들의 적절한 호의를 받아들였으며 그럴 자격도 있었다. 그리고 아우구스투스의 법정에서 자신의 자유와 위엄을 한결같이 주장했다. 메살라의 공적은 아퀴텐의 정복으로 정당화되었다. 연설가로서 그는 키케로와 더불어 누가 더 웅변에 능한지를 겨뤘다. 또한 메살라는 시인들을 격려하고 천재들을 후원했다. 그는 저녁마다 호라티우스와 철학적인 대화를 나누었으며, 식탁에서는 델리아와 티불루스 사이에 앉았다. 여가시간에는 젊은 오비디우스의 시적 재능을 격려하곤 했다.

에 따라 원래 노예와 부랑자에게 위협을 주려고 만들었던 총독의 지위는 로마의 기사와 귀족 가문에까지 민사, 형사상 재판권을 행사할 수 있게 되었다. 법과 공정성을 따르는 재판관으로 매년 새로 임명되는 집정관들로서는 황제의 신뢰를 얻고 있는 강력하고 영구적인 임기의 행정관들과 포룸의 주도권을 놓고 경쟁할 위치가 못 되었다. 따라서 그들의 법정은 점차 쇠퇴하여 한때는 열두 개에서 열여덟 개까지 이르던 법정 수가 두, 세 개로 줄었고, 주요 기능도 시민들에게 즐거움을 주기 위해 축제를 개최하는 사치스러운 업무로 한정되었다. 로마 집정관의 직위가 수도에서 가끔 선보이는 하찮은 구경거리로 전락하자, 총독들은 원로원의 공석을 차지하고 유서 깊은 원로 회의에서 정식 의장으로 인정받게 되었다. 또한 총독들은 백 마일이나 떨어진 곳에서 올라온 상소까지도 접수했고, 도시 전체의 관할권이 총독에게만 속한다는 사실을 법률로써 인정받기에 이르렀다. 이런 고된 업무 수행을 위해 로마 총독은 열다섯 명의 보좌관을 거느렸는데, 이들 가운데는 총독의 이전 동료나 상관까지도 포함되었다. 주요 부서들은 감시 업무를 지휘하는 것과 관련이 있어서 화재, 약탈, 야간 소요에 대비하여 설치된 다수 경비대의 지휘, 곡물과 식료품의 지급과 관리, 항구와 상하수도, 테베레 강의 운항과 관리, 시장과 극장, 개인과 국가 건설 사업의 감독 등을 담당했다. 이들은 일반 경찰의 3대 업무인 치안, 윤택, 청결까지 책임졌다. 조각상을 관리하는 특별 감찰관을 임명했다는 사실로 수도의 장려한 미관을 보존하기 위해 정부가 얼마나 신경을 썼는가를 알 수 있다. 한 늙은 작가의 엉뚱한 계산에 따르면, 생명이 없는 사람들, 즉 조각상을 관리하는 인부들의 수가 로마 주민의 수에 버금갔다고 한다. 콘스탄티노플이 창건되고 약 30년이 지나자, 특별 감찰관과 동

59 일반적인 지침서들 이외에도 펠릭스 칸테롤리우스가 쓴 별도의 논문이 있으며, 『테오도시우스 법전』 제14권에는 로마와 콘스탄티노플의 치안대에 대한 기이한 세부 묘사들이 담겨 있기도 하다.

60 에우나피우스는 아시아의 지방 총독이 민정 총독으로부터 독립적이었다고 주장한다. 그러나 이런 사실을 이해하기 위해서는 몇 가지 사항을 참작할 필요가 있다. 아시아의 속주 총독은 틀림없이 부총독의 관할권을 포기했을 것이다.

61 아프리카의 지방 총독은 집행리를 400명이나 거느렸으며, 그들은 모두 국고나 속주로부터 많은 봉급을 받았다.

62 이탈리아에는 로마와 마찬가지로 비카리우스가 있었다. 그의 관할권이 도시로부터 100마일까지인지 또는 이탈리아 남부의 열 개 속주까지 확대되어 있었던 것인지에 대한 논란이 끊이지 않았다.

일한 임무와 권한을 지닌 행정관이 새 수도에도 임명되었다. 두 명의 수도 총독과 네 명의 민정 총독의 권한은 완벽히 평등하게 확립되었다.59

속주 총독, 부총독

로마의 계급 제도에서 스펙타빌레스라고 불리는 사람들은 일루스트레스인 총독과 클라리시미인 속주 행정관들 사이의 중간 계급을 구성했다. 이 중간 계급 가운데서는 아시아, 아카이아, 아프리카의 지방 총독들이 일찍이 자신들이 누려온 오랜 권위를 주장하며 상석을 차지했다. 지방 총독의 판결에 대한 상소를 민정 총독의 법정에 올린다는 사실만이 유일하게 이들의 의존 관계를 드러냈다.60 제국의 행정 구역은 열세 개 대관구로 나뉘었고, 각 대관구는 막강한 왕국에 필적할 만한 권한을 지녔다. 이 관구 중 으뜸은 코메스의 관할에 속했다. 지금으로 말하면 비서, 서기, 의전관, 전령에 해당하는 집행리가 600명이나 코메스에 배속되었다는 사실만 보더라도 그것의 중요성과 다양성을 짐작할 수 있다.61 이집트의 총독 자리는 더 이상 로마 출신의 기사가 담당하지 않았고 직함만이 남아 있었다. 속주의 위치와 주민의 기질상 꼭 필요한 엄청난 권한은 총독에게 그대로 계승되었다. 나머지 열한 개 관구는 아시아, 폰티카, 트라키아, 마케도니아, 다키아, 판노니아 혹은 서(西)일리리쿰, 그리고 이탈리아, 아프리카, 갈리아, 에스파냐, 브리타니아로서 열두 명의 비카리우스, 즉 부총독이 통치했는데,62 이들의 직함만으로도 직책의 본질과 종속 관계를 충분히 알 수 있다. 나중에 언급하겠지만 로마군의 고위급인 코메스와 두크스들에게도 스펙타빌레스의 지위와 칭호가 허용되었다.

황제의 회의에 질투심과 과시욕이 확산되자, 이를 염려한 황제들은 권력을 세분하고 칭호를 늘리느라 분주했다. 로마의 정복자 황제들의 단일한 통치 체제로 통합됐던 광대한 제국이 어느새 116개의 속주들로 나뉘었고, 각 속주는 비용이 많이 드는 방대한 조직을 유지하게 되었다. 그 가운데 세 개 속주는 지방 총독이, 서른일곱 속주는 집정관급 총독이, 다섯 속주는 코렉토르가, 일흔한 개 속주는 프라에시덴스가 통치했다. 이들의 직함은 서로 달랐고 서열도 나뉘었다. 권위를 나타내는 표장들도 제각기 달랐으며, 그들의 지위도 상황에 따라 차이가 있었다. 그러나 모두가 (속주 총독만을 제외하고) 클라리시미에 속했고, 황제의 신임을 받는 동안은 총독이나 대리인의 권위하에 각자 관할 지역의 사법권과 재정권을 위임받았다. 방대한 분량의 로마 법전과 유스티니아누스 법전은[63] 6세기에 걸쳐 지혜로운 로마 정치가와 법률가들이 개정해 온 것이므로, 속주의 행정 체계를 연구하는 데 충분한 자료를 제공한다. 역사가는 권력 남용을 억제할 의도로 만들어진 두 개의 특이하고도 유익한 규정을 살펴보는 것으로 충분할 것이다. 1) 평화와 질서를 유지하기 위해 속주 총독들은 사법권을 가졌다. 이들은 체형을 부과하기도 하고, 중대 죄목에 대해서는 생사를 결정하는 권한을 행사했다. 그러나 사형수에게 자살을 선택할 권한을 준다든지 관대하고 영예로운 유배 판결을 내릴 권한은 가지지 못했다. 이런 특권은 총독들의 것이어서, 총독만이 금 50파운드라는 무거운 벌금형을 내릴 수 있었고 부총독은 몇 온스의 가벼운 벌금만을 부과할 수 있었다.[64] 사소한 권한은 허용하지 않으면서 더 큰 권한을 허용하는 듯한 규정은 대단히 합리적인 동기를 근거로 하고 있다. 즉 사소한 권한일수록 남용될 소지가 더 크다는 것이다. 속주 총독들은 감정에 휩쓸려 시민의 자유나 재산에만 영향을 주는 압제 행위는 자주 저지르지만, 무고한 피의 희생을 치르는 범죄에 대해서는 지나치게 신중하거

[63] 유명한 울피아누스의 저서 열 권 가운데 한 권은 총독의 임무에 관한 것이었다. 그중 가장 핵심적인 글에 적혀 있는 총독의 임무는 속주의 일반 총독의 임무와 동일했다.

[64] 집정관급 총독들은 겨우 2온스만을 부과할 수 있었다. 부총독들은 3온스. 지방 총독들과 코메스 그리고 이집트의 총독은 6온스를 부과할 수 있었다.

65 제노는 모든 총독들은 어떠한 고발에도 응할 수 있도록 임기 만료 후 50일까지는 해당 속주에 체류해야 한다고 규정했다.

66 동방에서 로마인의 언어와 법제를 보존하고 있던 베리투스 학교의 명성은 어림잡아 3세기에서 6세기 중반까지 지속된 것으로 보인다.

나 인간적 동정심을 가져 판결을 내리기를 두려워하기 때문이다. 게다가 유배나 과중한 벌금, 안락사의 선택과 같은 문제는 주로 부자와 귀족들이 연루된 것이었고, 속주 총독의 탐욕이나 분노의 대상이 되기 쉬운 하층민은 오히려 이런 모호한 박해에서 벗어나 민정 총독이 주재하는 훨씬 존엄하고 공정한 재판을 받을 수 있었다. 2) 당연히 재판관의 이해관계나 성향에 따라 판결의 공정성이 흐려질지 모른다는 우려는 있게 마련이다. 따라서 엄격한 규제 조치가 마련되어 황제가 특별히 허락하지 않는 한 고향의 관직을 맡는 것이 금지되었고, 총독이나 그 아들이 속주의 토착민이나 주민과 결혼하는 것도 금지되었으며, 관할 구역 내에서 노예, 토지, 집도 구입할 수 없었다. 이런 엄격한 예방 조치를 취했음에도, 콘스탄티누스 황제는 재위 25년이 지난 후에도 재판을 둘러싼 부패와 억압이 여전한 현실을 개탄하였다. 이를테면 재판의 청문이나 신속한 처리, 적절한 유예, 최종 판결을 둘러싸고 재판관이나 법정 관리들 간에 공공연한 매수가 벌어지는 사태에 격분하였다. 법률의 선포와 효력 없는 위협이 계속 반복되었다는 사실로 미루어 이 같은 범죄가 처벌을 피했음을 알 수 있다.65

법률 공포

민정 관료들은 모두 법률가들 중에서 채용하였다. 유명한 유스티니아누스의 『법학 개요』는 로마 법제를 연구하는 청년들을 위한 것이었다. 여기서 황제는 이들의 재능과 노력이 언젠가는 정부의 주요 직위를 맡음으로써 보상되리라는 확신을 주면서 연구에 매진할 것을 당부했다. 동서 로마 제국의 대도시에서는 모두 이처럼 출세가 보장되는 학문의 기초에 대한 교육이 이루어졌다. 그 가운데 가장 유명한 곳은 페니키아 해안에 있는 베리투스(Berytus)의 학교로,66 고향에 도움을 주고자 알렉산데르 세베루스 황제가 설립한 이후 3세기 이상 번성했다. 5년의 정규 교육 과정을 마친 학생들은 부와 명예를 찾아 속주 각지로 흩어졌다. 대로마 제국은 이미 수많은 법률, 술책, 악행으로 타락해 버렸기 때문에 이들이 맡을 법률 업무는 무진장했다. 동방의 민정 총독 법정에만 150명의 법률가가 필요했으며, 이들 중 64명은 특별 대우를 받았고, 2명은 재정 소송 담당으로 1년 임기로 선임되어 연봉으로 금화 60파운드를 받았다. 이들은 처음에 임시로 행정관의 배석 판사로 임명됨으로써 재판관으로서의 능력을 시험받았다. 그 다음에는 종종 자신들이 변호했던 법정의 재판을 관장하기도 하였다. 이어 속주 총독직을 획득하면 공적이나 명성, 총애를 얻어 출세의 계단을 밟아서 일루스트레스까지 올랐다.67 이들은 법정 업무에서 변론의 수단으로 논리를 중시하면서 개인적 이해관계에 따라 법률을 해석했다. 이러한 그릇된 습관은 국가 행정을 수행할 때도 여전히 따라다녔다. 예나 지금이나 많은 법률가들이 성실성과 최고의 지혜를 바탕으로 자유 직업의 명예를 지키면서 주요 직위를 담당해 왔으나, 로마 법제의 쇠퇴기에는 법률가들의 승진에 으레 부정과 치욕이 만연해 있었다. 한때는 귀족들의 신성한 유산으로 계승되었던 고귀한 법률 지식이 이제는 지식보다는 간사한 책략으로 업무를 수행하는 부패한 해방 노예와 평민의 소유로 전락했다. 어떤 이는 가정사에까지 관여하여 불화를 일으키고 소송을 장려해서 자신과 동업자의 이득을 챙겼다. 또한 집무실 안에 들어앉아 부유한 의뢰인에게는 법률의 위엄을 들먹이면서 명백한 진실을 왜곡하는 계략이나 부당한 요구를 합리화시킬 논거들을 제공하면서 법률가의 위엄을 유지하는 자들도 있었다. 그리하여 과장되고 떠들썩한 미사여구로 포럼을 메우는 법률가들이 화려하고 인기 있는 계층

67 이전 시대에서는 페르티낙스의 민간 및 군에서의 승급 과정을 살펴보았는데, 이번에는 말리우스 테오도루스의 민정 직위들을 적어 두고자 한다. 1. 그는 민정 총독의 법정에서 변호인으로서 변론 활동을 하면서, 유창한 화술로 두각을 나타냈다. 2. 아프리카의 속주들 가운데 한 곳을 집정관급 총독의 직위로 다스렸으며, 이 통치 행위로 황동 조각상을 세울 수 있는 명예를 부여받았다. 3. 마케도니아의 부총독으로 임명받았다. 4. 감사관, 5. 어사관(御賜官) 6. 갈리아의 민정 총독. 아직은 젊은이라고 묘사될 수 있는 동안이었다. 7. 여러 해 동안 관직이 없었기 때문에 말리우스(몇몇 학자들은 시인인 마닐리우스와 혼동하기도 한다.)는 그리스 철학 연구에 헌신하기도 했으나, 은퇴한 이후에도 서기 397년에 이탈리아의 민정 총독으로 임명되었다. 8. 여전히 중책을 담당하고 있던 서기 399년에 서방의 집정관직을 수여받았다. 그의 동료인 환관 에우트로피우스가 비행을 저질렀기 때문에, 그의 이름은 종종 파스티에 홀로 등재되어 있기도 했다. 9. 말리우스는 서기 408년에는 두 번째로 이탈리아의 민정 총독으로 임명되었다. 심지어 어용 시인 클라우디아누스의 시에서조차 보기 드문 복을 받아 심마쿠스와 성 아우구스티누스 두 사람의 친밀한 친구였던 말

리우스 테오도루스의 가치를 알아볼 수 있다.

68 브리타니아의 부관은 킬리키아의 속주 총독인 키케로가 원로원과 국민의 이름으로 행사한 것과 동일한 권한을 위임받았다.

69 아우구스투스와 콘스탄티누스의 제도들을 정확하게 조사한 뒤보(Abbé Dubos)는 만약 자신의 공모자를 처형하기 전날 그 자신이 처형당했다면, 오토는 역사 속에 코르불로만큼이나 결백한 사람으로 등장했을 것이라고 말하고 있다.

으로 떠올랐다. 이들은 대부분 평판이나 정의는 아랑곳없이 재판을 지연시켜 의뢰인들이 막대한 비용을 써가며 절망의 미로를 헤매도록 끌고 다니다가, 지루한 시간이 흘러 인내와 재산이 거의 바닥나면 무참히 손을 떼어 버리는 무지하고 탐욕스러운 법률 안내자로 기술되고 있다.

군장교

3. 아우구스투스 황제가 세운 통치 체제에 따르면, 적어도 황제 직할 속주의 총독들은 황제의 모든 권한을 위임받았다. 평화와 전쟁의 관할, 보상과 처벌의 집행이 모두 이들에게 달려 있었으므로, 민정 관료의 복장으로 법정에 나가고 완전 무장 차림으로 로마 군단의 선두에 섰다.[68] 이들의 권력은 재정 권한, 법률 권한, 군사 명령권을 아우르는 절대적인 것이었다. 이들이 충성을 배반할 유혹에 넘어간다 해도 반란에 연루된 충실한 속주 주민들은 이러한 정치 상황의 변화를 거의 감지할 수 없을 정도였다. 콤모두스 황제부터 콘스탄티누스 황제 집권기까지, 성공 여부를 떠나 반란의 깃발을 든 총독들이 백여 명에 이르렀다. 의심을 품은 황제들의 무자비한 처리로 종종 무고한 자들이 희생되기도 했지만 이렇게 함으로써 반역죄가 예방되기도 하였다.[69] 콘스탄티누스 황제는 이처럼 무서운 부하들로부터 왕좌와 나라를 보호하기 위해, 일시적 편법으로만 채택했던 군사와 행정을 분리하는 관례를 영구적이고 전문적인 제도로 확립하는 결정을 내렸다. 예를 들어 근위대장이 군대에 행사하던 최고사법권을 황제가 임명한 두 대장인 기병대장과 보병 대장에게 이양하였다. 비록 이들 일루스트레스 계급의 관리들은 자신이 통솔하는 부대를 훈련시키는 데 더 큰 책임이 있지만, 기병과 보병이 연합군으로 출전할 때는 두 관리가 구별 없이 지휘할 수 있었다. 대장의 수는 동서 로마의

분할로 곧 두 배가 되었다. 라인, 상(上)도나우, 하(下)도나우, 유프라테스의 네 개 주요 변경 지역에 각각 계급과 칭호가 같은 대장이 임명되어, 결국 로마 제국의 방위는 기병단과 보병단을 합쳐 8명의 대장에게 위임되었다. 이들의 명령에 따라 35명의 지휘관이 각 속주에 배치되었는데, 브리타니아에 3명, 갈리아에 6명, 에스파냐에 1명, 이탈리아에 1명, 상도나우에 5명, 하도나우에 4명, 아시아에 8명, 이집트에 3명, 아프리카에 4명이었다. 코메스와 두크스라는 직함으로[70] 이들을 적절히 구분할 수 있는데, 현대어에서는 의미가 매우 다르기 때문에 이 단어의 사용이 다소 놀라울 수도 있다. 하지만 후자는 모든 지휘관에게 한결같이 붙은 명칭으로 라틴어가 본래의 뜻과 다르게 전해진 데 불과하다. 따라서 모든 속주 지휘관들은 두크스였고 이들 중 열 명 이내만이 코메스의 칭호를 받았는데, 이것은 콘스탄티누스 궁정에서 나중에 창설된 명예직 혹은 총애를 뜻하는 칭호이다. 코메스와 두크스의 직위를 나타내는 표장으로 황금 띠를 착용하였고, 봉급 이외에도 하인 190명과 말 158마리를 거느릴 만한 막대한 유지비를 받았다. 재판권이나 재정권과 관계된 문제에 개입하는 것은 철저히 금지되었지만, 담당 부대에 관한 명령권은 행정관의 권한으로부터 독립되었다. 콘스탄티누스 황제가 그리스도교 교단을 법적으로 승인한 때와 거의 비슷한 시기에 로마 제국의 문무 권력에서 절묘한 균형이 이루어진 것이다. 대립하는 이해관계와 양립할 수 없는 습성을 지닌 문무 직무 간에 발생하는 경쟁과 불화에 따른 장점과 단점이 모두 발생하였다. 속주 군사령관과 민정 총독이 소요를 공모한다거나 공무를 위해 연합한다는 것은 기대할 수도 없었다. 예를 들어 한쪽은 원조 요청을 꺼리고 다른 쪽은 원조해 주기를 주저하는 사이, 군대는 종종 아무런 명령도 보급도 받지 못

[70] 역사서나 법전 속에서도 코메스와 두크스라는 두 직함이 자주 언급되기는 하지만, 이들의 인원 수나 지위에 대한 정확한 지식을 얻기 위해서는 『노티티아』를 참조해야만 한다.

71 로마군 내의 이 두 계급 간의 구별은 역사서와 법전, 『노티티아』 등에서 매우 모호하게 표현되고 있다.

한 채 표류하는 일도 있었다. 이런 와중에 국가 안전은 무너지고 무방비 상태에서 주민들은 난폭한 야만족 앞에 방치되었다. 콘스탄티누스 황제가 확립한 문무의 분리 통치는 군주의 안전은 보장했을지 몰라도 국가의 활력을 떨어뜨리고 말았다.

군대들 간의 차이

콘스탄티누스 황제가 남긴 또 다른 개혁 조치도 군대 규율을 무너뜨리고 결국 제국의 멸망을 촉진했다는 점에서 비난받아 마땅했다. 콘스탄티누스 황제가 리키니우스 황제를 상대로 최후의 승리를 거두기까지 19년간은 방종과 내전의 시기였다. 로마 제국의 소유권을 놓고 다툰 두 경쟁자는 국경 수비대를 대부분 철수시켰던 것이다. 그 바람에 각 관할 구역의 경계를 이루던 주요 도시는 동포끼리 서로를 용서 못 할 적으로 여기는 병사들로 가득 찼다. 내전이 끝나 국내 수비대가 필요없게 되었지만, 정복자 콘스탄티누스에게는 디오클레티아누스 황제의 엄격한 군율을 부활시키고 군대의 체질로 굳어져 버린 치명적인 방종을 진압할 만한 지혜와 결단력이 부족했다. 콘스탄티누스 황제 집권기부터는 궁정군과[71] 변경군, 즉 적절치 않은 이름일지 몰라도 궁정 부대와 변경 부대 간에 통상적으로 그리고 법적으로도 분리가 이뤄졌다. 높은 봉급과 더 많은 특권을 누리던 궁정군은 특별히 위급한 전시를 제외하고는 속주 중심부에 평온하게 주둔하도록 허용되었다. 따라서 번성한 도시들은 군대 막사를 유지하느라 과도한 부담으로 괴로움을 겪었다. 병사들은 군인으로서의 자세는 서서히 잊고 도시 생활의 악덕에 물들어 갔다. 그들은 제조업 직공으로 타락하거나 목욕탕이나 극장을 좇아다니며 쾌락만을 즐기면서 점점 나약해져 갔다. 군사 훈련에도 관심을 잃고 음식과 복장에만 신경을 쓰게 되었다. 이들은 제국의 시민들에겐 공포의 대상이었지만,

야만족들의 침입에는 몸을 떨었다.72 디오클레티아누스와 동료 황제들이 거대한 강기슭을 따라 확장한 일련의 요새들은 이제 더 이상 예전처럼 세심하게 관리되거나 방어되지 않았다. 변경군이라는 이름으로 계속 유지된 군인의 수는 일상적인 방위에는 충분한 규모였다. 그러나 이들은 끊임없는 전투의 고통과 위험에 노출되어 있으면서도, 궁정군이 낭비하는 봉급의 3분의 2밖에 받지 못한다는 굴욕감에 사기가 저하되어 있었다. 총애를 받고 있는 하찮은 궁정군과 비슷한 수준의 봉급을 받는 군단조차도, 궁정군에만 허용된 명예로운 칭호 때문에 어느 정도는 굴욕감을 느꼈다. 콘스탄티누스 황제는 감히 군기를 버리고 야만족의 침략을 묵인하거나 약탈에 가담한 변경군 병사들에게 불과 창검으로 무시무시한 위협 조치를 거듭 내렸지만 모두가 허사였다. 부분적으로 가혹한 처사를 내린다고 해서 분별없는 행동에서 나온 해악은 결코 제거되지 않는다. 이후 황제들이 변경 수비대의 전력과 규모를 회복시키려고 노력했지만, 제국은 붕괴되는 마지막 순간까지 콘스탄티누스 황제가 가한 치명타를 이기지 못하고 무기력하게 무너져 갔다.

72 암미아누스는 그들이 깃털 침대와 대리석으로 지은 집을 좋아했고, 그들의 잔은 검보다도 더 무거웠다고 말하고 있다.

군단의 축소

통일된 것은 모두 분리하고, 뛰어난 것은 모두 약화시키고, 모든 적극적인 세력을 두려워하며, 가장 약한 자가 가장 잘 순종할 것이라고 기대하는 소극적 정책은 여러 황제들, 특히 콘스탄티누스 황제의 제도를 좌우했다. 승리의 주둔지를 반역의 현장으로 바꿔 놓곤 했던 군단의 자만심은 과거에 세운 공훈에 대한 기억과 실력에 대한 자각에서 나온 것이었다. 디오클레티아누스 황제 치하에서는 6000명에 이르는 오랜 군단 체제가 유지되었으므로 각 군단 자체로도 로마 제국의 전투에서 중요한 역할을 맡을 만했다. 그런데 그로부터 몇 년 후에는,

73 암미아누스에 따르면 갈리아의 두 개 군단의 결사적인 출격조차도 엄청나게 큰 불 속에 한 주먹의 물을 끼얹은 정도에 불과했다.

거대한 군단 체제가 소규모 체제로 축소되었다. 예를 들어 일곱 개 군단이 약간의 지원 부대와 함께 페르시아군에 대항해 아미다를 방어했을 때, 총 수비대원의 수는 남녀 주민들과 황폐해진 고향을 도망쳐 나온 농민들까지 합해도 2만 명을 넘지 않았다.73 이런 사실과 유사한 다른 사례를 보더라도, 로마 군대의 용맹과 규율의 일부를 책임졌던 군단 체제가 콘스탄티누스 황제에 의해 해체되었다고 생각해도 좋을 듯하다. 로마 보병대 역시 예전의 명칭과 명예는 그대로 이어갔지만 그 수는 1000명 또는 1500명 정도로 축소되었다. 군대의 힘이 약화되었다는 두려움 때문에, 군대는 쉽게 음모를 일으키지 못하게 되었다. 콘스탄티누스 이후 황제들은 유사시에 군사 명부에 등록된 132개 군단에 출동 명령을 내림으로써 그 위용을 과시할 수 있었다. 나머지 부대는 수백 개의 보병대와 기병대로 편성되었다. 그들 부대의 무기와 부대명과 표장은 공포심을 불러일으키고, 제국의 군기 아래 행군하는 다양한 민족들을 나타낼 수 있도록 고안되었다. 하지만 과거 자유와 승리의 시대에 아시아 군주의 지리멸렬한 군대와 확연히 구분되었던 엄격하고도 단순한 로마군의 전열은 흔적도 남아 있지 않았다. 『노티티아』에 기록된 구체적인 수치는 고대 연구자가 얼마나 노력했는가를 보여 주겠지만, 역사가라면 제국의 변경 지대에 배치된 상비 부대나 수비대 수가 583개이고, 콘스탄티누스 이후 황제들의 시대에 배치된 총 병력 수가 64만 5000명이라는 숫자만 알면 충분할 것이다. 이처럼 거대한 군비는 좀 더 초기에는 필요 이상이었고 후기에는 국력을 뛰어넘는 것이었다.

정세의 어려움

군대에 지원하는 동기는 다양한 사회 정세에 따라 매우 다르다. 야만족은 전쟁을 즐겨서 지원하고, 자유 국가의 시민은 의무감에서 지원할 것이며, 군주의 백성들, 특히 귀족들은 명예심에 고무되어 지원할 것이다. 그러나 스러져가는 제국의 소심하고 사치스러운 시민들에게는 이득에 대한 기대로 지원하도록 유도하거나 처벌의 위협으로 강요할 수밖에 없다. 로마의 재정 자원은 봉급 인상과 잦은 하사품, 각종 수당 신설과 도락으로 바닥이 났다. 당시 속주 청년들은 이런 것들이 군대 생활에 따른 고통과 위험을 보상해 준다고 여겼다. 그러나 입대 가능한 신장을 낮추고[74] 암묵적인 동의를 통해 노예들까지 차별 없이 군대에 받아들였는데도 정규적인 지원병을 확보하는 데는 턱없이 부족했으므로, 황제들은 좀 더 효과적이고 강제적인 방법을 동원해야만 했다. 용맹에 대한 보상으로 무과세 특전으로 노병들에게 하사된 토지는 점차 봉건적 토지 소유제의 기초 원리를 바탕으로 증여되었다. 즉 이러한 토지를 상속받은 아들들은 성년이 되자마자 군에 입대해야만 했고, 비겁하게 거부하는 자는 명예와 재산과 심지어 목숨까지 잃는 처벌을 받았다.[75] 그러나 노병의 아들들이 해마다 입대해도 병력 수요의 극히 일부분만을 충당할 수 있었으므로, 속주에서는 징집이 빈번해졌고 모든 토지 소유자는 직접 무기를 들거나 다른 사람을 대신 군대에 보내거나 무거운 벌금을 물고 병역 면제를 받아야만 했다. 나중에 할인되기는 했지만, 금화 마흔두 닢이라는 벌금은 지원병의 가치가 얼마나 터무니없이 비쌌는지를, 또 정부도 이런 대납을 꺼렸음을 알 수 있다.[76] 쇠퇴기의 로마인들에게 군 복무에 대한 두려움은 대단히 컸다. 그래서 이탈리아와 여러 속주의 청년들이 강제적인 입대를 피하려고 오른손 손가락을 자르기도 했다. 이런 기묘한 편법이 너무나 널리 퍼진 나머지, 엄격한 처벌 조항과[77] 이를 가리키는 라틴어의 특수 용어가 나올 정도였다.[78]

[74] 발렌티니아누스는 이 기준을 5피트 7인치로 고쳤는데, 이는 영국식으로 약 5피트 4와 1/2인치에 해당하는 것이다. 전에는 그 기준이 5피트 10인치였으며, 정예군의 경우 6로마피트였다.

[75] 군 복무가 요구되는 나이는 스물여섯 살에서 열여섯 살로 바뀌었다. 만약 노병의 아들이 말을 가지고 입대하면 기병대에서 복무할 권리를 갖게 되었다. 말이 두 필이면 상당히 유용한 특권들이 주어졌다.

[76] 역사가 소크라테스에 따르면, 공동 황제인 발렌스는 때때로 신병 한 명당 금화 여든 닢을 요구했다.

[77] 아우구스투스의 명령에 따라 두 아들을 불구로 만든 한 로마인 기사의 신체와 재산이 공개 경매로 팔려 나가기도 했다. 이 교활한 기피자에 대한 처벌이 이처럼 온건한 정도로 그쳤다는 것은 이런 가혹한 사례가 당시의 사조에 의해 용인되고 있었다는 것을 보여 준다. 암미아누스는 나약한 이탈리아인들과 강건한 갈리아인들을 구별한다. 그러나 불과 15년 후에, 발렌티니아누스는 갈리아의 총독에게 보낸 칙령에서 이처럼 비겁한 군 기피자들을 산 채로 불태우라고 명령할 수밖에 없었다. 일리리쿰에서는 이런 자들의 숫자가 너무나 많아서 신병 부족을 호소했다.

78 그들은 무르키(Murci)라고 불렸다. 플라우투스와 페스투스의 저서에서 발견되는 무르키두스(Murcidus)란 단어는 게으르고 비겁한 사람을 가리키는 말이다. 아르노비우스와 아우구스티누스에 따르면, 이런 사람은 여신 무르키아의 직접적인 보호를 받았다.

야만족 보조군의 증가

로마 군대의 야만족 수용은 날이 갈수록 일반화되고 불가피해졌으며, 돌이킬 수 없게 되었다. 스키타이족, 고트족, 게르만족 출신의 용맹한 자들은 전쟁을 즐긴데다가, 속주를 약탈하는 것보다 방어하는 것이 이득임을 깨달았기 때문에, 각 종족의 지원 부대뿐 아니라 정규 군단이나 최정예 궁정군에까지 입대하게 되었다. 이렇게 제국의 시민들과 자유로이 뒤섞이게 되자, 점차 자신들의 풍습을 경멸하면서 제국의 기술을 모방하고 습득해 갔다. 이 무지한 야만족들은 처음에는 로마의 자부심에 맹목적인 존경을 표했지만, 스러져가는 로마 제국을 지탱하고 있는 지식과 무기를 습득하면서 존경심도 버렸다. 군사적 재능을 조금이라도 발휘한 야만족 병사는 예외 없이 주요 지휘관으로 승진했다. 지휘관, 두크스, 코메스, 대장에까지 야만족 출신 이름이 올랐고, 그들도 더 이상 자신들의 출신을 숨기려 하지 않았다. 그들은 종종 자신의 동족에 대항해 전쟁을 벌이는 임무를 맡기도 했다. 대부분은 동족과의 유대보다 충성과 의리를 택했지만, 적과 반역의 통신을 주고받거나 침입을 유도하거나 퇴각을 용서해 주는 등의 죄를 저지르거나 적어도 의심스러운 행동을 한 사례도 있었다. 콘스탄티누스 황제 아들의 병영과 궁전은 강인한 프랑크족 일파가 관리했는데, 그들은 서로간에 또한 조국과 긴밀한 관계를 유지하면서 모든 개인에 대한 무례를 동포에 대한 모욕으로 여겨 분개했다. 폭군 칼리굴라가 매우 특이한 후보자를 집정관으로 임명하려 했을 때, 만약 후보자가 그의 말[馬]이 아닌 게르만족이나 브리타니아족의 고귀한 족장 출신이었다 해도 신성 모독적 행위라는 놀라움은 덜하지 않았을 것이다. 3세기 동안 사람들의 선입관에 주목할 만한 변화가 일어나, 콘스탄티누스 황제는 사회적 승인을 바탕으로 자질과 공적에서 로마의 일급 시민이 될 자격이 충분한 야만족 출신에게 집정관의 영예를 수여하는 본보기를 남겼다.[79] 그러나 법을 모르거나 무시하도록 배운 용감한 노병들은 민정 업무를 수행하기엔 역부족이었고, 그들의 정신력은 직무와 재능을 양립시킬 수 없게 되자 위축되었다. 이에 비해 그리스와 로마의 교양 있는 시민들은 법정이나 원로원, 군대나 학교에서도 적응할 수 있는 자질을 지녔기 때문에, 동일한 정신력과 수행 능력을 유지한 채 쓰고 말하고 행동하도록 배울 수 있었다.

4. 궁정에서 멀리 떨어져 속주와 군대에서 위임받은 권한을 행사하고 있던 행정관이나 대장들 이외에, 황제는 자신의

일곱 명의 대신

안전과 자문과 재정을 맡긴 충성스러운 측근 신하 일곱 명에게 일루스트레스의 지위를 부여했다. 1) 궁정의 내전은 당시 용어로 프라이포시투스(praepositus), 즉 내전 장관이라 불린 황제가 총애하는 환관이 관리했다. 그의 직무는 국정을 수행할 때나 여흥을 즐길 때나 황제를 보필하고 충성을 다해 황제 신변에서 일어나는 온갖 잡무를 처리하는 것이었다. 통치자인 황제의 감독 아래서 대시종장(이렇게 불러도 좋을 것이다.)은 유익하고 겸손한 하인이었다. 그러나 무한한 신임을 얻는 방법을 찾은 교활한 시종은 귀에 거슬리는 분별력과 유순하지 않은 덕성을 지닌 신하라면 결코 얻지 못할 우월한 영향력을 황제에게 행사했다. 백성들 앞에는 모습을 드러내지 않고 적들에게는 경멸을 받았던 테오도시우스의 타락한 손자들은 내전 장관을 궁정 장관들 가운데 최고 지위에 올려놓았다. 또한 내전 장관의 대리인으로서 황제의 시중을 드는 수많은 노예들의 우두머리조차도 스펙타빌레스인 그리스나 아시아 속주 총독보다 우월한 신

[79] 에우세비우스와 아우렐리우스 빅토르는 이런 주장을 사실이라고 인정한다. 그러나 실제로는 콘스탄티누스 치하에서 작성된 서른두 개의 집정관 표 가운데 단 한 명의 야만족의 이름도 발견할 수 없다. 그러므로 콘스탄티누스의 관대함은 집정관이라는 지위를 부여함으로써 표현되었다기보다는 차라리 그 명예를 부여함으로써 표현되었다고 이해해야 할 것이다.

80 초기 황제 시대의 군사 용어에서 빌려온 매우 특이한 경우로서, 황실 가족의 집사는 그들 병영의 코메스라고 불렸다. 카시오도루스는 황제에게 그와 제국의 명성이 풍부하고 화려한 황제의 식탁에 대한 외국 사절의 평가에 달려 있다는 것을 매우 진지하게 설명한다.

81 구테리우스는 총무 장관의 직무와 그 하급 문서부의 구성을 매우 상세하게 설명했다. 그러나 그는 매우 불확실한 기록을 근거로 삼았기 때문에 콘스탄티누스의 치세 이전에는 등장한 적이 없던 행정관의 기원을 두 안토니누스 황제 시대나 심지어 네로 황제의 시대로부터 추론해 내려는 헛된 시도를 하기도 한다.

82 타키투스에 따르면 국민들이 처음으로 재무관들을 선출한 것은 공화국이 창립되고 64년이 지나서의 일이었다. 그 이전에는 오랫동안 매년 집정관이나 왕이 임명했다고 한다. 그러나 다른 역사가들은 이처럼 오래되고 불명료한 논지에 이의를 제기하기도 한다.

분으로 간주되었다. 내전 장관의 권한은 황실의 두 주요 분야인 의복과 향락을 담당하는 코메스, 감독관들에게까지 영향을 미쳤다.80 2) 주요한 국무 처리는 총무 장관의 근면과 능력에 위임되었다.81 그는 궁정의 최고 행정관으로서 문무 관리들의 규율을 감독하고 제국의 각지에서 올라온 청원을 수리했는데, 특히 궁정 관리들과 마찬가지로 일반 재판에 대한 거부권을 가진 수많은 특권층 인사들과 그 가족들에 관련된 사건들만 처리했다. 황제와 신하들 간의 문서는 총무 장관 소속의 네 개 문서부에서 처리하였다. 첫번째 부서는 기록 서류 관리, 두 번째 부서는 친서 관리, 세 번째 부서는 청원서, 네 번째 부서는 각종 문서와 명령문을 관리했다. 각각의 부서는 차관급인 스펙타빌레스가 통솔했고 148명의 서기들이 모든 관리 업무를 처리했다. 이들은 다방면의 보고서와 문헌을 발췌하고 요약해야 했으므로 대부분 법률가 중에서 선발되었다. 예전에는 그러한 겸손이 로마의 권위와 어울리지 않았겠지만, 그리스어를 담당하는 특별 서기와 야만족의 사신을 맞이하는 통역관들이 임명되었다. 그러나 현대 정치에서 매우 중요하게 여기는 외무 부서 업무는 총무 장관에게는 관심 밖이었다. 그의 관심은 제국의 역참과 병기고들을 전체적으로 관리하는 데 집중되었다. 동로마의 15개 도시와 서로마의 19개 도시, 모두 34개 도시에서 정규 노동자들이 제조한 온갖 종류의 방어용 갑옷과 공격용 무기와 군사 장비들은 병기고에 보관했다가 수시로 부대에 배치하였다. 3) 재무관 직위는 9세기 동안 매우 특이한 변화를 거쳤다.82 로마 초기에는 하급 행정관 두 명이 매년 국민에 의해 선출되어 집정관을 대신해 국고를 관리하는 복잡한 업무를

궁정 최고 행정관

재무관

담당했다.[82] 이와 유사한 보좌관들이 군사, 속주 명령권을 가진 모든 총독과 민정 총독에게도 배속되었다. 정복지가 확대됨에 따라 2명이었던 재무관이 4명, 8명, 20명으로 점차 늘어났고 일시적으로 40명 정도까지 불어난 적도 있다.[83] 이렇게 되자 귀족들도 원로원의 의석을 얻을 수 있고 공화국의 명예를 누릴 수 있는 재무관 지위를 탐내게 되었다. 아우구스투스 황제는 자유 선거 제도를 유지하는 척하면서 매년 특정 수의 후보자를 추천하거나 아예 지명하는 특권을 행사했다. 또한 이 뛰어난 청년들 중 한 명을 지정해 원로원 회의에서 자신의 연설문이나 서한을 대독하도록 관례화했다. 후대 황제들은 아우구스투스 황제의 이런 관행을 이어받아 임시직이었던 것을 상설 직책으로 확립했다. 황제의 총애를 받은 재무관은 더욱 새롭고 중요한 성격을 띠게 되어, 늙고 무능한 동료 재무관들이 억압받는 와중에도 홀로 살아남을 수 있었다.[84] 황제의 이름으로 작성하는 연설문은[85] 절대적 칙령의 형식까지 갖추게 되어, 그는 명실상부한 입법권의 대행자, 회의의 신탁자, 민법의 원천으로 간주되었다. 때로는 제국 회의에서 민정 총독, 총무 장관과 더불어 최고 심판석에 앉도록 초청받았고, 하급 재판관들의 의문을 해결해 달라는 요청을 받기도 했다. 그러나 골치 아픈 잡무에 시달리지 않았기 때문에, 여가와 재능을 활용하여 품격과 언어가 타락한 가운데서도 여전히 로마법의 위엄을 지탱하고 있는 품격 높은 웅변술을 연마했다. 황실 재무관의 업무는 어떤 면에서는 현대의 재무 장관 업무에 비유할 수 있다. 그러나 황제들이 공식 행위를 인증하는 데 무지한 야만족들이 채택했던 국새를 사용한 적은 없었다. 4) 재무 장관에게는 어사관(御賜官)이라는 특이한 칭호가 주어졌다. 이는 아마도 모든 지출

공적 회계 담당관

[83] 타키투스는 스무 명이 재무관의 최대 정원이라고 간주하는 듯하다. 그리고 디오 카시우스는 만약 독재관 카이사르가 일찍이 재무관을 마흔 명까지 늘렸다면, 이것은 자신이 빚진 호의에 보답하기 위해서였을 것이라고 넌지시 말하고 있다. 그러나 법무관은 이후 그의 치세 중에도 증원된 인원으로 유지되었다.

[84] 스물다섯 살에 이 중요한 직위에 입문하여 젊고 경험이 부족한 재무관들은 아우구스투스에게 국고 관리 업무에서 그들을 제거할 것을 약속했다. 그들은 클라우디우스에 의해 복직되기는 했지만, 결국에는 네로에 의해서 내쫓긴 듯하다. 황제 직속 속주들에서는 좀 더 유능한 징세관들이 재무관의 자리를 대신했다. 이 징세관들은 나중에는 합리자(rationales)라고 불리기도 했다. 그러나 원로원 소속 속주들에서는 마르쿠스 안토니누스의 치세까지도 재무관들이 활동했다. 울피아누스의 기록에 따르면, 세베루스 일가의 통치하에서 재무관들이 속주 행정을 담당하는 일은 사라졌다. 그리고 이어서 발생한 분쟁 가운데, 매년 혹은 3년마다 있었던 재무관 선거는 자연스럽게 중단되었을 것이 분명하다.

[85] 이 관리는 새로운 직책을 얻었을 것이 분명하며, 이 직책은 때때로 제국의 법정 상속인에 의해

서 수행되었다. 트라야누스는 자신의 재무관이자 친척인 하드리아누스에게 동일한 책임을 맡겼다.

86 『노티티아』에는 동쪽 지방의 국고에서 일하는 두 명의 코메스에 대한 설명이 부족하다. 오늘날 우리는 런던에 국고, 윈체스터에 규방 또는 제조업 공장을 가지고 있다. 그러나 당시 브리타니아는 조폐창이나 병기 공장을 두기에 적당하다고 생각되지 않았다. 갈리아만이 세 개의 조폐창과 여덟 개의 병기 공장을 가지고 있었다.

이 황제의 자발적인 하사금에서 나오는 것임을 주입시키려는 의도였을 것이다. 대로마 제국 전체의 행정, 군사 업무의 일일 지출과 연간 지출 내용을 세밀히 따져 본다는 것은 아무리 상상력을 발휘해도 불가능한 일일 것이다. 실제로 비용 산정 업무에는 열한 개 부서에 수백 명이 배치되어 각각의 경비를 조사하고 통제하도록 정교하게 구성되었다. 이런 담당관의 수는 자연히 늘어나게 마련이었다. 그래서 본래의 성실한 직업을 버리고 돈벌이가 좋은 이 직책에 지나치게 매달리는 불필요한 보조원들을 해고시켜 고향으로 돌려보내야 마땅하다는 견해가 적지 않았다. 스물아홉 명의 속주 세리들 가운데 열여덟 명이 코메스의 영예로운 칭호를 받았는데 이들은 재무 장관과 서로 연락을 주고받았다. 재무 장관은 귀금속을 채취하는 광산과 이를 통화로 바꾸는 조폐국, 국사를 위해 통화를 저장해 두는 주요 도시의 금고로까지 관할권을 넓혔다. 그는 제국의 대외 무역도 관장했는데, 주로 여성 노예들을 동원해 실을 뽑고, 천을 짜고, 염색을 해서 궁정과 군대에서 사용할 아마와 양모 공장도 관리했다. 직조 기술이 비교적 늦게 도입된 서로마에 스물여섯 개의 직조 공장이 있었고, 동로마의 산업 지역에는 더 많은 공장이 있었을 것으로 보인다.86 5) 절대

사적 회계 담당관

군주가 자의적으로 징수하고 지출할 수 있는 국가 세입 이외에, 부유한 시민으로서 황제가 보유한 막대한 재산은 황실 재산 관리인이 관리했다. 이 재산 중에는 고대 왕정이나 공화정 때부터 내려오는 황실 사유지도 있고, 여러 황제를 배출한 가문의 재산을 계승한 것도 있지만, 대부분은 벌금과 재산 압류라는 불순한 방법으로 모은 것이었다. 황실 재산은 마우리타니아에서 브리타니아에 이르는 여러 속주들에 흩어져 있었다. 특히 카파도키아의 비옥

한 토지는 황제의 소유욕을 가장 자극했는데, 콘스탄티누스와 후대 황제들은 종교심을 이용해 이 땅에 대한 탐욕을 정당화할 기회를 잡았다. 그들은 최고 사제가 황제에 필적할 권위를 지니고 전쟁의 여신을 섬기는 코마나의 부유한 신전을 억압하고, 여신과 사제를 섬기는 6000명의 주민과 노예가 사는 신전 토지를 황실 사유지로 만들어 버렸다. 그러나 그들이 노린 것은 주민들이 아니었다. 아르가이우스 산기슭에서 사루스 강둑에 걸친 평원에서는 당당한 체구와 최고의 민첩함으로 고대 세계에서 가장 유명한 명마들이 생산되었다. 이 명마들은 궁정과 황실 경기용으로 정해져 일반 백성들은 소유하지 못하도록 법으로 금지되었다.[87] 카파도키아의 황실 재산은 코메스의 감독이 필요할 만치 중요하게 여겨졌다.[88] 제국의 다른 지역에는 좀 더 지위가 낮은 감독관을 배치하였다. 국고 관리인과 황실 재산 관리인의 대리인들은 각자 독립적으로 업무를 수행하면서 속주 행정관들의 권한을 견제하는 임무도 맡았다. 6), 7) 황제의 신변 경호를 맡은 기병대와 보병대는 두 명의 황실 시종 무관이 직접 지휘하였다.

시종 무관

부대의 전체 병력은 3500명으로, 500명씩 일곱 개 부대로 나뉘었다. 동로마에서는 명예로운 이 임무를 전적으로 아르메니아인들이 맡았다. 국가 행사가 열릴 때마다 궁전과 주랑에 늘어선 이들의 당당한 체구, 침묵의 대열, 금은으로 장식된 무기들은 로마의 위엄에 걸맞은 장관을 이루었다. 일곱 개 부대 가운데 경호대로 선정된 보병과 기병 두 개 부대는 우월한 지위를 누려 공적을 쌓은 병사들의 희망이요 보상이었다. 경호대는 주로 궁정 내부를 호위했지만, 때로는 황제의 명령을 신속하고 효과적으로 집행하기 위해 지방의 속주로 파견되기도 했다.[89] 황실 시종 무관들은 근위대장의 직무를 계승

[87] 고드프루아는 카파도키아의 말에 관련된 옛 사료들을 모두 수집했다. 가장 뛰어난 품종 가운데 하나인 팔마티아는 어느 반역자의 소유를 몰수한 것이었다. 이 반역자의 소유지는 티아나에서 16마일 가량 떨어진 콘스탄티노플과 안티오크를 연결하는 대로변에 있었다.

[88] 유스티니아누스는 카파도키아의 코메스 관구를 황제의 침실을 관리하던 총애하는 환관에게 일임했다.

[89] 암미아누스 마르켈리누스는 그처럼 오랫동안 복무한 끝에 겨우 경호대의 지위를 얻었을 뿐이었다. 이들 명예로운 병사들 가운데 열 명의 고위 장교가 클라리시미였다.

했다. 따라서 근위대장과 마찬가지로 궁중에서 근무하다가 대장으로 승진하려는 포부를 지녔다.

밀정들

궁정과 속주들 간의 지속적인 교류는 도로 건설과 역참 제도의 확립으로 촉진되었다. 그러나 이런 편의 시설들이 때로는 나쁜 목적으로 이용되기도 했다. 총무 장관의 관할 아래 200~300명의 파발꾼들이 고용되어, 매년 선출되는 새로운 집정관의 이름과 황제의 칙령이나 승전보를 알렸다. 이들이 행정관이나 시민들의 행동을 관찰하여 보고하는 일을 겸하게 되면서, 어느덧 황제에게는 눈이지만 백성들에게는 고통의 채찍으로 여겨지게 되었다. 황제의 권력이 약화되고 그 영향으로 파발꾼들은 1만 명까지 늘어났다. 이들은 느슨하고 수시로 바뀌는 법 제재를 경멸하고 역참 제도를 유리하게 이용해 탐욕스럽고 무례한 압박을 행사할 정도가 되었다. 궁정과 정기적으로 교신해 온 이들 국가의 밀정들은 총애와 보상에 고무되어, 사소한 불만의 징후에서 확실한 반역의 실질적 준비에 이르기까지 모든 역모의 진행 상황을 열성적으로 감시했다. 이들이 부주의해서, 혹은 고의로 저지른 진실과 정의에 대한 위반까지도 충성이라는 신성한 가면 아래 묵인되었다. 죄인이든 무고한 자든, 파발꾼들의 미움을 사거나 밀고하지 않은 데 대해 대가를 지불하지 않은 자들은 여지없이 독화살이 꽂혔다. 시리아나 브리타니아의 선량한 주민들은 쇠사슬에 묶여 밀라노나 콘스탄티노플의 법정까지 끌려가 이들 특권을 누리는 밀정들의 악의적인 고발에 대항해 생명과 재산을 지켜야만 하는 위험과 위협에 시달렸다. 통상적인 행정에 따르면, 절대적으로 필요한 경우가 아니면 정상 참작이 되지 않았고, 부족한 증거는 고문을 동원하여 얼마든지 만들어 낼 수 있었다.

로마법에서는 기만적이고 위협적인 심문(단호히 이렇게 칭해졌지만)은 인정되지는 않았지만 허용되었다. 로마인들은 피비린내 나는 심문 방법을 노예들에게만 적용했는데, 오만한 로마인의 눈에 이들의 고통은 정의와 인도주의의 저울에 올려놓을 가치도 없는 것이었다. 반면 시민의 경우에는 죄를 입증할 만한 확실한 증거가 나오기 전까지는 신성한 육체를 모독하도록 승인하지 않았다.[90] 티베리우스부터 도미티아누스 황제에 이르는 폭군들의 연대기에는 많은 무고한 희생자에 대한 처형이 상세히 기술되어 있다. 그러나 시민의 자유와 명예에 대한 희미한 기억이라도 살아 있는 한, 로마인은 마지막 죽음의 순간에도 치욕적인 고문의 위험으로부터는 안전했다.[91] 하지만 속주 행정관들의 행동은 도시의 관행이나 시민들의 엄격한 원칙에 구애받지 않았다. 그들은 고문을 동방 전제국의 노예들뿐만 아니라 제한 군주에 복종하는 마케도니아인, 상업의 자유화로 번성한 로도스 섬 사람들, 심지어 인간 존엄을 주장하고 강조하던 현명한 아테네인들에게도 관행적으로 사용해 왔음을 알게 되었다. 속주민들의 묵인으로 의기양양해진 행정관들은 고문대를 사용해 부랑자나 평민 범죄자에게 자백을 강요하고, 마침내 계급의 차이도 혼동하여 로마 시민의 특권을 무시하는 데까지 이르렀다. 불안해진 시민들은 다양한 특별 면제를 간청하여 황제의 이해관계에 따라 허용받았는데, 이것은 고문의 일반적인 사용을 암묵적으로 허용하고 심지어 승인하는 결과가 되었다. 특별 면제의 대상에는 일루스트레스나 클라리시미 계급, 주교와 사제들, 학자들, 군인과 그 가족, 지방 관리들, 이들의 3대 자손, 모든 미성년자가 포함되었다. 그러나 제국의 새로운 법제에 중대한 원칙이 도입되었는데, 황제나 공화국에

고문

[90] 『학설휘찬』에는 저명한 시민들이 고문당하는 사람에 대해 가졌던 감정들이 기록되어 있다. 그들은 고문을 엄격하게 노예들에게만 국한하고 있다.

[91] 네로에 대해 음모를 꾸며 피소된 일당 가운데서 고문을 당한 사람은 에피카리스라는 해방노예뿐이었다.

92 현명한 율피아누스가 내린 이러한 정의는 알렉산데르 세베루스의 법보다는 카라칼라의 법에서 사용되었던 듯하다.

93 아르카디우스 카리시우스는 모든 경우의 반역에서 고문을 일반적으로 사용하는 관습을 정당화하기 위해 『학설휘찬』에 인용된 가장 초창기 법률가이다. 그러나 암미아누스가 공손한 두려움을 가지고 인정했던 이러한 폭정의 금언은 콘스탄티누스의 후계자들의 몇몇 법령에 의해서 강요되었다.

94 포고집(indictio)의 연원은 콘스탄티누스의 치세 또는 그의 아버지(디오클레티아누스)의 시대로까지 거슬러올라 갈 수 있는데, 이 포고집의 주기는 교황의 궁정에서도 여전히 사용되었다. 그러나 회계 연도의 시작은 보다 합리적인 1월 1일로 바뀌었다.

대한 적대적 의도로 추정되는 모든 범죄를 포함하는 반역 사건의 경우,92 모든 특권은 정지되고 어느 신분이든 굴욕적인 취급을 받는다는 것이었다. 황제의 안전은 일체의 정의나 인도주의보다 명백히 우선하기 때문에, 품위 있는 노인이든 서투른 청년이든 똑같이 잔혹한 고문을 받게 되었다. 로마 시민들은 악의적인 밀고에 의해 조작된 범죄의 연루자나 증인으로 지목될 수 있다는 끊임없는 공포에 시달렸다.93

재정

이런 불행은 비록 끔찍해 보여도 로마 시민들 중 소수에 국한되었다. 이런 위험한 상황은 황제가 질투할 만한 신분이나 재산의 우위를 누림으로써 어느 정도 보상되었다. 대제국의 수백만 시민들은 잔혹 행위보다 군주들의 탐욕을 더 두려워했다. 그들의 작은 행복을 위협하는 것은 주로 과중한 세금 부담이었는데, 이는 부자들에게는 사소한 일이었지만 가난하고 미천한 계층에는 엄청난 압박이 되었다. 영리한 한 철학자는 국세의 부담률을 자유와 예속의 정도로 평가하면서, 불변의 자연 법칙에 따라 자유를 누릴수록 세금을 더 내고 예속된 자일수록 적게 내야 한다고 과감히 주장했다. 전제 정치의 불행을 완화시키는 이러한 생각은 적어도 로마 제국의 역사와는 상반된다. 로마사에서 황제들은 원로원의 권한을 박탈함과 동시에 속주의 재산을 강탈한다. 콘스탄티누스와 후대 황제들은 외견상으로는 구매자 자신도 모르게 지불하는 여러 세금을 폐지하지 않은 채 전제 정치의 정신에 좀 더 적합한 간편한 직접세를 선호했다.

자산 평가에 의한 재산세

중세의 연대를 확인하는 데 유용한 자료로 사용되는 「15년기 포고집」이라는 이름과 관행은94 로마의 정규적인 조세 제도에서 유래했다.⁹⁵ 황제는 친히 붉은 잉크로 엄숙한 칙령 인딕티오(15년기 포고)에 서명하여 9월 1일 이전의 두 달 동안 각 관구의 주요 도시에 게시했다. 그리하여 인딕티오라는 단어는 칙령이 정한 세금액과 납부 기간을 의미하는 용어로 바뀌었다. 일반적 세출 예산은 국가의 실질 세입이나 예상 세입에 따랐지만, 지출이 세입을 초과하고 세입이 예산에 못 미치는 때가 빈번해지면서 수페르인딕티오라는 이름의 추가세를 국민들에게 부과했다. 국가의 가장 중대한 이 업무는 민정 총독에게 위임되었고, 그들에게는 국사의 예상치 못한 긴급 사태에 특별 비용을 징수할 수 있는 권한이 허용되었다. 이러한 세법들(세세하게 살펴보는 것은 지루할 것이다.)의 집행은 두 가지 다른 업무로 구성되었다. 첫째는 과세 총액을 속주, 도시, 개인별 할당액으로 나누는 일이고, 둘째는 개인, 도시, 속주에 할당된 세금을 거둬 그 총액을 황실 금고에 넣는 일이다. 그러나 군주와 국민 간의 계산은 늘 미해결 상태였고, 세금의 새로운 징수는 이전 납세 의무부터 다 이행하라고 재촉하기 때문에, 육중한 재정 수레바퀴는 동일한 납세자들에 의해 1년을 주기로 맴돌았다. 재무 행정의 주요 권한은 총독과 부총독의 판단에 맡겨졌으므로 돈벌이가 되는 업무에는 수많은 하급 관리들이 몰려들었는데, 그들 중에는 재무 장관의 부하도 있고 총독의 부하도 있었다. 그들은 복잡한 세법에 따른 불가피한 분쟁 속에서 약탈한 재산을 서로 차지하려고 다투기도 하였다. 질투와 비난을 일으키고 과중한 비용과 위험이 따르는 이 고된 업무는 도시자치위원들이 맡게 되었다. 이들은 도시 단위로 집행 기관을 구성하여 엄격한 법률이 규정하는 대로 시민 사회에 부과된 납세 의무를 집행했다.⁹⁶ 제국의 모든 부동산(황제의 세습 재산도 예외 없이)은 통상적인 과세 대상이었고, 새로운 토지 구입

95 『테오도시우스 법전』 제11권의 처음 스물여덟 개 표제는 조세라는 중요한 주제에 관한 상세한 규정들로 채워져 있다. 그러나 이것들은 오늘날 우리가 알 수 있는 것 이상으로 그 당시의 기본 원리에 대한 상세한 지식을 알고 있을 때만이 이해할 수 있는 내용들이다.

96 도시자치위원들에 대한 호칭은 『테오도시우스 법전』 전체를 통틀어 가장 풍부하다. 이 유용한 시민 치안대의 책임과 특권을 확실히 하는 적어도 192개에 이르는 별도의 법률들을 담고 있기 때문이다.

자는 전 소유자의 의무를 계승했다. 정확한 호구 조사만이 각 시민이 국가에 바치는 세율을 결정할 수 있는 공평한 방법이었다. 이미 잘 알려진 15년기 포고가 발표된 시기부터, 힘들고 비용이 많이 드는 호구 조사를 15년마다 정기적으로 실시하게 되었을 것이다. 토지는 각 속주에 측량사를 파견하여 측정하였는데, 이들은 토지가 경작지인지 목초지인지 혹은 포도원인지 삼림인지 등을 상세히 보고하였으며, 5년간의 평균 생산량을 기준으로 토지의 공정 가격을 산정하였다. 노예와 가축의 수 등도 보고서의 중요한 부분이었다. 토지 소유자들은 토지의 정확한 상태를 밝히겠다는 선서를 해야 했고, 거짓말을 하거나 입법관의 의도를 회피하려는 시도는 엄격한 감시하에 반역과 신성 모독의 이중 범죄로 극형에 처해졌다. 세금은 대부분 현금으로 납부되었는데, 제국의 통화 가운데 금화만이 법적으로 인정되었다. 나머지 세금은 15년기 포고의 세율에 따라 보다 직접적이고 강압적인 방식으로 징수되었다. 다양한 토질에서 생산된 포도주, 기름, 밀, 보리, 목재, 철 등의 현물은 속주민의 노동이나 경비로 황실 창고로 운반된 다음, 궁정이나 군대 그리고 두 수도인 로마와 콘스탄티노플로 수시로 분배되었다. 세무 관리들은 막대한 분량의 물품을 자주 구입해야 했기 때문에, 현물로 징수되는 물품을 대체품이나 현금으로 받는 것이 엄격히 금지되었다. 소규모의 단순한 원시적 공동체라면 구성원들의 자발적 공물 수집 방법이 매우 적절했을지 모른다. 그러나 이 방법은 극단적인 관용성과 엄격성을 동시에 지니고 있어서, 부패한 절대 군주제에서는 억압적 권력과 교묘한 술수 간에 끊임없는 투쟁을 불러일으켰다.[97] 속주의 농업은 점차 황폐해져 갔고, 전제 정치가 지속되면서 원래 목적을 스스로 좌절시키는 결과를 낳게 되자, 황제들은 국민들이 도저히 지불할

[97] 행정 장관들이 곡물의 강제 징수나 매수에 있어서 자신들의 권한을 남용하지 못하도록 몇 가지 예방 조치들을 취하였다. 그러나 베레스를 비난하는 키케로의 연설문을 읽을 정도의 학식이 있는 사람들은 누구나 무게, 가격, 품질, 운반대 등에 관련된 온갖 억압적인 행동들에 대해서 잘 알고 있었다. 또 글자를 모르기 때문에 과거의 전례나 지침을 잘 모르는 총독이 있다 해도 그의 탐욕이 충분히 그 자리를 메우고도 남을 것이다.

수 없는 빚을 탕감해 주거나 세금을 면제하는 은혜를 베풀 수밖에 없었다. 이탈리아의 새로운 행정 구획에 따르면 옛날 전승의 무대였고 로마 시민의 쾌적한 휴양지였던 비옥하고 아름다운 캄파니아 속주는 테베레 강에서 실라루스 강에 이르는 바다와 아펜니노 산맥 사이에 위치했다. 콘스탄티누스 황제가 죽고 60년 내에 실제 조사를 바탕으로 속주 전체 면적의 8분의 1에 해당하는 33만 에이커의 토지가 불모지나 미경작지로 판정되어 세금을 면제받았다. 당시는 아직 야만족의 발길이 이탈리아에 뻗치지 않은 시기이므로, 법률에 기록된 이 놀라운 황폐화는 로마 황제들의 실정에 기인한 것으로 볼 수밖에 없다.[98]

의도적이든 우연이든 간에, 과세 평가 방식은 토지세를 기초로 인두세 형식을 결합한 것으로 보인다.[99] 각 속주나 지방

인두세

에서 보낸 보고서에는 납세자의 수와 공적 과세 총액이 기재되어 있다. 과세 총액은 납세자 수로 나누어 할당하였는데, 어떤 속주에 납세자 인구가 몇 명이고, 각자 세금이 얼마라는 계산이 일반 대중뿐만 아니라 법적인 계산법으로 널리 인정되었다. 1인당 세금 액수는 여러 가지 우연한 상황이나 유동적인 상황에 따라 가변적이었을 것이다. 그러나 매우 특이한 한 가지 사실이 전해지고 있는데, 이는 로마 제국 내 가장 부유한 속주이자 현재 유럽 왕국 중 가장 번성한 지역과 관계된 것이라 더욱 관심을 끈다. 콘스탄티누스 황제의 탐욕스러운 관리들은 1인당 연간 세금으로 금화 스물다섯 닢을 강제 징수함으로써 갈리아 지방의 부를 갈취했다. 후대 황제는 인정을 베풀어 인두세를 금화 일곱 닢으로 깎아 주었다. 따라서 엄청난 억압과 일시적 관용이라는 두 극단의 중간인 금화 열여섯 닢, 즉 영국 화

[98] 『테오도시우스 법전』 참조. 호노리우스 황제는 이 법안을 아버지 테오도시우스 1세가 죽은 지 불과 두 달 후인 서기 395년 3월 24일에 공포했다. 그는 본문에서 영국식으로 환산하여 제시한 바 있는 면적인 52만 8042로마유게라를 언급하고 있다.

[99] 고드프루아는 인두세라는 주제에 대해 해박한 지식을 가지고 중량감 있게 논하고 있다. 그러나 그는 머리를 측량 단위로 설명하면서 두당 세금 계산만 고려할 뿐, 개별적인 세액 부과는 전혀 고려하지 않고 있다.

100 콘스탄티누스와 그의 후계자들의 치세에서 어떤 액수의 돈이 추산되는 다음에 나오는 원칙들에 대한 증거로서는 데나리우스(Denarius, 금화의 기본 단위)에 대해 다룬 그리브(Greaves)의 논문을 참조하기만 하면 된다. 1. 트로이형으로 5256그레인(grain)에 해당하는 고대 및 근대 로마파운드는 5760그레인으로 구성된 영국파운드보다 12분의 1 정도가 가볍다. 2. 이미 48아우레이(aurei)로 분할되었던 금 1파운드는 이 당시에 이미 더 작은 72조각으로 나뉘어 주조되고 있었다. 3. 이런 아우레이 다섯 개는 은 1파운드에 해당하는 법정 화폐였다. 따라서 로마인들에 따르면 금 1파운드는 은 14파운드 8온스로 교환되었다. 이는 영국식 무게로 환산하면 대략 13파운드에 해당하는 것이었다. 4. 영국식으로 은 1파운드는 62실링으로 주조된다. 이런 요소들로부터 황금 1로마파운드가 총액을 정산하는 일반적인 방식으로 영국 돈 40파운드에 해당된다. 그리고 아우레우스(aureus)는 11실링보다 다소 많은 액수에 해당된다.

폐로 약 9파운드가 갈리아 지방에 부과된 통상적인 평균 과세라고 볼 수 있다.[100] 그렇지만 이런 계산에서 도출되는 사실은 분별 있는 자에게 인두세의 평등성과 과중함이라는 두 가지의 놀라운 난제를 제시한다. 이 문제에 대한 설명은 쇠퇴기 제국의 재정이라는 흥미로운 주제에 도움이 될 것이다.

1. 불변하는 인간 본성이 불평등한 재산 분배를 초래하고 유지하는 동안, 대부분의 가난한 자들은 군주에게는 하찮은 액수를 똑같이 과세받음으로써 적은 재산마저 박탈당할 것이 분명하다. 이것이 바로 로마 인두세의 원리이다. 그러나 실제로는 개인 과세가 아니라 현실적 부과 원칙에 따라 징수되었으므로, 이런 불공정한 평등이 실현되지는 않았다. 가난한 시민들은 여러 명을 묶어 한 사람 몫의 인두세를 나눠 내고, 부유한 속주민은 재산에 따라 여러 명의 인두세를 혼자서 부담했다. 갈리아를 통치한 마지막 성군이라고 할 수 있는 로마 황제에게 보낸 시적인 청원서에서, 시도니우스 아폴리나리스는 자신의 공물을 그리스 신화에 나오는 머리가 셋 달린 괴물 게의 형상으로 의인화하고, 헤라클레스에게 괴물의 머리를 잘라 자신의 목숨을 구해 달라고 간청했다. 시도니우스는 일반 시인들보다 재산이 훨씬 많았다. 그러나 그가 위의 비유를 좀 더 밀고 나갔더라면 많은 갈리아 귀족들의 모습을, 머리가 백 개 달린 무시무시한 히드라가 도시 전체를 머리로 뒤덮고서 백 명의 친지들의 재산을 게걸스레 먹는 장면으로 그려냈을 것이 틀림없다. 2. 연간 9파운드를 갈리아 인두세의 평균 액수로 보기 힘들다는 사실은 동일한 국가가 근면하고 부유한 국민들로 구성되고 절대 군주의 통치를 받는 현재 상황과 비교해보면 더욱 분명해진다. 프랑스의 세금은 공포심이나 아부를 동원한다 해도 연간 1800만 파운드 이상으로 늘리기는

불가능하며, 이를 2400만 국민이 나눠서 부담해야 할 것이다.[101] 국민 중 700만 명만이 아버지, 형제, 남편으로서 나머지 대다수의 여성과 아이들의 납세 의무를 대신 이행한다. 그럼에도 개인 납세자의 평균 세액은 영국 화폐로 50실링을 거의 넘지 않는데, 그들의 조상인 갈리아인들에게 정기적으로 부과된 세액은 이것의 거의 네 배에 달한다. 이런 차이가 생기는 원인은 금은 생산량의 상대적 차이 때문이라기보다는 오히려 고대 갈리아와 현대 프랑스의 사회 상황의 차이에서 찾아야 한다. 개인의 자유가 모든 국민의 특권으로 보장된 나라에서는 재산세이든 소비세이든 과세의 총액을 국가의 전 구성원에게 공평하게 분담시킬 것이다. 그러나 로마의 다른 속주들뿐만 아니라 고대 갈리아의 토지는 대부분 노예나 이보다 덜한 예속 상태에 있는 소작농에 의해 경작되고 있었다. 이런 상황에서 가난한 자들은 자신들의 노동의 성과를 누리는 주인들의 비용으로 부양되었다. 또한 납세자 명부는 부끄럽지 않은, 적어도 일정 수준의 생계 수단을 지닌 시민들의 이름만으로 채워져 있었으므로, 이들의 숫자가 상대적으로 적은 것은 인두세의 세율이 높았음을 증명한다. 이런 주장은 다음의 실례를 통해 진실임을 알 수 있다. 갈리아에서 가장 강력하고 개화된 부족 중 하나인 에두이족은 오늘날 오툉과 느베르 두 교구에 50만이 넘는 인구가 살았다.[102] 인근의 샬롱과 마콩 교구까지 합하면[103] 인구는 80만에 이를 것이다. 콘스탄티누스 황제 집권기에는 에두이족의 영토에서 인두세 인구로서 불과 2만 5000명을 등록시킬 수 있었고, 그나마 이들 중 7000명은 세금 징수가 힘들다는 이유로 면제를 받았다. 납세 의무를 이행한 자유 시민이 50만 명을 넘지 않았을 것이라는 유능한 역사가의 견해는 타당성이 있다. 그리고 정상적으로 행정이 이루어졌다면 매년 세액은 약 450만

[101] 그러나 그 숫자가 아무리 많아 보일지라도 이러한 주장은 공공 기관에서 수집한 출생, 사망, 혼인에 관한 최초의 등기부를 근거로 한 것이다. 전 왕국을 통틀어 (1770년에서 1774년까지) 5년 동안의 연간 평균 출생자 수를 합하면 남자 아이 47만 9649명, 여자 아이 44만 9269명, 즉 총 92만 8918명이다. 프랑스의 에노우 속주만 해도 9906명이 태어났다. 그리고 1773년에서 1776년까지 평균에 근거해서 매년 반복된 실제 인구 계산에 따르면, 에노우에는 25만 7097명의 주민이 있었다. 이런 유추 방식을 사용하면, 전체 인구 대비 연간 평균 출생 비율은 대략 1 대 26이고, 프랑스 왕국의 인구는 총 2415만 1868명이었다고 추측할 수 있다. 좀 낮은 비율인 1 대 25로 계산한다 해도 전체 인구 수는 2322만 2950명에 이를 것이다. 프랑스 정부의 부지런한 조사 덕분에, 이처럼 중요한 주제에 대해 좀 더 확실한 내용을 얻을 수 있을 것으로 보인다.

[102] 아이두이족의 수도였던 부르고뉴의 오툉(아우구스토두눔)의 옛 관할 구역에는 인접한 느베르(노비오두눔)의 영토가 포함되어 있었다. 오툉과 느베르 두 곳의 주교 관구는 오늘날 전자는 610개 교구로 그리고 후자는 160개 교구로 구성되어 있다. 부르고뉴의

같은 속주 내 476개 교구에서 11년 동안 이루어진 출생자 등록 수를 1 대 25라는 보다 온건한 비율로 곱해 보면 각 교구의 평균 인구 수가 656명이라는 결론이 나온다. 이것을 다시 느베르와 오툉 주교 관구의 770개 교구 수와 곱해 보면 한때 아이두이족이 점유했던 이 지방 전체 영토에 모두 50만 5120명이 살았다는 결론이 도출된다.

103 샬롱(카빌로눔)과 마콩(마티스코)의 주교 관구에는 30만 1750명이 거주했다. 전자의 교구 수는 200개, 후자의 교구 수는 260개였다. 이 두 곳의 인구를 합산할 수 있는 표면적인 근거는 다음과 같다. 1. 샬롱과 마콩은 분명히 아이두이족의 최초의 관할 구역 내에 포함되어 있었다. 2. 갈리아의 『노티티아』를 보면 그들은 시민권자가 아닌 것으로 계산되고 있다. 3. 그들은 5세기나 6세기 이전에는 주교직을 차지할 수 없었다. 그러나 에우메니우스의 기록을 보면, 콘스탄티누스 치세 중에 아름다운 해안 지역인 사오네를 따라 있던 아이두이족의 영토를 더 넓혀서 생각할 수는 없을 것 같다.

파운드로 추정된다. 그렇다면 개개인의 세금 부담액은 현재보다 네 배나 많을지 모르지만, 황제 직할의 갈리아에서 징수된 세금은 현재 프랑스 세금 총액의 4분의 1밖에 되지 않았을 것이다. 콘스탄티누스 황제가 강제로 징수한 금액은 700만 파운드로 추산되지만, 이는 율리아누스 황제의 인간애 혹은 분별력에 힘입어 200만 파운드까지 경감되었다.

거래와 상업에 부과된 세금

한편 수많은 부유한 자유 시민들은 토지 소유자들에 대한 이러한 과세나 인두세를 내지 않고 빠져 나갔을 것이다. 황제들은 기술과 노동에서 비롯한 부나 현금이나 상품의 형태로 존재하는 부도 공유해야 한다는 생각에서, 상업에 종사하는 국민에게도 직접세와 특수세를 부과했다. 본인 토지의 생산물을 처분하는 소유자에게는 매우 엄격하게 시간과 장소를 제한하는 조건으로 어느 정도 면세가 허용되었다. 인문 교양에 종사하는 사람들에게도 약간의 혜택이 주어졌다. 그러나 모든 상업 분야에는 엄격한 세법이 적용되었다. 예를 들면 인도의 보석과 향신료를 수입해 서방 세계로 전한 알렉산드리아의 훌륭한 상인, 금리를 통해 암암리에 불명예스러운 이익을 챙기는 고리대금업자, 창의력이 풍부한 제조업자, 부지런한 기계공, 산간 벽촌의 미천한 소매상인조차도 세무 관리들에게 소득의 일부를 납부할 의무가 있었다. 로마 제국의 황제는 공창을 직업으로 인정하고 여기서 나온 치욕적인 수입의 일부마저 받았다. 이처럼 산업에 부과된 일반 과세는 4년마다 징수되었으므로 4년기 기부금이라고 불렸다. 역사가 조시무스는 이런 징수 제도에 대해 통탄하였다. 그에 따르면 숙명적인 납세 시기가 되면 도시는 자신들의 재산에 사정된 세금을 줄이고자 너무나 혐오스럽고 부자연스러운 방법에 호소하는 시민들의 눈물과 공포에 사로잡혔다. 조시무스의 증언에 흥분과 편견이 개입되었음을 부정할 수는 없다. 하지만 이 세금의 성격을 감안하면, 배당 방법이 지극히 자의적이었고 대단히 가혹하게 징수되었다고 결론 내리지 않을 수 없다. 상업을 통한 은밀한 소득 혹은 기술과 노동에 의한 불안정한 수입에 대해서는 임의적인 평가를 내릴 수밖에 없었겠지만, 이 평가가 국고의 이익에 불리한 영향을 주지는 않았다. 토지세의 경우에는 부동산을 압류하면 되겠지만, 상인들은 눈에 보이는 영구적인 담보물이 없기 때문에 체형을 가해서 납세를 강요하는 방법밖에 없었다. 지급 불능의 체납자들이 얼마나 잔인한 대우를 받았는가는 체납자들에게 고문대와 채찍의 사용을 금하고 수감할 때에는 넓고 통풍이 잘 되는 감옥을 배정하라고 명한 콘스탄티누스 황제의 인간적인 칙령에서 입증된다.

이러한 일반 조세는 황제의 절대적 권한에 의해 부과되고 징수되었다. 그러나 왕관의 황금이라는 특별 헌납은 여전히

자발적 헌납

국민적 동의에 의한 것이라는 이름과 모양새를 지니고 있었다. 이는 고대의 관습으로서, 로마군의 승리로 안전과 구제를 얻었다 생각하는 동맹국들과 개선한 장군의 공적을 찬양하는 이탈리아의 도시들이 그의 개선식에 광채를 더하기 위해 자발적으로 황금 왕관을 선사했다. 개선식이 끝나면 이 왕관은 후세까지 영광을 전하는 기념물로서 유피테르 신전에 봉헌되었다. 열성과 아부가 가열되면서 기증품의 수와 크기도 급격히 늘어났다. 그리하여 카이사르의 개선식에는 황금 무게가 2만 414파운드에 달하는 2822개의 어마어마한 왕관들이 받쳐졌다. 이 귀중품은 신전에 바치기보다는 병사들을 위해 유용하게 쓰고 싶어 한 현명한 독재자 황제 아우구스투스의 명령으로 즉시 녹여서

사용했다. 후대 황제들도 그의 선례를 따랐으며, 화려한 장식물 대신에 제국에서 더 유용하게 쓰일 금화로 헌납하는 관례가 생겨났다. 결국 자발적인 헌납이 의무적인 채무로 강요된 것이다.104 그것도 개선식이 있을 때만으로 한정되지 않고 황제의 즉위, 집정관의 취임, 황태자의 탄생, 부황제의 즉위, 야만족에 대한 승리, 그리고 집권 연대기를 장식할 만한 온갖 실제와 가상의 사건들이 있을 때마다 여러 도시와 속주로부터 헌납받게 되었다. 또한 로마 원로원이 바치는 특별 자유 기부도 관례적으로 황금 1600파운드, 영국 화폐로 6만 4000파운드로 정해졌다. 황제가 자비롭게도 자신들의 충성과 감사를 증명하는 미약하지만 자발적인 헌납을 받아 준다는 사실에 억압받는 백성들은 행복해 했다.

    자만심에 우쭐하고 불평불만으로 가득찬 국민은 자신들이 처한 현실을 올바르게 평가할 능력이 없다. 콘스탄티누스 황제 시대의 사람들은 이미 오래전에 선조들의 위엄에서 타락해 버린 정신력과 남성적 미덕의 쇠퇴를 인식하지 못했다. 그러면서도 폭정과 해이해진 기강, 늘어난 조세 부담을 실감하고 한탄할 능력은 남아 있었다. 그들의 불만이 정당하다고 인정하는 공평한 역사가라면, 그들의 불행이 실제보다 과장되었음을 보여 줄 만한 다소 나은 상황을 찾아낼 것이다. 위대한 로마 제국의 토대를 순식간에 파괴시켜 버린 야만족의 위협적인 소동은 변경 지역에서 여전히 격퇴되고 있었다. 지구의 상당 부분을 차지한 로마 백성들은 오락과 학문 분야를 발전시켰고 품위 있는 쾌락을 즐겼다. 민정의 형식, 과시, 비용은 군인들의 변칙적인 횡포를 억제하는 데 기여했다. 비록 법이 권력에 의해 침해되고 교묘히 악용되었다 하더라도, 로마 법제의 현명한 원칙들은 동방의 전제 정치에서는 볼 수 없는 질서와 공정성을

104 타라코넨시스 에스파냐는 클라우디우스 황제에게 100파운드나 나가는 황금 왕관을 일곱 개나 헌납했고, 갈리아에는 아홉 개를 선사했다. 여기에서는 립시우스가 합리적으로 수정한 수치를 따랐다.

유지해 왔으며, 인간의 권리는 종교와 철학을 통해서도 어느 정도 보호받았을 것이다. 그리고 아우구스투스 이후 황제들에게 당연한 것으로 생각된 자유라는 이름은 그들이 노예나 야만족의 나라를 통치하는 것이 아님을 깨우쳐 주었을 것이다.105

105 위대한 테오도시우스는 아들에게 현명한 조언을 하면서, 로마 황제의 지위와 파르티아 왕의 지위를 분명히 구별하고 있다. 전자에게는 미덕이 필수적이지만, 후자는 혈통만으로도 충분하다는 것이다.

18

THE DECLINE AND FALL
OF THE ROMAN EMPIRE

콘스탄티누스 황제의 품성 · 고트 전쟁 · 콘스탄티누스 황제의 사망 · 세 아들에 의한 제국 분할 · 페르시아 전쟁 · 콘스탄티누스 2세와 콘스탄스 황제의 비극적인 죽음 · 마그넨티우스의 찬탈 · 내전 · 이탈리아의 정복 · 콘스탄티우스 황제의 승리

많은 사람들이 제국의 수도를 옮기고 행정 및 종교 제도에 중대한 변화를 가져온 콘스탄티누스 황제의 성격에 대해 관심을 가지고 다양한 의견을 개진해 왔다. 감사의 열의로 가득 찬 그리스도교인들은 그를 교회의 구원자라고 부르고 영웅과 성인의 자질들을 지녔다고 찬양했다. 반면 불만을 품은 패배자 측은 그를 악행과 결점으로 황제의 명예를 더럽힌 전제 군주 가운데서도 가장 혐오스러운 폭군에 견주었다. 이렇게 양측의 상반된 감정은 어느 정도 후대에까지 이어졌기 때문에, 오늘날에도 콘스탄티누스 황제의 품성은 풍자 또는 찬양의 대상으로 여겨진다. 가장 열렬한 찬미자들조차 인정하는 그의 결점과 가장 무자비한 적들조차 인정하는 그의 미덕, 이 두 가지를 공평하게 종합해 보면, 이 비범한 인물의 올바른 모습을 그려낼 수 있을 것이며 이는 진실하고 공정한 역사적인 평가로 주저 없이 승인할 만하다. 그러나 이처럼 상호 모순적인 자질 사이에서

콘스탄티누스의 품성

조화를 찾으려는 헛된 시도는 결국 인간이라기보다는 오히려 일종의 괴물 같은 형상을 만들어 내게 될지도 모른다. 이를 미연에 방지하기 위해서는 콘스탄티누스 황제 치세의 각 시기를 엄격하게 구분하여 각기 적절한 별개의 관점에서 조명할 필요가 있을 것이다.

콘스탄티누스의 덕목

콘스탄티누스 황제는 날 때부터 정신뿐 아니라 신체 또한 최고의 자질을 지니고 있었다. 위풍당당한 용모, 우아한 품행을 갖추었다. 그는 모든 남성적인 경기에서 자신의 체력과 활동성을 발휘했고, 어린 시절부터 노년기에 이르기까지 절제와 순결의 미덕을 엄격히 지킴으로써 강인한 체력을 유지했다. 황제는 친밀한 대화가 오가는 사교 생활을 즐겼고, 때로는 자제하지 못하고 황제의 위엄을 손상시킬지도 모르는 농담을 즐기기도 했지만, 정중하고 너그러운 태도로 자신에게 가까이 다가오는 모든 사람들의 마음을 사로잡았다. 그의 우정이 진실한 것인지에 관해서는 많은 의혹이 제기되었지만, 때로는 친밀하고 지속적인 관계를 끝까지 이어가기도 했다. 콘스탄티누스 황제는 정규 교육을 받지 않았다는 약점이 있었지만 학문의 가치를 정확히 평가할 줄 아는 능력이 있었기 때문에, 그 당시 예술과 학문은 황제의 비호를 받으며 널리 장려되었다. 긴급한 업무를 처리할 때는 황제의 능력이 한층 더 돋보였다. 콘스탄티누스 황제는 피로를 모르는 정신력으로 끊임없이 독서와 집필, 사색에 몰두하고 또한 외국 사절들을 접견하며 국민들의 고소장을 검토하는 등 온갖 업무를 계속했다. 그가 취한 정책들의 타당성에 대해서 비난하던 사람들조차, 황제가 교육으로 주입된 선입관이나 대중들의 아우성에 흔들림 없이 온갖 어렵고 힘든 계획들을 계속해서 입안하는 능력과 이를 끈기 있게 수행하는 능력을 지녔다는 점은 인정하지 않을 수 없었다. 콘스탄티누스 황제는 일단 전쟁터에 나서면 자신의 용맹스러운 정신이 군대 내부로까지 스며들게 했고 완벽한 장군의 자질을 발휘하여 군을 지휘했다. 따라서 황제가 국내외의 적들을 물리치고 거둔 눈부신 승리들은 행운이었다기보다는 그의 탁월한 능력에서 비롯된 결과였다고 말할 수 있다. 그는 또한 노력에 대한 보상이자 동기로서 영예를 사랑하였다. 요크에서 황제의 자리에 오른 순간부터 그의 영혼을 지배해 온 것은 끝없는 야망이었을 것이다. 당시 그가 처했던 위험한 상황과 수많은 경쟁자들의 성격, 자기 자신의 탁월한 재능에 대한 자각, 그리고 자신이 승리한다면 분열된 제국에 평화와 질서를 회복시킬 수 있으리라는 장래에 대한 전망 등을 고려해 본다면 그의 야망도 정당화될 수 있을 것이다. 막센티우스와 리키니우스에 대항한 내전에서, 콘스탄티누스는 민심을 얻었다. 즉 두 폭군의 노골적인 악행과 콘스탄티누스의 분별과 정의라는 주요 방침에 입각한 통치 행위를 비교해 본 국민들이 그의 편에 서게 된 것이다.[1]

콘스탄티누스의 타락

만약 콘스탄티누스가 테베레 강변이나 하드리아노폴리스 평원에서 전사했더라면, 극소수의 몇 가지 예외를 제외하고는 지금까지 살펴본 것과 같은 성격의 소유자로서 후세에 전해졌을 것이다. 그러나 일단 그의 치세가 끝나자마자 (온건하고 실로 부드러운 당대 역사가들의 문장에 따르면) 역대 로마 황제들 가운데 가장 큰 공적을 세운 황제라는 명예는 단번에 실추되고 말았다. 아우구스투스 황제의 생애를 살펴보면, 그가 공화국의 폭군에서 서서히 변모하여 결국 국가와 인류의 아버지라고 할 만한 인물이 되었음을 알 수 있다. 반면에 콘스탄티누스 황제의 경우에는 오랫동안 국민에게는 사랑을, 그리고 적에게는 공

[1] 콘스탄티누스의 미덕에 관한 언급들은 대부분 두 명의 진실한 이교도인 에우트로피우스와 빅토르 2세가 콘스탄티누스 가계가 폐절된 이후 작성한 기록들을 참조한 것이다. 심지어 조시무스와 율리아누스 황제까지도 콘스탄티누스의 용기와 군사적 공적에 대해서는 인정하고 있다.

서기 323~337년

포를 불러일으키던 영웅이 온갖 부귀영화로 타락하고, 정복을 통해 최고 지위까지 오른 다음 결국 잔인하고 방종한 황제로 전락하는 모습을 보게 된다. 재위 마지막 14년 동안 그가 유지할 수 있었던 전면적인 평화는 진정한 번영이라기보다는 겉치레뿐인 영광에 지나지 않았다. 게다가 콘스탄티누스의 노년은 탐욕과 낭비라는 상호 적대적이면서 동시에 양립 가능한 두 가지 악덕으로 더럽혀졌다. 막센티우스와 리키니우스 황제의 궁정에 쌓여 있었던 막대한 재물을 마구잡이로 탕진하였고, 승리자로서 추진한 여러 가지 개혁 사업들은 모두 갈수록 경비가 많이 필요한 것이었다. 온갖 건물과 궁전, 그리고 축제를 위해서 막대한 비용이 당장 필요하게 되자, 그는 국민들을 압박하여 황제의 위용을 유지할 재원을 얻어 낼 수밖에 없었다. 황제의 끝없는 관대함으로 부유해진 비열한 총신들은 강탈과 부패라는 특권을 제멋대로 행사하고 다녔다. 비록 노골적으로 표면화되지는 않았지만 부패의 기미가 국가 행정 전반에서 감지되었고, 황제 자신은 여전히 국민의 복종을 받고 있었지만 한편으로 국민의 존경은 점차 잃어가고 있었다. 노년기로 접어들면서 점점 더 외관과 예법에 신경을 썼지만, 오히려 국민들이 보기에는 황제의 품위가 떨어져만 갔다. 디오클레티아누스 황제가 허영심으로 처음 도입한 아시아풍의 화려한 겉치레에 더하여, 콘스탄티누스 황제의 경우는 부드럽고 여성적인 분위기가 풍기게 되었다. 황제의 초상화는 당시 숙련된 미용사가 공들여 만든 다양한 색상의 가발과, 값비싼 새 왕관, 많은 보석과 진주가 박힌 목걸이와 팔찌, 오색찬란한 명주 의상, 여기에 금실로 꽃 무늬를 정교하게 수놓은 것 등을 걸친 모습으로 묘사되었다. 이런 차림새는 철없고 어리석은 엘라가발루스 황제가 했다 해도 거의 변명할 여지가 없을 정도였기 때문에, 노년에 접어든 지혜로운 황제이자 소박한 로마 군인인 그가 이처럼 치장했다는 사실은 당황스럽지 않을 수 없다.[2] 이처럼 번영과 방자함으로 해이해진 정신으로는 의심이 생기면 무시할 수 없었으며 또한 그 의심스러운 상대를 용서해 줄 만큼 넓은 도량을 베풀기도 힘들었다. 막시미아누스와 리키니우스 황제를 처형한 것은 두 황제가 전형적인 폭군들이었던 만큼 정치 도의적인 원칙에 따라 정당화될 수도 있다. 그러나 콘스탄티누스 황제 말년의 오점으로 남은 온갖 처형, 아니 차라리 살인 행위에 대해서는 아무리 공정하게 생각한다 해도, 자신의 격정이나 이익이 명령하는 앞에서는 법의 정의나 자연스러운 동정심마저 기꺼이 희생시킬 수 있는 황제였다는 점을 나타낸다고 볼 수밖에 없다.

콘스탄티누스의 군기를 항상 따라다녔던 행운의 여신은 그의 가정 생활에서도 희망과 안락을 보장해 주었던 것 같다.

콘스탄티누스의 가족

역대 황제들 가운데 가장 오랫동안 번성기를 누렸던 몇몇 황제들, 즉 아우구스투스, 트라야누스, 디오클레티아누스조차도 이 점에서만큼은 후세에 실망을 안겨 주었다. 잦은 반란으로 재위 기간 중에 황실 가문을 확장시킬 만한 시간적 여유가 없었던 것이다. 그러나 고트족 출신의 클라우디우스가 시조인 플라비우스 황실 가문만은 여러 세대에 걸쳐 제위를 이어갔다. 이 가문 출신인 콘스탄티누스 황제도 부황에게 물려받은 영예로운 지위를 그대로 자식들에게 넘겨줄 수 있었다. 콘스탄티누스는 두 번 결혼했다. 젊은 시절의 연인으로 출신은 미천하지만 정실 부인이었던 미네르비나는[3] 아들 크리스푸스만을 남기고 죽었다. 뒤이어 막시미아누스 황제의 딸인 파우스타와 결혼하여 세 딸과 서로 비슷한 이름을 가진 콘스탄티누스, 콘스탄티우

[2] 이에 대해 당시 부황제이던 율리아누스 황제는 숙부인 콘스탄티누스를 비웃으려 했다. 박학한 스판하임(Spanheim)의 기록들과 율리아누스의 메달들에 이 사실이 기록되어 있기는 하지만, 그럼에도 불구하고 그의 증언은 신빙성이 거의 없다. 에우세비우스는 콘스탄티누스가 자신을 위해서가 아니라 국민들을 위해서 이렇게 몸치장을 했다고 주장한다. 에우세비우스의 주장이 사실이라면, 이 자만심 강한 멋쟁이에게 더 이상 멋진 변명거리는 없을 것이다.

[3] 조시무스와 조나라스는 모두 미네르비나를 콘스탄티누스의 첩으로 묘사하고 있다. 그러나 뒤캉주(Ducange)는 용감하게도 찬양시의 결정적인 한 구절을 통해서 그녀의 평판을 구해 낸 바 있다.

스, 콘스탄스라는 세 아들을 두었다. 콘스탄티누스 대제의 형제들, 즉 율리우스 콘스탄티우스, 달마티우스, 한니발리아누스는[4] 모두 야심이 없어서 일반 평민으로 바랄 수 있는 한도에서는 가장 영예로운 지위와 풍족한 부를 누리도록 허용받았다. 이들 가운데 막내 한니발리아누스는 명성이 높지 않았으며 또한 자손도 남기지 않고 죽었다. 그러나 두 형은 부유한 원로원 의원의 딸들과 결혼하여 황실 혈통을 이은 새로운 분가를 형성했다. 귀족인 율리우스 콘스탄티우스의 자식들 가운데 가장 이름을 떨친 사람들은 갈루스와 율리아누스였다. 달마티우스의 두 아들 달마티우스와 한니발리아누스는 감찰관이라는 명예직만을 얻었다. 콘스탄티누스 대제의 두 누이동생 아나스타시아와 에우트로피아는 각각 명문가 출신의 원로원 의원으로 집정관 신분이던 옵타투스 및 네포티아누스와 결혼했다. 막내 여동생 콘스탄티아는 영광과 불행이 뒤섞인 삶으로 주목할 만하다. 그녀는 처형당한 리키니우스 황제의 미망인이었다. 그녀의 간청으로 목숨을 구한 무고한 아들은 한때나마 자신의 생명과 부황제라는 칭호, 나아가 장래 황제의 지위를 계승할 수 있으리라는 불안정한 희망을 품을 수 있었다. 플라비우스 집안의 여자들과 친척들을 제외하고도, 오늘날의 궁정 용어로 표현하자면 황족이라 불리는 남자만도 열 명 내지 열두 명이 있었는데, 이들은 출생 순서에 따라 콘스탄티누스 대제의 뒤를 잇든지 아니면 황제를 보좌할 운명이었다. 그러나 30년도 채 못 되는 시간이 흐른 뒤에 이 번창하던 가문에서 살아남은 사람은 콘스탄티우스와 율리아누스 단 두 사람뿐이었다. 즉 이들 두 사람만이 비극 시인들이 탄식했던 펠롭스와 카드무스의 저주받은 생애와 유사한 연이은 죄악과 재난의 한복판에서 목숨을 부지한 것이다.

[4] 뒤캉주는 조나라스의 견해를 따라 그가 콘스탄티누스라는 이름을 가지고 있었다고 주장한다. 그러나 그가 이미 형이 쓰던 이 이름을 사용했을 가능성은 거의 없다.

공정한 역사가들에 따르면, 콘스탄티누스 대제의 장남으로 당연히 제국을 이끌어 나갈 계승자였을 크리스푸스는 온화하고 교양 있는 젊은이였다. 그의 교육, 적어도 면학에 관한 지도는 저명한 그리스도교인 락탄티우스가 전적으로 맡았는데, 이 지도자는 뛰어난 제자의 심미안을 형성하고 덕성을 함양시킬 만한 훌륭한 자격을 갖추고 있었다.[5] 크리스푸스는 열일곱 살의 어린 나이에 부황제의 칭호와 갈리아 속주의 통치권을 부여받았다. 갈리아는 게르만족의 침입이 잦은 지역으로 이로써 크리스푸스는 일찍부터 군사적 재능을 드러낼 기회를 잡게 되었다. 곧이어 일어난 내전에서 이들 부자는 병력을 반으로 나누었다. 크리스푸스가 리키니우스 황제의 막강한 함대가 끈질기게 방어한 헬레스폰투스 해협을 돌파하여 승리를 거둘 때 보여 준 행동과 용맹에 대해서는 이미 칭송한 바 있다. 이 해전에서 승리를 거둠으로써 내전을 종결시키는 데 기여했다. 그리고 동방 국민들은 콘스탄티누스와 크리스푸스 두 사람, 즉 모든 덕성을 겸비한 황제와 신의 총아이자 부황을 꼭 빼닮은 훌륭한 아들이 세계를 함께 제압하여 다스리게 되었다며 열렬하게 환호했다. 노년인 황제가 차지하기는 어려웠을 대중적 인기가 젊은 크리스푸스에게 쏟아졌다. 크리스푸스는 존경받을 자격이 있었으며 실제로 궁정과 군대, 그리고 국민의 애정을 한몸에 받았다. 국민들은 황제의 노련한 통치를 마지못해 인정하거나 때로는 불만과 불평으로 거부하기도 했다. 반면에 그들은 황태자의 막 피어나는 미덕에 대해서는 국가의 경사일 뿐 아니라 개인의 경사라고 기뻐하며 무한한 희망을 나타냈다.

콘스탄티누스는 곧 이처럼 위협적인 인기에 주목하게 되었고, 아버지이자 황제로서 자신과 대등한 자의 존재를 용납하려

크리스푸스의 미덕

[5] 락탄티우스가 겪은 빈곤은 그 자신에게 사심 없는 철학자라는 명성을 안겨 주거나 그의 후원자에게 무정한 인물이라는 오명을 안겨 주기도 했다.

**서기 324년,
콘스탄티누스의 질투**

하지 않았다. 황제는 신뢰와 감사의 관대한 유대 관계로 아들의 충성심을 확실히 다짐받는 대신에, 충족되지 않은 야심에서 비롯될지도 모를 해악을 미연에 방지하기로 결심했다. 그러자 당연히 크리스푸스가 불만을 품을 일이 생기게 되었다. 어린 동생 콘스탄티우스가 부황제의 칭호를 받고 그가 관할하는 갈리아 속주에 통치자로 부임한 것이다. 반면에 성년이 된 황태자이며 최근에 두드러진 공적을 세운 자신은 황제의 반열에 오르는 대신, 아버지의 궁전 안에 거의 죄수처럼 감금되어 적들의 악의에 찬 비방에 속수무책으로 당할 수밖에 없었다. 이와 같은 괴로운 상황에서 황태자가 자신의 언동을 조심하고 불만을 계속 억누를 수만은 없었을 것이다. 또 크리스푸스 주위에는 경솔하고 아첨을 일삼는 추종 무리들이 그의 분노와 격정을 집요하게 부추겼으며, 그 가운데는 이를 밀고하도록 지시받은 자들도 있었음이 확실하다. 당시 콘스탄티누스 황제가 내린 한 칙령에는 황제의 신변을 위협하며 그의 통치권에 저항하려는 비밀 음모가 꾸며지고 있다는 진정한 또는 거짓 의혹이 명백히 나타나 있다. 이 칙령은 명예와 보상이라는 모든 유혹을 동원하여 고위 관리, 친구, 총신 또는 계층에 상관없이 누구든 고발을 하라고 밀고자를 선동하고 있으며, 황제가 직접 고발을 듣고 그런 반역적 행위를 처단할 것임을 엄숙히 단언하고 있다. 황제의 신변에 대한 우려로 칙령의 마지막 부분은 신의 섭리가 변함없이 황제와 제국의 안전을 보호해 주기를 염원하는 기도문으로 끝나고 있다.

**서기 326년 7월,
크리스푸스의
죽음**

이처럼 과분한 미끼에 넘어간 밀고자들은 궁정의 술책에는 매우 능숙한 자들이었기 때문에 크리스푸스의 친구들과 추종자들을 범죄자로 지목했다. 보복과 처벌을 다짐해 온 황제의 약속이 실현되리라는 것은 의심의 여지가 없었다. 그러나 콘스탄티누스 황제는 자신의 정책에 따라 자신이 용서할 수 없는 적으로 간주하기 시작한 아들에 대해서 표면상으로는 변함없이 존중과 신뢰를 보이고 있었다. 이를테면 이 젊은 부황제의 통치가 오래 번성하길 기원하는 관례적인 서약을 새긴 메달을 만들기도 했다. 궁정의 비밀을 알 수 없는 국민들은 여전히 크리스푸스의 덕성을 사랑하고 기품을 존경했으며, 유배에서 풀려날 수 있게 해 달라고 간청한 한 시인은 황제와 그 아들의 존엄성을 동시에 찬양하기도 했다.6 마침내 콘스탄티누스 황제 집권 20주년을 경축하는 행사가 열리게 되었다. 황제는 궁전을 니코메디아에서 로마로 옮겼고, 그곳에서는 황제를 맞이하는 준비가 성대하게 이루어졌다. 모든 사람들의 언행이 로마 국민들의 행복을 표현하는 듯했고, 축제라는 위선의 베일이 한동안 복수와 살인 계획을 덮어 주고 있었다. 그러나 축제가 한창일 때 불운한 크리스푸스는 황제의 명령으로 체포되었다. 황제는 아버지로서의 다정함도 저버렸을 뿐만 아니라 재판자로서의 공정성마저 잃어 버렸다. 심문은 간결하고도 비밀스럽게 이루어졌다. 젊은 황태자의 최후를 로마 시민의 눈에서 감추는 것이 좋다는 생각에서, 황태자는 엄중한 감시하에 이스트리아의 폴라로 압송되었고, 처형되었는지 아니면 그보다는 너그럽게 독살되었는지는 알 수 없지만 순식간에 처형되었다. 한편 사랑스러운 젊은이 리키니우스 부황제도 크리스푸스의 죽음에 휘말리게 되었다. 아들의 목숨을 애원하는 누이동생의 기도와 눈물도 완고한 콘스탄티누스 황제의 시의심을 없애 주지는 못했다. 리키니우스의 죄목이라면 그의 신분밖에 없었다. 그가 처형되자 이를 견디지 못한 어머니도 오래 살지 못했다. 이들

6 그의 이름은 포르피리우스 옵타티아누스이다.

7 250년 뒤에 에바그리우스는 에우세비우스가 침묵을 지켰다는 사실에서 이 문제의 진상에 반하는 하나의 허황된 주장을 도출해 냈다.

8 코디누스는 콘스탄티누스가 실제로 이 상을 세웠으나 나중에 아리우스주의자들이 악의적으로 이 사실을 은폐했다는 점을 입증하기 위해 너무도 간단하게 히폴리투스와 연소(年少) 헤로도투스라는 두 명의 증인을 창조해 내고 염치없게도 이 가공의 역사가 사실이라고 주장하고 있다.

의 불운한 이야기와 그들 죄의 성질과 증거, 재판의 형식, 처형 상황 등은 비밀의 어둠 속에 묻혀 버렸다. 황제의 영웅적인 미덕과 신앙을 찬양하는 작품을 남긴 궁정 주교조차도 이 비극적인 사건들에 대해서는 신중한 침묵으로 일관하고 있다.7 이처럼 여론을 무시하는 거만한 행동을 함으로써 콘스탄티누스 황제의 명성에도 씻을 수 없는 오점이 남게 되었는데, 이는 현대의 대제국 군주가 취한 매우 다른 태도를 상기시킨다. 완전한 전제 군주인 러시아 황제 표트르 1세는 반역 용의자이자 방탕한 아들을 처형하는 데 서명할 수밖에 없는 이유를 설명한 다음, 자신의 행동에 대한 판단을 러시아와 유럽 그리고 후세에 일임하였던 것이다.

황후 파우스타

많은 사람들이 크리스푸스의 결백을 인정하고 있기 때문에, 오늘날의 그리스인들은 그리스 정교의 창시자인 콘스탄티누스 황제의 업적을 기리면서, 아울러 인간의 보편적 정서로는 용납할 수 없는 이 존속 살인죄를 가볍게 보이도록 애썼다. 그들은 다음과 같이 변론하고 있다. 즉 이미 고통스러워하고 있던 콘스탄티누스 황제가 자신이 허위 고발을 믿고 경솔하게도 치명적인 과오를 저질렀다는 사실을 깨닫자마자 온 세상에 널리 자신이 후회하고 있음을 공표했다는 것이다. 또 40일 동안 아들의 죽음을 애도하며 목욕과 모든 일상의 안락을 멀리하고, 후세에 교훈을 남기기 위해 크리스푸스의 황금 조각상을 세우고

내가 부당하게 처형한 나의 아들을 위하여8

라는 유명한 비문을 새겨 넣었다. 매우 교훈적이고 흥미로운

일화이지만 좀 더 권위 있는 자료가 뒷받침되어야 할 것이다. 좀 더 오래 되고 신뢰성 높은 작가들에 따르면, 콘스탄티누스 황제의 후회는 오히려 또 다른 유혈과 복수 행위를 통해서만 표명되었다. 다시 말해 무고한 아들을 살해한 보상으로 무고죄를 저지른 아내를 처형한 것이었다. 즉 크리스푸스의 불운은 계모 파우스타의 계략에 의한 것이었는데, 그녀는 무자비한 증오 때문인지 또는 좌절된 사랑 때문인지 콘스탄티누스의 궁정에서 히폴리투스와 파이드라의 고대 비극을 재현한 것이다.[9] 막시미아누스 황제의 딸 파우스타는 미노스의 딸과 마찬가지로, 의붓아들 크리스푸스가 아버지의 아내인 자신을 범하여 근친상간의 죄를 저지르려 했다는 혐의를 뒤집어씌워서, 질투심에 불타는 황제가 자신이 낳은 자식들의 가장 무서운 경쟁자인 젊은 황태자에게 사형 선고를 내리기 쉬운 상황을 만든 것이다. 그러나 콘스탄티누스 황제의 노모인 헬레나는 손자 크리스푸스가 젊은 나이에 죽은 것을 몹시 슬퍼했고 이에 복수했다. 즉 얼마 지나지 않아 사실인지 거짓인지는 알 수 없으나 파우스타가 황실 마구간 소속의 노예와 내통을 했다는 폭로가 나왔다.[10] 그녀는 즉각 유죄 판결을 받아 사형이 선고되었는데, 간통을 저지른 이 여인은 온도를 엄청나게 높인 욕탕에서 증기에 질식사했다고 한다.[11] 그러나 어떤 사람들은 콘스탄티누스 황제가 20년 동안의 결혼 생활과 자식들의 체면, 특히 제위 계승자인 자식들을 생각했다면 완고한 마음을 다소 누그러뜨릴 수도 있었을 것으로 생각하기도 한다. 또 아무리 아내의 죄가 크다 하더라도 최소한 독방에서 속죄하며 생을 마치게 해 줄 수 있었으리라 생각하는 사람도 있을 것이다. 그러나 다소 혼란스럽고 의혹이 남는 이 기이한 사건의 진상이 밝혀지지 않는 한, 그가 취한 조치의 타당성을 논하는 것은 헛수고일 것 같다. 콘

[9] 이 이야기를 처음 전한 것은 조시무스라고 여겨진다. 독창적인 현대인들은 고대인들의 기록에서 몇 가지 암시를 얻어 그의 모호하고 불완전한 이야기를 증명하고 더 나아가 더욱 발전시키기까지 했다.

[10] 조시무스는 이 문제를 설명하면서 콘스탄티누스가 두 명의 아내, 즉 무고한 파우스타와 그의 세 상속자의 어머니인 어느 간부를 죽음으로 몰고 갔다고 주장한다. 히에로니무스에 따르면, 크리스푸스와 파우스타의 사망 사이에는 3~4년이라는 시간이 경과한다. 빅토르 1세는 현명하게도 이 문제에 대해 침묵을 지켰다.

[11] 실제로 파우스타가 처형을 당했다면, 처형 장소가 궁전 내의 개인 처소였으리라고 생각하는 것이 합당하다. 웅변가 크리소스토무스는 황후의 시체가 벌거벗은 상태로 적막한 산 속에 방치되어 맹수에게 잡아먹혔으리라는 상상을 하기도 했다.

스탄티누스 황제를 공격하는 사람들이나 옹호하는 사람들 모두 그의 후계 황제 시대에 공표된 두 개의 연설문에 기록되어 있는 저 유명한 두 구절을 간과하고 있기 때문이다. 즉 전자는 황제의 딸이자 아내이며 여러 황제의 어머니이기도 한 파우스타 황후의 미덕과 미모, 행운을 찬양하고 있다.[12] 반면 후자는 명백한 어조로 콘스탄티누스 황제가 죽은 지 3년 만에 살해당한 콘스탄티누스 2세의 죽음 후에도 어머니인 파우스타가 통곡하며 지냈다고 주장한다. 그리스도교 작가들뿐만 아니라 여러 이교도 작가들의 단정적인 증언에도 불구하고, 파우스타가 남편의 맹목적이고 잔인한 의심을 피하여 달아났다고 믿거나 혹은 적어도 의심해 볼 수 있는 몇 가지 근거가 여전히 남아 있는 듯하다. 로마 국민들은 황제의 아들과 조카의 죽음, 그리고 이들의 죽음에 연루된 수많은 무고한 명문가 출신 친구들의 처형에 불만을 품고 있었을 것이다. 그리고 번성기였지만 동시에 피비린내 나는 시대였던 콘스탄티누스 황제와 네로 황제의 통치기를 비교하는 풍자시를 궁정 정문에 붙였다는 사실은 당시 어떤 소문이 퍼져 있었는지를 알려 주기에 충분할 것이다.

콘스탄티누스의 아들과 조카들

크리스푸스의 죽음으로 제위는 파우스타의 세 아들, 이미 이름을 언급했던 콘스탄티누스, 콘스탄티우스, 콘스탄스에게 계승될 것으로 생각되었다. 이 젊은 아들들은 연이어 부황제의 칭호를 받았는데, 그들의 등극 연도는 아버지 콘스탄티누스 황제 집권 10주기, 20주기, 그리고 30주기였을 것으로 생각된다. 이런 방식은 장차 로마 세계의 군주 수만 늘리는 결과를 낳았지만, 이것 또한 아버지의 아들에 대한 지나친 사랑 때문이라고 변명할 수 있을지도 모른다. 그러나 황제가 쓸데없이

---

[12] 율리아누스는 파우스타를 크리스푸스의 어머니라고 부른 것으로 보인다. 그녀는 양자 결연으로 이 칭호를 취했다. 그녀는 적어도 그의 불구대천의 원수로 여겨지지는 않았다. 율리아누스는 파우스타의 운명을 페르시아의 여왕 파리사티스의 운명과 비교한다. 로마인이라면 당연히 소(小)아그리피나를 떠올리게 되었을 것이다.

두 조카 달마티우스와 한니발리아누스마저 부황제에 임명함으로써 가문과 국민의 안전을 동시에 위태롭게 만든 것에 대해서는 그 동기를 이해하기 어렵다. 달마티우스는 사촌들과 동등한 자격으로 부황제로 임명되었다. 게다가 콘스탄티누스 황제는 한니발리아누스를 위해서는 노빌리시무스라는 새롭고 기이한 명칭을 고안해 내고,13 마치 비위라도 맞추려는 듯이 금실로 수놓은 자주색 의상을 마련해 주며 특별 대우를 했다. 또한 제국 역사상 전 로마 황제들을 통틀어서, '왕'이라는 칭호를 누린 것은 한니발리아누스 한 사람뿐이었다. 티베리우스 황제 시대의 국민들이라면 이 왕이란 칭호를 전제적인 폭정을 의미하는 엄청난 욕으로 느끼고 사용하지 않았을 것이다. 설사 콘스탄티누스 황제 치세 중이라 해도 이런 칭호를 사용하는 것은 기이하고 조리에 맞지 않는 일이었으며, 비록 황제의 메달이나 당시 작가들의 권위 있는 증거가 남아 있다 해도 당시로서는 거의 용납될 수 없는 수준의 것이었음은 확실하다.

제국 전체가 콘스탄티누스 황제의 공인 후계자인 다섯 명의 젊은 황제들의 교육에 깊은 관심을 가지고 있었다. 그들은

아들과 조카들의 교육

신체적 수련을 통해 전쟁의 피로와 바쁜 일정에 대비했다. 콘스탄티우스의 교육과 재능에 대해 때때로 언급한 사람들은 그가 뛰어넘거나 달리는 신체 활동에 뛰어나고, 솜씨 좋은 사수이자 노련한 기수였으며 기병대나 보병대에서 사용하는 각종 무기들을 능란하게 다루었다고 적고 있다. 콘스탄티누스의 다른 아들들과 조카들이 모두 그와 대등한 성과를 올리지는 못했지만, 그들을 위해서도 주도면밀한 교육이 실시되었다.14 황제는 그리스도교, 그리스 철학, 로마법제 등 각 분야에서 가장 저명한 학자들을 높은 보수로 초빙했고, 정치와 인간사에 대한

13 콘스탄티누스 이전 황제들의 시대에 노빌리시무스는 정식 법적 칭호라기보다는 그저 막연한 통칭이었다.

14 콘스탄티누스는 매우 열심히 공부했지만 상상력이 부족하여 시나 수사학에서는 별 성과를 거두지 못했다.

지식 등 가장 중요한 분야는 황제 자신이 직접 가르쳤다. 본래 콘스탄티누스 황제 자신의 능력은 온갖 역경과 경험으로 단련된 것이었다. 예를 들어 사생활에서의 자유로운 교제와 갈레리우스 황제 시대에 궁정에서 겪은 위험한 상황들 속에서 감정을 자제하고 적들에게 맞서면서, 신중하고 확고한 행동으로 현재의 안전과 미래의 영광을 도모하는 방법을 터득하였다. 반면 그의 후계자들은 불행하게도 황제의 영향력 아래에서 태어나고 교육받았다. 그들은 끊임없이 아첨하는 무리에 둘러싸인 채 제위에 오를 날만을 고대하며 젊은 시절을 향락으로 보냈던 것이다. 그들은 어느 누구라도 천편일률적으로 부드러운 얼굴로 대할 수밖에 없는 자신들의 높은 지위에서 단 한 번도 내려가 본 적이 없었다. 또 콘스탄티누스 황제의 특별한 허락으로 아주 어린 시절부터 제국의 정치에 참여하기까지 했다. 말하자면 그들은 자신들에게 맡겨진 국민들의 희생을 바탕으로 정치 원리를 배운 셈이었다. 좀 더 자세히 살펴보면 콘스탄티누스 2세는 갈리아를 맡도록 임명받았고, 동생인 콘스탄티우스는 아버지의 오랜 세습령이던 갈리아 대신에 더 부유하지만 군사력은 약한 동방의 여러 속주를 맡았다. 셋째 아들인 콘스탄스는 이탈리아와 서부 일리리쿰, 그리고 아프리카에서 콘스탄티누스 대제의 대리인 역할을 했다. 또한 달마티우스에게는 고트족과 맞닿은 변경 지대를 맡기고 트라키아, 마케도니아, 그리스의 통치도 일임하였다. 한니발리아누스에게는 카이사레아가 거주지로 주어졌으며, 폰투스, 카파도키아, 소(小)아르메니아 속주들이 그의 새로운 왕국으로 정해졌다. 또한 각각의 부황제들에게는 그에 적합한 정부 조직이 주어졌다. 각자 군주로서의 위엄과 안위를 지킬 수 있도록 상당수의 호위대, 군단, 보조 군단을 배정받았으며, 그들 각자의 측근으로 임명된 고위 관리들은 콘스탄티누스 황제의 신임을 받는 사람들로서, 젊은 부황제들의 대리 통치권 행사를 보좌하고 심지어 감독하는 역할을 담당하기 위해 배치된 사람들이었다. 부황제들이 나이를 먹고 경험이 쌓여감에 따라 권한은 점차 확대되어 갔지만, 아우구스투스라는 칭호는 콘스탄티누스 황제만이 보유하였다. 군대와 속주에 부황제를 파견하기는 했지만, 그는 여전히 제국 전역의 복종을 받는 유일한 최고 통치자로 군림하고 있었다.15 콘스탄티누스 황제 시대 말기의 14년 동안은 키프로스 섬에서 낙타몰이꾼들이 일으킨 사소한 반란이나16 고트족과 사르마티아족 간의 전쟁에서 정책상 황제가 적극 개입한 사건 등이 있었을 뿐 평화와 안정이 지속되었다.

    여러 종족들 가운데서도 사르마티아족은 매우 주목할 만한 특징을 지니고 있었다. 이들은 아시아계 야만족의 관습을 지녔지만 얼굴 생김새나 풍채는 고대 유럽 주민과 유사하다. 여러 차례에 걸친 전쟁과 평화, 동맹과 정복을 거듭하면서, 사르마티아족은 때로는 어쩔 수 없이 타나이스 강변에만 몰려 있기도 했고, 또 때로는 비스툴라 강과 볼가 강 사이에 놓인 거대한 평원까지 진출하기도 했다. 수많은 가축 사육, 사냥, 전쟁 아니 차라리 약탈이 사르마티아족의 방랑 및 이동을 촉진했다. 여자와 아이들이 거주하는 이동식 막사 또는 이동식 도시는 소가 이끄는 대형 유개 마차들로만 구성되어 있었다. 주력군은 모두 기병으로 각 전사들은 한 마리 또는 두 마리의 예비용 말을 끌고 다니며, 매우 민첩하게 전진하거나 후퇴하여 멀리 있는 적의 안전을 위협하거나 추격을 피할 수 있었다. 철재가 부족한 탓에 독특하게 생긴 흉갑을 착용하여 창이나 검으로부터 몸을 방어했다. 그들이 사용한 유일한 재료는 말발굽이었는데,

사르마티아인들의 관습

15 에우세비우스는 황제가 사사로운 시민이 자신의 세습 재산을 분배하듯이 로마 제국을 분할했다고 단언함으로써 콘스탄티누스의 권위와 영예를 드높이려 하고 있다. 콘스탄티누스가 각 속주들을 분배한 방식은 에우트로피우스와 빅토르 부자의 기록을 참조했다.

16 미천한 출신으로 차라리 소요 사태라고 할 정도에 불과한 이 반란의 지도자가 되었던 칼로케루스는 달마티우스에게 체포되어 타르수스의 장터에서 산 채로 화형당했다.

17 호기심 강한 여행가인 파우사니아스는 아테네의 아이스쿨라피우스 신전에 보존되어 있는 사르마티아족의 흉갑을 주의 깊게 관찰한 바 있다.

18 이 독은 일반적으로 식물에서 추출했으나, 스키타이족은 독사의 독을 뽑아서 인간의 피와 섞기도 했다. 독극물을 바른 무기를 사용하는 것은 동서를 막론하고 널리 퍼져 있는 방식인데, 이런 방식을 사용하더라도 야만족이 잘 훈련된 군대를 이기지는 못했다.

19 이것은 오비디우스가 유배지에서 작성한 서한체 시편으로 모두 아홉 권으로 구성되어 있으며, 그의 우울한 유배 기간 중 처음 7년 동안 작성된 것으로 우아하다는 장점 외에도 특이한 상황에 처한 인간의 마음에 대한 묘사가 드러나 있다는 점에서 가치가 있는 작품이다. 이 작품 속에 오비디우스는 자신을 제외한 어떤 로마인도 관찰할 기회를 가지지 못했던 수많은 기이한 관찰의 결과들을 담고 있다.

이것을 가늘고 윤이 나는 박편으로 잘라서 마치 비늘이나 깃털처럼 조심스레 포갠 뒤 거친 아마포 웃옷 아래 단단히 꿰매어 흉갑을 만들었다.17 사르마티아족의 공격용 무기는 단검과 긴 창, 그리고 화살통이 달린 무거운 활이 전부였다. 무기의 끝부분은 물고기의 뼈를 사용하는 수밖에 없었지만, 대신 여기에 독약을 발라서 사용하는 것이 일반적이었다. 이것으로 상처를 내면 독이 퍼져 죽게 만드는데, 이것만으로도 그들이 얼마나 야만적이었는지 충분히 증명된다. 인도주의적인 사람들이라면 그토록 잔인한 방식을 혐오했을 것이고, 전투 기술에 능한 민족이라면 그토록 무기력한 수단을 경멸했을 것이기 때문이다.18 이 야만족들이 사냥감을 찾아 황무지에서 도시로 나올 때마다 거칠고 텁수룩한 수염, 빗질하지 않은 머리, 머리부터 발끝까지 덮은 모피, 잔인함을 드러내는 듯한 험상궂은 생김새 등이 좀 더 문명화된 로마 속주 시민들을 공포와 경악으로 떨게 했다.

도나우 강 근처에 정착한 사르마티아인들

사랑을 노래한 시인 오비디우스는 일찍부터 시인으로서 명성을 얻었고 사치스러운 생활을 하면서 젊은 시절을 보냈지만, 뜻하지 않게 추운 도나우 강 유역으로 기약 없는 유배를 당하고 말았다. 그곳에서 그는 거의 무방비 상태에서 황야에 사는 괴물 같은 이들 야만족의 폭력에 시달렸는데, 그들의 흉악성에 온순한 자신의 영혼이 미쳐 버리는 것은 아닌지 두려울 정도였다고 한다. 이런 환경에서 쓴 한 편의 애가에서19 그는 파괴를 목적으로 연합한 게타이족과 사르마티아족의 생김새와 풍습, 무기와 침략 모습을 생생한 필치로 그려낸 바 있다. 몇몇 역사서의 설명에 따르면, 사르마티아족들 가운데서 수가 가장 많고 호전적인 부족은 야지가이족이었던 것 같다.

사르마티아족은 풍요한 땅에 대한 유혹에 이끌려 제국의 변방으로 항구적인 정착지를 찾아 다녔다. 아우구스투스 황제 시대가 끝나자 곧 그들은 테이스 혹은 티비스쿠스 강 유역에서 고기를 낚아 생활하던 다키아족을 산악 지역으로 쫓아내고 도나우 강과 반원형으로 이어진 카르파티아 산맥에 둘러싸인 상부 헝가리의 비옥한 평원을 차지했다.[20] 이처럼 유리한 위치를 차지한 사르마티아족은 침략에는 공격으로 응수하고 뇌물을 받으면 자제하면서 끊임없이 침략 기회만 노리고 있었다. 그리고 점차 더욱 위험한 무기 사용법을 익히게 되었다. 비록 사르마티아족이 역사에 큰 공적을 남겨 이름을 떨치지는 못했지만, 때때로 강력한 기병대로 동서쪽에 이웃한 고트족과 게르만족을 지원해 주었다. 원래는 족장들의 변칙적인 귀족 제도하에서 생활했지만, 고트족의 무력에 쫓겨난 반달족을 받아들인 후부터는, 반달족이나 이전에 북해 연안에 거주했던 유명한 아스팅 기족 가운데서 왕을 선출했던 것으로 보인다.[21]

이와 같은 두 부족 간의 적대감은 경계 지역에 거주하던 호전적인 독립 부족들 간에 끊임없는 다툼을 불러일으켰음이

서기 331년, 고트 전쟁

틀림없다. 반달족 족장들은 보복의 두려움에 떨면서도 끊임없이 복수심을 불태웠다. 고트족 왕들은 흑해에서 게르마니아 변경 지역까지 영토를 확장시키려고 애썼다. 테이스 강으로 흘러들어가는 작은 마로스 강물은 영토 분쟁으로 다투는 야만족들의 피로 물들었다. 고트족이 자신들보다 군사적으로 우세하다는 걸 알게 된 사르마티아족은 로마 황제에게 보호를 요청했다. 이 무렵 콘스탄티누스 황제는 다른 민족들 간의 불화를 만족스럽게 지켜보면서도 한편으로는 고트족의 군사력 증강에 불안해 하고 있었다. 곧 콘스탄티누스 황제가 약자 편에 서겠

[20] 사르마티아계인 야지가이족은 플리니우스가 『박물지』를 발표한 서기 79년에는 파티수스 강 또는 타비스쿠스 강 유역에 정착해 있었다. 그보다 60~70년 전인 스트라보와 오비디우스의 시대에는 게타이족 거주지 너머의 흑해 연안을 따라 거주했던 것으로 보인다.

[21] 반달족 왕이 사르마티아족을 다스렸다는 이 가설에는 고트족 출신인 요르다네스와 콘스탄티누스의 그리스 및 라틴 역사가들이 모두 의견의 일치를 보고 있다. 고트족 지배하의 에스파냐에서 살았던 이시도루스는 고트족의 적이 반달족이 아니라 사르마티아족이었다고 주장하기도 한다.

22 케르소네수스인들과의 전쟁 및 협상에 관해 제시하는 모든 사실은 콘스탄티누스 7세의 기록을 주저 없이 사용했다는 점에 대해서 양해를 구할 필요가 있을 것 같다. 그가 10세기 그리스 사람이라는 것과 고대사에 대한 그의 설명이 종종 혼란스럽고 터무니없다는 것을 알고 있지만, 이 경우에는 그의 설명이 대부분 모순이 없으며 개연성도 있다는 점을 감안해야 할 것이다. 또한 황제라면 평범한 역사가들이 아무리 노력해도 접근할 수 없었을 몇몇 비밀스러운 공문서 보관소에도 출입할 수 있었으리라 생각한다.

다고 공언하자, 승리감에 도취해 있던 고트족 왕 아라리크는 로마 군대의 공격을 기다리는 대신 대담하게 도나우 강을 건너 모에시아 속주 전역에서 약탈을 강행함으로써 공포를 확산시켰다. 이 파괴적인 침략에 대항하기 위해 늙은 황제가 몸소 출전했지만, 운이 나빴기 때문이었는지 또는 지휘를 잘못했기 때문이었는지, 이 전투에서는 이전에 수많은 국내외 전투에서 거둔 영광을 재현하지 못했다. 게다가 황제의 군대는 몇몇 야만족이 요새화된 막사까지 추격해 오자 줄행랑 치듯 굴욕적인 퇴각을 할 수밖에 없었다. 그러나 로마군은 두 번째 전투에서 승리를 거둠으로써 간신히 명예를 회복할 수 있었다. 한 차례 격렬한 전투 후에 군사 기술과 규율에 의한 무력이 비정규군의 용맹을 제압한 것이었다. 패배한 고트족 군대는 전쟁터와 황폐화한 땅, 그리고 도나우 강 항로를 포기하고 도주했다. 이후 콘스탄티누스 황제의 맏아들이 황제인 아버지를 대신해 지휘권을 넘겨 받

서기 332년 4월

았지만, 결국 제국 전역에 기쁨을 몰고 온 이 승리의 공적은 모두 황제가 내린 운 좋은 전략 덕분이라고 여겨지게 되었다.

콘스탄티누스 황제는 이 전투로 적어도 자유롭고 호전적인 케르소네수스인들과 협상을 이뤄내는 성과를 얻었다.22 이들의 수도는 타우리카 또는 크림 반도의 서부 해안에 위치하며 당시에도 여전히 그리스 식민지의 흔적이 남아 있었고, 시 장로단이라 불리는 원로 회의의 보좌를 받는 종신제 장관이 통치하고 있었다. 케르소네수스인들은 이전에 부족한 병력으로 고트족에 대항하여 전쟁을 치른 기억 때문에 고트족에 대해서는 적대감을 불태우고 있었다. 반면에 로마인들과는 무역을 통한 상거래상의 이익으로 우호 관계를 맺고 있었다. 그들은 아시아 여러 속주에서 곡물이나 가공품을 수입하는 대신 자신들의 유

일한 산물인 소금, 밀초, 모피를 수출하였다. 그래서 콘스탄티누스 황제의 원군 요청을 기꺼이 받아들여 디오게네스라는 장관의 지휘 아래 격발식 활과 전차를 주력 부대로 하는 대규모 원군을 준비했다. 그들은 신속한 행군과 용맹스러운 공격으로 고트족 군대의 주의를 흐트러뜨림으로써 로마 장군들의 작전 수행을 도왔다. 각지에서 패배한 고트족 군대는 산악 지대로 도망쳤고, 거기서도 격렬한 전투를 벌인 끝에 10만 명 이상이 추위와 굶주림에 죽어간 것으로 추정된다. 마침내 고트족의 애원으로 화해가 이루어졌고, 이때 아라리크 왕의 장남은 귀중한 인질로 인도되었다. 콘스탄티누스 황제는 영예와 보상을 후하게 내려 로마와 우호 관계를 맺는 것이 유리하다는 점을 족장들에게 주지시키려 했다. 충성심을 보인 케르소네수스인들에게도 매우 후한 감사 표시를 했다. 장관인 디오게네스와 그 후계자들에게 거의 왕족에 버금가는 표장을 수여함으로써 부족의 긍지를 만족시켜 주었다. 또한 흑해 항구로 들어오는 그들의 무역선에 대해서 지속적인 관세 면제를 보장하고, 전시나 평시나 항상 필요한 철, 곡물, 기름 등의 물자들도 정기적으로 보조하기로 약속했다. 한편 황제는 사르마티아족이 임박했던 멸망으로부터 구제된 것만으로도 충분한 보상을 받았다고 생각했다. 따라서 엄밀한 계산 방식을 적용해, 이 난폭한 부족에게 주어 오던 관례적 하사금에서 전쟁 비용의 일부를 제하기로 했다.

이처럼 철저하게 무시를 당한 것에 분노한 사르마티아족은 야만인다운 경솔함으로 최근까지 받은 혜택과 여전히 안전을 위협받고 있는 자신들의 현실을 순식간에 잊어 버렸다. 그들이 제국의 영토를 침범하자, 이에 격노한 콘스탄티누스 황제

서기 334년,
사르마티아인들의 추방

는 그들을 몰살시켰고 새로 고트족의 왕으로 추대된 유명한 전사 게베리크의 야심을 더 이상 저지하려 하지 않았다. 반달족의 왕 비수마르만이 원군도 없이 불굴의 용기로 영토를 수호했지만 결정적인 전투에서 패하여 살해되었고, 이 전투에서 사르마티아족의 많은 젊은이들도 목숨을 잃었다. 남은 사르마티아족은 노예와 건장한 사냥꾼, 그리고 농민에게까지도 무기를 들게 하고 필사적으로 싸웠고, 비록 오합지졸이었지만 이들의 분투로 이전의 패배를 되갚고 침략자들을 영토에서 몰아냈다. 그러나 그들은 곧 외부의 적을 물리친 대신 더 위험하고 무자비한 내부의 적을 키웠다는 것을 깨닫게 되었다. 예전부터 노예 생활에 불만을 느끼고 있던 리미간테스라 불리는 노예들이 이번 승리에 고무되어 자신들이 구한 지방에 대한 영유권을 주장하고 나선 것이었다. 그들의 주인들은 이 폭동에 속수무책으로 당하게 되자 노예들의 폭정에 복종하기보다는 차라리 고된 망명 생활을 택했다. 이리하여 자국에서 탈주한 일부 사르마티아족은 노예들 밑에서보다는 차라리 예전의 적의 깃발 아래서 굴욕을 당하는 게 낫겠다는 생각으로 고트족을 찾아가 그들에게 귀속되기를 간청했다. 그리고 좀 더 많은 수의 사르마티아족들은 카르파티아 산맥을 넘어 게르만족과 동맹 관계를 맺고 있던 콰디족 틈으로 들어가 황무지 가운데 일부 토지에 정착할 수 있게 되었다. 그러나 사르마티아족 난민의 대다수는 풍요로운 로마의 여러 속주로 눈을 돌렸다. 그들은 로마 황제의 보호와 용서를 간청하면서, 평소에는 일반 국민으로 전시에는 병사로서 자신들을 받아 준 자비로운 제국을 위하여 충성을 바칠 것이라고 엄숙하게 맹세했다. 프로부스 황제 이후 행해진 역대 황제들의 정책에 따라 이들 야만족의 청원을 기꺼이 받아들였다. 그리하여 곧 판노니아, 트라키아, 마케도니아, 그리고 이탈리아 속주에서 상당한 토지가 30만 명에 달하는 사르마티아족의 주거와 생계의 터전으로 주어졌다.

이처럼 콘스탄티누스 황제는 고트족의 오만한 태도는 응징하고, 관대한 처사를 간청한 부족의 충성은 받아들임으로써 로마 제국의 위엄을 널리 과시했다. 에티오피아, 페르시아, 그리고 저 멀리 인도의 여러 나라에서 온 사절들이 제국의 평화와 번성을 경축했다.[23] 만약 황제가 맏아들과 조카, 그리고 부인의 죽음까지도 운 좋은 사건들로 생각했다면, 그는 30년이라는 통치 기간 동안 공적으로나 사적으로나 계속해서 행복을 누린 것이었다. 이 치세 30주년 기념 축전은 아우구스투스 황제 이래 역대 그 어느 황제도 누리지 못한 것이었다. 콘스탄티누스 황제는 성대한 30주년 축전 이후 약 열 달 만에 세상을 떠났다. 사소한 병을 앓고 나서, 신선한 공기와 따뜻한 온천으로 쇠약해진 기운을 회복하기 위해 머물던 니코메디아 교외에 있는 아퀴리온 궁전에서 예순네 살로 역사에 길이 남을 자신의 생을 마감했다. 그의 죽음을 비탄하거나 적어도 애도를 표하는 여러 가지 행사들은 글자 그대로 유례가 없는 것이었다. 로마 시민들과 원로원의 요구에도 불구하고, 그의 마지막 유언에 따라 황제의 시신은 창건자의 이름과 기억을 영원히 보존할 콘스탄티노플로 옮겨졌다. 그의 위대함을 상징하는 자의와 왕관으로 꾸며진 시신은 궁전 안의 화려하게 장식된 방에 있는 황금 침상에 안치되었다. 궁전의 관례도 모든 것이 살아 있을 때와 마찬가지로 엄격히 지켜졌다. 매일 정해진 시각에 민정, 군사, 황실에 관련된 여러 장관들이 무릎을 꿇고 엄숙한 표정으로 죽은 황제에게 다가가 마치 살아 있는 사람을 대하는 것처럼 정

콘스탄티누스의 죽음과 장례식

서기 337년 5월

[23] 에우세비우스는 이 인도인들과 관련되어 있는 세 가지 사실을 언급한다. 1. 그들은 동쪽 바다에서 왔다. 이는 아마 중국이나 코로만델 해안에 적용될 수 있는 묘사일 것이다. 2. 그들은 여러 가지 반짝이는 보석들과 알려지지 않았던 동물들을 선사했다. 3. 그들은 자신의 왕들이 콘스탄티누스의 최고 주권을 나타내는 조각상을 세웠다고 주장했다.

[24] 콘스탄티누스는 스스로 성 사도 교회 안에 장엄한 무덤을 마련해 두었다. 콘스탄티누스의 와병과 임종, 장례식을 가장 잘, 그리고 사실상 거의 유일하게 묘사한 기록은 에우세비우스가 쓴 그의 전기 제4권일 것이다.

중하게 경의를 표했다. 정책적인 동기에서 이런 연극 같은 절차는 얼마 동안 지속되었다. 이를 두고 아첨꾼들은 콘스탄티누스 황제만이 신의 특별한 은혜로 죽은 뒤에도 통치한다는 소문을 퍼뜨렸다.[24]

궁정의 파벌 싸움

그러나 이런 식의 통치는 공허한 허식에 불과했다. 곧 아무리 막강한 절대 군주의 유언이라도 더 이상 은총을 기대할 수도 없고 또 분노를 두려워할 필요도 없는 국민들에게 지킬 것을 강요할 수는 없다는 사실이 드러나게 되었다. 군주의 시신 앞에서 그토록 경건하게 고개를 숙이는 고관과 장군들이 이미 황제의 두 조카 달마티우스와 한니발리아누스를 황제가 지정해 준 제국 계승권에서 배제시키려는 비밀 모의에 가담하고 있었다. 콘스탄티누스 황제의 궁정에 대해 완전히 알지 못하기 때문에, 이런 음모의 실질적 동기에 대해 정확한 판단을 내리기는 힘들다. 다만 죽은 황제의 오만한 총신으로 오랫동안 자문회의를 이끌면서 황제의 신임을 악용했던 총독 아블라비우스에 대한 질투와 복수심에서 비롯된 것으로 추측해 볼 수 있을 따름이다. 공모자들이 군대와 국민의 동의를 구하기 위해 동원한 근거들은 좀 더 명백한 것들이었다. 콘스탄티누스 황제의 자식들이 서열상 우위라는 점, 군주의 수가 늘어나면 위험하다는 점, 깊은 형제애가 없는 수많은 경쟁적인 군주들 간의 불화가 공화국에 재앙을 가져올 수 있다는 점 등의 이유를 고상하고 그럴듯하게 주장했다. 이러한 음모는 비밀리에 열성적으로 진행되었으며, 마침내 군대도 죽은 황제의 친자 이외에는 로마 제국의 통치를 허용하지 않겠다고 만장일치로 소리 높여 공언하고 나섰다. 젊은 달마티우스는 우정과 이해관계로 연결된 황제의 방계 친척이었으며, 콘스탄티누스 대제의 능력을 상당 부분 이어받은 것으로 여겨졌다. 그러나 이런 경우에 직면해서 그와 동생 한니발리아누스가 백부의 은혜로 받은 황제 계승권을 차지하기 위해 무력을 사용하려 했던 것 같지는 않다. 분노한 수많은 시민들의 모습을 보고 놀라고 당황한 그들은 도주하거나 저항할 틈도 없이 무자비한 적에게 사로잡힌 듯하다. 그들의 운명은 콘스탄티누스 대제가 가장 사랑했던 아들인 콘스탄티우스의 도착으로 결정되었다.

본래 콘스탄티누스 황제는 유언에서 자신의 장례 문제를 신앙심 깊은 콘스탄티우스에게 일임했다. 그는 인접한 동방을 통치하고 있어서 이탈리아와 갈리아 등 먼 곳에 있는 형제들보다 빨리 달려올 수 있었다. 콘스탄티노플 궁정을 장악하자마자 그가 시행한 첫 번째 조치는 인척들의 안전을 보장하겠다는 확실한 약속을 함으로써 그들의 불안을 해소시켜 준 것이었다. 그러나 그 다음 한 일은 경솔하게 행한 이 약속의 의무로부터 양심의 가책을 받지 않고 벗어나기 위한 그럴듯한 핑계를 찾는 일이었다. 잔인한 계획을 실행하기 위해 교묘한 술책을 동원하였다. 가장 신앙심 깊은 인물이 명백한 위조 문서를 진짜라고 인정했던 것이다. 콘스탄티우스는 니코메디아의 주교에게 부황의 친필 유언장임이 확인된 한 권의 중요한 두루마리를 전달받았다. 이 유언장에서 죽은 황제는 동생이 자신을 독살한 것 같다는 의혹을 표명하면서 아들들에게 복수해 달라고 부탁하고 또한 범죄자를 처벌하여 안전을 도모하라고 충고하였다. 이처럼 믿을 수 없는 비난에 대해 불운한 황제들이 생명과 명예를 지키고자 갖가지 이유를 들어 변명해 보았지만, 즉각적으로 적들에게 판결을 내려 사형 집행을 선언한 군대의 격앙된 목소리 앞에서 침묵당하고 말았다. 무차별적인 학살로 법

학살당한 황실가

율 준수의 정신과 절차상의 형식은 모조리 묵살되었다. 학살당한 사람들은 콘스탄티우스의 두 숙부인 달마티우스와 한니발리아누스, 일곱 명의 사촌, 부황의 누이와 결혼했던 귀족 옵타투스, 막대한 권력과 재산으로 제위를 노렸던 총독 아블라비우스 등이었다. 피비린내 나는 이 무시무시한 학살을 더욱 끔찍하게 만드는 것은, 콘스탄티우스는 율리우스 숙부의 딸과 결혼했으며 자신의 여동생은 사촌 한니발리아누스와 결혼한 상태였다는 점이다. 이러한 혼인 관계는 국민들의 정서는 무시한 채[25] 콘스탄티누스 황제가 정략적으로 황실 가문들을 연결시킨 것으로 가문의 결속을 다지기 위한 방책이었다. 그러나 이번 일로 국민들 앞에 황실 사람들은 부부간의 애정에도 냉담하며 혈족 관계나 무고한 젊은이들의 애원에조차 무관심하다는 점을 확인시켜 주는 결과만 가져왔다. 황실 가문의 수많은 사람들 중에서 살아남은 사람은 율리우스 콘스탄티우스의 두 어린 아들인 갈루스와 율리아누스뿐이었다. 어느 정도 학살자들의 분노도 가라앉아 진정 국면에 들어섰다. 콘스탄티우스 황제는 형제들이 없는 사이 발생한 이 일로 모든 죄와 비난을 한몸에 받게 되었다. 언젠가 그는 자신이 미숙한 젊은이로서 고관들의 거짓 충언과 군부의 맹렬한 폭력에 휩싸여 잔혹한 행위를 저질렀다며 언뜻 일시적인 회한을 드러낸 적이 있다고 한다.[26]

서기 337년 9월, 제국의 분할

플라비우스 가의 대량 학살 사건이 있은 다음 제국 영토는 세 형제의 회담으로 새로운 분할이 이루어졌다. 승계 서열 1순위인 선임 부황제 콘스탄티누스 2세는 서열에 따라 자신과 아버지의 이름을 딴 새 수도의 통치를 맡았다. 트라키아와 동방의 속주들은 콘스탄티우스의 관할 지역이 되었고, 콘스탄스는 이탈리아, 아프리카, 서부 일리리쿰의 정식 군주로 승인되었

[25] 고대의 법의 폐기와 500년에 걸친 관습으로도 로마인들의 선입관을 뿌리 뽑기에는 충분치 못했다. 그들은 여전히 친사촌 간의 결혼은 일종의 완전한 형태는 아니라도 근친상간이라고 여겼다. 그리고 미신을 잘 믿고 쉽게 분노하는 율리아누스는 자신의 사촌들과의 이 부자연스러운 결합을 비난했다. 교회법의 법률 체계는 유럽의 민법이나 관습법에 이에 관한 금지령을 도입할 수는 없었지만, 금지령이 부활된 이래 이를 지킬 것을 강권해 왔다.

[26] 율리아누스는 자신이 간신히 모면했던 이 학살이 전적으로 콘스탄티우스의 책임이라고 비난했다. 그리고 그의 주장은 매우 편파적인 이유에서이긴 하지만 그 못지않은 콘스탄티우스의 적이었던 아타나시우스에 의해서 확인되고 있다. 조시무스도 이와 동일한 고발에 동참하고 있다.

다. 군대도 이들의 세습 계승권에 복종하였다. 그리고 얼마 후 세 형제는 로마 원로원으로부터 황제의 칭호를 부여받았다. 이들이 처음 통치권을 부여받았을 때, 콘스탄티누스 2세가 스물한 살, 콘스탄티우스가 스무 살, 콘스탄스는 불과 열여덟 살이었다.

  유럽의 호전적인 여러 부족들도 이들 삼형제의 지배하에 들어가게 되었지만, 콘스탄티우스만은 약체인 아시아 군대의 수장으로서 페르시아 전쟁이라는 무거운 짐을 짊어져야 했다. 콘스탄티누스 대제가 사망할 당시 페르시아의 왕은 호르무즈, 즉 호르미스다스 왕의 아들이자 나르세스의 손자라 할 수 있는 샤푸르였다. 그는 예전에 갈레리우스 황제에게 패한 후 로마의 우위성을 인정하고 있었다. 샤푸르 왕은 매우 기이한 운명을 타고나 태어나기도 전에 이미 왕위에 올랐다. 그래서 30년이나 장기 집권을 하고 있었지만 여전히 혈기왕성한 젊은이였다. 호르무즈 왕이 사망할 당시 왕비는 임신 중이었으나, 임신 사실뿐만 아니라 아기의 성별도 불확실하자 사산 가 왕자들은 왕권에 대한 야심으로 동요했다. 그러나 한 마기가 왕비는 왕자를 임신했으며 무사히 낳을 것이라고 예언하면서, 마침내 내전에 대한 우려는 사라졌다. 미신적 예언을 맹신하는 페르시아인들은 주저 없이 대관식을 준비했다. 예를 갖춘 왕비가 비스듬히 누운 호화로운 침대가 궁정 중앙에 놓였다. 아르타크세르크세스 왕의 후예이자 미래의 왕이 들어 있을 것으로 보이는 지점에 왕관이 놓이자, 태수들은 일제히 그 앞에 꿇어 엎드려 보이지도 않고 아무 반응도 없는 왕의 위엄을 경배했다.[27] 페르시아 민족의 기질이나 그의 기나긴 집권 기간을 생각하면 있을 법한 이 놀라운 이야기를 믿는다면, 샤푸르 왕의 재능과 행운

서기 310년,
페르시아 왕 샤푸르

[27] 6세기에 살았던 아가티아스가 이 이야기의 저자이다. 그는 이 자료를 『페르시아 왕실 연대기』에 대한 몇몇 발췌본에서 얻었다고 한다. 이 발췌본은 해석자인 세르기우스가 페르시아 궁정의 대사로 있는 동안 확보하여 번역한 것이라고 한다.

28 이 문제에 관해서 상당한 권위를 갖고 있는 섹스투스 루푸스는 페르시아인들이 헛되이 평화를 간청했으며, 콘스탄티누스는 이때 이미 그들에게 진격할 준비를 하고 있었다고 주장한다. 그러나 보다 월등한 중요성을 지닌 에우세비우스의 증언을 따르자면 평화 조약이 비준된 것까지는 아니더라도 예비 교섭은 하고 있었음을 인정하지 않을 수 없다.

모두에 대해 경탄하지 않을 수 없다. 페르시아의 조용하고 한적한 후궁에서 자라고 교육받은 어린 왕은 심신을 단련시키는 것이 중요하다는 사실을 알았다. 그는 절대 권력의 책임과 유혹 등을 전혀 모른 채 왕좌에 올랐지만 왕위를 수행할 만한 능력을 갖추고 있었다. 어린 시절은 몇몇 내분에 의한 재앙으로 고생스럽게 보냈다. 수도가 예멘 혹은 아라비아의 강력한 왕 타이르에 의해 기습을 받아 약탈당했고, 선왕의 누이가 포로로 잡혀감으로써 왕가의 위엄이 땅에 떨어지기도 했다. 그러나 그가 성인이 되자마자 거만한 타이르 왕과 그 국민, 국토가 모두 젊은 용사 샤푸르 왕 앞에 무릎을 꿇게 되었다. 승리한 샤푸르는 엄격함과 자비로움을 적절히 혼합하여 현명하게 승자의 권리를 누림으로써, 아랍 민족들로부터 두려움과 감사의 표현으로서 국가의 보호자라는 의미의 '둘라크나프'라는 칭호를 얻게 되었다.

메소포타미아와 아르메니아의 상황

적들로부터도 군인이자 정치가로서의 자질을 인정받은 페르시아 왕 샤푸르는 선조들의 치욕을 앙갚음하고 티그리스 강 아래 다섯 개 속주를 로마인들로부터 탈환하려는 야심을 불태우기 시작했다. 다만 콘스탄티누스 대제의 군사적 명성과 로마 정부의 실질적 혹은 외견상의 위력에 밀려 공격을 미루고 있었다. 그의 적대적 행동이 로마의 분노를 산 적도 있는데 이때, 로마 제국 궁정의 인내심을 이용하는 교묘한 협상으로 위기를 모면했다. 이런 상황에서 콘스탄티누스 황제의 죽음은 하나의 개전 신호가 되었다.28 시리아와 아르메니아 국경 지대의 실제 상황은 페르시아인에게 손쉬운 정복과 풍성한 전리품을 보장해 주는 듯하였다. 로마 궁정에서 일어난 대량 학살 사건은 동방의 군대에도 방종과 반항의 기운을 확산시켜, 노련한 지휘관에게 복종하는 관습조차 더 이상 지켜지지 않았다. 콘스탄티우스 황제가 판노니아에서 형제들과 회담 직후 유프라테스 강 유역으로 급히 달려가 신중하게 대처함으로써, 로마 군단은 점차 책임감과 규율을 회복했다. 그러나 이미 로마의 무질서 상태를 간파하고 있던 샤푸르 왕은 이를 이용하여 재빨리 니시비스를 포위 공격했고, 메소포타미아의 가장 중요한 몇몇 요새들을 점령할 수 있었다.[29] 아르메니아에서는 유명한 티리다테스 왕이 자신의 용맹성과 로마에 대한 충성심 덕분에 오랜 평화와 번영을 누리고 있었다. 콘스탄티누스 황제와 맺은 굳건한 동맹 관계는 현세적으로나 종교적으로 모두 그에게 이익을 안겨 주었다. 티리다테스 왕이 개종하여 영웅에 성자라는 명성까지 더해지면서, 그리스도교는 유프라테스 강으로부터 카스피 해 연안까지 공공연하게 국교로 선포되고 확립되기에 이르렀다. 따라서 아르메니아는 정치와 종교라는 이중의 유대 관계로 로마 제국과 밀착되어 있었다. 그러나 많은 아르메니아 귀족들은 여전히 다신교와 일부다처제의 포기를 거부하고 있었고, 노령기에 접어든 왕을 멸시하고 그의 죽음만을 고대하는 불만 세력 때문에 국가의 평화는 교란되었다. 마침내 티리다테스 왕이 56년간의 통치 끝에 사망하자 아르메니아 왕국의 운명도 그와 함께 끝이 났다. 그의 적법한 후계자는 추방당했고 그리스도교 사제들은 살해당하거나 교회에서 쫓겨났다. 대신 알바니아의 야만 부족들이 산악 지대에서 영입되었는데, 이들 가운데 두 명의 강력한 지배자가 왕가의 표장과 권력을 찬탈하고 샤푸르 왕에게 원조를 요청하여 페르시아 수비대에게 성문을 열어 주었다. 그러는 사이 그리스도교 측은 계시자 성 그레고리우스의 직계 후계자인 대주교 아르탁사타를 지도자로 받

서기 342년

[29] 이 해의 전쟁에서 거둔 몇몇 승리로 콘스탄티누스는 아디아베니쿠스 막시무스라는 칭호를 얻었다.

30 당시의 웅변가들의 막연한 암시와 공식 역사가들의 정황적인 이야기들이 완벽하게 일치한다는 것은 전자에게는 영광을 안겨 주고 후자에게는 역사가로서의 비중을 높여 준다. 모세스(Moses)를 신뢰한다면 안티오쿠스의 이름은 몇 년 전에 좀 더 하급인 민정 직책에서 발견된다.

31 암미아누스는 사라센인들의 유랑 및 약탈 생활에 대해 생생하게 묘사하고 있다. 그들은 아시리아의 국경 지대에서부터 나일 강의 큰 폭포에 이르기까지 널리 퍼져 있었다. 히에로니무스는 말쿠스의 모험담을 근거로 약탈자들이 베로에아와 에데사 사이의 국도에 창궐했다고 전하고 있다.

들고 콘스탄티우스 황제의 신앙심에 호소했다. 약 3년 동안이나 분쟁을 치르고 나서 마침내, 황실 관리인인 안티오쿠스가 황제의 명령을 달성하는 데 성공했다. 티리다테스 왕의 아들인 호스로우를 부왕의 왕위에 복귀시켰고, 아르사케스 가문의 충신들에게는 명예와 포상을 내리고 또한 대사면령을 내렸는데, 여기엔 반항했던 태수 대부분도 포함되었다. 그러나 로마인들은 이 혁명으로 단순한 이익 이상의 큰 명예를 얻었다. 호스로우는 체구도 왜소하고 성격도 소심하여 전쟁이라는 고통스러운 일을 수행하는 것을 견디기 힘들어했을 뿐만 아니라, 인간관계를 싫어했기 때문에 수도를 떠나 엘레우테루스 강 기슭의 그늘진 숲 속에 한적한 궁정을 짓고 물러나 사냥과 매 사냥 등 전원에서의 소일거리로 시간을 허비하였다. 이처럼 불명예스러운 안락한 생활을 누리고자 샤푸르 왕이 강요한 강화 조건에 굴복했다. 그 조건이란 매년 공물을 바치고, 일찍이 용맹한 티리다테스 왕과 갈레리우스 황제의 승리로 아르메니아에 합병되었던 아트로파테네의 비옥한 영토를 반환하라는 것이었다.30

서기 337~360년, 페르시아 전쟁

콘스탄티우스 황제의 오랜 통치 기간 동안, 동방의 여러 속주는 페르시아 전쟁으로 온갖 재난에 시달렸다. 페르시아 경기병들이 시시때때로 침략하여 티그리스 강과 유프라테스 강 너머, 크테시폰 성문에서 안티오크 성문에 이르는 모든 지역이 공포에 떨었고 번갈아가며 약탈의 대상이 되었다. 약탈을 적극적으로 부추긴 사람들은 사막 지대의 아랍인들이었는데, 이들은 이해관계와 감정에 따라 분열되어 있었다. 각 독립 부족의 족장들 중 일부는 샤푸르 왕의 편에 선 반면 다른 일부는 본심은 알 수 없지만 형식적으로는 로마 황제에게 충성을 맹세하고 있었다.31 좀 더 중요하고 본격적인 전투에서는 양측이 모두 치열한 사투를 벌였다. 로마군과 페르시아군은 모두 아홉 차례의 혈전을 벌였는데, 그중 두 차례의 전투는 콘스탄티우스 황제가 직접 지휘했다. 전반적인 전황에서는 로마군에게 대체로 불리했지만, 싱가라 전투에서만큼은 그들의 무모한 용기로 결정적인 승리의 목전까지 도달했던 적이 있다. 싱가라에 주둔해 있던 로마군은 샤푸르 왕이 진격하자 후퇴했다. 샤푸르 왕은 세 다리를 거쳐 티그리스 강을 건넌 다음 힐레 마을 근처의 유리한 고지에 진영을 설치하고, 수많은 선발 부대의 노동으로 하루 만에 자기 진영을 깊은 참호와 높은 보루들로 에워쌌다. 이 엄청난 대규모 군대가 전투 대형을 갖추자, 티그리스 강 기슭과 인접한 언덕뿐 아니라 양쪽 군대를 갈라놓는 12마일이 넘는 평원 전체를 뒤덮었다. 양군 모두 전투를 서두르는 듯했다. 그러나 뜻밖에도 페르시아군은 가볍게 저항한 뒤 곧 혼란에 빠져 도망쳤다. 막강한 로마 군단에 저항하는 것이 불가능했던 것인지 아니면 로마군을 지치게 만들려는 의도였는지는 알 수 없으나, 로마군이 더위와 갈증에 시달렸던 것만은 사실이었다. 그런데도 로마군은 평원을 가로질러 도망치는 적을 추격하여, 퇴로를 엄호하기 위해 자기 진영 앞에 완전무장으로 버티고 있던 페르시아 기병대마저 산산이 쳐부쉈다. 추격 부대에 서둘러 합류한 콘스탄티우스 황제는 밤에는 위험하지만 날이 밝으면 성공할 것이 틀림없다고 확신하면서 군대의 맹렬한 추격을 제지하려고 했으나 그로서도 이미 돌이킬 수 없는 상황이었다. 로마 군대는 지휘관의 경험이나 능력보다 자신들의 용맹을 과신했기 때문에, 황제의 소심한 충고 따위는 진격하자는 함성에 묻혀 버렸다. 이윽고 맹렬히 돌격하여 참호를 점령하고 보루를 파괴하였고, 적진 안으로 밀고 들어가 피로를 회복하고

서기 348년,
싱가라 전투

풍성한 전리품을 나눠 갖기에 정신이 없었다. 한편 신중한 샤푸르 왕은 승리의 기회를 엿보고 있었다. 그가 지휘하는 병력은 대부분 안전한 고지대에 자리를 잡고서 그 광경을 지켜보고 있다가 어둠이 깃듦과 동시에 조용히 진격하기 시작했다. 적진에서 새어 나오는 불빛을 보고 방향을 잡은 페르시아의 사수 부대는 무장을 푼 채 승리감에 빠져 있는 로마군을 향해 화살을 퍼부었다. 한 성실한 역사가에 따르면 이때 로마군이 엄청난 사상자를 내며 참패했고 패잔병들은 엄청난 고통을 겪었다. 황제의 미덕에 대한 과장된 칭찬을 일삼는 사람들조차도 황제의 명예가 병사들의 명령 불복종으로 손상되었음을 인정하면서, 이 처참한 패전에 대해서는 입을 다물었다. 이들 어용 웅변가들 가운데 단 한 사람만은 마치 콘스탄티우스 황제의 명성을 시기라도 하는 것처럼, 후세 사람들의 눈에는 황제의 명예에 뚜렷한 오점으로 남을 놀라운 잔혹 행위를 매우 냉정하게 기술하고 있다. 그의 기록에 따르면 샤푸르 왕의 후계자인 그의 아들이 페르시아 진영 내에서 포로로 잡혔는데, 아무리 잔혹한 적에게도 동정을 불러일으킬 만한 이 불행한 어린 왕자를 무자비한 로마군은 매질과 고문을 가하고 결국 공개 처형했다고 한다.

니시비스 공성전

전쟁터에서 샤푸르의 군대가 아무리 유리한 위치에 있었다 하더라도, 아홉 차례나 반복된 승리로 그의 용맹과 뛰어난 지휘 능력에 관한 명성이 널리 퍼졌다. 그러나 메소포타미아의 몇몇 요새화된 도시와 특히 강력한 옛 도시인 니시비스가 여전히 로마의 수중에 남아 있는 한, 그의 본래 계획이 모두 성공적으로 달성되었다고 할 수는 없었다. 루쿨루스의 시대 이후 로마 제국 동방의 보루로서 가치를 인정받아 온 니시비스는

12년 동안 세 차례에 걸쳐 샤푸르 군대의 강력한 포위 공격을 견뎌냈다. 각각 60일, 80일, 90일 이상 이어진 공격을 막아 내면서 샤푸르 왕의 의도를 좌절시켰고 그에게 엄청난 손실과 치욕을 안겨 주었다. 인구가 조밀하고 거대한 이 도시는 티그리스 강에서 이틀이 걸려야 도착하는 마시우스 산자락의 비옥한 평원 한복판에 위치해 있다.32 깊은 참호가 삼중으로 된 벽돌 성벽을 다시 한번 방어하고 있었고, 시민들은 루킬리아누스와 용감한 수비대의 끈질긴 저항을 필사적인 용기로 뒷받침하고 있었다. 니시비스 시민들은 주교의 격려로 고무된데다33 위험에 대비해 단련해 왔을 뿐만 아니라, 샤푸르 왕이 이 땅에 페르시아 식민지를 건설하고 나면 자신들을 멀리 있는 야만족에게 포로로 보내 버릴 것이라고 확신하고 있었다. 두 차례의 포위 공격을 막아 낸 이후 시민들의 자신감은 높아졌다. 반면에 자존심이 상한 페르시아 대왕은 세 번째 니시비스 공략전에서는 페르시아와 인도 연합군을 몸소 이끌고 공격에 나섰다. 훨씬 뛰어난 로마군의 전투 기술 앞에서는 성벽을 파괴하기 위한 일반적인 공성 무기들이 아무 효과가 없었다. 이렇게 성과 없이 여러 날이 지나가자, 샤푸르 왕은 동방의 군주답게 결단을 내렸다. 자신의 힘 앞에서는 자연의 힘도 복종할 수밖에 없다고 믿었다. 니시비스와 평원 지대를 구분하는 미그도니우스 강은 아르메니아에 눈이 녹는 시기가 되면 나일 강과 마찬가지로34 인접 지역으로 범람했다. 이를 이용하기로 계획한 페르시아군은 니시비스 아래쪽을 흐르는 강물을 막아 버리고 사방을 견고한 제방으로 에워쌌다. 이렇게 생겨난 인공 호수에 병사들과 무려 500파운드의 돌까지도 발사할 수 있는 공성구를 가득 실은 함대를 띄우고 전열을 짜고 진격하여 성벽을 방어하던 군대와 거

서기 338년, 346년, 350년

32 오늘날 니시비스의 가옥수는 150여 채로 감소되어 있다. 이 축축한 땅에서는 쌀이 많이 생산되고 있으며, 모술과 티그리스까지 뻗어 있는 비옥한 초원 지대는 여러 도시와 촌락의 폐허로 뒤덮여 있다.

33 테오도레투스는 이 일을 에데사의 주교인 성 야고보가 행사한 기적이라고 주장하고 있다. 그에 따르면 이 기적은 적어도 자신의 조국을 방어한다는 존경할 만한 이유로 실행된 것이었다.

34 니부르(Niebuhr)는 열두 개의 아치가 있는 다리 한 개가 세워져 있을 뿐인 미그도니우스 강물의 양이 상당히 많다고 적고 있다. 그러나 이 작은 지류를 거대한 강과 비교하는 것은 이해하기가 힘들다. 그가 남긴 엄청난 상수도 설비에 대한 묘사에는 매우 모호한 상황들이 많아서 거의 이해할 수 없을 지경이다.

의 같은 높이에서 공격을 감행했다. 엄청난 수압은 양측 군대에 모두 매우 위험하였는데 결국 높아지는 수압을 견디지 못한 성벽 한 부분이 단번에 무너져 내려 150피트에 이르는 커다란 균열이 생겼다. 페르시아군이 즉각 공격에 나서자 니시비스의 운명은 매우 위태로워 보였다. 그런데 페르시아군의 선두에서 진격하던 중무장 기병대가 곧 진창에 빠지더니 많은 병사들이 물살이 넘쳐드는 보이지 않는 구멍들에 빠져 익사하고 말았다. 게다가 상처를 입고 사나워진 코끼리들이 혼란을 가중시키며 수많은 페르시아 사수들을 짓밟아 버렸다. 높은 왕좌에서 아군의 처참한 광경을 지켜보던 대왕은 분개했지만 어쩔 수 없이 퇴각하라는 신호를 보냈고 마침내 몇 시간에 걸친 공격은 중단되었다. 그러나 경계를 늦추지 않은 시민들은 어둠을 틈타 파괴된 부분을 복구했고, 날이 밝자 이미 높이 6피트나 되는 새로운 성벽을 세워 놓았다. 샤푸르 왕은 기대했던 공략전에 실패했고 2만 명이 넘는 병사들을 잃었음에도 불구하고 니시비스 공략을 집요하게 강행하려 했다. 아마 맛사게타이족의 가공할 침공으로 페르시아 동부 지역을 방어해야 할 필요성이 생기지 않았다면, 니시비스 공략은 계속되었을 것이다. 그러나 이런 급보를 받고 놀란 샤푸르 왕은 서둘러 포위망을 푼 다음 티그리스 강변에서 옥수스 강 유역으로 신속하게 진군했다. 어렵고 위험한 스키타이 전쟁에 직면하게 된 샤푸르 왕은 이윽고 로마 황제와 휴전 협정을 맺었고 이를 지키지 않을 수 없게 되었다. 더욱이 이 휴전은 양측이 모두 기꺼이 받아들일 만한 협정이었다. 콘스탄티우스 황제도 두 형제가 죽은 이후 서방에서 연이어 반란이 일어나 내전에 휘말려 있었기 때문에, 이를 진압하기 위해 총력을 기울여 강력하게 대응할 필요가 있었는데 사실상 당시의 병력으로는 충분치 못한 상황이었다.

제국을 삼분하여 통치하기 시작하고 3년도 채 지나지 않아, 콘스탄티누스 대제의 아들들은 제대로 자신들의 통치 능력을 발휘해 보지도 않고서 각자의 관할 영토만으로는 만족할 수 없다는 생각만을 성급하게 드러낸 것 같다. 장남인 콘스탄티누스 2세는 살해된 근친들에게 빼앗은 영토를 분배하는 데 있어서 자신의 정당한 몫을 빼앗겼다고 불평했다. 그는 근친들의 영토를 몰수하는 데 공이 컸던 콘스탄티우스에 대해서는 우위를 인정했으나, 콘스탄스에게는 숙부인 달마티우스의 죽음으로 마케도니아와 그리스의 부유한 지역을 차지했으므로 이에 대한 보상으로 아프리카의 여러 속주는 자신에게 양도하라고 요구했다. 이 양도 문제와 관련된 회담이 시일만 질질 끌다가 성과 없이 끝나자, 콘스탄티누스 2세는 콘스탄스가 성의가 없었기 때문이라며 크게 분개했다. 그리고 이 문제는 황제의 이익뿐만 아니라 명예와도 관련이 있다는 총신들의 말에 귀를 기울이게 되었다. 마침내 황제는 정복이라기보다는 차라리 약탈을 목적으로 군대를 이끌고, 율리아 알프스를 넘어 콘스탄스 황제의 영토로 순식간에 쳐들어갔다. 첫 번째 공략 대상은 아퀼레이아 지역이었다. 당시 다키아에 머물던 콘스탄스 황제는 좀 더 현명하고 적절하게 대응했다. 큰형인 콘스탄티누스 2세가 침략했다는 소식을 듣자 그는 일리리쿰 군단 가운데 엄선된 정예 부대를 먼저 급파한 후 자신은 남은 부대를 이끌고 뒤따르기로 한 것이다. 그러나 휘하 장군들의 작전 수행으로 형제 간의 전투는 곧 끝이 났다. 먼저 그들이 도주하는 것처럼 교묘하게 위장하자, 콘스탄티누스 2세는 이를 추격함으로써 상대의 함정에 빠졌던 것이다. 결국 이 분별없는 젊은 황제는 몇 명의 수행원과 함께 숲 속에서 포위된 채 살해당하고 말았다.

서기 340년 3월, 내전과 콘스탄티누스 2세의 죽음

그의 시신은 곧 알사라고 불리는 작은 강에서 발견되어 황실 의식에 따라 매장되었다. 한편 콘스탄티누스 2세가 지배하던 속주들은 승리자 콘스탄스에게 넘어갔다. 콘스탄스는 형 콘스탄티우스에게 새로 얻은 영토를 조금이라도 나눠주기를 거부한 채 로마 제국의 3분의 2가 넘는 영토를 공공연히 차지하게 되었다.[35]

서기 350년 2월, 콘스탄스의 죽음

콘스탄스 황제의 행운은 10년 정도 더 지속되었으나 결국에는 매우 비열한 내부 반역자의 손에 의해 친형을 살해한 대가를 치르게 되었다. 콘스탄티누스 황제가 창설한 새로운 통치 체제의 문제점들은 그 아들들의 통치 능력 부족으로 완전히 드러나게 되었다. 콘스탄스는 군사적으로 자기 능력 이상의 성공을 거두어 의기양양했으나, 그의 이런 태도는 실질적인 능력과 성실성의 부족으로 오히려 더 큰 경멸의 대상이 되었을 뿐이다. 특히 몇몇 게르만 포로들을 그들의 젊음이라는 매력에 빠져 편애한 일은 국민들 사이에서 추문을 일으켰다.[36] 이에 야만족 출신으로 야심 많은 군인인 마그넨티우스는 국민들의 불만에 편승하여 스스로 황제임을 선포하고 나섰다.[37] 황제 직속 부대 가운데서도 가장 중요하고 높은 위치를 차지하는 요비우스 부대와 헤르쿨리우스 부대가 마그넨티우스를 지도자로 추대했다. 게다가 그의 친구인 재무 장관 마르켈리누스가 풍부한 자금을 제공해 주었다. 병사들은 그럴듯한 주장에 압도되어 자신들에게는 적극적이고 현명한 황제를 선출하여 제국의 제위 상속 제도를 청산하고, 아울러 타락한 콘스탄스가 군인 신분에서 황제의 자리에 오를 수 있는 계기를 제공한 선조들의 힘을 본받을 의무가 있다고 확신하게 되었다. 마르켈리누스는 음모를 실행할 단계에 이르렀다고 판단하고 아들의 생일을 축하한

[35] 이 내전의 원인과 결과를 기록한 자료들은 당혹스럽게도 상호 모순되는 경우가 많다. 여기서는 주로 조나라스와 빅토르 2세의 기록을 따랐다. 콘스탄티누스가 죽었을 때 발표된 애도시도 매우 유용한 자료일지 모르지만, 이 웅변가의 소심함과 빈약한 심미안으로 말미암아 매우 막연한 장광설이 되고 말았다.

[36] 콘스탄스의 저속한 취향이 공공연하게 알려지지 않았다면, 형의 재위 기간에 상당히 중요한 직책을 맡았던 빅토르 1세가 이 사실을 인정하지는 않았을 것이다.

[37] 마그넨티우스는 콘스탄티누스 클로루스가 건설한 식민도시들 가운데 한 곳 출신이라고 믿을 만한 이유가 있다. 그의 행동은 애국자인 레스터(Leicester) 백작, 다시 말해 저 유명한 시몽 드 몽포르(Simon de Montfort)를 연상시킨다. 그는 영국의 선량한 국민들을 설득하고 그 자신은 프랑스에서 태어났으면서도, 외국인 총신들로부터 그들을 구해 내기 위하여 무기를 들었다.

다는 명목으로, 오툉에 있는 갈리아 궁전의 모든 명망 높고 명예로운 사람들에게 성대한 향연을 베풀었다. 무절제한 향연은 깊은 밤까지 교묘히 연장되었다. 아무런 낌새도 채지 못한 손님들은 위험스럽고 꺼림칙한 친교에 빠져 있었다. 이때 갑자기 출입문이 열리고 잠시 자리를 비웠던 마그넨티우스가 왕관과 황제의 자의를 두르고서 연회장에 나타났다. 그러자 음모자들은 즉각 황제의 칭호로서 그를 맞이하였다. 나머지 손님들도 놀라움과 공포, 거기다 술기운에 야심까지 보태져 상황을 알지도 못한 채 일제히 환호성에 동참하게 되었다. 호위병들도 서둘러 충성을 맹세했다. 이윽고 도시의 성문이 닫혔다. 날이 밝자, 마그넨티우스는 이미 군대와 궁정의 금고, 그리고 오툉 그 자체를 완전히 장악하고 있었다. 그는 은밀하고 신속하게 콘스탄스 황제를 급습할 계획을 세웠는데, 이때 마침 황제는 부근에 있는 숲에서 자신이 가장 좋아하던 사냥 어쩌면 좀 더 은밀하고 사악한 쾌락에 빠져 있었다. 그는 반란 소식을 신속히 전달받고 간신히 도피하였지만, 이미 국민과 군대에게 버림받은 처지라 아무 저항할 힘도 없었다. 콘스탄스는 에스파냐의 한 항구에서 배를 타고 도망칠 생각이었으나 항구에 도착하기도 전에 피레네 산기슭의 헬레나 근처에서 경기병 무리에게 체포되었다.[38] 이 경기병의 대장은 살인을 금하는 그리스도교 교리는 무시하고 명령에 따라 콘스탄티누스 대제의 아들을 처형했다.

콘스탄스의 죽음으로 이 손쉬우면서도 중대한 혁명이 일단락되자, 서방의 속주들은 오툉 궁전의 전례를 따랐다. 마그넨티우스의 권한은 갈리아와 이탈리아라는 두 개의 거대한 행정 구역 전체에서 승인되었다. 그리고 이 찬탈자는 온갖 억압적 수단을 동원해 막대한 상여금과 내전 경비

서기 350년 3월, 마그넨티우스와 베트라니오가 제위를 차지함

[38] 이 고대 도시는 한때는 일리베리스(Illiberis)라는 이름으로 번성했던 곳이다. 관대한 콘스탄티누스는 이 도시에 새로운 광채, 즉 자기 어머니의 이름을 부여해 주었다. 헬레나(지금도 엘네라고 불린다.)는 이곳에 한참 머물다가 오늘날 루실론의 수도인 페르피냥으로 전임된 어느 주교의 거주지이기도 했다.

39 베트라니오에 대해서는 에우트로피우스가 두 명의 빅토르에 비해 좀 더 온건하고 정확하게 기술하고 있다. 베트라니오는 모에시아의 벽촌 출신으로 미천한 부모에게서 태어났고, 교육을 거의 받지 못했기 때문에 높은 자리에 오른 후에야 비로소 글을 배웠다고 한다.

조달에 필요한 재화를 모았다. 도나우에서 그리스 끝에 이르기까지 호전적인 일리리쿰의 여러 속주들은 오랫동안 베트라니오라는 노장군의 지배에 복종해 왔다. 노장군은 소박한 태도로 백성들의 사랑을 받았고 전쟁에서 경험과 공적을 쌓아 명성을 얻었다.39 관례와 의리, 그리고 감사의 마음에서 콘스탄티누스 일가에 애착을 느꼈던 그는 죽은 대제의 아들로는 유일한 생존자인 콘스탄티우스 황제에게 자신과 자신의 군대가 충성을 다해 갈리아의 반역자들에게 정당한 보복을 가할 것이라고 장담했다. 그러나 베트라니오의 군대는 반란에 대해 격분하는 대신 오히려 반란의 실체를 목격하고는 동요하게 되었다. 곧이어 지휘관 베트라니오 역시 결단력 또는 성실성이 결여된 인물임을 드러내고 말았다. 그는 자신의 야망을 위해 황녀인 콘스탄티나의 승인을 받았다는 그럴듯한 구실까지 내세웠다. 그녀는 아버지 콘스탄티누스 대제로부터 황후(아우구스타)라는 칭호까지 부여받았지만, 냉혹하고 야심에 불타 이 일리리쿰 장군의 머리에 손수 왕관을 씌워 주었다. 그리고 그의 승리를 통해 남편 한니발리아누스의 처형으로 좌절된 자신의 끝없는 야망이 이루어지기를 기대한 것 같다. 이 새로운 황제 베트라니오가 최근 형제의 피로 자의를 더럽힌 서방의 찬탈자 콘스탄티우스와 맺은 불가피하지만 불명예스러운 동맹 관계는 아마 콘스탄티나의 동의 없이 이뤄졌을 것이다.

서기 350년,
협상을 거부한
콘스탄티우스

황실 가문의 명예와 안전을 심각하게 해친 중대 사건들을 보고받고서, 콘스탄티우스는 패전을 거듭하던 페르시아 전쟁에서 군대를 철수시켰다. 그리고 동방의 관리는 처음에는 부관들에게, 나중에는 자신이 감옥에서 빼내어 제위로 이끌어 준 사촌 갈루스에게 위임한 채 희망과 공포, 슬픔과 분노로 동요하는 마음을 안고 유럽으로 진군했다. 마침내 트라키아 속주의 헤라클레아에 도착한 그는 마그넨티우스와 베트라니오가 보낸 사절들을 각각 접견했다. 반란의 주모자이며 어떤 의미에서는 새 황제에게 자의를 입힌 마르켈리누스가 대담하게도 이 위험한 사절 임무를 맡았다. 또한 그를 수행한 동료 세 명도 행정 및 군대에서 중요한 직책을 맡고 있는 사람들이었다. 그들의 임무는 콘스탄티우스의 분노를 누그러뜨리면서 동시에 공포심을 자극하는 것이었다. 그들은 콘스탄티우스 황제에게 서방 황제들 간의 우호와 동맹, 그리고 이러한 결속을 단단하게 해 줄 이중의 혼인 관계, 즉 콘스탄티우스 황제와 마그넨티우스의 딸 그리고 마그넨티우스 자신과 야심 많은 콘스탄티나와의 결혼을 제안하고, 또한 동방의 황제인 콘스탄티우스가 당연히 요구하리라 생각되는 최고 선임 황제의 자리를 조약으로 명문화하여 승인해도 좋다는 전권을 위임받고 온 것이었다. 그리고 이들 사절단은 만일 콘스탄티우스가 오만함과 잘못된 신앙으로 이 공평한 조건마저 거부한다면, 그러한 그의 경솔함이 불가피하게 어떠한 파멸을 초래할지 상세히 설명해 주도록 명령받았다. 즉 그가 감히 서방 황제의 분노를 자극하면, 우세한 병력이 동원될 것이고 콘스탄티누스 일가에게 그토록 많은 승리를 안겨다 주었던 서방 황제의 용맹과 기량, 그리고 그의 군단마저 적으로 삼게 된다는 내용이었다. 이러한 제안과 논리는 심각하게 고려해 보아야 할 중요한 사안들이었다. 콘스탄티우스는 대답을 다음 날로 연기했다. 내전이 일어날 경우 그 정당성을 국민에게 납득시키는 문제에 대해 숙고한 후 회의를 소집하여 신하들에게 다음과 같이 말했다.

지난 밤 침소로 물러난 후, 콘스탄티누스 대제의 영혼이 살해된 짐의 동생의 시체를 안고서 눈앞에 서 계셨다오. 황제께서는 낯익은 목소리로 짐에게 복수하라, 공화국에 대해 절망하지 마라 하고 이르셨고, 짐의 정의의 군대는 승리와 불멸의 영광을 입을 것이라는 확신을 주셨소.

이러한 환영의 권위 아니 차라리 이를 주장하는 황제의 권위로 모든 의심은 잠잠해졌고 모든 협상은 배제되었다. 굴욕적인 화해 조건은 모멸적으로 거부된 것이었다. 압제자의 사절단 중 한 사람은 오만한 콘스탄티우스 황제의 대답을 받고 쫓겨갔고, 남은 사절들은 국가들 간의 법적 특권에 위배되지만 감금되었다. 마침내 양측은 돌이킬 수 없는 전쟁을 준비하게 되었다.

서기 350년 12월,
베트라니오를
폐위시킨 콘스탄티우스

이상이 갈리아의 불성실한 찬탈자에 대해 콘스탄티우스가 콘스탄스의 형으로서 취한 행동이었고 아마도 이것은 그의 의무였을 것이다. 베트라니오에 대해서는 그의 입장과 성격을 고려하여 좀 더 온건한 조치를 취하였다. 즉 동방 황제 콘스탄티우스의 전략은 적대 세력을 분산시켜 일리리쿰 군단들을 반란군에서 분리시키는 것이었다. 솔직하고 단순한 베트라니오를 속이기는 수월했다. 그는 이미 명예와 이익 사이에서 동요하고 있었으므로, 자신의 위선적인 성격을 드러내며 어느덧 교묘한 교섭의 술수에 걸려들었다. 콘스탄티우스는 만일 그가 마그넨티우스와 맺은 수치스러운 동맹을 끊고 양측 속주의 국경지대에 회담 장소를 지정하면, 상호 우호 조약을 체결하고 내전에 대한 향후 조치도 서로 동의해서 결정한다는 조건으로 그를 제국의 합법적이고 동등한 황제로 인정하겠다고 제안했다. 이 제안을 수락한 베트라니오는 2만 명의 기병대와 더 많은 수의 보병대를 이끌고 사르디카로 진군했다.⁴⁰ 그의 대규모 병력은 콘스탄티우스의 군대를 훨씬 능가했기 때문에, 마치 이 일리리쿰의 황제가 콘스탄티우스의 생사 여탈권을 쥐고 있는 듯이 보였다. 그러나 콘스탄티우스는 적군을 은밀히 유혹하여 매수하는 데 성공하고 있었으므로, 베트라니오의 권력은 이미 토대가 흔들리고 있었다. 은밀하게 콘스탄티우스 편에 가담한 베트라니오 휘하의 지휘관들은 전군의 동요를 불러일으킬 속셈으로 공공연한 구경거리를 준비했다. 양군의 연합군은 사르디카 근처 거대한 평원에 집결하라는 명령을 받았다. 중앙에는 오랜 군율에 따라 군사 법정 아니 차라리 단두대라 할 만한 것이 설치되었는데, 중대한 사태가 발생하면 그곳에서 황제들이 열변을 토하는 것이 관례였다. 검을 들거나 창을 세우고 정렬한 로마 군대와 야만족 군대의 기병대와 보병대가 각종 무기와 표장을 갖춘 채, 법정 주위에 거대한 원형을 만들었다. 그들은 신중하게 침묵을 지키고 있다가 때때로 큰 함성과 박수를 터뜨리곤 했다. 두 황제는 이 엄청난 집단 앞에서 사태를 설명하라는 요구를 받았다. 우선순위는 황실 태생인 콘스탄티우스에게 주어졌다. 그는 비록 웅변술에 능하지는 않았지만 이처럼 곤란한 상황을 단호하고 교묘한 변론으로 잘 대처하였다. 연설의 첫 부분은 전적으로 갈리아의 찬탈자에 대한 것이었다. 콘스탄스 황제의 참혹한 죽음을 깊이 애도하면서, 형제인 자기 이외에는 어느 누구에게도 그를 계승하겠다고 주장할 권리가 없다는 사실을 내비쳤다. 그리고 황제인 자신의 일가가 이룬 업적을 만족스럽게 나열하였다. 콘스탄티누스 대제의 용맹과 승리, 그리고 은혜를 열거하고, 선제에게 가장 많은 은혜를 입은 신하들이던 그들이 이제 그 아들들에게 스스로 충성을 맹세해 놓고도 배신하려 하고 있다는 점을 상기시켰다. 이런 놀라운 상

⁴⁰ 오늘날의 소피아 부근에 있는 사르디카가 나이수스나 시르미움보다는 이 회합에 더 적합했던 것으로 보인다. 또한 이곳은 히에로니무스와 소크라테스 그리고 소조메노스가 머물렀던 곳이기도 하다.

황에서 어떤 역할을 맡을 것인지를 미리 지시받고 있던 장교들은 법정을 둘러싸고서 콘스탄티우스 황제에게 정당한 군주로서 경례를 바치며 그의 도리와 웅변의 힘을 거역할 수 없다고 인정했다. 충성심과 후회가 마치 전염이라도 되듯이 순식간에 전군으로 확산되었고 마침내 사르디카 평원에는 함성이 울려 퍼졌다.

벼락출세한 찬탈자들을 물리치자! 콘스탄티누스 대제의 아들에게 장수와 승리를! 우리는 그의 군기 아래에서만 싸워 승리하리라.

수많은 병사들의 외침과 위협적인 동작, 무기가 격렬히 부딪치는 소리 등에 놀라고 용기를 잃은 베트라니오는 부하들의 배신을 염려스럽게 지켜보며 조용히 서 있을 뿐이었다. 그는 절망적인 항변이라는 마지막 피난소를 찾는 대신 자신의 운명에 순순히 복종했다. 그리하여 양측 군사들이 지켜보는 가운데 직접 황제의 관을 벗고 승리자의 발 아래 꿇어 엎드렸다. 콘스탄티우스가 자신의 승리를 확인하는 태도도 현명하고 관대했다. 나이 든 패배자 베트라니오를 일으켜 세워 다정하게 아버지라고 부르는 척하면서 옥좌에서 내려오도록 손을 잡아주었다. 폐위된 황제의 유배지 혹은 은거지로서 프루사를 지정하였고, 이후 6년 동안 베트라니오는 그곳에서 안락과 풍요를 누리며 살았다. 그는 종종 콘스탄티우스 황제의 자비에 대해 감사를 표했고, 친절하고 온순한 태도로 자신의 은인에게도 제위에서 내려와 평민 생활과 평화로운 초야에서 (여기에서만 얻을 수 있는) 만족을 찾으라고 권유하기도 했다.

이처럼 중대한 사건에서 콘스탄티우스가 취한 행동은 얼핏

보기에 확실히 공정했기 때문에 크게 찬양을 받았다. 그의 신하들은 군대가 직접 추대하여 옹립했던 황제를 스스로 배반하고 폐위시키게 만든 콘스탄티우스의 웅변을 그 옛날 페리클레스와 데모스테네스가 아테네 시민들에게 했던 명연설에 견주었다. 한편 마그넨티우스와의 전투는 훨씬 더 중대하고 치열한 것이었다. 이 찬탈자는 로마군이 가장 두려운 적으로 여기고 공포심마저 느끼는 갈리아와 에스파냐, 프랑크족, 그리고 색슨족의 속주민들로 구성된 대규모 군사를 이끌고 콘스탄티우스와 대적하기 위해 빠르게 진격했다. 드라바 강과 사베 강 그리고 도나우 강 사이에 놓인 저(低)판노니아의 비옥한 평원은41 널찍한 전쟁터가 되었다. 실제 내전은 교전 중인 양군의 전술 때문이었는지 아니면 소심함 때문이었는지 여름 내내 지속되었다. 콘스탄티우스는 키발리스 평야에서 결전을 벌이겠다고 공언하고 있었다. 이곳은 일찍이 아버지 콘스탄티누스 대제가 승리를 거둔 전장으로 그 승리의 기억이 군대의 사기를 진작시키리라 생각했기 때문이다. 그러나 황제는 병영 주위에 난공불락의 요새를 수없이 세움으로써, 결전을 준비하려 하기보다는 오히려 회피하는 것처럼 보였다. 한편 마그넨티우스는 적에게 이 유리한 진지를 버리도록 유인하거나 아니면 압력을 가하는 것이 목표였다. 전투 경험이 많은 장수답게 이와 같은 작전을 구사하기 위해 잦은 출격으로 주변 여러 곳을 공략하는 전술을 펼쳤다. 요충지인 시스키아를 공격하고, 황제 병영 부근에 있는 시르미움을 급습하는가 하면, 사베 강을 건너 일리리쿰의 동부 속주로 병력을 투입하고 황제의 파견부대를 아다르네의 좁은 길목으로 유인하여 격파하기도 했다. 이렇게 해서 그해 여름의 대부분은 이 갈리아 전제 군주가 평

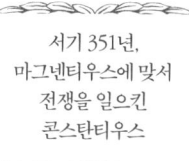

서기 351년, 마그넨티우스에 맞서 전쟁을 일으킨 콘스탄티우스

41 부스베퀴우스가 저(低)헝가리와 스클라보니아 지방을 횡단한 것은 이곳이 투르크인과 그리스도교인들 사이의 싸움으로 거의 불모 지대로 변모했을 무렵이었다. 그런데도 그는 이곳의 토양이 매우 비옥하다고 감탄하고 있으며, 풀의 길이는 짐을 가득 실은 마차가 지나가도 보이지 않을 정도로 충분히 길었다고 말하고 있다.

42 측면에 망루들이 세워져 있으며 커다란 교량용 말뚝으로 지탱되고 있는 이 놀라운 다리는 1566년 술탄 솔리만이 건설했는데, 이는 자신의 군대가 헝가리로 진격하기 용이하게 만들기 위해서였다.

원을 장악했다. 반면 콘스탄티우스의 군대는 지치고 사기도 저하되었으며 그의 명성은 땅에 떨어졌다. 결국 자존심 강한 황제가 콘스탄스의 살해자인 마그넨티우스에게 알프스 아래 속주들을 양도하는 조건으로 강화 조약을 청하기에 이르렀다. 황제의 특사인 필리푸스가 웅변을 통해 이런 제안을 강하게 주장하자, 마그넨티우스의 군대뿐 아니라 고관들도 이 제안을 받아들이는 쪽으로 기울었다. 그러나 더욱 오만해진 찬탈자는 측근들의 충고도 무시한 채 필리푸스를 포로 또는 적어도 인질로 억류해 두라는 명령을 내렸다. 그러고 나서 장교 한 사람을 파견해 콘스탄티우스 황제의 허약한 통치 능력을 비난하고 즉시 퇴위한다면 목숨은 구해 주겠다는 모욕까지 하였다. "짐은 과인 자신의 정당성과 복수의 신의 가호를 신뢰할 뿐이다."라는 것이 콘스탄티우스 황제가 명예롭게 제시한 유일한 답변이었다. 말은 이렇게 했지만 사태의 심각성을 너무도 잘 파악하였기 때문에 특사에게 가한 모욕에 대해 감히 보복할 수가 없었다. 한편 필리푸스가 행한 협상이 전혀 보람이 없는 일만은 아니었다. 공적과 명성을 모두 갖춘 프랑크족 장군 실바누스가 무르사 전투가 있기 며칠 전에 상당수의 기병대를 이끌고 탈주하기로 결심했기 때문이다.

서기 351년 9월, 무르사 전투

무르사, 즉 에세크는 오늘날에는 드라바 강에 놓인 5마일이나 되는 배다리(船橋)와 인근 늪 지대로 유명하지만,42 고대에는 헝가리에서 벌어지는 모든 전쟁에서 요충지로 여겨지던 곳이었다. 무르사로 진격한 마그넨티우스군은 성문에 불을 지르고 재빠른 공격으로 성벽을 거의 다 기어올라갔다. 그러나 성벽을 방어하던 수비대가 불을 끄고 있을 때 콘스탄티우스가 당도하자 마그넨티우스는 더 이상 포위 공격을 계속할 시간이 없었다. 더욱이 콘스탄티우스 황제가 곧바로 원형경기장을 점거하고 있던 적의 부대를 제압함으로써 그의 작전을 방해하는 장애물이 모조리 제거되었다. 무르사 주변의 전쟁터는 굴곡조차 없는 드넓은 평원이었다. 여기에서 콘스탄티우스군은 드라바 강을 우측에 두고 정렬하였고, 좌측은 작전 때문인지 아니면 기병대가 우세했기 때문인지는 알 수 없으나, 마그넨티우스군의 우측 측면 깊숙한 곳까지 병력이 뻗어 있었다. 양군은 모두 오전 내내 무장한 채 초조하게 기다리고만 있었다. 콘스탄티누스 대제의 아들은 먼저 일장 연설로 병사들의 사기를 진작시킨 뒤, 자신은 전쟁터에서 조금 떨어진 교회 안에 틀어박힌 채 결전의 지휘는 전적으로 장군들에게 맡겼다.[43] 그들은 용맹과 군사적 수완을 발휘하여 황제의 신임에 보답했다. 그들은 현명하게도 좌측에서부터 작전을 개시했다. 좌측의 기병대 전체를 비스듬하게 전진시키다가 갑자기 적의 우측으로 선회시킴으로써 적이 급습에 대비할 틈을 주지 않았다. 그러나 서방의 로마군 또한 노련한 정예군답게 군율에 따라 곧 전열을 재정비했다. 게르만 야만족의 군대도 용맹한 자기 민족의 명성에 걸맞게 훌륭하게 싸웠다. 전투는 곧이어 전면전으로 확대되었다. 전투는 여러 번 승패가 엇갈리다가 밤이 되어서야 겨우 끝이 났다. 콘스탄티우스가 거둔 눈부신 승리는 오로지 우세한 기병대 병력 덕분이었다. 황제가 이끄는 흉갑 기병대는 비늘 갑옷을 번쩍거리며 육중한 창으로 갈리아군의 견고한 전열을 무너뜨린 수많은 거대한 강철상처럼 보였다고 묘사되곤 한다. 적군이 흩어지기 시작하자 곧 더 민첩하고 적극적인 제2선의 기병대가 검을 휘두르면서 그 틈새로 돌진하여 혼란을 가중시켰다. 그러는 동안 게르만족의 거대 부대는 동방군의 궁수대의 놀라운 활솜씨에 거의 무방비 상태로 당할 수밖에 없었다. 야

[43] 이 날 황제는 무르사의 아리우스파 주교인 발렌스와 함께 하루 종일 기도를 드렸다고 한다. 발렌스는 이 전투의 승리를 장담하여 황제의 신임을 얻은 인물이다. 티유몽(M. de Tillemont)은 무르사 전투에서의 콘스탄티우스의 개인적인 무용에 대해서 율리아누스가 침묵하고 있음을 알아차렸다. 때때로 아첨하는 말이 없다는 것 자체가 매우 명확하며 믿을 만한 증거와 동일한 역할을 하기도 한다.

만족의 군대 전체가 고뇌와 절망 끝에 드라바 강의 급류 속으로 몸을 피해야만 했다. 전사자 수는 5만 4000명으로 추정되는데, 승리자 측의 전사자가 패배자 측보다도 훨씬 많았다.[44] 이것으로도 전투가 얼마나 치열했는가를 알 수 있다. 또한 치명적인 무르사 전투에서 로마군이 변경 지역을 방어하고 로마의 영광에 새로운 승리를 더하기에 충분할 정도의 정예 부대를 잃으면서 제국의 힘을 완전히 소진시켜 버리고 말았다는 어느 고대 역사가의 평가도 정당화될 수 있다. 한편 어느 역사가는 마그넨티우스를 비굴한 웅변가라고 비난하기도 하지만, 그의 말대로 마그넨티우스가 전투가 시작되자마자 자신의 군기를 버렸다는 믿을 만한 근거는 전혀 없다. 마그넨티우스는 패배가 확실해지고 병영이 적의 손에 넘어가기 전까지는 장군이자 군인으로서의 면목을 보여 준 것 같다. 다만 그는 패배가 거의 확실해지자 자신의 안전을 생각하고 황제의 표장들을 버린 채 적 경기병의 추격을 피해 도망쳤다. 적의 경기병대는 드라바 강변에서부터 율리아 알프스 산자락까지 줄기차게 그를 추격해 왔다.

[44] 조나라스에 따르면 콘스탄티우스는 총병력 8만 명 가운데 3만 명을 잃었고, 마그넨티우스는 3만 6000명 가운데 2만 4000명을 잃었다. 그의 설명 가운데 다른 부분은 다 개연성도 있고 믿을 만하지만, 찬탈자 마그넨티우스의 병력 수만큼은 저자 자신에 의해서나 필사자들에 의한 오류가 있었던 게 분명하다. 마그넨티우스는 전체 서방군과 로마인들과 야만족들까지 모아 엄청난 대군을 만들었으며, 그 수는 적어도 10만 이상으로 추산할 수 있을 것이다.

서기 352년, 이탈리아 정복

겨울이 다가오자 게으른 성격의 콘스탄티우스 황제는 다가올 봄까지 전쟁을 미루기로 했다. 그 사이 마그넨티우스는 아퀼레이아에 본거지를 정하고 베네치아 속주의 경계선을 이루고 있는 천혜의 요새, 즉 산악 지대와 늪 지대를 방벽으로 삼아 적의 침략을 저지하려는 그럴듯한 항전 결의를 과시했다. 황제의 군대가 은밀하게 진군하여 알프스의 한 성을 기습하였지만, 마그넨티우스는 민중이 자신의 명분을 지지하는 한 이탈리아의 영유를 포기하지 않겠다고 결심하였다. 그러나 네포티아누스의 반란이 실패로 끝난 다음 그의 부하들이 저지른 잔인한 처형에 대한 기억이 로마인들의 마음속에 깊은 공포와 분노를 각인시켜 놓았다. 황녀 에우트로피아의 아들이자 콘스탄티누스 대제의 조카인 혈기왕성한 젊은이 네포티아누스는 서방의 황제권이 배반자인 야만족에게 찬탈당한 것에 격분했다. 그는 노예와 검투사로 결사대를 만들어 평온한 로마의 허약한 수비대를 제압하고 원로원의 승인을 받아 스스로를 황제로 칭하며 28일 동안 위태로운 통치를 실시했다. 그러나 정규군이 진격하여 그의 야망에 종지부를 찍었다. 반란은 네포티아누스와 어머니인 에우트로피아, 그리고 그의 추종자들의 처형으로 끝이 나고 말았다. 뒤이어 콘스탄티누스 가문과 그 가문에 관계된 모든 사람들에게 추방령이 내려졌다. 그러나 무르사 전투 이후 콘스탄티우스 황제가 달마티아 연안의 지배자가 되자, 아드리아 해의 한 항구에 함대를 집결시키고 있던 일단의 추방당한 귀족들은 곧 승리자의 진영으로 달려와 보호와 복수를 요청했다. 그들은 은밀하게 고향의 동포들과 연락을 하고 있었기 때문에 곧 로마와 이탈리아의 여러 도시들이 콘스탄티우스의 군기를 성벽에 내거는 것을 수락했다. 일찍이 콘스탄티누스 대제의 관대한 정책으로 부유해진 퇴역 군인들도 그 아들에게 감사와 충성을 표시했다. 이탈리아의 기병대와 정규 군단, 보조 군단도 모두 콘스탄티우스 황제에 대한 충성을 새삼 굳게 다짐했다. 이처럼 전면적인 이탈에 놀란 마그넨티우스는 남아 있는 충성스러운 부대만을 이끌고 알프스를 넘어 갈리아 속주로 도주하는 수밖에 없었다. 그러나 마그넨티우스의 도주를 추격하거나 저지하라는 명령을 받은 파견대가 작전에 실패하여 파비아 평원에서 오히려 그에게 반격의 기회를 허용하였다. 이로써 콘스탄티우스군은 비록 승리는 얻었으나 많은 병력 손실을 감수할 수밖에 없었고 마그넨티우스에게 일종의 위안만을 안겨 주는 셈이 되었다.

서기 353년 8월, 마그넨티우스의 최후의 패배와 죽음

오만한 마그넨티우스도 불운이 거듭되자 화해를 청하기에 이르렀지만 허사였다. 그는 처음에는 자신이 신임하는 어느 원로원 의원을 사절로 파견하고, 그 다음에는 신성한 성직자라면 좀 더 긍정적인 회답을 얻으리라고 판단하여 여러 명의 주교를 보냈다. 이때 마그넨티우스가 제시한 조건은 제위를 포기하고 여생을 황제를 전심전력으로 섬기겠다는 것이었다. 그러나 콘스탄티우스는 반군에서 이탈해 온 모든 사람에게 용서와 화해의 공정한 조치를 취하면서도 동생의 살해자에 대해서만은 정당한 처벌을 가할 것이라는 굳은 결심을 공언하면서 군대를 동원해 사방에서 그를 압박할 채비를 갖췄다. 황제군의 함대는 아프리카와 에스파냐를 손쉽게 장악함으로써 동요하던 무어인들에게도 분명한 태도를 취하도록 만든 다음, 대규모 병력을 상륙시켜 그대로 피레네 산맥을 넘어서 마그넨티우스의 최후 거점인 리옹으로 향했다. 무자비한 압제자 마그넨티우스는 절망적인 상황에서 온갖 억압적 수단을 동원해 갈리아의 여러 도시들로부터 엄청난 군비를 강탈했다. 시민들의 인내심도 마침내 한계에 다다랐다.[45] 먼저 총독부가 있던 트레브 시가 반란의 기치를 올려, 마그넨티우스가 부황제 또는 황제의 지위를 부여한 데켄티우스를 거부하며 성문을 닫아 버렸다.[46] 데켄티우스는 트레브에서 상스로 물러났지만, 그곳에서도 곧바로 게르만족 군대에게 포위당했다. 교묘한 술책에 능한 콘스탄티우스 황제가 게르만족을 로마의 내전의 소용돌이로 끌어들인 것이다. 한편 황제군은 코티안 알프스 산맥 통과를 감행한 다음 셀레우코스 산에서의 혈전으로 마그넨티우스 일파에게 반역자라는 결정적인 낙인을 찍었다. 마그넨티우스는 이미 새로

[45] 율리아누스는 이 찬탈자의 절망에서 비롯된 잔인한 조치들에 대해 통렬하게 비난하며, 그의 긴급한 필요 혹은 탐욕으로 내려진 가혹한 칙령들을 언급하고 있다. 그는 국민들에게 황제 소유의 영지들을 사들이라고 강요했다. 이러한 소유지는 정치적 대변혁이라도 일어나면 그 구매자들에게 반역적인 찬탈 행위라는 비난을 받도록 할 수도 있는 불안정하고 위험한 토지였다.

[46] 마그넨티우스의 메달들은 두 명의 황제와 한 명의 부황제를 찬양하고 있다. 부황제는 데시데리우스라는 이름의 또 다른 남동생이다.

운 병력을 전투에 투입하기가 불가능했고 호위대의 충성심도 전과 같지 않았다. 그가 사기를 진작시키기 위해 군대 앞에 나타났을 때도, 전군이 한 목소리로 "콘스탄티우스 황제 만세!"라고 외쳐대는 지경에 이르렀다. 찬탈자도 자신을 희생시켜 용서와 보상을 받으려는 그들의 의도를 알아차리고는 자결함으로써 그들의 의표를 찔렀다. 정의와 형제간 우애라는 그럴듯한 구실로 복수를 다짐한 적의 손아귀에 살해당하기보다는 스스로 죽음을 택하는 것이 훨씬 간단하고도 명예로웠다. 데켄티우스도 형의 자살 소식을 듣고서 스스로 목매어 죽었다. 음모의 주동자인 마르켈리누스도 무르사 전투에서 이미 모습을 감추었고,[47] 살아남은 주모자들도 모두 실패한 반역의 무리들로 처형됨으로써 제국의 평화가 확립되었다. 이후에도 자발적으로 또는 강제적으로 반란에 가담한 모든 사람에 대해 엄격한 심문이 실시되었다. 탄압 재판에 능하여 쇠사슬이란 별명이 붙은 파울은 멀리 브리타니아 속주까지 가서 숨어 있는 반란 가담자들을 처단하기도 했다. 브리타니아의 부총독인 마르티누스는 이에 대해 노골적으로 분노를 표명했는데, 이것이 그대로 그 자신의 죄의 증거로 해석되었고 결국 격분한 나머지 이 황제의 대사를 해치려고 준비했던 검으로 할복 자살할 것을 강요받았다. 서방의 무고한 시민들 가운데도 추방이나 재산 몰수, 고문과 사형에 시달린 사람이 적지 않았다. 비겁자들이 언제나 잔인하기 마련인 것처럼, 콘스탄티우스 황제의 마음 또한 자비와는 거리가 멀었던 것이다.

[47] 율리아누스도 그가 스스로 자신의 죄를 벌하여 자살한 것인지, 또는 드라바 강에 투신한 것인지, 아니면 복수심에 불타는 악마들에게 이끌려 전쟁터로부터 그를 위해 예정된 장소인 영원한 고통을 안겨 주는 지옥으로 떨어졌는지 결정하지 못하고 있다.

19

THE DECLINE AND FALL OF THE ROMAN EMPIRE

독재자 콘스탄티우스 황제 · 갈루스의 즉위와 죽음 · 율리아누스의 고난과 즉위 · 사르마티아 전쟁과 페르시아 전쟁 · 갈리아에서의 율리아누스의 승리

분할되었던 로마 제국의 속주들은 콘스탄티우스 황제의 승리로 또다시 통합되었다. 그러나 콘스탄티우스는 평시에나 전시에나 자질이 부족한 나약한 황제였고 장군들을 두려워하고 행정관들을 불신했기 때문에, 내전의 승리는 로마 세계에 대한 환관 정치 제도를 수립시켰을 뿐이었다. 환관이라는 불행한 존재는 원래 오래전 동양의 전제 정치와 의심에서 생겨난 것으로, 그리스와 로마가 아시아의 사치 풍조에 물들면서 도입되었다. 환관들의 전파 속도는 무척 빨라서 아우구스투스 황제 시대에는 이미 이집트 여왕의 기괴한 종자들이라 하여 혐오하면서도 귀부인, 원로원 의원, 그리고 마침내는 황제의 가정에서도 점차 받아들이고 있었다. 환관 제도에 대해 도미티아누스 황제와 네르바 황제는 엄한 칙령으로 제한한 반면 당당한 디오클레티아누스 황제는 만족스레 유지시켰고, 현명한 콘스탄티누스 대제는 환관을 미천한 지위로 격하시켰다.[1] 그러나 환관

환관들의 권력

1 『황제열전』에 람프리디우스가 알렉산데르 세베루스 황제와 콘스탄티누스 대제의 환관들에 대한 억압 정책은 칭찬하면서도 다른 부분의 실정에 대해서는 개탄하는 대목이 나온다.

² 크세노폰은 페르시아의 키루스 왕이 환관에게 신변 보호를 맡기게 된 이유를 설명한 바 있다. 키루스 왕은 동물을 거세하면 사나운 성질은 길들여지지만 힘이나 원기는 줄어들지 않는다는 점을 발견했다. 그리고 다른 사람들에게서 격리된 사람은 자신에게 은혜를 베푼 사람에게 특별히 집착하는 경향이 있다고 생각했다. 그러나 시간이 지나면서 키루스 왕의 판단이 틀렸다는 점이 입증되었다. 충성심이 강한 용맹하고 유능한 환관들도 물론 있었지만, 페르시아, 인도, 중국의 역사를 살펴보면 환관들의 득세는 어김없이 왕조의 쇠망과 연결된다는 사실을 발견할 수 있다.

³ 전체적으로 볼 때 콘스탄티우스에 대한 공정한 역사서들은 황제의 궁정이 부패했다고 공격한 마메르티누스, 리바니우스, 율리아누스의 비난이 정당했음을 입증해 준다.

⁴ 아우렐리우스 빅토르는 속주의 총독이나 군대의 지휘관을 선출하는 일에 대한 황제의 무관심을 비난하면서, 허약한 정부에서는 군주에 대한 공격보다 그 신하에 대한 공격이 오히려 더 위험하다는 대담한 결론으로 자신의 역사서를 끝맺고 있다.

들은 대제의 타락한 아들들의 궁정에서 다시 번성하였고, 콘스탄티우스 황제의 비밀 회의의 정보와 향방까지 알 정도로 성장하였다. 일종의 불구인 그들에게 사람들이 한결같이 퍼붓는 혐오와 경멸이 그들의 성품을 타락시키고 일반적인 감성과 가치 있는 행동을 할 수 없도록 만든 것 같다.² 반면 그들은 아첨과 음모 술수에는 뛰어나서 콘스탄티우스 황제의 두려움과 나태와 허영을 번갈아 이용하면서 황제의 마음을 조정하였다.³ 황제가 속임수 거울을 통해 국가의 번영이라는 솔깃한 허상을 보면서 자만하며 지내는 동안, 환관들은 고통받는 속주들에서 나오는 불평불만을 차단하고 정의와 명예를 팔아서 막대한 재산을 축적했으며, 자신들에게 권력을 산 자들을 승진시켜 국가 요직의 권위를 실추시키고⁴ 당당하게 이 노예 무리의 비호를 거절한 소수의 자존심 강한 인물들에게는 비열한 수단으로 복수했다. 이 환관 무리 중에서도 가장 악명 높은 자는 시종장 에우세비우스였다. 황제와 궁정을 지배하는 그의 권세는 절대적이어서 한 공평한 역사가의 풍자에 따르면 콘스탄티우스 황제에 대한 신임 여부까지도 바로 이 자의 손에 달려 있었을 정도였다. 콘스탄티우스 황제가 갈루스의 단죄장에 서명한 것도 그의 교묘한 간언에 의해서였는데, 이로써 황제는 콘스탄티누스 가의 명예를 더럽힌 수많은 반인륜적 살해의 목록에 새로운 범죄를 하나 추가하게 되었다.

갈루스와 율리아누스의 교육

콘스탄티누스 대제의 두 조카인 갈루스와 율리아누스가 병사들의 분노를 가까스로 피했을 때 갈루스는 열두 살이었고 율리아누스는 겨우 여섯 살이었다. 갈루스는 병약하다고 여겨진데다, 콘스탄티우스의 위장된 자비에 의해 이들은 비교적 쉽게 불안하고 의존적인 삶이나마 유지할 수 있었다. 이런 의지할 데 없는 고아들까지 처형한다면 모든 사람이 가장 잔학하고 의도적인 범죄 행위로 손가락질할 것임을 황제도 잘 알고 있었다.5 그들이 유배되어 교육받을 곳은 각각 이오니아와 비티니아로 정해졌다. 그러나 그들이 성장하면서 경계심을 느낀 황제는 이 불행한 젊은이들을 카이사레아 근처에 있는 마켈룸 성에 감금하는 것이 더 현명한 조치라고 판단했다. 그들은 6년간에 걸친 감금 생활 중 절반쯤은 주의 깊은 후견인에게 기대할 수 있을 만한 대우를 받았고, 다른 절반쯤은 의심 많은 폭군에게 두려움을 느낄 만한 대우를 받았다.6 그들이 감금된 성은 카파도키아 왕들이 살았던 오래된 궁전이었는데, 주위 환경은 쾌적했고 건물은 위풍당당했으며 경내는 드넓었다. 두 사람은 뛰어난 교사들의 지도를 받으며 학문에 정진하고 체력 단련에 힘썼다. 그들을 시중들도록 혹은 감시하도록 배정된 수많은 하인들도 그들의 고귀한 출생에 어울리는 사람들이었다. 그러나 그들은 자신들의 재산과 자유와 안전을 모두 빼앗긴 채 신뢰하거나 존경할 수 있는 사람들에게서는 완전히 격리되어 있었다. 그러고는 이미 그들에게 도저히 화해할 수 없을 정도의 고통을 준 폭군의 명령에 절대적으로 복종하는 노예들과 함께 우울하게 시간을 보내야만 한다는 사실을 의식하지 않을 수 없었다. 그러나 어쨌거나 갈루스가 스물 다섯 살이 되자 국가적인 비상 사태 때문에 황제는, 아니 오히려 그의 환관들은 갈루스에게 부황제의 칭호를 부여하고 그를 황녀인 콘스탄티나

서기 351년 3월, 부황제로 선포된 갈루스

와 결혼시킴으로써 이 정치적 관계를 강화하는 수밖에 없었다. 형식적으로 행해진 양자 회담에서 서로를 침해하는 행동은 결코 하지 않겠다는 서약을 한 후에 그들은 지체 없이 각자의 임지로 돌아갔다. 즉 콘스탄티우스는 서방으로의 진격을 계속했

5 나지안주스의 그레고리우스는 자신의 목숨을 구해 준 아레투사의 마르쿠스 주교에 대한 배교자 율리아누스의 배은망덕을 비난한 적이 있다. 그보다 좀 권위가 떨어지는 출처에도 율리아누스가 교회의 성소에 은신한 적이 있다는 기록이 있다.

6 율리아누스의 교육과 모험에 대해 가장 믿을 만한 설명을 해 주는 자료는 율리아누스 자신이 아테네의 원로원과 시민들에게 보낸 서한들과 성명서들이다. 이교도 편의 리바니우스와 그리스도교 편의 소크라테스도 몇 가지 흥미로운 사실들을 전해 준다.

7 갈루스의 즉위에 대해서는 이다티우스, 조시무스, 빅토르 등이 자세히 기록해 놓았다. 필로스토르기우스에 따르면 테오필루스라는 아리우스파 주교가 증인으로 참석하여 이 엄숙한 의식을 보증했다. 그는 인자하고도 단호하게 이 역할을 수행했는데, 티유몽(M. de Tillemont)은 이단자가 이런 덕성을 갖추었을 리 없다고 주장한다.

8 율리아누스는 처음에 콘스탄티노플에서 공부하도록 허락받았다. 그러나 곧 그의 명성이 높아지자 콘스탄티우스 황제의 질투심을 불러일으키게 되었다. 그래서 이 젊은이는 좀 덜 눈에 띄는 장소인 비티니아나 이오니아로 물러나 있도록 조언받았다.

9 진지한 성격의 암미아누스는 사실이나 인물의 성격을 왜곡하지는 않았다. 그러나 수식어구를 대단히 좋아한 나머지 지나치게 격렬한 표현을 사용하는 경우가 많았다.

10 이 귀족은 알렉산드리아 출신 클레마티우스였다. 그의 죄라면 장모의 욕정을 채워 주기를 거부한 것뿐이었다. 장모는 사랑을 거부당하자 그를 죽여달라고 부탁했다고 한다.

고, 갈루스는 안티오크에 거주하면서 대리위임권을 부여받아 동방의 5대 관구를 통치했다.7 이런 운명의 변환을 겪은 신임 부황제는 동생 율리아누스를 잊지 않았다. 갈루스 덕분에 율리아누스는 신분에 걸맞은 명예와 자유를 되찾고 막대한 세습 재산도 돌려받았다.8

갈루스의 잔인성과 경솔함

갈루스에 대해 매우 호의적인 작가들이나 형의 약점을 되도록 덮어 주려 한 율리아누스조차도 이 부황제가 통치 능력을 전혀 갖추지 못했다는 점은 인정할 수밖에 없었다. 감금 생활에서 벗어나 갑자기 왕좌에 오르게 된 갈루스에게는 지식과 경험의 부족을 채울 만한 재능도 적응력도 유연성도 없었다. 선천적으로 침울하고 난폭한 성격은 고독과 역경 속에서 고쳐지지 않고 오히려 더 심해졌다. 자신이 견뎌 온 역경에 대한 기억은 동정심이나 연민 대신 복수심만을 키웠다. 제어되지 않는 분노가 한 번 폭발하면 주변 사람들이나 그의 권력하에 있는 신하들의 목숨을 앗아가는 경우도 많았다. 게다가 그의 아내 콘스탄티나는 여자가 아니라 끊임없이 인간의 피에 목말라하는 복수의 여신으로 표현될 정도였다.9 사려 깊고 자애로우며 온화한 충고로 남편의 마음을 부드럽게 만들기는커녕 오히려 그의 사나운 격정을 부채질했다. 또한 여성다운 온순한 성질은 전혀 없었지만 허영심만은 강해서 진주 목걸이 하나 정도이면 무고하고 덕망 높은 귀족 한 명 죽이는 일쯤은 대수가 아니었다.10 갈루스의 잔인성은 공개 처형이나 군사 처형에서 가장 노골적으로 드러났는데, 때로는 법을 남용하거나 형식적인 재판 절차를 따르는 형식으로 위장되기도 했다. 안티오크의 민가나 사람들이 많이 모이는 공공 장소는 첩자들과 밀고자들로 가득찼고, 때로는 부황제 자신이 평민의 옷을 입고 위장하여 그 혐오스러운 역할을 몸소 수행하기도 했다. 궁정의 모든 방은 고문과 살인 도구들로 장식되었고, 시리아의 수도 전체는 공포와 두려움에 휩싸여 있었다. 이 동방 군주는 자신에게 얼마나 적이 많으며 자신이 통치자로서 얼마나 부적합한지를 잘 알고 있는 듯했다. 결국 그에 대한 분노를 터트릴 대상으로는 있지도 않은 반역을 꾸몄다는 죄로 고발된 속주민들이나 밀서를 통해 의심 많고 소심한 콘스탄티우스 황제를 자극했다는 죄목을 뒤집어쓴 가신들을 선택했다. 그러나 그는 자신을 지지해 줄 수 있는 유일한 기반인 민심을 스스로 저버리는 것을 의식하지 못한 채, 적들의 적개심에는 그것이 정당하다는 무기를 제공했고 황제에게는 그의 지위와 생명까지도 빼앗을 좋은 구실을 제공했다.

콘스탄티우스 황제는 내전으로 로마 세계의 운명이 불안했던 동안에는 자신이 선택해 맡긴 동방의 부황제의 미숙하고

서기 354년, 학살당한 대신들

잔인한 통치를 모른 척했다. 갈리아 총독이 비밀리에 안티오크에 파견한 암살단이 발각되었을 때도, 오히려 그 사실을 이용해 대중들이 황제와 부황제는 같은 이해관계로 결합되어 있고 암살단은 그들 공동의 적이라고 믿게 만들었다.11 그러나 내전이 콘스탄티우스의 승리로 끝나자 부황제 따위는 쓸모도 없었고 두려워할 필요도 없어졌다. 황제는 부황제의 모든 행동을 엄격하고 의혹에 찬 시선으로 검토한 다음 갈루스를 폐위하든지, 적어도 나태하고 사치스러운 아시아에서 떼어내 고난과 위험이 기다리고 있는 게르마니아 전쟁터로 파견하기로 마음먹었다. 시리아의 총독인 테오필루스가 식량난 때문에 안티오크 백성들에게 학살된 사건이 갈루스의 묵인이라기보다는 오히려 선동하여 일어났다는 사실은 변덕스러운 잔인성의 발로일 뿐

11 이 암살단에는 꽤 많은 군단병들이 포함되어 있었다. 그들이 묵었던 집의 노파가 암살 계획을 알게 되어 발각되었다고 한다.

아니라 콘스탄티우스 황제의 최고 권위에 대한 위험스러운 도전이라 하여 노여움을 사기에 충분했다. 최고관급인 동방 총독 도미티아누스와 황실 재무관 몬티우스가 동방 속주를 개혁하라는 특별 임무를 부여받고 파견되었다. 갈루스를 온건하고 정중한 태도로 점잖게 설득하여 형제이자 공동 통치자의 소환에 순순히 응하게 하는 것이 그들의 임무였다. 그러나 이런 신중한 방법을 무시한 도미티아누스의 무분별한 처신이 갈루스 부황제뿐 아니라 자신의 죽음까지 재촉하게 되었다. 그는 안티오크에 도착하자 오만불손하게도 황궁을 그냥 지나쳐서 몸이 불편하다는 핑계로 며칠 동안 틀어박혀 있으면서 격앙된 어조의 진정서를 써 황궁으로 보냈다. 결국 갈루스의 간곡한 청을 받아들여 회의에 참석하기는 했지만, 이 자리에서 그가 취한 첫 번째 조치는 간결하고 오만한 명령을 알리는 것이었다. 부황제는 즉시 이탈리아로 가야 하며, 지체하거나 망설인다면 자신이 나서서 가솔들에 대한 일상 경비의 지출을 중단하는 조치를 내리겠다고 위협하는 내용이었다. 한낱 신하의 이런 무례를 참을 수 없었던 콘스탄티누스 대제의 조카와 딸은 크게 분노하여 즉시 도미티아누스를 근위대의 손에 넘겼다. 이때까지만 해도 화해의 여지는 있었다. 그러나 몬티우스의 경솔한 행동 때문에 화해는 불가능해졌다. 몬티우스는 지략도 있고 경험도 많은 정치가였지만 경박한 성격 때문에 일을 그르치는 경우가 많았다. 이 황실 재무관은 거만하게 일개 행정관을 파면할 권리조차 없는 부황제가 감히 동방 총독을 감금할 수 있느냐고 갈루스를 나무랐다. 그리고 문무 관리들을 소집해서 황제의 이름으로 그의 대리인들의 신변과 존엄을 보호해 줄 것을 요청했다. 참을성 없는 갈루스는 이런 무모한 선전 포고에 화가 나서 극단적인 방법을 선택했다. 갈루스는 근위대에 무장을 명하고 안티오크 시민들을 불러모아 분연히 일어나 자신의 신변을 보호해 주고 복수해 줄 것을 호소했다. 이런 명령은 너무도 충실하게 집행되었다. 그들은 난폭하게 총독과 재무관을 붙잡아서 두 다리를 묶고 온 도시로 끌고 다니면서 이 불행한 희생자들에게 수없이 많은 상처를 입힌 다음 마지막에는 그들의 난도질된 시체를 오론테스 강에 던져 버렸다.12

이런 일이 벌어지자 갈루스의 원래 의도가 무엇이었든지 간에 자신의 무고함을 입증할 수 있는 길은 전쟁터에 나가 결전을 벌이는 수밖에 없었다. 그러나 이 부황제의 마음에는 난폭성과 유약성이 절반씩 뒤섞여 있었다. 그는 황제를 칭하지도 않고 동방의 군대와 재산을 이용해 신변을 보호하지도 않은 채, 평온을 가장한 콘스탄티우스에게 그대로 속아넘어갔다. 갈루스가 궁정에서 사치에 빠져 시간을 보내는 동안 콘스탄티우스 황제는 은밀하게 아시아 속주의 정예 군단들을 불러들였다. 그러고도 갈루스가 통치하는 수도에서 그를 체포하는 것은 여전히 위험하다고 생각해서 느리지만 보다 안전한 위장 전략을 성공적으로 진행시켜 갔다. 당시 콘스탄티우스는 갈루스에게 집요하게 편지를 보냈고, 친서에는 신뢰와 우정을 공언하는 말들이 가득했다. 부황제로서 그에 합당한 의무를 충실히 이행하고 자신의 국무도 일부분 분담해 줄 것과 나아가 직접 신하들과 병사들을 대동하고 서방으로 와서 자신을 도와 줄 것을 간곡하게 부탁했다. 그토록 수많은 불화를 겪어 온 만큼 갈루스로서는 당연히 의심하고 두려워할 법도 했다. 그러나 그는 도망치거나 저항할 기회를 모두 놓쳤을 뿐 아니라, 참모장교 스쿠딜로의 감언이설에도 현혹되었다. 스쿠딜로는 겉보기에 소박한 군인이었지만, 사실은 아주 교묘하게 상관의 환심을 사는

갈루스의 위험한 상황

12 다양한 문헌에서 불완전하고 파편적인 자료를 수집하는 대신 이제 암미아누스가 쓴 역사에만 의존하기로 하겠다. 그의 책 14권의 7장과 9장에 이때의 일이 다루어지고 있다. 그러나 갈루스에게 편파적이었던 필로스토르기우스의 견해도 완전히 무시할 수는 없다.

13 그녀는 여행 도중 비티니아의 쾨눔 갈리카눔이라는 작은 마을에서 열병으로 급사했다고 한다.

14 하드리아노플에 주둔하던 테베(Theboean) 군단이 사절을 보내 갈루스 편에 가담하겠다는 의사를 밝혔다고 한다. 『노티티아(Notitia)』에는 'Theboean'이라는 이름을 사용했던 몇몇 군단이 언급되어 있다. 그러나 유명하지만 조작 가능성이 있는 전설을 파괴하는 데 앞장섰던 볼테르는 로마에는 그런 군단이 없었다는 근거가 부족한 주장을 펼친 바 있다.

방법을 아는 사람이었다. 또한 갈루스는 아내 콘스탄티나에게 전적으로 의존하고 있었는데, 그녀가 갑자기 죽자 그녀의 분방한 격정에 휩쓸려 왔던 그의 운명도 파멸을 맞이하게 되었다.13

서기 354년 12월,
갈루스의 불명예와 죽음

오랜 망설임 끝에 부황제는 마지못해 황제의 궁전으로 향했다. 안티오크에서 하드리아노플까지는 보무도 당당하게 수많은 행렬을 이끌고 드넓은 자신의 영토를 행진해 나갔다. 콘스탄티노플에서는 자신의 두려움을 세상에, 그리고 아마 자기 자신에게도 감추기 위해 원형경기장에서 각종 경기를 개최해 대중을 즐겁게 해 주기도 했다. 그러나 여행을 계속하면서 그도 자신에게 닥쳐올 위험을 조금씩 깨달은 것 같다. 갈루스는 방문하는 주요 도시들마다 황제의 신임장을 받은 대사들과 마주쳤는데, 그들은 갈루스의 통치 임무를 대신 맡으면서 부황제의 행동을 감시하고 자포자기하는 심정에서 나올지도 모르는 성급한 공격을 방지하라는 특명을 받고 있었다. 갈루스가 떠나온 속주들을 확보할 임무를 맡아 파견된 관리들은 그를 싸늘한 인사말이나 경멸의 시선을 보내며 지나쳐 갔다. 국도 주변에 배치되어 있던 군대들은 그의 일행이 가까이 오면 내전에 가담할 가능성을 차단하기 위해 반드시 다른 곳으로 이동되었다.14 하드리아노플에서 며칠 동안 휴식을 취할 수 있었던 갈루스는 오만하고 절대적인 말투로 쓰여진 한 통의 명령서를 전달받았다. 화려한 수행 행렬은 그 도시에 남겨 두고 역마차 열 대에 짐을 싣고 단신으로 밀라노 황궁으로 급히 오라는 명령이었다. 급하게 진행된 이 여행길에서 형제이자 공동 통치자로서 콘스탄티우스가 응당 보여 주어야 할 깊은 존경심은 어느 사이에 뻔뻔스러운 무례함으로 바뀌어 있었다. 갈루스는 수행원들의 태도에서 그들이 이미 스스로를 감시자로 여기며 곧 사형 집행자가 될 수도 있다고 생각하고 있음을 알아챘다. 그리고 그때서야 자신의 돌이킬 수 없는 성급함을 반성하고 이런 운명을 자초한 자신의 행동을 두려움과 후회가 뒤섞인 감정으로 돌이켜보았다. 판노니아의 페토비오에 이르자 그나마 그때까지 취해 오던 위장 전략도 모두 사라졌다. 그는 교외에 있는 한 궁전으로 호송되었는데, 그곳에서는 바르바티오 장군이 연민으로 흔들리거나 보상에 대한 약속으로 매수될 가능성이 전혀 없는 한 무리의 군인들과 함께 지체 높은 희생물이 도착하기를 기다리고 있었다. 그날 저녁 갈루스는 체포되어 부황제의 표장들을 수치스럽게 몰수당한 후 이스트리아의 폴라로 이송되었는데, 그곳은 바로 얼마 전에도 황제 가문의 피로 얼룩진 적이 있는 격리 감옥이었다. 갈루스의 공포심은 그의 최대의 적인 환관 시종장 에우세비우스가 나타나자 한층 커졌다. 에우세비우스는 서기관과 호민관을 대동하고 나타나 동방에서의 갈루스의 행위를 심문하기 시작했다. 수치심과 죄의식에 사로잡힌 부황제는 혐의를 받고 있는 범죄 행위와 반역 음모를 모두 시인했다. 갈루스는 모든 것이 황후인 콘스탄티나가 사주했다고 변명했는데, 이것이 처음부터 편견을 가지고 심문 과정을 살피던 콘스탄티우스의 노여움을 더욱 부채질하였다. 황제는 자신의 안전과 사촌동생의 생명이 양립할 수 없다고 간단히 믿어버리고 즉시 사형 집행서에 서명을 하고 그것을 현지로 보내 사형을 집행케 했다. 그래서 콘스탄티누스 대제의 조카는 흉악범처럼 두 손이 등뒤로 묶인 채 감옥 안에서 목이 잘렸다.15 콘스탄티우스의 잔인한 처벌을 돌이키고자 노력한 사람들의 주장으로 황제는 가여운 생각이 들어 사형 명령만은 취소하려고 했지만, 또다시 환관들이 나서서 집행 유예의 명령을 받은 두

15 율리아누스는 형이 재판도 받지 못하고 사형당한 것에 불만을 표하고, 적들에 대한 그의 잔인한 복수를 정당화시키거나 적어도 변명해 주고자 노력했다. 그러나 결국에는 갈루스의 폐위가 정당했음을 인정한 것 같다.

16 율리아누스는 아테네인들에게 보낸 서한에서 자신이 처한 위험과 그때의 심정에 대해 매우 생생하고 정확하게 묘사해 놓았다. 그러나 자신의 고통을 다소 과장한 경향은 있다. 그는 고난의 시기가 1년 정도 지속되었다고 말하는데, 이것은 연대기상으로 볼 때 가능하지 않은 기간이다.

17 율리아누스는 콘스탄티누스 대제 가문의 죄악과 불행을 재미있고 흥미로운 우화로 만들어 놓았다. 이것은 『연설』 제7부의 결론 부분에 나와 있는데, 브레트리(Abbé de la Bléterie)가 이 부분을 발췌해 번역해 놓았다.

18 에우세비아는 마케도니아 테살로니카 출신의 귀족으로, 아버지와 오빠가 모두 집정관을 지냈으며 서기 352년에 황제와 결혼했다. 그녀의 미덕에 대해서는 모든 시대, 모든 학파의 역사가들이 찬사를 보내고 있다.

번째 사신을 저지했다. 환관들은 앙심을 품은 갈루스의 보복이 두렵기도 했고, 무엇보다도 부유한 동방 속주들을 그들의 제국에 통합시키고 싶었던 것이다.

위험에 처한 율리아누스

이제 콘스탄티우스 클로루스 황제의 많은 자손들 가운데 살아남은 자는 황제를 제외하고는 율리아누스 한 명뿐이었다. 황제의 가문에서 태어났다는 불운 때문에 율리아누스도 갈루스 몰락의 소용돌이 속으로 또다시 휩쓸려 들어갔다. 평화로운 이오니아 지방에서 은거 생활 중이던 율리아누스는 엄중한 경호를 받으며 밀라노의 궁정으로 호송되었다. 율리아누스는 그곳에서 7개월 이상을 날마다 그의 몰락한 가문의 친구나 지지자들의 죽음을 눈앞에서 목격하면서, 자신에게도 이와 같은 불명예스러운 죽음이 찾아오지 않을까 전전긍긍하며 보내야 했다. 그의 모습과 태도, 심지어 침묵까지도 악의에 찬 호기심의 눈초리로 면밀히 관찰되었으며, 아무런 해도 입힌 적이 없는 적으로부터 도저히 알 수 없는 이유로 끊임없이 공격받았다.[16] 그러나 율리아누스는 수많은 역경을 겪으면서 자신도 모르는 사이에 강건함과 신중함이라는 미덕을 배웠다. 무의식중에 진심을 실토하도록 만들어서 그를 함정에 빠트리려는 환관들의 계략으로부터 자신의 명예와 생명을 보호해야 했다. 신중하게 자신의 슬픔과 분노는 감추었지만, 형의 죽음을 정당한 것으로 승인함으로써 폭군에게 아부하는 일만은 당당하게 거부했다. 율리아누스는 자신이 기적적으로 죽음을 모면한 것은 신의 가호 덕분이었다고 굳게 믿었다. 신들은 불경한 콘스탄티누스 가문에 응당 받아야 할 파멸을 선언했지만, 무고한 율리아누스만은 면제해 주었다는 것이다.[17] 신들의 섭리가 이루어지도록 도와 준 가장 든든한 매개는 황후인 에우세비아였다.[18] 율리아누스 자신도 황후의 변함없이 관대한 애정에 깊은 감사를 표하며 이 점을 인정하고 있다. 미모와 덕성을 두루 갖춘 에우세비아는 남편에게 지대한 영향력을 발휘하고 있어서 환관들의 음모를 어느 정도 저지할 수 있었다. 율리아누스는 황후의 중재로 드디어 황제를 알현하게 되었는데, 여기서 그는 상당히 자유롭게 자신의 입장을 변호했고 그것은 받아들여졌다. 적들이 갈루스의 피에 복수할 자를 살려 두는 것은 위험하다고 역설했음에도 에우세비아 황후의 온정론이 분위기를 압도했다. 그러나 환관들이 두 번째 알현의 결과를 두려워했고, 율리아누스도 당분간 밀라노 교외로 물러가 있는 것이 좋겠다는 충고를 받았다. 그 후 황제는 그의 명예로운 유배지로 아테네가 적당하다고 생각하기에 이르렀다. 어린 시절부터 그리스의 언어와 풍습과 학문과 종교에 이끌렸고 열렬히 사랑했던 율리아누스는 그의 소망에 너무도 부합되는 이 명령에 기쁜 마음으로 복종했다. 소란스러운 전쟁이나 궁정의 음모에서 멀리 떨어져 율리아누스는 아카데메이아 동산에서 당대의 철학자들과 교류하며 6개월을 보냈다. 학자들은 열심히 그의 재능을 개발시키고 자긍심을 북돋우고 신앙심을 불어넣어 주었다. 이런 노력은 헛되지 않아서 율리아누스는 아테네에 대해서 자유와 학문을 사랑하는 사람이라면 자신의 정신이 성장한 곳에 대해 느낄 법한 애정 어린 존경심을 변함없이 유지했다. 타고난 기질과 그가 처한 입장에서 비롯된 온화하고 붙임성 있는 태도는 그와 대화를 나눈 시민은 물론 이방인들의 애정까지 불러일으켰다. 동료 학생들 중에 편견과 혐오스러운 눈으로 그를 지켜보던 사람들도 있었을지 모르지만, 율리아누스는 미덕과 재능으로 아테네의 학원들에서 널리 사랑을 받았으며 이런 호감은 곧 로마 세계 전체

서기 355년 5월, 아테네로 간 율리아누스

19 리바니우스는 율리아누스를 영웅 중의 영웅으로 묘사하고 나지안주스의 그레고리우스는 폭군 중의 폭군으로 묘사하느라 모든 기교와 수사를 다 사용했다. 아테네에서 함께 공부했던 그레고리우스는 배교자 율리아누스의 훗날의 타락의 징후들을 비극적으로 묘사하면서, 그 징후들은 신체적 결함과 말투나 행동거지의 기묘함으로까지 나타났다고 말한다. 그는 율리아누스가 이런 징후들로 교회와 제국의 재앙을 미리 내다보고 예언했다고도 주장한다.

로 퍼져 나갔다.¹⁹

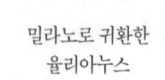
밀라노로 귀환한
율리아누스

율리아누스가 은거하며 학문에 정진하는 동안 자신이 이루고자 했던 자비로운 계획을 성사시킬 결심을 굳힌 황후는 그의 운명을 보살펴 줄 임무를 항상 잊지 않고 있었다. 갈루스 부황제의 죽음 이후 콘스탄티우스 황제는 단독 통치권을 행사하면서 거대한 제국의 과중한 책무에 시달리고 있었다. 갈리아 속주는 내전의 상처가 아물기도 전에 야만족들의 침입으로 또다시 아수라장이 되었다. 사르마티아족은 도나우 강의 국경을 더 이상 존중하지 않았다. 미개한 이사우리아족은 약탈하고도 아무런 보복을 받지 않자 점점 대담하게 약탈을 자행했고, 그 규모도 커지고 있었다. 험준한 산을 타고 내려와 인근 속주들을 약탈하던 강도단들은 비록 실패하기는 했지만 로마의 정규군 세 개 군단이 방어하는 중요한 도시 셀레우키아에 대한 포위 공격을 시도하기도 했다. 무엇보다도 승리로 오만해진 페르시아 군주가 또다시 아시아 속주들의 평화를 위협하고 있었기 때문에 동방과 서방 모두에 황제가 있어야 한다는 것이 절대적으로 요청되었다. 콘스탄티우스는 비로소 혼자 힘으로는 이토록 광범위한 영토를 다스릴 수 없다는 사실을 진심으로 인정하게 되었다. 황제는 전능한데다 천운까지 따르기 때문에 모든 장애를 이기고 나아갈 수 있다고 보증하는 아첨을 무시하고, 황후 에우세비아의 충고에 귀를 기울였다. 황후는 그의 의심 많은 자존심을 건드리지 않으면서 교묘하게 나태한 심성을 만족시켰다. 갈루스에 대한 기억이 아직도 황제의 마음에 남아 있는 것을 눈치챈 황후는 어렸을 때부터 도미티아누스와 티투스의 예에 비교되었던 두 형제의 서로 다른 성격을 부각시켜 황제를 설득했다. 남편이 율리아누스가 온순하고 야심 없는 성품을 지녔다고 믿도록 만들었다. 그에게 부황제의 칭호를 내리면 충성심과 감사하는 마음으로 보답할 것이며, 최고 주권자이자 은인인 황제와 통치권을 두고 다투거나 그의 영광을 손상시키려는 야망을 품는 일은 결코 없으리라는 것이었다. 물론 최측근의 환관들은 은밀하게나마 집요하게 반대했지만 결국 황후의 영향력에 굴복했다. 마침내 율리아누스를 콘스탄티우스의 동생인 헬레나와 결혼시킨 다음 부황제의 칭호를 내려 알프스 건너편 지역을 맡기기로 결정하였다.

궁정으로 들어오라는 명령서에 앞으로의 영전에 대한 어느 정도의 언급이 있었겠지만, 율리아누스는 자신이 사랑한 이 은거지를 부득이하게 떠나야 하는 슬픔에서 나오는 진심어린 눈물을 아테네 시민들에게 보여 주었다. 그는 생명과 명예와 심지어 미덕 때문에 불안에 떨었지만, 미네르바 여신이 자신의 모든 행동을 지켜 주고 있으며, 여신이 태양신과 달의 여신에게 보이지 않는 수호천사들을 빌려서 자신을 보호해 주고 있다는 믿음을 한 가닥 위안으로 삼았다. 율리아누스는 두려움에 떨며 밀라노의 궁정으로 나아갔다. 자기 가족을 죽인 암살자들이 비굴하게 거짓 존경을 표하며 말을 걸어왔을 때는 이 순진한 청년도 분노를 숨길 수 없었다. 자신의 자비로운 계획이 성공하자 크게 기뻐한 에우세비아는 마치 누이처럼 다정하게 그를 껴안고 부드럽게 어루만지며 두려움을 버리고 자신의 새로운 운명을 받아들이라고 격려했다. 턱수염을 깎은 다음 그리스 철학자의 망토를 벗고 처음으로 로마 군주의 군복을 입었을 때의 어색하고 서투른 그의 태도는 그 후 며칠 동안은 궁정의 경박한 무리들에게 웃음거리가 되었다.[20]

콘스탄티우스 대제 시대의 황제들은 더 이상 공동 통치자를 선택하는 문제를 원로원과 의논하지 않았다. 그러나 군대의 동

[20] 율리아누스 자신도 스스로의 변신을 재미있어 하며 이야기했다. 그는 항상 풀죽은 모습이었으며, 모든 것이 낯설고 적대적으로 보이는 새로운 세계로 갑자기 옮겨져 온 것에 당황해 어쩔 줄 몰랐다고 한다.

의를 얻어 임명을 재가받는 일에는 몹시 신경을 썼다. 부황제의 엄숙한 즉위식 때도 근위대와 밀라노 근교에 주둔하고 있던 군대가 무장을 갖추고 참석했다. 콘스탄티우스 황제는 사촌동생인 율리아누스의 손을 잡고 높은 연단에 올랐는데, 이 날은 율리아누스의 스물다섯 번째 생일이기도 했다. 황제는 이미 준비된 위엄 있는 연설에서 공화국의 번영을 위협하는 여러 위험들과 서방 통치를 위해서 부황제의 임명이 필요하다는 점을 설명하고, 군대가 동의한다면 장래가 촉망되는 콘스탄티누스 대제의 조카에게 부황제의 칭호를 내리고 싶다는 취지를 밝혔다. 병사들은 경의를 표하며 동의했다. 그들은 일제히 씩씩하게 생긴 율리아누스의 얼굴을 올려다보며 불꽃처럼 빛나는 눈동자가 처음으로 많은 사람들 앞에 서게 된 부끄러움으로 약간 수줍음을 띠는 것을 호감을 가지고 지켜보았다. 즉위식이 끝나자마자 콘스탄티우스는 연장자이자 황제로서의 권위로 율리아누스에게 영웅적인 행동으로 카이사르라는 신성불멸의 칭호에 합당하게 처신하라고 훈계했다. 또한 황제는 부황제에게 아무리 시간이 흘러도 손상되지 않고 아무리 멀리 떨어져 있어도 방해받지 않는 우정을 보여 주겠다고 확언했다. 이 말이 끝나자 병사들은 방패를 무릎에 부딪치면서 축하와 환영의 뜻을 표시했다. 연단을 둘러싸고 있던 지휘관들도 다소 신중한 모습을 보이기는 했지만, 한결같이 콘스탄티우스 황제의 대리인인 부황제의 미덕과 자질을 칭송했다.

서기 355년 11월, 부황제로 선포된 율리아누스

이제 황제와 부황제는 같은 전차에 타고 궁정으로 귀환했는데, 율리아누스는 행렬이 서서히 나아가는 동안 자신이 가장 좋아한 호메로스의 시를 반복해서 암송했다. 아마 그 시를 행운과 두려움이 교차하는 자신의 운명에 대입시켜 보았을 것이다.21 즉위식이 끝난 후 밀라노에서 보낸 24일과 갈리아 통치에 나선 처음 수개월은 겉으로는 화려했지만, 실상은 엄중한 포로 생활이나 다름없었다. 명예를 얻은 것이 자유의 상실을 보상해 줄 수는 없었다.22 일거수 일투족은 철저하게 감시되었고 서신은 모두 검열당했으며 조심하는 차원이라고는 하지만 아주 친한 친구의 방문조차 허락되지 않았다. 예전부터 부리던 하인들 가운데 남아 있는 사람은 시동 두 명과 의사, 사서, 이렇게 네 사람뿐이었다. 그중에서 사서는 친애하는 벗의 관심과 취향을 잘 알고 있던 황후 에우세비아가 선물로 보낸 귀중한 장서들을 관리하는 임무를 맡고 있었다. 충직했던 신하들의 빈 자리는 부황제의 위신에 걸맞은 새로운 가신단으로 채워졌다. 그러나 그들은 새로운 주인에 대한 애정이라고는 조금도 없고, 아마 그런 감정을 품을 줄도 모르는 노예 집단일 뿐이었다. 율리아누스로서는 대부분이 전혀 모르는 사람들이었고 차라리 의심스럽기조차 했다. 경험이 부족했으므로 현명한 자문단의 도움이 필요했을지는 모르지만, 식사에서부터 시간 분배까지 모두 세세한 지시에 따르는 생활은 중요한 전쟁의 지휘까지 위임받은 군주라기보다는 아직도 교사들의 엄격한 지도를 받아야 하는 소년에게나 어울리는 것이었다. 부하들과 백성들에게 존경받고자 노력하려 해도 황제의 심기를 건드릴지도 몰라 억제했고, 결혼했으므로 아이를 낳으려 해도 에우세비아 황후의 질투와 계략으로 무산되었다. 황후는 이 경우에서만은 여성다운 부드러움이나 천성적인 자애심을 모두 벗어 던진 듯하다. 아버지와 형제들의 죽음을 목격한 율리아누스로서는 자신의 위험한 처지를 항상 의식하지 않을 수 없었는데, 최근에 일어난 실바누스의 부당한 죽음은 그의 불안감을 더욱 증폭시켰다. 실바누스 장군은 율리아누스가 즉위하기 전 여름에 야만족들

21 호메로스는 자주색이라는 단어를 죽음을 의미하는 다소 애매하지만 보편적인 형용사로 사용했는데, 율리아누스는 이제 자의를 입고 부황제가 된 자신의 앞날에 대한 우려를 이 시로 적절히 표현한 것이다.

22 율리아누스는 새로운 상황에서 겪은 고통을 아주 애처롭게 묘사해 놓았다. 그러나 식탁은 매우 호화로워서 이 젊은 철학자는 경멸하며 그것을 거절했다고 한다.

23 암미아누스는 실바누스의 행동과 운명에 대하여 완벽하게 잘 알고 있었다. 그 자신이 우르시키누스의 위험한 모험에 가담한 추종자 중 한 명이었다.

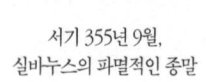

서기 355년 9월, 실바누스의 파멸적인 종말

의 침략에서 갈리아를 구해 낼 임무를 맡게 되었다. 그러나 그는 곧 가장 위험한 적은 앞에 있는 것이 아니라 바로 얼마 전 떠나 온 궁정 안에 있었다는 사실을 알게 되었다. 몇몇 고관들의 비호를 받던 교활한 밀고자가 실바누스의 추천장을 빼돌려서 서명을 제외한 내용을 모조리 지운 다음, 그 빈 공간에 무시무시한 반역 음모를 의미하는 내용을 써넣었다. 다행히도 친한 벗들의 용기와 노력 덕분에 이것이 허위임은 밝혀졌고, 황제가 친히 참석한 문무 고관들의 대회의에서 실바누스가 무죄임은 공식적으로 입증되었다. 그러나 이미 때는 늦었다. 자신에 대한 비방과 성급한 재산 몰수 소식을 들은 실바누스는 너무 분노한 나머지 그가 그토록 부당하게 고발된 혐의인 반란을 실제로 일으키기로 마음먹은 것이다. 실바누스는 콜로뉴의 사령부에서 황제를 칭한 다음 휘하 병력을 이용해 이탈리아를 침공해 위협한 후에 밀라노를 포위하려고 했다. 그런데 동료 장군 우르시키누스가 이런 비상 사태를 이용해서 동방군의 요직에 있을 때 잃었던 황제의 총애를 배신 행위를 통해 되찾고자 마음먹었다. 자신도 비슷한 중상 모략을 받은 적이 있다는 그럴듯한 구실을 대면서 몇몇 추종자들을 이끌고 서둘러 실바누스에게 합류한 후에, 곧 너무도 쉽게 믿어 버렸던 동료를 배신했다. 실바누스는 겨우 28일 동안의 통치 끝에 암살당했다. 반역 의지는 조금도 없었지만 맹목적으로 상관의 명령에 따랐던 병사들은 곧바로 콘스탄티우스 황제에 대한 충성을 다시 맹세했다. 아첨꾼들은 내전을 한 차례의 소규모 전투도 없이 종식시킨 것은 모두 황제의 지혜와 행운 덕분이라고 칭송하였다.[23]

콘스탄티우스 황제는 라에티아 속주의 방어와 가톨릭교도에 대한 박해 문제 때문에 율리아누스가 출발한 후에도 18개월

이상을 이탈리아에 머물렀다. 동방으로 돌아가기 앞서 옛 수도인 로마를 방문하여 호기심과 자긍심을 마음껏 충족시켰

서기 357년 4월, 로마를 방문한 콘스탄티우스

다. 밀라노에서 아이밀리아 가도와 플라미니아 가도를 통해 로마로 행진했는데, 로마에 40마일 정도 못 미치는 지점에 이르자 단 한 차례도 외적과 싸워 이겨 본 적이 없는 황제의 행렬이 갑자기 개선 행렬로 바뀌었다. 아무런 위험이 없는 시기에 사치스러운 고관들로 이루어진 화려한 행렬이 갑자기 수많은 기병 근위대와 흉갑 기병들의 번쩍거리는 무기들로 둘러싸인 것이다. 용을 수놓은 비단 깃발이 황제 주위에서 물결쳤다. 콘스탄티우스는 황금과 온갖 귀한 보물들로 장식된 높은 전차에 홀로 앉아 도시의 성문을 지나칠 때 가볍게 머리를 숙이는 외에는 전혀 움직이지 않는 엄숙한 부동 자세를 취하고 있었다. 환관들은 페르시아 젊은이들이 받는 엄격한 교육을 로마 궁정에도 도입하여 인내와 끈기를 집요하게 주입시켰다. 그 결과 무더운 날씨에 천천히 진행된 행진 동안 황제는 단 한 번도 손을 얼굴로 가져가거나 눈길을 옆으로 돌리는 법이 없었다. 로마의 행정관들과 원로원 의원들의 영접을 받은 황제는 공화국의 영광스러운 공공 건축물과 귀족 가문 출신 집정관 상들을 주의 깊게 돌아보았다. 거리는 수많은 사람들로 가득 메워졌다. 사람들은 끊임없이 환호하면서 32년 만에 황제를 직접 보게 된 기쁨을 표현했다. 콘스탄티우스 황제 자신도 그토록 많은 사람들이 한 장소에 모인 것에 흡족해 하면서 짐짓 놀랐다는 듯한 태도를 보였다. 이 콘스탄티누스 대제의 아들은 아우구스투스 황제가 거처한 옛 궁전을 숙소로 정한 다음, 원로원 회의를 주재하고, 키케로도 자주 올랐던 연단에 올라 시민들을 향해 일장 연설을 토하고, 특별하게 예의를 차려 원형경기장의

경기에도 참석했다. 이때를 위하여 여러 도시의 사절단이 준비해 온 황금관과 찬양시들도 받았다. 30일간의 짧은 방문이었지만 그는 로마의 일곱 언덕과 인근 골짜기에 흩어져 있는 예술과 권력의 기념물들을 돌아보면서 지냈다. 카피톨리누스 언덕에 있는 유피테르 신전의 위용, 카라칼라와 디오클레티아누스가 지은 대욕장의 엄청난 규모, 판테온의 엄격한 단순미, 티투스 황제가 만든 콜로세움의 웅장함, 폼페이우스 극장과 평화신전의 우아한 건축 등에 깊은 인상을 받았다. 그중에서도 특히 트라야누스 황제의 포룸과 그 기둥들의 당당한 위용에 찬탄을 보냈다. 그리고 명성이라는 것은 날조되거나 과장되기 쉽지만 세계의 수도인 로마에서만은 부적절하게 축소되어 알려져 있다고 인정했다. 오늘날 고대 로마의 폐허만을 보는 여행자들은 고대 로마인들이 손상되지 않은 아름다움의 눈부신 위용을 올려다보았을 때 느꼈을 벅찬 감정을 도저히 그대로 느낄 수는 없을 것이다.

새로운 오벨리스크

이번 여행에 크게 만족한 콘스탄티우스 황제는 로마인들에게 감사와 자비의 표시로 기념물을 선사함으로써 선대 황제들이 건설한 기념물들과 경쟁해 보고 싶다는 생각을 하게 되었다. 처음에는 트라야누스 황제의 포룸에서 보았던 거대한 기마상을 모방하려고 했으나, 신중하게 생각해 본 결과 실행이 어렵다는 점을 깨닫고[24] 차라리 이집트의 오벨리스크를 하나 기증함으로써 도시의 미관을 한층 더 빛나게 하기로 마음먹었다. 알파벳이 발명되기도 전인 먼 옛날이지만 문명은 고도로 발달했던 시대에 이집트의 고대 왕들은 테베와 헬리오폴리스 등 여러 도시에 수많은 오벨리스크를 세웠다. 단순한 형태와 견고한 재질로 미루어 볼 때 제아무리 시간이 흐르고 물리적인

[24] 페르시아에서 망명한 왕자 호르미스다스는 황제에게 그렇게 큰 기마상을 만들려면 비슷한 규모의 마구간(트라야누스의 포룸)도 건설해야 한다는 점을 지적해 주었다. 호르미스다스는 이런 말도 남겼다. "그가 유일하게 불쾌하게 생각한 것은 로마에서도 다른 곳에서처럼 사람들이 죽는다는 사실이었다." 암미아누스의 텍스트를 이렇게 읽는다면(유쾌 대신 불쾌로 바꾸었다.) 로마인다운 자만심의 증거로 생각할 수 있다. 만약 유쾌했다면 그것은 염세가의 견해가 된다.

힘이 가해져도 견딜 수 있으리라는 점도 확실했다.25 이미 오벨리스크 몇 개는 아우구스투스 황제와 그 후계자들에 의해 그들의 권력과 승리를 나타내는 가장 견고한 기념물로 여겨져 로마로 옮겨 와 있었다. 그러나 그중 하나는 그 크기 때문인지 신성 때문인지는 모르지만 정복자들의 탐욕스러운 허영을 피해 제자리에 남아 있었다. 이 오벨리스크는 원래 헬리오폴리스의 태양 신전에 있었는데, 이미 콘스탄티누스 대제가 그것으로 새 도시를 장식하려는 계획을 세운 바 있다. 그의 명령에 따라 신전의 받침대에서 떼내어 나일 강을 따라 알렉산드리아까지 운반되고 있었다. 그러나 대제의 사망으로 계획 실현이 중단되었는데, 이제 그의 아들이 이것을 제국의 옛 수도인 로마에 복원하려는 것이었다. 길이가 적어도 115피트에 이르는 이 거대한 화강암을 나일강에서 테베레 강까지 운반하기 위해 특별히 견고하고 큰 선박이 건조되었다. 콘스탄티우스 황제의 오벨리스크는 로마에서 3마일 떨어진 곳에서 내려져 수많은 인력과 기술을 동원하여 로마의 대경기장에 세워졌다.

25 게르마니쿠스가 테베에 있는 오벨리스크를 방문했을 때 가장 나이가 많은 제사장이 거기에 새겨진 상형 문자의 의미를 설명해 주었다고 한다. 알파벳이 발명되기 전에 이집트에서는 자연 발생적인 기호로 이루어진 상형 문자가 보편적으로 사용되었던 것 같다.

 콘스탄티우스 황제의 로마 출발은 일리리쿰 속주가 위험에 처했다는 다급한 소식으로 앞당겨졌다. 내전의 혼란에 무르사 전투에서 입은 로마 군단의 치명적인 손실로 이 지역은 야만족 경기병들, 그중에서도 특히 강하고 흉포한 부족인 콰디족의 습격에 거의 무방비 상태로 노출되어 있었다. 콰디족은 게르마니아의 군사 제도를 버리고 동맹국인 사르마티아의 무기와 군사 기술을 취한 것으로 보였는데, 변경 수비대로서는 도저히 그들의 침략에 대항할 수 없었다. 게으른 황제도 마침내 영토의 가장 먼 변경 지대의 병사들로부터 팔라티노의 최정예 부대까지 모두 소집하여 몸소 출정해서 가을부터 다음해 봄

서기 357년, 358년, 359년, 콰디족 전쟁과 사르마티아 전쟁

19장 121

까지 이어진 전쟁 동안 결사적으로 전투에 임할 수밖에 없었다. 황제는 선교(船橋)로 도나우 강을 건넌 다음 진군 길에서 마주친 모든 적들을 격파하면서 콰디족의 영토 심장부까지 뚫고 들어가 로마 속주가 입은 참화에 대해 철저하게 복수하였다. 당황한 야만족은 곧 평화 협정을 간청하고 나왔다. 그들은 과거에 대한 사과의 의미로 포로들을 반환하고 미래의 행동에 대한 보장으로 귀족들을 볼모로 제공하겠다고 제의했다. 맨 먼저 콘스탄티우스에게 자비를 간청한 족장들에게 보여 준 관대한 배려를 보고 보다 소심하거나 완강했던 족장들도 앞다투어 그들의 예를 따랐다. 그리하여 황제의 막사는 소(小)폴란드의 평원에 살거나 카르파티아 산맥의 높은 산등성이 너머에서 안전하다고 여긴 변방 지역 부족들의 족장들과 사절단까지 몰려와 북적거리게 되었다. 콘스탄티우스 황제는 도나우 강 건너편의 야만족들까지 로마의 제도에 복종시켰지만, 노예들의 반란으로 고국에서 쫓겨나서 콰디족의 세력에 상당한 도움을 주고 있었던 사르마티아 망명자들에게도 그럴듯하게 자비를 베풀었다. 관대하지만 동시에 아주 간교한 정책을 취한 황제는 사마르티아 망명자들을 이런 굴욕적인 예속 상태에서 해방시켜 주는 동시에 별도의 협정을 맺어서 왕과 정부 아래 하나의 국가를 형성해 로마의 우방으로 남아 있게 만들었다. 그리고 그들의 명분을 지지하여 아직도 노예 시절의 악덕을 버리지 못하고 있는 리미간테족을 철저히 섬멸시키거나 적어도 추방시켜 속주의 평화를 지키겠다는 결심을 천명했다. 이 계획을 실행하는 데 영광보다는 고난이 더 많이 따랐다. 리미간테족의 영토는 한 쪽은 도나우 강이 로마의 침공으로부터 보호해 주었고, 다른 한 쪽은 테이스 강이 다른 야만족들의 침략으로부터 보호해 주었다. 게다가 이 두 강 사이에 형성된 늪 지대는 두 강의 범람에 휩쓸리는 경우가 많아서 비밀 통로나 결코 무너지지 않는 견고한 요새들을 잘 알고 있는 현지인이 아니면 접근조차 할 수 없는 복잡한 황야를 이루고 있었다. 콘스탄티우스의 진격 소식에 리미간테족은 탄원도 해 보고 기만 전술을 사용하거나 무력을 사용하기도 했다. 그러나 황제는 단호하게 탄원을 물리치고 조잡한 술책은 좌절시켰으며 그들의 불규칙한 공격은 노련한 전술과 확고부동한 결의로 제압했다. 그러던 중 테이스 강과 도나우 강의 합류 지점에 있는 작은 섬을 근거지로 삼고 있던 용감한 부족 하나가 강을 건너게 해 주겠다고 제의했다. 우호적인 회담을 가장하여 안심하고 있는 황제를 기습 공격 하려는 목적이었다. 그러나 그들은 곧 자신들이 고안한 배신 행위의 희생물이 되었다. 그들은 사방으로 포위되어 기병대의 말발굽에 짓밟히고 병사들의 창검에 찔려 죽으면서도 결코 투항하지 않았고, 죽음의 순간에도 두려움 없는 모습으로 끝까지 무기를 잡고 있었다고 한다. 이 승리 이후 상당수의 로마군이 도나우 강을 건너 맞은편 강변에 주둔하게 되었고, 로마군에 가담한 고트족의 한 부족인 타이팔라이족도 테이스 강 쪽에서 리미간테족을 공격해 들어왔다. 이전에는 그들의 주인이었던 자유민 사르마티아족도 복수의 희망을 불태우며 산악 지대를 통해 이전 소유지의 심장부로 뚫고 들어갔다. 큰 불을 질러서 황야 깊숙이 자리잡은 야만족들의 오두막을 찾아냈고, 병사들은 이전에는 걷기조차 위험했던 습 지대에서도 안심하고 싸울 수 있게 되었다. 이런 극한 상황에서 용감한 리미간테족은 항복하기보다는 싸우다 죽기로 결심한 듯했다. 그러나 연장자들의 권위를 앞세운 강요로 마침내는 좀 더 온건한 정서가 우세를 점하여 많은 투항자들이 처자식을 이끌고 황제의 막사로 모여들었다. 그들은 정복자에게 자신들의 운명을 직접 듣고 싶었다. 거듭된 죄악에도 불구하고 그들을 용서하고 이 범죄 부족의 생존자들을 살려 주고 싶었던 콘스탄티우스는 자신의 자비심을 자화자찬한 후에 이들의 유배지로 안전하고 명예롭게 살아갈 수 있을 만한 먼 지방을 배정해 주었다. 리미간테족은 마지못해 복종했지만 정해진 장소에 이르기도 전에 도나우 강변으로 되돌아왔다. 그러고는 그곳의 험난한 상황을 과장하고 황제에게 열렬한 충성을 맹세하면서 로마 속주의 경계 안에서 안전하게 거주할 수 있도록 해 달라고 간청했다. 황제는 그들의 고질적인 배신을 겪어 왔음에도 불구하고 그 경험은 생각하지 않고 아첨꾼들의 말에 귀를 기울였다. 아첨꾼들은 제국 국민들의 재정적인 지원보다도 군사적 지원을 받기가 더 어려운 지금, 병사들로 이루어진 식민지를 두는 것은 이익이 될 뿐더러 영예로운 일이기도 하다고 속삭였다. 이리하여 리미간테족은 도나우 강을 건너도록 허락되었고 황제는 지금의 부다페스트 근처의 넓은 평야에서 그들을 접견했다. 연단을 둘러싼 그들은 온화함과 위엄으로 가득 찬 황제의 연설을 공손하게 듣고 있는 것 같았다. 그런데 갑자기 야만족 한 명이 신발을 공중으로 던지며 큰 소리로 "마르하! 마르하!(Marha! Marha!)"라고 외쳤는데, 저항을 의미하는 이 단어는 곧 반란의 신호로 받아들여졌다. 그들은 사나운 기세로 황제에게 달려들어 왕관과 금빛 옥좌를 순식간에 빼앗았다. 그러나 황제는 목숨을 바쳐 경호한 충직한 근위대 덕분에 겨우 말에 올라타 혼란의 현장을 벗어날 수 있었다. 이 배신적인 기습 공격에서 입은 치욕은 곧 수많은 로마 정예 부대에 의해 만회되었고, 전쟁은 리미간테족의 이름과 나라를 완전히 섬멸시키는 것으로 끝났다. 자유민 사르마티아족은 이전의 영토를 되찾았다. 콘스탄티우스 황제는 그들의 경박한 성격이 다소 미덥지 않았지만 감사하는 마음이 미래의 행동에 영향을 미치리라는 희망을 가졌다. 황제는 명문 출신 족장 중에서 체격이 건장하고 행실이 온순한 치차이스라는 인물에 주목했다. 황제는 그를 왕으로 임명했는데, 치차이스는 은인에게 성실하게 끝까지 충성을 다하는 통치자임을 훌륭히 입증하였다. 황제는 이 눈부신 승리 이후 군대로부터 찬사의 뜻에서 사르마티쿠스라는 별명까지 받았다.

로마 황제와 페르시아 군주가 서로 3000마일이나 떨어진 곳에서 도나우 강과 옥수스 강이라는 최전방 국경을 야만족들로부터 방어하고 있는 동안, 그 중간에 있는 변경 지대들은 맥 빠진 전투와 불확실한 휴전으로 부침을 겪고 있었다. 콘스탄티우스의 동방 대리인 중 두 사람, 즉 능력은 있지만 인품이나 진실성에 문제가 있는 민정 총독 무소니아누스와 대담하고 경험 많은 군인으로 메소포타미아의 두크스인 카시아누스가 페르시아 태수 탐사포르와 비밀 협상을 벌인 일이 있다. 이 협상 제안서는 아시아의 비굴하고 아부하는 언어로 번역되어 페르시아 대왕에게 전달되었고, 이를 읽은 대왕은 로마인들의 간청을 받아들여서 대사를 보내 협상 조건을 수락하기로 마음먹었다. 이 임무를 맡은 대사 나르세스는 여정 중에 안티오크와 콘스탄티노플에서 극진한 대접을 받고 긴 여행 끝에 시르미움에 도착했다. 첫 번째 알현에서 그는 공손한 태도로 비단 보자기를 풀고 페르시아 군주의 오만한 서신을 꺼냈다. 왕 중의 왕이자 해와 달의 형제(이것이 동양적 자부심에서 비롯된 당당한 호칭이었다.)인 샤푸르는 형제인 콘스탄티우스가 역경을 통해 지혜를 배운 것을 흡족하게 생각한다. 다리우스 히스타스페스의 합법적인 후계자인 샤푸르는 마케도니아에 있는 스트리몬 강이 예로부터 내려온 제국의 진정한 경계선이라고 믿는 바이지

서기 358년, 페르시아 협상

만, 이번 경우에는 겸양을 발휘해서 선조들이 부정한 방법에 의해 빼앗긴 아르메니아와 메소포타미아 속주의 반환만으로 만족하고자 한다. 이 영토의 반환이 이루어지지 않는다면 어떤 견고하고 항구적인 협상도 불가능하다는 것이 서신의 내용이었다. 그러면서 오만하게도 만약 대사가 아무 성과 없이 돌아온다면 내년 봄에 다시 전투에 나서 무적의 군대를 이끌고 자신의 명분을 주장하겠다는 위협까지 하고 있었다. 예의바르고 온화한 성품의 나르세스는 자신의 임무를 벗어나지 않는 한도에서 가능한 한 서신의 무례함을 완화시키고자 노력했다. 황제는 회의를 열어 서신의 문체와 내용을 면밀히 검토한 후에 다음과 같은 대답으로 제안을 물리쳤다.

> 콘스탄티우스는 황제의 칙령 없이 행동한 대신들의 월권 행위를 당연히 부인할 권한을 가졌다. 공정하고 명예로운 협상이라면 반대할 이유가 없겠지만, 로마 세계의 유일한 전승 황제에게 동방의 좁은 영토를 통치할 때도 분연히 거절했던 협상 조건을 똑같이 제시하는 것은 불합리할 뿐 아니라 지극히 무례한 행동이다. 승부는 예측할 수 없는 것이지만, 로마군이 때로 전투에서 패배한 적은 있을지 몰라도 전쟁의 종국에 이르러서는 거의 매번 승리하였음을 샤푸르 왕은 기억해야만 할 것이다.

나르세스가 돌아가고 며칠 후에 세 명의 사절을 스키타이 원정을 마치고 크테시폰으로 돌아와 있던 샤푸르의 궁정으로 보냈다. 이 중대한 임무를 위해 코메스 한 명과 서기관 한 명, 수사학자 한 명이 선택되었다. 내심 평화 협정을 원했던 콘스탄티우스 황제는 코메스의 위엄과 서기관의 수완과 수사학자의 언변[26]으로 페르시아 군주를 설득하여 엄격한 요구 조건을

[26] 이 수사학자 혹은 철학자(그 시대에는 이 두 단어는 거의 동일한 의미를 지녔다.)는 얌블리쿠스의 제자이자 성 바실리우스의 친구인 카파도키아 출신 에우스타티우스였다. 에우나피우스는 이 철학자 사절이 논리와 웅변술로 야만족 왕을 사로잡았다고 높이 평가하고 있다.

완화시켜 보려는 기대를 품었던 것이다. 그러나 이 협상은 시리아에 살던 로마 시민 안토니누스[27]의 적대적인 술책으로 반대되고 결국 무산되었다. 원래 안토니누스는 압정에 견디다 못해 페르시아로 망명해 샤푸르의 각료로서, 페르시아의 관습에 의해서 가장 중요한 국사가 종종 논의되곤 하는 왕의 식탁에까지 배석할 정도로 왕의 신임이 두터운 사람이었다.[28] 이 영리한 망명자는 자신의 이익을 챙기면서 복수심도 충족시키고자 했다. 그는 용맹한 팔라티노 정예 부대가 멀리 도나우 강변에서 황제와 함께 전쟁을 수행하고 있는 이 좋은 기회를 놓치지 말라고 페르시아 왕의 야심을 부추겼다. 또한 샤푸르에게 흉포한 야만족들과 동맹을 맺어 한층 강력해진 페르시아 군대를 투입해서 피폐해지고 무방비 상태에 놓여 있는 동방 속주들을 침공할 것을 종용했다. 로마의 사절단은 아무런 성과 없이 돌아와야 했고, 더 높은 지위의 고관들로 구성된 2차 사절단은 엄중하게 감금되어서 사형이냐 유배냐를 놓고 위협받는 신세가 되었다.

페르시아군이 티그리스 강 위로 선교를 건설하고 있을 때 페르시아군을 시찰하도록 파견된 한 군사 사학자에 따르면, 아시리아 평원의 언덕 위에 올라서서 보았더니 저 멀리 지평선 끝까지 모두 사람과 말들과 무기들로 뒤덮여 있었다고 한다. 샤푸르는 최전방에 있었는데, 그가 입은 자줏빛 의복의 화려한 색이 멀리서도 한눈에 띄었다고 한다. 동양에서는 명예로운 자리를 의미하는 그의 왼쪽에는 키오니테족의 왕 그룸바테스가 늙었지만 명성이 자자한 무사답게 여전히 꼿꼿한 모습을 과시하고 있었다. 오른쪽에는 카스피 해 연안에서 독립 부족들을 이끌고 온 알바니아 왕이 똑같은 영예로운 자리를 차지하고 있

서기 359년, 샤푸르의 메소포타미아 침입

[27] 흥미로운 사실은 안토니누스가 로마 장군들에게 매우 정중하고 공손한 태도를 취했다는 점이다. 암미아누스조차도 이 배신자에게 약간의 동정과 존경을 보내고 있다.

[28] 암미아누스가 지적한 이런 습관은 헤로도투스의 묘사가 정확했다는 점과 페르시아 풍속이 변하지 않았다는 점을 말해 준다. 모든 시대를 통틀어 페르시아인에게는 음주벽이 있었고, 마호메트의 율법을 어기고 쉬라즈(Shiraz)의 포도주를 무척 즐겼다.

었다. 태수들과 장군들도 서열에 따라 늘어서 있었고 동양의 사치를 과시하는 다수의 행렬 이외에도 전체 병사가 10만을 넘었다. 모두가 아시아의 가장 용맹한 나라들에서 차출된 지칠 줄 모르는 정예 병사들이었다. 이미 어느 정도 샤푸르의 각료 회의를 지도해 온 로마인 망명자 안토니누스는 신중한 조언을 내놓았다. 지루하고 어려움이 따르는 포위 공격으로 여름을 보내기보다는 곧바로 유프라테스 강으로 진격하여 약체화된 시리아의 부유한 수도를 지체 없이 공격하는 편이 낫다고 조언하였다. 그러나 페르시아군이 메소포타미아 평원에 도달했을 때 로마군은 이미 그들의 진격을 지연시키고 계획을 무산시키려는 모든 방책을 마련해 놓았다. 주민과 가축은 견고한 요새에 피신해 있었고 식량이 될 만한 목초지는 모두 불태워졌으며 강 여울에는 모두 날카로운 말뚝을 박아서 건너지 못하도록 해 놓았다. 군사 병기들이 반대편 강둑에 배치되어 있었고, 때마침 유프라테스 강물도 불어나 있어서 평소 통행로였던 타프사쿠스 다리로 강을 건너기조차 불가능했다. 노련한 지도자인 안토니누스는 계획을 수정하여 좀 더 긴 우회로를 택해 비옥한 평야 지대를 거쳐서 유프라테스 강 상류로 군대를 이끌고 갔다. 강이 시작되는 그곳은 물이 얕아서 충분히 건널 수 있었다. 그러나 여기서도 현명한 샤푸르 왕은 견고한 니시비스 성은 그냥 지나쳐 마침내 아미다 성벽에 이르렀다. 이때 왕이 직접 군대를 지휘하고 있음을 알면 겁에 질린 수비대가 즉시 항복해 오지 않을까 시험해 보기로 했다. 그러나 때마침 그의 왕관을 스치고 간 무엄한 화살 하나는 그의 생각이 잘못되었음을 입증해 주었다. 화가 머리 끝까지 치밀어 오른 왕은 신하들이 작은 분노 때문에 대망을 그르쳐서는 안 된다고 설득했지만 그들의 말에 귀를 기울이지 않았다. 다음 날 그룸바테스는 한 무리의 정예 병사들을 이끌고 성문 앞으로 나아가 전날의 무례하고 성급한 행동에 대한 대가로 즉시 항복하라고 요구했다. 그의 제안에 대한 대답은 총공격이었다. 이 전투에서 아름답고 용감한 젊은이였던 그룸바테스의 외아들이 투창기에서 발사된 투창에 심장이 꿰뚫려 죽었다. 이 키오니테족 왕자의 장례식은 그 부족의 의례에 따라 거행되었지만, 늙은 아버지의 상심은 아들의 죽음을 보상하고 그를 영원히 기억하기 위해 아미다 전체를 화장용 장작더미로 사용하겠다는 샤푸르의 엄숙한 약속을 받고서야 조금 덜어질 정도로 컸다.

디야르바키르라고 불리기도 하는 아미다, 혹은 아미드라는 고대 도시[29]는 티그리스 강의 자연 수로와 인공 수로가 흘러드는 비옥한 평야 지대에 위치한 이점을 가진 도시로, 강의 지류가 도시의 동쪽 지역을 반원 형태로 둘러싸며 흐르고 있었다. 더욱이 최근에 콘스탄티우스 황제가 아미다에 영예롭게도 자신의 이름을 하사한 바 있으며, 견고한 성벽과 높은 탑을 쌓아 요새를 강화하기도 했다. 이 도시에는 병기 창고도 있었고, 샤푸르의 포위가 있었을 무렵에는 평상시의 수비대가 일곱 개 군단 규모로 증강되어 있었다. 처음에 샤푸르는 총공세에 나서면 성공하리라 낙관했다. 그를 따르던 몇몇 부족들에 각각의 공격 장소를 배정하였다. 남쪽은 베르타이족이, 북쪽은 알바니아족이, 동쪽은 비탄과 분노로 불타고 있는 키오니테족이, 서쪽은 휘하 부대 중 가장 용감할 뿐더러 최전방에 막강한 인도코끼리 떼를 내세운 세게스테족이 각각 맡았다.[30] 페르시아군은 사방에서의 공격을 지원하면서 사기를 복돋우는 역할을 맡았고, 샤푸르 자신도 지위나 안전을 고려하지 않고 포위 공격을 직접 지휘하며 젊은 군인다운 용맹성을 과시했다. 격렬한

아미다 공성전

[29] 투르크의 공공 문서에 따르면, 아미드 혹은 카라아미드라고도 불리는 디야르바키르에는 1만 6000호가 넘는 주택이 있었고, 군 사령관(파샤(pasha)) 한 명이 수행원 세 명과 함께 상주했다고 한다. 아미다의 튼튼한 성벽을 검은 돌로 만들었기 때문에 카라(Kara)라는 접두사를 붙였다.

[30] 이 네 부족 중 알바니아족은 잘 알려져 있으므로 여기서 다시 설명하지 않겠다. 세게스테족은 코라산 남부와 인도 서부의 넓은 평지를 차지하고 있었는데 이곳에는 아직 그들의 이름이 남아 있다. 세게스테족은 바흐람 전투의 승리를 자랑하고 있지만, 그 후로 80년 이상을 페르시아의 동맹국이자 속국으로 지냈던 것 같다. 베르타이족과 키오니테족에 대해서는 알려진 바가 없지만 인도와 스키타이의 국경 지대에 거주한 것으로 추정된다.

19장 129

전투 끝에 야만족들은 격퇴당했으나 쉴새없이 다시 공격을 재개하였고 또다시 막대한 손실을 입고 후퇴했다. 반역 음모로 동방으로 추방되었던 갈리아의 두 개 군단도 용맹을 발휘하여 페르시아군 중심부를 야간 기습했다. 이렇게 격렬한 공격이 거듭되는 가운데 아미다는 한 탈주병에게 배신을 당하게 되었다. 이 탈주병은 야만족들에게 티그리스 강 지류의 벼랑 암반에 있는 비밀 계단을 가르쳐 주었다. 샤푸르 왕의 친위대에서 선발된 일흔 명의 궁수가 은밀하게 그 계단을 올라가서 벼랑이 내려다보이는 높은 망루 3층에 올라가 페르시아 군기를 높이 내걸었다. 이것은 공격군에게는 승리에 대한 확신을, 포위된 군에게는 혼란을 안겨 주기에 충분했다. 만약 이 용감한 병사들에게 몇 분만 더 그 자리를 지키게 했더라면 그들의 목숨을 대가로 성을 함락시킬 수 있었을 것이다. 그러나 샤푸르는 별다른 성과도 없는 강공 작전을 계속해서 시도하다가, 결국에는 조금 느리지만 좀 더 확실한 포위 공격을 펼치기로 하였다. 이것 역시 로마 탈주병들의 도움을 받은 작전이었다. 적당한 거리를 두고 참호를 판 후에 성벽 공략의 임무를 맡은 병사들은 튼튼하게 엮은 나뭇가지로 위장하고 전진해 성 밑의 도랑을 메우고 성벽의 토대를 허무는 작업에 들어갔다. 동시에 나무로 망루를 만든 다음 바퀴에 싣고 운반해서 화살, 투창, 돌 등 모든 종류의 날아가는 무기를 갖춘 병사들이 성벽을 방어하는 로마 병사들과 거의 같은 높이에서 공격할 수 있도록 하였다. 로마군은 아미다를 방어하기 위해 가능한 모든 전략을 사용해 용감하게 저항했고, 샤푸르군의 망루가 로마군에 의해 여러 번 불타기도 했다. 그러나 포위된 도시가 저항하는 데는 한계가 있었다. 반면 페르시아군은 손실을 계속 벌충하면서 공격을 계속했다. 마침내 벽을 부수는 파성추에 의해 성벽에 커다란 구멍이 생겼고, 창검과 질병으로 지친 수비대는 맹렬한 공격에 굴복했다. 반대편 성문조차 막혀 미처 도피하지 못한 병사들과 시민들은 처자식들과 함께 모두 무차별 학살의 희생물이 되었다.

그러나 아미다의 몰락은 오히려 다른 로마 속주들에게는 안전판이 되어 주었다. 승리 직후의 흥분이 가라앉고 나자 샤푸르는 조용히 반성할 시간을 가졌다. 이 오만불손한 도시를 혼내 주기 위해 가장 용맹한 정예 부대들을 잃었으며 정복에 가장 좋은 계절마저 헛되이 보내 버렸다는 사실에 생각이 미쳤다.31 73일간 계속된 포위 공격 기간 동안 3만 명의 노련한 정예 병사들이 아미다의 성벽 아래서 목숨을 잃었다. 낙심한 샤푸르 왕은 겉으로는 승리의 기쁨을 표현하면서도 내심 치욕감을 느끼며 수도로 귀환했다. 그의 귀환은 야만족 동맹군들이 전쟁이 예기치 못한 어려움을 겪자 변덕을 부려 그쯤에서 빠지고 싶어했을 수도 있고, 키오니테족의 왕이 복수에 성공하고 나자 그의 가문과 나라의 희망이었던 아들을 앗아간 전쟁에 새삼스러운 두려움을 느끼며 돌아섰을 수도 있다. 다음 해 봄 샤푸르와 함께 전쟁에 나선 군대는 더 이상 전력이나 사기 면에서 왕의 지칠 줄 모르는 야심을 만족시켜 줄 군대가 아니었다. 샤푸르는 동방 정복에 나서는 대신 메소포타미아의 두 개의 요새 도시, 싱가라와 베자브데를 정복하는 데 만족해야 했다. 싱가라는 사막 한가운데에 있는 도시이고, 베자브데는 사방이 티그리스 강의 깊고 급한 물살로 둘러싸인 작은 반도 같은 도시이다. 콘스탄티누스 대제 시대 이후로 군단의 규모가 줄어들기는 했지만, 샤푸르는 무려 로마군 다섯 군단을 포로로 잡아 페르시아의 먼 변경 지대에 구금했다. 샤푸르 왕은 일단 싱가라

서기 360년, 싱가라 공성전 등

31 암미아누스는 이 시기를 짐작할 수 있게 해 주는 세 가지 사실을 기록해 놓았는데, 서로 잘 들어맞지는 않고 연대기적으로도 잘 부합되지 않는다. 1. 옥수수가 익을 무렵 샤푸르가 메소포타미아를 침공했다고 기록되어 있는데 알레포의 고도를 생각했을 때 이 시기는 대략 4~5월경이다. 2. 샤푸르의 진군이 유프라테스 강의 범람으로 저지되었다고 하는데 강의 범람은 주로 7~8월에 일어난다. 73일의 포위 공격 후에 샤푸르가 아미다 성을 정복했을 때는 가을이 끝날 무렵이었다. 시기가 잘 맞지 않는 부분은 샤푸르 왕이 약간 지연했다거나 역사가의 실수라거나 계절적으로 약간의 이상 요인이 발생했다는 등의 변수를 고려해야 할 것이다.

의 성벽을 무너뜨린 다음에는 홀로 고립되어 있는 이 도시를 포기하고 철수해 버렸다. 그에 비해 베자브데는 성벽을 정성껏 복구하여 중요한 요충지로서 정예 병사들로 이루어진 수비대를 상주시키고 방어를 위한 모든 수단을 제공하는 한편, 충성심과 명예심을 불어넣어 사기도 크게 진작시켰다. 그러나 전쟁이 막바지에 이르렀을 때 샤푸르군은 비르타, 즉 테크리트에 대한 공략에 실패함으로써 오점을 남겼다. 이 도시는 그 후 티무르 시대까지도 독립 아랍인들이 방어하는 난공 불락의 요새로서 명성이 드높았다.

로마인들의 태도

샤푸르군으로부터 동방을 방어하려면 아주 유능한 장군이 필요했다. 그런 점에서 이곳이 병사들과 국민들의 전적인 신임을 받을 만한 유일한 인물인 용장 우르시키누스가 관할하는 속주라는 점은 국가적인 차원에서 볼 때 행운이었다. 그런데 이런 위기 상황에서 우르시키누스가 환관들의 음모로 해임되고, 역시 환관들에 의해 노장 사비니아누스가 동방의 군사 지휘권을 맡게 되었다. 그는 부유하고 노련한 장수이기는 하지만 나이가 주는 연륜보다는 노년의 결점만을 가진 인물이었다. 역시 질투심 많고 변덕스러운 환관들에 의해 내려진 두 번째 명령으로 우르시키누스는 메소포타미아 국경 지대로 파견되었다. 이곳에서 그는 힘겨운 전쟁을 계속 수행해야 했지만 영예는 모두 무능한 노장군에게 돌아가는 형편에 놓이게 되었다. 사비니아누스는 에데사 성벽 아래 편안히 앉아서 맥 빠진 군사 훈련을 지켜보거나 피리 소리에 맞추어 춤추는 전무나 즐길 뿐, 국가의 방위는 용감하고 성실한 전임 장군 우르시키누스에게 맡겨 두고 있었다. 그러면서도 우르시키누스가 적극적인 작전 계획을 제안할 때마다, 예를 들어 경무장한 정예 병사들을 이끌고 산악 지대를 우회해서 적의 보급 부대를 차단한다거나 길게 뻗은 페르시아군의 전선을 교란하여 고난에 빠진 아미다를 구원하는 등의 작전을 건의할 때마다, 소심하고 질투심 많은 사비니아누스는 군대를 위험에 빠트리는 작전은 삼가라는 엄중한 명령을 받았다고 강력히 주장했다. 마침내 아미다가 함락되자 야만족들의 창검을 겨우 모면하고 탈출해 온 용감한 병사들마저 로마군 진영 안에서 처형당했다. 우르시키누스 자신도 부당한 심문을 겪는 치욕을 당하고 사비니아누스의 직권을 남용했다는 이유로 계급을 박탈당하는 처벌을 받았다. 그러나 콘스탄티우스도 곧 부당한 처분으로 모욕당한 우르시키누스가 분노에 차 내뱉은 예언, 즉 이런 식으로 통치가 이루어지는 한 동방의 영토를 외적의 침입으로부터 방어하기는 결코 쉽지 않으리라는 예언이 사실임을 경험으로 깨달아야만 했다. 콘스탄티우스는 도나우 강변의 야만족들을 정복하거나 회유한 후에 천천히 동방으로 진군했다. 황제는 아직도 전쟁의 포화가 가시지 않은 아미다에 들러 조의를 표한 후에, 강력한 군대를 동원해 베자브데에 대한 포위 공격에 나섰다. 어마어마한 크기의 파성추로 거듭 공격한 끝에 성벽이 흔들리면서 이제 그 도시는 최후의 순간을 맞는 듯했다. 그러나 지칠 줄 모르는 용감무쌍한 수비대가 끈질기게 저항을 계속하는 동안 우기가 닥쳐왔다. 황제는 부득이하게 포위를 풀고 겨울용 막사가 있는 안티오크로 불명예스럽게 퇴진할 수밖에 없었다. 자화자찬에 능한 콘스탄티우스 황제와 창작력이 뛰어났던 궁정 조신들도 페르시아 전쟁에 대한 찬양문을 쓸 재료를 찾기는 어려웠던 모양이다. 반면 그 무렵 황제가 갈리아 속주의 군사 통치권을 위임한 사촌 동생 율리아누스의 혁혁한 공적은 단순 명료한 이야기로 로마 세계 전역에 전파되고 있었다.

32 이 이름은 플리니우스의 톡산드리에서 나온 듯하며 중세의 역사에 매우 빈번하게 등장한다. 톡산드리아는 통그르 부근에서 바할 강과 라인 강의 합류점까지 펼쳐져 있는 나라로 삼림과 늪 지대가 많았다.

33 다니엘(P. Daniel)은 클로비스 1세 이전에는 프랑크족이 라인 강 서쪽에 항구적인 주거지를 소유하지 못했다고 역설했는데, 학식 높고 상식적인 비에(M. Biet)는 이 가설을 훌륭하게 반박했다. 비에는 클로비스 1세의 즉위 130년 전에 프랑크족이 톡산드리아 지방을 소유했다는 사실을 여러 가지 증거를 제시해 입증했다. 이 주장은 1736년에 수아송 아카데미에 의해 다시 한 번 확인되었고, 저명한 고고학자 뵈프(Abbé le Boeuf)도 이 의견을 지지했다.

게르만족의 갈리아 침입

이보다 앞서 격렬한 내전의 소용돌이에 휩싸였던 시기에 콘스탄티우스 황제는 경쟁자인 콘스탄스를 황제로 인정했던 갈리아 속주를 게르마니아 야만족들의 약탈에 거의 내맡겨 두고 있었다. 수많은 프랑크족과 알레만니족이 보상이나 약속을 믿고, 혹은 전리품을 얻으려는 희망을 가지고, 혹은 그들이 정복하는 영토는 영원히 그들 소유로 해 주겠다는 보장을 믿고 라인 강을 건넜다. 그러나 임시 방편으로 이렇듯 경솔하게 야만족들의 탐욕을 부추긴 황제는 일단 로마의 비옥한 영토 맛을 본 이 막강한 야만족 동맹군들을 다시 쫓아내기가 얼마나 어려운지를 깨닫고 후회해야만 했다. 이 제멋대로인 도적떼들은 충성과 반역도 구분하지 못하고 그들이 원하는 재산을 소유한 로마인이라면 누구든 적으로 간주했다. 통그르, 콜로뉴, 트레브, 보름스, 슈파이어, 스트라스부르크를 비롯한 마흔다섯 개 도시와 그보다 훨씬 많은 마을과 촌락들이 그들에게 약탈당해서 대부분 잿더미로 변했다. 여전히 조상들의 신조를 충실하게 지키던 게르마니아 야만족들은 벽을 쌓고 그 안에 틀어박히는 것을 혐오하면서 심지어 그런 곳을 감옥이나 무덤 등으로 불렀다. 그들은 라인 강, 모젤 강, 뫼즈 강변에 독립 가옥들을 짓고 큰 나무를 쓰러뜨려서 길을 가로막는 원시적인 방법으로 기습 공격의 위험에 대비했다. 알레만니족은 오늘날의 알자스로렌 지방에 정착하였고, 프랑크족은 바타비족의 섬과 당시에는 톡산드리아(Toxandria)[32]라고 불리던 브라반트 지방의 넓은 영토까지 차지했는데, 이곳을 갈리아 왕국의 발생지로 보아도 무방할 것이다.[33] 게르만족은 라인 강의 발원지로부터 강어귀에 이르기까지 강 서쪽으로 40마일 이상을 정복하였고, 곳곳에 자신들의 이름이나 부족명을 붙인 식민지를 건설하였다. 단순히 약탈만 하고 지나간 곳은 정복지의 세 배에 이르렀다. 이보다 훨씬 멀리 떨어진 지역에서도 무방비 상태의 마을들은 황폐화되었고, 자력 방위에 의존하고 있던 요새 도시의 주민들도 성 안의 공지에서 기른 곡물들로 연명해야만 했다. 급여도 보급품도 받지 못한 로마 군단은 전력이나 기강도 형편없이 약해져서 야만족이 접근해 온다는 소식이나, 심지어는 그들의 이름만 듣고도 두려움에 온몸을 떨었다.

이런 비관적인 상황에서 경험도 없는 젊은이가 갈리아 속주를 구원하고 통치하도록, 혹은 그 자신의 표현을 빌리자면 제국의 위대성이라는 공허한 이미지를 과시하도록 임명된 것이다. 은거하면서 현학적인 교육만 받아 온 율리아누스는 무기보다는 책과, 산 자보다는 죽은 자들과 더 가까웠으며, 전쟁이나 통치의 실제적인 기술에 대해서는 전혀 아는 바가 없었다. 그는 이제 새롭게 배워야만 하는 군사 훈련을 어색하게 반복하면서 한숨을 쉬며 이렇게 외쳤다고 한다.

율리아누스의 태도

오, 플라톤이여, 플라톤이여, 철학자에게 이 무슨 고역이란 말입니까!

그러나 실무자라면 경멸해 마지않을 이런 사색적인 철학은 율리아누스의 정신을 고귀한 교훈과 빛나는 모범들로 채워 주었고, 미덕에 대한 사랑, 명예에 대한 욕망, 죽음에 대한 경멸 등의 덕목을 그에게 고취시켜 주었다. 아카데메이아에서 배운 절제의 습관은 군대의 엄격한 규율에서 더욱 빛을 발했다. 천성적으로 욕심이 없었기 때문에 침식도 절도 있게 조절했다. 율리아누스는 식탁에 올라오는 산해진미들을 경멸하며 물리치

34 갈리아에서의 율리아누스의 사생활은 암미아누스의 책에 찬탄 어린 어조로 잘 묘사되어 있다. 율리아누스 자신도 콘스탄티누스 가문의 자제가 세상을 놀라게 할 만한 행동을 하고 있는 것을 자못 재미있다는 듯이 묘사해 놓았다.

35 그리스의 아카데메이아에서 교육받은 율리아누스는 라틴어를 필요할 때만 사용하는 대중적인 외래 방언쯤으로 생각했다.

36 이 뛰어난 신하의 실제 지위는 알려져 있지 않다. 후에 율리아누스는 그를 갈리아의 총독으로 임명했으나 황제의 질시로 곧 해임되었다. 율리아누스의 저술에는 감동적이긴 하지만 다소 현학적인 어조로 그토록 소중한 친구를 잃은 것을 한탄하고, 자신의 명성은 그의 도움에 힘입은 바 크다고 인정하는 대목이 나온다.

고는 말단 병사들에게 제공되는 거칠고 평범한 식사로 만족했다. 매서운 추위가 몰아치는 겨울 동안 한 번도 침실에 불을 피우지 않았고, 짧은 선잠을 자고 난 후에는 한밤중이라도 마루에 깔린 모포를 박차고 나와 긴급한 용건을 처리하거나 순시를 돌고, 때로는 잠시 짬을 내어 좋아하는 학문에 몰두하기도 했다.34 지금까지 가상적인 주제를 놓고 연습해 오던 웅변술은 이제 무장한 병사들의 열정을 북돋우거나 진정시키는 실제적인 목적으로 사용되었다. 율리아누스는 어릴 때부터 그리스어를 사용해 왔기 때문에 그리스어의 아름다움에 친밀함을 느끼고 있었지만, 라틴어에 대해서도 상당한 지식을 습득했다.35 원래부터 입법자나 재판관의 자질은 없었으므로 로마의 법률 제도에는 별 관심이 없었던 것 같다. 그러나 철학을 공부하면서 자비심을 잃지 않는 범위에서의 확고한 정의, 형평법이나 증거법의 일반적인 원칙에 대한 지식, 자신에게 제출된 복잡하고 지루하기 짝이 없는 안건들을 참을성 있게 심의하는 능력 등을 배웠다. 정책이나 군사 작전은 상황이나 인물 등의 부수적 요인에 따라 달라질 수밖에 없으므로, 경험이 없는 학자들은 완전무결한 이론을 적용했는데도 뜻대로 되지 않아 당황하는 경우가 많다. 이와 같은 중요한 원리를 이해하는 데 율리아누스는 타고난 재능이 뛰어나기도 했지만, 고위 관리였던 살루스티우스의 지혜와 경험에도 크게 도움을 받았다. 살루스티우스는 곧 이 뛰어난 부황제에게 깊은 우정과 애정을 품게 되었는데, 그는 완전무결한 인품을 갖추었을 뿐 아니라 아무리 냉정한 진언이라도 부황제의 마음을 상하게 하지 않고 넌지시 말해서 귀를 기울이게 하는 재능까지 가지고 있었다.36

율리아누스는 밀라노에서 부황제로 임명된 직후 360명이라는 초라한 병사를 거느리고 갈리아로 파견되었다. 율리아누스

는 비엔나에서 이미 콘스탄티우스가 그의
행동을 지도 감독하라고 지시해 둔 고관
들의 수중에서 비참하고 불안한 겨울을

서기 356년,
율리아누스의
1차 갈리아 전투

보냈다. 여기서 부황제는 오툉의 포위와 구출이라는 소식을 듣
게 되었다. 다 허물어져 가는 성벽과 무기력한 수비대에 의해
겨우 방어되던 이 오래 된 대도시가 무기를 다시 잡고 나라를
수호하기로 굳게 결의한 몇몇 노련한 병사들에 의해 구출된 것
이다. 오툉에서 갈리아 속주의 중심부를 통해 행군하면서 율리
아누스는 자신의 용맹을 발휘할 수 있는 첫 번째 기회를 포착
하고 적극적으로 행동에 나섰다. 그는 궁수와 중무장한 기병으
로 이루어진 소부대를 이끌고 두 갈림길에서 더 짧지만 보다
위험한 길을 택해 진군했다. 도중에 그 지역을 장악하고 있던
야만족들의 공격을 때로는 피하고 때로는 맞붙어 격퇴하기도
하면서, 로마군의 집결 장소였던 랭스 부근에 있는 진영에 무
사히 도착했다. 젊은 부황제의 모습을 보자 그동안 저하되었던
병사들의 사기도 되살아났다. 이럴 경우 항상 패전으로 연결되
기는 했지만, 그들은 승리를 확신하며 랭스를 출발해 적을 찾
아 진군했다. 그런데 적은 이 지역의 지리에 익숙한 알레만니
족으로 여기저기 흩어져 있는 병력을 은밀하게 집결시켜 비오
는 날 밤을 택해 로마군의 후위를 맹렬하게 공격했다. 당연히
대혼란이 일어났고 대열을 채 재정비하기도 전에 두 개 군단이
전멸했다. 율리아누스는 이 경험으로 전쟁에서는 주의와 경계
가 가장 중요하다는 점을 배웠다. 두 번째 교전은 좀 더 성공
적이어서 그는 군사적 명성을 회복하고 또 확립했다. 그러나
야만족은 아주 민첩해서 추격전을 허용하지 않았기 때문에 이
승리는 대단지도 않았고 결정적이지도 않았다. 어쨌거나 율
리아누스는 라인 강변까지 진격하여 폐허가 된 콜로뉴를 돌아

37 암미아누스는 첫 번째 원정에 대해 율리아누스보다는 훨씬 만족했던 것 같다. 율리아누스는 자신은 아무것도 한 일이 없으며 적 앞에서 도망치기만 했다고 아주 솔직하게 인정했다.

38 리바니우스는 마르켈루스의 군사적인 자질을 좀 더 호의적으로 묘사해 놓았다. 율리아누스도 그가 궁정에서 다른 잘못을 저지르지 않았다면 그렇게 쉽게 해임되었을 리가 없다는 뜻을 비치고 있다.

보고 나서 이 전쟁의 어려움을 새삼 깨달았다. 겨울이 다가옴에 따라 일단 퇴각했지만 율리아누스는 궁정에도 군대에도 자신의 승리에도 만족할 수 없었다.37 적들의 힘은 여전히 막강했다. 부황제가 군대를 분산시키고 갈리아의 중심부인 상스에 사령부를 설치하자마자 수많은 게르만족들이 그곳을 에워싸고 포위 공격을 시작했다. 이런 극도의 곤경에 빠지게 되자 율리아누스는 정신력에 의존하여 장소와 수비대의 결점을 모두 보충해 줄 만한 불굴의 용기와 분별력을 발휘했다. 30일간의 헛된 공격 끝에 야만족들은 분노와 좌절만을 안고 물러나는 수밖에 없었다.

서기 357년,
율리아누스의
2차 갈리아 전투

이 중요한 승리는 오직 자신의 용기에만 힘입은 것이라는 율리아누스의 자부심은 도의로 보나 충성심으로 보나 당연히 그를 도우러 달려와야 할 사람들이 그를 유기하고 배신했으며 아마도 파멸을 바라고 있었을 것이라는 생각 때문에 상당히 손상되었다. 갈리아의 기병 대장이었던 마르켈루스조차 질시에서 비롯된 궁정의 명령을 너무 곧이곧대로 해석한 탓인지 율리아누스의 곤경을 무관심하게 지켜보기만 했고, 휘하의 부대가 상스를 구원하기 위해 진군하려는 것도 저지했다. 만약 부황제가 이런 위험스러운 모욕을 눈감아 준다면 그 자신과 그의 권위가 세상의 웃음거리로 전락할 터였다. 또한 이런 범죄 행위가 아무런 처벌도 받지 않는다면 콘스탄티우스 황제 역시 이미 플라비우스 가문의 자제들에 대한 과거의 행위로 충분히 입증된 의혹을 다시 한 번 확인해 주는 셈이 될 것이다. 마르켈루스는 소환되어 조용히 직위 해제되었다.38 그의 자리에 세베루스가 기병 대장으로 임명되었다. 세베루스는 용맹성과 충성심을 갖춘 경험 많은 군인으로 공손하게 조언할 줄도 알고 열심히 실천할 줄도 아는 인물이었다. 그 무렵 율리아누스는 후견인 에우세비아 황후의 도움으로 마침내 갈리아 군대의 최고 지휘관이 되었는데, 세베루스는 이에 일말의 주저도 없이 복종하였다. 다음 번 출정을 위해 주도면밀한 작전 계획이 세워졌다. 율리아누스 자신은 남아 있는 고참 병사들과 새로 모집한 신병들을 이끌고 대담하게 게르만군의 본거지로 뚫고 들어가 사베르네 요새를 신중하게 재구축했다. 이곳은 적의 습격을 저지하거나 퇴로를 차단하기에 적합한 요충지였다. 이와 동시에 보병 대장 바르바티오는 3만 명의 병사를 이끌고 밀라노를 출발하여 알프스 산맥을 넘은 후에 바실리아 부근에서 라인 강에 다리를 놓을 준비를 하고 있었다. 이렇게 양쪽에서 압박을 가하면 알레만니족이 갈리아 속주에서 철수해서 서둘러 조국의 방어에 나설 수밖에 없으리라는 계산이었다. 그러나 이 계획은 바르바티오의 무능력 때문인지, 질시 때문인지, 아니면 은밀한 지시를 받았는지는 모르지만 어쨌든 실패하고 말았다. 이때 바르바티오의 행동은 그가 마치 부황제의 적이며, 야만족과 비밀 동맹을 맺은 것처럼 보였다. 적의 약탈 부대가 막사 바로 앞을 자유롭게 왕래하도록 허용한 것은 그의 무능력 탓으로 돌려도 좋을 것이다. 그러나 갈리아 군대에 꼭 필요한 수많은 선박과 여분의 보급품들을 불태운 행위는 그가 적대적이고 범죄적인 의도를 품었다는 결정적인 증거였다. 게르만족은 강하지도 않고 자신들을 공격할 의향도 없어 보이는 로마군을 경멸했다. 바르바티오의 수치스러운 퇴각으로 율리아누스는 지원군을 기대할 수 없게 되었고, 안전하게 머무를 수도 명예롭게 퇴각할 수도 없는 극도로 위험한 상황에서 자신의 힘으로 빠져나오도록 홀로 남겨졌다.

공격의 두려움에서 벗어난 알레만니족은 자신들이 정복과

서기 357년 8월,
스트라스부르크 전투

협상을 통해 확보한 영토에 대해 감히 소유권을 주장하려는 로마 젊은이를 응징하기 위한 준비에 나섰다. 그들은 3일 밤낮 동안 라인 강 건너편으로 군사력을 이동시켰다. 흉악한 크노도마르 왕이 이전에 마그넨티우스의 형제에게 휘두른 바 있는 육중한 투창을 흔들며 야만족의 선봉에 섰지만, 경험에 의해서인지 자신의 전례가 불러일으킬 만한 저돌적인 열의는 자제하고 있었다. 그의 뒤를 여섯 명의 왕과 왕족 자제 열 명, 사기가 드높은 귀족들의 긴 행렬, 게르마니아의 여러 부족 중에서 선발된 가장 용감한 전사들 3만 5000명이 뒤따랐다. 자신들의 막강한 군사력에서 비롯된 자신감은 한 로마군 탈주병이 부황제가 겨우 1만 3000명의 빈약한 군대와 함께 자신들의 진영인 스트라스부르크에서 불과 21마일 정도 떨어진 곳을 점거하고 있다는 소식을 전하자 더욱 불타올랐다. 율리아누스는 이런 불충분한 병력을 이끌고 야만족들을 먼저 찾아 나서서 결전을 벌이기로 마음먹었다. 또한 분산되어 있는 알레만니족들과 개별적으로 교전하는 지루하고도 불확실한 작전보다는 단번에 총공격으로 맞설 수 있는 기회를 노리기로 결정했다. 로마군은 오른쪽에는 기병대, 왼쪽에는 보병대를 2열 종대로 배치하고 밀집 대형으로 행군했다. 마침내 적의 모습이 눈앞에 보였을 때는 이미 저녁 무렵이었다. 율리아누스는 전투를 다음 날 아침으로 미루고 병사들에게 식사와 수면을 취하게 하여 전력을 회복시키고자 했다. 그러나 병사들의 강력한 요청과 참모들의 의견에 마지못해 양보하면서 병사들에게, 용감하게 싸워 이런 성급한 열의가 정당했음을 보여 달라고 간곡히 요청하였다. 이런 성급함은 패배했을 경우 만천하에 무모하고 경솔하다는 오명을 남기게 될 것이기 때문이었다. 진군 나팔이 울리고 병사들의 함성이 전쟁터를 가득 채우자 양쪽 군대는 서로 뒤지지 않을 맹렬한 기세로 공격에 나섰다. 몸소 오른쪽을 지휘하고 나선 부황제는 솜씨가 뛰어난 궁수들과 중무장한 기병들에게 기대를 걸고 있었다. 그러나 그의 대열은 곧 경무장한 기병과 보병 혼합군에 의해 흐트러졌고 가장 명성 높았던 중기병 600명이 패주하는 치욕을 겪었다.³⁹ 그러나 도망가던 중기병들은 자신의 안전은 생각지도 않은 채 그들 앞을 가로막고 서서 명예와 치욕에 관련된 모든 감정을 자극하면서 승리감에 날뛰는 적들과 다시 맞서게 하려는 율리아누스의 용감한 모습을 보고 다시 전열을 가다듬었다. 양쪽 보병대의 교전은 집요하고도 참혹했다. 게르만군은 체력과 체격 면에서 우위를 보였지만 로마군은 군기와 침착성에서 우월했다. 두 군대의 장점을 두루 갖춘 로마군 휘하에 있는 게르만족 출신의 병사들이 훌륭한 지휘관의 지휘로 분투해서 결국 이날의 승리를 가져왔다고 볼 수 있다. 이 유명한 스트라스부르크 전투에서 로마군은 4명의 참모장교와 243명의 병사를 잃었지만, 이 전투는 부황제에게는 참으로 영예로운 전투였고,⁴⁰ 고통받던 갈리아 속주에는 참으로 반가운 소식이었다. 알레만니족은 라인 강을 건너다가 익사하거나 화살에 맞아죽은 병사를 제외하고도 이 전투에서 6000명의 병사를 잃었다.⁴¹ 크노도마르 자신도 포위되어 그와 생사를 함께 하기로 맹세한 세 명의 동료와 함께 포로가 되었다. 율리아누스는 당당한 군사적 위용을 과시하며 참모들과 함께 그를 맞이하여, 속으로는 포로로 잡힌 것을 비웃으면서도 겉으로는 관대하게 그의 비운에 위로의 말을 건넸다. 패배한 알레만니 왕을 갈리아의 도시들로 끌고 다니면서 구경거리로 만드는 대신, 율리아누스는 이 눈부신 승리의 전리품을 공손하게 황제에게 진상했다. 크노도마르는 정중한 대접을 받았지만, 성질 급

39 이 전투 후에 율리아누스는 이 패주병들에게 여자 옷을 입혀 조롱거리가 되게 만들어서 예전의 엄격한 군기를 되살리고자 했다. 다음 번 전투에서 이들은 훌륭하게 명예를 회복했다고 한다.

40 율리아누스는 이 스트라스부르크 전투를 자랑스러워하며 겸손하게 묘사했다. 조시무스는 이 전투를 다리우스 왕에 대한 알렉산드로스 대왕의 승리에 비유했다. 그러나 이날의 승리에 쏟아진 그 시대의 찬사를 입증해 줄 만한 특별한 점을 찾기는 쉽지 않다.

41 리바니우스는 이 숫자에 2000명을 더했지만, 조시무스가 그의 영웅을 찬미하기 위해 무려 6만 명을 더한 것에 비하면 아무것도 아니다. 조시무스가 3만 5000명의 알레만니족을 헤아릴 수도 없이 많은 야만족 무리라고 부풀리지 않았다면, 이 엄청난 숫자를 필사가의 실수로 돌릴 수도 있을 것이다. 이런 사실을 보고도 유사한 예에 대해 의심을 품지 않는다면 그것은 우리의 잘못이다.

한 야만족이었던 그는 패배와 구금과 유배라는 굴욕을 오래 견디지 못하고 죽고 말았다.

~~~ 서기 358년, 프랑크족을 정복한 율리아누스 ~~~

상(上)라인 지방에서 알레만니족을 몰아낸 율리아누스는 이번에는 프랑크족을 향해 무기를 겨누었다. 프랑크족은 갈리아와 게르마니아의 경계 지역에서 좀 더 북해 가까이에 자리잡은 종족으로, 그 수와 두려움을 모르는 용맹함 때문에 게르만족 중에서도 가장 막강한 부족으로 간주되고 있었다. 그들은 약탈의 유혹에 강하게 이끌리기도 했지만, 그것과는 상관없이 순수하게 전쟁을 사랑한다고 공언했고, 전쟁이야말로 인간에게 주어진 최고의 영예이며 행복이라고 믿고 있었다. 한 웅변가의 생생한 표현을 빌리자면, 계속되는 전쟁 수행으로 심신이 완전무결하게 단련되어 있던 그들에게는, 한겨울의 눈도 봄날의 꽃처럼 반가운 것이었다. 스트라스부르크 전투 이후 이어진 12월에 율리아누스는 뫼즈 강변의 두 개 성에 틀어박혀 있던 600명의 프랑크족을 공격했다.[42] 한겨울의 추위 속에서 그들은 놀랄 만한 끈기를 발휘하여 54일간의 포위 공격을 견뎌냈다. 그러나 결국에는 굶주림에 지친데다가 로마군이 용의주도하게 강물의 얼음을 깨버렸기 때문에 도망칠 수도 없다는 사실을 알게 되자, 프랑크족은 처음으로 승리가 아니면 죽음을 택하라는 예로부터 내려온 규율을 어기고 투항했다. 부황제는 또다시 이 포로들을 콘스탄티우스의 궁정으로 보냈다. 황제는 이 귀중한 선물을 받고 매우 기뻐하면서 그 많은 용사들을 모두 친위대의 정예 부대에 편입시켰다. 이 소규모 프랑크족의 완강한 저항을 보고 율리아누스는 자신이 이듬해 봄에 전체 프랑크족을 상대로 벌이고자 계획한 전쟁이 매우 어려우리라는 사실을 새삼 깨달았다. 율리아누스의 신속하고 부지런한 행동은 천성적으로

[42] 리바니우스는 율리아누스가 쓴 글을 잘못 해석하여 이 프랑크족을 1000명으로 표기했다. 그는 항상 펠로폰네수스 전쟁만을 생각하고 있었으므로, 이들을 스팍테리아 섬에서 포위되어 투항했던 라케데모니아족에 비유하고 있다.

민첩한 야만족들조차 깜짝 놀라게 했다. 야만족들은 부황제가 파리의 동계 막사에서 아퀴타니아로부터의 보급품을 한가로이 기다릴 것이라 생각했지만, 그는 병사들에게 20일 분의 건빵을 휴대하라고 명령하고는 갑자기 통그르 부근에 막사를 세웠다. 그는 프랑크족이 미처 집결하거나 작전을 세울 틈도 주지 않고 콜로뉴에서 북해에 이르기까지 로마 군단을 전개시켜 나갔다. 그의 성공에 두려움을 느낀 부족들은 투항해서 정복자의 자비심을 간청하고 명령에 복종하겠다고 맹세했다. 이리하여 카마비족은 원래의 영토인 라인 강 건너편으로 얌전히 돌아갔고, 살리족은 로마 제국에 복종하면서 보조군이 된다는 조건으로 톡산드리아에 그대로 정착했다. 협정은 엄숙한 맹세로 비준되었고, 협상 조건이 엄격히 준수되는지 감독할 목적으로 감독관들을 프랑크족과 함께 상주시켰다. 또 한 가지 전해져 내려오는 이야기는 그 자체로도 충분히 흥미로울 뿐만 아니라, 직접 이 비극의 구성과 대단원까지를 교묘하게 만들어 낸 율리아누스의 성격을 엿볼 수 있게 한다는 점에서도 재미있다. 카마비족이 평화 협정을 간청했을 때, 율리아누스는 믿을 수 있는 유일한 인질로 왕자를 요구했다. 야만족들은 슬프고 당혹스러운 심정으로 비탄에 잠겨 침묵을 지키고 있었다. 간간이 신음에 가까운 울음소리가 새어나왔다. 그때 늙은 왕이 나서서 자신의 개인적인 상심이 이제 전 부족에 닥친 재앙으로 말미암아 더욱 고통스럽게 느껴진다고 애처로운 어조로 하소연했다. 카마비족들이 모두 부황제의 발 밑에 꿇어 엎드려 있을 때 놀랍게도 그들이 이미 죽었을 것이라 믿었던 왕자가 눈앞에 나타났다. 기쁨과 환희의 소동이 가라앉고 모두가 부황제를 주시했을 때 그는 다음과 같이 말했다.

43 율리아누스의 친구였던 리바니우스는 그가 갈리아 전쟁에 대해 책을 썼다고 분명하게 언급한다. 그러나 조시무스는 율리아누스의 서한과 연설문만을 자료로 삼았던 것 같다. 율리아누스는 아테네인들에게 보낸 서한들에 게르만족과의 전쟁을 다소 일반적이기는 하지만 비교적 정확하게 설명해 놓았다.

그대들이 비탄해 마지않았던 왕자를 똑바로 보시오. 그대들은 그대들 자신의 잘못으로 왕자를 잃었지만 신과 로마가 다시 그를 그대들에게 돌려주었소. 과인은 이 젊은이를 그대들의 진실성을 보증받기 위해서가 아니라 나 자신의 선행을 기념하기 위해 계속 돌보면서 교육할 셈이오. 그대들이 맹세한 신의를 배신하는 일이 벌어지면 제국의 무력으로 반드시 복수할 것이지만, 그 복수는 무고한 자가 아닌 죄지은 자에게 가해질 것이오.

이 말이 끝나자 야만족들은 감사와 찬탄의 마음을 깊이 품고 부황제 앞을 물러났다.

서기 357년, 358년, 359년, 라인 강 너머로 세 차례 원정한 율리아누스

율리아누스는 게르만족의 손아귀에서 갈리아 속주를 구원하는 것으로 만족하지 않았다. 더 나아가 그는 로마 황제들 중에서도 가장 용맹하고 유명한 율리우스 카이사르와 경쟁하고자 했다. 카이사르의 예를 본받아 율리아누스도 직접 갈리아 전쟁기를 썼다.[43] 카이사르는 두 차례 라인 강을 건넌 경험을 자랑스럽게 이야기했다. 율리아누스는 황제의 칭호를 받기 전에, 이미 세 번의 성공적인 원정에서 로마의 독수리 군기를 라인 강 저편으로 가지고 갔다고 자랑할 수 있었다. 율리아누스는 스트라스부르크 전투 후에 게르만족이 당황하는 모습을 보고 첫 번째 원정에 나설 용기를 얻었다. 병사들은 내키지 않았지만 말단 병사들이 겪는 노고와 위험을 함께하는 지휘관의 간곡한 설득과 웅변에 곧 감화되었다. 곡식과 가축이 풍부했던 마인 강 양쪽의 마을들은 야만족의 약탈로 피폐해져 있었다. 로마 건축을 모방해 우아하게 지어진 주요 가옥들은 모두 불타버렸다. 부황제는 대담하게 10마일 정도를 더 진군했으나, 깊고 울창한 숲이 앞을 가로막았다. 도저히 뚫고 들어갈 수 없는

이 숲은 지하도로 연결되어 있었고 곳곳에 비밀 함정과 복병이 숨어 있어서 침입자를 위협했다. 땅에는 이미 눈이 쌓이기 시작했다. 율리아누스는 하는 수 없이 트라야누스 황제가 건설한 옛 성을 수복한 다음 고분고분하게 나오는 야만족에게 열 달간 휴전할 것을 약속했다. 휴전 기간이 끝나자 율리아누스는 라인 강 너머로 2차 원정에 나섰다. 스트라스부르크 전투에도 참전한 알레만니족의 두 왕, 수르마르와 호르타이레의 자만심을 꺾으려는 것이 그 목적이었다. 그들은 아직 생존해 있는 로마인 포로들을 돌려주겠다는 제안을 해 왔다. 그러나 율리아누스는 갈리아의 도시들과 촌락들에서 사라진 주민들의 수를 정확하게 조사해 두었기 때문에 자신을 기만하려는 모든 시도를 그 자리에서 정확하게 지적해 냈다. 이 일로 그에게는 초자연적인 지식이 있다는 믿음까지 생겨나게 되었다. 세 번째 원정은 앞선 두 번의 원정보다 훨씬 중요하고 또 눈부신 것이었다. 게르만족은 병력을 총집결시켜 강의 반대편 강둑을 따라 이동하면서 교량을 파괴해 로마군의 길목을 차단하고자 했다. 그러나 이런 주도면밀한 방어 계획도 율리아누스의 교묘한 교란 작전 때문에 실패로 돌아갔다. 300명의 경무장한 민첩한 병사들을 작은 배에 나눠 태운 다음 은밀하게 강의 지류를 따라 내려가서 적의 전초지 부근에 상륙하게 한 것이다. 병사들은 대담하고 신속하게 명령을 수행해서 때마침 주연에서 술에 취해 아무 걱정 없이 돌아오고 있던 야만족 족장들을 기습했다. 학살과 약탈이라는 비슷비슷하고 혐오스러운 이야기는 생략하기로 하겠다. 율리아누스는 알레만니족의 콧대 높은 여섯 왕들에게 자기 마음대로 정한 평화 협정을 명령처럼 전달하고, 그중 세 명에게는 로마 진영의 엄격한 군기와 당당한 위용을 견학하게 했다는 사실을 전하는 것으로 충분할 것이다. 부황제는 전쟁을

⁴⁴ 이 일곱 개 기지 중 네 개는 지금도 중요한 도시로 남아 있다. 빙겐, 안데르나흐, 본, 노이스가 그것이다. 나머지 세 개는 트리케시메, 콰드리부르기움, 카스트라 헤르쿨리스인데 지금은 존재하지 않는다.

⁴⁵ 이 일을 매우 자세히 다루고 있는 율리아누스 자신의 설명에 의존한 것이다. 조시무스는 800척의 배라고 언급했다. 600척의 배마다 각각 70톤의 곡물만 실었다고 해도 12만 쿼터에 이른다. 이렇게 많은 곡물을 수출할 수 있었다면 브리타니아의 농업이 매우 발달했음이 틀림없다.

마무리 지은 후에 야만족들의 사슬에서 구해낸 2만 명의 로마인 포로들을 데리고 라인 강을 다시 건너왔다. 이 전쟁에서 거둔 승리는 예전의 포에니 전쟁이나 킴브리 전쟁의 승리와 비견되는 영예로운 것이었다.

갈리아의 도시들을 복구한 율리아누스

이와 같은 용감한 행동으로 얼마간의 평화를 확보한 율리아누스는 곧 자신의 인도적이고 철학적인 기질에 좀 더 잘 어울리는 작업에 착수했다. 그는 야만족들의 침략으로 황폐해진 갈리아의 도시들을 부지런히 복구했다. 마인츠에서 라인 강 하구 사이의 중요한 전초지 일곱 개가 율리아누스의 명령으로 수복되어 요새화된 사실은 특별히 언급해 둘 가치가 있다.⁴⁴ 패배한 게르만족은 타당했을지는 모르지만 굴욕적이게도 필요한 물자들을 준비하고 운반하는 노역에 종사해야 했다. 이 일을 수행할 때도 율리아누스의 적극적인 열정은 유감없이 발휘되었다. 그의 이런 열정은 전 부대로 파급되어 노역의 의무를 면제받은 보조군들까지도 기꺼이 로마 군단병들과 함께 천하고 수고스러운 노동을 하며 만족스러워했다. 율리아누스에게는 주민들과 수비대의 안전뿐만 아니라 식량까지 확보해 줄 의무가 있었다. 일반 주민의 배신이나 병사들의 반란은 모두 굶주림에서 오는 불가피하고 필연적인 결과이기 때문이다. 갈리아 속주에서의 경작은 전쟁의 참화로 거의 중단되었지만, 율리아누스의 아버지 같은 배려로 대륙의 식량 부족은 인근 섬의 풍부한 식량으로 보충되었다. 아르덴 삼림의 나무로 건조된 600척의 범선이 브리타니아 해안을 몇 차례 왕래하면서 브리타니아에서 곡물을 싣고 돌아와 라인 강을 거슬러 올라가면서 강변에 있는 여러 도시들에 식량을 배급하였다.⁴⁵ 콘스탄티우스 황제가 비굴하게 은화 2000파운드를 공물로 바치면서까지 구매하겠다고 제의했던 라인 강의 자유 항해권을 율리아누스는 군사력으로 간단히 되찾은 것이다. 그런데 황제는 야만족들에게는 두려움에 떨면서 아낌없이 지불하겠다고 약속한 그 금액을 자신의 병사들에게 지불해야 할 상황에 처하자, 인색하게도 지불을 거절했다. 이미 두 차례나 원정을 다녀왔지만 정상적인 급여나 특별 상여금을 한 푼도 받지 못해 불만에 차 있는 군대를 이끌고 세 번째 원정에 나섰을 때는 아무리 단호하고 영리한 율리아누스라 해도 가혹한 시험대에 오른 셈이었다.[46]

46 두 번째로 라인 강을 건너기 직전에 군대는 반란을 일으키기도 했다.

율리아누스의 통치는 국민들의 평화와 행복에 대한 자애로운 배려를 최우선으로 하여 이루어졌고, 적어도 그런 것처럼 보였다.

율리아누스의 민정

그는 동계 막사에서 지내는 여유로운 시간 동안에는 민정에 전념하여 장군보다는 행정관의 업무에 더 큰 즐거움을 느끼는 것처럼 보였다. 그는 전쟁터로 떠나기 전에 자신의 법정에 계류되어 있는 공사나 민사 사건의 대부분을 속주의 총독들에게 위임했지만, 돌아오면 그들의 재판 절차를 재검토해서 엄격한 법의 집행을 완화시켜 주거나 때로는 재판관에게 재심을 명령하기도 했다. 고결한 인격자들이 빠지기 쉬운 정의에 대한 무조건적인 열의라는 함정에도 빠지지 않아서, 속주민을 착취한 죄목으로 나르본네시스 속주의 총독을 기소한 변호인의 열렬한 주장을 냉정하고 위엄 있게 저지한 일도 있다. 이 열정적인 변호사 델피디우스는 이렇게 외쳤다. "부인하는 것만으로 무죄가 된다면 도대체 누가 유죄가 되겠습니까?" 율리아누스의 대답은 이러했다. "그렇다면 단언하는 것만으로 유죄가 된다면 무죄가 되는 사람은 누가 있겠는가".

전시이냐 평시이냐에 관계없이 국가의 통치에서 군주의 이해는 대부분의 경우 일반 국민들의 그것과 일치한다. 그러나 콘스탄티우스 황제는 자신이 피폐해지고 억압받는 나라에서 착취한 공물의 일부를 율리아누스의 선정으로 빼앗겼다고 여기며 손해를 많이 보았다고 생각했다. 부황제의 권한을 가지고 있었던 율리아누스로서는 하급 대리인들의 건방진 약탈 행위를 시정하고 그들의 부패를 파헤친 후 보다 공평하고 관대한 조세 체계를 도입할 수도 있었을 것이다. 그러나 재정 업무는 갈리아의 민정 총독인 플로렌티우스에게 완전히 맡겨져 있었다. 이 민정 총독은 동정심이나 자비심을 모르는 소심한 독재자로서, 자신에 대한 반대는 아무리 정당하고 온건한 것이라고 해도 불평불만을 늘어놓는 오만불손한 자였다. 율리아누스는 이런 경우를 당하고 오히려 자신의 허약함을 탓해야 했다. 율리아누스는 임시 조세를 징수하려는 명령서에 서명해 달라는 민정 총독의 요청을 분연히 거절한 적이 있는데, 이 거절을 정당화하기 위해 쓴 국민들의 비참상에 대한 충실한 보고서가 콘스탄티우스의 궁정을 크게 화나게 했다. 율리아누스는 가까운 친구에게 보낸 편지에서 이때의 심정을 허심탄회하게 토로했는데 이 편지는 지금도 읽어 볼 수 있다. 그는 우선 자신이 취한 행동을 설명한 다음 이렇게 말한다.

플라톤과 아리스토텔레스의 제자가 어떻게 내가 한 행동 이외의 행동을 할 수 있겠나? 어떻게 내게 맡겨진 불행한 국민들을 저버릴 수 있겠나? 이 무자비한 도적떼들의 거듭된 약탈에서 국민을 보호하는 것이 나의 임무가 아니었든가? 자기 임지를 버린 지휘관은 처형당하고 매장의 영예를 누릴 권리조차 박탈당한다. 위기 상황을 맞아 내가 맡은 훨씬 막중하고 신성한 의무를 게을리한다면 무슨 명목으로 내가 그에게 처형을 명할 수 있단 말인가? 신께서 나를 이렇게 높은 지위에 올려 주셨으니, 그의 섭리로 나를 이끌고 도와 주실 것이다. 만약 내가 처벌을 받게 된다면 순수하고 공정한 양심의 증거라고 생각하며 위안으로 삼겠다. 살루스티우스 같은 고문관이 지금도 내 곁에 있다면 얼마나 좋을까? 그들이 나를 파면하려고 하면 나는 아무 불만 없이 따르겠다. 오랫동안 죄를 눈감아 주며 지위를 누리느니 짧은 기간이나마 선을 행할 수 있는 기회를 잘 활용하는 것이 낫지 않겠나?

율리아누스의 불안정하고 종속적인 지위가 그의 장점을 더 부각시키면서 결점을 감춰 주는 역할도 했다. 갈리아에서 콘스탄티우스 황제의 권좌를 지탱해 주던 이 젊은 영웅에게는 정부의 그릇된 정책들을 개혁할 권한이 없었다. 그러나 그는 국민들의 고통을 다소나마 완화시켜 주고 그들을 가엾게 여길 용기는 가지고 있었다. 과거 로마인들의 군인 정신을 되살리거나 야만족들에게 산업과 문명을 도입시키지 않는 한, 게르만족을 정복하거나 그들과 협상을 맺어 국가적 평화를 확보할 희망은 전혀 없었다. 그러나 율리아누스의 거듭된 승리는 일시적이나마 야만족의 침략을 중단시키고 서로마 제국의 멸망을 지연시키는 데 도움이 되었다.

오랫동안 내란과 야만족과의 전쟁과 폭정에 시달려 왔던 갈리아의 도시들은 율리아누스의 선정 덕분으로 회복되었다.

파리

이제 자신들의 노동의 산물을 자신들이 누릴 수 있다는 희망으로 근로 정신도 되살아났다. 농업과 제조업과 상업이 법률의 보호 아래 다시 융성했고, 시민 자치회인 쿠리아도 유능하고 명망 있는 사람들로 채워졌다. 젊은이들은 더 이상 결혼을 두려워하지 않았고, 기혼자들은 자식들에 대해 걱정할 필요가 없

[47] 루테티아 혹은 레우케티아는 4세기경의 풍속에 따른 지명을 따서 파리시이(Parisii)라고 불리게 된 도시의 옛 이름이다.

어졌다. 공적 축제나 민간 축제도 예전의 위용을 되찾아 성대히 치러졌으며, 속주들 간의 교류도 안전하고 빈번하게 이루어져 국가적 번영의 모습을 한껏 과시했다. 율리아누스와 같은 정신의 소유자라면 분명 자신이 만들어 낸 보편적인 행복을 함께 느끼고 기뻐했겠지만, 특히 만족스럽게 바라보면서 특별한 애정을 가진 곳은 그가 겨울 동안 거주했던 파리(루테티아)였다. 지금은 센 강 양쪽의 넓은 영토를 차지하고 있는 화려한 수도이지만, 원래는 맑고 깨끗한 물을 얻을 수 있다는 이유로 사람들이 살기 시작한 센 강에 있는 작은 섬에 불과했다. 강물이 성벽 바로 밑에서 넘실댔고 마을로 연결되는 통로는 두 개의 목조 다리밖에 없었다. 센 강의 북쪽 지역에는 삼림 지대가 펼쳐져 있었다. 지금은 대학의 이름을 사용하고 있는 남쪽의 평지에는 서서히 민가가 들어차기 시작했고, 궁전과 원형경기장, 욕장과 수로, 로마 군대를 훈련시킬 마르스 연병장까지 생겼다. 바다와 가까운 지역이라서 심한 추위도 없었고, 경험으로 알게 된 몇 가지 예방 조치만 취하면 포도나무와 무화과나무도 성공적으로 경작할 수 있었다. 다만 특별히 추운 겨울에는 센 강이 두껍게 얼어붙었는데, 아시아 사람이라면 강을 따라 떠내려오는 거대한 얼음 조각을 프리기아의 채석장에서 캐낸 흰 대리석 조각에 비유할지도 모른다. 훗날 율리아누스는 안티오크의 부패하고 방탕한 생활상을 보고 그가 사랑했던 루테티아[47]의 엄격하고 간소한 풍속을 떠올렸다. 그곳 사람들은 극장에서의 오락 따위는 알지도 못했고, 알고 있다 해도 경멸하였다. 그는 여성화된 나약한 시리아인들과 용감하고 소박한 갈리아인들을 분노하며 비교하면서, 켈트족의 유일한 결점인 음주벽까지도 거의 용서해 주고 싶었다고 한다. 율리아누스가 지금 프랑스의 수도를 다시 방문한다면, 이 그리스인의 제자를 충분히 이해하는 것은 물론 가르칠 수도 있는 천재적인 학자들과 대화를 나누면서, 사치를 즐기지만 용감한 군인 정신만은 결코 잊은 적이 없는 이 나라의 발랄하고 우아한 약점들은 기꺼이 용서할 것이다. 그리고 사회 생활의 교류를 부드럽고 세련되게 장식하여 더할 나위 없이 귀중한 사교술을 완성시킨 일에는 틀림없이 찬사를 보낼 것이다.

20

THE DECLINE AND FALL
OF THE ROMAN EMPIRE

콘스탄티누스 대제의 개종 동기 및 그 진행과 결과 · 그리스도교 또는 가톨릭 교회의 공인과 조직 · 성직자

그리스도교의 공인은 가장 강렬한 호기심을 불러일으키며 또 가장 귀중한 교훈을 주는 중요한 내정 개혁이라 할 수 있다. 콘스탄티누스 대제의 승전이나 정책은 오늘날의 유럽에 더 이상 아무런 영향을 주지 않는다. 그러나 그의 개종의 영향력은 아직도 세계의 많은 나라들이 느끼고 있으며, 그의 치세 중에 시작된 교회 체제는 여전히 현 세대의 사상 · 감정 · 이해 관계와 끊을 수 없는 사슬처럼 강하게 연결되어 있다.

이런 주제를 공평하게 검토할 수 있을지는 모르지만 중립적인 시각을 유지하기는 힘들기 때문에 예기치 못한 문제들이 발생한다. 콘스탄티누스 대제가 언제 개종했는지를 정확하게 파악하는 것조차 힘들다. 콘스탄티누스 대제 궁정의 핵심부에 있었던 웅변가 락탄티우스는 이 갈리아 황제의 영광과 모범을 온 세계에 알리고자 무척 애썼는데,[1] 그는 대제가 치세

콘스탄티누스의 개종 날짜

서기 306년

---

[1] 락탄티우스의 『신성 교리』가 쓰여진 시기는 엄밀하게 논의되었다. 여러 난관들도 있었고 해결책들도 제시되면서 임시 방편으로 두 권이 최초로 출간된 시기가 추정되었다. 첫 권은 디오클레티아누스의 그리스도교 박해 기간 동안 출간되었고, 두 번째 권은 리키니우스의 박해 기간에 출간되었다는 것이다. 개인적인 견해로는 락탄티우스가 갈레리우스, 막시미누스, 리키니우스의 그리스도교 박해가 행해지던 서기 306년에서 311년 사이에 이 책을 써서 콘스탄티누스 황제에게 헌정한 것이 틀림없어 보인다.

초기부터 진정한 유일신의 존엄을 인정하고 경배했다고 주장했다.[2] 석학 에우세비우스는 콘스탄티누스 대제가 이탈리아 원정을 준비하다 명상에 잠겼을 때 하늘에 나타난 기적의 십자가상을 보고 신앙을 갖게 되었다고 설명했다. 그러나 역사가 조시무스는 심술궂게도 대제가 장남의 피로 손을 더럽히고 난 후에야 로마와 조상들의 종교를 공개적으로 버렸다고 단언했다. 권위 있는 작가들의 주장이 이렇게 서로 상반되는 것은 콘스탄티누스 대제의 행동에 그 원인이 있다. 엄격한 교회 용어를 따르자면 최초의 그리스도교도 황제라는 말은 적어도 그가 죽는 순간까지는 적용될 수 없었다. 대제가 세례 예비자가 되어 안수례[3]를 받고 세례를 받은 후에 신자로 입문한 것은 임종을 앞둔 병상에서였기 때문이다.[4] 콘스탄티누스 대제의 신앙은 좀 더 모호하고 제한된 의미에서 해석해야 한다. 또한 대제가 스스로 교회의 보호자임을, 그리고 마침내는 개종자임을 선언하기까지의 거의 감지할 수 없을 정도로 느린 변화 과정을 추적하려면 매우 엄밀하고 정확한 검토가 필요하다. 교육을 받음으로써 생긴 습관과 편견들을 타파하고, 그리스도의 신성을 인정하고, 그의 계시가 로마의 다신교 숭배와는 양립할 수 없음을 이해하는 일은 매우 힘든 과제임에 틀림없다. 그 과정에서 대제 자신도 숱한 장애들을 겪었기 때문에 국교를 바꾸는 중대한 문제에 좀 더 신중함을 기했다. 대제는 자신의 견해를 안전하고 효과적으로 받아들여질 수 있는 한도 내에서 조심스럽게 개진했다. 그리스도교의 물결은 그의 전 통치 기간을 통해서 부드럽지만 점점 가속도를 내며 흘러갔다. 그러나 그

서기 312년

서기 326년

서기 337년

[2] 『신성 교리』 첫머리의 이 중요한 대목은 스물여덟 개의 필사본에서는 빠져 있고 열아홉 개에서만 발견된다. 이 필사본들의 상대적인 중요성을 고려해 볼 때, 프랑스 왕립 도서관에 소장되어 있는 900년 된 필사본도 그중 하나로 포함할 수 있을 것이다. 그러나 이 대목은 6~7세기의 것으로 추정되는 볼로냐에서 발견된 필사본에도 빠져 있다. 이 필사본에서는 모든 편집자들이 락탄티우스 특유의 문체를 느꼈다고 한다.

[3] 안수례는 세례 예비자를 받아들일 때 행하는 의식이다. 콘스탄티누스 황제는 임종 직전에야 처음으로 세례와 안수례를 받았다. 이 두 가지 사실에서 발레시우스는 결론을 도출했고 티유몽(M. de Tillemont)도 마지못해 동의했다.

[4] 콘스탄티누스 황제가 사망하기 13년 전에 로마에서 세례를 받았다는 전설은 그의 업적을 기리기 위해 8세기경에 조작된 것이다. 추기경 바로니우스가 부끄러워하지도 않고 당당하게 옹호했던 이런 이야기는 지식이 점차 발전되어 감에 따라 지금은 바티칸 내에서도 거의 믿는 사람이 없다.

물결의 흐름은 시대적인 특수성이나 조심성, 대제 자신의 변덕 때문에 때로는 저지되기도 했고 때로는 다른 방향으로 흘러가기도 했다. 신하들은 황제의 의도를 각자의 종교 원칙에 따라 다양한 어조로 표현하는 것이 허용되었고, 황제 자신도 한 해에 두 가지 칙령을 발표해서 국민의 희망과 두려움을 교묘하게 조정한 적도 있다. 이 두 가지 칙령이란 첫째는 일요일[5]을 엄숙히 지키라는 것이었고, 둘째는 점술가들에게 정기적으로 자문하라는 것이었다.[6] 이 중요한 혁명이 여전히 미결 상태로 남아 있는 동안 그리스도교도들과 이교도들은 황제의 행동을 똑같이 불안한 마음으로 주시했지만, 그 감정은 완전히 상반되는 것이었다. 그리스도교도들은 종교적 열정과 자부심에서 황제의 호의나 신앙의 증거를 과장하기에 바빴다. 반면 이교도들은 우려가 마침내 절망과 분노로 변하기 전까지는 황제가 더 이상 로마 신들을 숭배하지 않는다는 사실을 세상으로부터, 그리고 그들 자신들로부터도 숨기고자 애썼다. 그 시대의 편파적인 작가들도 마찬가지의 열정과 편견에 사로잡혀 콘스탄티누스 대제의 개종을 치세 중 가장 영광스러운 시기로 보기도 하고 가장 치욕스러운 시기로 보기도 하는 것이다.

콘스탄티누스의 이교도적 미신

콘스탄티누스 대제는 일찍이 평소 언동에서 경건한 그리스도교 신앙의 징후를 드러냈을 수는 있었겠지만, 어쨌든 마흔 살에 가까운 나이까지 로마의 전통 종교를 지켰다.[7] 니코메디아 궁정에서 보여 준 행동도 전통 종교에 대한 경외와 갈리아 황제로서의 자신의 성향과 정책에서 비롯된 것 같다. 그는 많은 경비를 들여 신전들을 보수하고 또 장식했고, 유피테르와 아폴론, 마르스와 헤라클레스의 모습이 새겨진 메달을 황제의 조폐창에서 발행했으며, 아버지 콘스탄티우스 황제에 대한 효

[5] 콘스탄티누스는 주일이라고 칭하지는 않고 일요일(태양의 날)이라고 칭했다. 이교도 백성들을 자극하지 않기 위해서였던 것 같다.

[6] 고드프루아(Godefroy)는 해석자의 입장에서 콘스탄티누스 황제를 변호하려 노력했으나, 좀 더 신앙이 열렬했던 추기경 바로니우스는 황제의 불경스러운 행동을 진지하고 혹독하게 비난했다.

[7] 테오도레투스는 어머니 헬레나가 아들에게 그리스도교 교육을 시켰다고 주장하고 싶었던 것 같다. 그러나 좀 더 권위있는 에우세비우스에 따르면 오히려 콘스탄티누스 황제가 어머니에게 그리스도교에 대한 지식을 알려 주었다.

⁸ 메달들을 참조하라. 메달을 주조할 특권을 가진 도시는 매우 적었으므로 그 시대의 메달들은 거의 전부가 황제의 조폐창에서 주조되었다.

⁹ 이탈리아 전쟁 몇 달 전에 쓰여진 에우메니우스의 찬양시에는 콘스탄티누스 황제의 이교 신앙과 특히 태양이나 아폴론 신에 대한 특별한 숭배의 증거들이 풍부하게 등장한다.

¹⁰ 그러나 이렇게 기록한 그리스 번역가가 라틴어로 된 원본의 의미를 발전시켰을 수도 있다. 혹은 나이가 든 황제가 디오클레티아누스의 박해를 회상했을 때 젊어서 이교를 믿었을 때 실제로 느꼈던 것보다 훨씬 강렬한 혐오를 느꼈을 수 있다.

심으로 그를 신격화해서 올림푸스 신들의 반열에 올려놓기도 했다.⁸ 콘스탄티누스 대제는 특히 태양의 신, 즉 그리스·로마 신화의 아폴론을 숭배했고 이 빛과 시의 신의 상징들로 표현되는 것을 무척 좋아했다. 아폴론 신의 정확한 활쏘기 솜씨, 빛나는 눈동자, 월계수 관, 불멸의 아름다움과 우아한 재능이 젊은 영웅의 수호신으로 아폴론 신을 지목하게 한 것 같다. 아폴론 신의 제단은 콘스탄티누스 대제가 바친 제물들로 화려하게 장식되었다. 속기 쉬운 대중들은 황제야말로 수호신 아폴론의 당당한 모습을 인간의 눈으로 직접 볼 수 있게 해 주신 분이며, 현실에서나 꿈 속에서 길고 자랑스러운 치세에 대한 은혜로운 징조들을 계시받은 신성한 분이라고 믿도록 길들여졌다. 태양신은 콘스탄티누스 대제의 지도자요 보호자로 널리 숭배되었다. 상황이 이러했으니 이교도들이, 모욕받은 아폴론 신이 은총을 베풀었건만 배은망덕하게 불경죄를 저지른 그에게 가차없이 복수하리라고 기대한 것도 무리는 아니었다.⁹

서기 306~312년, 갈리아의 그리스도교도를 보호한 콘스탄티누스

콘스탄티누스의 통치권이 갈리아 속주로만 제한되어 있는 동안에, 그리스도교도들은 현명하게도 신들의 영광은 신들 스스로 입증하라는 식으로 내버려 둔 황제의 권위 아래서 보호받았다. 콘스탄티누스 자신의 주장에 따르면 자신은 단지 종교적 문제만으로 시민들을 박해한 로마 병사들의 야만적인 잔인성을 분노의 눈길로 지켜보고 있었다.¹⁰ 그는 가혹한 제재와 관용 정책이 동방과 서방에서 어떤 다른 결과들을 낳았는지를 이미 목격했다. 전자가 결코 화해할 수 없는 적인 갈레리우스의 전례 때문에 더욱 혐오스럽게 생각된 반면, 병상의 아버지는 후자의 관용 정책을 모범으로 삼으라고 간곡히 권유했다. 콘스탄티우스의 아들로서 그는 곧 박해령을 중지시키거나 철

회하고, 이미 그리스도교도임을 표명한 사람들이 자신들의 종교 의식을 자유롭게 행하도록 허락했다. 또한 그들은 이미 그리스도와 그리스도교 신에 대해 은밀하면서도 진지한 존경심을 품게 된 황제의 공정한 대우와 특별한 호의에 기댈 수 있을 것이라는 격려까지 받았다.

이탈리아 정복 5개월 뒤에, 황제는 그 유명한 밀라노 칙령을 통해 자신의 견해를 정식으로 엄숙하게 선포했고, 이로써 가톨릭 교회의 평화가 회복되었다.

서기 313년 3월, 밀라노 칙령

두 서방 황제 간의 회견에서 자질과 권력에서 우월했던 콘스탄티누스는 손쉽게 동료 황제 리키니우스의 동의를 얻어냈다. 두 사람의 이름과 권위가 하나로 합쳐지자 막시미누스의 사나운 기세도 무력해질 수밖에 없었고, 이 동방의 폭군이 사망한 후에는 밀라노 칙령은 전 로마에서 기본법으로 받아들이게 되었다. 황제들의 현명한 조치로 그리스도교도들은 그때까지 부당하게 박탈당한 모든 시민적·종교적 권리를 되찾았다. 몰수당했던 예배소와 공유지는 지체없이 무상으로 교회에 반환하도록 조치되었다. 이 엄격한 명령에는 만약 구매자가 정당한 금액을 치르고 그 땅을 구입했다면 국고에서 그 금액을 배상해 준다는 자비로운 약속도 덧붙여졌다. 신도들에게 장래의 평온까지 보장해 주는 이 유익한 규정들은 보다 확장되고 평등한 관용 원칙에 입각한 것이다. 이런 평등성은 근대 교회가 보기에도 유리하고 명예로운 특별 대우였음에 틀림없는 것 같다. 두 황제는 그리스도교도를 비롯한 모든 종교의 신도들에게 절대적으로 종교의 자유를 허용한다고 표명했다. 모든 개인은 스스로 좋다고 생각하고 마음이 이끌리며 자신에게 가장 적합하다고 여겨지는 종교를 믿을 수 있다는 것이다. 그들은 애매한 용어들은 모두 신중하게 설명했고, 일체의 예외를 인정하지 않았으며, 속주의 총독들에게는 아무 제한 없이 종교의 자유를 확립하고 보장하고자 하는 이 칙령의 진실하고 단순한 의미에 엄격히 복종할 것을 요구했다. 그러면서 이렇게 전면적인 종교의 자유를 허용하게 된 두 가지 특별한 이유까지 친히 밝혀 놓았다. 첫째는 국민의 평화와 행복을 바라는 인도적인 의도이고, 둘째는 이런 행동을 통해 하늘에 계신 신의 노여움을 진정시키고자 하는 경건한 희망에서라는 것이었다. 그들은 신으로부터 받은 은총의 계시들에 깊이 감사드리며, 이와 같은 신의 섭리가 앞으로도 영원히 황제와 국민의 번영을 보호해 주리라고 믿는다고 덧붙여 놓았다. 이와 같은 모호하고 불확실한 신앙 표현에서 서로 조금씩 다르긴 하지만 양립할 수는 있는 세 가지 가정이 도출된다. 콘스탄티누스 대제는 이교도와 그리스도교 신앙 사이에서 흔들리고 있었다. 느슨하고 가변적인 다신교의 개념에 따라서 황제는 그리스도교의 신도 하늘의 여러 신들 중 하나로 생각했을 수 있다. 혹은 그는 이름과 의식과 주의는 달라도 모든 종교와 모든 인류는 결국 우주를 창조하신 공통의 아버지에 대한 경배라는 점에서 하나로 결합된다는 편리한 철학적인 개념을 받아들였는지도 모른다.

그리스도교 윤리의
효용과 장점

그러나 황제의 자문 위원회는 추상적이고 사색적인 진리보다는 눈앞의 이익에 더 영향을 받는 법이다. 콘스탄티누스 대제가 그리스도교에 점점 더 호의를 갖게 된 이유는 대제 자신이 그리스도교도들의 도덕적인 면을 존중하게 된 데다가, 그리스도교의 교리를 전파하면 개인적·공적인 미덕을 주입시킬 수 있다는 설득도 받았기 때문이라고 생각해 볼 수 있다. 절대군주는 자신의 행동에는 무한한 자유를 허용하고 자신의 정열은 마음껏 즐기면서도 국민들은 사회의 자연적·공적 의무를 준수해야만 한다고 생각하는 법이다. 그러나 아무리 현명한 법이라도 그것을 실행하는 데 불완전하고 가변적인 요소들이 끼여든다. 법으로는 선을 고쳐시킬 수 없을 뿐더러 악도 완전히 근절할 수 없다. 법의 힘만으로는 그것이 금지하고 있는 모든 악을 막지 못하며, 위법 행위를 항상 처벌할 수 있는 것도 아니다. 그래서 고대의 입법자들은 교육과 사상의 힘을 빌려왔다. 그러나 한때 로마와 스파르타의 활력과 순수성을 유지시켜 주었던 모든 원칙들은 쇠퇴해 가는 전제주의 제국에서는 사라진 지 오래였다. 철학은 여전히 인간의 정신에 절제심을 어느 정도 길러 주었지만, 이교도의 미신으로부터 미덕을 도출하기는 매우 힘들었다. 이런 비관적인 상황에서 현명한 행정가라면 순수하고 박애적이며 보편적인 윤리 체계를 사람들에게 확산시켜 인간의 모든 의무와 상황에 적용시키고, 나아가 그것이 유일신의 의지이자 이성이라고 주장하면서 영원한 보상이나 처벌에 대한 약속으로 이행을 강요하는 새로운 종교의 발전을 매우 반가운 마음으로 지켜보았을 것이다. 그때까지 그리스와 로마 역사는 종교적 교훈이 전체 국민의 풍속을 개혁하거나 개선시킬 수도 있다는 사실을 보여 주지 못했다. 그래서 콘스탄티누스 대제는 어느 정도 타당성을 갖춘 락탄티우스의 설득에 솔깃해졌는지도 모른다. 이 웅변가이자 그리스도교 옹호자는 그리스도교를 국교화하면 다음과 같은 일들을 분명히 기대할 수 있다고 설득하며 거의 약속까지 했던 것으로 보인다. 즉 그리스도교의 확립으로 옛 시대의 순수과 행복을 되찾을 수 있으며, 진정한 유일신을 경배하면 모든 사람들이 서로를 한 아버지의 자손으로 생각해서 전쟁과 불화가 사라지고, 그리스도교의 복음을 알게 되면 불순한 욕망이나 분노를 비롯한 모든 이

기적인 감정들을 억제할 수 있으며, 모든 사람들이 진리와 신앙, 평등과 절제, 조화와 박애 정신으로 살아가는 세상에서 행정가들은 정의의 검을 빼어 들 필요조차 없다는 것이다.

수동적인 복종의 이론과 실제

권위, 심지어 억압에 대해서까지 수동적이고 무저항적으로 복종하라는 원칙은 절대 군주의 눈에는 분명히 아주 훌륭하고 유용한 복음으로 보였을 것이다. 초기 그리스도교도들은 시민 정부가 국민들의 동의가 아니라 하늘의 명령에 의해 구성된다고 보았다. 설사 황제가 배신이나 살인으로 그 자리에 올랐다 해도, 곧 신의 대리인이라는 신성한 성격을 부여받는다. 권력을 남용했을 때도 신에게만 해명하면 되었고, 국민들은 그에게 충성을 맹세했으므로 아무리 자연과 사회의 모든 법을 위반한 군주라 해도 절대적으로 복종해야 한다. 미천한 그리스도교도들은 늑대 무리 속에 던져진 양처럼 이 세상에 보내졌다. 설사 종교를 지키기 위해서라고 해도 일체의 폭력은 허용되지 않았으며, 이 덧없는 세상에서 공허한 권리나 더러운 재산을 놓고 동료 피조물의 피를 흘리게 할 생각을 한다면 그것은 더 큰 죄를 짓는 것이다. 무조건적인 복종을 설교한 사도들의 원칙을 충실히 지킨 첫 3세기 동안에 그리스도교도들은 네로 황제 치세에서도 은밀한 음모나 공개적인 폭동과 같은 죄를 짓지 않고 순수하고 결백한 양심을 지켰다. 혹독한 박해를 받으면서도 결코 폭군에게 싸움을 걸거나 분노에 차서 먼 곳으로 떠나 은둔하는 일도 없었다. 그래서 프랑스, 독일, 영국의 개신교도들이 대담하게 시민적·종교적 자유를 주장하고 나섰을 때, 이들은 초기 그리스도교들과 비교되어 부당한 공격을 받은 것이다. 종교가 인간의 천부적인 권리까지 박탈할 수는 없다는 확신을 가졌던 우리 조상들의 탁월한 인식과 정신력에는 비난보다는 찬사를 보내는 것이 마땅하다고 생각된다. 다만 초기 그리스도교도들의 인내심은 그들의 미덕이기도 했겠지만, 그들의 힘이 약했던 결과이기도 했다. 지도자도 무기도 요새도 없었던 평민 집단이 로마 군단에 성급하게 저항했더라면 틀림없이 전멸하고 말았을 것이다. 그래서 그리스도교도들은 디오클레티아누스 황제의 분노가 가라앉기를 빌 때나 콘스탄티누스 황제의 은혜를 간청할 때나 수동적인 복종의 원칙을 지키겠다고 진심으로 맹세할 수밖에 없었고, 첫 3세기 동안은 항상 그 원칙에 충실했다. 그들은 아마 모든 국민이 그리스도교 교리를 받아들여 고통받으면서도 복종하는 법을 배운다면, 황제의 자리도 견고하고 항구적인 기반 위에 확립될 것이라고 주장했을지도 모른다.

신의 섭리라는 보편적인 질서 안에서 보면, 왕이나 폭군들은 모두 지상의 나라들을 다스리고 벌 주기 위해 신으로부터 파견된 대리인으로 간주된다. 그러나 성서에 나타난 역사를 보면 선택된 민족을 통치할 때는 신이 직접 개입한 사례도 많다. 모세, 여호수아, 기드온, 다윗과 마카베 일족의 손에 왕홀과 검이 맡겨졌을 때는 이 영웅들의 미덕이 신의 은총의 동기이자 결과가 되었고, 그들의 무력에 의한 승리는 필연적으로 교회의 구원과 승리를 가져왔다. 이스라엘의 판관들은 임시방편의 일시적인 행정관들이었다 해도, 위대한 조상의 성유성사(聖油聖事)로부터 시작된 유대 왕국의 왕들은 부동의 세습 왕권을 확립했는데, 이 왕권은 왕들의 악행으로 빼앗기지도, 국민들의 변덕으로 박탈당하지도 않는 것이었다. 이와 유사한 섭리가 유대인들에게 국한되지 않고 확장되어 콘스탄티누스 일가를 그리스도교의 수호자로 선택했을 수도 있다. 그래서 독실한 그리스도교도인 락탄티우스는 콘스탄티누스 대제의 치세가 오래도

> 콘스탄티누스의
> 신성한 권리

11 에우세비우스는 저서와 연설문과 자신의 삶 자체를 통해서 제국에 대한 콘스탄티누스 황제의 신성한 권리를 끊임없이 주장했다.

록 영광스럽게 지속될 것이라고 예언자적 어조로 선언했다.¹¹ 갈레리우스, 막시미누스, 막센티우스, 리키니우스는 신의 총아와 제국의 속주들을 분할 통치하는 경쟁자들이었다. 그러므로 갈레리우스와 막시미누스의 비극적인 죽음은 그리스도교도들의 원한을 풀어 주는 한편, 미래에 대해 낙관적인 기대를 갖게 했다. 막센티우스와 리키니우스에 대한 콘스탄티누스의 승리는 이 두 번째 다윗 왕의 승리를 방해하고 있던 두 명의 강적을 단번에 제거해 주었다. 그의 명분이야말로 섭리의 개입이 특별히 필요한 것으로 보였다. 로마의 폭군들은 제위를 더럽히고 인간 본성을 모욕했다. 그리스도교도들은 일시적으로 폭군의 은혜를 받았을 수는 있지만 결국에는 다른 모든 국민들과 마찬가지로 그의 변덕과 잔인성에 노출되어 있었다. 리키니우스의 경우만 보아도 그는 현명하고 인도적인 밀라노 칙령의 규정에 마지못해 동의하기는 했지만 곧 배신했다. 그는 자신의 통치령 내에서는 교회회의의 소집을 금지했고, 그리스도교를 믿는 관리들은 불명예스럽게 파면했다. 전면적 박해라는 죄악과 거기서 오는 위험은 피했지만, 자발적이고 엄숙한 약속을 어겼다는 점에서 부분적인 탄압도 한층 혐오스럽게 느껴졌다. 에우세비우스의 생생한 표현에 따르면 동방이 지옥의 어두운 그늘에 잠겨 있는 동안 서방 속주들에는 상서로운 천상의 빛이 따뜻하게 비쳤다. 콘스탄티누스의 신앙은 그의 무력 사용이 모두 정당하다는 증거가 되어 주었고, 승리 후의 행동은 그가 만군의 주인 하나님에 의해 고무되고 인도되고 있다는 그리스도교도들의 믿음을 한층 확고하게 해 주었다. 콘스탄티누스는 이

서기 324년

탈리아 정복 후에는 전면적인 종교의 자유에 대한 칙령을 발표했고, 리키니우스를 패배시켜 전 로마를 단독으로 통치하

게 되자 곧바로 회람을 돌려 전체 국민이 지체 없이 황제의 모범을 따라서 그리스도교 신앙을 받아들이라고 촉구했다.

콘스탄티누스의 즉위가 신의 섭리와 깊은 연관이 있다는 확신은 그리스도교도들의 마음에 두 가지 생각이 자리잡게 했는데, 이것은 서로 다른 방식으로 예언의 성취를 도왔다. 즉 그리스도교도들은 그를 위해서라면 온몸을 바쳐 충성하겠다는 결심을 다지게 하였고, 또한 이러한 노력이 신의 기적적인 도움으로 지지될 것이라고 확신했다. 반면 콘스탄티누스의 적들은 그가 가톨릭 교회와 체결한 이 동맹 관계, 그리고 그의 야망의 성취에 결정적인 도움이 되고 있는 이 동맹 관계가 실제적인 이해관계에서 비롯되었다고 보았다. 4세기 초에 그리스도교도 수는 제국 전체의 인구에 비하면 여전히 보잘것없었다. 그러나 누가 주인이 되든 상관 않는 노예와 같은 정신을 지닌 타락한 국민들 틈에서 종교 집단의 결속력과 정신력은 지도자에게 큰 힘이 될 수 있다. 더욱이 그들은 양심을 걸고 생명과 재산을 다 바쳐 그 지도자를 도왔다.[12] 아버지의 선례에서 그리스도교도들의 장점을 존중하고 보상해 주는 법을 배운 콘스탄티누스는 관직을 배분할 때도 충성심을 절대적으로 보장할 수 있는 관료들과 장군들을 골라 임명함으로써 통치권을 강화할 수 있는 이점을 누렸다. 그리스도교도 관리들의 영향으로 궁정과 군대에 개종자들이 크게 늘어났으리라는 점은 확실하다. 특히 군단의 사병으로 있는 게르만족 병사들은 지휘관의 종교를 맹목적으로 따랐다. 알프스 산맥을 넘을 때 대다수의 병사들은 이미 그리스도와 콘스탄티누스 황제를 위하여 목숨을 바칠 각오였다고 쉽게 추정해 볼 수 있다.[13] 인간의 본성과 종교에 대한 관심 덕분에 그리스도교도들이 그토록 오랫동안

그리스도교도 집단의 충성과 열정

[12] 지난 세기 초에 영국의 천주교도와 프랑스의 신교도는 각각 전체 인구의 13분의 1, 15분의 1에 지나지 않았다. 그러나 그들의 정신과 힘은 지속적인 우려를 불러일으켰다.

[13] 게르만족의 각 부족은 거의 모두가 아무 생각 없이 무심하게 개종했다고 한다. 콘스탄티누스 황제의 군단에는 게르만족이 많았고, 아버지 콘스탄티우스 황제의 궁정에도 그리스도교도가 많았다고 한다.

두려워했던 전쟁과 유혈 사태의 위험은 차츰 감소하였다. 콘스탄티누스 황제의 자애로운 보호 아래 소집된 종교 회의에서는 주교들이 군사 선서 의무를 승인하였을 뿐만 아니라, 평화 기간이라 해도 무기를 저버리는 병사는 파문에 처하도록 결정했다. 콘스탄티누스는 자신의 영토 내에서 충성스러운 지지자들을 점점 늘여가는 한편, 경쟁자들이 소유하거나 찬탈한 속주들에서는 그리스도교도들의 강력한 지원을 기대할 수 있었다. 막센티우스와 리키니우스 치하의 그리스도교도들 사이에는 은밀하게 불만이 퍼져 가고 있었다. 리키니우스는 이에 대한 분노를 감추려고도 하지 않았는데, 그 결과 그리스도교도들은 경쟁자인 콘스탄티누스 황제에게 더 깊이 이끌릴 뿐이었다. 그들은 멀리 떨어져 있는 속주의 주교들끼리 주고받았던 정기적인 서신 교환을 통해 자신들의 소망과 계획을 자유롭게 밝혔고, 콘스탄티누스 황제에게 도움이 될 만한 유용한 정보나 헌금을 아무런 위험 없이 보낼 수 있었다. 콘스탄티누스 황제는 공공연하게 자신은 교회를 구원하기 위해 무기를 들었노라고 선언한 터였다.[14]

14 에우세비우스는 리키니우스와의 2차 내전을 십자가 원정 비슷한 종교 원정으로 생각했다. 리키니우스의 소집에 응한 그리스도교도 장군들도 있었는데, 이들의 행동은 니케아 공의회의 12번째 신조를 통해 규탄되었다. 그러나 그리스 번역가들인 발사몬, 조나라스, 알렉시스 아리스테노스는 이 법규를 좀 더 일반적이고 개괄적인 의미로 해석하고 있다.

기적에 대한 기대와 믿음

군대와 아마도 황제 자신까지 고무시켰을 종교적인 열정은 전력을 향상시켰을 뿐 아니라 양심도 만족시켜 주었다. 그들은 이스라엘인을 위해 요르단 강에 길을 내어 주시고 여호수아의 진군 나팔 소리에 예리코 성벽을 무너뜨리신 바로 그 신이 콘스탄티누스 황제의 승리를 위해 그의 위대한 힘을 보여주실 것이라 확신하면서 전쟁터로 진군했다. 교회사에는 이러한 기대에 부응하는 놀라운 기적이 일어났다고 기록되어 있고, 황제가 그리스도교로 개종해서 최초의 그리스도교 황제가 된 것도 이 때문이었다는 의견에 거의 이론이 없다. 이런 중요한 사건의 동기가 된 일이라면 그것이 실제로 일어났든지 상상이었든지 간에 한번 주목해 볼 필요가 있다. 그러므로 지금부터 그 유명한 콘스탄티누스의 계시에 대해 올바른 평가를 해 보고자 한다. 여기서는 이 비범한 이야기를 군기와 꿈과 하늘에 나타난 부호라는 측면으로 구별하고, 또 역사적·자연적·기적적 요소로 나누어서 다루겠다. 지금까지 이 이야기는 그럴듯한 논의들에서 참으로 훌륭하기는 하지만 믿을 수 없는 하나의 덩어리로 교묘하게 혼합되어 왔기 때문이다.

1. 십자가는 노예들과 이방인들에게만 사용하는 고문 도구로서 로마 시민들에게는 공포의 대상이었다. 당연히 죄와 고통과 수치 등의 관념이 십자가와 밀접하게 연관되어 있었다.[15] 콘스탄티누스 황제는 자비심이라기보다는 신앙심에서 인류의 구세주가 직접 그 고통을 겪으셨던 십자가형을 폐지했다.[16] 황제는 교육에서 비롯된 편견이나 국민들의 선입견을 경멸하는 법을 이미 배운 것 같다. 그는 로마 한가운데에 자신의 동상을 세웠는데, 동상은 오른손에 십자가를 치켜들었고 그의 전승과 로마의 해방이 힘과 용기의 진정한 상징인 이 고마운 십자가의 효험이었다는 글까지 새겨져 있었다.[17] 십자가는 황제의 병사들의 무기도 신성하게 만들었다. 십자가는 병사들의 투구 위에서 빛났고 방패에도 새겨졌으며 깃발에도 수놓아졌다. 황제의 무기에도 재료나 솜씨가 좀 더 좋았을 뿐, 이 성스러운 기호가 똑같이 새겨졌다. 십자가의 승리를 과시한 주 군기는 라바룸(Labarum)[18]이라 불렸는데, 이 유명하기는 하지만 모호한 이름의 어원은 지금까지 세계의 거의 모든 언어로 연구해 보아도 알아 낼 수가 없었다. 이 군기는 긴 창에 가로로 각목을 교차시킨 형태였다고 한다. 이 각목에 늘어뜨린 비단 천에는 황제

십자가의 상징인 라바룸

[15] 유스티니아누스, 미누키우스 펠릭스, 테르툴리아누스, 히에로니무스, 투린의 막시무스 등의 그리스도교 작가들은 자연이나 인공물 중에 있는 십자가 형태를 탐구하여 어느 정도의 성과를 거두었다. 그들은 적도와 자오선의 교차, 인간의 얼굴, 날고 있는 새, 수영하는 사람, 돛과 활대, 쟁기, 군기 등을 무수히 열거했다.

[16] 아우렐리우스 빅토르는 이 법령을 콘스탄티누스 황제의 신앙심을 보여 준 예로 생각했다. 그리스도교에 있어 이렇게 중요한 칙령은 『테오도시우스 법전』에 정식으로 기록될 만한데, 간접적으로만 언급되어 있다. 아마도 제9권의 다섯 번째와 열여덟 번째 제목의 대조에서 비롯된 것 같다.

[17] 이 동상이나 적어도 십자가와 글귀는 콘스탄티누스 황제의 2차 혹은 3차 로마 방문 때 만들어졌다고 보는 것이 타당하다. 막센티우스에게 승리한 1차 방문 직후에는 원로원과 시민들이 아직 이런 동상을 받아들일 준비가 되어 있지 않았다.

[18] 라바룸(Labarum) 혹은 라보룸(Laborum)이라는 단어의 어원이나 의미는 아직까지 전혀 알려지지 않았다. 비평가들이 라틴어, 그리스어, 에스파냐어, 켈트어, 튜튼어, 일리리쿰어, 아르메니아어 등에서 어원을 찾으려

고 무수한 노력을 기울였지만 실패로 끝났다.

19 쿠퍼와 바로니우스는 오래 된 기념물들에서 이런 결합 문자의 표본들을 베껴 조각했는데, 이것은 곧 그리스도교 세계에서 대유행했다.

20 라바룸은 이탈리아 원정 이전에 도입되었다. 그러나 군대의 진두에 등장한 것은 10년 이상이 흐른 후에, 콘스탄티누스 황제가 자신을 리키니우스의 적이자 교회의 구원자로 선언한 다음부터였다.

21 테오파네스는 콘스탄티누스 황제보다 거의 500년 후인 8세기 말 무렵에 살았다. 그때는 더 이상 제국과 그리스도교를 상징하는 군기를 전쟁터에 내걸지 않았다. 그들은 여전히 수많은 미신에 의존하며 방어에 힘썼지만 허구에 근거한 승리는 아무래도 힘들게 여겨졌을 것이다.

와 그 자제들의 초상이 정교하게 수놓아져 있었다. 창 끝에는 황금관이 놓여졌는데 여기에는 십자가의 모양과 그리스도 이름의 첫 글자를 나타내는 신비한 문자가 새겨져 있었다.[19] 라바룸의 호위는 용감하고 충성심이 뛰어난 쉰 명의 병사가 맡았는데, 그들에게는 급여도 후하게 지급되었고 명예도 주어졌다. 더욱이 몇 번 운 좋은 일들을 겪은 후에는, 라바룸의 호위병으로 복무하는 동안에는 적들의 화살이 쏟아지는 한가운데 서 있어도 안전하고 절대 죽지 않는다는 믿음까지 생겨났다. 2차 내전 기간에 리키니우스는 이 군기의 위력을 느끼고 두려워했다. 반면에 콘스탄티누스의 병사들은 불리한 상황에서도 이 군기만 보면 불굴의 의지로 되살아나서 적군의 대열을 공포와 당혹감으로 흩어지게 만들었다.[20] 이후의 그리스도교 황제들은 콘스탄티누스 황제의 예를 받들어 군사 원정에 나설 때마다 십자가 군기를 휘날렸다. 그러나 테오도시우스 황제 이후의 타락한 후계자들이 더 이상 친히 군대의 진두에 나서 지휘하지 않게 되면서부터, 라바룸은 존귀하지만 쓸모 없는 유물로 콘스탄티노플의 궁전에 보관되었다.[21] 이 영예로운 군기는 플라비우스 가문의 메달들에서 지금도 그 모습을 찾아볼 수 있다. 그들은 감사하는 마음에서 그리스도를 상징하는 신비한 문자를 로마 국기 중앙에 배치하기도 했다. 종교 기념물이나 군사 기념물에는 국가의 안전과 군대의 영광과 국가적 행복의 회복을 의미하는 장엄한 문구가 새겨졌다. 지금도 남아 있는 콘스탄티누스 황제의 메달에는 라바룸 군기와 함께 '이 기호로 너는 승리를 얻으리라.'는 유명한 문장이 새겨져 있다.

콘스탄티누스의 꿈

2. 초기 그리스도교도들은 위험이나 곤경에 처할 때마다 십자가에 의지해 심신을 단련하였다. 십자가는 일상 생활이

나 종교 의식에서 현실적이거나 영적인 악을 물리쳐 주는 절대적인 도구로 널리 사용되었다.[22] 황제는 여전히 신중하고 점진적인 방법을 택하여 그리스도교의 진리를 인정하고 그 상징을 사용했다. 황제의 이런 신앙을 충분히 정당화해 줄 수 있는 것은 아마도 교회의 권위 정도밖에 없었을 것이다. 그런데 이전의 논문에서는 종교 문제를 공격하기도 했던 당대의 한 작가(락탄티우스)는 황제의 신앙에 좀 더 숭고한 성격을 부여했다. 그는 막센티우스와의 마지막 결전이 있기 전날 밤에 콘스탄티누스가 꿈에서 병사들의 방패에 하늘에 계신 신의 부호, 즉 그리스도의 이름을 나타내는 신성한 문자를 새겨 넣으라는 신의 질타를 받았으며, 그 명령을 따랐더니 그 용기와 복종에 대한 보상으로 밀비우스 다리에서 결정적인 승리가 주어졌다고 확신에 차 주장했다. 회의적인 독자라면 조금만 생각해 보아도 이 수사학자의 판단력이나 진실성을 의심할 수밖에 없다. 그는 열정에서건 이해관계에서건 그 당시의 주도적인 당파를 위해 이 글을 썼기 때문이다.[23] 그는 로마군 전승으로부터 3년이 지난 다음에 니코메디아에서 『박해자들의 죽음』을 출간한 것으로 보인다. 그러나 1000마일이나 떨어진 곳에서 1000일이 지난 다음에 쓴 글에는 창작된 주장과 관계자들의 편리한 확신, 황제 자신의 암묵적 동의 등이 끼여들 여지가 충분하였다. 황제는 자신의 명성을 드높이고 야망을 실현시켜 줄 기적적인 이야기라면 노여워하지 않고 들어 주었을 것이 분명하다. 리키니우스가 아직 그리스도교도들에 대한 적의를 감추고 있었을 때, 이 저자는 그를 위해서도 기도문 형태로 된 계시 이야기를 만든 적이 있다. 리키니우스는 막시미누스와의 결전에 출정하기 전에 천사가 전해 주었다는 이 기도문을 모든 병사들과 함께 복창했다고 한다. 기적을 너무 남발하면 그것이 인간의 이성을

[22] 석학이자 수도사였던 페타비우스는 십자가의 효험에 대한 예들을 수없이 수집했는데, 이 예들은 지난 세기에 신교도 논객들을 무척 당황스럽게 만들었다.

[23] 이 역사적인 선언은 동방의 황제였던 리키니우스가 콘스탄티누스 황제 및 그리스도교도들과 아직 우호적인 관계를 유지하고 있을 때 쓰여져 출간된 것이 확실하다. 감식력이 있는 독자라면 이 글이 락탄티우스의 다른 글과는 문체가 다르고 질적으로 떨어진다는 점을 알아챌 것이다. 르 클라크(Le Clerc)와 라드너(Lardner)의 결론도 그랬다. 락탄티우스의 옹호자들은 책의 제목과 도나투스와 카이킬리우스의 이름으로부터 세 가지 논거를 제시하였다. 각각의 논거는 빈약하고 불완전하지만 모두 합하면 상당한 설득력을 지닌다. 나 자신도 결론을 내리기 힘들지만 작가가 카이킬리우스라고 주장한 콜버트(Colbert)의 의견을 그대로 따르기로 하겠다.

24 볼테르(M. de Voltaire)는 콘스탄티누스의 승리는 그의 라바룸이 리키니우스의 수호천사보다 명성이 높았던 덕분이라고 말했는데, 이렇게 생각한 데는 그럴 만한 이유가 있었을 것이다. 그러나 기적담 수집을 좋아했던 파기(Pagi), 티유몽, 플뢰리(Abbé de Fleury) 등은 이 수호천사에 대해서도 호의적이었다.

25 잘 알려진 이 예들 외에도 톨리우스는 안티고누스의 계시를 찾아냈다. 안티고누스는 자신이 안전의 상징인 펜타곤과 "이 안에서 승리하리라."는 글자를 보았다며 병사들을 안심시켰다고 한다. 그러나 톨리우스는 출처를 밝히지 않는, 변명의 여지가 없는 실수를 저질렀다. 도덕적이고 문학적인 자신의 성격 때문에 스스로도 비난으로부터 자유로울 수 없었다. 디오도루스, 플루타르코스, 유스티니아누스 등이 굳이 이 계시를 언급하지 않은 점을 들지 않더라도, 안티고누스의 열아홉 개 군사 전략을 모아 놓은 폴리에누스도 이 놀라운 계시에 대해서는 전혀 언급하지 않았다.

승복시키지 못하는 이상, 오히려 반발을 불러일으키는 법이지만,24 콘스탄티누스 황제의 꿈만 따로 생각해 보면 황제의 정책이었거나 종교적 열정이었던 것으로 자연스럽게 설명될 수 있다. 로마 제국의 운명을 결정할 다음 날의 결전을 앞두고 불안해 하다가 잠깐 잠에 빠져든 사이, 이미 그리스도교의 신을 경외하고 아마 그의 힘을 요청하기도 했을 이 황제의 상상에 그리스도의 존엄한 형상과 이미 잘 알려져 있었던 상징이 나타났을 가능성도 있다. 유능한 정치가라면 일찍이 필리푸스와 세르토리우스가 교묘하게 사용해서 좋은 결과를 얻은 이런 군사적 전략, 즉 종교를 이용한 기만술을 기꺼이 이용했을 것이다.25 고대인들은 꿈이 초자연적인 곳에서 유래한다고 생각했으므로 갈리아 군대의 병사들 대부분은 이미 그리스도교의 신성한 상징을 전적으로 신뢰할 준비가 되어 있었을 것이다. 콘스탄티누스가 은밀하게 받은 계시의 진위는 전쟁의 결과로만 확인되겠지만, 알프스 산맥과 아펜니노 산맥을 넘어온 이 대담한 영웅은 로마 성벽 아래서 일어날 패전의 결과 따위는 염두에 두지도 않았을 것이다. 증오스러운 폭군의 손에서 구출된 원로원과 시민들은 콘스탄티누스의 승리가 인간의 힘을 넘어선 것이라고 인정했지만, 감히 로마 신들의 도움으로 승리를 얻었다고 말하지는 못했다. 3년 정도 지나서 개선문이 세워졌을 때 거기에는 애매한 용어로 황제 자신의 위대성과 신의 의지로 로마를 구원하고 복수하였다고 쓰여졌다. 예전부터 콘스탄티누스 황제의 미덕을 칭송해 온 이교도 웅변가는 황제 혼자만이 최고신과 은밀한 친교를 나누는데 그 최고신이 여러 하위 신들에게 인간을 돌볼 임무를 위임했다고 가정하면서, 그러므로 콘스탄티누스의 백성들이 반드시 황제의 새로운 종교를 따를 필요는 없다고 그럴듯하게 덧붙였다.

3. 일반 역사나 성서의 역사에 나타난 꿈이나 전조, 기적과 예언을 냉정하게 검토해 본 철학자라면 눈으로 직접 볼 때조차도 기만당하는 경우가 많은 만큼, 독자들은 허구적인 이야기에 훨씬 쉽게 속아넘어갈 수밖에 없다는 결론을 내릴 것이다. 일상적인 자연 법칙을 벗어난 것처럼 보이는 사건이나 현상, 우연은 모두 신의 직접적인 작용이라고 성급하게 결론내리기 쉽다. 순간적으로 나타난 보기 드문 대기 현상에도 대중들은 깜짝 놀라 온갖 상상력을 동원하여 형태와 색채를 부여하고 언어와 의미까지 읽어 낸다. 나자리우스와 에우세비우스는 콘스탄티누스 황제의 영광을 드높이기 위해 공들여 찬양의 글들을 썼던 유명한 웅변가들이다. 그중에서도 나자리우스[26]는 로마군이 승리하고 9년 뒤에 하늘에서 내려온 것처럼 보이는 성스러운 군대에 대해 묘사했다. 그는 병사들의 아름다움과 기상과 당당한 체구와 천상의 갑옷에서 흘러나오는 빛을 묘사하고, 그들은 관대하게도 인간의 눈에 그 모습이 보이고 그 목소리가 들리도록 허락해 주었으며, 자신들이 위대한 콘스탄티누스 황제를 돕기 위해 하늘에서 파견되어 내려온 병사들이라고 선언했다고 말했다. 이 이교도 출신 웅변가는 당시 청중이었던 갈리아인들 모두에게 이 경이로운 사건의 진실성을 호소했는데, 아마 최근에 대중의 눈앞에서 일어난 이 사건을 생각하면 고대의 환영[27]들도 충분히 믿을 수 있으리라 기대한 듯하다. 에우세비우스가 만든 그리스도교 신화는 황제가 꿈을 꾼 지 26년이 지나서는 좀 더 정밀하고 격조 있는 형태로 엮여 있다. 그에 따르면 콘스탄티누스 황제가 어느 날 행군 중에 태양

하늘에 등장한 십자가

서기 321년

서기 338년

[26] 나자리우스가 던진 이 교도적 미끼까지 받아먹은 분별력 없고 게걸스러운 자들의 이름을 굳이 거론할 필요는 없을 것이다.

[27] 마케도니아의 승리를 알려 주기 위해 카스토르와 폴룩스의 유령이 나타났다는 사실은 역사가들도 증언했고 공공 기념물로도 남아 있다.

바로 위에서 빛나는 십자가상을 직접 목격했는데 그 옆에는 '이것으로 승리하라.'라는 글자까지 나타났다. 하늘에 나타난 이 놀라운 형상에 전 군대가 깜짝 놀랐고, 그때까지 신앙 문제를 결정하지 못하고 있었던 황제 자신도 무척 놀랐다. 그러나 황제의 놀라움은 그날 밤의 꿈으로 인해 신앙으로 바뀌었다. 황제의 꿈에서는 하늘에 나타났던 바로 그 십자가와 함께 그리스도가 직접 눈앞에 나타나 이 모양으로 군기를 만들어 승리에 대한 확신을 가지고 막센티우스를 비롯한 모든 적들에게로 진군하라고 명령했다고 한다.[28] 카이사레아의 학식 높은 주교는 새삼스럽게 이 기적적인 우화를 씀으로써 오히려 신심이 깊은 독자들에게 경악과 불신을 심어줄지도 모른다는 점을 의식한 듯하다. 그러나 에우세비우스는 진실을 밝혀 줄 수 있는 정확한 시간이나 장소는 언급하지 않고,[29] 이 굉장한 기적을 함께 목격했을 수많은 사람들의 증언을 수집하거나 기록하지도 않은 채,[30] 단지 고인이 된 콘스탄티누스 자신의 증언만을 근거로 삼는 데 만족하고 있다. 황제는 이 사건이 일어나고 많은 시간이 흐른 후에 에우세비우스와 한가롭게 이야기를 나누다가 자신의 삶에서 일어난 이 특별한 사건을 언급하면서 이것이 진실임을 엄숙하게 맹세했다는 것이다. 이 학식 높은 성직자의 분별력과 감사의 마음은 감히 황제의 진실성을 의심하지 못하게 했다. 그러나 그는 이런 성격의 사안에 대해서 좀 더 신분이 낮은 사람의 말이었으면 결코 동의하지 않았을 것이라고는 명확하게 밝히고 있다. 이런 일을 추진한 동기와 신뢰는 플라비우스 가문의 몰락과 함께 사라졌고, 후대의 비신도라면 조롱해 마지않을 하늘의 십자가 계시는 콘스탄티누스 황제의 개종 직후의 그리스도교도들조차 믿지 않았다.[31] 하지만 동서의 가톨릭 교회만은 십자가에 대한 경배에 도움이 된다고 생각했는

[28] 에우세비우스는 『교회사』에서 이 계시를 언급하지 않았다. 이것은 이 기적을 어느 정도 믿었던 사람들에게도 의미심장한 침묵으로 여겨졌다.

[29] 콘스탄티누스 황제 자신의 이야기에서는 막센티우스와의 결전을 위해 알프스 산맥을 넘어가기 전에 하늘의 십자가를 보았다고 설명했던 것 같다. 그러나 이 장소는 자기 지방의 자긍심을 과시하려는 목적으로 트레브 등으로 거론되기도 했다.

[30] 노병이자 순교자인 아르테미우스는 콘스탄티누스의 계시를 직접 목격했다고 증언했다. 그러나 신앙심이 깊었던 티유몽은 이 유용한 증언을 한숨을 쉬며 거부했다.

[31] 4~5세기에 수많은 저서들을 통해 반복해서 교회와 콘스탄티누스 황제의 승리를 찬양했던 교회사가들의 저술에서는 이 계시에 대한 기록을 찾아볼 수 없다. 이 초기 교회사가들이 이 기적을 싫어할 이유가 없다고 볼 때, 그들은 아마 에우세비우스가 쓴 『콘스탄티누스 황제전』을 몰랐던 것 같다. 이 소책자는 그의 『교회사』를 번역하거나 이어 쓴 작가들에 의해 되살아났다. 이들은 십자가 계시에도 여러 가지 의미를 부여했다.

지 이 계시를 여전히 인정하고 있다. 콘스탄티누스 황제의 이 환상은 대담하고 현명한 비판 정신이 도입되어 최초의 그리스도교 황제의 승리를 깎아 내리고 그 진실성을 의심할 때까지는 미신적인 전설로서 영예로운 지위를 누리고 있었다.[32]

현대의 개신교도나 이성적인 독자라면 콘스탄티누스 황제가 자신의 개종에 대해 설명하면서 엄숙하고 의도적인 위증을 통해 고의로 거짓을 주장했다고 믿고 싶을 것이다. 그리고 종교의 선택이라는 문제에서 황제는 오직 이해관계만을 고려했으며, (어느 불경스러운 시인의 말을 빌린다면) 교회의 제단을 황제의 자리에 오르기 위한 유용한 발판으로 삼았을 뿐이라고 주저 없이 주장할 것이다. 그러나 이렇게 가혹하고 절대적인 결론은 인간성과 콘스탄티누스 황제 그리고 그리스도교에 대해 충분히 이해하고 있는 사람이라면 동의하기 힘들 것이다. 종교적인 열정이 불타오르는 시대에 술책에 능한 정치가는 그 열정을 이용하는데, 이때 자신도 그 열정에 어느 정도는 동화되기 마련이다. 또한 정통과 성인들도 때로는 기만과 거짓이라는 무기를 사용하여 진실을 수호하는 위험한 방법을 사용하기도 한다. 개인적인 이해관계가 우리의 행동뿐만 아니라 신앙의 기준이 되기도 하므로, 콘스탄티누스 황제의 공적인 언행에 영향을 미쳤을 세속적인 동기들이 무의식중에 자신의 명성과 성공에 도움이 되는 종교를 받아들이게 만들었을 수도 있다. 신에 의해 지상을 통치하도록 선택받은 사람이라는 아첨도 황제의 허영심을 만족시켜 주었을 것이다. 승리는 제위에 대한 그의 신성한 권리를 정당화시켜 주었고, 그 권리는 그리스도교 계시의 진실성 위에 구축된 것이었다. 때로는 분수에 맞지 않는 칭찬이 실제로 미덕을 불러일으키기도 하는데, 콘스탄티누스 황제

진심이었을 것으로 추정되는 콘스탄티누스의 개종

[32] 1643년에 고드프루아는 추기경 마로니우스와 마그데부르크의 백년사가들도 열렬히 옹호했던 이 기적에 대해 최초로 의문을 표명했다. 그 후로 많은 개신교 비평가들이 의심과 불신을 나타냈다. 쇼프피에(M. Chauffepié)는 강력하게 반대론을 주장했고, 1774년에 소르본 대학 신학 박사인 부아쟁(Abbé du Voisin)은 『변호론』을 출판했는데, 학식과 상식을 갖춘 사람들에게 호평을 받았다.

의 신앙도 처음에는 단지 그럴듯한 속임수에 지나지 않았다 해도 점점 찬사와 습관과 모범들을 통해서 진지한 신앙과 열렬한 헌신으로 발전했을 수도 있다. 신흥 종교의 주교들과 교사들은 복장이나 몸가짐이 궁정과는 어울리지 않았지만, 황제의 식탁에 초대되었고 황제의 원정에도 수행했다. 그중 이집트인인가 에스파냐인인가 한 명33은 황제의 마음을 사로잡아 출세가도를 달렸는데, 이교도들은 이를 간교한 마술의 힘이라고들 평했다. 키케로와 같은 웅변술로 그리스도교의 복음을 전파한 락탄티우스34와 그리스 학문과 철학에 대한 지식을 모두 그리스도교 선교를 위해 바친 에우세비우스35는 황제의 가까운 벗으로 대접받았다. 논쟁의 대가들은 설득할 수 있는 좋은 기회를 참을성 있게 기다렸다가 황제의 성격과 지식에 가장 적합한 논리를 구사하였다. 황제의 개종으로 얻게 될 이점이 무엇이었는지는 별개 문제로 하더라도, 황제가 이미 그리스도교를 믿는 수천 명의 신하들과 구분되는 점은 그의 지혜나 미덕이 더 탁월했다기보다는 바로 그가 황제였다는 점에 더 큰 의미가 있었다. 후세의 좀 더 계몽된 시대에 그로티우스, 파스칼, 로크 등의 이성도 만족시키고 승복시킨 수많은 증거들에 학식이 높지 않았던 일개 무인으로서는 쉽게 굴복할 수밖에 없었으리라는 점도 충분히 이해할 수 있다. 이 무인 황제는 끊임없이 이어지는 격무 속에서도 밤 시간에는 부지런히 성경 공부를 하고 신학 연설문을 썼던 것으로 보인다. 황제는 후에 수많은 대중들 앞에서 자신이 쓴 연설문을 발표하고 박수 갈채를 받기도 했다. 지금까지 남아 있는 장문의 연설문에서 황제는 그리스도교의 여러 증거를 상세히 설명하면서, 특히 시빌 신탁서36와 베르길리우스의 네 번째 목가37에 특별한 만족감을 표했다. 만투

33 이 총신은 아마 코르도바의 주교였던 오시우스일 것이다. 그는 특정 관구를 맡기보다는 목자로서 전체 교회를 돌보는 일을 더 좋아했다. 아타나시우스는 그의 성격을 간략하지만 훌륭하게 설명해 놓았다. 오시우스는 막대한 부를 축적한 후 궁정에서 은퇴했다고 비난받았지만 사실이 아닌 듯하다.

34 락탄티우스의 그리스도교 신앙은 신비적이라기보다는 도덕적인 색채를 띠고 있었다.

35 파브리키우스는 특유의 부지런함을 발휘하여 에우세비우스의 『복음의 예비』에 인용된 300~400명의 작가들의 목록을 작성해 놓았다.

36 그는 특히 대홍수가 있은 지 여섯 세대가 지난 후 에리트레의 무녀가 쓰고 키케로가 라틴어로 번역한 글자 조합으로 된 수수께끼 같은 예언을 주로 언급했다. 서른네 행으로 이루어진 이 그리스어 시에서 각 행의 첫 글자를 모으면 이런 예언이 탄생한다. '예수 그리스도, 신의 아들, 세계의 구세주.'

37 황제는 베르길리우스의 시를 의역하면서 라틴어 번역서의 직역체를 개선하기도 했다.

베르길리우스의
네 번째 목가

아 출신의 이 시인은 그리스도가 태어나기 40년 전에 이사야의 시신(詩神)으로부터 영감을 받은 것처럼, 동양적인 화려한 은유를 사용하여 성처녀의 재림과 뱀의 타락, 그리고 신과 같은 아이의 탄생이 임박했음을 노래했다. 그는 계속하여 이 아이는 유피테르 신의 아들로 탄생하여 인류의 죄를 속죄하고 아버지의 미덕으로 평화로운 세계를 통치하며, 천사와 같은 인류가 출현하여 온 세계에 원시적인 형태의 한 나라가 생겨나 점진적으로 황금 시대의 순수와 행복이 회복될 것이라고 말하고 있다. 아마도 이 시인은 자신의 숭고한 예언에 숨어 있는 의미와 대상을 전혀 의식하지 못했을지 모른다. 이 시는 어울리지 않게도 집정관, 혹은 삼두 정치가 중 한 명의 어린 아들을 위해 쓴 찬가였다.[38] 그러나 이 네 번째 목가가 훨씬 찬란하고 확실히 그럴듯하게 해석되어 콘스탄티누스 황제의 개종에 기여했다면, 과연 베르길리우스를 가장 뛰어난 복음 전도사의 한 명으로 손꼽을 수 있을 것이다.

콘스탄티누스의 종교적 헌신과 특권

신비스러운 그리스도교 신앙과 예배는 비신도들에게는 물론 세례 예비자들에게도 철저하게 감추어져 있었는데, 이런 그럴듯한 비밀스러움은 세례 예비자들에게 경이감과 호기심을 불러일으키는 역할을 했다. 그러나 엄격한 규칙들을 정해 놓았던 주교들은 황제가 개종하자 역시 현명하게도 규칙들을 대폭 완화시켰다. 어떤 수단을 쓰더라도 황제를 일단 교회의 울타리 안으로 끌어들이는 것이 중요했기 때문이다. 콘스탄티누스 황제는 특면이라는 묵인하에 그리스도교인으로서 행해야 할 의무는 전혀 이행하지 않으면서도 그 특권은 모두 누리도록 허용 받았다. 비신도들은 물러갈 것을 알리는 부사제의 목소리가 들려와도 황제는 집회에서 물러나기는커녕 신도들과 함께 기도

[38] 폴리오, 율리아, 드루수스 혹은 마르켈루스의 아들에게 바쳐진 시라는 여러 가지 이설은 연대기상으로도 가능하지 않고 베르길리우스의 성품으로 볼 때도 납득이 되지 않는다.

하고, 주교들과 토론을 벌이며, 숭고하고 난해한 신학 문제에 대해 설교하고, 부활절 전야에는 성사를 바치면서 자신은 그리스도교 신앙의 참여자일 뿐 아니라 어느 정도는 성직자요 사제이기도 하다고 공공연하게 선언했다. 아마도 콘스탄티누스 황제의 자존심은 어느 정도의 특별 대우를 요구했을 것이고, 그의 봉사는 충분히 그럴 만한 가치가 있었다. 섣부른 엄격함은 황제의 개종이라는 설익은 과일을 시들게 할 수도 있었다. 로마 신들의 제단을 버린 황제에게 교회의 문을 너무 엄격하게 닫아 버리면 로마 제국의 최고 권력자인 황제는 어떤 형태의 예배도 남겨 두지 않을지도 모를 일이었다. 마지막으로 로마를 방문했을 때 황제는 기사 계급으로 이루어진 군사 행렬을 이끌고 카피톨리누스 언덕의 유피테르 신전을 공식 참배하기를 거부함으로써 조상들의 미신을 부정하고 또 모욕했다. 황제는 세례를 받고 사망하기 훨씬 전부터 더 이상 우상 숭배의 신전에는 출입하지 않겠다고 공개적으로 선언했고, 그리스도교도로서 겸허하게 기도하는 자신의 모습을 담은 초상화와 메달들을 속주들에 배포했다.

임종 순간까지 세례를 연기한 콘스탄티누스

세례 예비자로서의 특권을 거부한 콘스탄티누스 황제의 자존심은 쉽게 설명될 수도 없고 변명의 여지도 없겠지만, 그의 세례가 지연된 것은 초기 교회의 원칙과 실천을 생각하면 오히려 당연하다고 말할 수 있다. 세례 성사[39]는 일반적으로 부활절에서 오순절에 이르는 50일 사이에 관내의 대교회에서 주교가 다른 성직자들의 도움을 받아 직접 집행했다. 이 거룩한 기간 동안 수많은 유아들과 성인들이 교회의 품에 받아들여졌다. 신중한 부모들은 아이들이 자신들이 이행해야 할 의무를 이해할 수 있을 때까지 세례를 늦추는 경우도 많았다. 초기의

[39] 현대 교회와 고대 교회의 관습이 서로 다르기 때문에 한 가지 사항을 지적하고자 한다. 과거에는 세례 성사가 끝난 뒤에는 (유아 세례라 할지라도) 반드시 곧바로 견진 성사와 성찬이 이어졌다.

주교들은 매우 엄격해서 새로운 신도들은 적어도 2~3년간의 수련 기간을 거치도록 했다. 세례 예비자들 역시 현실적이거나 영적인 동기에서 서둘러 완전한 새 신도가 되려고 안달하지도 않았다. 세례 성사에는 지금까지의 죄를 완전히 속죄받고 영혼이 원래의 순수성을 회복하여 영원한 구원을 약속받는다는 의미가 있었다. 그리스도교 개종자 중에는 다시는 되풀이할 수 없는 이렇게 고마운 의식을 서둘러 받음으로써 결코 회복할 수 없는 귀중한 특권을 저버리는 것은 경솔하다고 생각하는 사람이 많았다. 세례를 늦추면서 마음껏 현세의 향락들을 누려도 확실하고 손쉬운 사면 방법을 여전히 확보하고 있는 셈이었기 때문이다.40 콘스탄티누스 황제도 숭고한 복음 이론을 이성적으로는 이해했지만 감정적으로는 큰 영향을 받지 못했다. 황제는 자신의 원대한 야심을 실현하기 위해 전쟁과 술책이라는 어둡고 피비린내 나는 길을 선택했고, 승리한 후에는 자신의 행운을 마구 남용했다. 트라야누스 황제와 두 안토니누스 황제의 불완전한 영웅주의와 세속적인 철학을 뛰어넘는 자신의 우월성을 발휘하기는커녕, 장년기 이후의 콘스탄티누스 황제는 오히려 청년기에 얻은 명성마저 잃었다. 진리에 대한 인식은 점점 진보했지만 미덕의 실천은 비슷한 비율로 점점 퇴보해서, 니케아 공의회를 소집한 바로 그 해에 맏아들을 처형(암살이라는 표현이 더 적절하겠지만)함으로써 씻을 수 없는 오점을 남겼다. 이 한 해의 일만으로도 조시무스41의 무지하고 악의에 찬 주장을 반박하기에 충분하다. 조시무스는 맏아들 크리스푸스가 죽은 후에 큰 회한에 잠긴 황제가 이교의 제사장들에게 죄의 사면을 요청했으나 받아들여지지 않자, 그리스도교 성직자들로부터 사면을 받았다고 주장했다. 크리스푸스가 죽었을 당시 황제는 더 이상 신앙 문제로 주저하지 않았으며, 비록 세례

40 교회의 원로들은 이런 불순한 목적의 세례 지연을 비난했지만 임종의 순간에 받는 세례도 확실한 효능을 가진다는 사실을 부정하지는 못했다. 크리소스토무스의 탁월한 언변으로도 이 약삭빠른 그리스도교도들을 반박한 논리를 세 가지 정도밖에 들지 못했다. 1. 우리는 선 자체를 위해 선을 사랑하고 행해야지 보상을 바라서는 안 된다. 2. 세례를 받을 기회를 갖지 못하고 갑자기 죽을 수도 있다. 3. 천국에 들어간다 해도 최선을 다하여 노력하고 승리하며 영광스럽게 자신의 길을 걸어온 자들이 태양이라면 그들은 작은 별에 지나지 않는다.
세례 지연이 아주 좋지 않은 결과를 초래했음에도 불구하고 종교 회의나 교회의 법규에 의해 제지된 적은 한 번도 없다. 반면 주교들은 이것보다 훨씬 가벼운 문제에서는 쉽게 분노하곤 했다.

41 이런 불성실한 거짓말 때문에 조시무스는 모든 그리스도교 작가들로부터 가혹한 비난을 받았다. 유독 추기경 바로니우스만이 예외였는데, 이 이단자를 아리우스파인 에우세비우스를 공격할 때 이용한 적이 있었기 때문이다.

42 카이사레아의 주교, 즉 에우세비우스는 콘스탄티누스 황제가 구원받았으리라는 사실에 일말의 의심도 품지 않았다.

43 그리스인들과 러시아인, 그리고 암흑 시대의 라틴 민족까지도 콘스탄티누스 황제를 성인의 반열에 포함시키고 싶어했다.

는 죽음이 임박해 더 이상 타락의 길로 빠질 위험이나 유혹이 없을 때까지 미루기는 했지만, 교회만이 확실한 사면의 방법을 소유하고 있다는 사실을 이미 잘 알고 있었다. 황제가 임종을 앞두고 니코메디아의 궁정에 불러들인 주교들은 황제가 세례를 간청하여 받았다는 점, 여생을 그리스도의 제자로서 그에 합당하게 살아가겠다고 엄숙하게 맹세한 점, 개종자로서 백의를 입은 다음에는 겸손하게도 앞으로는 황제의 자의를 입지 않겠다고 한 점 등에 감명받았다. 콘스탄티누스의 예는 이후로 세례의 지연을 장려한 듯하다.42 후대의 폭군들은 오랜 치세 동안 무고한 자들을 무수히 죽여도 재생의 물, 즉 세례를 통해 순식간에 모든 죄를 씻을 수 있다고 믿었고, 이리하여 종교의 남용이 도덕의 토대를 심각하게 위협하게 되었다.

그리스도교의 전파

그리스도교를 로마 세계의 왕좌에 올려놓은 이 관대한 후원자에게 감사를 느낀 교회는 그의 미덕들을 높이 찬양하면서 결점들은 감추었다. 이 성인과도 같은 황제의 축제일까지 제정한 그리스인들은 콘스탄티누스라는 이름을 언급할 때마다 12사도에 준하는 분43이라는 명칭을 반드시 덧붙였다. 황제를 성스러운 그리스도의 사도들과 비교한 것은 분명히 불경한 아첨이다. 그러나 복음을 전파한 범위와 수만 놓고 본다면 콘스탄티누스 황제의 업적은 12사도의 업적에 필적할 것이다. 황제는 종교의 자유를 선포함으로써 그때까지 그리스도교의 전파를 방해했던 현실적인 장애를 없앴다. 그 결과 수많은 유능한 성직자들이 인간의 이성과 신앙심에 호소하는 갖가지 논의를 동원해 계시의 복음을 자유롭게 전파할 수 있었다. 이교와 그리스도교 사이의 균형은 아주 잠시 동안 유지되었을 뿐이다. 황제는 야심과 탐욕의 날카로운 눈으로 곧 그리스도교를 공인하는 것이 내세뿐만 아니라 현세의 이익을 위해서도 유리하다는 사실을 간파했다.[44] 부와 명예에 대한 희망, 황제의 모범과 권고, 저항할 수 없는 미소는 궁정을 가득 채운 타산적인 아첨꾼들에게도 확신을 심어 주었다. 신전을 파괴함으로써 자진해서 열렬한 신앙심을 보여 준 도시들은 자치도시의 대우를 받았고 시민들에게는 하사금이 수여되었다. 동방의 새로운 수도 콘스탄티노플은 우상 숭배로 더럽혀진 적이 없다는 특이한 장점을 큰 자랑으로 삼았다.[45] 사회의 하층민들은 상류층의 습속을 모방하게 마련인데, 출신이 좋거나 권력을 소유했거나 부유한 계층에 속하는 사람이 개종을 하면 수많은 대중들이 곧 이를 따라 개종했다.[46] 로마에서만 1년에 여자와 어린이를 제외하고도 1만 2000명의 성인 남성이 세례를 통해 구원받았으며, 황제는 개종자 각자에게 금화 스무 닢과 백의를 하사하기로 약속했다고 한다. 이것이 사실이라면 헐값으로 평민들의 개종을 사들인 셈이다. 콘스탄티누스 황제의 강력한 영향력은 그의 치세나 영토라는 좁은 범위에 국한되지 않았다. 그가 아들들과 조카들에게 행한 교육 덕분에 로마 제국은 계속해서 더욱 신실하고 열렬한 신앙을 가진 황제들을 배출했다. 아주 어렸을 때부터 그들에게 주도면밀하게 그리스도교 정신과 교리를 주입했기 때문이다. 또한 전쟁과 무역을 통해서 복음은 로마 국경을 넘어 퍼져 나갔다. 그리고 지금까지 그리스도교를 남루하고 배척받는 종교로 경멸했던 야만족들은 지구상에서 가장 문명화된 나라와 가장 위대한 군주가 그리스도교를 받아들였음을 알게 되자 곧 존경심을 품게 되었다. 로마군에 복무했던 고트족과 게르만족은 군단의 선두에서 펄럭이는 십자가 군기를 경외했고, 사납기만 했던 그들의 동포들도 신앙과 인간애를 동시에 받아들이게 되었다. 이베리아와 아르메니아의 왕들도 보호자

[44] 『콘스탄티누스 황제전』 3권과 4권을 보라. 그는 그리스도가 진실을 말했건, 거짓을 말했건 상관없이 여전히 그의 복음에 기뻐한다고 말하곤 했다.

[45] 티유몽은 이교도 조시무스의 악의에 찬 모종의 언급에 대항해 콘스탄티노플이 한 번도 더럽혀진 적이 없는 순결한 도시라는 점을 열렬히 주장했다.

[46] 『두 인도 제국의 정치·철학사』의 작가는 그리스도교로 개종한 모든 노예들에게 자유를 준 콘스탄티누스의 법령을 비판했다. 황제가 유대인은 그리스도교도 노예를 소유하지 못한다는 법령을 선포한 것은 사실이다. 그러나 이 불완전한 예외는 유대인에게만 해당되었다. 그리스도교도나 이교도 소유의 노예들은 종교를 바꾸는 것으로 현실에서의 지위까지 개선할 수는 없었다. 레이날(Abbé Raynal)이 어떤 이유로 이렇게 생각했는지는 알 수가 없다. 그의 흥미로운 역사는 출처를 하나도 밝히지 않았다는 중대한 결점을 가지고 있기 때문이다.

인 황제가 섬기는 신에게 예배드렸고, 일관되게 그리스도교도임을 표명했던 그들의 국민들은 곧 로마의 형제 신도들과 성스럽고 영속적인 관계를 맺었다. 페르시아의 그리스도교도들은 전쟁이 나면 나라보다 종교를 우선으로 여기는 배신자가 되지 않을까 하는 의심을 받기도 했는데, 양국 간에 평화가 유지되는 한, 마기들에 대한 박해도 콘스탄티누스 황제의 개입으로 효과적으로 억제되었다. 복음의 빛은 인도양 연안 지역까지 비쳤다. 아라비아와 에티오피아까지 진출해 있었던 유대인 식민도시들은 그리스도교의 보급에 저항했지만, 그들에게는 모세의 계시에 대한 사전 지식이 있었기 때문에 선교사들의 노고를 얼마간 덜어 준 측면도 있었다. 특히 아비시니아(에티오피아의 옛 이름)에서는 이 오지에서 선교에 일생을 바친 프루멘티우스를 지금도 기리며 존경하고 있다. 대제의 아들 콘스탄티우스 황제 치세에는 인도 출신의 테오필루스[47]가 대사 겸 주교의 이중 직책을 부여받고 황제가 사바이아(또는 호메리테)족의 군주에게 선물로 보내는 카파도키아산 순종마 200마리를 배에 싣고 홍해에서 출항했다. 테오필루스는 이외에도 야만족들의 찬탄을 자아내고 관심을 살 만한 여러 가지 진귀하고 유용한 선물들을 많이 가지고 떠났는데, 수년 동안 이 열대 지방의 교회들을 순방하면서 훌륭하게 임무를 수행했다고 한다.

국가 종교의 변화

로마 황제들의 절대적 권력은 국가 종교를 바꾸는 중대하면서도 위험한 일에서도 유감 없이 발휘되었다. 이교도들의 미약하고 지원도 받지 못하는 불만은 군사력으로 즉시 침묵시켰다. 그리스도교 성직자들과 평민들은 양심과 감사의 결과로 기꺼이 복종했으리라 쉽게 짐작할 수 있다. 모든 계층의 시민은 법에 복종해야 하며, 종교를 관리하는 것은 행정관의 의무

[47] 테오필루스는 어릴 때 디바 섬에서 로마로 인질로 잡혀와 로마에서 교육받고 그리스도교를 받아들였다. 수도가 디바(지금의 말레)인 몰디브는 인도양에 있는 1900~2000개의 작은 섬들로 이루어진 나라이다.

이자 권리이기도 하다는 점은 오랜 기간에 걸쳐 확립된 로마 체제의 기본 원리였다. 콘스탄티누스 황제와 그 후계자들은 개종으로 인해 로마 황제의 특권을 하나라도 잃었다고 생각하지 않았고, 자신들이 보호하고 채택한 종교에 법적 규제를 가할 수 없다고 생각하지도 않았다. 황제들은 여전히 교회 체제에도 절대적인 사법권을 행사했고, 『테오도시우스 법전』 제16권은 여러 가지 항목을 통해 가톨릭 교회 체제에 대한 황제의 권한을 명시하고 있다.

서기 312~438년

그러나 한편으로는 그리스도교의 법체계가 확립되면서 영적 권력과 세속적 권력의 분리가 도입되고 정착되었는데, 이것은 그리스와 로마의 이교도들은 한 번도 경험하지 못한 것이었다. 누마 왕 시대부터 아우구스투스 황제 시대에 이르기까지 최고 제사장은 항상 가장 지위가 높은 원로원 의원이 맡았는데, 이것은 결국 황제의 권력에 통합되기에 이르렀다. 국가의 최고 행정관이었던 황제는 미신 때문이었는지 정책상이었는지는 모르지만 직접 성직자의 역할을 수행했고, 다른 사람들보다 더 신성하며 신들과 더 친밀한 교류를 나눌 수 있다고 주장하는 성직자 집단을 로마는 물론 속주들에도 일체 두지 않았다. 그러나 그리스도교 교회에서는 예배가 성직자들의 손에 영구적으로 위임되어 있었으므로, 황제는 영적 계급으로 보면 최하급에 속하는 부사제보다도 지위가 낮아서 성단소(聖壇所) 난간 아래서 다른 신도들과 함께 예배드려야 했다.[48] 황제는 국민들의 아버지로서 받들어졌지만, 교회의 아버지들에게는 자식으로서의 예와 존경을 보내야 했다.[49] 주교들은 거만해져서 콘스탄티누스 황제가 성자들과 고해 신부에게 표했던 존경심을 다

영적 권력과
세속 권력의 구별

[48] 콘스탄티노플의 교회에서는 언제부터인지 모르게 이와 다르게 행동했다고 한다. 그러나 엄격한 암브로시우스 주교가 테오도시우스 황제에게 물러날 것을 명령하면서 왕과 성직자는 엄연히 다르다는 점을 깨우쳐 주었다고 한다.

[49] 막시무스 황제의 식탁에서 프랑스 투르의 주교 마르틴은 시종에게서 받은 잔을 동행한 장로에게 먼저 건넨 다음에야 황제에게 건넸으며, 황후가 직접 마르틴을 시중들었다고 한다. 그런데 이런 특별한 경의를 마르틴 주교에게 보낸 것인지 성 마르틴에게 보낸 것인지는 확실하지 않다.

50 플루타르코스는 이시스와 오시리스에 대한 글에서 이집트의 왕들은 사제가 아니었더라도 왕으로 즉위하고 난 다음에는 성직자로 추대되었다고 알려 준다.

51 이 숫자는 고대 작가의 목록 원본에 의해 확인되지는 않았다. 동방의 교회만 다룬 부분적인 목록은 비교적 나중에 기록된 것이다. 찰스 파올로(Charles Paolo), 루케 홀스테니우스(Luke Holstenius), 빙엄(Bingham) 등이 로마 제국 전역의 주교 자리를 공들여 조사했다.『고대의 그리스도교』의 제9권에는 고대 교회의 지도가 정확하게 그려져 있다.

른 황제들에게도 요구했다. 세속 권력과 교회 권력 간의 미묘한 갈등은 로마 정부를 종종 난처한 지경에 빠뜨렸고, 신앙이 돈독한 황제는 세속적인 손으로 감히 모세의 성궤를 건드리는 죄를 저지르지는 않을까 전전긍긍했다고 한다. 인간을 성직자와 속인이라는 두 계급으로 분류하는 것은 고대 국가에서 결코 낯선 일이 아니었다. 인도, 페르시아, 아시리아, 유대, 에티오피아, 이집트, 갈리아의 성직자들은 자신들이 소유한 현세적 권력과 재산은 모두 하늘에서 비롯되었다고 믿었다. 이 오래된 제도는 각 나라의 풍습이나 정부 형태에 따라서 점진적으로 서로 동화되었다.50 그러나 초기 그리스도교는 세속적인 권력에 저항하거나 그것을 경멸함으로써 내부적인 결속을 다져 나갔다. 그리스도교도들은 스스로 자신들의 행정관을 선출하고 독특한 형태의 세금을 징수하고 분배했으며 공동체 안에서는 법률을 정해 내부 정책을 규제했는데, 이 법률은 300년에 걸친 관례에 비추어 모든 신도들에게 승인을 받아야 했다. 콘스탄티누스 황제가 그리스도교를 공인했을 때 그것은 명확히 독립된 사회 단체와 영속적인 동맹 관계를 체결한 셈이었다. 콘스탄티누스 황제와 그 후계자들에 의해 허용되거나 확립된 특권들은 궁정의 변덕스러운 호의가 아니라 결코 빼앗길 수 없는 교회의 정당한 권리로 받아들여졌다.

주교들의 상황

1800명의 주교들이 영적이고 법적인 권한을 가지고 가톨릭 교회를 운영했다.51 이 중 1000명은 그리스계 속주들에, 800명은 라틴계 속주들에 배치되었다. 각 관구의 범위와 경계는 일정한 기준이 없이 최초의 선교사들의 열정이나 성공 정도, 주민들의 소망이나 복음의 전파 정도 등의 다양한 이유에 따라 정해졌다. 주교들이 관할하는 감독파 교회들이 나일 강 연안과 아프리카 해안, 총독 관할의 아시아 속주들과 이탈리아 남부의 속주들에 잇달아 생겨났다. 갈리아, 에스파냐, 트라키아, 폰투스 속주를 관할하는 주교들은 그 범위가 너무 넓어서 지방에는 부주교를 파견하여 하급의 목회 업무를 수행하게 했다. 그리스도교의 한 관구는 속주 전체를 포괄하기도 했고 마을 하나로 국한되기도 했지만, 모든 주교들은 똑같이 절대적인 권력을 소유했다. 그들은 모두 사도와 국민과 법에 의해 똑같은 권능과 특권을 부여받은 것으로 간주되었다. 콘스탄티누스 황제는 정책적으로 행정직과 군사직을 분리시켰지만, 성직자라는 새롭고 항구적인 계급이 교회와 국가에 동시에 확립되어 변함없는 존경을 받으면서 때로는 위험한 존재로 부상하기도 했다. 이들의 지위와 속성이라는 중요한 문제를 다음과 같은 소제목으로 분류해 살펴보기로 하겠다. 1. 자유 선거 2. 성직자 서품 3. 재산 4. 사법권 5. 신앙에 대한 감독 6. 대중 설교 7. 입법집회의 특권.

1. 자유 선거는 그리스도교가 법적으로 정비된 후에도 오랫동안 지속되었다. 로마 시민들은 자신들의 손으로 직접 자신들이 복종해야 할 행정관을 선택하는 특권을 국가에서는 이미 상실했지만 교회에서는 누릴 수 있었다. 주교 한 명이 사망하면 수도 대주교는 부주교들 가운데 한 명에게 주교의 임무를 대신하도록 위임하고 정해진 기간 안에 선거를 준비하라고 지시했다. 선거권은 후보자들의 장점을 가장 잘 판단할 만한 하급 성직자들, 원로원 의원이나 귀족들, 지위가 높거나 재산이 많은 시민들, 그리고 끝으로 전 시민에게 부여되었다. 시민들은 정해진 선거일에 관구 내의 머나먼 지역에서부터 무리를 지어 몰려와 떠들썩하게 소동을 피우면서 이성의 목소리와 질서

주교 선출

52 시도니우스 아폴리나리스의 서신은 갈리아 교회에서 발생했던 추문의 내용을 담고 있다. 그나마 갈리아 교회들은 동방 교회들보다 덜 세련되었을지는 몰라도 타락도 덜 한 편이었다.

53 법이나 합의에 의해 절충안이 도입되기도 했다. 가령 주교나 시민은 서로 상대방이 선택한 세 명의 후보 중 한 명을 골라야 한다는 식이다.

의 법칙을 잠재우는 경우도 있었다. 이런 소동을 통해 우연히 가장 자격이 있는 후보, 예를 들어 나이 많은 장로나 성스러운 수도사나 경건하고 신앙이 깊은 평신도 등이 선출되는 경우도 있었다. 그러나 주교직은 특히 부유한 대도시에서는 영적 권위보다는 세속적인 권력을 노려 탐내는 경우가 많았다. 이전에 그리스와 로마 공화정의 자유 선거를 얼룩지게 했던 사리사욕, 이기적이고 격한 감정, 배신과 위선의 책략, 은밀한 부패와 공공연한 유혈 폭력 등이 사도들의 후계자들을 선출할 때도 너무 많은 영향력을 발휘했다. 가문이 좋다고 자랑하는 후보자도 있었고, 진수성찬을 대접해 표를 사려는 사람도 있었으며, 좀 더 악질적으로는 자신의 신성 모독적인 희망이 이루어지도록 공모해 주면 교회에서 약탈한 금품을 나눠주겠다고 제의하는 사람까지 있었다.52 교회법뿐 아니라 시민법도 이렇게 엄숙하고 중요한 행사에서 대중을 배제하려고 애를 썼다. 고대의 교회 법규들은 나이나 지위 등의 몇 가지 자격 요건을 요구함으로써 어느 정도는 선거인들의 무분별한 변덕을 방지했다. 시민들의 선택을 승인하기 위해 공석이 생긴 교회에 모여 있던 속주 내의 주교단이 개입하여 시민들의 열띤 감정을 완화시키거나 잘못을 바로잡아 주기도 했다. 주교단은 부적절한 후보자가 선출되면 서품을 거절할 수 있었고, 서로 경쟁하는 당파들이 격렬하게 대립할 때면 공평하게 중재하기도 했다. 성직자들과 시민들은 때에 따라 승복하기도 하고 저항하기도 했는데, 이것은 다양한 선례를 남기게 되어 점차 실증법이나 속주의 관습법으로 굳어졌다.53 그러나 모든 정교회는 그 구성원들의 동의 없이 주교를 임명할 수 없다는 점은 종교 정책의 기본 원칙으로 모든 곳에 적용되었다. 황제는 공공 질서의 수호자이자 로마와 콘스탄티노플의 제1시민으로서 주교를 선출할 때 자신이 원하는 바를 효과적으로 표명할 수도 있었겠지만, 이 절대 군주들도 교회 선거의 자유는 일관되게 존중했다. 황제는 정부와 군대의 공직들은 마음대로 나눠주고 또 거둬들이기도 했지만, 1800명의 주교들은 시민들의 자유 투표를 통해서만 그 중요한 임무를 수행하도록 허용했다. 이 성직자들이 면직되지 않는 대신 이 명예로운 자리를 그만둘 수도 없었다는 점은 공평하다고 할 수 있겠다. 종교 회의에서는 주교들이 반드시 관구 내에 거주하면서 전임할 수 없도록 하려고 많은 노력을 기울였으나 성공하지는 못했다. 서방 교회의 규율은 동방 교회보다는 덜 풀어져 있었지만, 이런 규제들을 필요하게 만든 욕망들이 결국은 그 규제들을 효과 없게 만들었다. 주교들은 격분하여 서로를 맹렬히 비난하기도 했지만, 이런 행위는 그들 모두에게 공통된 죄악과 무분별을 노출시킬 뿐이었다.

2. 이른바 영적 생식(生殖)의 특권은 주교에게만 주어졌다. 이 특별한 권리는 주교들의 미덕이자 의무였으며, 결국에는 절대적인 명령이었던 독신 생활[54]의 고통을 어느 정도는 보상해 주었을 것이다. 고대 종교에서는 성직자라는 특수 집단을 만들어 그 성스러운 부족이나 가족이 대를 이어 영원히 신에게 봉사하도록 했다. 이런 제도는 교세 확장보다는 현상을 유지하기 위한 것이라고 할 수 있다. 그래서 성직자의 자제들은 자만심에 젖어 나태하게 지내면서 저절로 성직을 물려받았고, 가정생활에 대한 의무와 쾌락, 그리고 애정 때문에 열렬한 신앙심은 점점 식어 갔다. 그러나 그리스도교의 성전은 영적인 보상과 현세의 권력을 원하는 모든 야심가에게 활짝 열려 있었다. 성직은 행정직이나 군사직과 마찬가지로 기질이나 능력이 그에 적합한 사람이나 주교가 교회의 영광과 이익을 높이는 데

성직 수임

[54] 첫 5~6세기 동안 성직자의 독신 생활은 엄격한 규율이었는데, 끊임없이 다루어진 논쟁의 대상이기도 했다.

최적임자로 여겨 선택한 사람들이 정력적으로 수행할 수 있었다. 주교들은55(이런 직위의 남용을 법으로 규제하기 전까지는) 내키지 않아야 하는 사람에게 성직을 강요할 수 있었으며, 가난한 사람들은 생계 보장을 미끼로 성직에 끌어들였다. 일단 성직자로서 서품을 받고 나면 시민 사회의 가장 중요한 특권들을 영구적으로 부여받았다. 아마도 군단병들보다도 많았을 가톨릭 성직자 전원은 황제의 칙령으로 공공 봉사와 사적인 봉사, 자치 단체에서의 의무를 면제받았으며, 동료 시민들에게는 견디기 힘든 부담이었던 각종 세금과 부담금까지 면제받았다. 즉 그들은 성직을 수행하는 것만으로 국가에 대한 의무를 다한 것으로 여겨졌다.56 성직자들은 자신에게 서품을 내린 주교에게 영원히, 그리고 절대적으로 복종해야만 했다. 각 감독 교회의 성직자들은 관내의 모든 교구를 통솔하면서 질서정연하고 영구적인 사회를 형성했다. 콘스탄티노플57이나 카르타고 대성당은 500명의 성직자들을 거느리기도 했다. 당대의 미신적인 습관 때문에 유대인과 이교도의 화려한 의식이 교회에도 도입되자, 성직자들의 계급58과 수는 알아채지 못하는 사이에 점점 증가했다. 사제, 부제, 차부제, 시제, 기도사, 낭독자, 성(聖)가수, 문지기 등의 성직자들이 수없이 생겨나서 각각의 위치에서 예배의 화려함과 조화를 드높이는 데 공헌했다. 성직자들의 명칭과 특권은 수많은 종교 단체들로 확대되었는데, 결국 이들은 교황의 지위를 헌신적으로 지지하는 세력이 되었다. 알렉산드리아에서는 600명이나 되는 파라볼라니(환자위문단)들이 환자를 방문한다는 구실로 나쁜 짓을 일삼았다고 한다. 콘스탄티노플에는 시체를 매장하는 코피아테가 1100명이나 있었고, 나일 강 연안에는 검은 옷을 입는 수도승들이 수없이 나타나서 지표면을 어둡게 만들었다고 한다.

55 토마생(Thomassin)과 빙엄은 성직자의 소명, 서품, 순종 등에 대해 열심히 논의했다. 히에로니무스의 형제가 키프로스에서 서품을 받았을 때 부주교들은 그가 이 신성한 의식을 무효화하는 엄숙한 선언을 하지 못하도록 입을 막아야 했다.

56 성직자가 그리스도교 황제에게서 받은 의무 면제들은『테오도시우스 법전』제16권에 나와 있다. 고드프루아는 일반인이자 신교도로서 선입관이 있었지만 비교적 공평하게 이것을 설명해 놓았다.

57 콘스탄티노플 대성당에는 사제 60명, 부제 100명, 여부제 40명, 차부제 90명, 낭독자 110명, 성(聖)가수 25명, 문지기 100명 해서 모두 525명의 성직자가 있었다. 이 절제된 숫자는 교회의 곤궁을 덜어 주기 위해 황제가 직접 정한 것이었다. 그 교회는 상부 조직의 지출 때문에 빚과 고리대금에 시달리고 있었다.

58 로마 가톨릭 교회의 계급은 주교를 제외하고 일곱 개로 정해졌다. 그러나 네 개의 낮은 계급은 이름뿐인 쓸모없는 계급이었다.

3. 밀라노 칙령은 교회의 평화를 회복시켰을 뿐 아니라 예산도 확보해 주었다.59 그리스도교도들은 디오클레티아누스 황제의 박해령으로 빼앗겼던 집과 땅을 되찾았고, 그때까지 행정관들의 묵인하에서만 소유할 수 있었던 모든 재산에 대해 완전한 권리를 회복했다. 또한 그리스도교가 황제와 제국의 국교가 되었으니 성직자들은 그에 합당한 상당한 보수를 요구할 수 있었다. 국민들로서도 1년에 한 번만 교회세를 내면 되었기 때문에 이교에서 요구하던 과중한 헌금에 대한 부담에서 벗어날 수 있었다. 그러나 교회가 성장하면서 경비도 더 많이 필요하게 되었으므로 성직자들은 여전히 신도들의 자발적인 헌금으로 생계도 유지하고 부도 축적했다. 밀라노 칙령이 내려진 지 8년 후에 콘스탄티누스 황제는 모든 국민이 자유롭게 가톨릭 교회에 유산을 남길 수 있도록 허용했다. 이리하여 살아 있는 동안에는 사치와 탐욕 때문에 억제되었던 신도들의 기부금이 임종의 순간에는 교회로 아낌없이 흘러들었다. 황제의 모범은 부유한 그리스도교도들의 기부를 더욱 촉진했다. 세습 재산 따위가 없어도 부자인 절대 군주는 선행의 의도가 없이도 얼마든지 기부할 수 있는 법이다. 콘스탄티누스 황제는 부지런한 국민들을 희생시켜 게으른 성직자들을 먹여 살리면서, 성자들에게 국가의 부를 분배하면 하늘의 은총을 얻을 수 있을 것이라고 편리하게 생각했다. 막센티우스의 잘려진 머리를 아프리카로 가지고 간 사신은 카르타고의 주교 카이킬리아누스에게 보내는 서신도 함께 위임받았던 것으로 보인다. 황제는 그 서신을 통해 카이킬리아누스에게 3000폴리스, 즉 1만 8000파운드를 지급하고, 아프리카, 누미디아, 마우리타니아의 교회를

서기 313년, 재산

서기 321년

59 밀라노 칙령에는 교회의 부동산이 존재한다고 분명히 명시되어 있다. 최고 행정관의 이 엄숙한 선언을 모든 행정가들은 기본법으로 받아들였다.

60 황제의 심미안을 연구하고 찬양한 에우세비우스는 예루살렘의 교회를 대중 앞에서 공들여 묘사한 적이 있다. 이 건물은 이제 존재하지 않지만 그는 『콘스탄티누스 황제전』에 건축과 장식에 대해 간략히 설명해 놓았다. 그는 콘스탄티노플에 있는 성 사도 교회도 언급하고 있다.

61 교황과 가장 부유한 교회의 주교의 연수입은 알려지지 않았다. 일반적으로 부유한 교회의 주교직은 금 30파운드, 가장 가난한 교회의 주교직은 금 2파운드 정도로 평가되었다. 그 중간은 16파운드겠지만 이 평가액은 실제 가치보다 훨씬 낮았다.

62 바티칸에서 비롯된 기록들은 모두 의심해 보는 것이 옳다. 하지만 이 오래된 토지세 장부는 어느 정도 믿을 만하다. 조작되었다 해도 적어도 가톨릭 교회가 왕국이 아니라 농장을 탐낸 시기에 조작된 것은 확실하다.

지원하기 위해 추가적인 금액을 요구하면 응하라고 속주의 재무관들에게 지시했다는 사실을 알려 주었다. 콘스탄티누스 황제의 인심은 신앙이 깊어지면서, 또 악행이 심해지면서 더욱 후해졌다. 황제는 교회의 자선 기금을 충당하기 위해 일정량의 곡물 공출을 모든 도시에 할당했고, 수도원에서 생활하는 사람은 남녀를 막론하고 황제의 특별한 총애를 받았다. 안티오크, 알렉산드리아, 예루살렘, 콘스탄티노플 등의 교회는 이 쇠퇴해 가는 시대에 과거의 황제들이 만들었던 완벽한 건축물들과 경쟁하려는 야심을 가졌던 황제의 허영과 신앙을 과시하며 화려하게 건축되었다.60 이 종교 건축물들은 대부분 단순한 직사각형 형태였는데, 때로는 돔 형태로 둥글게 만들어지기도 했고 십자가 모양을 띠기도 했다. 목재는 대부분 리바누스산 삼나무를 사용했고 지붕은 도금한 놋쇠 타일로 덮었으며 벽과 기둥과 바닥은 형형색색의 대리석으로 장식했다. 제단 장식에는 금과 은, 비단과 보석 같은 값비싼 장식물이 풍부하게 사용되었다. 이런 화려한 건축물들은 영구적으로 보장된 교회의 토지 위에 세워졌다. 콘스탄티누스 황제로부터 유스티니아누스 황제까지 2세기 동안 1800개의 교회가 황제들과 국민들의 아낌없는 기부로 부를 축적했다. 부유한 교회와 가난한 교회의 중간쯤에 해당하는 교회 주교의 연간 수입은 600파운드 정도였는데,61 그들의 재산은 관할하는 도시의 지위와 부의 정도에 따라 훨씬 더 불어났다. 불완전하지만 어느 정도 믿을 만한62 땅세 장부에는 당시 로마의 3대 교회에 속한 성 베드로, 성 바울, 성 요한 라테란 교회가 이탈리아, 아프리카 및 동방의 속주들에 가지고 있던 가옥, 가게, 정원, 농장 등의 목록이 상세히 명기되어 있다. 그 교회들은 기름, 린넨, 종이, 향료 등으로 거둬들인 수입 외에도 1년에 금화 2만 2000닢(1만 2000파운드)의 수익을 올렸다. 콘스탄티누스 대제와 유스티니아누스 황제 시대에 주교들은 더 이상 성직자들과 국민들의 전적인 신뢰를 받지 못했고, 그럴 가치도 없었다. 각 관구의 연간 수입은 네 등분으로 나눠졌다. 그중 한 등분은 주교 몫이었고, 또 한 등분은 하급 성직자들이 나누어 가졌고, 또 하나는 빈민 구제용으로, 마지막 한 등분은 예배에 사용되었다. 이 신성한 헌금은 함부로 사용할 수 없도록 지속적이고 엄격한 감독이 이루어졌다.[63] 교회의 세습 재산에 대해서는 국가로부터 세금을 추징받았다. 로마, 알렉산드리아, 테살로니카의 성직자들은 부분적인 면세를 탄원하여 성공하기도 했으나, 완전 면세를 얻어 내고자 한 리미니 공의회의 성급한 시도는 콘스탄티누스 대제의 아들, 콘스탄티우스 황제의 반대로 실패로 끝나고 말았다.

4. 시민법과 관습법의 폐허 위에 자신들의 법정을 세운 가톨릭 성직자들은 그 시대의 상황과 우연, 자신들의 노력의 대가로 얻게 된 독립적인 사법권을 콘스탄티누스 황제의 은혜로 겸허히 받아들였다.[64] 그 후로 그리스도교 황제들은 성직자들에게 관대하게도 얼마간의 법적 특권까지 부여해서 그들의 위상을 더욱 높여 주었다.[65] 1) 전제 정부가 통치하였지만 주교들만은 동료들에 의해서만 재판받는다는 엄청난 특권을 누렸다. 주교는 사형에 해당하는 죄를 지었다 해도 동료들로 이루어진 종교 회의에서만 죄를 심판받았다. 이런 법정은 개인적인 원한이나 종교적인 갈등으로 자극받지 않는 한, 성직자들에게 유리하고 편파적일 수밖에 없었다. 그러나 콘스탄티누스 황제는 이런 은밀한 면죄가 온 세상에 추문이 알려지는 것보다는 낫다고 생각하고 거기에 만족했다. 니케아 공의회에서 황제는 만약 간음 중인 주교를 발견한다 해도 황제의 망토를 던져 죄

사법권

[63] 암브로시우스와 크리소스토무스 시대에는 교회 세입의 지출을 법적으로 규정하지 않았던 것 같다. 5세기 후반의 로마 주교들인 심플리키우스와 겔라시우스는 교서에 이것을 법으로 언급하고 있는데, 이미 이탈리아에서는 관습으로 굳어져 있었던 것 같다.

[64] 에우세비우스와 소조메노스는 주교의 사법권이 콘스탄티누스 황제에 의해 확장되고 승인되었다고 알려 주고 있다. 고드프루아는 『테오도시우스 법전』에는 포함될 수 없었던 그 유명한 위조된 칙령을 매우 성공적으로 밝혀내 보였다. 철학가일 뿐 아니라 법률가이기도 한 몽테스키외가 콘스탄티누스의 이 칙령을 아무 의심 없이 인정했다는 점이 놀랍다.

[65] 교회의 사법권 문제는 감정과 편견과 이해관계 등에 밀접하게 얽혀 있다. 지금 내 앞에는 플뢰리의 『교회 법규 원리』와 지아논(Giannone)의 『나폴리의 민간 역사』라는 두 권의 훌륭한 책이 놓여 있다. 그들의 절제된 태도는 기질상의 문제도 있었겠지만 각자가 처한 상황 때문이기도 했다. 플뢰리는 의회의 권위를 존중한 프랑스 성직자였고, 지아논은 교회의 권력을 두려워한 이탈리아 법률가였다. 나의 주장들은 특정하고 불완전한 사실들에서 비롯될 것이므로 독자들에게 이 주제를

잘 다루고 있는 현대 작가들의 책을 참고하라고 추천하고 싶다. 아니면 이 주를 어울리지 않고 불쾌한 길이로 늘여야만 한다.

66 파울로 수도사는 성역의 기원과 특권 그리고 남용과 한계에 관한 뛰어난 글을 남겼다. 그는 고대 그리스에는 열다섯에서 스무 개의 성역이 있었다고 정확하게 관찰해 놓았는데, 지금의 이탈리아에서는 한 도시 안에서 그만큼의 성역을 발견할 수 있을 것이다.

인을 가려 주겠다고 공개적으로 선언하기도 했다. 2) 주교들의 내부적인 재판권은 성직자의 특권인 동시에 구속이기도 했다. 성직자들에 대한 민사 소송은 세속 재판관들의 심리에서 점잖게 제외되었다. 가벼운 죄는 공개적인 재판이나 처벌의 수모를 겪지 않고 온건한 교정을 받았는데, 이것은 청소년들이 부모나 교사에게 받을 만한 처벌을 그렇게 엄격하지 않은 주교들에게서 받는 정도였다. 그러나 성직자가 그 명예롭고 이로운 직위에서 파면되는 것으로도 충분하지 않을 만큼 중한 죄를 저질렀을 경우에는 로마 행정관들이 교회의 면책 특권과는 상관없이 정의의 칼을 직접 빼어 들기도 하였다. 3) 주교들의 중재 재판권이 법으로 비준되었다. 그 결과 그때까지는 쌍방의 합의가 있어야 유효했던 주교의 법령이 이제 항소나 지체 없이 즉시 집행되었다. 행정관들도 개종을 하고 그리스도교가 제국의 국교가 되었으니 그리스도교도들의 두려움과 망설임도 점차 줄어들 만도 했지만, 그들은 여전히 능력과 인격을 존경할 수 있었던 주교들의 법정에 모여들었다. 그래서 덕망 높은 아우구스티누스 주교는 금과 은, 토지와 가축의 소유권을 가려 주느라 주교의 성스러운 임무를 수행할 시간을 계속 방해받는다고 자랑스러운 듯 불평하고 있다. 4) 고대로부터 성역에 대해서 인정되었던 특권이 그리스도교 교회에도 그대로 적용되었고, 더 나아가 테오도시우스 2세의 관대한 신앙심 덕분에 그것은 교회 토지 전역으로 확대되었다.[66] 도망자나 범죄자까지도 신과 그 대리인들에게 정의나 자비를 간청하는 것이 허용되었다. 전제 정치의 무분별한 폭압이 교회의 온건한 개입으로 저지되었고, 고귀한 시민들의 생명과 재산이 주교들의 중재로 보호받았다.

5. 주교는 신도들의 도덕을 부단히 감독하는 사람이기도 했

다. 참회의 징계가 교회의 법제에도 도입되어,[67] 공적·사적 고해의 의무, 증거의 법칙, 죄의 등급, 처벌의 방법 등이 엄밀하게 규정되었다. 주교가 일반 대중의 가벼운 죄는 처벌하면서 행정관들이 저지른 뚜렷한 악덕이나 무거운 범죄는 눈감아 준다면 더 이상 영적인 감독이라는 임무를 수행할 수 없게 될 것이다. 그러나 행정관의 행동에 대한 문책은 정부의 통치에 제약을 가하는 일이었다. 더욱이 황제라는 신성한 존재에 대해서는 신앙이나 충성, 또는 두려움으로 주교들도 감히 분노나 열의를 드러내지 못했다. 그러나 황제가 아닌 다른 압제자들은 대담하게 규탄하고 파문하기도 했다. 성 아타나시우스는 이집트의 행정관 한 명을 파문한 적이 있는데, 그가 선언한 물과 불의 형벌과도 같은 이 파문 명령은 카파도키아의 교회들에도 엄숙하게 전달되어 그대로 시행되었다.[68] 테오도시우스 2세 시대에 헤라클레스의 후예[69]로 일컬어지던 교양 있는 웅변가 시네시우스가 고대 키레네 폐허 근처에 있는 프톨레마이스의 주교직을 맡은 적이 있다. 철학자이기도 한 이 주교는 처음 주교직을 맡을 당시에는 내키지 않는 듯했지만 일단 맡고 나자 자신의 임무를 위엄 있고 훌륭하게 수행했다.[70] 그는 리비아의 괴물로 불리며 돈으로 산 관직의 권력을 이용해 새로운 약탈과 고문 방법들을 고안하고 직권 남용죄에 신성 모독죄까지 더한 안드로니쿠스 총독을 멋지게 처벌하였다. 시네시우스는 이 거만한 행정관을 종교적으로 온건하게 훈계하여 개심시키려 했지만 별 효과가 없자 교회 재판권의 마지막 조치인 파문을 선고했다.[71] 이 조치로 안드로니쿠스를 비롯해 그의 부하들과 일가까지도 세상과 하늘의 혐오를 받게 되었다. 팔라리스와 센나케리브보다 잔인하고 전쟁이나 역병, 메뚜기 떼보다도 파괴적

영적 감독

[67] 참회의 법제는 종교 회의의 법규를 통해 꾸준히 개선되었다. 그러나 여전히 많은 경우가 주교의 권한에 맡겨져 있었다. 주교들은 자신이 정한 규칙을 출간하기도 했다. 4세기의 교서들 중에는 성 바실리우스의 것이 유명하다.

[68] 『바로니우스』에서 바실리우스는 일부러 이 말을 한다고 밝히면서 총독들이라 해도 파문을 면제받을 수 없다고 강조했다. 그의 견해로는 황제라도 바티칸의 분노로부터 안전할 수는 없었다. 바로니우스 추기경은 이 문제에 대하여 갈리아 교회의 법률가나 신학자들보다 더 일관된 태도를 유지했다.

[69] 헤라클레스의 5대 손이자 스파르타의 첫 번째 도리스 출신 왕인 에우리스테네스까지 거슬러올라 가는 그의 긴 족보가 키레네의 공공 기록에 남아 있다. 헤라클레스의 왕족 조상들을 포함하지 않은 1700년 동안의 이 유명하지만 빈약한 족보는 인간의 역사에서는 도저히 찾아볼 수 없을 것이다.

[70] 시네시우스는 자신이 부적격자임을 사전에 밝혔다고 한다. 그는 세속적인 학문과 스포츠를 좋아하고 독신 생활도 유지할 수 없으며 그리스도의 부활을 믿지 않는다고 밝혔다. 그리고 이성적으로 납득이 되지 않는 그리스

이었던 이 뉘우칠 줄 모르는 죄인은 그리스도교도로서의 이름과 특권을 박탈당했고, 더 이상 성사에 참여할 수도 없었고 천국을 희망할 수도 없었다. 시네시우스는 성직자들과 행정관들, 나아가서는 모든 신도에게 그리스도의 적들과는 일체 교류를 끊고 집과 식탁에서 몰아낼 것과 살아 있는 동안은 인생의 주요 의식을, 죽어서는 장례 의식을 거절하라고 강력히 당부했다. 프톨레마이스 교회 자체는 미미하고 보잘것없었으나, 그는 이 선고를 다른 모든 교회들에도 전달했다. 그리고 이 명령을 어기는 사람은 안드로니쿠스와 그의 불경한 일당들과 같은 죄에 연루되었다고 보고 처벌하겠다고 덧붙였다. 이 종교적인 위협은 교묘한 방식으로 비잔티움 궁정에까지 강요되었다. 겁에 질린 안드로니쿠스는 교회의 자비를 간청했고 헤라클레스의 후예는 꿇어 엎드린 이 압제자를 일으켜 세워 주며 큰 만족감을 맛보았다고 한다. 이런 원칙과 예는 서서히 로마 교황들에게 승리의 길을 열어 주었는데, 그 이후 로마 교황들은 마침내 황제의 목덜미까지 짓밟게 되었던 것이다.

도교 우화는 신도들에게 설교할 수 없다고도 했다. 이집트의 대주교였던 테오필루스는 그의 장점들을 알고 있었기 때문에 이 특별한 타협안을 받아들였다고 한다.

71 파문 선고는 수사학적인 문체로 표현되었다. 전체 일가를 연루시키는 것은 다소 부당하기는 했지만 국가적 명령으로 발전했다.

6. 모든 시민 정부는 거칠고 작위적인 웅변의 영향력에서 자유로울 수 없다. 대중의 지배적인 충동을 자극하는 말들을 격렬하게 쏟아놓으면 아무리 냉정한 사람이라도 흥분하고 아무리 단호한 이성을 가진 사람이라도 마음이 흔들리게 된다. 각각의 청중은 자신의 열렬한 감정과 주위에 있는 군중들의 영향을 받는다. 그러나 시민적 자유가 사라지자 아테네의 선동정치가들과 로마의 행정관들도 침묵할 수밖에 없었다. 그리스도교 신앙에서 상당 부분을 차지하는 설교의 관습도 아직 초대 교회에는 도입되지 않았고, 황제가 대중을 선동하는 격한 웅변 때문에 걱정할 일도 없었다. 그런데 언제부터인지 제국의 설교

공개적 설교의 자유

단이 이전의 세속적인 웅변가들에게는 없었던 장점까지 갖춘 성직자 웅변가들로 채워지기 시작했다.72 정치가들의 논의나 수사는 적대자의 교묘하고 단호한 논리로 반박되었고, 진리와 이성이라는 명분은 적대적인 감정의 대립 속에서 우연하게 지지를 얻는 정도였다. 반면 주교나 그가 신중하게 설교의 권한을 위임한 고위 성직자들은 방해받거나 논박당할 위험이 전혀 없는 상태에서 마음껏 장광설을 늘어놓을 수 있었다. 청중들은 엄숙한 종교 의식에 압도되어 이미 복종할 준비가 되어 있었다. 가톨릭 교회는 매우 엄격한 복종을 요구했으므로 로마나 알렉산드리아 대주교의 거장다운 손길로 잘 조율하면,73 이탈리아와 이집트의 수백 개의 설교단에서 동시에 똑같은 화음을 내기도 했다. 이런 제도를 고안해 낸 것은 참으로 경의를 표할 만하지만 그 결과가 항상 성공적이지는 않았다. 설교자들은 사회적 의무의 실천을 강조하면서 특히 수도사적 미덕의 중요성을 찬양했는데, 이것은 개인들에게도 고통스러운 일이었을 뿐만 아니라 인류 전체를 보더라도 이익이 되지 않는 일이었다. 그들은 항상 자선 행위를 하라고 훈계했는데, 이것은 가난한 사람을 돕는다는 명목으로 성직자들이 신도들의 부를 모두 관리하겠다는 은밀한 욕망만 노출시키는 셈이었다. 신의 속성과 율법에 대한 엄숙한 설교도 형이상학적인 난해함과 유치한 의식과 꾸며 낸 기적담 등으로 더럽혀졌다. 또한 그들은 교회의 적들을 증오하고 성직자들에게 복종할 것을 가장 열심히 설교했다. 이단이나 분파 문제로 교회의 평화가 깨지면 설교자들은 불화의, 더 나아가서는 선동의 나팔을 높이 불었다. 이리하여 신도들의 이성이 신비한 기적들로 흐려지고 비방과 욕설로 감정이 격해지면, 순교하든지 상대방을 순교시킬 각오로 안티오크나 알렉산드리아의 교회를 뛰쳐나가는 것이었다. 특히 라틴

72 설교는 주교들의 가장 중요한 직무로 간주되었다. 그러나 때로는 이 임무를 크리소스토무스나 아우구스티누스 같은 고위 성직자들에게 위임하기도 했다.

73 엘리자베스 여왕은 정부의 특별 조치에 국민들이 호감을 갖도록 만들고 싶을 때면 이 표현을 사용하면서 직접 실행했다. 그러나 그녀의 후계자는 이 음악의 부작용을 우려했고, 그 아들은 직접 호되게 그 부작용을 겪었다.

⁷⁴ 이 겸손한 웅변가들은 자신들이 기적을 일으킬 능력은 없지만 웅변술을 습득하려고 노력했다고 시인했다.

⁷⁵ 니케아 공의회에서는 제4, 5, 6, 7 신조를 통해 종교 회의와 수도 대주교, 대주교들에 대한 기본적인 규제들을 제정하였다. 니케아 신조는 성직자들의 이해관계에 따라 다양하게 곡해되고, 오용되고, 의견이 첨가되고, 위조되기까지 했다. 특히 루피누스가 로마 근교의 교회들을 로마 주교에게 할당한 일은 격렬한 논쟁의 주제가 되었다.

⁷⁶ 서른세 명 혹은 마흔 일곱 명의 주교들이 동의했다는 기록이 있다. 그러나 아도라는 지명도가 거의 없는 작가는 아를 공의회에 600명의 주교가 참석했다고 기록해 놓았다.

교회 주교들의 격렬한 선언문들에서는 취향이나 언어의 타락이 두드러지게 나타난다. 그러나 그레고리우스와 크리소스토무스의 설교문은 아테네나, 적어도 아시아의 뛰어난 웅변들에 비유될 정도로 탁월했다.⁷⁴

종교 회의의 특권

7. 교회의 대표자들은 매년 봄·가을에 정기적으로 집회를 열었는데, 이 종교 회의를 통해 교회의 규율과 법령을 로마의 120개 속주들로 전파하였다.⁷⁵ 대주교는 자신의 속주 내에 있는 주교들을 소집하여 그들의 행동을 바로잡고 그들의 권리를 옹호하고 그들의 신앙을 선언하는 한편, 주교단에 공석이 생겼을 경우 성직자와 국민이 선출한 후보자들이 적임자인지 검토할 법적 권한을 가지고 있었다. 로마·알렉산드리아·안티오크·카르타고·콘스탄티노플의 대주교들은 더 큰 권한을 가지고 있어서 관내의 주교들을 소집해 수많은 집회를 열었다. 그러나 특별한 대규모 종교 회의를 소집할 권리는 황제만이 가지고 있었다. 교회에 비상 사태가 일어나 이 특단의 조치가 필요하면 황제는 역마를 사용하고 경비를 넉넉하게 지불하라는 명령과 함께 속주의 주교들이나 대리인들을 강제로 소집했다.

서기 314년

콘스탄티누스 대제가 개종하기 전 그리스도교의 보호자를 자처하던 초기 시절에 그는 아프리카 교회의 논쟁을 아를 공의회에 회부한 적이 있다. 여기에는 요크·트레브·밀라노·카르타고의 주교들이 벗이자 형제로서 함께 모여 각자의 모국어를 사용하여 라틴, 즉 서방 교회의 공동 이익을 위해 논의했다.⁷⁶ 그로부터 11년 후에 더 많은 사람이 모인 유명한 공의회가 비티니아의 니케아에서 개최되었다. 삼위일체 문제를 놓

서기 325년

고 이집트에서 발생한 미묘한 논쟁을 결론 짓기 위해서였다. 관대한 황제의 소환에 318명의 주교가 응했고, 다양한 교파에 속하는 여러 지위의 성직자들을 합치면 모두 2048명에 이르렀다고 한다. 그리스계 교회의 주교들은 직접 참석했고 라틴계 교회는 사절단을 보내 동의의 뜻을 전달했다. 두 달이 넘게 지속된 이 회의 기간에 황제도 종종 친히 참석해서 자리를 빛냈다. 황제는 근위대는 문 앞에 남겨 두고 허락을 받아 회의장 가운데 놓인 등받이도 없는 낮은 의자에 앉곤 했다. 콘스탄티누스 황제는 참을성 있게 경청하고 발언할 때는 겸손한 태도를 잃지 않았다. 황제는 토론에 영향을 주기는 했지만, 자신은 지상의 신으로 선정된 사도들의 후예인 성직자들의 재판관이 아니라 종일 뿐이라고 겸허하게 선언했다. 절대 군주가 결국은 자신의 지배를 받는 국민들로 이루어진 비무장의 허약한 단체에 보낸 이토록 깊은 존경심은 아우구스투스 황제의 정책을 채택한 황제들이 원로원에 보낸 존경 정도에나 비교될 수 있을 것이다. 이 50년 남짓한 기간에 세상사의 흥망성쇠를 관찰한 철학가라면 로마 원로원에 참석한 타키투스 황제의 태도와 니케아 공의회에서 콘스탄티누스 황제가 보인 태도를 비교하며 곰곰이 생각해 볼 것이다. 유피테르 신전에 모인 원로원 의원들도, 교회의 고위 성직자들도 그 창건자의 미덕에 비하면 많이 영락한 모습이었다. 그러나 주교들은 대중들의 의견에 좀 더 깊이 뿌리를 내리고 있었기 때문에 자부심을 가지고 위엄을 유지했고, 때로는 용감하게 황제의 요청에 반대하기도 했다. 시간과 신앙은 이런 종교 회의들을 얼룩지게 했던 약점과 격정, 무지에 대한 기억을 모두 지워 주었고, 가톨릭 세계는 이들 공의회의 오류 없는 명령에 만장일치로 복종하게 되었다.

# 21

THE DECLINE AND FALL
OF THE ROMAN EMPIRE

이단에 대한 박해 · 도나투스파의 분립 · 아리우스파 논쟁 · 아타나시우스 · 콘스탄티누스와 그 아들들 치하에서의 교회와 제국의 혼란 · 그리스도교 분파 개괄 · 이교에 대한 관용

성직자들은 그들의 종교적 열정을 한없이 받아 주고 이익을 배려해 주었던 군주에게 감사하며 그에 대한 기억을 성스럽게 여겼다. 콘스탄티누스는 그들에게 안전과 부와 명예, 복수할 힘까지도 주었다. 그는 정통파 신앙을 지원하는 일이야말로 국가의 행정관이 해야 할 가장 신성하고 중대한 의무라고 여겼던 것이다. 종교적 관용의 대헌장인 밀라노 칙령은 로마 제국의 국민이면 누구나 자신의 종교를 선택하고 신봉할 특권이 있음을 재천명했으나, 이 귀중한 특권도 얼마 안 가 무용지물이 되었다. 황제는 그리스도교의 진리와 함께 박해의 원칙까지도 받아들였으니, 가톨릭 교회와 의견을 달리하는 종파들은 그리스도교의 승리로 고통과 억압에 시달리게 되었다. 콘스탄티누스는 감히 자신의 의견에 토를 달거나 명령에 반대하는 이교도들은 가장 어리석고 괘씸한 죄를 짓는 고집불통들이라 생각했고, 어느 정도 적절한 가혹 행위를 가해야 이 불행한 이교도들을 영원한 지옥에 떨어질 위험으로부터 구해 줄 수 있으리라고 믿

었다. 황제는 정통파 성직자들에게는 후한 보상과 특전을 내리면서, 다른 종파의 성직자들과 교사들은 이러한 혜택에서 완전히 배제시켰다. 그러나 열성파 신도들은 황제가 아무리 못마땅하게 여긴다 해도 여전히 끈질기게 남아 있는 법이므로, 동방을 정복하자마자 즉각 그들 모두를 말살하라는 칙령이 떨어졌다. 콘스탄티누스는 격렬한 비난으로 가득 찬 이 칙령을 시작으로, 이교도들의 집회를 엄금하고 공유 재산은 가톨릭 교회나 국가가 이용하도록 몰수하는 조치를 취했다. 황제의 가혹한 조치가 겨냥한 종파는 사모사타의 파울루스파, 예언의 연속성을 열렬히 주장한 프리기아의 몬타누스파, 현세에서의 회개의 효능을 단호히 부정한 노바티아누스파, 아시아와 이집트의 여러 그노시스파를 재집결한 마르키온파와 발렌티니아누스파, 그리고 그 즈음 페르시아로부터 더욱 정교한 체계의 동방 신학과 그리스도교 신학을 입수한 마니교파였던 것으로 보인다.[1] 이 혐오스러운 이단들의 이름을 영원히 없애 버리든가, 하다못해 더 이상 세력이 퍼져 나가지 못하도록 막으려는 계획은 온갖 노력을 기울임으로써 상당한 효과를 거두었다. 디오클레티아누스의 칙령들 중에서 몇 가지 형벌이 그대로 채택되었다. 주교들은 과거에 탄압을 겪으면서 인간으로서의 권리를 탄원했던 장본인들이면서도 이러한 개종 조치를 열렬히 환영했다. 그러나 다음의 두 가지 사례는 사소하기는 하지만 콘스탄티누스의 마음이 종교적 광신과 편협한 독선에 완전히 물들지는 않았다는 사실을 보여 준다. 그는 마니교파와 동종 교파들의 죄를 묻기에 앞서, 그들의 종교 교리의 본질을 정확히 조사해 보고자 마음먹었다. 그는 종교 고문들의 공정성을 신뢰하지 않았던 듯, 한 행정관에게 이 까다로운 임무를 맡겼다. 그러나 황제는 그 행정관의 학식과 온건함은 올바르게 평가했을지 몰라도 그

---

[1] 티유몽(M. de Tillemont), 보소브르(M. de Beausobre), 라드너(Lardner)를 검토한 결과, 마니교는 서기 270년 이전까지는 페르시아에서조차 널리 퍼져 있지 않았음을 확인했다. 이 철학적인 외래의 이교가 아프리카의 속주에 그렇게 빠른 속도로 파고들어 갔다는 사실은 놀랄 만하다. 그러나 바로니우스의 글에서 마니교파에 대한 디오클레티아누스의 칙령이 발견되었으므로, 이를 간단히 부인해 버릴 수는 없는 것이다.

가 매수되기 쉬운 부패한 인물인 줄은 몰랐다. 황제는 곧 영혼의 구원 문제에서 본질적인 것도 아닌 듯한 몇몇 계율에서 교회와 의견을 달리한다는 이유로 노바티아누스파의 정통 신앙과 훌륭한 도덕성을 너무 성급하게 내쳤다고 생각하게 되었다. 그는 특별 훈령을 내려 그들을 처벌에서 제외시켜 주었을 뿐 아니라,2 콘스탄티노플에 교회를 세우도록 허락해 주었다. 또한 그들의 성인들이 행한 기적도 인정해 주었으며, 주교 아케시우스를 니케아 공의회에 초대하여 그의 교파의 교의를 완곡하게 야유했는데, 황제의 입에서 나온 이 정도의 농담은 틀림없이 찬사와 감사를 뜻하는 것으로 받아들여졌을 것이다.3

막센티우스의 죽음으로 아프리카가 콘스탄티누스의 무력에 굴복하자, 곧 성직자들의 불평과 상호 비방이 난무하여 이제 막 개종한 신참자인 황제를 혼란에 빠뜨렸다. 그는 키레네 변경에서 헤라클레스의 기둥까지 펼쳐진 이 대국의 모든 속주들이 종교적 불화로 어지러운 데 놀라움을 금하지 못했다. 이러한 분열은 서열로 보나 부로 보나 서로마의 교계에서 2위를 차지하는 카르타고의 교회에서 치러진 이중 선거에서 비롯되었다. 카이킬리아누스와 마요리누스가 아프리카 대주교직을 놓고 팽팽히 맞서다가 마요리누스의 사망으로 새롭게 도나투스가 등장했다. 그는 재능과 덕성 면에서 마요리누스를 능가했으므로 종파로부터 열렬한 지지를 받았다. 카이킬리아누스가 내세울 수 있는 것이라곤 먼저 서품을 받았다는 점뿐이었지만, 누미디아의 주교들이 도착하기를 기다리지도 않고 비합법적이라고까지는 못해도 적어도 온당치 못한 방법으로 성급하게 성직 서품식을 해치워 버려 그마저도 우위성을 잃어 버렸다. 카이킬리아누스를 비난하고 마요리누스를 추대했던 이 일흔 명

서기 312년, 아프리카 논쟁

2 일반법은 『테오도시우스 법전』에는 들어 있지 않은 것으로 보아, 서기 438년에는 그 법으로 판결받은 종파들이 이미 다 사라졌던 것 같다.

3 소조메노스와 소크라테스는 진위를 의심했지만, 나는 노바티아누스파의 교의에 대한 호감을 보인 것이라고 생각한다. 황제는 주교에게 이렇게 말했다. "아케시우스여, 사다리를 타고 혼자 천국까지 올라가라." 대부분의 그리스도교 교파들은 차례대로 아케시우스의 사다리를 빌렸다.

에 이르는 주교들의 권위는 그들 중 일부가 개인적으로 저지른 파렴치 행위, 여성과의 간통, 신성 모독적인 거래, 누미디아 공의회에서 일어난 소란 등으로 약화되었다. 두 교파의 주교들은 서로 질세라 목소리를 높여 상대방이 디오클레티아누스의 대리인들에게 성서를 전해 주는 죄를 범하여 명예를 더럽혔다고 주장했다. 이 어두운 뒷거래에 관한 이야기나 그들의 상호 비방을 들여다보면, 그 당시 가해진 박해가 아프리카의 그리스도교도들의 관습을 바로잡기는커녕 오히려 종교적 광신을 부채질했다는 사실을 충분히 미루어 짐작할 수 있다. 분열된 교회는 공정한 재판권을 행사할 능력이 없었으므로 이 분쟁은 황제가 위임한 다섯 차례의 법정에서 엄숙하게 다루어졌는데, 최초의 상고에서 최후 판결까지 전 과정이 진행되는 데 3년 이상이나 걸렸다. 아프리카의 속주 총독 대리와 집정관이 행한 엄격한 심문, 카르타고에 파견된 두 명의 주교들, 로마와 아를 공의회의 판결, 콘스탄티누스가 자신의 교회 법원에서 내린 최종 판결, 이 모든 것이 카이킬리아누스에게 유리하게 작용하여, 그는 세속의 권력과 교회의 권력 양자에 의해 만장일치로 아프리카의 적법한 대주교로 승인되었다. 이제 교회의 특권과 재산은 그의 교파 주교들에게 돌아갔으며, 쉬운 일은 아니었지만 콘스탄티누스는 도나투스파의 지도자들에게 추방령을 내리는 것으로 마무리 짓고자 했다. 양 파의 주장을 주의 깊게 검토하여 내린 결정이었으므로, 아마도 정당한 결정이었을 것이다. 물론 황제의 총신인 호시우스의 간계에 황제가 넘어갔다는 도나투스파의 불평이 전혀 사실무근이라 할 수는 없다. 거짓과 부패의 힘이 무고한 자들에게 죄를 내리거나 유죄 판결을 한결 무겁게 할 수도 있다. 그러나 정의롭지 못한 행위라도 지긋지긋한 분쟁에 종지부를 찍을 수만 있다면 후세인들이 의식하지도, 기억하지도 못할 사소한 악 정도로 치부될 수 있는 법이다.

그러나 이 역사에 남을 가치도 없을 만큼 사소한 사건은 이후 대분열의 시초가 되어 아프리카의 전 속주를 300년 이상이나 괴롭혔다가 결국은 그리스도교 자체와 함께 종말을 맞았다. 자유에 대한 지칠 줄 모르는 열정과 광신으로 고무된 도나투스파는 카이킬리아누스파의 선출에 이의를 제기하고 그들의 영적 권력을 거부하면서 찬탈자들에게는 복종하지 않겠다고 맞섰다. 그들은 사회적·종교적 교류에서 배제되자 자신들을 제외한 나머지 사람들을 모두 파문해 버리는 대담한 행동을 취했다. 불경한 카이킬리아누스의 무리와 그가 서품을 받게 해 준 배교자들을 용인했다는 것이 그 이유였다. 그들은 이로써 12사도의 전승은 맥이 끊겼고 유럽과 아시아의 모든 주교들은 죄와 종파 분열의 오염으로부터 벗어나지 못하게 되었다고 주장했다. 그러니 이제 홀로 신앙과 계율을 온전히 고수해 온 선택된 소수의 아프리카 신도들만이 가톨릭 교회의 특권을 주장할 수 있다는 것이었다. 이러한 완고한 논리는 엄격한 행동으로 뒷받침되었다. 아무리 멀리 떨어진 동방의 속주에서라도 개종자를 얻으면 그가 기존에 다른 교파에서 받은 예식의 효력을 부인했기 때문에, 세심한 주의를 기울여 신성한 세례식[4]과 서품식을 다시 치렀다. 주교들, 처녀들, 아무 죄 없는 갓난아기들일지라도 도나투스파에 입교하려면 공개 참회를 하는 수모를 감수해야 했다. 적들이 사용한 적이 있는 교회의 소유권을 얻으면, 그곳이 마치 우상들을 모시는 신전이었던 양 정성을 다해 더럽혀진 건물을 정화했다. 포석을 청소하고, 벽을 깨끗이 문질러 닦고, 나무로 된 제단을 불태우고, 성찬식에 쓰는 식기류는 녹

서기 315년, 도나투스파의 분열

[4] 아를, 니케아, 트렌트 공의회는 로마 교회의 지각 있고 온건한 예배식을 추인했다. 그러나 도나투스파는 키프리아누스의 의견과 원시 교회의 상당수를 보유했다는 점에서 우위를 차지하고 있었다. 빈센티우스 리리넨시스는 성 키프리아누스가 천국에서 예수 그리스도와 함께 권세를 누릴 동안, 왜 도나투스파는 악마와 함께 영겁의 불길 속에 있어야 하는지에 대해 설명했다.

이고, 성찬식용 빵과 포도주는 개에게 던져 주는 등 다른 종파의 적개심을 자극하고 남을 모욕하는 온갖 행동을 서슴지 않았다. 도저히 화해할 수 없을 것 같은 이러한 적의에도 불구하고, 두 종파는 아프리카의 모든 도시에서 뒤섞여 살면서 언어와 관습, 종교적 열정과 학문, 신앙과 예배 의식을 공유했다. 도나투스파는 제국의 세속적 권력과 종교적 권력 양쪽으로부터 배척당했으나 여러 속주들, 특히 누미디아에서 수적 우위를 유지하고 있었고, 400여 명의 주교들이 대주교의 권한을 인정했다. 그러나 이 종파의 지나친 완고함은 때로는 그 자신의 생명줄까지도 먹이로 삼곤 했으니, 교회 안을 들여다보면 내분으로 갈가리 찢겨 있었다. 도나투스파 주교들 중 4분의 1은 막시미아누스파의 독자적인 노선을 따랐다. 그들의 최초의 지도자들이 표시해 놓은 좁고 외로운 길은 인류의 대다수가 가는 길에서 계속해서 벗어나고 있었다. 심지어는 몇 명 되지도 않는 로가투스파조차 부끄러운 기색도 없이 그리스도가 지상을 심판하러 내려온다면 카이사레아 지방 마우리타니아의 몇몇 이름 없는 촌부들만이 진실한 신앙을 간직하고 있음을 발견할 것이라고 주장할 정도였다.

삼위일체 논쟁

도나투스파의 분열은 아프리카에만 국한되었을 뿐이지만 삼위일체 논쟁이 가져온 해악은 그리스도교 세계 구석구석까지 계속해서 퍼져 나갔다. 전자는 자유를 남용한 데서 비롯된 우발적인 다툼에 불과한 데 비해, 후자는 철학을 남용한 데서 나온 이해하기 어려운 고차원적 논쟁이었다. 콘스탄티누스 시대부터 클로비스와 테오도릭 시대까지, 로마인들과 야만족들의 세속적 이해관계는 아리우스파의 신학적 논쟁과 깊이 얽혀 있다. 따라서 이제 성역을 덮고 있던 베일을 정중히 걷어

내고 플라톤 학파에서 제국의 쇠망에 이르기까지 이성과 신앙, 오류와 열정이 걸어온 길을 좇아가 보겠다.

플라톤은 자기 자신의 명상에서, 혹은 이집트 사제[5]들의 전통적인 지식에서 얻은 능력으로 신성(神性)의 신비스러운 본질을 탐구하고자 했다. 이 아테네의 현자는 정신을 집중하여 우주 제1의 필연적인 원인에 대한 숭고한 명상에 몰입했지만, 단순 유일의 실체가 어떻게 지적 세계의 원형을 구성하는 개별적이고 연속적인 사고들의 무한한 변화를 받아들일 수 있는지, 어떻게 순수하게 영적인 존재가 그러한 완벽한 원형을 만들어 내는 동시에 조잡하고 개별적인 혼돈 상태를 자유자재로 빚어낼 수 있는지 이해할 수가 없었다. 미약한 인간의 정신을 압도하는 이러한 난제들로부터 해방되고 싶은 헛된 소망에서, 플라톤은 신성을 제1원인과 이성(또는 로고스), 우주의 혼 또는 정신이라는 삼중의 변형체로 생각했을 것이다. 그는 시적 상상력으로 이러한 형이상학적인 추상 개념들을 설정했다. 세 가지의 근원적인 원리는 신비롭고 형용 불가능한 생성에 의해 서로 결합되어, 세 신으로 이루어지는 플라톤적 체계 속에 표현되어 있다. 특히 로고스는 영원한 아버지의 아들, 세계의 창조주와 지배자라는 좀 더 접근하기 쉬운 성격의 것으로 생각되었다. 아카데메이아의 정원에서는 조심스럽게 귀엣말로 전해지는 내용들이 있었는데, 플라톤의 사도들 말에 따르면 30년을 꼬박 연구해도 완벽하게 이해하기 힘들었다는 비밀스러운 학설이 바로 이러한 것이었다.

마케도니아인들은 무력으로 그리스의 언어와 학문을 아시아와 이집트 전역에 퍼뜨렸다. 알렉산드리아의 유명한 학교들

기원전 360년, 플라톤의 가설

로고스

[5] 이집트인들은 아직도 족장의 전통적 교리를 보존하고 있는 것 같다. 요세푸스는 많은 그리스도교 교부들로 하여금 플라톤이 유대교에서 그의 지식의 일부를 가져왔다고 믿게 만들었다. 그러나 유대인들의 미천한 처지와 반사회적인 태도는 이 터무니없는 주장과는 맞지 않으며, 호기심을 가진 그리스인들도 플라톤 사후 백 년 이상 동안이나 그들의 경전에는 접근할 수 없었다.

6 『솔로몬의 지혜』는 수많은 교부들이 솔로몬의 작품으로 받아들였다. 히브리어 원서가 존재하지 않는다는 점 때문에 부인되기도 했지만, 불가타 성서 나머지 부분과 함께 트렌트 공의회의 인가를 얻었다.

7 필론의 플라톤주의는 르 클라크(Le Clerc)가 의심의 여지없이 입증한 바 있다. 바스나지(Basnage)에 따르면 필론의 신학 작품들은 그리스도의 출생 이전에 쓰여졌을 가능성이 높다. 이러한 암흑기에 필론의 학문은 그가 범한 오류 이상으로 놀라운 것이다.

8 아리우스파들이 남용하기 전까지는 이러한 개념이 그리스도교 신학에서 자유롭게 받아들여졌다.

기원전 300년,
알렉산드리아의 학교에서
가르쳐진 로고스

은 플라톤의 신학 체계에 약간의 수정을 가하여 가르쳤다. 프톨레마이오스는 유대인들에게 호의를 베풀어 수많은 유대인 이민단을 새로운 수도에 정착하게 해 주었다. 대다수의 유대인들은 합법적인 종교 의식을 행하면서 상업 등 이윤을 얻을 수 있는 직업에 종사한 반면, 소수의 좀 더 자유로운 정신의 소유자들은 종교적·철학적 사색에 일생을 바쳤다. 그들은 아테네의 현인(플라톤)의 신학 체계를 열정적으로 수용하여 부지런히 연구했다. 그러나 자신들의 빈곤한 과거를 솔직히 고백한다면 민족적 자부심이 손상될 것이기에, 뻔뻔스럽게도 이집트 학자들로부터 훔쳐온 지 얼마 되지도 않은 금과 보석을 자기 선조들의 신성한 유물이라고 주장했다. 그리스도가 탄생하기

기원전 100년

백 년 전쯤 알렉산드리아의 유대인들이 쓴 한 철학 논문은 플라톤 학파의 문체와 견해를 명백히 보여 주고 있는데도 불구하고, 만장일치로 귀중한 유품인 '솔로몬의 지혜'라고 인정받았다.6 이와 유사한 모세의 신앙과 그리스 철학의 결합은 필론의 저작들에서도 발견되는데, 이것들은 거의 대부분 아우구스투스 시대에 쓰여졌다.7 형태를 가진 우주의 영혼이 히브리인들의 경건한 신앙심에 거슬릴 수도 있었겠지만, 그들은 로고스의 성질을 모세와 선조들의 신 야훼에게 적용했다. 또한 우주 근원의 본질과 속성에 어울리지 않을 현실적인 직분을 수행하도록 신의 아들을 인간의 모습으로 지상에 강림케 했다.8

서기 97년,
사도 요한에 의해
알려진 로고스

플라톤의 능변, 솔로몬의 명성, 알렉산드리아 학파의 권위, 유대인과 그리스인들의 동의는 합리적인 정신의 소유자를 즐겁게 할 수는 있었지만 만족시킬 만한 신비로운 교리를

확립하기엔 모자랐다. 신적 존재로부터 영감을 부여받은 선지자나 사도만이 인간의 믿음에 정당한 지배권을 행사할 수 있는 법이다. 로고스의 이름과 신적 속성들이 한 복음서 저자의 거룩한 붓으로 승인되지 않았더라면, 플라톤 신학은 그 후로도 언제까지나 아카데메이아, 포치, 리케이온의 철학적 비전과 혼동을 일으켰을 것이다.[9] 네르바 시대에 완성된 그리스도교의 계시록은 시초부터 신과 함께였으며 모든 것을 만들었고 또한 모든 것이 그를 위해 만들어진 신, 로고스가 나사렛 예수의 몸을 입고 처녀의 몸에서 태어나 십자가에서 죽음을 맞았다는 경이로운 비밀을 온 세상에 밝혀 주었다. 존경받는 교회 사가들은 복음서의 저자가 그리스도의 신성한 영광에 영원한 발판을 마련한다는 큰 계획 외에도, 초기 교회의 평화를 어지럽힌 두 이단을 논박하겠다는 특별한 의도를 품었다고 생각했다.[10] 1. 에비온파의 신앙과 나사렛파의 신앙은 조잡하고 불완전했다.

에비온파와 도케트파

그들은 예수를 초자연적인 덕성과 힘을 지닌 가장 위대한 선지자로 숭배했으며, 구세주가 약속한 영원한 천국에 관한 히브리 신탁들의 예언은 예수 개인과 그가 미래에 행할 통치를 뜻한다고 보았다.[11] 그들 중 일부는 예수가 처녀의 몸에서 태어났다고 인정했지만, 요한복음에 분명히 정의되어 있는 로고스, 혹은 신의 아들의 존재와 완전한 신성을 완강하게 부인했다. 그 후로 50여 년이 흐른 후 유스티누스는 에비온파의 과오를 지적했고, 그들은 그리스도교계에서 아주 하찮은 부분에 지나지 않게 되었다. 2. 도케트파라는 별명으로 알려졌던 그노시스파는 반대쪽 극단으로 치달아 그리스도의 신성을 주장하면서 인간적 본질을 부인했다. 그들은 플라톤 학파의 교육을 받아 로고스의 숭고한 개념에 익숙했으므로 가장 밝은 아이온(Æon), 다

[9] 플라톤주의자들은 성 요한 복음서 첫 부분이 플라톤주의의 원칙들을 정확히 담고 있다 하여 높이 평가했다. 그러나 서기 3~4세기에는 알렉산드리아의 플라톤주의자들이 그리스도교 신학을 은밀하게 연구하여 자신들의 삼위일체설을 발전시켰던 것 같다.

[10] 성 요한에 따르면 복음서는 그리스도 사후 약 70년이 지나서 출간된 것으로 추정된다.

[11] 예수의 비천한 처지와 그가 겪은 고통들은 항상 유대인들을 난처하게 만든 방해물이었다. 그러나 이러한 난점 때문에 신심 깊은 그리스도교인들은 영원한 천상의 왕국을 향해 눈을 들지 않을 수 없었다.

12 아리우스파는 정통파가 그들의 삼위일체론을 발렌티니아누스와 마르키온파로부터 빌려 왔다고 비난했다.

13 안티오크의 주교인 테오필루스가 삼위일체라는 말을 사용한 최초의 인물이라면, 철학자들에게는 이미 친숙했던 이 추상적 용어가 서기 2세기 중반 이후 그리스도교 신학에 도입되었던 것이 틀림없다.

시 말해 신성의 발화가 인간의 외형이라는 가시적 형태를 취할 수도 있다는 사실은 쉽게 이해했지만,12 물질의 불완전성은 천상의 실체가 지닌 순수성과 양립할 수 없다는 공허한 주장을 포기하지 않았다. 그리스도의 피가 갈보리 산 위에서 미처 마르지도 않았는데, 도케트파는 그리스도가 동정녀의 자궁에서 태어난 것이 아니라 완전한 성인의 모습으로 요단 강 언덕에 강림하여 적과 사도들의 눈을 속였으며, 빌라도의 신하들은 가공의 환영에다 대고 무력한 분노를 퍼부은 것이고, 그가 십자가에서 숨지고 사흘 후 죽은 자들 사이에서 부활한 것도 그렇게 보인 것뿐이라는 불경스럽고 터무니없는 가설을 만들어 냈다.

삼위일체설의 신비주의적 성격

사도 요한이 플라톤 신학의 근본 원칙을 시인한 데 힘입어, 2세기와 3세기의 학식 있는 개종자들은 이 아테네의 현인이 그리스도교의 계시 중에서도 가장 놀랄 만한 발견들 중 하나를 경이롭게도 예견했다고 찬양하며 그의 저작들을 연구했다. 정통파는 플라톤의 존경스러운 이름을 진리를 지지하는 근거로 이용했고, 이단들은 그들의 오류를 정당화하는 근거로 악용했다. 플라톤에 관해 논평한 자들은 권위와 변증법을 이용하여 그의 견해와 별 상관없는 이론까지도 정당화했으며, 영감으로 집필한 복음서 저자가 신중하게 침묵을 지킨 문제를 보충하기까지 했다. 신비스러운 삼위일체13를 이루는 세 신격의 본질, 발생, 차이, 동격에 관한 까다롭고 심오한 문제들 또한 알렉산드리아의 철학자들과 그리스도교 학파들 간에서 격렬한 논의의 대상이 되었다. 그들은 강렬한 호기심으로 심연 속에 묻힌 비밀들을 탐구했다. 용어에 관한 지식은 학자들과 그 제자들의 자부심을 만족시켜 주었다. 그러나 그리스도교 신학자들 중에서도 가장 지혜로운 인물인 위대한 아타나시우스는 솔직하게 고백하기를,[14] 로고스의 신성에 대해 아무리 묵상하려 애써 봐도 모든 노력은 헛수고로 돌아갈 뿐이며, 생각하면 할수록 오히려 더 이해가 안 되고, 글로 쓰면 쓸수록 자신의 사고를 표현하기가 더욱 힘들어진다고 했다. 사실 이 문제에 대해 조사해 보면 매 단계에서마다 조사 대상의 규모와 인간 정신의 수용 능력 사이에 엄청난 괴리가 있음을 인식하고 이를 인정하지 않을 수 없게 된다. 경험적인 지식에 관한 모든 인식과 밀접하게 연관되어 있는 시간, 공간, 물질의 개념들을 추상화하려는 노력까지는 가능할 수도 있다. 하지만 무한한 실재나 영적 발생 따위를 논리적으로 추론하려고 하면, 부정적인 생각에서 긍정적인 결론을 이끌어 내려는 시도와 마찬가지로 어둠과 혼돈, 불가피한 모순 속으로 빠져들게 된다. 이러한 어려움들은 주제의 본질 자체에서 나오는 것이기 때문에 감당하기 어려운 무게로 철학자와 신학자들을 억누른다. 그러나 여기에서 가톨릭 교회의 교리와 플라톤 학파의 견해를 구분 짓는 핵심적이고도 주목할 만한 사실들 몇 가지는 짚고 넘어가야겠다.

1. 선택된 소수의 철학자들, 학문적 소양과 탐구심을 지닌 사람들은 아테네의 정원이나 알렉산드리아의 도서관에 모여 형이상학적인 심오한 문제들에 관해 조용히 사색하거나 절도 있게 토론했다. 이러한 고원한 사색은 플라톤주의자 자신들에게조차 확실한 이해를 가져다 준 것도 아니고 열정을 자극한 것도 아니어서, 바쁜 세상 사람들은 물론 꽤 학구적인 사람들의 이목도 끈 일이 없었다.[15] 그러나 로고스가 그리스도교도들의 신앙과 희망, 종교적 숭배의 신성한 대상으로 밝혀지고 나서부터는 로마 세계 모든 속주의 수많은 사람들이 이 신비스러운 체계를 받아들였다. 나이나 성별, 직업으로 보아 추상적인

그리스도교도들의 열정

[14] 그의 표현에는 다른 데서는 찾아보기 힘든 힘이 있다. 따라서 그가 수도승들에게 글을 쓰면서 이성적인 언어를 쓴 경우는 없었다.

[15] 신들의 본질에 대한 고대 철학자들의 견해를 설명한 저술에서 플라톤의 신학적 삼위일체를 발견할 수 있으리라는 기대를 할 수도 있을 것이다. 그러나 키케로는 티마이오스의 작품을 번역했으나 그 신비로운 문답을 이해할 수 없었다고 아주 솔직하게 고백했다.

이론을 판단할 능력도 없고 그러한 추론을 하는 훈련을 받은 적도 없는 사람들조차도 너나 할 것 없이 신성의 섭리에 대해 지나친 관심을 보였다. 테르툴리아누스 같은 인물은 그리스도교도라면 하찮은 수리공이라도 그리스의 가장 뛰어난 현자들마저 당황하게 만들었던 그런 문제들에 쉽사리 답할 수 있다고 허풍을 떨며 자랑할 정도였다. 그 주제가 우리의 이해 범위를 한참 벗어난 것이고 보면, 인간의 지성으로서는 수준이 높으나 낮으나 사실 어차피 별반 차이가 없다고 생각해도 좋을 것이다. 그러나 아마도 진짜 문제는 완고성과 독단적인 확신의 정도일 것이다. 이러한 추론들은 무료한 여가를 때워 주는 정도가 아니라 현세의 삶의 문제들 중에서도 가장 심각한 것이자 내세의 삶을 위한 가장 필수적인 준비로 생각되었다. 이제 신학은 반드시 믿어야지, 의심한다면 불경죄이고 혹여 오해라도 한다면 위험한 수준을 넘어 치명적인 결과를 가져올 수도 있는 문제로, 개인적인 묵상에서나 대중적인 토론에서나 익숙한 주제가 되었다. 철학에 대한 차가운 무관심은 이제 신앙열로 불타올랐으며, 일상적인 언어로 이루어진 은유들조차 의미와 경험에 대한 그릇된 편견에 물들었다. 조잡하고 불순한 그리스 신화의 기원설을 혐오했던 그리스도교도들은 부자 관계라는 익숙한 유추법으로부터 논쟁을 시작하고자 했다. 아들이라고 하면 그의 존재를 자의적으로 결정한 창조자에게 영원히 종속된 관계를 암시한다고 생각되었다.[16] 하지만 아들을 낳는다고 하면 아무리 영적이고 추상화된 의미에서라도 아버지의 본질적 특성들을 물려준다는 점이 고려되어야 하기 때문에, 영원하며 전능한 아버지 하나님의 아들로서의 권능과 수명을 감히 제한할 수도 없는 일이었다. 그리스도가 숨을 거둔 지 80년이 지난 후, 비티니아의 그리스도교도들은 플리니우스의 재판정 앞

16 초기 작가들 중 많은 이들이 아들은 아버지의 의지에 따라 존재하게 된다고 솔직하게 고백했다. 반면 아타나시우스와 그의 추종자들은 이를 감히 부인하지는 못하면서도 승인하고 싶어 하지도 않았던 것 같다. 스콜라 철학자들은 선행 의지와 공존 의지를 구분함으로써 이 난제에서 벗어났다.

에서 그를 신으로 받든다고 공언했으며, 그의 신성한 영광은 시대와 지역을 막론하고 사도를 자처하는 여러 종파들에 의하여 존속되었다. 그러나 그들은 그리스도의 아버지이며 우주의 아버지인 위대한 하나님의 유일무이성과 지고함을 손상시킬지 모른다는 두려움 때문에 이들 삼위를 다 함께 천상의 왕좌로 올려놓는 것만은 부지중에 꺼렸다. 그렇지 않았다면 그리스도에 대한 경외심과 피조물을 숭배하는 불경을 저질러선 안 된다는 생각에 로고스의 동등하고 절대적인 신성을 주장했을지도 모를 일이다. 사도 시대가 끝나고 아리우스파의 논쟁이 시작되기 전의 시기에 쏟아져 나온 신학자들의 저술을 보면 이러한 상반되는 경향들이 그리스도교도들의 마음속에 자아낸 불안과 동요를 엿볼 수 있게 한다. 정통파든 이단파든 마찬가지로 확신에 차서 지지를 요구했다. 이러니 엄정한 학자들이라면 자신들의 주장이 진리라고 하더라도 그 개념들을 부정확하고, 모호하며, 때로는 모순된 표현으로 전달했다는 사실을 인정하지 않을 수 없었다.

  2. 그리스도교도와 플라톤주의자들을 구분 짓는 첫 번째 요소는 개인의 신앙심이었고 두 번째는 교회의 권위였다. 철학자들은 지적 자유의 권리를 주장했으며, 스승들의 견해에 대한 존경은 어디까지나 더 우월한 이성에 자유롭게 자발적으로 바치는 것이었다. 이에 반해 그리스도교도들은 질서와 규율이 잡힌 큰 규모의 집단을 형성했으며, 신자들의 정신에 엄격한 지배권을 행사했다. 자유로운 상상력에는 점차 신조와 고해에 의한 제약이 가해졌다.[17] 개인의 자유로운 판단보다는 종교 회의가 결정한 공식 방침을 따랐으며, 신학자의 권위는 교계에서의 지위로 결정되었다. 사도의 후계자들은 정통 신앙에서 일탈한

교회의 권위

17 가장 오래된 신조들은 최대한의 자유로부터 나왔다.

자들에게 교회의 견책을 내렸다. 그러나 종교 분쟁의 시기에는 어떤 압제 행위든 굽힐 줄 모르는 신앙에 오히려 새로운 힘을 더해 주는 법이며, 종교적 반역자의 열정은 야심이나 탐욕과 같은 숨겨진 동기로 인해 더 격렬해지곤 한다. 형이상학적 논쟁은 정치적 분쟁의 명분이나 구실을 제공했다. 플라톤 학파의 미묘한 학설들은 각 종파들의 표식으로 이용되었고, 신랄한 논전이 거듭되는 속에서 각 종파의 교의 간의 거리는 멀어져 가기만 했다. 프락세아스와 사벨리우스 같은 음험한 이단들이 아버지와 아들 사이에 혼동을 일으키려고 애쓰는 한,[18] 정통파로서는 두 신격의 평등성보다는 차별성을 더 엄격하고 진지하게 고수하기만 해도 제 할 몫은 다한 셈이었다. 그러나 논쟁의 열기가 가라앉고 사벨리우스파의 확산이 더 이상 로마, 아프리카, 이집트 교회에 공포의 대상이 될 수 없게 되자, 신학 논쟁의 형세는 반대쪽 극단으로 완만하지만 꾸준히 흘러가기 시작했다. 그리하여 가장 정통적인 학자들조차도 그들이 비판했던 용어와 정의를 거리낌 없이 사용하게 되었다.[19] 종교적 관용을 허용하는 칙령으로 그리스도교계에 평화가 회복된 이후, 가장 학문이 발달하고 부유하며 소란했던 도시이자 플라톤주의의 고대 발상지인 알렉산드리아에서 삼위일체 논쟁이 다시 시작되었다. 종교적 불화의 기운은 학계에서 교계, 일반 민중, 속주, 동방 전체로 급속히 퍼져 나갔다. 로고스의 영원성에 대한 심오한 문제가 종교 회의와 대중 설교에서 격렬한 논의의 대상이 되었으며, 아리우스의 이단적인 교설[20]도 자파의 열정뿐 아니라 반대파의 뜨거운 관심에 힘입어 널리 알려지게 되었다. 아리우스를 가장 미워했던 반대파조차도 이 저명한 대주교

[18] 프락세아스는 서기 2세기 말경 로마에 와서 한동안 단순한 주교들을 기만했으나, 성난 테르툴리아누스의 붓에 논박당했다.

파벌 싸움

[19] 소크라테스는 아리우스의 이단설이 사벨리우스의 것과 반대편 극단에 있는 견해를 아우르고 싶은 강한 욕망에서 비롯되었음을 인정했다.

[20] 에피파니우스는 아리우스의 인물됨과 태도, 그가 거느렸던 최초의 개종자들의 성격과 숫자를 매우 생생한 필치로 묘사해 놓았다. 그런 그가 논쟁에 말려들어 역사가로서의 직분을 망각해 버린 것은 유감스러운 일이 아닐 수 없다.

아리우스

의 학식과 결백한 삶에 대해서만은 인정을 했는데, 이는 과거에 있었던 선거에서 아리우스가 고위 성직을 요구할 권리가 있었음에도 불구하고 거부한 일이 있었기 때문이다. 21 그의 경쟁자였던 알렉산드로스가 이 논쟁에서 판관의 직분을 맡았다. 이 중대한 문제를 논의하게 되자, 그는 처음에는 주저하는 태도를 취했으나 결국은 자신의 최종 판결을 절대적인 신앙의 원칙으로 선언했다. 그러자 이 두려움을 모르는 아리우스 대주교는 성난 주교의 권위에 맞섰다가 교회로부터 축출되고 말았다. 그러나 수많은 무리가 아리우스에게 지지와 갈채를 보내 그의 자부심을 뒷받침해 주었다. 그의 적극적인 추종자들 중에는 이집트의 주교 두 사람, 일곱 명의 사제들, 열두 명의 부제들, 그리고 (거의 믿기 어렵다고 생각되지만) 700명의 처녀 신도들이 있었다. 아시아의 주교들 중 대다수가 그의 주장을 지지하거나 찬동했는데, 그리스도교 성직자들 중에서도 가장 박식하다는 카이사레아의 에우세비우스와, 성자로서의 평판과 함께 정치가로서의 명성까지 얻었던 인물인 니코메디아의 에우세비우스 두 사람이 추종자들을 이끌었다. 팔레스타인과 비티니아의 종교 회의는 이집트의 종교 회의와 대립했다. 이 신학 논쟁은 황제와 국민들의 관심을 사로잡았으며, 6년의 시간이 지난 후 22 최고의 권위를 가진 니케아 공의회가 최종 결정을 맡았다.

서기 318~325년

그리스도교 신앙의 신비가 위험스럽게도 공개적인 토론의 장으로 끌려나오면서, 인간의 오성으로 구성한 삼위일체의 본질에 관한 불완전하지만 명확한 체계 세 가지가 알려지게 되었다. 또한 이들 중 어떤 것도 순수하고 절대적인 의미에서 이단과 오류로부터 자유롭지 못하다는 사실도 밝혀졌다. 1) 아리우스와 그 제자들이 주장한 첫 번째 가설에 따르면, 로고스는 아

21 그러나 필로스토르기우스의 진실성은 정통파의 눈으로 본다면 그가 아리우스파였다는 점에서, 또 냉정한 평가자들의 눈으로 본다면 그의 열정과 편견, 무지로 인해 가치가 떨어진다.

22 아리우스주의의 불꽃은 상당 기간 비밀스럽게 지속되었을지도 모른다. 그러나 서기 319년경 격렬하게 불타 없어지고 말았다고 보는 것이 타당하다.

23 무로부터의 절대적인 창조라는 교리는 점차 그리스도교도들에게 흡수되어, 장인의 위엄이 작품의 그것과 함께 자연스럽게 생겨났다.

24 이 불경하고 부조리한 비유는 초기 교부들 중 여러 명이 사용했는데, 특히 아테나고라스는 마르쿠스 황제와 그 아들에게 보내는 사죄문에서 이를 썼다. 또한 불(Bull) 자신도 비판 없이 이를 주장하고 있다.

아리우스파

버지의 의지에 따라 무로부터 창조된 종속적이고 자연 발생적인 산물이다. 아들은 만물이 그로 인해 생겨났으며,23 모든 세계에 선행하여 태어났고, 아무리 긴 천문학적 시간이라도 그가 존재하는 시간에 비하면 잠시 명멸하는 순간에 불과하다. 그러나 이 시간도 무한한 것은 아니며, 로고스의 형용할 수 없는 발생에 선행하는 시간이 있다. 전능하신 아버지 하나님은 이 유일한 아들에게 풍부한 기운을 불어넣어 주고 영광의 광휘를 전해 주었다. 그는 비가시적인 완전성의 가시적인 화신으로, 발치 아래 헤아릴 수 없을 만큼 멀리 떨어진 곳에서 가장 밝게 빛나는 대천사들의 왕좌를 내려다보는 자이다. 그러나 그는 로마 황제의 아들들이 카이사르나 아우구스투스의 칭호를 받는 것과 마찬가지로24 반사된 빛을 받아서 빛날 뿐이며, 아버지의 의지에 따라 우주를 지배한다.

삼위이체설

2) 두 번째 가설에서, 로고스는 종교와 철학에서 최고 신의 속성으로 여기는 형용 불가능한 완전성을 본래부터 소유한다. 세 가지의 개별적이고 무한한 정신 또는 실재, 즉 세 가지의 동등하며 영원히 공존하는 존재들이 신성한 본질을 이룬다. 따라서 이 가설은 이 셋 중 어느 하나가 존재하지 않든지, 아니면 셋 다 존재하기를 중단해야 한다는 모순을 내포하게 된다. 세 개의 개별 신격의 체계를 주장하는 자들은 세계의 구도와 질서로 보아 제1원인의 단일성은 너무나 명백한 만큼, 그들이 세계를 지배하면서 항상 조화를 이루고 그들의 의지가 본질적으로 일치한다는 주장으로 이 단일성을 유지하고자 했다. 인간이나 동물의 집단에서도 희미하게나마 이러한 단일성과 유사한 점이 발견되지만, 인간이나 동물의 경우 능력이 불완전하고 불평등하기 때문에

완벽한 조화를 이룰 수가 없다. 그러나 무한한 지혜와 선으로 이끌 수 있는 전능함이라면 같은 목적을 추구할 때 동일한 수단을 선택할 수 있다. 3) 이 세 신격은 자신들의 존재의 연역적 필연성에 의하여 가장 완전한 수준의 신적 속성들을 소유하고 있다. 그들은 시간상으로는 영원히, 공간상으로는 무한히 존재하며, 상호간에, 전 우주에 대해 현존한다. 이러한 세 신격은 자연의 섭리나 은총의 섭리에 따라 자신을 다른 형태로 구현하거나 다른 양상으로 보이게 만들 수는 있겠지만, 어떻든 놀라움에 찬 인간의 정신에는 유일하며 동일한 존재로 비춰질 것이다. 이 가설에 의하면 진짜 실질적인 삼위일체는 이름과 추상적인 변형들로 이루어진 삼위일체로 분화되어 이를 이해하는 정신 속에서만 존재한다. 로고스는 더 이상 어떤 인격이 아니라 하나의 속성인 것이다. 따라서 아들이라는 호칭도 태초부터 신과 함께 했으며, 모든 사물이 그가 아니라 그것에 의해서 존재하게 되는 영원한 이성에 어디까지나 비유적인 의미로서만 적용될 수 있다. 로고스의 육화도 신성한 지혜가 인간 예수 그리스도의 정신을 채우고 모든 행동을 이끈 데 불과하다. 놀랍게도 이렇게 하여 신학적 사고를 거듭한 끝에 결국 한 바퀴를 돌아 에비온파가 시작했던 지점에서 사벨리우스파가 끝나게 되며, 우리의 신앙심을 북돋우는 불가해한 신비는 탐구할 수 있는 영역 밖으로 벗어나게 된다.

사벨리우스파

주교들이 편견 없이 양심의 소리를 따를 수 있는 여건이 니케아 공의회에서 허용되었다 해도, 가톨릭계에 가장 널리 퍼져 있는 두 견해와 그렇게 직접적으로 배치되는 가설에 다수가 찬성표를 던져 주리라는 기대를 아리우스와 그의 무리들이 품

서기 325년, 니케아 공의회

지는 않았을 것이다. 아리우스파는 곧 그들이 위험한 상황에 처했음을 알아차리고 신중하게 종교적·정치적 논쟁에서 소수파가 아니면 채택할 리도 없고, 높이 쳐 주지도 않는 중용의 덕을 취했다. 그들은 그리스도교적인 자비와 중용을 실천하도록 장려했으며, 논쟁의 불가해성을 강조하면서 성서에서 찾을 수 없는 용어나 정의는 사용하기를 거부했다. 또한 자신들의 원칙을 훼손하지 않으면서도 관대한 양보로 반대파들을 만족시켰다. 승리한 종파는 거만한 태도로 그들의 모든 제안을 수용하면서도 의심을 버리지 못하고 뭔가 도저히 타협할 수 없는 차이점이 없는지, 아리우스파가 이단의 죄에 결정적으로 연루되었다는 근거는 없는지 혈안이 되어 찾았다. 이 즈음 그들의 후원자이기도 한 니코메디아의 에우세비우스가 순진하게도 플라톤주의자들에게는 이미 친숙한 단어인 호모오우시온(Homo-ousion, 삼위동질설)을 인정한다면 그들의 신학 체계의 원칙에 어긋나게 된다고 고백한 서신이 공개적으로 회람되어 대중 앞에서 찢기는 굴욕을 당했다. 종교 회의의 판결을 좌우하는 주교들이 이렇게 좋은 기회를 놓칠 리가 없었다. 암브로시우스의 생생한 표현에 따르면, 증오스러운 괴물의 목을 자르려면 이단자들 자신이 칼집에서 뽑아든 칼을 써야 한다는 것이었다. 성부와 성자의 동질성은 니케아 공의회에서 인정된 후 그리스, 라틴, 동방, 프로테스탄트 교회들의 동의를 얻어 만장일치로 그리스도교 신앙의 근본 교의로 수용된 사항이었다. 그러나 만일 이 개념이 이단들을 단죄하고 가톨릭교도들을 통합하는 데 도움이 되지 않는다면, 다수파가 정통파의 교리에 이를 도입한 목적을 달성하지 못하는 결과가 된다. 이 다수파는 삼위이체론자(Tritheist)들과 사벨리아누스파들의 대립으로 두 집단으로 나

호모오우시온

누어져 있었다. 그러나 극단적인 대립으로만 치닫다가는 자연 종교든 계시 종교든 기반 자체가 흔들릴 수도 있겠기에, 그들의 원칙 중에서도 지나치게 엄격한 것은 제한하여 공동의 적이 내세우는 정당할지라도 마음에 들지 않는 결론만은 부결시키자고 상호 합의를 보았다. 공통의 대의에 대한 이해관계가 있다 보니 차이는 되도록 감추고 서로 단결하게 되었다. 관용의 분위기가 퍼지면서 서로간의 적의도 누그러졌고, 그들의 논쟁도 호모오우시온이라는 애매한 말을 씀으로써 중단되었으니, 각 파는 자신들 고유의 교의에 따라 이 말을 마음대로 해석했다. 사벨리아누스파가 생각하는 의미는 50년 전 안티오크 종교회의에서 금지되었지만, 명목상의 삼위일체에 대해 겉으로 드러내지는 못해도 깊은 애착을 느끼는 신학자들은 여전히 소중히 품고 있었다. 그러나 아리우스 시대에 더 유명했던 성인들, 용맹한 아타나시우스나 학식 높은 나지안주스의 그레고리우스, 니케아 신조를 성공적으로 지지한 교회의 다른 중심 인물들은 본질(substance)이라는 표현을 본성(nature)과 같은 것으로 간주하는 듯했다. 또한 세 신격이 같은 종류에 속하기 때문에 서로 동질적이거나 동체를 이룬다는 주장으로 자신들이 뜻하는 바를 설명했다. 이 순수하고 명백한 동등성은 한편으로는 신격들을 굳게 통합해 주는 내적 관계와 영적 침투에 의해, 다른 한편으로는 성자의 독자성과 양립하는 한에서만 인정되는 성부의 우월성에 의해 어느 정도 조정되기도 했다.[25] 정통파는 이러한 한계 내에서만 운신할 수 있었다. 이 신성한 영역에서 벗어나면 어느 쪽이든 이단들과 마귀들이 숨어 있다가 운이 나쁜 방랑자들을 기습해서 한입에 집어삼킬 기회만 엿보고 있었다. 그러나 신학 논쟁에서 반대파에 대한 적대감은 논쟁의 중요성 자체보다는 오히려 싸움의 열기에 따라 더 강렬해지는 면

[25] 불(Bull)의 니케아 신조 옹호론 세 번째 부분은 그의 반대파들 중 어떤 사람들은 말도 안 되는 헛소리라고 하고, 어떤 사람들은 이단이라고 불렀는데, 성부의 지고함에 숭배를 바치는 내용이다.

이 있기 때문에, 성자의 위격을 낮춘 이단들이 아예 이를 무시해 버린 자들보다 더 가혹하게 다루어졌다. 아타나시우스는 아리우스파의 불경스러운 광기에 맞서 싸우느라 평생을 다 보냈지만[26] 안키라의 마르켈루스를 20년 이상이나 옹호하기도 했다. 결국 그가 자기 종파에서 탈퇴해야만 했을 때도 자신의 존경할 만한 친구가 저지른 경미한 실수들을 언급할 때는 의미를 알 수 없는 미소를 띠었을 뿐이었다.

아리우스파의 신조 아리우스파도 따르지 않을 수 없었던 전체 종교 회의(니케아 공의회)의 권위는 호모오우시온이라는 불가사의한 단어를 정통파의 기치에 새겨 넣었다. 이 말은 눈에 보이지 않는 논쟁과 물밑 싸움에도 불구하고 신앙의 통일성, 적어도 용어의 통일성이라도 유지하고 존속시키는 데 결정적으로 기여했다. 삼위동질론자들은 그들의 성공 덕에 가톨리쿠스(catholicus, 공교도(公敎徒))의 칭호를 얻게 되자 자신들의 교리는 간명하면서도 확고하다고 자랑하면서, 적들은 확실한 신앙상의 원칙도 없이 이리저리 말바꾸기만 할 뿐이라고 모욕했다. 신학 종파의 회의에 영향을 미치기도 하고 방해하기도 했던 이 모든 인간적인 혹은 신성한 원인들(아리우스파 수장들의 진실성이나 교활함, 법이나 대중에 대한 두려움, 그리스도에 대한 경외심, 아타나시우스에 대한 증오), 그 모든 것들이 종파들 간에 불화와 의견 차이를 가져왔다. 그리하여 수년 후 열여덟 개의 다른 분파들이 난립하게 됨으로써 교회는 권위를 잃은 데 대한 대가를 치러야 했다. 힐라리우스[27]는 곤란한 상황에 처하여 동방의 성직자들의 과오를 무겁게 견책하기보다는 덜어 주고 싶어 했음에도 불구하고, 자신이 추방당했던 아시아의 속주들 열 군데를 다 뒤져보아도 신에 대한 진짜 지식을 간직하고 있는 성직자들

[26] 아타나시우스와 그 추종자들이 아리우스파를 칭찬해 주고자 썼던 호칭은 아리오마니테의 것이었다.

[27] 에라스무스는 힐라리우스의 곧은 성품을 묘사했다. 그의 글을 수정하고, 그의 일생에 대한 연대기를 구성하고, 그의 견해와 행적을 정당화한 것은 모두 베네딕트파 편집자들의 몫이다.

은 극소수에 불과할 것이라고 주장했다. 그는 억압을 겪고 희생자로서 일대 혼란을 목격하면서 자신의 영혼을 가득 채웠던 성난 열정을 가라앉혔다. 다음 글에서 이 푸아티에의 주교는 자기도 모르게 그리스도교 철학자의 말투를 취한다.

    우리가 자의적으로 신조들을 만들어 내고 설명을 붙인 나머지 사람들의 견해만큼이나 많은 신조와 취향만큼이나 다양한 교리가 있고, 우리들의 오류만큼이나 많은 독신(瀆神)의 여지가 있다는 것은 개탄할 만한 위험스러운 일이다. 호모오우시온은 종교 회의가 열릴 때마다 부인되었다가 수용되고, 자의적으로 해석되기도 한다. 이 불행한 시대 내내 성부와 성자의 유사성이 부분적인가 전체적인가 하는 문제는 논쟁의 주제가 되고 있다. 해마다, 아니 한 달이 멀다 하고 우리는 비가시적인 신비들을 설명하겠다고 새로운 종파들을 만들어 낸다. 우리는 과거에 저지른 과오를 회개하고, 회개하는 자들을 옹호하고, 옹호했던 자들을 파문한다. 우리의 교의 속에 있는 다른 자들의 교의를 비난하든가, 아니면 다른 자들의 교의 속에 있는 우리 교의를 비난하든가 둘 중 하나이다. 우리는 서로 상대를 찢어발기면서 서로의 파멸 원인이 되어 왔다.

    내가 이 열여덟 가지의 신조들, 아리우스로부터의 영향을 대부분 부인하는 저자들을 가볍게라도 검토하기로 하고 이 신학적 여담을 장황하게 늘어놓는다면 이를 바랄 이도, 참아줄 이도 없을 것이다. 특이한 식물의 형태를 묘사하고 그 성장 과정을 추적해 본다면 흥미로울 테지만, 꽃은 놔 두고 잎에 대해서만, 혹은 과일은 놔 두고 가지에 대해서만 지루하게 세부 묘사를 늘어놓는다면 열성적인 독자라도 곧 인내의 한계를 느끼

28 그 종파들을 존경했던 자의 판단에 따르면, 아이티우스는 이해력에서, 에우노미우스는 수완과 학식 면에서 더 뛰어났다고 한다. 에우노미우스의 고해와 사죄문은 현재까지 남아 있는 몇 안 되는 이단 문서들 중 하나이다.

29 그러나 에스티우스와 불의 견해를 따르자면, 신이 피조물에게 전해 줄 수 없는 능력이 한 가지 있는데, 창조의 힘이 바로 그것이다. 에스티우스는 전능함의 한계를 명확히 규정한 인물로 네덜란드 태생이며 스콜라 학파의 성직자였다.

고 호기심을 잃고 말 것이다. 하지만 아리우스파 논쟁에서 나온 의문점 한 가지는 주목할 필요가 있는데, 니케아 종교 회의의 호모오우시온에 대한 공통된 반감 때문에 한데 뭉친 세 종파의 근거와 차이가 바로 여기에서 비롯되었기 때문이다. 1) '성자가 성부와 같은가.'라는 질문에 대해 아리우스의 원칙과 철학을 고수하는 이단파들이라면 단호하게 아니라고 대답할 것이다. 왜냐하면 그들은 창조주와 피조물 사이에는 그중 가장 뛰어난 존재라 해도 무한정한 거리가 있다고 보기 때문이다. 이를 주장한 인물은 아이티우스로, 반대파들은 그에게 무신론자라는 별명을 붙여 주었다. 그는 야심에 들떠 한시도 쉬지 못하는 사람이어서, 거의 모든 직업을 다 시도해 보았다. 그는 노예, 농부, 떠돌아다니는 땜장이, 금 세공인, 의사, 학교 선생 등 여러 직업을 전전하다가 마지막에는 새 교회의 사도가 되었는데, 그의 제자 에우노미우스가 나중에 이를 크게 부흥시켰다.28 아이티우스는 성서와 아리스토텔레스의 논리학에서 나온 말꼬리 잡기 식의 삼단 논법으로 무장하고 침묵시킬 수도, 납득시킬 수도 없는 무적의 논객으로 이름을 떨쳤다. 이러한 재능은 아리우스파 주교들의 호감을 샀으나, 지나치게 날카로운 논법 탓에 아리우스파의 주의에 대한 편견을 여론에 조장하고 가장 헌신적인 추종자들의 신앙심을 거스르게 되었다. 그리하여 아리우스파는 결국 이 위험한 동료와의 관계를 끊고 박해하기까지 했다. 2) 창조주의 전능함은 성부와 성자의 동질성에 대해 그럴듯한 해답을 제시해 주었다. 즉 절대신이 자신의 무한한 완전성을 전해 주어 자신과 유사한 존재를 창조할 수 있다는 사실은 이성으로 부인할 수 없으며, 믿음으로 겸허히 받아들일 수 있다.29 이 아리우스파들은 에우세비우스파의 뒤를 이어 동방의 주요 요직들을 손에 넣은 비중 있고 유능한 지도

자들로부터 막강한 지원을 받고 있었다. 그들은 아이티우스의 불경함을 혐오한다고 공언했지만, 어느 정도는 진심이 아니었던 것 같다. 그들은 주저 없이 혹은 성경 말씀에 따라서, 성자는 다른 모든 피조물과는 다르며 오로지 성부하고만 유사성을 갖는다고 주장했다. 그러나 성자가 성부와 동일하거나 유사한 본질은 아니라고 하면서 때로는 대담하게 반대 의견을 정당화하기도 하고, 때로는 본질이라는 말의 사용을 거부하기도 했는데, 이는 신성의 본성에 대한 적절한, 적어도 명확한 개념을 암시하는 듯하다. 3) 이러한 유질설(類質說)을 주장한 종파는 적어도 아시아의 속주들에서는 가장 많은 수를 차지하고 있었다. 양 파벌의 지도자들이 셀레우키아 공의회에 모였을 때,[30] 105명 대 43명이라는 수적 우세로 그들의 견해를 밀어붙였다. 이 신비한 유질성을 표현하고자 선택된 그리스어는 정통파의 용어와 너무나 비슷해서, 그 후로도 두고두고 호모오우시안(Homoousian)과 호모이오우시안(Homoiousian)의 논쟁은 두 단어 사이의 이중모음 하나 차이로 촉발된 격렬한 논쟁으로 세인들의 비웃음을 샀다. 하지만 정반대의 개념을 담은 용어들이 우연하게도 발음과 철자는 아주 비슷한 경우가 적지 않으므로, 반(半)아리우스파의 교의와 가톨릭 교의 사이에서 실제로 명백한 차이를 찾아 낼 수 있다면 이런 비웃음 자체가 조롱거리가 되어야 한다. 푸아티에의 주교는 프리기아에 유배되었을 때 현명하게도 종파들을 연합할 생각을 품고, 신성하고 신실한 해석에 따르면[31] 호모오우시안이 호모이오우시안의 의미가 될 수 있다는 사실을 입증해 보이려고 애썼다. 그러나 이 말이 모호하고 수상쩍은 면이 있다는 점만은 그 역시 인정했다. 반(半)아리우스파는 마치 이러한 모호성이 신학 논쟁과 어울리기라도 하다는 듯이 교회의 문을 향해 나아가면서도 무자비한

30 사비누스는 그 법령들을 필사해 두었으며, 아타나시우스와 힐라리우스는 이 아리우스 종교회의의 분열상을 설명했다. 바로니우스와 티유몽은 이 사건과 관련된 다른 정황들을 잘 모아 두었다.

31 그의 짧은 변명조의 언급에서, 이 조심스러운 표현을 사용했다고 말한다. 필로스토르기우스는 이 문제들을 다른 시각으로 보았으므로, 중요한 이 중모음의 차이에 대해서는 묻어 두고 싶어 했다.

분노로 상대를 공격했다.

~~~~~
서방 또는
라틴 교회의 신조
~~~~~

이집트와 아시아의 속주들은 그리스의 언어와 풍습을 열심히 받아들였으므로 아리우스파 논쟁의 해독에 깊이 물들 수밖에 없었다. 플라톤의 철학 체계에 대한 연구가 널리 이루어진데다, 뽐내기 좋아하고 논쟁을 즐기는 성향, 풍부하며 융통성 있는 언어 등은 동방의 성직자들과 민중들에게 무진장한 어휘와 이론을 공급해 주었다. 일단 격렬한 논쟁에 휘말리자 그들은 철학이 권고하는 회의하는 자세나 종교가 명하는 순종의 자세 따위는 깡그리 잊어버렸다. 반면 서로마 제국 사람들은 대체로 그다지 깐깐하게 따지고 들지 않는 성향이었기에, 눈에 보이지도 않는 것을 놓고 감정이 그렇게 격하게 동하거나 논쟁에 정신을 잃는 일은 별로 없었다. 갈리아 지역 교회는 이처럼 행복한 무지 속에 있었으니, 힐라리우스 자신조차도 최초의 종교 회의가 있은 지 30년이 넘도록 니케아 신조에 대해서 모르고 지냈을 정도였다. 라틴 세계는 내용이 모호하고 의심스러운 번역을 통해 겨우 희미하게 신학 지식을 전해 받았다. 라틴어는 어휘가 빈약한데다 의미가 다양하지 않아서, 성가나 교회에서 그리스도교 신앙의 신비를 표현하는 뜻으로 쓰게 된 그리스어의 전문 용어나 플라톤 철학에서 쓰이는 단어들에 맞는 동의어를 찾기 어려울 때가 많았다. 이러한 용어상의 문제들 때문에 라틴 신학에는 수많은 오류와 혼돈이 발생할 가능성이 있었다.[32] 그러나 서방 속주민들은 운 좋게도 그들의 종교를 정통파 신앙에서 끌어왔기 때문에, 처음부터 순순히 받아들였던 교리를 흔들림 없이 꾸준히 지켜 나갔다. 따라서 아리우스주의의 해독이 그들의 영역까지 접근해 왔을 때도, 로마 교황이 어버이 같은 자세로 시의적절하게 처방해 준 호모오우시온이란 예

[32] 라테란에서 열린 4차 공의회에서 일반적인 통일성보다 수적인 통일성을 선택한 사실은 라틴어로 표현할 때 더 의미가 강조되었다.

방법으로 무장하고 있었다. 그들의 견해와 기질은 리미니 공의회에서 잘 드러났다. 리미니 공의회는 아프리카, 이탈리아, 에스파냐, 갈리아, 브리타니아, 일리리쿰의 주교들 400여 명이 참여하여 수적으로 니케아 공의회를 능가했다는 점에서 주목할 만한 회의였다. 첫 번째 토론에서 아리우스파는 짐짓 아리우스의 이름과 기록을 저주하는 체했지만, 그 수는 겨우 80여 명에 불과했다. 그러나 기술과 경험, 계율 면에서의 우세로 이러한 열세를 메울 수 있었다. 소수파를 이끈 인물들은 일리리쿰의 주교인 발렌스와 우르사키우스 두 사람이었다. 이들은 일찍부터 음모가 난무하는 궁정과 공의회에서 잔뼈가 굵었을 뿐 아니라, 동방의 종교 전쟁에서도 에우세비우스 휘하에서 수련을 쌓아온 자들이었다. 그들은 논쟁과 협상을 펴서 단순하고 순진한 라틴 주교들을 당황하게 만들고 혼란에 빠뜨려 결국은 속여넘겼다. 그들은 노골적인 폭력보다는 속임수와 끈덕진 요구로 그들의 손에서 억지로 신앙의 방어 수단을 빼앗았다. 리미니 공의회는 결국 참여자들이 경솔하게도 신조에 동의하고 나서 해산했는데, 그 신조 중에는 이단적인 의미로 해석될 여지가 있는 표현들도 호모오우시온과 섞여 있었다. 히에로니무스의 말에 따르면, 이때에서야 온 세상이 아리우스파의 것이 되었음을 깨닫고 모두가 놀랐다. 그러나 라틴 속주의 주교들은 각자 자기 관구에 돌아오자마자 자신들이 저지른 실수를 깨닫고 참회했다. 굴욕스러운 항복 문서는 경멸과 혐오 속에 거부되었으며, 한때 흔들렸으나 결국 쓰러지지는 않았던 호모오우시온의 깃발은 서방의 모든 교회마다 더욱 굳게 뿌리를 박았다.

서기 360년, 리미니 공의회

콘스탄티누스와 그 아들들 치하에서 그리스도교의 평화를 어지럽혔던 신학 논쟁들의 발생과 전개, 변천 과정은 이러했던 것이다. 그러나 이 군주들은 국민들의 생명과 재산뿐 아니라 신앙까지도 쥐고 휘두르려 했기 때문에 그들의 뜻에 따라 교회 내 힘의 균형이 뒤바뀌곤 했다. 사정이 그러했으니 천상 왕의 대권이 지상 군주의 회의에서 확립되었다가, 뒤바뀌었다가, 고쳐졌다가 하는 판이었다.

서기 324년, 콘스탄티누스의 무관심

동방의 속주들로 퍼져 나간 불화의 기운은 콘스탄티누스의 승리를 방해했으나, 황제는 한동안 냉정하고 무심한 자세로 논쟁의 추이를 관망했다. 그는 아직 신학자들 간의 논쟁을 달래는 일이 얼마나 어려운 것인지 잘 모르고 있었기 때문에, 서로 싸우고 있는 두 파벌인 알렉산드로스와 아리우스의 분쟁을 조정하고자 그들에게 서신을 보냈다. 그 서신은 교계의 고문 중 누군가의 조언이라기보다는 제대로 교육받지 못한 정치인이자 군인의 것이었다. 그는 교회법의 이해하기 힘든 부분에 대해 주교(알렉산드로스)가 잘못 던진 질문에 사제(아리우스)가 경솔하게 답해서 생긴 사소하고 하찮은 문제로부터 모든 논쟁이 시작되었다고 보았다. 그는 같은 신, 같은 종교, 같은 예배 의식을 가진 그리스도교인들이 이런 미미한 차이들을 가지고 분열을 일삼는 세태를 개탄하면서, 알렉산드리아의 성직자들에게 논쟁을 펴면서도 성내지 않고 자유를 주장하면서도 우정을 상하게 하지 않았던 그리스 철학자들의 모범을 본받도록 진지하게 촉구했다. 민심의 흐름이 그렇게 급박하고 격렬하지 않았더라면, 그리고 콘스탄티누스 자신이 분열과 광신이 판치는 가운데서 침착하게 냉정한 자세를 유지할 수 있었더라면 군주의 무관심과 경멸이 아마도 논쟁을 잠재우는 가장 효과적인 수단이 되었을 것이다. 그러나 그의 신하들은 계교를 꾸며 황제의 판관으로서의 공명 정대함을 유혹하고 개종자로서의 열정을 부추겼다. 그는 자신의 동상에 모욕적인 행위가 저질러지자 분노했고, 이런 못된 장난들이 널리 퍼져 나가자 경악했다. 결국 콘스탄티누스는 주교 300명을 궁정으로 불러모은 일이 있은 후부터 평화와 관용에 대한 희망을 버리게 되었다. 군주가 참석했다는 사실 때문에 토론의 중대성은 더욱 커졌고, 그가 관심을 보이자 논쟁은 더욱 뜨거워졌다. 황제의 의연하고 침착한 모습은 논객들의 기세에 불을 붙였다. 콘스탄티누스의 웅변과 지혜는 많은 찬사를 받았으나, 아직은 종교에 대해 잘 모를 뿐더러 학문 연구나 타고난 영감으로 깨우침을 얻은 적도 없는 일개 로마 장군으로서 서툰 그리스어로 형이상학적 문제나 신앙의 규약에 관해 논한다는 것은 무리였다. 그러나 니케아 공의회를 주재했다고 하는 그의 총신 오시우스는 자신의 신망을 이용해 황제의 마음이 정통파 쪽으로 기울도록 움직일 수 있었다. 즉 이단파의 옹호자인 니코메디아의 에우세비우스가 최근 한 참칭자(막센티우스)를 원조했다는 암시를 적시에 흘림으로써,[33] 황제가 그들의 적에게 반감을 갖도록 만들었다. 이리하여 니케아 신조는 콘스탄티누스에 의해 비준되었다. 종교회의의 신성한 판결에 저항하는 자들은 유형에 처해질 각오를 하라는 그의 단호한 선언에 반대의 목소리도 잦아들고 저항하던 주교들의 숫자는 눈 깜짝할 사이 열일곱 명에서 두 명으로 줄어들었다. 카이사레아의 에우세비우스도 내키지는 않지만 애매한 태도로나마 호모오우시온의 교리에 동의했다.[34] 니코메디아의 에우세비우스는 오락가락하는 행동을 취했지만 그래봤자 불명예를 당하고 추방당하는 사태가 3개월쯤 미루어졌을 뿐이었다. 불경스러운 아리우스는 일리리쿰의 변방 속주들 중 하나로 쫓겨났다. 그와 사도들에게는 법으로 포르피리우스파

서기 325년, 콘스탄티누스의 열정

[33] 테오도레투스는 콘스탄티누스가 니코메디아 시민들에게 보낸 서신을 보관하고 있다. 거기에서 황제는 시민들 중 한 사람을 공개적으로 비난하겠노라고 선언하면서, 내전 중에 에우세비우스가 취했던 적대적인 행동을 고발했다.

[34] 소크라테스나 테오도레투스의 기록에서 카이사레아의 에우세비우스가 보낸 편지 원본을 참조할 수 있다. 거기에서 자신이 호모오우시온에 동의한 것을 정당화하려 했다. 에우세비우스의 성격은 항상 논란거리가 되어 왔지만, 르 클라크의 두 번째 편지를 읽어 본 사람이라면 누구라도 카이사레아의 주교의 정통성과 진실성에 대해 매우 비판적인 의견을 갖게 될 것이다.

35 이 이야기는 원래 아타나시우스의 글에서 가져온 것인데, 그는 죽은 자의 기억을 욕되게 하고 싶지 않다고 얼마간 주저하는 모습을 보인다. 그가 과장했을 수도 있지만, 알렉산드리아와 콘스탄티노플 사이에 끊임없이 교류가 이루어졌음을 생각한다면 없는 말을 꾸며 내는 위험한 짓을 할 수는 없었을 것이다. 아리우스의 죽음에 관한 있는 그대로의 이야기(화장실에서 장 파열을 일으켰다는)를 주장하는 자들은 독살과 기적 사이에서 어느 한 가지 설을 선택해야 할 것이다.

아리우스파를 박해한 콘스탄티누스

라는 오명이 씌워졌으며, 그의 저작은 불태워졌을 뿐 아니라 소지자들에게는 극형이 선고되었다. 이제 황제도 논쟁 속에 깊숙이 발을 들여놓았다. 그의 판결문은 그리스도교의 적들에 대한 증오심을 국민들의 마음속에도 불어넣어 주려는 의도에서 거칠고 냉소적인 투로 작성되었다.

서기 328~337년, 정통파를 박해한 콘스탄티누스

그러나 황제의 행동은 어떤 원칙보다는 감정에 끌린 것이었던 듯, 니케아 공의회가 있은 지 채 3년이 지나기도 전에 이 금지된 종파에게 자비와 관용을 베풀었다. 그가 가장 좋아하는 누이가 그들을 은밀하게 보호한 사실도 영향을 미쳤던 듯하다. 추방령이 취소되었고, 에우세비우스는 점차 콘스탄티누스의 신임을 회복하여 불명예스럽게 쫓겨났던 주교직을 되찾았다. 아리우스는 모든 궁정 사람들로부터 죄 없이 탄압받았던 사람처럼 대우를 받았으며, 그의 신앙 역시 예루살렘의 종교회의에서 승인을 받았다. 황제는 콘스탄티노플의 대성당에서 열리는 성찬식에 그를 정중히 맞아 주라는 엄명까지 내려 그간의 부당함을 보상하려고 애쓰는 모습을 보였다. 아리우스파의 승리를 확고히 한 바로 그날 아리우스는 숨을 거두었다. 그의 죽음을 둘러싼 수상쩍고 무시무시한 정황을 보면, 정통파 성인들이 가장 무서운 적의 손에서 교회를 구하고자 기도보다 더 효과적인 어떤 수단을 빌렸을지 모른다는 의심을 품지 않을 수 없다.35 가톨릭계의 주요 지도자들 세 사람, 알렉산드리아의 아타나시우스, 안티오크의 에우스타티우스, 콘스탄티노플의 파울루스는 공의회의 판결에 따라 여러 가지 죄목으로 파면당했으며, 나중에는 최초의 그리스도교 황제(콘스탄티누스)에 의해 멀리 떨어진 속주들로 추방당했다. 그는 임종시 니코메디아의 아리우스파 주교로부터 세례를 받았다. 콘스탄티누스의 교회 정책은 변덕스럽고 허점투성이라는 비난을 면하기 어렵다. 그러나 남의 말에 잘 속고 신학 논쟁의 책략에 어두운 군주로서는 진의를 파악하기 힘든 이단파의 정중하고 그럴듯한 말솜씨에 속을 만도 했다. 그는 아리우스를 비호하고 아타나시우스를 박해하면서도 여전히 니케아 공의회를 그리스도교 신앙의 보루이자 자신의 치적으로 여겼다.

콘스탄티누스의 아들들은 어릴 때부터 신도로서 입문 단계를 밟았던 것이 틀림없지만, 아버지의 예를 따라 세례는 늦게 받았다.

서기 337~361년,
아리우스파에 우호적이었던
콘스탄티우스

따라서 아버지가 그랬던 것처럼 잘 모르면서 종교 교의에 대해 판단을 내려야 했다. 삼위일체 논쟁의 향방은 동방의 속주들을 물려받고 전 제국의 소유권까지 가지게 된 콘스탄티우스의 손에 전적으로 달려 있었다. 자기들의 목적을 이루기 위해, 죽은 황제의 유언을 간직해 두었던 아리우스파의 사제는 이 운 좋은 기회를 활용하여 총신들의 손에 쥐어 사는 군주와 친밀한 관계를 맺었다. 환관들과 노예들은 궁정 곳곳에 아리우스파의 정신적인 독소를 퍼뜨리고 다녔고, 시녀들은 호위병들에게, 황후는 의심할 줄 모르는 남편에게 이를 전염시켰다. 콘스탄티우스가 에우세비우스파에게 가졌던 편애는 그 지도자들의 교묘한 조종에 의해 어느새 서서히 굳어져 갔다. 게다가 황제가 참주 마그넨티우스에게 거둔 승리를 계기로 아리우스주의의 명분을 받쳐 줄 무력과 의지를 다 갖추게 되었다. 무르사의 평원에서 두 군대가 벌인 교전의 승패에 따라 두 경쟁자의 운명이 갈리게 되었을 무렵, 콘스탄티누스의 아들은 도시의 성벽 아래 순교자들의 교회에서 근심에 찬 순간을 보내고 있었다. 그에게 영적인 위안을 제공하는 인물인 아리우스파 주교 발렌스는 전쟁의 승패에 대한 소식을 누구보다 빨리 손에 넣어 황제의 호의를 얻든지 그를 탈출시키든지 할 생각으로 빈틈없는 사전 대책을 마련해 놓았다. 비밀리에 조직된 민첩하고 믿을 만한 사자들이 전투의 전개 상황을 시시각각 그에게 전했다. 그리하여 조신들이 겁에 질린 황제 주위에 우두커니 서서 떨고만 있을 동안, 발렌스는 그에게 갈리아 군단이 패배했다는 소식을 전하면서 천사가 그에게 영광스러운 사건을 계시해 주었다고 넌지시 암시했다. 황제는 감사에 넘쳐 무르사의 주교가 기도드려 준 공으로 전쟁에서 승리했으며, 이 기적을 통해 천상으로부터 그의 신앙을 공개적으로 인정받았다고 믿었다. 아리우스파는 콘스탄티우스의 승리가 곧 그들의 승리라고 여겼으므로, 아버지의 영광보다 그가 얻은 영광에 더 많은 찬사를 보냈다.36 예루살렘의 주교인 키릴루스는 즉각 오순절 축제 중 3시경 감람산 위 하늘에 휘황한 무지개로 그려진 십자가가 독실한 순례자들과 성도 시민들 앞에 나타났다는 이야기를 만들어 냈다.37 유성의 크기는 점점 더 부풀려졌다. 아리우스파의 한 교회 사가는 판노니아 평원의 두 군대까지 유성을 볼 수 있을 정도여서, 의도적으로 우상 숭배자로 그려진 참주가 정통파 그리스도교의 길조 앞에 도망치고 말았다고 주장하기까지 했다.

정치 분쟁이나 종교 분쟁을 공정한 눈으로 관찰한 사려깊은 제삼자의 의견은 언제나 주목할 가치가 있다. 그런 점에서 군대에서 봉직했으며 콘스탄티우스의 인물됨을 연구한 바 있는 암미아누스의 짧은 기록이 아마도 신학자들이 쓴 장문의 비난보다 더 가치 있을 것이다. 이 온건한 역사가도 다음과 같이 말하고 있다.

36 키릴루스는 콘스탄티누스 시대에는 땅 속에서 십자가가 발견되었으나, 콘스탄티우스 시대에는 하늘에서 나타났다는 데 특히 주목한다. 이러한 대조는 키릴루스가 콘스탄티누스의 개종을 가져온 엄청난 기적에 대해 몰랐음을 명백히 입증하는 것으로, 그가 죽은 지 12년 만에 키릴루스가 카이사레아의 에우세비우스의 직계 후계자로 예루살렘의 주교직에 봉해졌다는 점에서 이러한 무지는 더욱 놀라운 것이다.

37 키릴루스의 이야기가 얼마만큼 실제로 자연 현상과 관계 있는 것인지 판단하기란 쉽지 않다.

그는 맹목적인 미신에 빠져 그 자체로는 단순하고 명쾌한 종교인 그리스도교를 혼란에 빠뜨렸다. 자신의 권위로 교파들을 서로 화해시키기는커녕, 헛된 호기심으로 각 교파들의 이견을 더욱 부추겨 놓고 언쟁을 통해 이를 더욱 부풀리고 확산시켰다. 종교 회의에 참석하느라고 사방팔방으로 뛰어다니는 주교들의 무리가 대로마다 넘쳐났다. 자기들의 견해를 전 교파에 관철시키느라고 애쓰면서 하도 급하게 수없이 왕래하는 바람에 국가의 역참 시설이 마비될 지경이 되었다.

콘스탄티우스 시대의 교회 관련 기록들을 더 자세히 살펴보면 이 놀랄 만한 발언에 대해 충분히 많은 주석들을 달아 줄 수 있을 것이다. 그러니 이렇게 성직자들이 참된 신앙을 찾겠다고 온 제국을 쉼없이 헤매고 다니다가는 불신자들로부터 경멸과 조소를 사겠다는 아타나시우스의 걱정도 무리가 아니었다. 황제는 내전의 공포에서 놓여나자마자 아를, 밀라노, 시르미움, 콘스탄티노플의 겨울 별궁에서 논쟁에 몰두했다. 위정자, 아니 폭군의 칼로 신학자의 이성에 맞선 것이다. 그는 니케아 공의회의 정통 신앙에 반대함으로써 무능과 무지뿐 아니라 뻔뻔스러움까지 드러내었다. 황제의 나약한 마음을 좌지우지하던 환관들, 여자들, 주교들은 그의 마음 속에 호모오우시온에 대한 지우기 어려운 반감을 불어넣어 놓았으나, 소심한 그는 아이티우스의 불경함 역시 두려워했다. 이 무신론자의 죄는 갈루스가 그에게 미심쩍은 호의를 베풀었다는 점 때문에 가중되었다. 안티오크에서 황제의 대신들이 학살당한 일조차도 이 위험스러운 궤변론자 탓으로 돌렸다. 양극단을 모두 두려워한 콘스탄티우스는 자신의 마음을 이성으로도 누그러뜨리지 못하고 신앙으로도 진정시키지 못한 채 어둡고 공허한 심연의 양끝을 맹목적으로 오갔다. 그는 아리우스파와 반(半)아리우스파의 견해들을 받아들였다가 다시 단죄하고, 그 지도자들을 추방했다가는 소환하기를 반복했다. 국가의 공식 행사가 있거나 축제가 다가오면 자신의 종잡기 어려운 신조를 작성하느라고 밤을 새워 가면서 단어들을 고르고 표현을 다듬었다. 묵상에 빠져 잠자는 것도 잊을 지경이었고, 내용이 온통 뒤죽박죽인 꿈을 천상의 계시로 생각했다. 그는 감정에만 치우쳐 정작 교계의 질서에는 관심조차 없는 성직자들이 바친 주교 중의 주교라는 지고의 영예를 기쁘게 받아들였다. 그는 교리의 통일을 이룰 목적으로 갈리아, 이탈리아, 일리리쿰, 아시아 등지에서 수없이 많은 공회의를 소집했지만, 그의 경솔함과 아리우스파들 간의 분열, 가톨릭계의 저항으로 인해 번번이 좌절되었다. 그러자 최후의 수단으로 급히 포고령을 내려 전체 종교 회의를 열기로 했다. 그러나 니코메디아에서 대지진이 일어나고 안전한 장소를 찾기 어려운데다가 비밀을 유지할 정책상의 필요가 있어 소집령에 변경이 가해졌다. 동로마의 주교들은 이사우리아의 셀레우키아에 모이도록 지시를 받았고, 서로마 주교들은 아드리아 해 연안의 리미니에서 회합을 갖게 되었다. 또한 각 속주에서 두세 명 정도의 대표를 파견하는 것이 아니라 모든 주교들이 참석하도록 명령받았다. 동방에서 열린 종교 회의에서는 나흘 동안이나 격렬한 토론이 진행되었으나 확실한 결론을 내리지 못하고 산회했다. 서방에서 열린 종교 회의는 7개월이나 끌었다. 민정 총독 타우루스는 성직자들이 의견 일치에 도달할 때까지 해산시키지 말라는 지시를 받은 터였다. 그는 본보기로 가장 다루기 힘든 자들 열다섯 명을 추방할 수 있는 막강한 권한을 부여받은데다가, 이 어려운 임무를 잘 완수하면 집정관직을 주겠다는 약속을 받은 상태였다. 리미니의 주교들은 그의 간청과 협박, 군주의 권위, 발렌스와 우르사키우스의 궤변, 추방당할지 모른다는 근심, 추위와 굶주림에 시달리다 결국 내키지 않지만 어쩔 수 없이 동의하고 말았다. 동로마와 서로마의 대표들은 콘스탄티노플에서 황제를 알현했으며, 황제는 신의 아들의 동질성을 거론하지 않고서도 유사성을 확증하는 신조를 온 세상에 선포하게 된 것에 더없이 만족하며 기뻐했다. 그러나 아리우스주의의 승리를 확고히 하려면 그 전에 절대 협박에 굴복하거나 매수되지 않는 정통파 성직자들을 제거해야 했다. 결국 콘스탄티우스의 통치는 위대한 아타나시우스를 부당하게 박해함으로써 오명을 남겼다.

서기 360년

한 개인의 정신이 오직 하나의 목표만을 꿋꿋이 추구할 때 활동 면에서나 정신 면에서 어떤 결과가 나올 수 있는지, 또는 어떤 장애물을 극복할 수 있을지 실제로 볼 기회는 별로 없다. 역사에 길이 남을 아타나시우스[38]의 이름은 가톨릭의 삼위일체설과 따로 떼어 놓을 수 없다. 그는 이를 수호하는 데 자신의 온 삶과 능력을 송두리째 바쳤던 것이다. 그는 알렉산드로스 밑에서 교육을 받았기 때문에 이단인 아리우스파를 초창기부터 맹렬히 반대했으며, 연로한 사제 밑에서 비서로서의 막중한 임무를 수행했다. 니케아 공의회의 교부들은 이 젊은 부제의 우수성을 경탄에 차서 바라보았다. 위기가 널리 퍼진 시대에는 연륜과 지위를 지닌 자들이 힘을 쓰지 못하는 경우가 종종 있는데, 그 역시 니스에서 돌아온 지 다섯 달이 채 지나지 않아서 부제의 자리에서 이집트의 대주교 지위에 오르게 되었다. 그는 이 명예로운 자리를 46년간이나 지키면서 긴

아타나시우스의 품성과 모험

서기 326~373년

[38] 나지안주스의 그레고리우스가 아타나시우스의 전기 대신 찬양문을 썼다는 것은 유감스러운 일이지만, 그가 직접 쓴 서신들과 사과문에서 가장 신뢰할 만한 자료들을 가져오는 이점을 누릴 수 있으니 이를 최대한 활용해야 할 것이다. 아타나시우스의 저작을 참고하지 않고서 최초로 그의 전기를 출간했던 소크라테스의 예를 따르지는 않겠다. 하지만 소크라테스뿐 아니라 그보다 더 깊이 파고들어 간 소조메노스나 학식 높은 테오도레투스조차도 아타나시우스의 삶을 교회사의 사건들과 연관짓고 있다. 티유몽과 베네딕트파 편집자들은 부지런하게도 모든 사실을 수집하고 난해한 부분들은 모두 조사했다.

21장 227

재위 기간을 아리우스주의와의 끝없는 전투에 바쳤다. 아타나시우스가 주교직에서 추방된 것만도 다섯 차례나 되었고, 20여 년의 세월을 추방자나 도망자 신세로 보내야 했다. 로마 제국의 거의 모든 속주가 호모오우시온의 대의를 지키는 싸움에서 그의 공적과 고난을 지켜보았다. 그는 이를 자신의 유일한 기쁨이자 임무이며 필생의 영광으로 여겼다. 거세게 몰아치는 박해의 와중에서도 이 알렉산드리아의 대주교는 인내심으로 버텼으며, 명성만을 소중히 여기고 일신의 안전 따위는 염두에도 두지 않았다. 광신에 물든 감은 좀 있지만 아타나시우스는 인품이나 능력 면에서 탁월함을 보여 주었으니, 대제국을 통치할 자격 면에서 본다면 콘스탄티누스의 못난 아들들보다 훨씬 더 나았다. 그는 학식의 깊이나 폭으로 본다면 카이사레아의 에우세비우스에게는 훨씬 미치지 못했고, 웅변 솜씨도 그레고리우스나 바실리우스의 매끄러운 달변에는 비할 바가 못 되었다. 그러나 이 이집트 대주교는 그의 견해나 행동을 정당화할 필요가 있을 때면 언제나 주저 없이 즉석에서 말로써든 글로써든 명쾌하고 강력하며 설득력 있는 주장을 폈다. 그는 그리스도교 신학의 가장 엄정한 대가들 중 한 사람으로 정통파 학파에서도 늘 존경의 대상이 되어 왔다. 그는 성직자로서의 신분에는 걸맞지 않게 속된 학문인 법학과 점복술에 대한 지식을 가지고 있었다고 한다. 따라서 그는 앞으로 일어날 사건들에 대해 몇 차례 운좋게 예측을 할 수 있었는데, 이성적으로 생각하는 사람이라면 이를 아타나시우스의 경륜과 판단력 덕이라고 하겠지만 그의 벗들은 이를 하늘에서 받은 영감 덕이라고 여겼으며, 적들은 악마의 마술 때문이라고 생각했다.

그러나 일개 수도승에서 황제에 이르기까지 모든 계층 사람들의 편견이며 감정들과 끊임없이 싸움을 벌여야 했던 그에게는 인간 본성에 대한 지식이야말로 무엇보다도 우선시되는 가장 중요한 학문이었다. 그는 아침저녁으로 변하는 상황에 대해서도 날카롭고 온전한 시각을 유지했으며, 범인(凡人)들이 알아차리기도 전에 지나가 버리고 마는 결정적인 순간들을 놓치지 않고 활용했다. 이 알렉산드리아 대주교는 어디까지 대담하게 밀어붙여야 하고 어디쯤에서 슬쩍 에둘러 가야 할지, 언제까지 권력에 맞서 버틸지, 언제쯤 박해를 피해 물러서야 할지를 판단할 줄 알았다. 그는 이단과 반역의 무리들에 대해서는 천둥처럼 공격했으나, 자기편에 대해서는 현명한 지도자답게 유연하고 관대한 태도를 취했다. 아타나시우스를 선출한 것은 무원칙하고 경솔한 처사였다고 비난한 자들도 없지는 않았으나,[39] 그는 적절한 행동으로 성직자들과 시민들의 애정을 얻었다. 알렉산드리아 시민들은 이 열정적이고 관대한 지도자를 지키기 위해서라면 기꺼이 일어서서 무기라도 잡을 태세였다. 이집트의 주교들 백여 명이 흔들림 없는 열정으로 아타나시우스의 대의를 지지했으니, 그는 곤경에 처할 때마다 항상 자기 교구의 성직자들의 신실한 애정에서 원조와 위안을 얻을 수 있었다. 그는 종종 수수한 마차를 타고 나일 강 하구에서 에티오피아 국경까지의 속주들을 순회 방문하면서 비천한 신분의 사람들과도 스스럼없이 대화를 나누고 사막의 은둔자들과도 겸손한 태도로 인사를 나누었다.[40] 아타나시우스가 탁월한 천재성을 과시한 대상은 비슷한 교육 배경과 관습을 가진 교계 사람들만이 아니었다. 그는 군주들의 궁정에서도 편안하면서 정중한 자세를 흐트러뜨리지 않았으며, 파란만장한 운명의 변화 속에서도 벗들의 믿음과 적들의 경의를 잃지 않았다.

젊은 시절부터 이 이집트의 대주교는 아리우스를 가톨릭계로 복귀시키고자 한 콘스탄티누스 대제의 의견에 반대했다.[41]

[39] 아타나시우스에 반대하여 열렸던 공의회에서 그의 무원칙한 성직 임명에 대해 가볍게 언급된 바 있었다고 하나, 이집트 주교들의 집회에서 공식적으로 이의를 제기했을 것이라고 보기는 어렵다.

[40] 아타나시우스 자신은 친구 안토니우스의 전기를 쓰면서, 이 신앙심 깊은 수도승이 아리우스 이단의 소행을 얼마나 개탄하고 있는지 관심 깊게 진술했다.

[41] 처음에 콘스탄티누스는 말로는 협박을 가하지만 글로는 간청하는 태도를 취했다. 그의 서신들은 갈수록 협박조를 띠었다. 그러나 교회의 문은 모든 이에게 열려 있어야 한다고 주장하면서도, 아리우스의 이름만은 피했다. 아타나시우스는 노련한 정치인처럼 이런 차이들을 예리하게 짚어 내고 그에게 변명하고 연기할 여지를 남겨 주었다.

⁴² 이집트의 멜레티우스파는 아프리카의 도나투스파처럼 박해 과정에서 일어난 교파 싸움 속에서 발생했다. 여기에서 정체가 모호한 논쟁까지 파헤칠 여력은 없지만, 아타나시우스의 편견과 에피파니우스의 무지가 빚어 낸 오해가 있었던 것 같다.

⁴³ 여섯 주교들을 어떻게 다루었는가에 대해서는 소조메노스가 상세히 설명해 놓았다. 그러나 아타나시우스 본인은 아르세니우스와 성배에 관한 문제에 대해서는 장황하게 설명을 늘어놓았으면서도 정작 이 중대한 비난에 대해서는 한 마디의 답변도 남겨 놓지 않았다.

서기 330년,
아타나시우스에 대한 박해

황제는 아타나시우스의 이러한 굳은 결의를 존중했을 뿐 아니라 용인해 주기까지 한 것 같다. 그러므로 아타나시우스를 가장 두려운 적으로 여겼던 아리우스파도 어쩔 수 없이 증오를 숨기고 조용히 간접적인 공격을 도모하는 수밖에 없었다. 그들은 수상쩍은 소문을 퍼뜨리면서 대주교를 오만하고 압제적인 폭군으로 묘사했을 뿐 아니라, 대담하게도 그가 니케아 공의회에서 비준된 멜레티우스 분파와의 화평 조약을 위반했다고 비난하기까지 했다.⁴² 아타나시우스는 이 굴욕적인 조약을 공공연히 거부해 왔으므로, 황제로서는 그가 반대파를 박해하면서 교권을 남용했다느니, 마레오티스 교회들 중 한 곳의 성배를 깨뜨리는 신성 모독적 행위를 저질렀다느니, 주교들 여섯 명을 매질하고 감금했다느니, 같은 교파의 일곱 번째 주교인 아르세니우스를 살해했다느니, 그건 아니라도 잔인하게 불구로 만들었다느니 하는 등의 그에 대한 흉흉한 소문을 믿을 수밖에 없었다.⁴³ 콘스탄티누스는 그의 생명과 명예를 위태롭게 할 수도 있는 이런 비난들을 안티오크에서 감찰관으로 있는 그의 형제 달마티우스에게 전했다. 카이사레아와 티르에서 여러 차례의 종교 회의가 소집되었고, 동방의 주교들에게는 예루살렘의 새 부활 교회를 축성하러 가기 전에 아타나시우스를 심판하라는 명이 떨어졌다. 대주교는 자신이 죄가 없다고 생각했지만 자신을 기소한 무자비한 적대의식이 재판의 진행과 선고를 내내 끌어 가리라는 사실을 알고 있었다. 그는 적대자들의 재판 판결을 거부하고 카이사레아의 종교 회의에서 온 호출도 무시해 버렸다. 이렇듯 교묘하게 오랜 시간을 끌며 버텼지만 결국 티르의 공의회에도 모습을 나타내지 않는다면 그의 불복종을 범죄 행위로 보고 처벌하겠다는 황제의 최종 명령에 순응하고야 말

앗다.⁴⁴ 아타나시우스는 쉰 명의 이집트 성직자들을 이끌고 알렉산드리아를 떠나기에 앞서 현명하게도 멜레티우스파와 우호 관계를 다져 놓았다. 또한 그에게 희생당했다고 알려졌지만 실은 비밀스러운 벗이었던 아르세니우스도 몰래 행렬에 숨겨 넣었다. 티르의 종교 회의를 이끈 사람은 카이사레아의 에우세비우스였는데, 그의 학식과 경험으로 미루어 기대한 바에 비하면 감정만 앞선 세련되지 못한 회의였다. 그가 이끄는 무리들은 아타나시우스에게 살인자, 폭군 등의 욕설을 되풀이해 외쳤으며 그의 침착한 모습에 고함소리는 더욱 거세어져 갔다. 그는 아르세니우스가 멀쩡히 살아서 회의장 한가운데에 모습을 드러낼 결정적인 순간만을 기다리고 있었다. 그 밖의 죄상들은 성격상 그렇게 명백하고 만족스럽게 반증하기는 어려운 것들이었으나, 대주교는 그가 신성한 성배를 깨뜨렸다고 비난받은 그 마을에 사실은 교회도 제단도 성배도 없었음을 입증할 수 있었다. 그러나 아리우스파들은 적의 죄목과 판결을 비밀리에 결정해 놓은 터였으므로, 재판의 형식으로 자신들의 부당함을 위장하려 했다. 공의회는 증거 수집을 위해 그 자리에서 여섯 명의 대표들로 구성된 위원회를 임명했다. 이집트 주교들은 이 조치에 맹렬히 반대했으나, 결국 폭력과 위증으로 점철된 새로운 국면이 전개되었다. 알렉산드리아에서 위원회가 돌아온 후, 공의회의 다수는 이집트 대주교의 파면과 추방이라는 최종 선고를 내렸다. 악의와 복수심을 드러내는 격렬한 표현으로 이루어진 판결문은 황제와 가톨릭 교회에 전달되었으며, 주교들은 곧 온화하고 독실한 모습으로 되돌아가 그리스도의 묘지로 성지 순례길에 올랐다.

그러나 아타나시우스는 이러한 부당한 종교 재판에 승복하

서기 335년

⁴⁴ 황제는 소집을 명하는 서신에서 성직자들 중 일부에 대해서 미리 판단을 내려놓고 있는 듯하며, 종교 회의는 그러한 비난을 아타나시우스에게 뒤집어씌우기 위한 것이었다고 보아야 할 것이다.

⁴⁵ 성 아타나시우스에게 봉헌된 교회에서는 이 이야기가 기적담이나 수난의 이야기보다 더 좋은 그림의 주제가 되곤 한다.

⁴⁶ 에우나피우스는 비슷한 사건에 대해 콘스탄티누스가 쉽게 속아넘어가 잔인한 행동을 저질렀던 사례에 대해 언급했다. 시리아의 철학자인 소파테르는 속주 총독인 아블라비우스와 친분 관계를 유지하면서 때때로 그의 성미를 건드리기도 했다. 이때 남풍이 불지 않아 곡식 운반선의 도착이 지연되어 콘스탄티노플 시민들이 불만이 많았다. 그러자 마법의 힘으로 바람이 불지 못하게 했다는 죄목을 씌워 소파테르의 목을 베었다. 『수이다스』는 콘스탄티누스가 이 처형을 통해 그리스도교인들이 미신을 전혀 믿지 않는다는 것을 입증하고자 했다고 말한다.

서기 336년,
아타나시우스의 1차 추방

기는커녕 출석도 하지 않았다. 그는 대담하고 위험한 일이지만 진실의 목소리가 왕좌까지 닿을 수 있을지 시험해 보기로 결심했다. 이 두려움 없는 대주교는 티르에서 최종 선고문이 발표되기 전에 황제의 도시로 출항하는 범선에 몸을 실었다. 그가 공식적으로 알현 요청을 했더라도 거부당했든지 무시당했을 것이다. 그러나 아타나시우스는 자신이 도착한 사실을 숨기고는 콘스탄티누스가 인근 별궁에서 돌아올 때를 기다렸다가 그가 말을 타고 콘스탄티노플의 대로를 지날 때 이 성난 군주 앞에 불쑥 나타났다. 그가 이렇게 갑작스럽게 모습을 나타내자 황제는 놀라고 분노하여 호위병들에게 이 성가신 탄원자를 물리치라는 명을 내렸으나, 자신도 모르게 마음속에 솟아난 외경심이 분노를 압도했다. 오만하기 짝이 없는 황제도 정의를 탄원하면서 그의 양심을 깨우는 주교의 용기와 웅변에는 위압당할 수밖에 없었다.⁴⁵ 콘스탄티누스는 아타나시우스의 호소에 공정하면서 자비롭기까지한 태도로 귀를 기울였다. 티르 공의회의 참석자들은 그들이 행한 재판 절차에 대해 해명을 하도록 소집되었다. 이때 에우세비우스파가 교묘한 방법으로 용서받지 못할 죄상을 꾸며 내어 대주교의 죄를 더하지 않았다면 그들의 계교는 좌절되고 말았을 것이다. 그들은 아타나시우스가 새로운 수도에 식량을 공급하는 알렉산드리아의 곡물 운반선의 운항을 방해해 지연시키려는 악랄한 계획을 꾸몄다고 주장했다.⁴⁶ 황제는 인기 있는 지도자 한 사람을 없앰으로써 이집트의 평화를 유지할 수 있으리라는 사실은 납득했지만, 공석이 된 주교직에 다른 사람을 임명하려 하지는 않았다. 그리고 오래 주저한 끝에 그가 내린 판결은 불명예스러운 추방이라기보다는 그를 경계하는 의미에서 유형에 처하는 것이었다. 아타나시우스는 멀고먼 갈리아 속주이긴 하지만 트레브 궁정에서 후한 대접을 받으면서 28개월을 보냈다. 이후 황제의 죽음은 정세를 일변시켰다. 새로운 통치자의 대사면령과 함께 콘스탄티누스 2세가 내린 영광스러운 칙령 덕에 대주교는 고향으로 복귀하게 되었으며, 새로운 황제는 그를 귀한 손님으로 맞아 그의 업적과 결백함에 깊은 경의를 표했다.47

서기 338년, 아타나시우스의 복권

그러나 콘스탄티누스 2세의 죽음으로 아타나시우스에게 두 번째 박해가 닥쳤다. 동로마 제국의 군주인 유약한 콘스탄

서기 341년, 아타나시우스의 2차 추방

티우스는 곧 에우세비우스파의 은밀한 공모자가 되었다. 에우세비우스파의 주교 아흔 명이 대성당 봉헌식에 참석한다는 허울 좋은 구실 아래 안티오크에 모여들었다. 그들은 반(半)아리우스주의 색채를 띤 애매모호한 내용의 신앙 교리와 오늘날까지도 그리스 정교회를 지배하는 스물다섯 개 조의 교회법을 만들었다. 공의회에서 파면이 결정된 주교는 같은 공의회의 판결로 사면받기 전에는 성직에 복귀할 수 없다는 결정이 공정한 조치를 가장해서 내려진 것이다. 이 법은 당장 아타나시우스의 사례에 적용되어 안티오크 공의회는 그의 파면을 선고한다기보다는 확인하는 자리가 되었다. 이에 그레고리우스라는 낯선 이름의 인물이 그의 자리에 앉게 되었으며, 이집트 총독 필라그리우스48에게는 속주의 정치력과 군사력을 동원하여 새로운 대주교를 지원하라는 지시가 내려졌다. 결국 아타나시우스는 아시아 성직자들의 음모에 밀려 알렉산드리아를 떠나 추방자이자 탄원자로서 3년의 세월49을 바티칸에서 보내야만 했다. 그는 라틴어를 열심히 공부하여 곧 서방 교회 성직자들과 협의를 할 수 있게 되었으며, 도를 넘지 않게 적당히 아부하여 오

47 그는 돌아온 후 콘스탄티우스를 비미니아쿰에서 한 번, 카파도키아의 카이사레아에서 한 번, 모두 두 번 만났다. 티유몽은 콘스탄티누스가 판노니아에서 있었던 세 명의 형제들과의 만남에 그를 소개시켰다고 추측한다.

48 이 관리는 아타나시우스를 너무나 미워해서 나지안주스의 그레고리우스의 칭찬을 들었을 정도였다. 인간 본성에 대한 신뢰를 준다는 점에서, 폭군과 괴물로 묘사된 자들 중에서 훌륭한 자질을 발견하는 것은 항상 기쁨을 준다.

49 발레시우스와 티유몽은 연대기상의 차이 때문에 아타나시우스의 로마 체류 여부가 불확실하다 하여 이를 신중히 검토했다. 여기에서는 그레고리우스가 그의 자리에 들어온 이후 단 한 차례만 여행했다는 발레시우스의 가설을 따랐다.

만한 교황 율리우스의 마음을 움직였다. 그리하여 교황은 그의 호소를 교황청이 특별히 관심을 보여야 할 문제라고 생각하게 되었으며, 쉰 명의 이탈리아 주교들로 구성된 공의회는 만장일치로 그의 무죄를 선언하기에 이르렀다. 3년이 거의 지날 무렵, 그는 방탕한 쾌락에 빠져 있기는 해도 여전히 정통파 신앙을 적극 옹호하던 콘스탄스 황제의 부름을 받고 밀라노의 궁정으로 갔다. 진실과 정의라는 대의명분에 황금의 영향력까지 가세하여,[50] 콘스탄스의 신하들은 가톨릭 교회를 대표할 만한 종교 회의를 소집하자고 왕에게 간언드리게 되었다. 그리하여 서로마 주교 아흔네 명과 동로마 주교 일흔여섯 명이 두 제국의 경계 지역이지만 아타나시우스의 보호자의 영역인 사르디카

서기 346년

에서 회동했다. 그들의 토론은 곧 고성이 오가는 험악한 분위기로 바뀌어, 아시아 성직자들은 일신의 안전이 염려된 나머지 트라키아의 필리포폴리스로 물러갔을 정도였다. 반목하는 성직자들은 서로에게 거친 비난을 퍼부으면서 상대를 신의 적이라고 맹공격했다. 그들은 각자의 관할 속주에서 신앙 교리를 발표하고 승인했다. 아타나시우스는 서로마에서는 성인으로 추앙받았으나 동로마에서는 증오의 대상이 되었다.[51] 사르디카 공의회는 그리스 정교와 라틴 정교의 불화와 분열을 드러낸 최초의 징후가 되었으니, 신앙상의 사소한 차이와 용어상의 차이가 결국 그러한 분열을 가져왔다.

서기 349년,
아타나시우스의 복권

서로마에서 두 번째 추방 기간을 보내면서 아타나시우스는 카푸아, 로디, 밀라노, 베로나, 파두아, 아퀼레이아, 트레브 등지에서 여러 차례 황제를 알현할 기회가 있었다. 보통 해당 관구의 주교가 이러한 접견을 거들었으며, 시종장이 방의 휘장

[50] 종교적인 이해관계를 위해 매수가 이루어졌다 해도, 아타나시우스의 추종자들은 카토와 시드니의 예를 들어 이 문제될 만한 행동을 정당화하거나 변명할 것이다. 자유를 위해서라는 명목으로 카토는 뇌물을 주었고, 시드니는 이를 받았다고 한다.

[51] 로마 성직자들에게 상고하도록 허용하는 교회법은 사르디카 공의회를 전체 공의회의 권위까지 끌어올렸으며, 이 법령은 무지에서 혹은 의도적으로 니케아 공의회의 것과 혼동되어 왔다.

이나 커튼 앞에 배석했다. 이 목격자들은 그가 엄숙하게 주장한 바와 같이 한결같이 온화한 태도를 취했음을 증언해 줄 것이다.52 그는 틀림없이 한 사람의 국민이자 주교로서 거기에 걸맞은 신중하고 부드러우며 정중한 말투를 썼을 것이다. 이같이 서로마의 군주를 가까이 만나면서, 아타나시우스는 콘스탄티우스의 과오에 대해 개탄했다. 그는 대담하게도 그의 환관들과 아리우스파 성직자들의 죄상을 비난하고 가톨릭 교회의 곤경과 위험을 슬퍼하면서, 콘스탄스에게 부왕의 영광과 신앙심에 필적할 만한 뭔가를 해야 한다고 부추겼다. 이에 황제는 정통파의 대의명분을 위하여 유럽의 군대와 재물을 아끼지 않겠다는 결의를 선포하게 되었다. 또한 그의 형제 콘스탄티우스에게 간결하고 단호한 서신을 보내어, 즉시 아타나시우스를 복권시키는 데 동의하지 않는다면 몸소 함대와 군대를 이끌고 가서 그를 알렉산드리아 주교직에 앉히겠노라고 선언했다.53 그러나 콘스탄티우스가 시의적절하게 이에 순순히 따름으로써 끔찍한 종교 전쟁은 막을 수 있었다. 동로마의 황제는 한때 그가 박해했던 국민에게 이제는 화해를 구걸해야 할 처지가 되었다. 아타나시우스는 위엄을 지키며 점잖게 기다려서 왕으로부터 보호와 지원, 존경을 구구절절 약속하는 내용으로 가득 찬 친서를 연달아 세 통이나 받았다. 그는 아타나시우스에게 주교직에 복귀해 달라고 청했을 뿐 아니라, 그의 대신들로 하여금 진실성을 보증케 하는 굴욕스러운 조치까지 취했다. 그는 아타나시우스 일파를 다시 불러들일 특권을 회복시켜 주고, 무죄를 널리 선포하여 에우세비우스파가 득세하던 때에 이루어졌던 불법적인 재판을 공식 기록에서 삭제하라는 엄명을 이집트에 전달함으로써 훨씬 더 공식적인 방식으로 자신의 의사를 확인시켰다. 모든 사죄와 안전 보장을 받고 나서야 대주교는 트라

52 아타나시우스는 콘스탄티우스를 비난하는 말을 비밀리에 퍼뜨리면서도 그를 깊이 존경한다고 주장했기 때문에, 이 대주교의 말을 액면 그대로 믿기 어렵다.

53 아타나시우스의 조심스러운 침묵과 소크라테스가 삽입해 놓은 편지가 명백한 위조라는 사실에도 불구하고, 카글리아리의 루시페르와 콘스탄티우스 본인이 의심의 여지가 없는 증거로 이러한 협박이 있었음을 입증하고 있다.

키아, 아시아, 시리아를 거치는 긴 여행길에 올랐다. 동방의 주교들은 그의 여행길에 달려나와 비굴하게 경의를 표했으나, 경멸감을 더해 주었을 뿐 그의 통찰력을 속이지는 못했다.[54] 그는 안티오크에서 콘스탄티우스를 접견하면서 온화하나 의연한 태도로 황제의 영접을 받았다. 그러나 아리우스파도 알렉산드리아에 교회를 세울 수 있게 하자는 황제의 제안에는 자파에게도 제국의 다른 도시들에 똑같은 특권을 내려 달라는 독립적인 군주의 입에서 나올 만한 답변으로 회피했다. 대주교의 수도 입성은 승리에 찬 개선 행렬과도 같았다. 오랜 동안의 추방과 박해로 인해 그에 대한 알렉산드리아 시민들의 사모의 정은 더욱 깊어졌던 것이다. 그의 권위는 엄격하게 행사됨으로써 한층 확고해졌고, 에티오피아에서 브리타니아에 이르기까지 모든 가톨릭계에 그의 명성이 널리 퍼져 나갔다.

서기 351년,
콘스탄티우스의 분개

그러나 한 사람의 국민으로서 군주를 그런 궁지로 몰아 넣고서 진심어린 완전한 용서를 기대할 수는 없는 일이다. 콘스탄스가 비극적인 종말을 맞게 되자 아타나시우스는 강력하고 관대한 보호자를 잃고만 것이다. 콘스탄스를 암살한 자(마그넨티우스)와 유일하게 생존한 그의 형제(콘스탄티우스) 사이에 벌어진 내전은 제국을 3년간이나 괴롭혔으나 가톨릭 교회는 잠시나마 숨돌릴 여유를 가질 수 있었다. 양 파는 중요한 속주의 의사 결정을 좌우할 권위를 가진 아타나시우스를 저마다 자기편으로 끌어들이기를 원했던 것이다. 그는 마그넨티우스의 사절을 접견했는데, 이 일로 인해 나중에 이들과 비밀리에 서신 왕래를 했다는 비난을 받았다.[55] 콘스탄티우스 역시 그를 친애하는 교부니, 더없이 존경하는 아타나시우스니 하는 이름으로 부르면서 공동의 적(마그넨티우스)이 퍼뜨리는 악랄

[54] 발렌스와 우르사키우스의 발언 취소에 대해서는 항상 의심을 품어 왔다. 로마의 주교 율리우스와 아타나시우스에게 보낸 그들의 서신은 어조가 너무나 달라서 둘 다 진짜라고는 보기 힘들다. 전자는 자신들의 죄와 불명예를 고백하는 죄인으로서 쓴 것이며, 후자는 똑같은 사건에 대해서 명예로운 화해를 청하는 적으로서 쓴 것이다.

[55] 아타나시우스는 애처로운 호소, 엄숙한 단언, 그럴듯한 주장으로 자신의 결백을 옹호했다. 편지들이 그의 이름으로 위조되었다는 것은 인정했지만, 그 편지들을 자기 비서들이 썼는지, 마그넨티우스의 비서들이 편지를 받았는지 확인하기 위해 그들을 조사해 달라고 요청했다.

한 소문에도 불구하고 자신은 죽은 형제의 왕위뿐만 아니라 그의 견해까지도 고스란히 물려받았다고 거듭 주장했다. 감사와 자비심에서 이집트 대주교는 콘스탄스의 비운을 슬퍼하고 마그넨티우스의 죄상을 미워해야 마땅했다. 그러나 콘스탄티우스가 곤란한 상황에 있기 때문에 자신이 안전할 수 있다는 사실을 너무나 잘 알고 있는 그로서는 아무래도 정당한 대의가 승리하기만을 열과 성을 다해 기도하기는 좀 힘들었을 것이다. 아타나시우스의 파멸은 이제 더 이상 잘 속아넘어 가는 군주의 권위를 이용하는 몇몇 악의에 찬 주교들에게 달린 문제가 아니었다. 군주 자신이 그토록 오랫동안 참아 왔던 개인적 원한을 풀겠다고 공공연히 벼르고 있었다.[56] 콘스탄티우스는 승리를 거둔 후 첫 겨울을 아를에서 보내면서 갈리아의 찬주보다 더 밉살스러운 적에게 맞설 채비를 갖추었다.

[56] 황제는 마그넨티우스나 실바누스를 패배시키는 것보다도 아타나시우스를 굴복시키기를 더 간절히 원한다고 말했다.

황제가 공화국 시민들 중에서도 가장 이름 높고 덕망 있는 자의 죽음을 자기 마음대로 선고했다면 대신들은 공공연히 폭력을 휘두르거나 그럴듯한 죄명을 꾸며 내어 주저없이 잔인한 명령을 실행에 옮겼을 것이다. 그러나 이 인기 있는 주교를 단죄하고 처벌하는 과정에서 황제는 신중을 기하고 시간을 끌면서 많은 어려움을 겪어야 했다. 이는 교회의 특권이 로마의 정치에 자유와 질서에 대한 의식을 되살려 놓았음을 온 세상에 드러내 보인 것이다. 티르 공의회에서 선고되어 동방 주교들이 가결했던 그 판결은 아직까지 분명히 무효화되지 않은 상태였다. 따라서 아타나시우스는 동료 성직자들의 판결에 의해 한번 성직에서 파면된 적이 있기 때문에, 그 후에 취한 행동들은 모두 불법이자 범죄 행위로까지 간주될 수 있었다. 그러나 서방 교회가 이집트 대주교에게 단호하고 강력한 지원을 보내고 있

서기 353~355년,
아를과 밀라노 공의회

⁵⁷ 그리스 사가들이 밀라노 공의회의 상황에 대해 남겨 놓은 기록은 너무나 불완전하고 오류 투성이어서, 바로니우스가 베르첼리 교회의 문서 보관소에서 발췌한 에우세비우스의 편지 몇 통과 볼란두스가 출간한 밀라노의 디오니시우스 전기를 참조하는 수밖에 없다.

⁵⁸ 이러한 명예와 선물, 주연에 수많은 주교들이 넘어갔으나, 이를 받아들이기엔 너무나 순수하고 자존심이 강한 자들은 분개하여 이에 대해 언급했다. "우리는 적그리스도인 콘스탄티우스에게 맞서 싸우고 있다. 그는 등에 채찍을 내리는 게 아니라 배를 쓰다듬어 준다." (푸아티에의 힐라리우스)

⁵⁹ 사르디카 공의회의 정통파에 의해 이루어졌다고 말하는 편이 더 타당할 것이다. 양파 주교들이 공정하게 투표에 임했다면 투표 결과는 94 대 76이 되었을 것이다. 티유몽이 다수파라 해도 겨우 그 정도의 숫자로 적들에게 그렇게 맹렬한 기세로 맞서 재판을 진행했다는 데 놀라워한 것도 당연하다.

는 점을 생각하면, 콘스탄티우스도 라틴 주교들의 동의를 얻을 때까지는 선고의 실행을 미루어야만 했다. 그리하여 교회 간의 협상에만 2년의 세월이 소요되었다. 황제와 그의 국민들 중 한 사람 사이에서 전개된 분쟁은 처음에는 아를 공의회에서, 다음에는 300명 이상의 주교들로 구성된 밀라노의 대공의회⁵⁷에서 진지하게 논의되었다. 그러는 사이 주교들의 굳은 마음도 아리우스파의 주장, 환관들의 계교, 오로지 복수심에 불타 황제로서의 위엄도 버리고 나선 군주의 집요한 간청에 조금씩 허물어졌다. 매수 공작이 성공적으로 먹혀 들어가 황제의 뜻대로 투표해 준 대가로 온갖 명예와 선물, 특전이 제공되었다.⁵⁸ 교묘한 공작 덕에 알렉산드리아 대주교에 대한 유죄 판결만이 가톨릭계의 평화와 통합을 회복시키는 유일한 길인 듯 비쳐지게 되었다. 그러나 아타나시우스 편도 그들의 지도자와 대의명분을 적극 지지했다. 그들은 자신들의 신성한 직분을 방패 삼아 굳센 기백으로 공개적인 토론장에서나 황제와의 밀담에서나 종교와 정의를 지킬 영원한 의무를 내세웠다. 그들은 황제의 분노를 살지 모른다는 두려움에 떨면서도 황제의 마음을 돌릴 희망을 잃지 않고 지금 자리에는 없지만 결백하고 존경받는 형제의 유죄 판결에 동의하지는 않겠노라고 선언했다. 그들은 황제가 칙령으로 알렉산드리아 대주교직으로의 영광스러운 복직을 명한 바 있으며, 그의 적들이 이에 대해 침묵을 지키거나 주장을 철회했으므로 티르 공의회에서 내렸던 불법적이고 시효가 지난 포고령은 이미 암묵적으로 폐기된 것이라고 주장했다. 또한 대주교의 결백은 이집트의 대주교들이 만장일치로 증언했으며, 로마와 사르디카 공의회⁵⁹에서도 라틴 교회의 공정한 판결로 인정되었다고 단언했다. 그들은 그렇게 오랜 세월 자신의 지위와 평판, 적어도 겉으로는 군주의 신임을 누리다가 이제 다시 근거 없고 허황된 고발에 시달리게 된 아타나시우스의 딱한 상황을 안타까워했다. 그들의 말은 이치에 맞았으며 행동도 정당했다. 그러나 제국의 눈을 한 주교에게 고정시켜 놓은 이 길고도 집요한 논쟁에서 양파의 주교들은 용감한 니케아 신조의 옹호자를 지키거나 혹은 제거하기 위해서라면 진실이나 정의 따위는 기꺼이 희생시킬 자세가 되어 있었다. 아리우스파들은 여전히 애매모호한 표현으로 진짜 생각과 의도를 숨기는 편이 좋겠다고 생각했다. 그러나 정통파 주교들은 민중의 지지와 대공의회의 포고령을 무기 삼아 어떤 자리에서나, 특히 밀라노 공의회에서 아리우스파들이 위대한 아타나시우스의 행동을 비난하려면 그 전에 이단 혐의부터 벗어야 한다고 주장했다.

그러나 이성의 목소리는(이성이 진정 아타나시우스의 편이었다면) 자파의 이익에 눈이 멀었거나 돈으로 매수당한 다수

서기 355년, 아타나시우스에 대한 유죄 판결

파의 거친 고함소리 속에 묻혀 버렸다. 아를과 밀라노 공의회는 동방 교회뿐 아니라 서방 교회까지 알렉산드리아 대주교의 탄핵과 파면에 동의한 다음에야 비로소 해산되었다. 반대하던 주교들도 선고문에 서명하고 반대파 지도자들과 함께 성체배령(聖體拜領)을 하도록 강요받았다. 참석하지 않은 주교들에게도 사자들이 동의서를 전달했다. 자기 의견을 굽히지 않고 전체의 결정을 따르기를 거부하는 자들은 모두 가톨릭 교회의 포고령을 실행한다는 명목하에 즉각 황제의 명에 따라 추방되었다. 이 영광스러운 증거자들과 추방자들의 무리를 이끈 주교들 가운데 로마의 리베리우스, 코르도바의 오시우스, 트레브의 파울리누스, 밀라노의 디오니시우스, 베르첼리의 에우세비우스, 칼리아리의 루시페르, 푸아티에의 힐라리우스 등이 특기할 만한 인물들이다. 그중에서도 제국의 수도를 지배하는 최고의 자

60) 오시우스의 일생에 대해서는 티유몽이 기록한 바 있는데, 처음에 그는 지나치게 과장된 투로 코르도바의 주교를 찬양하다가, 나중에는 비난하고 있다. 그의 추락을 슬퍼하는 내용 가운데서 아타나시우스가 보여 준 신중함은 힐라리우스가 보여 준 맹목적이고 무절제한 감정과는 구별된다.

리에 있던 리베리우스와 오랜 경험과 업적을 갖추고 콘스탄티누스 대제의 총신이자 니케아 신조의 교부로서 존경받았던 덕망 높은 오시우스는 라틴 교회의 수장 역할을 했다. 따라서 이들이 복종하느냐 저항하느냐는 다른 성직자들에게도 영향을 주었다. 황제가 로마와 코르도바의 주교에게 거듭하여 가한 회유와 협박은 적어도 한동안은 그다지 효과를 보지 못했다. 에스파냐의 성직자는 60여 년 전에도 콘스탄티우스의 조부 막시미누스 밑에서 고통을 견디어 냈으니 콘스탄티우스 밑에서도 견디겠노라고 선언했다. 로마의 주교는 군주의 면전에서 아타나시우스의 결백과 자신의 자유의지를 강변했다. 그는 트라키아의 베로이아로 추방당하면서 받은 여비를 황제와 환관들이 병사들과 주교들에게 지급할 돈이 부족할지도 모르겠다며 되돌려 보냄으로써 밀라노의 궁정에 모욕을 주었다. 그러나 리베리우스와 오시우스의 굳은 결의도 고생스러운 추방과 구금 앞에서는 결국 무너졌다. 로마의 주교는 범죄에 가까운 협조를 제공하고 유형에서 풀려났으며, 나중에 이에 대해 깊이 회개했다. 백 살에 가까운 노령 탓에 기력도 쇠하고 신체의 기능도 제구실을 못하는 상태에 있던 코르도바의 늙은 주교에게도 설득과 폭력으로 가까스로 서명을 받아냈다. 승리감에 오만해진 아리우스파는 일부 정통파 성직자들을 선동하여 그리스도교에 그렇게 많은 봉사와 기여를 했던 이 불행한 노인의 인격과 족적을 무자비하리만치 가혹하게 다루게 했다.60)

추방

리베리우스와 오시우스의 추락 때문에 아타나시우스의 대의명분과 신앙의 진리에 대해 흔들림 없는 충성을 지키며 변함없이 지지를 보낸 주교들의 단호한 자세는 더욱 빛을 발했다. 적들은 악의적으로 대제국에서도 가장 황폐한 지역들을 골라

240

제각기 멀리 떨어진 지역으로 추방함으로써 서로 위안과 충고를 나눌 수조차 없게 만들었다.[61] 그러나 그들은 곧 아리우스파 주교들이 교묘한 방법으로 신학상의 반감에서 나온 원한을 마음껏 풀 수 있는 도시에서 사는 것보다는 오히려 리비아의 사막이나 카파도키아의 미개척지에서 사는 편이 훨씬 낫다는 사실을 경험을 통해 알게 되었다. 그들은 정직과 독립을 지키고 있다는 의식, 지지자들의 갈채와 방문, 편지, 아낌없는 지원금, 그리고 니케아 신조의 적들의 내부 분열을 목격하는 데서 위안을 얻었다. 콘스탄티우스 황제는 까다롭고 변덕스러운 데다 자신이 생각하는 그리스도교 신앙의 모범에서 한 치라도 벗어나면 못 참는 성미여서, 신의 아들의 동질설을 옹호하는 자들이나, 유질설을 주장하는 자들이나, 상사성을 부인하는 이들이나 똑같이 박해했다. 이러니 저마다 다른 의견을 주장하여 파면과 추방 처분을 받은 주교 세 사람이 같은 유배지에서 만나는 일도 있을 지경이었다. 만일 그런 일이 생긴다면 각자 기질대로 적대자들의 맹목적인 열정을 동정하거나 모욕했을 것이며, 미래의 행복이 현재의 고통을 보상해 주지는 못했을 것이다.

서로마의 정통파 주교들이 겪은 치욕과 추방은 아타나시우스의 파멸을 겨냥한 준비 단계였다. 황제의 궁정은 26개월에 걸쳐 그를 알렉산드리아에서 제거하고 더 이상 대중에게 관대한 씀씀이를 유지할 수 없도록 돈주머니를 빼앗기 위한 공작을 비밀리에 진행했다. 그러나 이집트 대주교가 라틴 교회에게 버림받고 배척당하는 몸이 되어 어떤 외부의 지원도 바랄 수 없게 되자, 콘스탄티우스는 두 명의 비서관에게 추방 명령을 선고하고 실행하라는 임무를 구두로 주어 급파했다. 이제 전 교

서기 356년,
아타나시우스의 3차 추방

[61] 서로마의 증거자들은 신앙심이라곤 하나도 없는 몬타누스파들이 지배하는 지역인 아라비아나 테베의 사막, 타우루스 산의 외딴 지역, 프리기아의 황무지 등으로 연달아 추방당했다. 이교도인 아이티우스는 킬리키아의 몹수에스티아에서 환대를 받다가, 아카시우스의 조언에 따라 야만인들이 살고 있으며 전쟁과 역병으로 얼룩진 땅인 암블라도로 유배지가 변경된 일이 있다.

62 아타나시우스는 당시 안토니우스와 몇몇 수도승들을 부르러 간 차였다. 그들은 산에서 내려와 알렉산드리아 시민들에게 아타나시우스의 결백함을 선언하고 도시 성문까지 대주교의 영접을 받았다.

계가 선고의 정당성을 공개적으로 승인한 터였기에, 콘스탄티우스가 그의 사자들에게 서면으로 명령을 내리기를 주저할 만한 이유가 있다면 오로지 앞으로 일어날지 모를 사태에 대한 우려 때문이었을 것이다. 그는 민중이 영적 지도자의 결백을 무력으로서라도 옹호하겠다는 결의를 꺾지 않는다면 제국의 두 번째로 큰 도시이자 가장 풍요로운 속주가 위험에 처할지 모른다는 우려를 떨칠 수가 없었다. 한편 황제가 이처럼 조심스럽게 조치를 취한 덕에 아타나시우스는 자비로우신 군주의 정의로움과 이전에 발표한 여러 칙서의 내용으로 보아 이 구두 명령의 진위가 의심스럽다는 그럴듯한 구실을 정중하게 둘러댈 수 있었다. 이집트의 행정권으로는 대주교를 설득하거나 압박하여 주교직에서 물러나게 할 수 없었다. 그래서 이집트 관리들은 황제의 뜻이 분명히 확인될 때까지 일체의 적대 행위를 일시 중지한다는 조건으로 알렉산드리아의 민회 지도자들과 합의했다. 가톨릭계는 이러한 허울뿐인 온건책에 현혹되어 안전을 보장받았다는 치명적인 착각 속에 빠졌다. 실제로는 그러고 있을 동안 비밀리에 명을 받은 상(上)이집트와 리비아의 군단들이 이 선동적이고 종교적 광신에 불타는 도시를 기습하고자 황급히 행군해 오고 있었다.62 알렉산드리아는 바다와 마레오티스 호 사이에 위치해 있었기 때문에 군대가 접근해 상륙하기에 안성맞춤이었다. 따라서 그들은 시민들이 성문을 닫는다거나 중요한 방어 거점을 확보하는 등 효과적인 조치를 취하기 전에 도시의 심장부까지 진입할 수 있었다. 조약에 서명한 지 23일째 되던 날 밤, 이집트 속주의 두크스인 시리아누스는 완전무장한 5000명의 병사를 이끌고 대주교가 일군의 성직자, 시민들과 함께 심야 예배를 드리고 있던 성 테오나스 교회를 포위했다. 교회의 문은 맹렬한 공격에 무너졌고 끔찍한 소란과 피바람이 그 자리를 휩쓸었다. 그러나 학살당한 사체들과 무기 파편들이 그 다음 날까지 부정할 수 없는 증거로 남아 있었기 때문에, 시리아누스가 그곳을 완전히 정복했다기보다는 난입에 성공했다는 정도로밖에 표현할 말이 없을 것이다. 도시의 다른 교회들도 마찬가지로 유린당했으며, 그 후 적어도 넉 달 동안 알렉산드리아는 반대파들의 부추김을 받은 방자한 군대의 모욕에 고스란히 온몸을 내맡겨야 했다. 상당수의 신자들이 살해되었는데, 그들의 죽음이 분노를 자극해 복수를 불러오지만 않았으면 마땅히 순교자의 이름에 올랐을지도 모른다. 주교들과 사제들은 잔인한 수모를 겪었으며, 수녀들은 발가벗겨진 채 채찍질을 당하고 능욕당했다. 부유한 시민들의 저택은 약탈 대상이 되었다. 병사들은 종교적 열정이라는 가면을 쓰고 아무런 제재 없이, 심지어 박수까지 받으면서 정욕, 탐욕, 사적인 원한을 마음껏 채웠다. 아직도 불만 세력을 형성하고 있던 다수의 알렉산드리아 이교도들은 쉽사리 설득에 넘어가 경외하던 주교를 버렸다. 그들은 특혜를 누리게 되리라는 희망에서, 혹은 반역죄에 끌려 들어갈지 모른다는 두려움에서 아타나시우스의 후계자로 내정된 카파도키아의 게오르기우스에 대한 지원을 약속했다. 이 찬탈자는 아리우스파 공의회의 인준을 받은 후, 이 중요한 계획의 실행을 위해 이집트 코메스로 임명된 세바스티아누스의 무력에 힘입어 주교 자리에 올랐다. 폭군 게오르기우스는 권력을 손에 넣는 과정에서뿐만 아니라 이를 행사하는 과정에서도 종교, 정의, 자비의 법 따위는 무시해 버렸다. 수도에서 연출되었던 폭력과 추문이 아흔 개 이상의 이집트의 도시들에서 반복되었다. 콘스탄티우스는 이 성공에 고무되어 대신들의 행동을 승인해 주었다. 황제는 열정에 넘쳐 쓴 공개 서한을 통해 알렉산드리아가 교묘한 언변에 눈먼 성직자

63 황제와 그의 아리우스파 비서관들은 그들의 적개심을 표현하면서 은연중에 아타나시우스에 대해 품고 있는 공포와 경의를 드러내고 있다.

64 이러한 상세한 정황 설명은 사흘 후 알렉산드리아의 가톨릭교도들이 공개적으로 제기한 항의서에서 그대로 베껴 온 것이기 때문에 정확하다고 볼 수 있다.

들을 미혹했던 폭군의 손에서 구출된 것을 치하하는 한편, 새로 선출된 주교인 게오르기우스의 덕성과 신앙심에 대해 자세히 늘어놓았다. 또한 도시의 보호자이자 후원자로서 알렉산드로스 대왕의 명성을 능가하고 싶다는 소망을 피력했다. 그러나 자신의 죄상을 고백하고 마땅히 감수해야 함에도 불구하고 죽음을 피해 달아난 사악한 아타나시우스의 추종자들은 불과 검으로 처단하겠다는 굳은 결의를 엄숙히 선포했다.63

아타나시우스의 태도

아타나시우스는 그야말로 목전까지 닥친 위험을 간신히 피했다. 여기서 이 비범한 위인의 모험담을 언급하고 넘어가야겠다. 성 테오나스 교회가 시리아누스의 군대에게 포위되던 그 잊지 못할 밤에, 대주교는 자기 자리에 앉아서 침착하고 대담한 모습으로 위엄을 잃지 않은 채 곧 닥쳐올 죽음을 기다리고 있었다. 공포에 찬 비명 소리와 성난 고함 때문에 예배를 진행하기 힘든 지경이었지만, 떨고 있는 신도들을 격려하여 시편 중 이집트의 오만하고 불경한 폭군에 대한 이스라엘의 신의 승리를 찬양하는 성가를 부르게 함으로써 믿음을 다졌다. 드디어 문이 부서지고 사람들 속으로 비 오듯 화살 세례가 퍼부어졌다. 칼을 뽑아든 병사들이 교회 안으로 돌진해 들어오자 제단 주위의 촛불에 갑옷이 반사되어 무시무시한 빛을 발했다.64 아타나시우스는 어서 몸을 피하라는 수도승들과 사제들의 끈질긴 간청을 물리치면서 신도들 마지막 한 사람까지 안전하게 떠날 때까지 자리를 지켰다. 밤의 어둠과 소란한 분위기 덕에 대주교는 몸을 피할 수 있었다. 그 와중에 흥분한 군중들의 물결 속에 휩쓸리기도 하고 땅바닥에 내동댕이쳐져 꼼짝도 못할 지경이 되기도 했지만, 여전히 용기를 잃지 않고 병사들의 수색을 피해 나갔다. 그들은 아리우스파들에게 아타나시우스의 목이야말로 황제가 가장 반기는 선물이라는 말을 들은 터였다. 그 후로 이집트 대주교는 적들의 눈을 피해 6년에 가까운 세월을 아무도 모르는 곳에 깊이 숨어 지냈다.65

무자비한 적의 전제적인 권력은 로마 제국 구석구석까지 뻗쳤다. 화가 머리끝까지 치민 왕은 매우 집요한 내용의 서신을 에티오피아의 그리스도교 군주들에게 보내어 아타나시우스를 지상에서 가장 멀고 외진 곳에도 발붙이지 못하게 하라고 요청했다. 총독들과 호민관들, 모든 군대가 줄지어 주교를 추적하러 나섰으며, 황제의 훈령으로 군과 민의 권력이 총동원되었다. 생사를 불문하고 아타나시우스를 끌고 오는 자에게는 거액의 보상금이 약속되었고, 이 공공의 적을 감히 보호하려 한 자에 대해서는 극형을 내리겠다고 선언했다. 그러나 당시 테베의 사막에는 군주의 법보다 수도원장의 명령을 더 중히 여기는 거칠지만 신앙심이 강한 광신도들이 들끓고 있었다. 안토니우스와 파코미우스의 사도들은 망명한 주교를 그들의 교부로 받아들였다. 그들은 아타나시우스가 자신들의 엄격하기 짝이 없는 제도를 인내와 겸양으로 따르는 데 감탄하여 그의 입에서 나오는 말이라면 무엇이든지 영감에 찬 지혜의 발로로 귀담아 들었으며, 그 영향으로 예배와 단식, 철야 기도보다 진리와 순결을 지키기 위해 종교적 열정을 표출하고 위험을 무릅쓰는 것이 더 가치 있는 일이라고 믿게 되었다. 이집트의 수도원들은 산 정상이나 나일 강의 섬과 같은 고적한 곳에 자리잡고 있었다. 타벤니시 섬의 신성한 나팔 소리는 대개 본래는 인근 지역의 농부들이었던 강건하고 심지 굳은 수도승들을 불러 모으는 신호였다. 그들의 은거지가 저항할 수 없을 정도의 무력에 침략당했을 때에도 말없이 사형 집행인에게 목을 내밀어서, 이집

서기 356~362년, 아타나시우스의 은둔

65 얀센파는 아타나시우스를 종종 아르노에 비교하면서, 이들 이름 높은 교부들의 신앙과 열정, 업적과 추방에 대해 상세히 논한다.

66 이 이야기와 다음 이야기는 그가 우연히 혹은 가끔씩 이용했던 은신처에서 항상 살았다고 생각한다면 불가능한 이야기가 될 것이다.

트인이 일단 고백하지 않기로 마음먹으면 어떤 고문으로도 비밀을 끄집어 낼 수 없다는 민족성을 입증해 보였다. 그들은 알렉산드리아 대주교의 안전을 위해서라면 생명까지도 기꺼이 바칠 각오가 되어 있었기 때문에, 아타나시우스는 이 잘 단련된 무리들 속에 완벽하게 몸을 숨길 수 있었다. 위험이 다가오면 그들은 재빨리 그를 다른 은신처로 옮겨서 사막까지 데려다 놓았는데, 음산한 그곳은 어리석은 미신으로 가득한 사람들이 요정과 야만스러운 괴물이 창궐한다고 두려워하는 곳이었다. 아타나시우스가 콘스탄티우스의 죽음으로 끝내게 되는 은거 기간의 대부분을 이 수도승들 무리 속에서 보내는 동안 그들은 호위병으로, 비서로, 사자로 충직한 봉사를 바쳤다. 그러나 가톨릭 교회와 긴밀한 관계를 유지하는 것도 중요한 일이었기에, 추적의 손길이 느슨해질 때마다 알렉산드리아로 잠입하여 벗들과 추종자들에게 몸을 의탁하곤 했다. 그의 모험담은 끝이 없어서 흥미진진한 로맨스의 주제로 삼아도 좋을 만하다. 한번은 마른 저수지에 몸을 숨겼다가 한 여자 노예의 배신으로 발각될 뻔한 적이 있었다.[66] 또 언젠가는 훨씬 더 이상한 곳에 숨은 적도 있었는데, 빼어난 미모로 온 도시에 명성이 자자한 갓 스무 살짜리 처녀의 집이었다. 그녀가 오랜 세월이 지난 후 설명한 바로는, 한밤중에 대주교가 옷도 제대로 갖춰 입지 못한 채로 그녀의 집에 갑자기 들이닥쳐서는 천상의 계시가 그녀의 집에서 보호를 구하라고 했다며 숨겨 줄 것을 간청했다. 신심 깊은 처녀는 자신의 신중함과 용기를 믿고 온 주교를 받아들여 지켜 주었다. 그녀는 누구에게도 알리지 않고 즉시 아타나시우스를 가장 외진 방으로 안내하여 마치 그의 친구처럼 친절하게, 하인처럼 성심성의껏 보살펴 주었다. 그녀는 위험이 비켜갈 때까지 꼬박꼬박 책과 양식을 날라다 주고 발을 닦아 주고 서신 왕래를 도와 주면서, 누구보다도 흠 없는 순결이 요구되는 성인과 위험한 정념을 자극할 만한 매력을 지닌 처녀 사이의 친밀하고도 비밀스러운 교류가 의혹의 눈길에 띄지 않도록 조심하며 숨겨 주었다.67 아타나시우스는 6년에 걸친 박해와 추방 기간 동안 이 아름답고 충실한 벗을 자주 방문했다. 리미니 공의회와 셀레우키아 공의회에 그가 직접 참석했다는 공식 기록으로 미루어, 비밀리에 집회 장소에 나타났다고 믿을 수밖에 없다. 개인적으로 벗들과 의견을 나누고 적들의 분열을 관찰하고 부추기려면 그렇게 대담하고 위험한 기도를 하지 않을 수 없었다. 더군다나 알렉산드리아는 교역과 항해를 통해 지중해의 모든 항구와 연결된 곳이었다. 용감무쌍한 대주교는 손닿지 않는 곳에 깊이 숨어서 아리우스주의의 비호자(콘스탄티우스)를 쉬지 않고 공격했다. 그의 시의적절한 저작들은 널리 퍼져 나가 열성적으로 읽히면서 정통파를 단결시키고 힘을 불어넣는 데 기여했다. 황제에게 보낸 공개적인 변론에서는 그의 온건책을 칭찬하는 척하기도 했으나, 그와 동시에 은밀하게 유포된 격렬한 비난의 글에서는 콘스탄티우스를 나약하고 사악한 군주, 친족을 암살한 자, 공화국의 폭군, 교회의 적그리스도 등으로 규탄했다. 콘스탄티우스는 갈루스의 실정을 벌했고 베트라니오의 머리에서 왕관을 빼앗았던 실바누스의 반란을 진압했으며, 마그넨티우스 군단을 전장에서 패배시키는 등 승승장구하며 최전성기를 누리고 있었지만, 이렇게 보이지 않는 손이 그에게 치유할 수도, 복수할 수도 없는 상처를 입히고 있었다. 콘스탄티누스의 아들은 신앙 문제에 있어서는 아무리 강력한 속세의 권력을 휘두른다 해도 저항하는 강한 원칙들이 존재한다는 사실을 몸소 체험한 최초의 그리스도교 군주가 되었다.68

67 이 일화의 원저자인 팔라디우스는 노년까지도 이 신성하고 명예로운 교분을 기쁨으로 간직하고 있는 이 여성과 대화를 나누었다. 바로니우스, 발레시우스, 티유몽은 이 이야기가 진지한 교회사에 걸맞지 않는다 하여 무시해 버렸지만 그들의 세심함을 따를 생각은 없다.

68 아타나시우스가 수도승들에게 보낸 편지는 온통 비난 일색이었는데, 대중은 이를 진실이라고 생각했을 것이다. 또한 독자들에게 보내는 찬사에서 콘스탄티우스를 파라오, 아합, 벨사차르 등의 인물에 비유했다. 힐라리우스가 율리아누스의 반란이 있은 후 갈리아에서 비난의 글을 발표했지만 이보다는 덜 위험한 행동이었다. 반면 루시페르는 콘스탄티우스에게 비방하는 글을 보냈다가 하마터면 순교자의 반열에 오를 뻔했다.

69 아타나시우스는 이런 처사를 불평하면서, 나중에 펠릭스가 엉터리 절차를 거쳐 선출되었을 때에도 이를 예로 들었다.

70 고드프루아(Godefroy)가 이 찬송가의 주제를 심혈을 기울여 조사한 바에 따르면, 이 찬송가를 이단적으로 변형한 예가 세 가지 있다. '성자에 의하여, 성령 속에 거하시는 성부께', '성령 속에 거하시는 성부와 성자께', '성자와 성령 속에 거하시는 성부께.'

아리우스파 주교들

아타나시우스와 존경받는 수많은 주교들이 진리를 고수했다는 이유로, 혹은 양심을 지켰다는 이유로 고통받고 박해당하는 모습은 아리우스파에 맹목적으로 헌신하는 자들을 제외한 모든 그리스도교인들에게 분노와 불만을 불러일으켰다. 사람들은 정신적 지도자를 잃고 낯선 자[69]에게 주교직을 빼앗긴 것에 슬퍼했으며, 주교를 선출할 권리도 박탈당한 채 신원불명에 원칙도 의심스러운 찬탈자에게 복종하게 되었다고 소리높여 불평하였다. 가톨릭교도로서 이 새로운 주교의 죄상과 무관

분열

함을 만천하에 입증하려면, 공개적으로 이의를 표명하거나 그가 행하는 성찬식을 완전히 거부해야 했다. 이 중 첫 번째 방법은 안티오크에서 성공적으로 실행된 후 곧 가톨릭계 전체로 퍼져 나갔다. 삼위일체의 영광을 찬양하는 성가는 미묘한 변형만으로도 본질적인 차이를 불러왔는데, 즉 이접 접속사나 연결 접속사의 차이로 정통파나 이단파의 대의를 표현할 수 있었다. 니케아 신조를 충실히 신봉하는 신심 깊고 적극적인 평신도 플라비아누스와 디오도루스는 예배에 교독문과 시편 송독을 도입했다. 그들의 지도하에 인근 사막에서 온 수도승들이 잘 훈련된 성가대를 구성하여 안티오크의 대성당에 머물면서 '성부와 성자와 성령께 영광 있으라' 라는 찬송을 소리 높여 불렀다.[70] 이렇게 가톨릭교도들은 자기들의 교리가 순수함을 과시하는 방법으로 덕망 높은 에우스타티우스의 자리를 빼앗은 아리우스파 성직자에게 모욕을 주었다. 정통파 중 양심과 지조를 지키는 무리들은 이러한 찬송을 부르는 데 그치지 않고 별도의 예배까지 가졌는데, 추방당한 주교가 죽어서 새로운 지도자를 선출하고 서품하게 될 때까지 사제들이 예배를 이끌었

다.71 궁정의 분위기가 바뀔 때마다 수많은 참칭자들이 생겨났으니, 콘스탄티우스 치하에서는 한 도시에 두세 명, 심할 때는 네 명의 주교들이 나와서 저마다 자기의 추종자들에게 영적 지배권을 행사하면서 교회의 소유권을 놓고 다투었다. 이 같은 그리스도교계의 내분은 로마 정치에 폭정과 선동의 원인을 제공해 주었으며, 시민 사회도 종파 싸움에 말려 사분오열되었다. 연이은 황제들의 부상과 추락을 무관심하게 지켜보기만 했던 이름 없는 시민들조차 이제 자신의 생명과 재산이 세력 있는 한 성직자의 이해관계와 연관되어 있다고 생각하게 되었으며, 나아가 체험하게 되었다. 로마와 콘스탄티노플, 두 곳의 수도의 예를 보면 콘스탄티우스의 아들들 치하에서 제국의 상황과 대중의 분위기를 엿볼 수 있다.

71 유스타티우스가 콘스탄티누스 치하에서 추방된 후, 정통파 중에서도 엄격한 교리를 따르는 파는 교파를 분리했다가 나중에 분파로 전락하여 400년간이나 유지되었다. 많은 교회에서 아리우스파와 호모오우시온파들은 상대방의 성체배령에 참여하지 않았으나 한동안 예배는 함께 했다.

1. 로마 교황은 자신이 대의와 원칙을 지키는 한 많은 신도들의 따뜻한 애정 아래 보호를 받았으므로, 이단을 옹호하는 군주의 애원과 협박, 헌금 공세를 코웃음치며 무시해 버릴 수 있었다. 환관들이 리베리우스의 추방을 비밀리에 선고했을 때에도, 폭동의 가능성을 우려할 근거가 충분한 상황이었기에 선고를 실행에 옮기는 데 세심한 주의를 기울여야만 했다. 도시는 사방에서 포위되었으며, 총독에게는 술책으로든 공개적인 폭력으로든 주교의 신병을 확보하라는 명령이 떨어졌다. 명령은 실행으로 옮겨졌고 리베리우스는 한밤중에, 즉 로마 시민들의 표정이 분노로 바뀌기 전에 그들이 손쓸 수 없는 곳으로 이송되었다. 그가 트라키아로 추방된 사실이 알려지자마자 회의가 소집되었다. 로마의 성직자들은 결코 주교를 버리지 않을 것이며, 환관들의 힘으로 궁정의 담 안에서 불법적으로 선출된 찬탈자 펠릭스를 인정하지 않겠노라고 공개적으로 엄숙히 맹

로마

세했다. 2년이 지나도록 그들의 성스러운 의지는 조금도 흔들리지 않고 유지되었다. 그리하여 콘스탄티우스는 로마를 방문했을 때 시민들로부터 집요한 청원 공세에 시달려야 했다. 그들은 과거로부터 누렸던 자유의 마지막 흔적이라 할 수 있는 군주를 대등하게 상대할 권리를 여전히 간직하고 있었다. 원로원 의원과 명망가들의 부인들은 남편들에게 리베리우스를 위해 중재에 나서 달라고 조르는 것으로도 모자라, 직접 나서는 편이 덜 위험하면서도 효과는 클 것이라 생각하고 그 임무를 떠맡기까지 했다. 그리하여 황제는 화려한 의복과 장신구로 부와 권위를 한껏 뽐낸 여성 대표단을 정중한 태도로 영접했다. 황제는 사랑하는 지도자가 아무리 세상 끝에 멀리 떨어져 있어도 따르겠다는 그들의 굳은 결의에 경탄하여, 리베리우스와 펠릭스 두 주교가 각각 자기 파의 예배를 주관하는 데 동의해 주었다. 그러나 그 당시에 종교적 관용이라는 개념은 실천은 고사하고 생각하기조차 힘든 분위기였으므로, 콘스탄티우스의 답변이 로마의 대경기장에서 낭독되자 매우 합리적인 조정안임에도 불구하고 시민들은 경멸과 조소로 거부했다. 경마가 절정에 이를 때면 구경꾼들을 달구었던 격렬한 열기가 이제는 다른 대상을 향해 흘러가고 있었다. 대경기장에는 "신도 하나, 그리스도도 하나, 주교도 하나"를 외치는 수천의 고함소리가 울려 퍼졌다. 리베리우스를 지지하는 로마 시민들의 열정은 말로만 그치지 않았다. 콘스탄티우스가 떠나자마자 무시무시한 유혈 폭동이 일어나, 군주도 추방당했던 주교를 받아들여 수도의 교권을 온전히 맡긴다는 결정을 내려야만 했다. 그의 적은 잠시 저항했지만 결국 황제의 윤허와 반대파의 힘에 밀려 도시에서 쫓겨났다. 펠릭스의 추종자들은 거리에서, 공공 장소에서, 욕탕에서, 심지어는 교회 안에서까지 무자비하게 살해당했다. 한 그리스도교 주교의 귀환을 놓고 로마의 얼굴에는 과거 마리우스의 대학살과 술라의 추방이 있었을 때 드리워졌던 그 무시무시한 인상이 되살아났다.

2. 플라비우스 가의 지배하에서 그리스도교인들의 숫자가 급증했음에도 불구하고, 로마와 알렉산드리아, 그 밖의 대도시에서는 여전히 이교도들이 막강한 세력을 형성하고 있었다. 그들은 교회의 번영을 질시하는 한편으로 신학 논쟁을 비웃었다. 처음부터 그리스도교 신앙을 받아들여 발전시켜 온 곳은 콘스탄티노플뿐이었다. 이 동로마의 수도는 우상 숭배로 더럽혀진 적이 한 번도 없었으며, 모든 시민들은 당대의 그리스도교인들을 다른 사람들과 차별화한 사상, 도덕, 열정을 깊이 흡수해 왔다. 알렉산드로스 대주교가 죽은 후 파울루스와 마케도니우스가 주교직을 놓고 겨루었다. 신앙으로 보나 능력으로 보나 두 사람 다 그들이 원하는 최고의 자리를 얻을 자격이 있었다. 마케도니우스의 도덕성도 흠잡을 데 없기는 했지만, 그의 경쟁자에게는 선임자로서의 경력과 정통파라는 강점이 있었다. 파울루스는 니케아 신조를 충실히 신봉함으로써 나중에 다른 성자들이나 순교자들과 함께 달력의 한 자리를 차지하게 되지만, 이로 인해 아리우스파의 표적이 되었다. 14년 동안 그는 다섯 번이나 주교직에서 쫓겨났으나, 그때마다 군주의 관용보다는 시민들의 거센 저항으로 복귀할 수 있었다. 그러니 마케도니우스가 권력을 쥐려면 그의 경쟁자가 죽어야만 했다. 불운한 파울루스는 사슬에 묶인 채 메소포타미아의 사막에서 타우루스 산 속[72] 깊숙이 끌려가 어둡고 좁은 토굴 속에 식량도 없이 6일간 감금되었다가 결국 콘스탄티우스 황제의 측근 중 한 사람인 필리푸스의 명에 따라 교살되었다.[73] 이러한 종교

콘스탄티노플

[72] 쿠쿠수스는 그의 삶과 고통의 마지막 무대였다. 카파도키아, 킬리키아, 소아르메니아 접경 지대에 위치한 이 외딴 마을은 정확한 지리적 위치를 파악하기가 어려웠으나, 카이사레아에서 아나자르부스까지의 로마 도로를 따라가 보면 그 위치를 찾을 수 있다.

[73] 아타나시우스는 파울루스가 살해되었다는 확신을 갖고 주장하면서, 세간에 널리 퍼진 풍문뿐 아니라 아리우스파 박해자들 중 하나인 필라그리우스의 확실한 증언을 근거로 내세운다. 그러나 이교도들은 콘스탄티노플 주교의 죽음을 질병 탓으로 보고 있다는 사실을 인정한다. 소크라테스는 아타나시우스의 주장을 그대로 베꼈으나, 소조메노스는 신중하게 의심하는 자세를 취한다.

분쟁 과정에서 새로운 수도를 얼룩지게 한 최초의 유혈 사태가 벌어졌다. 분노에 휩싸인 양 파는 한치의 물러섬도 없이 맞붙어 수많은 희생자를 냈다. 기병대장인 헤르모게네스에게 파울루스에 대한 추방 명령을 집행하라는 임무가 맡겨졌으나, 이는 오히려 그의 파멸을 가져왔다. 가톨릭교도들은 그들의 주교를 지키고자 궐기하여 헤르모게네스의 관저를 불태워 버렸다. 그들은 제국의 최고 군 지휘관의 발뒤꿈치를 묶어 콘스탄티노플의 온 시내를 질질 끌고 다니다가, 숨을 거두자 차가워진 시체에 갖은 모욕을 가했다. 헤르모게네스의 비참한 운명은 민정 총독인 필리푸스에게 그 같은 경우에 더 신중하게 행동해야 한다는 교훈을 주었다. 그는 파울루스에게 정중하게 제우크십푸스의 온천으로 나와 달라고 청했다. 그곳에는 궁정과 바다를 연결하는 비밀 통로가 있었다. 그는 정원의 계단에 미리 배 한 척을 준비해 놓았다가 즉시 돛을 올렸다. 결국 사람들이 이 계획적인 범죄 행위를 알아차리기도 전에 주교는 이미 배에 실려 테살로니카를 향해 가고 있었다. 곧 성문이 활짝 열리고, 시민들은 칼을 뽑아든 호위병들에게 둘러싸여 높은 전차 위 총독의 옆자리에 앉아 있는 찬탈자 마케도니우스의 모습을 경악과 분노에 차서 바라보았다. 군대의 행렬이 대성당으로 향하자, 아리우스파와 가톨릭교도들은 제각기 이 요지를 차지하기 위해 맹렬히 돌진했다. 이런 혼란 속에서 3150명이 목숨을 잃었다. 마케도니우스는 정규군의 지원을 받아 결정적인 승리를 얻었으나, 그의 통치는 소란과 폭동으로 어지러울 수밖에 없었다. 논쟁의 주제와는 무관해 보이는 주장들까지도 시민들 간의 불화를 조장하기에 충분했다. 콘스탄티누스 대제의 유해가 안치되어 있던 대성당이 이렇게 소란에 휩쓸리게 되자, 주교들은 그의 유해를 성 아카시우스 교회로 옮겼다. 이는 신중하고 충성스러운 조치였지만, 호모오우시온을 고수하는 파들은 이를 사악한 독신(瀆神)적 행위로 몰아붙였다. 양 파는 즉각 무기를 잡았고 신성한 땅은 전장으로 변했다. 한 교회 사가는 교회 앞의 우물이 현관과 주변 마당을 가득 채운 피로 흘러 넘쳤다는 얘기가 수사적 표현이 아니라 진짜 사실이라고 했다. 이 폭동의 원인을 단지 종교적 원칙으로만 돌리는 역사가가 있다면 그는 인간의 본성을 잘 모르는 사람이다. 그러나 다른 경우였다면 콘스탄티노플의 그리스도교인들은 이러한 난폭한 행동을 저지른 데 대해 양심의 가책을 느꼈겠지만, 이번 경우에만은 종교를 위해서라는 동기가 진실한 신앙심을 오도하고 방종한 감정을 위장할 여러 구실들을 제공하여 가책을 느끼지 못했다는 사실만은 인정해야 한다.

콘스탄티우스는 국민들이 범죄 행위나 저항으로 자극하지 않아도 충분히 잔인하고 변덕스러운 인물이었지만, 그의 수도에서 일어난 폭동과 범죄 행위는 군주의 권위와 종교에 맞선 것이라는 점에서 그를 더욱 격분시켰다. 그는 편파적으로 사형, 추방, 재산 몰수 등의 처벌을 내렸다. 그리스인들은 헤르모게네스를 살해한 죄로 기소되어 콘스탄티노플 성문에서 참수당한 두 사람의 성직자, 성경 봉독자와 차부제에 대해 아직도 경외감을 가지고 있다. 콘스탄티우스는 가톨릭교도들에게 칙령을 내려 아리우스파 사교들, 특히 마케도니우스로부터 성체를 받기를 거부하는 자들에게서 성직자로서의 특전과 그리스도교인으로서의 권리를 박탈했다. 이에 그들은 교회의 소유권을 포기해야만 했으며, 도시의 성내에서 집회를 여는 것도 엄격히 금지당했다. 트라키아와 소아시아에서는 마케도니우스라는 인물이 민과 군의 권력을 손에 쥐고 이 부당한 법률을 시

아리우스파의 잔인성

행할 책임을 맡았다. 이 반(半)아리우스파의 폭군은 호모이오우시온을 지지하기 위해 자신의 권한을 넘어선 잔학 행위를 저지름으로써 콘스탄티우스의 통치에 불명예를 안겼다. 마케도니우스를 거부하고 그의 교리를 혐오하는 사람들에게 교회 성사가 강제로 집행되었다. 여자들과 아이들을 친구와 부모로부터 떼어내어 세례를 주었고, 목재 도구로 성체배령자들의 입을 강제로 벌려 목구멍 속에 성찬용 빵을 쑤셔 넣었다. 처녀들의 가슴을 빨갛게 달궈진 달걀 껍질로 지지거나 두꺼운 판자 사이에 끼워 넣고 무자비하게 짓눌렀다.[74] 콘스탄티노플과 인근 지역의 노바티아누스파들은 호모오우시온을 적극 신봉했기 때문에 가톨릭교도들과 혼동될 소지가 충분했다. 이들은 광대한 파플라고니아 지역의 대부분을 차지하고 있었으므로, 마케도니우스는 이들을 개종시키지 못한다면 차라리 말살시키리라고 결심했다. 이 경우만큼은 전도의 효과를 믿지 않았기 때문에, 4000명의 군단병에게 반역도들을 향해 진군하여 만티니움을 그의 영적 지배권 아래 넣도록 명했다. 노바티아누스파 농부들은 신앙심에서 우러난 분노에다가 자포자기의 심정까지 겹쳐서 대담하게 침략자들에 맞섰다. 그리하여 파플라고니아인들의 희생도 컸지만 로마 군단들은 낫과 도끼로 무장한 이들 비정규군에게 패배하여, 굴욕적으로 도망쳐 목숨을 건진 소수를 제외하고는 4000명의 병사들이 전장에 시체로 나뒹굴었다. 콘스탄티우스의 후계자는 간결하나 생생한 필치로 자기 자신과 환관들의 감정의 노예가 되었던 군주의 통치하에서 제국, 특히 동로마가 얼마나 신학 논쟁에서 비롯한 참화들로 고통받았는가에 대해 언급했다.

수많은 사람들이 투옥되거나 박해받고 추방되었다. 그리고

[74] 이 박해 작업을 행한 마케도니우스의 수석 보좌 사제는 니코메디아와 키지쿠스의 주교들이었는데, 그들은 덕성과 자비심을 갖춘 인물로서 존경받고 있었다. 여기에서 호모오우시온과 호모이오우시온 사이의 차이는 신학적으로 아무리 정밀하게 살펴본다 해도 거의 눈에 띄지 않을 정도라는 것을 독자들에게 다시 한 번 상기시키지 않을 수 없다.

수많은 사람들이 이교도로 낙인 찍혀 키지쿠스와 사모사타에서 학살당했다. 파플라고니아, 비티니아, 갈라티아, 그 밖의 많은 속주에서 도시와 마을들이 초토화되었다.

아리우스파의 불길이 제국의 중심부를 불태우고 있을 동안, 아프리카의 속주에서는 야만스러운 광신도 무리가 창궐하여 키르쿰켈리오네스파란 이름 아래 도나투스파의 세력을 형성하고 온갖 추문을 빚어 냈다. 또한 콘스탄티누스의 법이 가혹하게 집행되자 불만과 반항의 기운이 높아졌다. 교회를 다시 통합하려는 그의 아들 콘스탄스의 분투도 처음 분열을 야기했던 쌍방간의 증오를 더욱 깊게 할 뿐이었다. 황제가 파견한 감독관 파울루스와 마카리우스의 무력과 매수책은 종파 분립론자들에게 사도의 후계자를 참칭하는 자들의 언행이 실제 사도의 원칙과 얼마나 다른가를 보여 주는 예로써 이용되었을 뿐이다. 누미디아와 마우리타니아에 거주하는 농부들은 로마법의 권위 아래 완전히 편입되지도, 그리스도교 신앙에 완전히 귀의하지도 않은 거친 무리들이었지만, 도나투스파 성직자들의 주장에 대해서만은 맹목적이고 격렬한 열정을 가지고 추종했다. 그들은 주교들의 추방과 교회의 파괴, 비밀 집회 금지령까지는 분노하면서도 참아냈지만, 무력을 대동한 법관들의 폭력에 대해서만은 지지 않고 반격했다. 이러한 싸움에서 몇몇 유명한 성직자들이 희생되는 사태가 벌어지자, 이 추종자들은 성스러운 순교자들의 죽음에 복수하겠다는 열망에 불탔다. 박해를 행한 관료들은 잔인하고 경솔한 행동으로 스스로 파멸을 재촉했다. 그들은 우발적인 소요에 대해서조차 가혹하게 죄상을 추궁함으로써, 당사자들이 절망에 빠져 더 큰 폭동을 일으키도록 몰

서기 345년 등,
도나투스파의 반란과 분노

아붙이는 결과를 낳았다. 도나투스파 농부들은 고향 마을에서 쫓겨난 몸이 되자 게툴리아 사막 변경 지대에서 폭도 무리를 이루었다. 그들은 하루아침에 노동하던 습관을 버리고 게으름 피우며 약탈하는 생활을 시작했으며, 도나투스파 성직자들은 이들의 죄상을 가볍게 책망하는 정도로 그치고 종교의 이름으로 축성까지 해 주었다. 키르쿰켈리오네스파의 지도자들은 성스러운 군대를 이끄는 우두머리라는 칭호를 취했다. 칼과 창은 구하기 어려웠기 때문에 그들의 주된 무기는 '이스라엘인(Israelite)'이라고 부르는 크고 무거운 곤봉이었다. 전투에 나설 때마다 외치는 "신께 영광 있으라."라는 유명한 구호는 무방비 상태의 아프리카 속주들을 혼비백산케 했다. 처음에는 어쩔 수 없이 굶어죽지 않으려고 약탈을 한다고 했지만, 머지않아 호구지책 정도를 넘어서 거침없이 탐욕을 채우고 약탈한 마을들을 불지르는 등 방자한 위세를 떨치게 되었다. 이들 때문에 농사일을 계속한다거나 정의의 법을 집행하기도 어려워졌다. 키르쿰켈리오네스파는 원시 시대의 평등을 되살리고 문명 사회의 악습을 개혁한다는 명분을 내세웠기 때문에, 그들의 신성한 깃발을 따라 구름같이 모여든 채무자들과 노예들에게 안전한 피난처가 되었다. 그들은 아무도 저항하지 않을 때는 보통 약탈로 만족했지만, 조금이라도 반항의 기미가 보이면 가차없이 폭력과 살인을 저지르곤 했다. 어떤 가톨릭 사제들은 경솔하게 이 광신도들의 성미를 건드렸다가 더없이 정교하고 무자비한 방법으로 고문을 당했다. 그렇다고 키르쿰켈리오네스파가 항상 무방비 상태의 적들만을 상대하는 것은 아니어서, 때로는 속주의 군대와 교전을 벌여 승리를 거두기도 했다. 바가이 전투에서는 황제의 기병대를 공격한 일이 있었으나 그들의 용맹에도 불구하고 패하고 말았다. 무장한 채 사로잡힌 도나투스파들은 사막의 야수들에게나 할 법한 대우를 받았다. 포로들은 신음소리 한 번 내지 못하고 칼이나 도끼를 맞거나 혹은 불에 타 죽었다. 이에 대한 보복 행위가 몇 배나 더 가혹하게 행해지면서 반란의 공포는 더욱 커졌고, 서로가 관용을 베풀 희망은 사라졌다. 키르쿰켈리오네스파의 예는 금세기 초 카미자르파의 박해, 대담성, 범죄 행위, 열정에서 재현되었다. 무력으로 이룬 성취 면에서는 랑그도크의 광신도들이 누미디아의 광신도들을 뛰어넘었다 해도, 아프리카인들은 더 굳은 결의와 인내로 독립을 지켰다.

이러한 혼란은 종교적 학정이 낳은 당연한 결과였다. 그러나 도나투스파의 사나움을 부채질한 것은 아주 기이한 종류의 광신이었다. 광신적 분위기가 그렇게 엄청난 정도로 퍼져 있었던 것이 사실이라면 어떤 나라, 어떤 시대에도 필적할 예는 결코 없을 것이다. 이 광신도들 중 상당수가 삶에 대한 공포와 함께 순교의 열망에 사로잡혀 있었다. 그들은 참된 신앙의 영광과 영원한 행복을 얻을 희망에 자신을 바침으로써 죄를 씻을 수만 있다면 어떤 식으로, 누구의 손에 의해 죽음을 맞는지는 상관하지 않았다.[75] 때로는 우상 숭배자들의 신앙심을 자극해서 그들의 신이 당한 모욕에 복수를 하게 만들 목적으로 거칠게 이교도들의 축제를 망쳐 놓고 사원을 더럽히기도 했다. 법정 한가운데 난입하여 겁에 질린 판관에게 자신들을 즉각 처형하라는 명령을 내리도록 강요하기도 했다. 또한 대로변에서 지나가는 여행자들을 멈춰 세워서 자기들을 찔러 죽여 순교할 수 있게 해 달라고 하면서, 이에 동의하면 보수를 주겠다고 약속하고, 호의를 베풀어 주기를 거부한다면 그 자리에서 죽이겠다고 협박했다. 이런저런 수단을 다 써도 실패했을 경우에는

도나투스파의 종교적 자살 행위

[75] 도나투스파는 라지아스의 예를 들어 자살을 정당화했는데, 이는 『마카베서』 2권 14장에 설명되어 있다.

날을 잡아서 친구들과 친지들을 불러모아 놓고 높은 바위에서 거꾸로 몸을 던졌다. 그러니 많은 광신자들이 자살하여 명성을 얻은 절벽들이 여럿 생겨날 정도였다. 이렇게 한쪽에서는 신을 위해 순교한 자들로 칭송받고 다른 한쪽에서는 사탄의 희생자들로 멸시받는 광신자들의 행동에 대해 공정한 철학자의 견해를 빌려 말한다면, 본래 유대 민족의 성격과 원칙에서 나온 불굴의 정신에서 영향을 받아 지나치게 극단으로 치달은 결과라고 할 수 있다.

서기 312~361년,
그리스도교 교파들의
전반적 성격

교회의 평화를 어지럽히고 교회가 거둔 승리를 더럽힌 내부 분열을 간단히 살펴보기만 해도 한 이교도 역사가(암미아누스)의 평가를 확인할 수 있으며, 한 덕망 있는 주교(그레고리우스)의 한탄도 일리가 있음을 알 수 있다. 암미아누스는 자신이 겪은 바를 통해 그리스도교인들 상호간의 적의가 야수의 흉포성을 능가한다고 했다. 나지안주스의 그레고리우스는 천상의 왕국이 불화로 인해 야밤의 폭풍이나 지옥 그 자체와도 같은 혼돈으로 변하고 말았다고 슬프게 탄식했다. 당시의 사가들 중에서도 과격하고 편파적인 자들은 미덕은 모두 자신들의 것으로, 죄는 모두 적들의 것으로 돌리면서 천사와 악마 간의 전투쯤으로 곡해했다. 냉철한 이성을 가지고 본다면 그렇게 순수하고 완벽한 악이나 신성함은 존재하지 않는다. 서로 정통이니 이단이니 불렀던 적대적인 종파들은 선과 악을 똑같이, 적어도 별 차이 없이 공유하고 있었다고 해야 한다. 그들은 같은 종교를 가지고 같은 문명 사회에서 교육을 받았으며, 현세와 내세에 대해서도 비슷한 희망과 공포를 품고 있었을 것이다. 어느 쪽에나 악의 없이 무심코 저지른 과오나 진실한 믿음이 있었고, 훌륭한 업적이나 부정 행위도 있었을 것이다. 그들이 열정적으로 추구하는 대상도 같았으며, 번갈아 가면서 궁정이나 대중의 지지를 등에 업고 함부로 세력을 휘두른 것도 마찬가지였다. 아타나시우스파든 아리우스파든 그들의 형이상학적 사상은 도덕성에는 아무런 영향도 미치지 못했다. 그들은 복음서의 순수하고 단순한 원칙에서 뽑아 낸 불관용의 정신을 똑같이 따랐다.

자신이 쓴 역사 앞에 '정치적이고 철학적인 역사'라는 형용어구를 붙였던 한 근대의 역사가는 몽테스키외가 제국의 쇠 이교도에 대한 관용
망을 가져온 원인을 열거하면서, 소심하게도 지나치게 신중을 기하느라 콘스탄티누스가 제정한 이교 숭배 의식을 탄압하는 법은 들지 않았다고 비난했다. 이 법 때문에 상당수의 국민들이 사제도, 사원도, 아무 종교도 없는 상태로 방치되었다는 것이다. 그러나 인류의 권리를 적극 옹호하는 이 철학적인 역사가조차도 가장 경애하는 영웅(콘스탄티누스)에게 널리 행해진 박해의 책임을 되도록 묻지 않으려 하는 교회 사가들의 애매모호한 증언은 그대로 받아들였다. 이 법은 제국의 법전 맨 앞에서 빛날 만한 법이지만 그 진위 여부가 불확실한 만큼, 콘스탄티누스가 더 이상 자신의 개종 사실을 숨길 필요도 없고 왕위를 노리는 자들을 겁내지 않아도 되었을 무렵 고대 종교의 추종자들에게 내린 칙서를 참조하는 편이 콘스탄티누스의
안전할 것이다. 그는 로마 제국의 국민들 이교도에 대한 관용
에게 군주의 모범을 따르도록 간곡히 청
했으나, 여전히 천상의 빛에 눈뜨기를 거부하는 자들은 그들의 사원과 허상에 불과한 신을 자유로이 섬겨도 좋다고 선언했다. 이교도들의 의식이 탄압받고 있다는 소문에 대해서는 황제 자신이 공식적으로 부인하면서, 중용의 원칙에 따라 관습과 편

견, 미신의 힘을 인정하겠다고 공언했다. 이 교활한 군주는 자신의 약속을 어기거나 이교도들의 공포를 자극하는 일 없이 천천히 조심스럽게 손을 써서 난잡하고 타락한 다신교의 체제를 무너뜨려 나갔다. 그는 그리스도교도로서의 신앙심에서 종종 편파적인 조치를 내렸으나, 어디까지나 정의와 공공의 이익을 위한 공정한 조치라고 미화했다. 콘스탄티누스는 뿌리를 뽑아버릴 속셈이면서도 겉으로는 고대 종교의 악습을 개혁하려는 척했다. 선임자들의 현명한 예를 따라 마술과 불경스러운 점복술은 불평분자들의 헛된 희망을 부풀려 주고 때로는 범죄적인 기도까지도 유도할 뿐이라며 엄한 형벌로 다스렸다. 신탁도 공개적으로 사기와 거짓으로 단죄되어 치욕스러운 침묵을 지켜야 했으며, 나일 강의 유약한 사제들도 쫓겨났다. 또한 로마 감찰관으로서의 직분을 이용하여 페니키아의 여러 사원들을 파괴하도록 명령을 내렸는데, 그곳에서는 베누스 여신에게 영광을 바친다는 명분 아래 온갖 종류의 매춘 행위가 백주대낮에도 이루어지고 있었다.[76] 콘스탄티노플의 황궁은 그리스와 아시아의 부유한 사원들의 희생으로 지어졌으며, 그곳에서 빼앗아 온 전리품으로 꾸며졌다. 사원은 재산을 몰수당했고, 신들과 영웅들의 조각상은 이를 숭배의 대상으로서가 아니라 진기한 물건 정도로 여기는 사람들의 손에서 함부로 옮겨다녔다. 신전의 금과 은을 뜯어내어 다시 화폐로 만들어 썼으며, 관리, 주교, 환관 들은 저마다 탐욕과 신앙심, 원한을 만족시킬 운종은 기회를 마음껏 이용했다. 그러나 이러한 약탈 행위는 로마 제국의 일부에 국한되었다. 또한 기반이 확고한 고대 종교를 뒤엎으려는 의도가 있다고는 전혀 의심할 수 없는 군주들이나 총독들도 마찬가지로 신성 모독적인 약탈 행위를 많이 저질러 왔기 때문에, 속주들은 이를 견뎌 내는 데에는 오랫동안 익숙해

[76] 이런 행동들은 바쿠스 숭배에 대한 탄압이나 이교도인 로마 관리들이 저지른 이시스 사원의 파괴와 비교할 만하다.

져 있었다.77

콘스탄티누스의 아들들은 아버지가 간 길을 더 열성적으로, 더 거침없이 밟아갔다. 약탈과 압제에 둘러치는 구실들은 점점 늘어만 갔다.78 그리스도교인들의 불법 행위는 관대하게 봐주면서, 이교도들이 당하는 피해에는 의심스러운 눈길을 보냈다. 신전을 파괴하는 행위들은 콘스탄스와 콘스탄티우스 치하에서는 경사스러운 일로 찬양을 받았다. 콘스탄티우스는 간결한 법을 하나 만들었는데, 이 법만 있으면 앞으로 어떤 금지령도 더 이상 필요치 않을 정도였다.

콘스탄티누스 아들들의 이교도에 대한 관용

어떤 자도 그리스도교를 거스를 힘을 가질 수 없도록 모든 도시에서 사원들을 즉각 폐쇄하고 주의하여 감시해야 할 것이다. 또한 모든 국민들이 희생 제물을 바치는 일이 없도록 해야 할 것이다. 만일 이런 죄를 저지르는 자가 있다면 복수의 칼날이 어떤 것인지 맛보게 해 줄 것이며, 처형한 다음에는 모든 재산을 국고에 몰수하도록 한다. 이런 범죄인을 처벌하지 않는다면 해당 속주 관료들에게도 같은 형벌을 내릴 것이다.

그러나 이 무시무시한 포고령은 작성되었어도 공표되지는 않았거나, 아니면 공표되었더라도 집행되지는 않았다고 믿을 만한 확실한 근거가 있다. 실제 사실을 뒷받침해 주는 증거들과 현존하는 청동, 대리석 기념물들을 보면, 콘스탄티누스의 아들들이 통치하는 동안에도 이교 숭배가 여전히 공개적으로 이루어졌음을 알 수 있다. 서쪽 지역뿐만 아니라 동쪽 지역까지, 또 시골뿐만 아니라 도시에서도 무수히 많은 사원들이 여전히 존중을 받았고 적어도 묵인되었다. 독실한 신도들은 여전

77 에우세비우스와 리바니우스는 둘 다 콘스탄티누스의 신성 모독 행위를 언급하고는 있으나, 아주 다른 관점에서 보고 있다. 리바니우스는 다음과 같이 말한다. "그는 신성한 재물을 이용했으나 숭배 의식에는 아무런 변화도 주지 않았다. 사원들은 정말로 가난해졌지만, 거기에서 신성한 의식들은 계속 치러졌다."

78 리바니우스는 황제가 사원을 마치 개나 말, 노예, 황금 컵쯤 되는 듯이 나누어 주곤 했다고 말한다. 그러나 이 독실한 철학자는 이들 신을 모욕한 총신들치고 잘된 예가 없었다고 조심스럽게 덧붙인다.

히 관리들의 허락이나 묵인하에 풍성한 희생 제물을 바치고 축제와 제례 행렬을 즐겼다. 무시무시한 포고령을 내린 지 4년이 지나서 콘스탄티우스가 로마의 사원들을 방문한 일이 있었는데, 이때 예의 바른 행동거지를 보여 주어 한 이교도 웅변가로부터 후세의 군주들까지도 본받을 귀한 모범으로 칭송을 받았을 정도였다. 심마쿠스는 다음과 같이 말했다.

> 황제는 신녀들의 특권을 인정해 주었으며, 로마 귀족들에게 사제로서의 권위를 인정해 주었고, 예식과 희생 제의에 쓸 관례적인 비용 지급을 승인해 주었다. 그는 비록 다른 종교에 귀의한 몸이었으나 고대로부터 내려오는 신성한 의식을 없애려고 하지는 않았다.

원로원 의원들은 여전히 엄숙한 포고령을 내려 죽은 군주들을 신으로 모셨다. 콘스탄티누스도 죽은 후에는 생전에 그렇게 부인하고 모욕했던 신들의 반열에 올려졌다. 일찍이 누마가 제정하고 아우구스투스가 맡았던 군주 겸 제사장의 칭호와 휘장, 특권을 일곱 명의 그리스도교 황제들도 주저없이 받아들였다. 그들은 신봉하는 그리스도교에 대해서보다 오히려 그들이 버린 종교에 대해 더 절대적인 권위를 행사했다.

그리스도교의 분열 덕에 이교는 멸망의 위기를 잠시나마 벗어났다.[79] 주교들과 군주들은 국내의 반란 쪽에 더 신경이 쏠려 있었기 때문에 불신자들에 대한 성전(聖戰)에는 아무래도 열의가 덜했다. 우상 숭배[80]를 근절시킨다 해도 불관용이라는 원칙이 이미 확고해져 있었기 때문에 정당화될 수 있었다. 그러나 궁정에서 번갈아 가며 지배권을 뺏고 빼앗기던 교파들은 비록 쇠퇴 일로에 있기는 해도 아직도 강력한 파벌을 형성하고

---

[79] 이교도(pagans)와 이교(paganism)라는 말이 어떻게 쓰이게 되었는지를 추측해 보려면, 이 유명한 어휘들의 변화 과정을 추적해 보아야 한다. 1. 도리아 방언에서 파게(Παγή)는 이탈리아인들에게는 너무나 익숙한 어휘로, 샘을 의미한다. 한 샘터에 자주 모이는 시골 이웃들에 파구스(pagus)와 파간(pagans)이라는 공통의 호칭이 붙게 되었다. 2. 단어의 뜻이 넓어져서 파간과 시골(rural)은 거의 동의어가 되었다. 비천한 시골뜨기들에게 그 이름이 붙게 되었으며, 이는 유럽의 근대 언어에서 농민을 뜻하는 것으로 와전되었다. 3. 군사력이 놀랄 만큼 증가하면서 관련 용어가 필요하게 되었다. 그래서 군주에게 봉사하도록 병적에 올라 있지 않은 사람들에게는 경멸하는 뜻에서 이교도라는 별명이 붙여졌다. 4. 그리스도교인들은 그리스도의 군사이므로, 성사 즉 그리스도의 군대로서 세례를 받겠다는 서약을 거부하는 적들에게는 은유적인 의미에서 이교도라는 이름을 붙여 마땅한 일이었다. 이 욕설은 널리 퍼져 나가 발렌티니아누스 시대(서기 365년)에는 제국의 법(『테오도시우스 법전』)과 신학 관련 저작에도 쓰이게 되었다. 5. 그리스도교가 점차 제국의 도시들을 장악하게 되면서, 프루덴티우스와 오로시우스 시대의 낡은 종교는 쇠퇴해 갔다. 이교도

있는 이교도들의 심기를 거스르지 않을까, 관계가 멀어지지 않을까 염려할 뿐이었다. 권력과 시류, 이해타산과 이치 모든 것이 그리스도교의 편에 있었으나, 그들의 영향력이 온 세상에 퍼지기까지는 2, 3세대가 더 지나야 했다. 이교는 오랜 세월 로마 제국에서 권위를 굳혀 왔던 만큼, 진지한 이유에서보다는 고대로부터의 관습을 존중한다는 의미에서이긴 하지만 여전히 존중과 숭배의 대상이었다. 콘스탄티누스와 콘스탄티우스의 국민들은 종교와 상관없이 누구나 국가와 군대의 명예를 얻을 수 있었고, 아직도 상당한 비중의 학문과 부와 군사력이 다신교를 섬기는 데 바쳐지고 있었다. 원로원 의원, 농부, 시인, 철학자, 저마다 미신을 섬기는 이유는 달랐어도 신전에 바치는 신앙심은 한결같았다. 그들의 신심은 한때 금지되었던 종교가 승승장구하는 모습을 보면서 부지불식간에 자극받았다. 그들은 야만족들의 손아귀에서 갈리아를 구출한 젊고 용맹한 영웅, 제국의 후계자가 될지도 모르는 그 인물(율리아누스)이 조상 대대로부터의 종교를 은밀하게 받아들였다는 데 한 가닥 희망을 품었다.

라는 말은 새로운 의미를 갖고 본래의 어원으로 되돌아갔다. 6. 유피테르 신을 비롯한 제신들에 대한 숭배가 사라진 후부터는 이교도라는 호칭이 구세계와 신세계의 모든 우상 숭배자들과 다신론자들에게 연달아 붙여졌다. 7. 가톨릭교도들은 이를 주저없이 불구대천의 적인 이슬람교도들에게 붙였다.

80 이오니아와 아테네의 말에서 에이소론(Εἴδωλον)과 라트레이아(Λατρεία)는 오랫동안 쓰여 잘 알려져 있던 어휘들이었다. 전자는 공상이나 기술로 만들어진 초상, 조각상, 환영 등을 의미하고 후자는 어떤 종류의 봉사 또는 노예 제도를 뜻했다. 히브리 성서를 번역했던 이집트 유대인들은 이 단어들을 우상 숭배에 쓰는 것을 금했다. 헬라파나 그리스계 유대인들의 특이한 언어 습관은 교회 사가들에게도 받아들여졌다. 일부 그리스도교도들은 그리스와 로마의 다신교도들에게 성급하게 미신이라는 죄목을 씌우지는 않았지만, 천박한 방식의 미신 행위에 대해서는 우상 숭배라고 비난했다.

22

율리아누스가 갈리아 군단에 의해 황제로 추대되다 · 진군과 승리 · 콘스탄티우스의 죽음 · 율리아누스의 민정 · 그의 훌륭한 품성

로마인들이 환관들과 사제들의 폭정 아래서 고통받고 있을 동안, 율리아누스에 대한 찬사는 콘스탄티우스의 궁정을 제외한 제국 방방곡곡으로 퍼져 나갔다. 게르마니아의 야만족들은 일찍이 젊은 부황제의 힘을 겪어 본 터라 아직도 그를 두려워하고 있었다. 병사들은 그와 승리를 함께 했으며, 속주민들은 감사하는 마음으로 그의 통치가 베풀어 준 은혜를 누렸다. 그러나 그의 부상에 반감을 지닌 궁정의 총신들에게는 그러한 미덕들이 눈에 거슬릴 뿐이었다. 그들에게는 민중의 벗이란 곧 궁정의 적을 뜻할 따름이었다. 그러나 율리아누스의 명성은 아직 확고히 굳어지지 않은 상태였으므로, 풍자를 지어내는 데 능란한 궁정의 재담꾼들은 늘 하던 대로 자기들의 재주를 마음껏 발휘했다. 그들은 율리아누스의 단순 소박함을 남에게 보이기 위한 꾸밈으로 몰아붙이고, 철학자와 전사의 자질을 한몸에 갖춘 부황제의 복장과 인품에 털북숭이 원시인이라

> 율리아누스에 대한
> 콘스탄티우스의 질투

1 웅변가 테미스티우스는 콘스탄티노플의 원로원에 보낸 황제의 편지에 있는 내용이라면 무엇이든 믿었다. 콘스탄티우스의 말년에 관한 요약본을 출간한 아우렐리우스 빅토르는 게르만족에 대해 거둔 승리는 황제의 지혜와 부황제의 행운 덕이었다고 했다. 그러나 이 역사가는 후에 율리아누스의 호의와 존경을 얻어 황동 조각상과 함께 판노니아 집정관직과 시의 총독직이라는 요직까지 받았다.

느니, 자의를 걸친 원숭이라느니 하며 우스꽝스러운 별명을 갖다 붙였다. 그가 보낸 신중한 급보도 아카데메이아의 정원에서 전쟁술을 연구한 수다스러운 그리스인이나 사변적인 군인이 지어 낸 허무맹랑하고 정교한 허구로 폄하해 버렸다. 그러나 결국에는 승리의 외침이 악의에 찬 어리석은 목소리를 침묵시켰다. 프랑크족과 알레만니족을 정복한 자를 더 이상 경멸의 대상으로 폄하할 수는 없었던 것이다. 이에 군주 자신이 비열하게도 율리아누스에게 주어져야 할 명예로운 보상을 훔치고 싶은 야심에 사로잡혔다. 고대로부터의 관습에 따라 각 속주에 월계수로 장식한 서신을 보냈으나, 거기에 율리아누스의 이름은 빠져 있었다.

콘스탄티우스 대제께서 몸소 작전 계획을 세우시고 선두에서 용맹을 떨치신 결과, 그의 군사 지휘가 승리를 가져왔다. 야만족들의 왕은 포로가 되어 전투 현장에서 그의 앞에 바쳐졌다.

사실을 말하자면 그 당시 황제는 약 40일 걸리는 거리에 떨어져 있었다.¹ 이 날조된 신화는 어리석은 대중을 속이기는 고사하고 황제 자신의 자만심조차 만족시켜 주지 못했다. 율리아누스가 승승장구하면서 로마인들 사이에서 그에 대한 갈채와 지지가 은밀히 퍼져 가고 있음을 알게 되자, 황제의 불만에 찬 마음은 사악한 계획에 진실과 정직의 탈을 씌워 그럴듯하게 위장하는 간사스러운 아첨꾼들이 내미는 독을 쉽사리 받아들였다. 그들은 율리아누스의 장점들을 깎아 내리는 대신, 널리 퍼져 가는 그의 명성, 위대한 재능, 훌륭한 업적들을 인정했을 뿐 아니라 심지어 과장하기까지 했다. 그러나 그들은 변덕스러운 대중이 의무를 저버리고 마음 가는 인물을 따른다면, 혹은 승리에 취한 군대의 대장이 복수심과 자신의 위대함을 떨치고픈 야심에 유혹을 받는다면, 부황제의 미덕들이 머지 않아 가장 위험스러운 범죄로 바뀔 수도 있다고 은밀하게 암시했다. 콘스탄티우스의 보좌관들은 그의 개인적인 공포를 공공의 안전에 대한 타당한 근심으로 해석했으나, 마음속 깊은 곳에 그로서는 따를 수 없는 율리아누스의 덕성에 대한 은밀한 질투와 증오의 감정을 염려라는 그럴듯한 이름 아래 감추고 있었던 것이다.

> 콘스탄티우스의 두려움과 질투

갈리아 지방은 겉으로는 평온했지만 동쪽의 속주들이 위험에 처하자, 궁정의 대신들은 교묘하게 짜낸 계획을 실행에 옮길 그럴듯한 구실을 찾아 냈다.

> 서기 360년 4월, 동방으로의 진군을 명령받은 갈리아 군단

그들은 율리아누스의 신변과 위엄을 지켜 주는 충성스러운 군대를 소환하여 그를 무장 해제시킨 다음, 라인 강변에서 가장 사나운 게르만족을 물리쳤던 이들 강인한 정예 부대를 멀리 페르시아 군주와의 전장에 투입하기로 결정했던 것이다. 율리아누스는 파리의 겨울 병영에서 선정을 베풀면서 바쁜 시간을 보내던 중에, 급파된 호민관과 서기관으로부터 그들의 집행에 이의 없이 절대 복종하라는 황제의 엄명을 받고 놀라지 않을 수 없었다. 콘스탄티우스는 율리아누스의 깃발 아래에서 명성을 날리고 군기를 다졌던 켈트족, 페툴란트족, 헤룰리족, 바타비족으로 구성된 네 개의 군단을 그의 휘하에서 분리하고, 남은 군대에서도 최정예 병사 300명을 선발할 것을 명령했다. 그리하여 갈리아 군대의 핵심이라 할 이 파견 부대를 즉각 출발시켜 페르시아 전선 출정을 개시하기 이전에 도착하도록 최선을 다하라고 지시했다. 율리아누

스는 이 치명적인 명령이 가져올 결과를 예견하고 비탄에 잠겼다. 자원병으로 참전한 외인 부대 중 대다수는 절대 알프스 산을 넘도록 강요하지 않을 것을 조건으로 삼고 있었다. 로마 제국의 신의뿐 아니라 율리아누스 개인의 명예를 위해서라도 이 조건을 어길 수는 없었다. 이를 위반하는 배신적인 압제 행위는 신의를 깨뜨리는 행동일 뿐 아니라 진실을 가장 고귀한 덕으로, 자유를 가장 소중한 재산으로 여기는 게르만 전사들의 분노를 사게 될 것이 뻔했다. 군단병들은 로마인으로서의 신분과 특권을 향유하고 있을 뿐 아니라 공화국 전체의 방위를 위해 군대에 들어온 사람들이지만, 돈으로 고용된 용병들은 공화국과 로마의 고풍스러운 이름 따위에는 아무런 관심도 없었다. 그들은 출생 탓에, 혹은 오랜 습관 탓에 갈리아의 기후와 관습에 깊이 물들어 있어서, 율리아누스에게는 애정과 숭배를 바쳤으나 황제는 경멸하고 증오했다. 그뿐 아니라 고된 행군, 페르시아 군대의 화살 세례, 아시아의 작렬하는 사막을 두려워하고 있었다. 그들은 출정하고 싶지 않은 속내를 감추고 자신들의 손으로 구한 나라가 그들의 조국이며, 가족과 친구들을 보호하는 일이야말로 신성하고도 더 긴급한 의무라는 주장을 내세웠다. 갈리아인들의 우려는 위험이 급박했으며 피할 수 없다는 인식에서 비롯된 것이었다. 속주들의 군사력이 전부 차출된다면 게르만인들은 곧바로 공포심에 의지해 유지되어 온 조약을 파기하려 할 것이었다. 그렇게 되면 율리아누스는 그의 재능과 용맹에도 불구하고 허울뿐인 군대의 장군으로서 결국 모든 재난의 책임을 뒤집어쓸 것이며, 헛되이 저항해 보았자 야만족 군대의 죄수 아니면 콘스탄티우스 궁정의 죄인이 될 것이 뻔했다. 율리아누스가 황제의 명령에 순순히 따른다면, 자기 자신뿐 아니라 애정으로 보살펴야 할 부하들의 파멸까지 동의하는 것이나 마찬가지였다. 그러나 이를 대놓고 거부한다면 반역 행위이며 전쟁 선포나 다름없었다. 황제의 무자비한 질투심과 음흉하고 단호한 명령의 성격상, 그가 정당하게 변명하거나 솔직하게 해명할 여지는 전혀 없었다. 또한 부황제라는 율리아누스의 종속적인 위치상 기다리거나 생각할 여유를 갖기도 어려웠다. 고독함 속에서 그의 혼란은 가중되었다. 그는 환관들의 악의적인 공작으로 공직에서 쫓겨난 살루스티우스의 충언을 더 이상 청할 수도 없었고, 대신들은 갈리아의 파멸을 승인하기를 꺼려하거나 수치스러워할 것이므로 그들의 합의를 이끌어 내어 진정을 올릴 수도 없었다. 하필 그때 기병대 대장인 루피키누스[2]는 스코트족과 픽트족의 습격을 물리치기 위해 브리타니아에 급파되어 있었고, 플로렌티우스는 공물 사정 작업을 하느라 비엔나에 가 있었다. 닳고닳은 정치인인 플로렌티우스는 이 위험한 결정에 일부라도 책임을 지고 싶지 않았으므로, 부황제의 회의에서 중대한 대책을 결정하려면 민정 총독의 참석이 꼭 필요하다는 율리아누스의 거듭된 청에도 응하지 않고 회피해 버렸다. 그러는 사이 율리아누스는 황제의 사자들의 무례하고도 끈덕진 재촉에 시달리고 있었다. 그들은 대신들의 귀환을 기다리느라 그렇게 되었다 해도 결정이 지연된 데 대한 모든 책임을 그가 져야 하며, 강제 집행을 할 수밖에 없다고 나섰다. 율리아누스는 이에 저항할 수도 없고 그렇다고 순응할 뜻도 없었으므로, 명예롭게 유지하기도 어렵고 안전하게 퇴위하기도 어려워진 부황제의 자리를 사임할 뜻을 최대한 진지하게 표했다.

고통스러운 갈등 끝에, 율리아누스는 어쩔 수 없지만 군주에 대한 복종이야말로 무엇보다도 우선시되어야 할 미덕이며

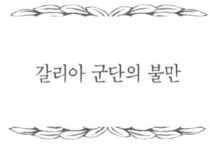

갈리아 군단의 불만

[2] 한 역사가는 루피키누스가 종종 자만심 때문에 큰소리를 잘 치고, 비장한 어조로 떠들어대고, 잔인한 건지 탐욕스러운 건지 종잡기 힘든 행동을 했다고 비난하면서도 그의 용맹함과 용병술에 대해서만은 인정하고 있다. 스코트족과 픽트족이 가했던 위험은 상당히 심각한 것이어서, 율리아누스가 몸소 그들의 섬으로 건너갈 것을 고려하기까지 했다고 한다.

군주만이 국가의 복지를 위해 판단을 내릴 권한이 있음을 인정하기로 했다. 그는 콘스탄티우스의 칙령을 실행에 옮기는 데 필요한 명령들을 선포하여 군대의 일부를 알프스로 출정시키고, 몇몇 수비대에서 차출한 병력을 집결지로 이동시켰다. 그들이 공포에 질려 떨고 있는 속주민들의 무리를 뚫고 지나가는 것도 쉬운 일은 아니었다. 군중들은 절망에 싸여 침묵하거나 큰 소리로 탄식하면서 슬픔을 돋우었고, 병사의 아내들은 팔에 어린아이를 안고서 슬픔과 애정, 분노의 말을 뒤섞어 퍼부으며 자신들을 버리고 떠나는 남편을 원망했다. 율리아누스는 이러한 비통한 모습에 마음이 아파서, 병사들의 아내와 가족들을 태워 뒤따르도록 마차를 충분히 내주었다. 이러한 조치는 그들에게 주어진 어쩔 수 없는 고통을 되도록 덜어 주려는 것이었지만, 그의 인기를 더욱 높이는 한편 추방당하는 군대의 불만을 부추기는 결과가 되었다. 무장한 병사들의 슬픔은 곧 분노로 바뀌었으며, 거칠 것 없이 터져 나오는 불만스러운 웅얼거림은 시간이 갈수록 점점 더 대담하게 막사 전체로 퍼져 나가면서 과격한 선동이라도 일으킬 듯한 기세로 치달았다. 또한 지휘관들의 묵인 속에서 율리아누스가 받은 치욕, 갈리아 군대에 대한 억압, 아시아 군주의 악덕을 생생하게 묘사한 비방의 글이 비밀스럽게 유포되었다. 콘스탄티우스의 신하들은 이처럼 위험스러운 분위기가 확산되자 놀라움과 경계심을 느꼈다. 이에 그들은 군대를 서둘러 출정시키도록 율리아누스를 압박했다. 그러나 마지막 작별의 순간에 군대가 유혹에 넘어갈 위험이 있으므로, 파리를 통과하여 행군하게 해서는 안 된다는 율리아누스의 솔직하고 현명한 충고는 경솔하게도 무시해 버렸다.

군대가 진군해 오고 있다는 소식을 듣자, 율리아누스는 곧 그들을 맞으러 나가 도시의 성문 앞 평원에 세워진 단상에 올랐다. 율리아누스는 계급과 공적에 따라 특별한 배려를 받을 만한 지휘관들과 병사들을 치하한 다음, 운집한 병사들 앞에 나아가 오래 심사숙고한 연설을 했다. 그는 감사를 표하는 찬사의 말로 그들의 공훈을 기린 다음, 강력하고 관대한 군주에게 봉사하는 영광을 기꺼이 받아들여야 한다는 격려와 함께 황제의 명이니만큼 지체 없이 기쁘게 복종해야 한다고 훈계했다. 병사들은 그의 연설에 거부한다는 뜻으로 고함을 질러 부황제의 마음을 상하게 하고 싶지는 않았지만, 그렇다고 거짓된 환호로 자신들의 감정을 속이기도 싫었다. 그들은 내내 고집스럽게 침묵으로 버티다가 잠시 후 막사로 물러갔다. 율리아누스는 고위 지휘관들을 불러 극진히 접대하면서, 그가 승리하도록 보필해 준 동지들의 공적에 따라 보상해 주고 싶으나 그럴 수 없는 자신의 마음을 진심어린 따뜻한 말로 전했다. 그들은 슬픔과 착잡함으로 가득 차서 연회에서 물러나 사랑하는 장군과 고국을 떠나야만 하는 고달픈 운명을 한탄했다. 그러던 끝에 그들은 대담하게도 떠나지 않아도 될 유일한 방책을 논의하여 뜻을 모았다. 이미 극에 달한 분노가 이 음모를 은밀하게 부채질했고, 이유 있는 불만은 격정에 의해 더욱 깊어졌다. 게다가 술까지 여기에 불을 붙이니, 출발하기 전날 밤 군대는 통제 불능의 혼돈 상태로 빠져들어 갔다. 깊은 밤중에 흥분한 병사들은 검과 술잔, 횃불을 손에 쥐고 밖으로 몰려나와 부황제의 궁을 에워싸고,3 닥쳐올 위험은 아랑곳없이 되돌릴 수 없는 치명적인 한 마디 말, '율리아누스 황제 만세!'를 소리 높이 외쳤다. 근심에 싸여 잠 못 이루고 있던 부황제는 이 소란스러운 외침에 놀라, 병사들이 밀고 들어오지 못하도록 문을 모두 닫

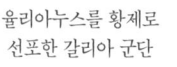
율리아누스를 황제로 선포한 갈리아 군단

3 이 궁이 아마도 바스의 궁(Thermarum)이라고 짐작되는데, 이 궁의 견고하고 위풍당당한 홀은 아직도 아르프 거리에 남아 있다. 그 건물들 중 상당 부분에 대학의 구내가 포함되어 있었으며, 메로빙거 왕조 시대에는 정원들이 생제르맹 데 프레 사원과 연결되어 있었다. 세월의 흐름과 노르만족의 침입으로, 이 고대 궁전은 12세기경에 폐허가 되고 말았으며, 폐허의 후미진 곳들은 방탕한 밀애를 나누는 장소가 되었다.

고 이 한밤의 소요로부터 자기의 위신을 지키려 있는 힘을 다했다. 동이 틀 무렵이 되자, 이러한 저항에 더욱 흥분한 병사들은 급기야는 힘으로 궁 안까지 밀고 들어왔다. 그들은 자신들이 선택한 율리아누스를 정중하지만 강압적으로 끌어다가, 검을 빼어들고 파리 시내를 통과해 호위해 와서는 단상 위에 올려놓고 환호성으로 그들의 황제로 추대했다. 율리아누스는 군주에 대한 충성심뿐 아니라 신중을 기해야 할 필요성 때문에라도 병사들의 대역 무도한 기도에 저항해야만 했다. 그리고 폭력에 의해 어쩔 수 없이 그렇게 되었다는 변명을 위해서도 그렇게 하는 것이 좋겠다고 생각했다. 그는 병사들 전체에게 또 개개인에게 호소하면서, 때로는 그들의 자비를 간청하고 때로는 분노를 표하기도 했다. 또한 그들이 불후의 승리들로 얻은 명성을 더럽힐 일만은 하지 말아 달라고 간청하면서, 곧 본래의 위치로 복귀한다면 황제로부터 관대하고 자비로운 사면뿐 아니라 그들의 분노를 일으켰던 그 명령의 철회까지도 반드시 얻어 내겠다는 대담한 약속까지 했다. 그러나 이미 자신들이 중죄를 저질렀음을 잘 알고 있는 병사들은 황제의 관용보다는 차라리 율리아누스의 후의에 기대기를 택했다. 그들의 흥분은 서서히 초조함으로, 초조함은 격분으로 바뀌었다. 마음을 바꿀 의사가 전혀 없는 율리아누스는 그들의 탄원과 질책, 협박에도 꿋꿋이 버티었으나, 살아남고 싶다면 왕좌에 오르는 데 동의하는 길밖에 없다는 거듭된 주장에 결국 굽히고 말았다. 그는 그 자리에서 전군의 갈채와 환호를 받으며 방패 위에 들어올려져, 우선은 왕관 대신 즉석에서 바친 화려한 군복 기장을 받고4 적당한 하사금을 내리겠다는 약속으로 예식을 마무리 지었다.5 새 황제는 진심인지 가장인지 알 수 없지만, 슬픔에 휩싸여 자신의 거처 깊숙이 숨어 버렸다.

---

4 율리아누스는 이 소란한 와중에서조차도 미신적인 예식의 형태를 고수했을 뿐 아니라, 병사들이 급한 마음에 왕관 대신 준비한 여성의 목걸이나 말의 목에 거는 장식은 상서롭지 못하다는 이유로 완강히 거부했다.

5 당시 금화 다섯 닢이 은 1파운드와 맞먹었는데, 이는 우리 돈으로 대략 5파운드 10실링에 해당한다.

율리아누스의 슬픔은 그가 결백하다는 데서 비롯된 것이었을 테지만, 그의 결백은 군주들의 발언과 감추어진 동기를 의심하는 데 익숙한 자들의 눈에는 극히 의심스럽게 비칠 것이 분명하다. 그의 활기 넘치고 적극적인 정신은 희망과 공포, 감사와 복수심, 의무감과 야망, 명예에 대한 열망과 비난에 대한 두려움 등 여러 가지 상반된 감정들에 쉽게 영향을 받았다. 그러나 이 각각의 감정들이 그에게 얼마만한 비중을 가지고 있었는지, 어떻게 작용했는지를 추정해 본다거나, 그러한 감정들이 율리아누스의 진로를 이끌어 가고 때로는 몰아치는 중에 미처 포착되지 않은 어떤 행동 원칙들이 있었을지 확실히 알아 내기란 불가능하다. 군대의 불만은 율리아누스의 적들의 적의에서 비롯되었으며, 그들의 폭동은 자신들의 이익과 감정을 좇은 데서 나온 당연한 결과였다. 율리아누스가 자신의 마음 깊은 곳에 자리한 의도를 우연을 가장하여 숨길 생각이었다면 틀림없이 고도의 정교한 술책을 폈을 테지만, 그런 것은 필요하지도 않고 아마 성공하지도 못했을 것이다. 그는 유피테르, 태양신, 마르스, 미네르바, 그 밖의 모든 신의 이름에 맹세코, 즉위 전날 밤이 다 갈 때까지도 병사들의 계획에 대해서는 전혀 몰랐다고 엄숙하게 맹세했다. 그의 영웅으로서의 명예와 철학자로서의 정직을 의심한다면 지나친 일일지도 모른다. 그러나 콘스탄티우스는 적이며 그 자신만이 신들의 총아라는 미신적인 확신에 사로잡혀, 신성한 치세를 펴서 고대의 종교를 부흥시킬 때가 오기를 간절히 바란 나머지 급기야 서둘러 행동으로 옮기게 되었을지도 모를 일이다. 율리아누스는 짧은 단잠에 빠져 있다가 음모에 대한 보고를 받았는데, 나중에 친구들에게 말한 바에 따르면 꿈에 제국의 수호신이 초조한 모습으로 문 앞에

> 율리아누스의 결백 주장

서서 들어오려 하면서 그에게는 기백과 야심이 부족하다며 책망했다고 한다. 이에 놀라고 당황한 나머지 위대한 유피테르 신에게 기도를 드렸더니, 분명하고 뚜렷한 계시로 그가 하늘과 군대의 뜻에 따라야 한다고 일러 주셨다는 것이다. 보편적인 이성의 원칙을 부인하는 이 이야기는 의구심을 불러일으킬 법하지만, 진위 여부를 조사해 볼 도리는 없다. 고귀한 정신 속에도 광신의 기운이 일단 교묘히 스며들어 가게 되면, 덕성과 진실이라는 귀중한 원칙까지 서서히 좀먹기 마련이다.

콘스탄티우스에게 파견된 율리아누스의 사절단

새로운 황제 앞에는 즉위 첫날부터 군대의 흥분을 가라앉히고, 콘스탄티우스의 신하들을 보호하고, 그의 생명과 지위를 노리는 은밀한 음모들 중 막아야 할 것은 막고 무시해도 좋을 만한 것은 넘겨 버리는 등 해결을 기다리는 문제들이 산적해 있었다. 그는 왕위를 지키기로 굳게 결심했지만, 한편으로는 조국을 참혹한 내전에 빠뜨리고 싶지는 않았고, 콘스탄티우스의 우월한 군사력과 정면 대결할 생각도 없었다. 또한 배은망덕하게 황제를 배신했다는 비난을 받는 것도 원치 않았다. 율리아누스는 황제의 군장을 화려하게 차리고서 병사들이 자신들이 보호해야 할 자이자 지도자이며 벗이기도 한 그를 향한 열정으로 달아올라 있는 가운데 마르스 평야에 모습을 나타내었다. 그는 다시 한 번 그들이 거두었던 승리를 치하하고 그들이 겪은 고통에 슬퍼하며 결의에 찬사를 보내고 희망을 북돋우는 한편, 성급한 행동은 자제하도록 당부했다. 그는 만일 동방의 황제(콘스탄티우스)가 공정한 조약에 서명한다면, 그에게 도전할 의사를 버리고 갈리아 속주를 평화롭게 차지하는 것으로 만족하겠다는 약속을 군대로부터 얻어 내고서야 그들을 해산시켰다. 율리아누스는 이에 기초하여 그 자신과 군대의 명의

로 온건한 내용의 서신을 작성했다. 그리고 총무 장관 펜타디우스와 시종장 에우테리우스 두 사람을 특사로 임명하여, 콘스탄티우스에게 전하고 답을 받아오되 그의 심기를 살피고 오도록 일렀다. 율리아누스는 이 서신에서 겸손하게 자신을 낮추었으나, 정중하지만 단호한 태도로 아우구스투스의 칭호를 인정해 달라고 청했다. 그는 스스로 황제의 자리에 올라 법을 거슬렀음은 시인했으나, 분노한 군대의 강권에 밀려 동의하지 않을 수 없었다는 말로 자신의 처지를 정당화했다. 그는 콘스탄티우스의 지고한 주권을 인정할 뿐 아니라, 그에게 해마다 에스파냐산 말을 선물로 바치고 야만족 젊은이들 중에서 엄선한 사람들로 콘스탄티우스의 군대를 모아 주겠다고 약속했다. 또한 사려 깊고 충실한 민정 총독을 뽑아서 보내 준다면 받아들이겠다고 했다. 그러나 문관과 무관의 임명권, 세입의 관리, 알프스 산 너머 속주들의 통치권은 자신의 권리로 남겨 두었다. 그는 황제에게 공정한 원칙에 따라 이치를 잘 따져 보고 군주들간의 불화를 이용하는 부패한 아첨꾼들을 멀리 할 것과 이 조약은 공화국과 콘스탄티우스 일가에게 모두 이로울 것이니 받아들일 것을 점잖게 타이르기까지 했다. 이 협상에서 율리아누스가 주장한 권리는 모두 그가 이미 확보하고 있던 것들이었다. 그가 오래전부터 위임받아 갈리아, 에스파냐, 브리타니아에 행사해 온 부황제로서의 권한들을 단지 더 독립적이고 권위 있는 황제의 이름으로 행하게 되는 것뿐이었다. 병사들과 속주민들은 반역의 피 한 방울 흘리지 않고 혁명이 성공한 것에 기뻐했다. 플로렌티우스는 망명자가 되었고, 루피키누스는 죄수가 되었다. 새로운 정부에 불만을 가진 사람들은 무장 해제되어 구금을 당했다. 궁정의 음모나 병사들의 소란을 혐오하는 부황제는 공석이 된 직위를 각자의 재능에 따라 공정하게 배분해 주었다.

⁶ 율리아누스는 두 (Doux) 강이 거의 둘러싸다시피 하고 있는 이 험준한 베손티오 반도, 다른 이름으로 브장송에 대해 짤막한 설명을 남겼다. 그곳은 한때는 사원들로 가득 찬 장려한 도시였으나, 율리아누스 당시에는 쇠락하여 작은 마을에 불과했다.

⁷ 바도마이르는 로마군 휘하에 들어와 야만족 왕으로서 페니키아의 두크스 자리까지 올랐다. 여전히 간교한 면을 품고 있었으나, 후에 발렌스 치하에서는 아르메니아 전쟁에 나가 혁혁한 무공으로 이름을 날렸다.

서기 360년, 361년, 라인 강 너머로 제4차, 5차 원정을 단행한 율리아누스

평화 협상과 함께 이면에서는 강력한 전쟁 준비도 병행하여 이루어졌다. 율리아누스는 당시의 혼란 덕분에 당장 투입할 수 있는 군대를 모집하여 증강할 수 있었다. 당시 갈리아는 마그넨티우스파의 가혹한 박해로 엄청난 수의 도둑과 부랑배들이 넘쳐나고 있었다. 그들은 콘스탄티우스와 그의 정부에 대한 증오심으로 가득 차 있었으므로, 신뢰할 수 있는 부황제의 대사면 제안을 기꺼이 받아들일 수 있었다. 그들에게 군대의 엄격한 규율은 아무 문제도 되지 않았다. 철이 바뀌어 전장에 나갈 수 있게 되자, 곧 율리아누스는 군대를 소집했다. 그는 클레베 인근 지방에 다리를 놓아 라인 강을 건너 앗투아리족의 배신 행위를 응징하러 나섰다. 프랑크 족에 속하는 이 부족은 분열된 제국의 국경 지방을 마음껏 약탈하고 있었다. 이 원정은 고된 행군을 해야 한다는 점에서 영광만큼 고생이 따르는 것이었으나, 율리아누스는 이전의 군주들은 접근하기도 어렵다고 생각했던 지역을 침공하자마자 정복해 버렸다. 황제는 야만족을 평정한 후, 클레베에서 바질까지 라인 강 유역의 성채들에 대한 순시에 나서 알레만니족의 손아귀에서 탈환한 영토를 주의 깊게 시찰했다. 그런 다음 야만족의 만행에 신음해 왔던 브장송을 통과하여,⁶ 비엔나에 이듬해 겨울을 대비한 지휘부를 설치했다. 율리아누스는 요새 수를 늘려 갈리아 국경 수비를 더욱 강화해 놓았다. 그리고 이만하면 게르만족이 수차례의 패배에 질려 그가 떠난 후에도 이름만 들어도 공포에 떨게 되리라는 생각에 만족했다. 그가 알레만니족의 왕들 중에서 유일하게 두려워하는 인물은 바도마이르였다.⁷ 이 교활한 야만족 왕은 조약의 의무를 다하는 척하면서 나날이 무력을 키워 가고 있었으므로, 언제 전쟁을 일으킬

지 모르는 위협적인 존재였다. 이에 율리아누스는 그를 교묘한 술책으로 기습하고자 했다. 바도마이르는 경솔하게도 친구라는 명목으로 그를 청한 로마 총독들의 초대를 받아들였다가, 결국 연회 중에 사로잡혀 포로가 되어 에스파냐 오지로 이송되고 말았다. 야만족들이 충격에서 채 벗어나기도 전에 황제는 라인 강변에 무장하고 나타나 한 번 더 도강 작전을 벌임으로써, 이미 그들의 뇌리에 깊이 심어 놓았던 공포와 외경심을 되살려 놓았다.

율리아누스의 사절들은 최대한의 노력을 기울여 막중한 임무를 수행하라는 지시를 받았다. 그러나 그들이 이탈리아와

서기 361년,
성과 없는 협상과
전쟁의 선포

일리리쿰을 통과하는 과정에서 속주의 총독들은 늑장을 부리고 여러 구실을 꾸며 내어 그들의 여정을 지연시켰다. 사절들은 콘스탄티노플에서 카파도키아의 카이사레아까지 여행하는 데 많은 시간을 소모했다. 드디어 콘스탄티우스를 알현하게 되자, 그들은 콘스탄티우스가 이미 그의 부하들이 보낸 급보를 통해 율리아누스와 갈리아 군대의 행동에 대해 매우 부정적인 견해를 가지고 있음을 알게 되었다. 사절들은 친서의 낭독을 듣는 콘스탄티우스의 무성의한 태도를 보고 분노와 모욕감에 몸을 떨면서 물러갔다. 왕의 표정과 몸짓, 격한 말투에서 불편한 심기가 고스란히 드러났다. 헬레나가 살아 있었더라면 한 사람(콘스탄티우스)에게는 친오라버니로서, 다른 한 사람(율리아누스)에게는 남편으로서의 혈연 관계를 빌미삼아 그들을 화해시킬 수 있었을지도 모르지만, 그녀가 여러 차례의 유산 끝에 이미 숨을 거둔 후라 그런 가능성도 사라져 버린 상태였다.[8] 황후 에우세비아는 죽기 직전까지도 율리아누스에 대해 샘이 날 만큼 따스한 애정을 간직하고 있었다. 그녀가 살아 있었더

[8] 그녀의 유해는 로마로 보내져 노멘타나 가로 교외에 있는 그녀의 자매 콘스탄티나의 무덤 곁에 매장되었다. 리바니우스는 그의 영웅(율리아누스)이 아내를 독살하고 아내의 주치의에게 어머니의 보석을 주어 보답했다는 말도 안 되는 혐의로부터 구해 주기 위해 미약하나마 옹호한 바 있다. 그는 동방의 장관이었던 엘피디우스에게 율리아누스를 기소한 자가 그의 증언을 근거로 삼았다는 이유로 나약하며 배은망덕한 자라고 비난을 퍼부었다. 그러나 성 히에로니무스는 엘피디우스의 종교적 태도를 칭찬한 바 있고, 암미아누스는 그의 인간성을 찬양했다.

라면 그녀가 죽은 이후로 자기 기분에만 취해 환관들의 계교에 놀아났던 황제의 분노를 누그러뜨릴 수도 있었을 것이다. 그러나 외적의 침입이 염려되는 상황인지라 사적인 적을 처벌하는 데 주저하지 않을 수 없었다. 그는 페르시아와의 국경 지대로 행군을 계속하는 중이었으므로, 몇 가지 조건만 들어 주면 황제의 위엄을 손상시킨 율리아누스와 그를 추종하는 반역의 무리들에게 관용을 베풀겠다고 선언했다. 그는 뻔뻔스러운 율리아누스에게 역도들에게서 받은 아우구스투스의 칭호와 지위를 버릴 것, 제한적이고 종속적인 이전의 지위로 복귀할 것, 황제의 궁정이 임명한 관료들의 손에 군대의 지휘권과 영토의 통치권을 넘겨줄 것, 갈리아의 주교이며 콘스탄티우스가 총애하는 아리우스파의 일원인 에픽테투스가 전달한 사면 약속을 믿고 신상의 안전을 맡길 것 등을 요구했다. 파리와 안티오크 간의 3000마일의 거리를 놓고 조약의 협상이 진행되면서 수개월이 성과 없이 흘러갔다. 결국 율리아누스는 자신의 온건하고 공손한 행동이 달래기 어려운 적의 자만심만 키웠을 뿐이라는 사실을 깨닫고, 대담하게도 그의 생명과 모든 운을 걸고서라도 내전을 감수하기로 마음먹었다. 그는 재무관 레오나스를 접견하여, 많은 군중들이 촉각을 곤두세운 가운데 콘스탄티우스의 오만방자한 친서를 낭독하게 했다. 율리아누스는 아첨조로 한껏 경의를 표하면서, 그를 즉위시킨 자들의 동의를 얻을 수만 있다면 기꺼이 아우구스투스의 칭호를 버리겠다고 단언했다. 그러나 이러한 소극적인 제안은 단숨에 묵살되었다. "율리아누스 황제시여, 그대가 구하신 군대와 백성과 공화국의 권위로 계속 집권하소서."라는 외침이 광장 구석구석에서 일제히 천둥처럼 울려 퍼지자 콘스탄티우스의 사절은 얼굴이 파랗게 질렸다. 편지의 일부는 나중에 낭독되었는데, 그것은 황제가 의지할 데 없는 고아였던 율리아누스를 유년 시절부터 돌보면서 그토록 정성껏 애정으로 교육해 주고 부황제의 특권까지 내려주었는데 배은망덕하게도 은혜를 저버렸다고 책망하는 내용이었다.

고아라고!

율리아누스가 낭독 중간에 분노를 토했다.

내 가족을 암살한 장본인이 내가 고아로 남겨졌다고 말하다니? 내가 오랫동안 잊으려 애써 왔던 피해에 복수하도록 만든 건 바로 그자란 말이다!

집회는 해산되었고, 레오나스는 군중의 분노를 간신히 피해 서신 하나를 들고 황제에게 돌아갈 수밖에 없었다. 그 편지에는 율리아누스가 20여 년간 감추느라고 억누르면서 더욱 깊어진 분노와 경멸감, 증오, 원한이 격렬한 어조로 표현되어 있었다. 피할 수 없는 전쟁의 신호로 간주될 이 서신 사건이 있고 그리스도교의 예수 공현 축일 축제 몇 주 후, 율리아누스는 일신상의 안위를 모두 고대 로마의 여러 신들에게 맡기겠다고 공식적으로 선언했다. 그는 이로써 콘스탄티우스와의 친선 관계뿐 아니라 그의 종교까지도 부인하고 나섰다.

율리아누스가 처한 상황은 강력하고 즉각적인 결단을 요구했다. 그는 황제에게 전해지는 서신을 중간에 가로채 그의 반대파들이 군주의 이익을 위해 제국의 이익을 희생시키려 하고 있음을 알게 되었다. 그들은 야만족들이 또다시 서쪽 속주

콘스탄티우스에 대한 공격을 준비하는 율리아누스

9 이는 아테네인들이 흔히 쓰는 곡물 측정 단위로는 300만 메디미니에 해당한다. 율리아누스는 군인이자 정치가답게 그가 처한 상황의 위험성과 함께 공세를 취할 필요성과 이점을 설명했다.

들을 침략하도록 자극하고 있었던 것이다. 적들이 설치한 두 개의 군수품 창고 중 하나는 콘스탄스 호 제방에, 또 하나는 코티안알프스 기슭에 위치해 있었는데, 이는 적의 두 개 군대가 진격해 올 가능성을 암시했다. 60만 쿼터의 밀과 밀가루가 저장된 각 창고의 규모는 그를 포위할 준비를 갖춘 적의 병력과 숫자가 어느 정도인지를 보여 주는 위협적인 증거였다. 그러나 황제의 군단은 아직도 멀리 아시아의 막사에 머물고 있었고 도나우 강의 방어는 약한 편이었다. 율리아누스가 일리리쿰의 주요 속주들을 기습하여 점령한다면 그의 깃발 아래 수많은 병사들을 모을 수 있을 것이며, 그곳의 금과 은이 풍부한 광산들은 내전 비용의 조달에 한몫 하게 될 터였다. 그는 병사들을 모아 놓고 이 대담한 계획을 제안했다. 그는 병사들에게 자신감을 불어넣으면서, 적에게는 공포의 대상이고, 동포 시민들에게는 온건하며, 상관에게는 충성스럽다는 평판에 값해야 한다고 격려했다. 병사들은 그의 힘찬 연설에 우렁찬 박수갈채로 화답했다. 갈리아를 떠나라는 명령에 콘스탄티우스에게 반기를 들었던 바로 그 군대가 이제는 자진하여 율리아누스를 따라 유럽이든 아시아든 땅끝까지라도 가겠다고 나섰다. 충성을 서약하는 의식이 거행되자, 병사들은 방패를 부딪치고 뽑아든 칼끝을 자신들의 목에 겨누면서 갈리아의 영도자이자 게르만족의 정복자인 지도자에게 몸바쳐 헌신하겠다고 맹세했다. 의무감에서가 아니라 그에 대한 진정한 애정에서 이루어진 이 엄숙한 맹약을 거부한 자는 민정 총독인 네브리디우스뿐이었다. 이 충직한 총독은 편들어 주는 이 하나 없이 홀로 무장한 군중들 속에서 콘스탄티우스의 권리를 주장하다가, 자신에게는 명예로울지 몰라도 병사들의 분노로 헛된 희생물이 될 뻔했다. 첫 번째 일격에 팔 하나를 잃고서 그는 자기가 심기를 거스른 황제의 무릎에 매달렸다. 율리아누스는 황제의 자의로 그를 감싸 흥분한 추종자들로부터 보호해 주었을 뿐 아니라, 그의 미덕에 마땅한 수준까지는 아니라도 나름대로의 경의를 갖추어 그를 집으로 돌려보내 주었다.10 네브리디우스의 자리는 살루스티우스에게 주어졌다. 이로써 갈리아의 속주들은 가혹한 세금 부담에서 해방되어 율리아누스의 벗인 살루스티우스의 온화하고 공명정대한 통치를 누리게 되었으며, 살루스티우스로서도 율리아누스에게 스승으로서 전수했던 미덕들을 실행에 옮길 기회를 얻게 되었다.

10 그는 간절하게 매달리는 총독에게 손을 내밀어 주기를 완강히 거부하고 투스카니로 보내 버렸다. 리바니우스는 네브리디우스를 맹렬히 모욕하고 병사들을 칭찬하면서, 율리아누스의 자비로운 행동에 대해 거의 비난하는 듯한 태도까지 보였다.

    율리아누스는 군대의 숫자보다는 민첩한 기동력에 훨씬 더 많은 기대를 걸었다. 대담무쌍한 계획을 실행에 옮기면서도 신중을 기하기 위해 가능한 모든 예방 조치를 취했다. 그리고 아무리 신중을 기해도 완벽하게 대비하기 어려운 부분은 용맹과 운에 맡기기로 했다. 그는 바질 근방에 병력을 집결시킨 다음 세 개 군으로 나누었다. 1만 명으로 이루어진 1군은 기병대장 네비타의 지휘하에 라에티아와 노리쿰 중부를 통과해 전진하라는 명령을 받았다. 비슷한 규모의 나머지 군대들은 요비우스와 요비누스가 각각 지휘하여 알프스와 이탈리아 북쪽 국경을 넘어 우회로를 따라 진격하도록 했다. 대장들에게는 진군 중 해야 할 일에 대한 지시 사항이 전달되었는데, 지형에 따라 언제라도 전투 대형으로 바꿀 수 있도록 밀집 대형으로 신속히 진군할 것, 주둔지의 방비를 강화하고 보초를 철저히 세워 야간 기습에 대비할 것, 불시에 급습하여 저항할 틈을 허용하지 말 것, 빨리 다른 곳으로 이동해 적의 탐지를 피할 것, 그들의 막강한 무력과 율리아누스의 공포스러운 명성에 대한 소문을 널리 퍼뜨릴 것, 시르미움 성벽 아래에서 집결할 것 등이었다.

라인 강에서 일리리쿰으로 진군하는 율리아누스

11 이 숲은 헤르시니아 대삼림의 일부로, 그 당시에는 라우라키 지역에서부터 시작하여 북쪽으로 끝없이 펼쳐져 있었다.

12 성인조차도 이 진군의 신속성과 은밀성에는 감탄할 것이다. 이 일에 대한 후세의 한 찬송은 본래는 다른 이교도를 위해 지어진 시구지만 율리아누스의 경우에도 들어맞는다고 해야 할 것이다. "수렁을 넘어, 절벽을 넘어, 거칠고, 빽빽하고 혹은 황량한 협로를 지나 머리로, 손으로, 날개로 발로, 길을 좇는도다. 그리고 헤엄치고, 때로는 가라앉고, 강을 걸어서 건너기도 하고, 기어가기도 하고, 날기도 한다."

율리아누스는 가장 어렵고 특별한 부분을 자신의 몫으로 남겨 두었다. 그는 자기 못지않게 용감하고 기민하며 의지가 굳은 자원자 3000명을 뽑았다. 그런 다음 이 충직한 무리들을 이끌고 도나우의 수원지가 있는 마르키아누스 숲[11] 깊숙이 뛰어들었다. 여러 날이 지나도록 율리아누스가 어떻게 되었는지 바깥에서는 알 길이 없었다. 그러나 열정과 정력으로 가득 찬 그의 비밀스러운 진격은 어떤 장애물이라도 극복하기에 충분했다. 그는 자기가 건너고 있는 땅이 로마 제국의 영역인지 야만족의 영역인지도 상관 않고 수많은 산과 늪지를 뚫고, 강이 나오면 다리를 건너고 다리가 없으면 헤엄쳐서 직선 경로를 따라[12] 마침내 라티스본과 비엔나 사이, 군대가 도나우 강을 건너기로 계획했던 장소에 모습을 나타냈다. 치밀한 전략에 따라 마침 정박 중이던 가벼운 쌍돛 범선으로 이루어진 함대를 포획했을 뿐 아니라, 질은 떨어지지만 왕성한 갈리아 군대의 식욕을 만족시키기에는 충분할 만큼의 군량도 확보했다. 그런 후에 그는 용감하게 도나우의 물살에 몸을 맡겼다. 수병들은 쉴새없이 부지런히 노를 저었고 순풍도 계속 불어와서 그의 함대는 11일 만에 700마일이 넘는 거리를 이동했다. 그리하여 그가 라인 강을 출발했다는 첩보를 적들이 미처 입수하기도 전에 시르미움에서 고작 19마일 떨어진 볼로냐에 군대를 상륙시켰다. 긴 여정을 신속히 이동하면서, 율리아누스의 온 정신은 오로지 이 작전의 목표에 집중되어 있었다. 그는 서둘러 항복하는 편이 낫다고 판단한 몇몇 도시들이 파견한 대표단을 접견했다. 그러나 용맹을 과시하려고 강가를 따라 설치된 적의 주둔지를 공격하는 일은 쓸데없는 짓일 뿐 아니라 시기상으로도 적절치 않다고 여겨 그대로 지나쳤다. 도나우 강변은 구경꾼들로 붐볐다. 그들은 군대의 화려한 행렬을 보고 사건의 중대성을 알아차렸다. 서방 대군의 선두에 서서 무시무시한 속도로 진군하는 젊은 영웅의 명성은 인근 도시들 사이로 쫙 퍼져 나갔다. 콘스탄티우스 군대의 기병 대장으로 일리리쿰의 군사력을 통솔하고 있던 루킬리아누스는 믿을 수도 없고 그렇다고 부인해 버릴 수도 없는 의심스러운 보고들을 받고 그저 놀라고 당황할 뿐이었다. 그는 망설이면서 천천히 군대를 모으기 위한 조치를 취했으나, 율리아누스가 볼로냐에 상륙하자마자 경무장한 보병대와 함께 보낸 다갈라이푸스에게 기습을 당하고 말았다. 포로로 잡힌 대장은 자신의 생사 여부가 어찌 될지도 모른 채 말 등에 실려 율리아누스 앞에 끌려왔다. 율리아누스는 공포와 충격으로 온몸이 마비되어 버린 듯한 그를 부드럽게 일으켜 달래 주었다. 그러나 루킬리아누스는 정신을 차리자마자 경솔하게도 이 정복자에게 소수의 부하들을 이끌고 무모하게도 적진 한가운데 모습을 드러냈다고 훈계를 하려 들었다.

그런 비겁한 충고는 너의 황제 콘스탄티우스를 위해 아껴 두어라.

율리아누스는 코웃음치며 대답했다.

나의 자의에 입맞추도록 허락해 준 것은 너의 탄원을 받아 주겠다는 뜻이었지, 네 충고를 듣겠다는 게 아니다.

자신의 공격을 정당화하는 길은 승리뿐이며, 승리할 수 있는 길은 대담한 공격뿐이라고 생각한 그는 곧 3000명의 병사들을 이끌고 일리리쿰 지방의 도시들 중에서도 가장 강하고 인구가 많은 곳을 공격하러 진군에 나섰다. 그가 시르미움 외곽에

13 암미아누스의 설명은 부차적인 증거가 뒷받침해 주고 있는데, 수키의 통로들인 안구스티아이 수코룸의 정확한 위치를 제시한다. 당빌(M. d'Anville)은 지명들 간의 사소한 유사점들을 보아 이 통로들이 사르디카와 나이수스 사이에 위치해 있었다고 추정한다. 나로서는 이 존경할 만한 지리학자의 지도나 저작에 오류가 있다고 말할 수밖에 없다.

14 다른 곳에서 얻을 수 있는 사건 정황에 대한 설명이 어떤 것이 있든 간에, 암미아누스는 일련의 기록들을 계속 전해 주고 있다.

다다르자 군대와 백성들은 기쁨에 넘친 환호성으로 그를 맞았다. 그들은 머리에 화환을 쓰고 손에는 촛불을 켜들고 그들이 인정한 군주를 황제의 거처로 안내했다. 전 시민을 위한 축제에 이틀이 소요되었고, 원형경기장에서 경기가 벌어졌다. 그러나 3일째 되는 날 아침 일찍, 율리아누스는 발칸 산맥 협곡에 있는 수키의 좁은 통로를 점령하기 위해 행군을 개시했다. 시르미움과 콘스탄티노플의 거의 중간쯤 되는 지점에 위치한 그곳은 트라키아 쪽으로는 급경사를, 다키아 쪽으로는 완만한 경사를 이루면서 두 속주의 경계선을 이루고 있었다.13 이 요충지의 방어는 용감한 네비타가 맡았다. 그는 이탈리아 군대의 지휘관들 중 어느 누구 못지않게 율리아누스의 의도에 따라 행군과 합류 작전을 성공적으로 수행한 인물이었다.14

자신의 명분을 정당화하는 율리아누스

공포 때문이었는지 호감 때문이었는지, 율리아누스에 대한 백성들의 존경은 그의 군사력이 직접적으로 미치지 않는 곳까지 퍼져 나갔다. 이탈리아와 일리리쿰의 속주들을 지배하고 있던 자들은 타우루스와 플로렌티우스였는데, 이들은 총독직 외에도 이름뿐이기는 하지만 집정관의 직위도 가지고 있었다. 이들이 아시아의 궁정으로 화급히 후퇴해 버리자, 율리아누스는 모든 연감에서 이 두 집정관의 이름에 도망자라는 수식어를 붙여 도주한 데 대한 비난을 퍼부었다. 총독들이 버리고 떠난 속주들은 철학자의 자질과 군인의 자질을 겸비하고 도나우 강변의 군대와 그리스의 도시들 사이에서 똑같이 존경받고 있는 이 새로운 황제의 권위를 인정했다. 그의 궁정에서, 더 정확히 말하자면 시르미움과 나이수스의 지휘부에서, 그는 자신의 행동을 해명하는 서신을 공들여 작성해 제국의 주요 도시들에 보냈다. 그는 콘스탄티우스의 밀서를 공개하고, 경쟁하는 두 사람의 왕, 야만족을 쫓아 낸 자와 불러들인 자에 대한 판단을 내려 달라고 요청했다.15 율리아누스는 배은망덕하다는 비난에 깊이 마음이 상했으므로, 무력으로뿐만 아니라 논쟁으로서도 대의명분의 정당성을 주장하고 싶었고, 전쟁술뿐 아니라 글로 겨루는 데 있어서도 자신이 앞선다는 것을 보여 주고 싶어 했다. 따라서 아테네의 원로원과 민회에 보내는 그의 서신은 고귀한 열정으로 넘치고 있다. 그는 마치 아리스티데스의 시대에 아레오파구스의 법정 앞에 서서 변론하는 듯한 겸허한 태도로 동시대의 타락해 가던 아테네인들에게 자신의 행동과 동기를 판단해 줄 것을 요청하고 있다. 로마의 원로원은 여전히 황제의 칭호를 부여할 권한을 가지고 있었는데, 그의 청원서는 비록 수명이 다해 가는 공화정체일망정 존중의 뜻을 표한 것이었다. 로마 총독인 테르툴루스가 소집한 의회에서 율리아누스의 서신이 낭독되었다. 그는 이미 사실상 이탈리아의 지배자였기에, 그의 청원은 만장일치로 승인되었다. 그러나 그들은 콘스탄티누스 황제의 개혁에 대한 간접적인 비판과 콘스탄티우스의 악덕에 대한 격렬한 비난에는 그다지 찬동하지 않았다. 원로원은 마치 율리아누스가 그 자리에 있기라도 한 듯한 목소리로 일제히 외쳤다.

> 그대에게 바라노니, 그대 운명의 기초를 마련해 준 이를 존중하시오.

이 교활한 행동은 전쟁의 승산에 따라 왕위 찬탈자의 배은망덕함에 대한 준열한 책망으로 해석될 수도 있고, 국가를 옹호하는 행동을 적어도 한 번은 했으니 이로써 콘스탄티우스의 모든 실패를 벌충하는 셈이라는 아부조의 고백으로도 해석될

15 율리아누스는 콘스탄티우스의 밀서가 전달되던 중에 그것을 가로챘다고 주장했으며, 리바니우스는 군대를 이끌고 도시들을 행군하면서 그것들을 읽었다고 했다. 그러나 암미아누스는 이에 동의하기를 유보한다. 그러나 바도마이르가 콘스탄티우스에게 보내려던 편지에 대해 상세히 언급하면서, 그들 간에 긴밀한 서신 교환이 있었으리라고 추측한다.

수 있다.

그의 적(콘스탄티우스)은 페르시아 전쟁 중 샤푸르의 퇴각으로 한숨 돌리고 있던 중 율리아누스의 행군과 빠른 전진을 알리는 첩보를 받았다. 콘스탄티우스는 짐짓 무시하는 척하며 괴로운 마음을 감추고서, 서방으로 돌아가 율리아누스를 몰아내겠다는 뜻을 밝혔다. 그는 마치 사냥꾼이 사냥을 즐기러 간다는 식으로 가볍게 이 원정에 대해 언급했다. 시리아 히에라폴리스의 야영지에서, 그는 군대에 이 계획을 전하면서 율리아누스의 죄과와 무모함에 대해서는 가볍게 언급하고 넘어갔다. 그는 갈리아의 폭도들이 싸움터에서 그들과 마주친다면, 번득이는 눈빛과 저항할 수 없을 만치 거센 함성을 견디지 못할 것이라고 호언장담했다. 황제의 연설은 전군의 갈채를 받았다. 히에라폴리스의 시의회 의장 테오도투스 같은 인물은 아부하느라고 눈물까지 보이면서 그의 도시를 패배한 반역자의 목으로 장식하게 해 달라고 간청하기까지 했다. 콘스탄티우스는 아직 가능하다면 수키의 통로를 확보해야겠다는 생각에 선발된 파견대를 급파하고, 샤푸르와의 일전을 위해 준비했던 신병들, 말, 무기, 군수품들을 내전용으로 돌렸다. 콘스탄티우스가 국내에서 거둔 승리들은 그의 추종자들에게 성공에 대한 확신을 불어넣어 주었다. 서기관인 가우덴티우스는 황제의 이름으로 아프리카의 속주들을 점령하고 로마로의 물자 보급을 차단하고 있었다. 게다가 치명적인 결과를 가져올 수도 있는 예상치 못한 사건이 일어나 율리아누스의 고민은 쌓여만 갔다. 그 당시 시르미움에 주둔하고 있던 궁수들로 구성된 보병대 한 개 대대와 두 개의 군단이 그에게 항복해 왔다. 그러나 이들은 황제의 총애를 받아 온 군대였던 만큼 충성도를 의심하지 않을 수 없었다. 이에 갈리아 국경 지대의 군사력을 보강해야 한다는 구실을 핑계로 그들을 중차대한 현장에서 멀리 쫓아보내는 편이 낫겠다고 생각했다. 그들은 내키지 않았으나 이탈리아 국경 지대까지 진군해 갔다. 그러나 야만스럽고 흉포한 게르만족이 두려웠던 데다가 먼길을 가기가 내키지 않았기 때문에, 상관들의 선동에 따라 난공불락의 도시라는 아퀼레이아에서 진군을 멈추고 그 성벽 위에 콘스탄티우스의 깃발을 꽂았다. 율리아누스는 날카로운 경계심으로 이 골치아픈 사건이 미칠 영향을 간파하고 즉각 대처할 필요성을 느꼈다. 그의 명령으로 요비누스는 일군의 병력을 이끌고 이탈리아로 귀환하여 끈기와 열성으로 아퀼레이아를 포위하며 공격을 수행했다. 그러나 훈령에 복종하기를 거부한 군단병들은 노련함과 인내로 방어전을 수행했을 뿐 아니라, 다른 이탈리아인들에게도 자신들의 용기와 충성을 귀감으로 삼아 뒤를 따르라고 선동하기까지 했다. 게다가 율리아누스가 동방의 황제 군의 우세한 병력에 눌려 어쩔 수 없이 굴복하게 된다면, 그들의 존재는 퇴각에 장애 요소가 될 것이 뻔했다.

자비심 많은 율리아누스는 그들을 죽일 것인가 내가 죽을 것인가의 기로에서 잔인한 선택을 하지 못하고 슬프게 탄식할 뿐이었다.

서기 361년 11월, 콘스탄티우스의 죽음

그러나 이때 마침 콘스탄티우스가 급작스럽게 사망함으로써 로마 제국은 내전의 참화를 피할 수 있었다. 콘스탄티우스는 겨울이 다가오고 있는데도 안티오크를 떠나려고 서둘렀고, 총신들은 복수심에 불타 서두르는 그를 감히 막지 못했다. 그러나 황제는 극도의 정신적 흥분 상태에서 생긴 것으로 보이는 가벼운 열병에 걸렸고 병은 점점 더 심해져 갔다. 결국 타르수스에서 12마일 정도 떨어진 모프수크레네의 한 작은 마을에 멈추어 잠시 앓은 끝에, 콘스탄티우스는 45년간의 생과 24년간의 통치를 마감하고 말았다. 자만심과 나약함, 미신적인 사고와 잔인함으로 가득 찬 그의 성품은 앞서 기술된 내정과 교회 정책에도 잘 드러나 있다. 그는 오랜 기간 권력을 휘둘렀으므로 동시대인들이 보기에는 중요한 인물이었겠지만, 개인의 가치만이 주목의 대상이 되는 후세인의 눈으로 본다면, 이 콘스탄티누스의 마지막 아들은 아버지의 능력은 이어받지 못하고 결점만 이어받은 자라는 평가밖에는 받지 못할 것 같다. 콘스탄티우스는 사망하기 전 후계자로 율리아누스를 지명했다고 전해진다. 이처럼 마지막 임종의 순간에 증오와 복수의 어두운 열정보다는 아이와 함께 남겨진 젊고 연약한 처의 운명에 대한 근심이 앞섰다는 해석도 그럴듯하다. 에우세비우스와 그 패거리들은 다른 황제를 선출하여 환관들의 통치를 연장해 보려는 부질없는 시도를 했으나, 군대는 내정 불화를 원치 않았으므로 그들의 음모를 냉소적으로 거부해 버렸다. 고위 장교 두 명이 즉시 급파되어 제국의 모든 군대가 율리아누스에게 충성을 맹세할 것이라고 약속했다. 부황제는 트라키아를 세 방면에서 공격하는 작전 계획을 세워 놓았으나, 이 행운 덕에 그럴 필요가 없게 되었다. 이로써 그는 동포 시민들의 피 한 방울 흘리지 않고서 승패를 알 수 없는 싸움의 위험에서 벗어나 완전한 승리를 누리게 되었다. 그는 자신의 출생지이자 제국의 새로운 수도를 하루속히 방문하고 싶은 마음에 들떠 나이수스를 출발하여 발칸 산맥과 트라키아의 도시들을 통과해 진군했다. 그가 콘스탄티노플에서 60마일 정도 거리인 헤라클레아에 닿자 온 도시가 그를 맞으러 몰려나왔다. 그는 충성을 다짐하는 병사들과 국민들, 원로원의 환호 속에 개선 입성식을 치렀다. 수많은 인파가 경의에 차서 그를 에워쌌다. 하지만 국민

12월,
율리아누스의
콘스탄티노플 입성

들은 아직 연륜이 짧은 젊은이로서 게르만의 야만족을 물리치고 이제 대서양 연안에서 보스포루스 연안에 이르기까지 승승장구하며 유럽 전 대륙을 건너 온 영웅치고는 기대 밖으로 왜소한 몸집에 소박한 의복을 걸친 그의 모습에 아마도 좀 실망했던 것 같다. 며칠 후 사망한 황제의 유해가 항구로 들어오자, 율리아누스의 백성들은 진심에서 우러나온 것인지 그런 척한 것인지는 모르나 그들의 군주가 보여 준 자비로움에 찬사를 보냈다. 율리아누스는 상복 차림으로 왕관도 쓰지 않고 맨발로 유해가 안치된 성 사도 교회까지 장례식 행렬을 따라갔다. 이 같은 경의의 표현이 같은 황족으로서 황족의 신분과 위엄에 바치는 이기적인 것으로 해석될 수도 있겠으나, 율리아누스의 눈물은 콘스탄티우스에게서 받았던 모든 상처를 다 잊고 오직 은혜만을 기억하고 있다고 온 세상에 널리 알리는 것 같았다. 아퀼레이아의 군단은 황제의 죽음을 확실히 알게 되자, 곧 성문을 열고 그들을 선동한 지도자들을 사로잡아 왕 앞에 바쳤다. 그리하여 이해 타산에서 나온 것인지 관대함에서 나온 것인지는 알 수 없지만 어렵지 않게 율리아누스의 사면을 얻을 수 있었다. 이리하여 율리아누스는 32세의 나이에 명실상부한 로마 제국의 통치자가 되었다.

제국 전체의 승인을 받은 율리아누스

율리아누스는 철학을 통해 행동하는 삶과 은둔하는 삶의 이점을 비교할 수 있었으나, 그의 고귀한 출생과 운명의 장난 탓에 뜻대로 선택할 수가 없었다. 그는 아마도 아카데메이아의 숲에 파묻혀 아테네 시민들과 사교를 즐기는 편을 진정으로 더 좋아했을 것이다. 그러나 처음에는 콘스탄티우스의 의도에 따라, 나중에는 그의 부당한 행위로 인해 일신과 명예를 황제의

율리아누스의 통치와 사생활

지위에 따르는 위험에 내맡기지 않을 수 없었고, 이제는 수많은 사람들의 행복을 위해 세계와 후손들에 대한 책임을 져야만 했다. 율리아누스는 무리를 다스리는 일은 항상 더 우월한 종족에게 맡겨져야 하듯이, 국가를 통치하는 행위는 신과 맞먹는 권능을 요한다는 그의 스승 플라톤의 말을 두려운 마음으로 되새겼다. 이 원칙으로부터 그는 통치하고자 하는 인간은 무릇 신성이 갖는 완전무결성을 지향하여 자신의 영혼에서 인간적이고 세속적인 면을 정화해야 할 뿐 아니라, 탐욕을 억제하며 지력을 기르고 열정을 다스림으로써, 아리스토텔레스의 생생한 비유에 따르자면 반드시 폭군의 자리로 끌어가게 될 야수적인 거친 본성을 억눌러야 한다는 결론을 이끌어 냈다. 콘스탄티우스의 죽음으로 확고해진 율리아누스의 왕좌는 이성과 미덕의 자리였다. 그는 명성을 멸시하고 쾌락을 거부했으며, 끊임없는 성실성으로 고귀한 직책의 의무를 다했다. 이 철학적인 황제가 스스로에게 부과한 엄격한 법을 따르는 데 자신들의 시간과 노력을 바쳐야 한다면, 그의 신하들 중 그가 지고 있는 무거운 왕관의 부담을 덜어 주겠다고 나설 만한 사람은 거의 없을 것이다. 종종 황제의 검약한 식사를 함께 하곤 했던 그의 가장 가까운 벗 중 하나는 황제가 먹는 빈약하고 가벼운 음식 (보통 채식 위주로 이루어진) 덕에 그의 심신이 저술가로서, 제사장으로서, 행정관으로서, 장군으로서, 황제로서의 갖가지 책무들을 힘들이지 않고 활기차게 수행할 수 있다고 말했다. 그는 하루에도 여러 사절단을 접견하고, 장군들, 행정 관리들, 친구들, 그리고 영토 안에 있는 여러 도시들에 수없이 많은 편지를 쓰거나 구술했다. 탄원 목적의 청원서들에도 귀를 기울여 서기들이 부지런히 속기해도 따라갈 수 없을 만큼의 빠른 속도로 답변을 불러 주었다. 그는 매우 유연한 사고와 강한 집중력의 소유자였다. 그리하여 글씨를 쓰면서도 귀로는 경청하고 입으로는 구술하는 일을 동시에 할 수가 있었으며, 망설이거나 실수하는 일없이 여러 갈래의 생각의 흐름을 금세 좇아갈 수 있었다. 신하들이 지쳐 쉬고 있을 동안에도 황제는 민첩하게 이일 저일로 옮겨다녔고, 서둘러 점심 식사를 마치고는 서재로 물러가서 저녁에 보기로 한 공무를 처리하러 나올 때까지 공부를 계속했다. 황제의 저녁 식사는 점심 식사보다도 훨씬 빈약해서, 소화불량 때문에 수면이 방해받는 일 따위는 없었다. 또한 율리아누스는 애정 때문이라기보다는 정략적으로 했던 짧은 결혼 기간을 제외하고는 한 번도 여성과 동침한 일이 없었다. 아침이면 전날 충분한 수면을 취한 서기관들이 그를 깨웠다. 따라서 신하들은 교대로 시중을 들어야만 했으나, 이 지칠 줄 모르는 군주의 휴식이라고는 고작 하던 일을 바꾸어 기분 전환을 하는 것 정도였다. 율리아누스의 전임자였던 숙부(콘스탄티누스 대제), 형(갈루스 부황제), 사촌(콘스탄티우스 2세)은 국민들의 취향에 맞춰 준다는 그럴듯한 구실로 원형경기장에서 벌어지는 경기들을 대단히 즐겼다. 그래서 스물네 개의 경기가 다 치러질 때까지[16] 한가한 구경꾼으로서, 또 자신도 거창한 구경거리의 일부로서 하루를 거의 다 보내곤 했다. 율리아누스는 이 경박한 오락거리를 좋아하지 않았으며 이 사실을 공공연히 밝히곤 했으나, 엄숙한 축제일에만은 원형경기장에 모습을 나타내곤 했다. 그러나 대여섯 차례 경기를 무심하게 구경하고는 서둘러 자리를 떴다. 철학자답게 공공의 이익이나 자기 계발을 위해 바치는 것이 아니면 그에게는 무엇이든 시간 낭비로 생각되었다.[17] 이처럼 시간을 몹시 아꼈기 때문에, 그는 짧은 재위 기간에도 불구하고 많은 일을 할 수 있었다. 날짜가 다소 부정확하기는 하지만 콘스탄티우스의 사망 이후 그

[16] 전차 수를 백 대로 채우기 위해 스물다섯 번째의 경기, 미수가 이에 추가되었는데, 그중 네 대는 네 가지 색의 기를 꽂고 각 회전의 출발을 알렸다. 그 전차들은 메타를 다섯 번에서 일곱 번 정도 돌았던 것으로 추정되는데, 이는 대략 4마일 정도의 거리에 해당했을 것이다.

[17] 율리아누스는 경기 중에도 급한 공문서를 읽어서 로마 시민들의 감정을 거슬렀다. 이와는 달리 아우구스투스는 시민들의 구미를 맞추고자 함이었는지 자신의 취미에 따른 것이었는지 모르지만 경기에서 눈을 떼지 않으며, 이를 더없이 즐긴다고 공언했다.

후계자가 페르시아 전쟁을 하러 떠나기까지의 기간이 단 16개월밖에 되지 않는다는 사실은 믿기 어려운 일이다. 율리아누스의 행적을 보존하는 일은 역사가의 관심과 노력으로 이루어지겠지만, 황제가 남긴 엄청난 분량의 저술에서도 그의 천재성뿐 아니라 그가 쏟았던 노력도 확인할 수 있다. 「수염 혐오자(Misopogon)」, 「황제들의 경연(Caesar)」 등 그가 남긴 여러 연설문과 그리스도교를 공격하는 정교한 작품은 두 해의 겨울을 보내면서 긴 밤을 지새워 쓴 것들로, 전자는 콘스탄티노플에서 후자는 안티오크에서 쓰여졌다.

궁정의 개혁

율리아누스의 통치 과제 중 가장 급선무였던 것 하나는 궁정의 개혁이었다. 콘스탄티노플의 궁정에 들어온 후 얼마 안 되어 이발사를 부를 일이 있었다. 그러자 화려하게 차려입은 관리가 나타났다.

내가 부른 건 이발사지 세금 걷는 관리가 아니다.

황제는 짐짓 놀란 척 외쳤다. 그리고 그 관리의 급료에 대해 묻자, 많은 급료와 제법 되는 부수입을 제하고도 약 스무 명의 하인들과 그만한 수의 말들을 유지해 나갈 수 있다는 답이 돌아왔다. 1000명의 이발사들, 1000명의 급사들, 1000명의 요리사들이 호화롭게 꾸며진 여러 부처에 배치되어 있었으며, 환관의 수는 여름날 창궐하는 벌레들만큼이나 많았다. 콘스탄티우스는 공적이나 미덕으로 신하들을 앞설 생각 따위는 하지도 않고 고작해야 의복, 식탁, 건물, 행차의 위압적인 화려함으로 자신을 과시하려 했다. 콘스탄티누스와 그 아들들이 세웠던 웅장한 궁정들은 다양한 색의 대리석과 엄청난 양의 황금 장식들로 꾸며졌다. 또한 먼 지역에서 가져온 새들, 먼 바다에서 잡아온 물고기, 제철이 아닌 과일들, 겨울에 핀 장미, 한여름의 눈 등 미각보다는 자만심만을 채워 줄 최고로 희귀한 진미들이 바쳐졌다. 궁정의 종복들에게 들어가는 비용은 군단에 들어가는 비용을 초과했으나, 이 돈 많이 드는 무리들 중 쓸모는 고사하고 하다못해 왕좌의 위용을 세우는 데에라도 도움이 될 인간들은 극히 일부에 불과했다. 직책이 불분명하거나 심지어 허울뿐인 무수히 많은 직함을 만들어 팔아먹음으로써 콘스탄티우스는 자신의 명예를 더럽혔을 뿐 아니라 국민들한테도 피해를 입혔다. 인간들 중에서도 가장 쓸모없는 부류들조차 일을 안 하고도 세금으로 유지되는 특권을 살 수 있었다. 황실의 엄청난 낭비, 곧 국가의 합법적인 채무로 청구되는 엄청난 부수입, 그들의 악의를 두려워하거나 호의를 구하려는 자들로부터 얻어 낸 뇌물 등으로 이 오만불손하기 짝이 없는 하인들은 눈 깜짝할 사이에 부자가 되었다. 그들은 자신들의 과거와 미래는 생각도 않고 재산을 마구 낭비했는데, 이러한 무절제와 방종을 감당하기 위한 약탈 행위와 부패가 판을 쳤다. 그들의 비단옷에는 금실로 수를 놓았으며, 식탁에는 산해진미가 넘쳐났다. 그들의 사저는 옛날 집정관의 장원과 맞먹을 정도였다. 아무리 고귀한 신분의 시민들일지라도 대로에서 환관을 만나면 말에서 내려 정중하게 인사를 해야만 했다. 보통 맨땅에서 잠자면서 생리적인 욕구도 마지못해 처리하고, 왕족의 허식을 경멸하는 데에 자부심을 느꼈던 율리아누스에게 궁정의 화려함은 경멸과 분개를 일으킬 따름이었다. 율리아누스는 이 폐해를 모두 일소하여 골칫거리를 덜고 국민들의 불만을 하루빨리 진정시키고 싶었다. 국민들은 자신들이 근면하게 노동한 결실이 실제로 국가에 도움이 되기만 한다면 세금 부담도 덜 불만스럽게 받아들이는 법이다. 하지만 이러한 과업은 유익한 것이었음에도 불구하고, 율리아누스는 그 과업을 수행하는 데 있어 지나치게 성급하고 가혹하게 진행했다는 비난을 받고 있다. 그는 단 한 차례의 훈령으로 콘스탄티노플의 궁정을 허허벌판으로 바꾸어 버렸으며 나이와 공로, 재산의 소유 정도, 황족에 대한 충성스러운 봉사 여부 등을 타당성 있게 따져 보거나 인정상의 예외를 두는 일도 없이 노예들과 하인들을 남김 없이 굴욕적으로 내쫓아 버렸다.[18] 율리아누스의 기질이 이러했으니, 진정한 덕성은 양극단에 위치한 악덕의 중간에 있다는 아리스토텔레스의 격언에는 아랑곳하지도 않았다. 이 철학적인 후계자는 콘스탄티누스 대제가 입어도 우스꽝스럽게 보였던 동양풍의 화려하고 여성스러운 의복, 곱슬곱슬하게 말아올린 머리와 화장품, 훈장과 팔찌 따위도 단호히 거부했다. 하지만 도가 지나쳐 멋부리기는 고사하고 어느 정도 예의를 차린 복장도 거부했으며, 청결을 무시하는 태도를 자랑으로 여기는 듯했다. 대중의 눈을 의식한 풍자적인 행동이었는지 모르지만, 황제는 오래 깎지 않아 길게 자란 손톱이며 새까맣게 때가 낀 손 따위를 신이 나서 자랑스럽게 보여 주곤 했다. 또한 그의 몸은 온통 털투성이였지만 머리 외에는 면도칼을 대지 않는다고 주장했으며, 그리스 철학자를 본떠 애지중지 아끼는 덥수룩한 턱수염을 의기양양하게 자랑했다. 만약 이 로마 제국의 최고 통치자가 좀 더 이성에 귀를 기울였더라면 다리우스나 디오게네스의 흉내 따위는 경멸했을 것이다.

특별 법정

그러나 율리아누스가 선임자의 통치하에서 저질러진 범죄 행위를 처벌하지 않고 이전의 폐해를 바로잡는 데 그쳤다면, 공공 개혁의 과업은 불완전한 정도로 그치고 말았을 것이다.

[18] 그러나 정작 율리아누스 자신은 환관들에게 마을 하나를 통째로 내려주었다는 비난을 받았다. 리바니우스는 이 사실을 냉담하나 적극적인 태도로 부인하면서, 콘스탄티우스의 소행으로 돌리고 있다. 그러나 이 비난에는 어떤 알려지지 않은 뒷이야기가 숨겨져 있는 듯하다.

그는 친한 벗에게 보낸 편지에서 다음과 같이 말했다.

> 우리는 이제 히드라의 탐욕스러운 이빨을 간신히 벗어났다네. 나의 형 콘스탄티우스에게 그런 오명을 붙여 줄 뜻은 없네. 그는 이제 더 이상 이 세상 사람이 아니니. 그가 편히 잠들기를! 하지만 그는 애초부터 어지간한 아첨꾼이 아니고서는 온화한 성품이라고 말해 주기는 힘든 인물이었고, 교활하고 잔인한 총신들은 그런 황제를 기만해서 점점 더 타락하게 만들었네. 그러나 그렇다고 그 인간들에게 심하게 할 생각은 없다네. 그들은 기소되었고, 이제 공정한 재판이 어떤 것인지 맛보게 될 테지.

이 취조를 진행하기 위해 율리아누스는 최고 관직의 문관과 무관들 중에서 여섯 명의 판사를 임명했다. 또한 개인적인 원한에 사로잡혀 보복하려 한다는 비난을 피하고자 이 특별 법정을 보스포루스의 아시아쪽에 있는 칼케돈에 설치했으며, 감독관들이 항소를 받지 않고 지체없이 최종 선고를 내리고 집행하도록 절대적인 권력을 위임했다. 재판장직은 동방에서 존경받는 민정 총독인 제2의 살루스티우스[19]가 맡았는데, 그는 그리스의 소피스트들과 그리스도교 주교들로부터 동시에 존경을 받을 만큼 높은 덕을 갖춘 인물이었다. 유명한 웅변가이며 선임 집정관 중 한 사람이었던 마메르티누스가 그를 도왔는데, 그의 공적은 자화자찬의 혐의가 짙어서 액면 그대로 받아들이기는 힘들지만 어쨌든 널리 칭송을 받고 있었다. 그러나 두 판사의 현명한 지혜도 거칠게 자기 주장을 밀어붙이는 네비타, 아길로, 요비누스, 아르베티오 네 장군들에게는 당하지 못했다. 아르베티오는 재판관석이 아니라 법정에 서야 할 인물이었으나, 위원회의 비밀을 쥐고 있다고 생각되었다. 요비아누스와

[19] 살루스티우스란 이름의 동명이인이 두 사람 있는데, 한 사람은 갈리아의 민정 총독이고 다른 한 사람은 동방의 민정 총독으로, 이를 세심하게 구별해 줄 필요가 있다. 여기서는 편의를 위해 '제2의'라는 별칭을 붙였다. 제2의 살루스티우스는 그리스도교도들까지도 존경하지 않을 수 없는 인물이었다. 나지안주스의 그레고리우스 같은 인물도 그의 종교는 비난했지만 덕성에 대해서는 찬사를 보냈다.

헤르쿨리우스파의 지도자들은 성이 나서 무장한 채 재판정을 에워싸고 있었으므로, 판사들은 정의의 법을 좇아야 할지 당파의 성난 고함소리를 따라야 할지 어찌할 바를 모르고 우왕좌왕했다.

콘스탄티우스의 총애를 얻어 오랫동안 세도를 부려 왔던 시종장 에우세비우스는 수치스러운 죽음으로 그간의 오만과 부패, 잔학한 통치를 속죄했다. 파울루스와 아포데미우스도 처형(앞의 인물은 산 채로 화형당했음)되었으나, 이 폭군들의 손에 남편과 아버지를 잃은 수백 명의 과부들과 고아들에게는 그것으로도 속죄에는 모자랐다. 그러나 정의의 여신조차도(암미아누스의 감상적인 표현을 빌린다면) 제국의 재무관이었던 우르술루스의 죽음에는 눈물을 흘렸을 것이다. 그의 피는 율리아누스의 배은망덕을 비난하는 듯했으니, 율리아누스가 어려웠던 때에 이 정직한 관리가 용감하게도 관대함을 베풀어 그를 곤경에서 구해 주었던 것이다. 그러나 그는 경솔한 언동으로 병사들의 분노를 자극하여 죽음을 맞았다. 황제는 깊이 죄책감을 느끼고 그에게서 몰수한 재산을 돌려줌으로써나마 유족들을 위로하고자 했다. 타우루스와 플로렌티우스는 민정 총독과 집정관[20]의 직위를 받은 바로 그해가 다 가기도 전에 칼케돈의 무자비한 법정에 자비를 호소하는 처지가 되었다. 타우루스는 이탈리아의 베르켈라이로 추방당했고, 플로렌티우스는 사형을 선고받았다. 황제가 약삭빠른 사람이었다면 타우루스에게 오히려 상이라도 내려 주어야 했다. 왜냐하면 이 대신은 전진해 오는 반군을 더 이상 막을 수 없게 되자, 그의 은인이자 적법한 군주였던 콘스탄티우스의 궁정으로 도피해 버렸던 것이다. 그러나 플로렌티우스의 죄상은 판사들의 가혹한 판결을 받을 만했다. 그의 탈주는 율리아누스의 관대함을 널리 보여 주는

[20] 일반 민중은 여전히 공화국이 내린 존귀한 관직에 대해 존중심을 품고 있었으므로, 집정관직의 타우루스가 범죄인으로 소환되었다는 사실은 사람들에게 충격과 분노를 안겨 주었다. 그의 동료인 플로렌티우스의 소환은 이듬해 초까지 연기되었던 것 같다.

계기가 되었는데, 황제는 이 도망자가 정당한 분노를 피해 어디로 숨었는지 알려 주겠다는 밀고자의 정보를 거절함으로써 고결한 인품을 과시했다. 칼케돈의 법정이 해산되고 몇 개월이 지나, 아프리카의 총독 대리인 가우덴티우스와 이집트의 두크스인 아르테미우스가 안티오크에서 처형되었다. 아르테미우스는 넓은 속주에서 잔혹하고 부패한 정치를 폈으며, 가우덴티우스는 무고한 자들과 덕망 있는 인물들, 심지어 율리아누스에 대해서까지도 오랫동안 교묘하게 비방을 일삼아 왔다. 그러나 이들의 재판과 단죄 과정에서 일어난 서툰 일처리 때문에, 이 사악한 자들은 대중의 눈에 콘스탄티우스를 끝까지 받들며 충성을 다한 죄로 박해받는 영광된 모습으로 비추어졌다. 나머지 신하들은 대사면령으로 보호받게 되어, 탄압받아 마땅한 자들을 지켜 주거나 혹은 의지할 데 없는 자들을 탄압하면서 받은 뇌물의 단맛을 무사히 즐길 수 있었다. 이러한 조치는 후세인의 관점으로 보자면 올바른 정책 원리를 따랐다는 점에서 동의할 만한 부분도 있지만, 실제로 문제가 많은 방식으로 실행되어 왕좌의 지엄한 권위를 실추시켰다. 율리아누스는 경솔하게 또는 불법적으로 바쳤던 헌납금을 되돌려 달라는 수많은 대중들, 특히 이집트인들의 끈덕진 요구에 골머리를 앓았다. 그는 성가신 소송들이 끝없이 제기되리라고 예견하고, 그들이 칼케돈으로 온다면 친히 대면하여 불만 사항을 경청하고 판결을 내려 주겠다고 약속했다. 그러나 그들이 도착하자마자, 율리아누스는 칙령을 포고하여 뱃사공들이 한 명의 이집트인도 콘스탄티노플로 이송하지 못하도록 했다. 이리하여 소송을 제기하려던 사람들은 아시아의 해안에 발이 묶인 채 결국은 돈도 바닥나고 인내심도 다하여, 그들의 조국에 분개와 불만을 토로하면서 발길을 돌려야만 했다.

율리아누스의 자비

콘스탄티우스는 군주 한 사람의 평안을 위해 엄청나게 많은 수의 첩자들, 염탐꾼, 밀고자들을 고용하여 수백 만 명의 평안을 방해했으나, 그의 자비로운 후계자는 이들 모두를 즉각 해고시켰다. 율리아누스는 사람을 쉽게 의심하지 않는 온건한 성품의 소유자였기에, 반역의 음모에 대한 첩보가 들어와도 자부심과 용기로 코웃음쳐 넘겼다. 그는 자신의 우월한 재능을 확신하고 있었다. 따라서 신하들 중 전장에서 마주치더라도 감히 자신의 목숨을 해하려 할 자는 없을 것이며, 심지어 자신의 왕좌가 비어 있다 하더라도 탐낼 자는 없으리라고 믿었다. 철학자는 성마른 자의 불만에 찬 야유를 너그러이 용서해 줄 수 있고, 영웅은 자신의 운과 능력을 뛰어넘으려는 무모한 모반자의 야심찬 기도를 경멸할 수 있는 법이다. 한번은 안키라의 한 시민이 자신이 입으려고 자주색 의상을 준비해 둔 일이 있었다. 콘스탄티우스 치하에서라면 사형에 처해졌을 이 경솔한 행동은 그에게 사적인 원한을 가진 자의 고발로 율리아누스에게 보고되었다. 왕은 자신과 겨루려 한 자의 신분과 인물됨에 대해 몇 가지 조사를 한 뒤, 그가 황제의 의관을 완벽하게 갖출 수 있도록 자주색 신 한 켤레를 선물로 가져다주라고 밀고자에게 주었다. 열 명 남짓의 친위대원들이 이보다 훨씬 더 위험한 음모를 짠 일도 있었는데, 이들은 안티오크 근방의 전투 연습장에서 율리아누스를 암살할 계획을 세웠던 것이다. 이러한 무절제한 행동은 곧 발각되었고 이들은, 자신들이 상처 입힌 군주 앞으로 사슬에 묶여 끌려나왔다. 율리아누스는 그들의 계획이 얼마나 사악하고 어리석은 것인지 설명해 준 후, 그들이 응당 받으리라고 예상했던 고문 끝의 처형 대신 주동자 두 사람에게만 추방형을 선고했다. 율리아누스가 평소의 관용을 베풀지 않은 유일한 예는 연약한 손으로 감히 정권을 탈취하려 했던 한 경솔한 젊은이를 처형한 경우였다. 그런데 이 젊은이는 갈리아 전쟁의 첫 번째 출정에서 부황제와 공화국의 기를 버렸던 기병 대장 마르켈루스의 아들이었다. 그러니 율리아누스가 부자의 죄를 한데 싸잡아 한꺼번에 처벌한다 해도 사사로운 원한에 사로잡혀 한 행동이라는 말은 듣지 않을 상황이었다. 그러나 율리아누스는 마르켈루스의 비통함에 마음이 누그러져, 정의로운 판결이었음에도 불구하고 그의 고통을 덜어 주려 애쓰는 관대함을 보였다.

율리아누스는 자유의 가치에 대해서도 잘 알고 있었다. 학문 연구를 통해 그는 고대의 현자들과 영웅들의 정신을 흡수했

자유와 공화정을 사랑하는 율리아누스

을 뿐 아니라 자신의 생명과 운을 폭군의 변덕에 맡긴 채 살아왔으므로, 왕좌에 오른 후에도 그의 결점을 감히 비판하지 못하는 노예들은 그의 덕을 찬양할 자격도 없는 자들이라는 생각에 때때로 자존심이 상하곤 했다. 그는 디오클레티아누스와 콘스탄티누스에 이어 80여 년에 걸친 통치가 낳은 오랜 관습이 제국에 심어 놓은 동방의 전제 정치 체제를 극히 혐오했다. 율리아누스는 호화로운 왕관을 내놓는다는 계획도 종종 진지하게 고려해 보았으나, 일종의 미신적인 이유 때문에 이를 차마 실행에 옮기지는 못했다. 그러나 그는 로마인들의 귀에 너무나 익숙해진 나머지 더 이상 그 말의 굴종적인 기원을 기억조차 할 수 없게 된 '주(主, Dominus)'[21]라는 칭호는 완강히 거부했다. 공화정의 잔해에 경외감을 갖고 있는 황제는 집정관의 직위 자체보다도 그 이름을 더욱 소중히 여겼기에, 아우구스투스가 신중한 배려에서 어쩔 수 없이 취했던 것과 같은 행동을

서기 363년 1월 1일

[21] 그는 공식적인 법으로 주군(Despot 또는 Dominus)의 칭호를 폐지하지는 않았으므로, 이 칭호는 여전히 그의 메달에 남아 있다. 그가 개인적으로 표시한 불쾌감은 궁정의 노예 근성에 영향을 주었다.

22 집정관 마메르티누스는 주군의 겸손한 태도에 놀라고 흥분하여 이 경사스러운 날을 찬양했다.

자진해서 택했다. 정월 초하루 새벽에 새로운 집정관이 된 마메르티누스와 네비타가 황제에게 인사를 드리고자 입궐했다. 율리아누스는 그들의 도착을 보고받자마자 옥좌에서 뛰어내려와 그들을 맞으러 달려나갔다. 황제의 이러한 겸손함에 감동하여 집정관들은 얼굴이 붉어졌다. 그들이 궁정을 물러나와 원로원으로 향하자, 황제는 맨발로 그들의 가마 앞을 걸어갔다. 이를 본 수많은 군중들 중에는 고대의 본보기를 보여 준 행동이라고 찬양하는 이들도 있었으나, 황제의 위엄을 떨어트리는 행동이라고 몰래 비난하는 자들도 있었다.[22] 어쨌거나 율리아누스의 행동은 한결같은 지지를 받았다. 한번은 원형경기장에서 경기를 참관하던 중 별 생각 없이 한 행동이었는지 고의적이었는지 모르지만, 집정관의 면전에서 한 노예를 해방시켜 주었다. 그러나 자신이 다른 행정관의 지배권을 침해했다는 사실을 깨닫고 즉각 자신에게 금 10파운드의 벌금을 내리는 조치를 취했다. 이로써 황제인 자신 역시 다른 동료 시민들과 마찬가지로 공화국의 법과 예절을 준수한다는 사실을 온 세상에 널리 알렸던 것이다. 율리아누스는 자신의 통치 정신과 출생지에 대한 배려 차원에서 콘스탄티노플의 원로원에 로마의 원로원이 누리는 것과 같은 명예와 특권, 권위를 부여해 주었다. 이를 계기로 국가 중추 기관의 절반을 동방으로 옮긴다는 법적 의제가 도입되어 점차로 확립되었다. 율리아누스의 전제적인 후계자들은 원로원 의원의 직함을 수락하여 자신도 로마 제국의 위엄을 보여 주는 의회의 일원임을 인정했다. 군주로서 율리아누스의 관심은 콘스탄티노플에서 멀리 떨어져 있는 속주들의 시 원로원에까지 골고루 미쳤다. 그는 여러 차례 포고령을 내려 많은 태만한 시민들을 국가에 대한 의무로부터 면제해 주었던 부당한 면제령들을 폐지했다. 그리하여 공적 의무를 공평하게 배분함으로써 제국의 쇠망해 가던 도시들에 그 위세와 영광뿐 아니라 리바니우스의 열정적인 표현을 따르자면 영혼까지도 되살려 주었다. 또한 율리아누스의 마음속에는 그리스의 숭엄한 시대에 대한 부드러운 연민의 정이 넘치고 있었다. 신들과 영웅들, 그리고 영웅과 신보다도 뛰어난 능력으로 천재성의 기념비와 덕성의 본보기를 후대에 남겨 놓은 인간들을 회상할 때마다 그의 마음은 환희로 불타올랐다. 그는 곤궁에 빠진 에피루스와 펠로폰네수스의 도시들을 구제해 주었을 뿐 아니라, 미관도 복구해 주었다. 아테네 시민들은 그를 은인으로 받들었으며, 아르고스도 그를 구원자로 여겼다. 덕분에 코린토스의 자부심도 로마의 식민지로서의 영광과 함께 다시 한 번 폐허에서 되살아나, 원형극장에서 곰과 표범 사냥으로 경축하는 경기의 비용 명목으로 인근 국가들로부터 조공을 요구했다. 그러자 엘리스, 델포이, 아르고스의 도시들은 조공을 면제받을 특권을 요구했는데, 자신들 역시 조상 대대로 올림피아 경기, 피티아 제전, 네메아 경기를 유지할 신성할 직분을 물려받았다는 것이 그 명분이었다. 코린토스인들은 엘리스와 델포이의 요구는 존중해 주었으나, 아르고스는 가난하다는 이유로 무시해 버렸다. 대표단들의 미약한 항의의 목소리마저도 소속 도시의 이해관계만을 고려하는 듯한 속주 행정관의 판결에 묻혀 버렸다. 이 판결이 있은 지 7년이 지나, 율리아누스는 더 높은 법정에 항소를 제기하도록 허락해 주었을 뿐 아니라, 아가멤논의 왕좌가 있었고[23] 마케도니아에 여러 왕과 정복자들을 배출해 준 이 도시[24]를 변호하기 위하여 몸소 나서서 열변을 토하기까지 했다.

제국의 범위가 넓어지면서 힘겨운 민정과 군정의 직무는 율

> 그리스 도시들에 대한 율리아누스의 관심

[23] 그가 통치한 도시는 아르고스에서 지금의 6마일에 해당하는 거리인 50스타디아 떨어진 미케네였으나, 그리스 시인들은 번갈아 번영을 누렸던 이 두 도시를 혼동했다.

[24] 테메누스에서 헤라클레스까지 이어진다는 이 가계는 진실성이 의심스러울 수도 있으나, 마케도니아 왕들이 그리스에서 잘 알려지지 않은 미미한 존재였던 시절에, 올림피아 경기의 심판들이 엄격히 조사한 후 인정되었다. 아카이아 동맹국들이 필리푸스에 대항할 것을 선언했을 때, 아르고스 대표단이 물러나는 것이 적절하다고 생각되었다.

> 웅변가이자 재판관인 율리아누스

리아누스의 능력을 더 많이 요구했다. 그러면서도 그는 종종 웅변가와 판관의 역할까지도 맡곤 했으니, 이는 유럽의 근대 군주들에게서는 거의 예를 찾아보기 어렵다. 최초의 황제들은 설득의 기술을 부지런히 연마했으나, 그 후계자들은 군인으로서의 무지와 동방의 영향에서 온 자만심 때문에 이를 무시해 버렸다. 그 결과 그들은 내심 두려워한 병사들 앞에서는 오히려 제법 멋진 연설을 할 수 있었어도, 그들이 무시했던 원로원 의원들 앞에서는 입을 다물고 거드름을 피울 수밖에 없었다. 콘스탄티우스가 원로원의 집회에 나가기를 피한 반면, 율리아누스는 원로원을 공화주의자로서의 신조와 웅변가로서의 재능을 과시할 수 있는 가장 적절한 장으로 여겼다. 그는 마치 웅변도장에서 하듯이 찬사와 비판, 권고 등 여러 가지 화법을 번갈아 가며 자유자재로 구사했다. 그의 친구 리바니우스의 말에 따르면, 그는 호메로스의 연구를 통해 메넬라우스의 단순하고 간결한 화법, 겨울의 싸락눈처럼 쏟아져 나오는 네스토르의 달변, 오디세우스의 감상적이면서도 호소력 있는 웅변을 모방하는 법을 배웠다고 한다. 판관으로서의 직분이 황제로서의 직분과 충돌을 빚는 경우도 종종 있었으나, 율리아누스는 의무감에서뿐만 아니라 재미있는 도락으로 이를 수행했다. 그래서 그는 민정 총독의 성실성과 통찰력을 신뢰하는 경우에도 종종 판관석에 배석하곤 했다. 예리한 통찰력을 지닌 그의 정신은 진실을 은폐하고 법을 왜곡하는 변호인들의 궤변을 찾아 내 꺾는 데서 기쁨을 느꼈다. 때로는 황제로서의 지위마저도 망각하고 경솔하거나 부적절한 질문을 던지기도 했으며, 논쟁에 지나치게 열중한 나머지 언성을 높이거나 몸을 흔들어 대면서 판관들, 변호인들, 소송인들에게 격렬하게 자신의 논지를 펴기도 했다. 그러나 자기의 그런 성정을 잘 알고 있었으므로, 친구들과 고관들에게 그럴 때면 서슴없이 자신을 꾸짖어 달라고 청하곤 했다. 율리아누스가 격정을 억누르지 못해 돌발적인 행동을 할 때마다 그들이 용기를 내어 비판하면, 구경꾼들은 군주가 감사를 표하면서 부끄러워하는 모습을 볼 수 있었다. 율리아누스의 판결은 거의 한결같이 정의의 원칙에 따라 내려졌다. 그만큼 그는 동정을 한다거나 공정을 기한다는 허울 좋은 구실 아래 법정을 공격하고픈 위험스러운 유혹에 빠지지 않으려 애썼다. 그는 소송인들이 처한 환경에 좌우되지 않고 소송의 시비를 가리고자 했다. 따라서 그는 가난한 자들의 고통을 덜어 주고 싶어 했지만, 그런 동정심에 이끌려 부유하거나 신분이 높은 상대자의 정당한 청구를 패소시키는 일은 없었다. 그는 판관으로서의 위치와 입법자로서의 위치를 구분하는 데에도 신중을 기했다.25 그는 로마의 법률 체계를 손볼 필요가 있다고 생각했지만, 행정관들이 집행하고 시민들은 마땅히 복종해야 할 법률을 어디까지나 엄격하고 정확하게 해석하여 형을 선고했다.

25 약 16개월의 통치 기간 중 율리아누스가 제정한 법들 가운데 쉰네 개가 테오도시우스와 유스티니아누스의 법전에도 수용되었다.

율리아누스의 품성

사실 황제들 중 대부분은 자의를 벗기고 세상 속에 던져 놓는다면 미천한 신분을 벗어나지 못하고 사회의 최하층으로 금세 가라앉아 버릴 인간들이었다. 그러나 율리아누스 개인의 가치는 어느 정도는 그가 타고난 운과 별개였다. 그의 대담한 용기, 생기 넘치는 지혜, 강한 집중력을 본다면 그가 어떤 운명을 선택했더라도 자신이 택한 분야에서 최고의 영예를 얻었을 것이다. 그는 적어도 그럴 만한 가치를 지닌 인물이었다. 율리아누스는 설사 평민으로 태어났더라도 혼자 힘으로 대신이나 장군의 지위까지 능히 올랐을 것이다. 그를 시샘하는 권력자가 변덕을 부려 그의 기대를 좌절시키거나 스스로 신중하게 권력의 길로 나아가기를 거부했다 하더라도, 은거하여 재능을 연마함으로써 결국은 왕들도 얻지 못할 현세의 행복과 불후의 명성을 얻었을 것이다. 하지만 율리아누스의 초상을 아주 꼼꼼하게, 작은 흠이라도 잡아낼 셈으로 살펴본다면, 전체 인물상이 완전무결함과 기품을 얻기에는 뭔가 부족한 느낌이 든다. 그의 천재성은 카이사르의 것보다는 강렬함과 장엄함에서 좀 떨어지며, 아우구스투스의 완벽한 신중함도 갖추지 못했다. 덕행으로 평가하자면 트라야누스의 진지함과 자연스러움에는 미치지 못하며, 마르쿠스 아우렐리우스 황제의 철학에 비하면 간결성과 일관성에서 떨어진다. 그러나 율리아누스는 역경을 맞을 때는 굳은 의지로 견디어 냈고, 성공을 누릴 때는 중용의 태도를 견지했다. 알렉산데르 세베루스 사후 120년이 지나서야, 로마인들은 오로지 자신의 의무를 실천하는 데에서 즐거움을 찾으며, 국민들의 고통을 덜어 주고 사기를 되살리고자 힘쓸 뿐 아니라, 뛰어난 인물에게 권한을 부여하고 덕 있는 자가 행복해지도록 노력하는 황제를 만날 수 있었다. 정치적으로 다른 당파, 심지어 종교적으로 다른 파벌조차도 전시에나 평화시에나 그의 우월한 천재성을 인정하지 않을 수 없었고, 배교자 율리아누스야말로 조국을 사랑하는 자이며 세계의 황제가 될 만한 자라고 탄식 섞인 고백을 하지 않을 수 없었다.

23

율리아누스의 종교 · 모든 종교의 자유 · 이교 숭배의 부활과 개혁의 시도 · 예루살렘 신전의 재건 · 그리스도교도에 대한 교묘한 박해 · 양 파의 광신과 부정

배교자라는 낙인은 율리아누스의 명성에 오점을 남겼으며, 그의 미덕을 훼손한 종교적 열정은 그의 과오를 실제 이상으로 과장해 놓았다. 무지와 편견에 사로잡힌 자들은 그가 제국 내의 종교적으로 다른 당파들을 동등하게 보호하려고 노력했으며, 디오클레티아누스가 칙령을 내린 시기부터 아타나시우스가 추방당한 시기까지 대중을 혼란에 빠뜨렸던 신학적 열광을 진정시킨 철학적인 군주였다고 묘사한다. 그러나 율리아누스의 실제 성격과 행동을 더 정확한 관점에서 본다면 호의적인 선입견은 사라지고, 결국 황제도 시대를 휩쓸었던 광풍에서 벗어나지 못했음을 알게 된다. 다만 우리는 후세인으로서 그의 열렬한 찬미자들이 그린 율리아누스의 모습과 무자비한 적들이 그린 그의 모습을 비교해 보는 특권을 누릴 수 있다. 율리아누스의 행적은 그의 삶과 죽음을 공평무사한 눈으로 관찰한 한 현명하고 솔직한 역사가의 붓으로 충실하게 기술되었다. 동

율리아누스의 종교

시대인들이 남긴 일치된 증언은 황제 자신의 공적 · 사적 진술을 통해 확인되고 있으며, 그가 남긴 다양한 저술에는 감추는 편이 더 현명했을 종교적 감정이 일관된 논조로 표현되어 있다. 율리아누스에게 아테네와 로마의 신들을 향한 열렬한 신앙심은 무엇보다도 소중한 것이었으므로, 이성으로 교화된 힘도 미신적인 편견의 영향으로부터 벗어나지 못하고 타락할 수밖에 없었다. 그리하여 황제의 마음속에만 존재하는 유령들이 실제 제국의 통치에까지 해로운 영향을 끼쳤다. 그리스도교인들은 허황된 이교의 다신들에 대한 숭배를 경멸했을 뿐 아니라 그들의 제단을 뒤엎을 만큼 강한 종교적 열정을 가지고 있었으므로 이교신을 숭배하는 율리아누스와, 시민들 중 상당수를 차지하는 이교도들에게 강한 적대감을 갖고 있었다. 율리아누스 역시 이들과의 대립에서 승리를 거두고 싶은 욕망과 함께 자신의 신앙이 거부당했다는 굴욕감 때문에 때때로 신중한 자세뿐 아니라 정의의 법까지도 내팽개치고 싶은 유혹에 흔들리기도 했다. 그가 배척하고 반목했던 그리스도교의 승리는 율리아누스의 이름에 오점을 남겼으며, 이 실패한 배교자는 홍수처럼 쏟아지는 신성한 비난에 묻혀 버렸다. 이를 알린 신호탄이 나지안주스의 주교 그레고리우스[1]가 울린 힘찬 나팔소리였다.[2] 이 활동적인 황제의 짧은 재위 기간 중 일어났던 사건들 중에는 꽤 흥미 있는 것도 많아서, 당시 사정을 그대로 보여 주는 이야기들을 자세히 살펴보면 재미있을 것이다. 이 장에서는 그의 동기, 의도, 행동들 중에서 종교의 역사와 관련이 있는 것이면 무엇이든지 다루어 보겠다.

[1] 이 연설자는 열정과 자만에 넘친 열변으로 천상과 지상, 인간과 천사들, 산자들과 사자들, 그리고 누구보다도 콘스탄티우스에게 자신의 연설을 전하고 있다. 그는 대담하게 확신에 찬 어조로 헤라클레스의 기둥만큼 영속적인 기념비를 세우겠다는 말로 연설을 끝맺는다.

[2] 그레고리우스의 작품집 중 두 개의 연설문으로 나뉘어 있는 긴 비난의 글을 참조할 것. 이것은 율리아누스가 죽은 지 6개월 후 그의 유해가 타르수스에 옮겨졌을 때 그레고리우스와 그의 친구 바실리우스가 발표한 것이다. 요비아누스가 아직 왕위에 있을 때였다. 1735년 리옹에서 출간된 프랑스어 판에서 많은 도움을 얻었다.

율리아누스의 교육과 배교

그의 기이하고도 숙명적인 배교의 원인을 찾자면 가족을 암살한 자들의 손에 고아로 남겨졌던 어린 시절로 거슬러 올라가야 한다. 그리스도의 이름과 콘스탄티우스의 이름, 그리고 예속된 상황과 종교 문제는 민감한 부분에 영향받기 쉬운 어린 아이의 상상력 속에서 서로 뒤엉켰다. 어린 시절 그의 양육은 율리아누스의 외가쪽 친척인 니코메디아의 주교 에우세비우스3에게 맡겨졌다. 율리아누스는 성년이 될 때까지 그리스도교인 교사들로부터 영웅보다는 성자에게 어울릴 법한 교육을 받았다. 콘스탄티우스 황제는 천상의 영광보다는 지상의 영광을 더 탐했으므로, 세례식을 받는 기쁨4은 콘스탄티우스의 조카들5의 몫으로 돌려 놓고 자신은 세례 예비자 정도의 불완전한 자격에 만족해 했다. 즉 조카들에게는 낮은 지위의 성직을 맡는 것까지도 허용해 주어서, 율리아누스도 니코메디아의 교회에서 성경을 낭독해 주는 직책을 맡은 적이 있다. 황제의 조카들은 종교 연구에 열성을 기울여 믿음과 헌신 면에서 상당한 결실을 거두었던 것 같다. 그들은 기도와 단식을 하며 가난한 자들에게는 구호품을, 성직자들에게는 선물을, 순교자들의 무덤에는 봉헌물을 바쳤다. 카이사레아의 성 마마스를 기리는 장려한 기념비도 갈루스와 율리아누스가 힘을 합쳐 세웠든지 아니면 적어도 착공한 것이다.6 그들은 고명한 주교들과 경건한 대화를 나누곤 했으며, 카파도키아에서는 자발적으로 고행 생활을 하는 수도승과 은자들에게 축도를 청하기도 했다.7 이 두 부황제는 성년이 되면서 종교적 감정 면에서 성격상의 차이점들을 드러내기 시작했다. 즉 이해력이 둔하고 완고한 갈루스는 맹목적인 열정으로 그리스도교 교리를 받아들였으나, 자신의 행동에 아무런 영향을 주지 못했고 격렬한 성미를 다스리는 데도 도움이 안 되었다. 반면 율리아누스의 온화한 성품은 복음서의 가르침과 좀 더 잘 맞았다. 신성의 신비스러운 본질을 설명해 주고 무한한 영적 세계와 사후 세계로의 문을 열어 주는

3 율리아누스는 이 아리우스파 성직자에 대해 어떤 식으로든 감사의 뜻을 표한 적이 없다. 그러나 그의 교사였던 환관 마르도니우스에 대해서는 찬사를 보내면서 그의 교육 방식에 대해 설명했는데, 그의 교육은 율리아누스에게 수호신들과 호메로스의 종교에 대한 열렬한 동경심을 불어넣어 주었다.

4 그는 타우로볼리움에서 종교적 의미를 제거하려고 애썼다.

5 율리아누스는 스무 살이 될 때까지는 그리스도교인이었다고 알렉산드리아인들에게 말한 바 있다.

6 갈루스는 자신의 몫으로 맡겨진 일을 열심히 성공적으로 수행했으나, 율리아누스의 신성 모독적인 손으로 세우려 한 건조물은 아무래도 땅에 제대로 세워지지 않고 무너져 버렸다. 이러한 지진 현상은 많은 목격자들이 증언하고 있는데, 교회사에서 가장 주목할 만한 기적들 중 하나일 것이다.

7 이 철학적인 황제는 이들 고독한 광신자들이 인간은 사회적 동물이라는 사실을 잊은 것이 틀림없다고 비웃었다. 이 이교도는 그들이 이교의 신들을 부인했기 때문에 나쁜 악령에 들려 고통받고 있다고 생각했다.

23장 307

8 율리아누스는 다음과 같이 말한 바 있다. "사람들은 죽은 자를 자신들이 인정하는 방식으로 애도하지 않는 이교도들을 박해한다." 그는 몸소 인내심 많은 신학자로서의 모습을 보여 주었지만, 그리스도교의 삼위일체가 바울, 예수 혹은 모세의 교리에서 나온 것이 아니라는 주장을 견지했다.

신학 체계는 그의 왕성한 호기심을 만족시켜 주는 듯했다. 그러나 율리아누스의 독립적인 정신은 교회의 오만한 성직자들이 종교의 이름으로 요구하는 수동적이고 무저항적인 순종을 받아들이지 못했다. 율리아누스에게 교회의 이론은 공허했지만 거부해서는 안 되는 법이었다. 그러나 성직자들은 누구든 자신들의 법을 거부한다면 영원한 형벌을 받으리라고 위협하면서 젊은 부황제의 사고방식과 언행에 제동을 걸고 그가 따라야 할 엄격한 규범을 지시했다. 교회는 이렇게 율리아누스의 이의를 묵살하고 질문할 자유도 철저히 제한했으나, 이는 결국 그가 교회의 가르침을 거부하도록 은밀하게 부추긴 결과가 되었다. 마침 그는 아리우스파 논쟁8의 추문이 퍼지던 때에 소아시아에서 교육을 받고 있었다. 그때 동방의 주교들이 격렬한 논쟁을 벌이면서 종교적 신조를 끊임없이 바꾸는 모습을 보고 그들의 행동에 세속적인 동기가 작용하고 있다고 생각하게 되면서, 율리아누스는 부지불식간에 그들이 종교를 위해서 그렇게 격렬하게 싸운다고 하면서도 실제로는 종교를 이해하고 있지도, 진심으로 믿고 있지도 않다는 기존의 편견을 더욱 굳혔다. 그는 호의적인 관심을 가지고 그리스도교의 증거에 귀기울여 믿음을 다지려 하기보다는, 반감을 갖고 의심스럽게 들으면서 집요하고 예리하게 논박했다. 젊은 부황제들에게 요구되던 논쟁들의 주제를 놓고 연설문을 작성하라는 지시가 있을 때에도 율리아누스는 자신의 학식과 재능을 펼쳐 보이려면 약세 쪽의 주장을 옹호하는 편이 더 효과적이라는 그럴듯한 구실을 들어 항상 이교의 대변자를 자처하고 나섰다.

이교의 신화를 포용한 율리아누스

갈루스가 먼저 부황제의 자리에 오르면서, 율리아누스는 비로소 자유를 누리며 문학과 이교를 접할 기회를 가질 수 있었다. 이 황족 출신인 젊은이의 취향과 관대함에 이끌린 철학자들은 그리스의 학문과 종교가 서로 밀접하게 연관되어 있다는 개념을 그에게 심어 주었다. 예를 들어 호메로스의 시를 천재적인 인간의 힘으로 만들어 낸 창작물이라고 칭송하는 것이 아니라, 아폴론과 뮤즈가 전해 준 천상의 영감으로 만들어 낸 것이라고 주장했다. 올림푸스의 신들은 이 위대한 시인의 손으로 그려진 것과 같은 모습으로 쉽게 미신에 현혹되지 않는 사람들의 마음속에까지도 깊은 인상을 남기며 파고든다. 이 신들의 이름과 성격, 외모와 특징을 잘 알게 되면, 이 헛것들이 현실적인 존재감을 얻는다. 그리고 이 신들에게 기분 좋게 매혹되면서 이성과 경험으로는 도저히 받아들이지 못할 신화들에 대해 상상력이 발동하여 일시적으로 불완전하게나마 받아들이게 된다. 게다가 율리아누스의 시대에는 그리스와 아시아의 장려한 사원들, 예술가들이 호메로스의 신성한 개념을 표현한 그림이나 조각 작품들, 화려한 축제와 희생 제의들, 때론 성공을 거두기도 하는 예언술, 널리 퍼져 있던 신탁과 그 외에 여러 불가사의한 전통들, 2000년의 역사를 지닌 옛 관습 등 모든 주변 환경이 이 환상을 연장하고 강화하는 데 한몫을 했다. 다신교는 많은 약점에도 불구하고 온건하다는 점에서 비난받을 소지가 적었으며, 이교도들의 신앙심은 극단적인 무신론과도 공존할 수 있었다.9 그리스의 신화는 신자의 마음을 온통 사로잡는 불가분의 균형 잡힌 체계가 아니라 수많은 부분들의 느슨하고 유동적인 결합으로 이루어져 있어서, 이 신들의 추종자는 마음 내키는 대로 종교적 신념의 정도와 범위를 정할 수 있었다. 율리아누스가 채택한 교리도 매우 다면적인 것이었다. 기이한 모순이지만 그는 복음서의 유익한 멍에는 경멸하면서 유피테르와 아폴론의 제단에는 자발적으로 자신의 이성을 제

9 한 현대의 철학자는 일신교와 다신교가 인간의 마음속에서 회의나 확신에 대해 어떻게 다르게 작용하는가를 정교하게 비교한 바 있다. 흄(Hume)의 에세이를 보라.

물로 바쳤다. 율리아누스의 연설 중 하나는 대모신(大母神)인 키벨레에게 바치는 것이었는데, 여자같이 꾸민 사제들이 이 신에게 프리기아의 소년이 무모한 광기에 사로잡혀 행했던 것과 같은 피비린내 나는 희생 제의를 바쳤다. 독실한 황제는 페르가무스 연안에서 테베레 강 입구까지 여신상이 운반되어 왔을 때 일어난 엄청난 기적에 대해 연설했다. 즉 사신들이 바다 건너 운반해 온 이 흙덩어리에 생명과 감정뿐 아니라 성스러운 힘까지도 주어져 있다는 놀라운 기적을 원로원과 로마 시민들이 믿어 의심치 않게 되었다는 이야기를 낯빛 하나 붉히지 않고 근엄한 얼굴로 친히 전했다.[10] 황제는 이 허황된 기적의 진실성을 주장하기 위해 로마의 공공 기념물들까지 들먹이면서, 주제넘게도 선조들의 신성한 전통을 조소하는 자들의 역겹고 젠체하는 취향을 신랄하게 비판했다.

[10] 키벨레 여신상은 제2차 포에니 전쟁이 끝나갈 무렵 이탈리아에 도착했다. 처녀인지 유부녀인지 모르지만, 로마 숙녀들의 정숙함에 먹칠을 함으로써 더욱 유명해진 클라우디아의 기적은 구름같이 모여들었던 목격자들의 증언이 뒷받침하고 있다. 드라큰보치(Drakenborch)가 그들의 증언을 수집했으나, 리비우스는 신중하게 모호한 표현을 사용하여 이 문제에 대한 언급을 회피했다.

비유

그러나 이 독실한 철학자는 민간의 미신을 진심으로 받아들이고 열성으로 북돋우면서도, 스스로에게는 자유로운 해석을 할 수 있는 특권을 남겨 놓고 조용히 제단의 발치에서 물러 나와 사원의 성소로 들어갔다. 그리스 신화의 내용은 분명 터무니없지만, 경건하게 탐구하려는 자라면 허황된 내용에 분개하거나 문자 그대로의 의미에 만족할 것이 아니라, 부지런히 힘써 고대인들이 신중하게 우화로 가장하여 숨겨 놓은 비밀스러운 뜻을 찾아 내야 한다는 것이 율리아누스의 생각이었기 때문이다. 당시 플로티누스, 포르피리우스, 신성한 얌블리쿠스 등 플라톤 학파의 철학자들은 이교의 일그러진 면을 부드럽게 펴고 조화시키는 것을 목표로 하는 이 우의적인 학문에서 숙련된 대가들로 칭송받고 있었다. 율리아누스 자신도 얌블리쿠스의 후계자로 알려진 석학 아이데시우스로부터 이 신비스러운 연구에 관하여 가르침을 받았던 터라, 그의 엄숙한 맹세를 액면 그대로 믿고 받아들인다면, 그는 전 세계의 제국보다도 훨씬 더 숭앙해 마지않는 귀중한 지식을 얻고자 했음을 알 수 있다.11 다만 이 귀중한 지식의 가치는 오로지 개인이 주장하기 나름이었으니, 오물 속에서 금을 건졌다고 자화자찬하는 사기꾼들은 누구나 자신이 꾸며 낸 공상에 가장 잘 들어맞는 이름과 형상을 부여할 권리를 주장하는 법이다. 아티스와 키벨레의 신화는 포르피리우스가 이미 설명한 바 있었으나, 율리아누스는 그의 해석에 한층 더 자극을 받아 이 고대의 신비스러운 이야기에 관한 자신만의 알레고리를 만들어 발표했다. 이러한 해석의 자유는 플라톤주의자들의 자만심을 만족시켜 주었을지는 모르나, 결국은 그들 학문의 공허함을 드러내는 것이었다. 이 철인들은 우주의 질서를 다 밝혀 냈다고 공언하지만, 현대의 독자들로서는 그에 대한 세부 사항을 장황하게 다 듣지 않으면 그들의 괴상한 인용과 비유들, 무리하게 짜맞춘 어원 해석, 시시한 잡설, 불명료한 난해성을 도저히 파악할 수 없을 것이다. 원래 이교 신화는 다양한 해석을 허용하므로, 해석자들은 각자 편리한 대로 자유로이 사실들을 취사 선택했다. 또한 그들의 연구는 자의적인 암호 풀이 같은 것이었으므로, 어떤 신화에서든지 종교와 철학 체계에 맞는 의미를 원하는 대로 끌어 낼 수 있었다. 예컨대 벌거벗은 베누스의 선정적인 모습조차 어떤 도덕적 교훈이나 자연의 진실에 대한 발견으로 해석되었으며, 아티스의 거세는 남북회귀선 사이에서의 태양의 운행이나 인간의 영혼이 악과 과오로부터 분리된다는 의미로 설명되었다.12

　　율리아누스의 신학 체계는 자연 종교의 장엄하고 중요한 원칙들을 담고 있었던 것으로 보인다. 그러나 계시에 기초하

율리아누스의 신학 체계

11 그는 더할 나위 없이 뜨겁고 열정적인 신앙심으로 맹세하면서, 그가 이 신성한 비밀들을 지나치게 많이 드러내어 불경한 자들이 불손한 냉소로 비웃게 될까 염려하고 있었다.

12 율리아누스의 다섯 번째 연설을 참고할 것. 그러나 플라톤 학파에서 나온 알레고리들은 동일한 주제에 대한 카툴루스의 단시만큼의 가치도 없다. 아티스가 영영 회복할 수 없을 손실에 대해 광란을 부리다가 점차 침착한 자세를 회복하고 애처롭게 탄식하는 모습은 보통 남성에게는 동정심을, 환관에게는 절망감을 불러일으켰을 것이다.

지 않은 믿음은 굳은 확신을 결여할 수밖에 없으므로, 플라톤의 제자인 이 율리아누스 또한 어리석게도 천박한 미신의 관습으로 되돌아갈 수밖에 없었다. 율리아누스의 실천이나 저술, 심지어 마음속에서조차 신성에 관한 대중적인 관념과 철학적인 관념이 혼동을 일으켰던 것 같다. 신앙심 깊은 황제는 우주의 영원한 기원을 인정하고 숭배했으며, 나약한 인간으로서는 볼 수도 이해할 수도 없는 무한한 본질이 갖는 완전성이 이 기원의 속성이라고 보았다. 최고신은 자신에게 종속된 정령들, 신들, 악마들, 영웅들, 인간들로 이루어지는 단계적인 연쇄를 창조해 냈는데, 플라톤 학파의 용어를 빌린다면 낳았다고 하는 쪽이 맞을 것이다. 조물주로부터 비롯된 모든 존재는 불멸성을 선물로 받았다. 이 귀중하기 짝이 없는 특권이 미물들에게까지 낭비되지 않도록, 창조주는 인간의 신체를 만들고 동물, 식물, 광물 왕국의 아름다운 조화를 이룰 임무를 하급 신들의 힘과 기술에 맡기고 이들에게 하급 세계의 지배를 일시적으로 위임했다. 그러나 그들의 불완전한 통치는 불화와 오류를 면할 수 없었다. 세계와 그 거주자들은 여러 갈래로 분열되었으며, 마르스와 미네르바, 메르쿠리우스, 베누스 등 각 신의 성격이 그들을 숭배하는 자들의 법과 관습 속에 분명한 자취를 남겼다. 인간의 불멸의 영혼이 언젠가 죽을 운명인 육체라는 감옥 속에 갇혀 있는 한, 오로지 신에게 헌신하여 신의 자만심을 만족시키고 희생 제물의 연기로 양식을 바침으로써 자비를 구하는 것만이 인간이 해야 할 일이다.[13] 하급 신들은 자신들에게 봉헌된 신전에 거주하기도 하고 때로는 조각상에 생명을 불어넣기도 한다. 그들은 가끔씩 지상을 방문하기도 하지만, 천상이야말로 그들의 왕좌에 적합한 자리이며 영광을 보여 줄 수 있는 곳이다. 율리아누스는 태양, 달, 별의 불변하는 질서를 경솔하

[13] 율리아누스는 이 조잡한 관념이 그가 가장 좋아하는 인물인 마르쿠스 안토니누스의 것이라면서 받아들이고 있다. 스토아 학파와 플라톤 학파는 육체의 유비(類比)와 정신의 순수성 사이에서 주저했으나, 철학자들은 신앙 없는 시대일수록 불멸의 신들을 갈구한다는 아리스토파네스와 루키아누스의 변덕스러운 공상 쪽으로 기울었다.

게도 영속성의 증거로 받아들였다. 천체의 영원성은 그것들이 열등한 신의 솜씨가 아니라 전능한 왕의 솜씨로 이루어졌음을 보여 주는 충분한 증거로 생각되었다. 플라톤주의자들의 사고 체계에서 눈에 보이는 세계는 보이지 않는 세계의 모사이다. 따라서 천체는 가장 고귀한 종교적 숭배의 대상이 될 수 있다. 따스한 영향력으로 우주를 구석구석까지 유지시켜 주는 태양이야말로 로고스의 빛나는 표본이자 활력 넘치고 이성적이며 자애로운 아버지 신의 상징으로 전 인류의 숭배를 받아 마땅하다.

 어느 시대든 참된 영감이 사라지면 광신주의의 강한 환상과 신을 흉내내는 기만술이 이를 대신하여 판을 치게 된다. 따라서 율리아누스의 시대에 무너져 가는 이교를 지탱하기 위해 기만술을 일삼은 자들이 이교 사제들뿐이었다면, 성직자로서의 이해관계와 관습에 비추어 어느 정도는 그럴 법하다고 봐줄 수도 있다. 그러나 다른 사람도 아니고 철학자들조차도 미신에 쉽게 빠지는 대중의 어리석음을 악용하는 데 한몫을 했을 뿐 아니라,[14] 그리스의 신비적 교의가 신플라톤주의자들의 마법과 기적으로 유지되었다는 점에는 놀라지 않을 수 없다. 그들은 오만하게도 자연의 질서를 지배하고, 미래의 비밀을 알아내며, 하급 정령들을 부리고, 높은 신들과 대화를 나눌 수 있다고 할 뿐만 아니라 영혼을 물질의 굴레로부터 해방시켜 무한하고도 신성한 정신과 결합할 수 있다고 주장했다.

 철학자들은 율리아누스의 열렬하고 거칠 것 없는 호기심을 보고 그를 쉽게 정복할 수 있겠다는 희망을 품었다. 이 젊은 개종자의 신분과 상황으로 보아 이는 대단히 중대한 결과를

철학자들의 광신적 행위

율리아누스의 입문과 광신적 행위

[14] 에우나피우스파의 궤변가들은 사막의 성자들 못지않게 많은 기적을 행했다. 암블리쿠스는 두 군데의 인근 샘에서 뿔과 꼬리가 달린 마귀 대신 사랑의 수호신 에로스와 안테로스를 불러내었다. 물에서 나온 아름다운 두 소년은 그를 아버지라 부르며 다정히 포옹했고, 그가 명령하면 물러갔다.

15 율리아누스가 순간적으로 공포에 휩싸여 성호를 긋자 순식간에 악령들이 모습을 감추었다. 그레고리우스는 그들이 두려움에 질렸다고 했지만, 성직자들은 그들이 분개한 것이라고 주장했다. 이 심오한 문제에 대해서는 독자들 각자가 자신의 신앙 정도에 따라 판단해야 할 것이다.

낳게 될지도 모를 일이었다. 율리아누스는 아이데시우스를 통해 플라톤 학파의 초보적인 논리를 처음 접했는데, 아이데시우스는 일찍이 페르가무스에서 방랑 생활을 끝내고 정착하여 학교를 연 인물이었다. 그러나 이 덕망 높은 현자는 이미 기력이 쇠하여 율리아누스의 열정과 열의, 사고의 빠른 발전 속도를 감당할 수 없었다. 그리하여 제자들 중 가장 학식이 뛰어났던 크리산티우스와 에우세비우스가 연로한 스승의 뜻을 받들어 율리아누스의 학업을 도왔다. 이 철학자들은 각자 분야를 나누어 맡았던 것 같다. 그들은 교묘하게도 은근슬쩍 암시를 흘린다거나 뭔가 그럴듯해 보이는 논쟁을 벌임으로써 이 열정에 불타오르는 학도를 자극하였고, 마침내 그를 동료이자 마법에 정통한 대가인 막시무스의 손에 인도했다. 그리고 율리아누스는 스무살 되던 해에 그의 손에 이끌려 에페수스에서 은밀한 입문식을 치렀다. 그의 아테네 체류는 철학과 미신의 부자연스러운 결합을 굳혀 주는 계기가 되었다. 그는 엘레우시스의 밀교 의식에서 행하는 엄숙한 입문식을 치를 특권까지 얻었는데, 그리스 종교의 숭배 의식들이 전반적으로 쇠락해 가는 분위기 속에서도 이 의례만은 여전히 과거의 거룩한 자취를 간직하고 있었다. 율리아누스의 신앙심이 이렇듯 깊었기에 후일 축성식을 신비스러운 의식과 희생 제의로 성대하게 치르고 싶은 일념에 엘레우시스의 제사장을 갈리아의 궁정까지 불러들이기도 했다. 이러한 의식들은 조용한 한밤에 깊은 동굴 속에서 치러졌다. 이때 입문자들에게는 신성 불가침의 비밀을 지킬 것이 요구되었다. 따라서 무시무시한 소리들과 불타는 듯한 환영들이 입문자의 감각과 상상력을 현혹하여[15] 마침내 작열하는 천상의 빛 속에서 갑자기 깨달음을 얻었다는 착각에 빠뜨렸으리라고 추측되지만, 이에 대해 더 이상 자세히 설명하지는 않겠다. 양심적인 광신도들도 자세히 들여다보면 경건한 척하는 기만적인 모습과 위선적인 모습을 번갈아 보여 주는 경우가 있다. 율리아누스에게서도 이러한 모습이 어느 정도 짐작되는 부분이 있지만, 에페수스와 엘레우시스의 동굴 속에서 그의 마음속에는 변치 않을 진실한 신앙심이 가득 차 올랐던 모양이다. 그 순간부터 그는 신들에게 봉사하는 데 평생을 바치기로 결심했다. 그리하여 전쟁과 통치, 학문 연구의 과업에 대부분의 시간을 할애해야만 했을 때에도, 밤 시간만큼은 정해 놓은 대로 변함없이 개인적인 신앙을 수련하는 시간으로 남겨 두었다. 이 군인이자 철학자인 황제의 소박한 생활습관에 배어 있는 절제는 종교의 금욕적이고 엄격하며 소소한 규칙들과 밀접한 관계가 있었다. 예를 들어 율리아누스는 특정 기일마다 판(Pan)이나 메르쿠리우스, 헤카테, 이시스를 기리는 뜻에서 이 수호신들이 꺼릴 만한 특정 음식을 거부했다. 그는 이러한 자발적인 단식을 통해 영예롭게도 수시로 그를 찾아와 주는 천상의 신들을 언제라도 맞을 수 있도록 감각과 지력을 준비시켜 놓고자 했다. 이에 대해 율리아누스 자신은 점잖게 침묵을 지켰으나, 충직한 친구이자 달변가인 리바니우스의 입을 통해 그가 여러 신들과 끊임없는 교류를 한다는 소문이 퍼졌다. 신들은 총애하는 영웅과의 대화를 즐기고자 몸소 강림하여 그의 손이나 머리카락에 손을 대어 부드럽게 잠을 깨웠다. 그리고 그들은 위험이 닥쳐올 때마다 경고해 줄 뿐 아니라, 살아가면서 취해야 할 행동을 확실한 지혜로 인도해 준다고 했다. 그 결과 율리아누스는 유피테르와 미네르바의 목소리, 아폴론과 헤라클레스의 모습을 쉽사리 구분할 수 있을 정도로 이 천상에서 온 손님들에 대해 잘 알게 되었다는 것이다.[16] 이처럼 수면 중에 혹은 깨어나서 보았다는 환상은 금욕 생활과 광신적 상태에서 흔히 오는

[16] 율리아누스는 겸손한 태도를 취하느라 이에 대해 이따금씩 애매한 암시를 던지는 데 그치고 있으나, 리바니우스는 이 종교적 영웅이 행한 단식과 그가 본 비전들에 대해 신이 나서 자세히 서술했다.

현상일 수도 있지만, 황제를 거의 이집트 수도승 정도의 수준까지 떨어뜨렸다. 성 안토니우스나 성 파코미우스 같은 사람들도 이러한 헛된 환상에 빠져 일생을 허비해 버렸다. 그래도 율리아누스는 미신의 미몽에서 깨어나 전투를 준비하는 사람이었다. 그리고 일단 로마의 적들을 전장에서 격퇴하고 난 뒤에는 다시 조용히 자신의 천막으로 돌아가 현명하고 건전한 법률들을 선포하고, 고상하게 문학과 철학을 추구하는 데 재능을 바쳤다.

<small>17 갈루스는 그의 형제가 비밀리에 배교했다고 의심할 만한 근거가 있었다. 그는 한 서신에서 율리아누스에게 선조들의 종교를 고수하도록 간곡히 권하고 있다.</small>

율리아누스의 종교적 위선

율리아누스가 배교했다는 중대한 비밀은 우정과 종교의 신성한 끈으로 굳게 맺어진 같은 입문자들 사이에서 충실히 지켜졌다.17 그러나 고대 종교의 신봉자들에게는 더할나위 없는 기쁜 소식이었기에 이는 조심스럽게 이교도들 사이로 퍼져 나갔다. 그리하여 이교도들은 제국 방방곡곡에서 그가 제위에 오르기만을 간절한 마음으로 기도했다. 이 고귀한 개종자의 열정과 덕성을 알고 난 뒤 그들은 기쁜 마음으로 모든 악이 일제히 없어지고 온갖 축복이 부활하리라는 기대를 품기 시작했다. 이에 대해 율리아누스 역시 그들의 소망을 버리지 않고 자신의 나라와 종교를 위하여 힘쓸 수 있는 지위에 오르고 싶은 야심을 솔직하게 고백했다. 그러나 자기의 변덕에 따라 율리아누스의 생명을 구해 주기도 하고 위협하기도 했던 콘스탄티누스의 후계자는 이 종교에 적대감을 갖고 있었다. 따라서 콘스탄티우스는 주술이나 점복술을 두려워하여 엄격히 금지했다. 이교도들의 미신 행위 정도는 내키지 않지만 눈감아 줄 수 있다 해도 율리아누스와 같은 지위에 있는 자가 그런 행위를 한다면 용서할 수 없다는 입장이었다. 더욱이 이 배교자는 제국의 후계자로 예정되어 있었으므로, 그가 살아 있는 한 그리스도교인들의 걱정과 불안은 끊이지 않을 것이었다.[18] 그러나 젊은 황제는 순교자로서의 영광보다는 영웅으로서의 영광을 원했으므로, 안전을 위해 자신의 종교를 숨겼다. 또한 다신교의 분위기는 그다지 엄격하지 않아서, 그가 내심으로는 멸시하는 종교의 예배에 참석하는 것까지도 허용되었다. 사실 리바니우스조차도 친구의 위선에 대해 신하로서 비판하기는커녕 오히려 찬사를 보냈다.

[18] 그레고리우스는 비인간적일 정도로 격렬하게 콘스탄티우스가 이 배교자를 어린 시절 죽여 없애지 않은 데 비난을 퍼붓고 있다.

오물로 더럽혀졌던 신들의 조각상이 웅장한 신전에 다시 안치되듯이, 율리아누스의 마음속에도 그가 받은 교육이 남겨 놓았던 오류와 어리석음이 정화된 후 진실의 아름다움이 자리잡았다. 그의 감정은 변화되었으나, 행동은 이전과 같았다. 사자 가죽을 뒤집어쓴 이솝 우화의 당나귀와는 정반대로, 우리의 사자는 이성의 명령을 따라 신중함과 필연의 법칙에 복종하여 당나귀 가죽을 뒤집어써서 자신의 모습을 감추었다.

이러한 율리아누스의 위장은 에페수스에서 비밀 입문식을 치른 이래 자신을 그리스도와 콘스탄티우스의 불구대천의 원수로 선포함으로써 내전을 시작할 때까지 무려 10년간이나 지속되었다. 10년간의 부자연스러운 신앙 생활로 인해 그의 신앙심은 더욱 강해졌던 것 같다. 그는 그리스도교의 예배 의식에서 할 일을 마치고 돌아오면, 바로 사랑에 빠진 연인처럼 조급한 마음으로 집안에 설치한 유피테르와 메르쿠리우스의 성소에서 마음껏 향을 피웠다. 그러나 이와 같은 위장은 솔직담백한 정신의 소유자인 그에게는 분명 고통스러운 일이었을 것이기에, 정신의 자유를 억압하고 인간 본성의 가장 고귀한 특질인 정직과 용기에 반하는 행동을 취하지 않을 수 없게 만드는

19 키릴루스의 저작조차도 전문가들을 완전히 만족시키지는 못했다. 브레트리(Abbé de la Bléterie)는 신학자들이 율리아누스의 논박에 맞서 싸워 주기를 바란다.

종교에 대한 그의 반감은 더욱 커져만 갔다.

그리스도교에 적대적인 글을 쓴 율리아누스

율리아누스의 기질로 볼 때 그는 숙부가 로마 제국에 확립시켰고 자신도 세례식을 받았던 새로운 신앙보다는 호메로스와 스키피오의 신을 더 선호했다. 그러나 그에게는 수많은 개종자들, 일련의 예언, 영광스러운 기적, 무게 있는 증거들로 뒷받침되어 온 그리스도교를 왜 반대하는지 철학자로서 타당한 근거를 대야 할 의무가 있었다. 그가 페르시아 전쟁 준비 중 집필한 저술들은 오랜 기간 깊이 생각해 온 이러한 논의에 대한 내용을 담고 있다. 이 중 일부를 알렉산드리아의 주교 키릴루스[19] 등 반대파들이 필사하여 보존했는데, 이를 보면 지혜와 학식, 궤변과 광신이 기이하게 혼재되어 있다. 우아한 문체와 저자의 지위로 보아 그의 글은 널리 세간의 주목을 끌 만했으며, 뛰어난 재능과 평판은 반그리스도교 논객으로 유명한 포르피리우스를 능가했다. 신도들 중에 흔들리는 자들도 있었지만 대개는 분개와 경악을 금치 못했다. 종종 논쟁에서 밀린다고 느꼈던 이교도들은 이 전도사 역할을 떠맡은 황제의 인기 있는 저작들로부터 논박할 근거를 충분히 얻었다. 이와 같이 신학 연구에 몰두하고 있는 사이에 이 로마 제국의 황제는 편협한 편견과 논쟁의 여지가 있는 종교적 열정에 점차 동화되어, 자신의 종교적 의견을 주장하고 널리 펴야 한다는 의무감에 사로잡혔다. 그는 논쟁의 무기들을 다루는 자신의 힘과 솜씨에 내심 만족감을 느끼는 한편, 점차 이성과 웅변의 힘에 완강하게 저항하는 적대자들의 진실을 부정하고 그들의 지성을 무시해 버리고 싶은 유혹을 느꼈다.

공포와 분노 속에서 율리아누스의 배교를 지켜본 그리스도교인들이 정말로 두려워한 것은 그의 주장보다는 그의 권력이

었다. 이교도들은 황제의 불타는 종교적
열정을 눈치채고는 황제가 곧 박해의 불   보편적 관용
길로 신의 적들을 태워 버릴 것이며, 그
의 영리함에 적의가 더해져서 처형과 고문에 있어서도 선임자
들의 거칠고 서툰 방법을 능가하는 뭔가 더 세련된 방법을 고
안해 낼 것이라고 학수고대했다. 그러나 황제는 자신의 명예와
공공의 평화, 인간의 권리를 두루 배려할 줄 아는 신중한 인물
이었으므로, 종교적 당파들이 두려워하거나 바랐던 바대로 하
지는 않았다. 율리아누스는 역사와 명상을 통해 신체의 병이라
면 때로는 유익한 폭력으로 치료되는 수도 있겠지만, 마음의
잘못된 부분은 강철이나 불로써도 바로잡을 수 없다는 사실을
잘 알고 있었다. 희생자를 억지로 제단 발치까지 끌어다 놓을
수는 있겠지만, 그의 마음은 여전히 자신의 손이 저지르는 신
성 모독적인 행동을 혐오하고 거부할 것이다. 종교적 신념은
억압을 받으면 오히려 더 단단해지고 격렬해지는 법이다. 따라
서 박해가 가라앉으면 곧바로 한때 굴복했던 자들은 회개하며
다시 신앙을 회복하고, 끝까지 저항했던 자들은 성인과 순교자
의 명예를 얻게 된다. 율리아누스는 자신이 디오클레티아누스
가 했던 것처럼 잔혹 행위를 한다면 성과도 없이 사후의 명성
을 폭군의 이름으로 더럽히게 될 것이며, 이교도 관리들의 잔
인한 탄압에서 오히려 힘을 얻어 교세를 불려 온 가톨릭 교회
에 새로운 영광을 더해 주는 결과밖에는 안 될 것을 잘 알고
있었다. 게다가 아직 안정되지 않은 통치 체제를 불안하게 만
들지 모른다는 우려에서, 율리아누스는 로마 제국의 모든 국민
들에게 자유롭고 평등한 종교의 관용을 허락한다는 정치가로
서나 철학자로서나 손색이 없을 포고령을 내려 세상을 놀라게
했다. 그가 그리스도교도들에게 금지시킨 것이라고는 다른 사

20 그리스에서는 그의 특별 명령으로 콘스탄티우스의 사망 이전에 미네르바 신전들이 문을 열었으며, 율리아누스는 아테네인들에게 자신이 이교도라고 공식적인 선언을 했다. 이는 콘스탄티노플이 그가 이교의 제신들에 대한 애정을 발견한 장소였다는 암미아누스의 성급한 주장을 바로잡아 줄 확실한 증거가 될 수 있다.

람들에게 우상 숭배자니 이단자니 하는 기분 나쁜 딱지를 붙여 괴롭히지 못하도록 한 것뿐이었다. 이교도들은 신전을 모두 개방해도 좋다는 관대한 허가와 특별 명령으로[20] 곧바로 콘스탄티우스와 그 아들들의 치하에서 견뎌 내야 했던 온갖 압제적인 법과 변덕스러운 괴롭힘으로부터 해방되었다. 이와 동시에 아리우스파의 군주가 쫓아냈던 주교들과 성직자들도 유배지에서 돌아와 각자의 교회를 되찾게 되었는데, 여기에는 도나투스파, 노바티아누스파, 마케도니우스파, 에우노미우스파 외에도 그들보다는 사정이 나아서 니케아 공의회의 신조를 계속 지켜 오던 파들이 모두 포함되었다. 율리아누스는 그들의 신학적 논쟁에 대해 알았을 뿐 아니라 비웃고 있던 터였으므로, 그들이 서로 만나서 격렬하게 다투는 모습을 보고 즐길 심산으로 이 적대적인 교파의 지도자들을 궁정으로 초대했다. 황제는 그들이 고함치며 논쟁하는 것을 듣고 있다가 때로는 자신도 소리치지 않을 수 없었다.

짐의 말을 들으라! 프랑크족과 알레만니족도 일찍이 짐의 말을 따랐도다.

그러나 그는 곧 지금의 상대가 야만족보다 더 완고하고 인정사정 없는 적들이라는 사실을 깨달았다. 그는 그들이 화합하도록, 그렇게 안 된다면 적어도 평화롭게 살도록 웅변술을 발휘해 설득해 보았지만, 결국은 그리스도교도들의 연합을 두려워할 필요가 전혀 없다는 사실에 만족스러워하며 그들을 물러가게 했다. 암미아누스는 황제의 관용 조치가 사실은 교회의 내부 분열을 조장하고자 함이었음을 알았다. 그의 의견에 따르면, 그리스도교의 토대를 은밀하게 훼손하려는 이러한 교활한 기도는 제국의 고대 종교를 부활시키려는 율리아누스의 열정과 불가분의 관계에 있었다.

율리아누스는 왕좌에 오르자마자 선임자들의 관례에 따라 대제사장직을 맡았다. 이는 황제의 위엄에 어울리는 가장 영예로운 칭호이자 경건한 마음으로 의무를 수행하겠노라 결심한 신성하고 중요한 자리였다. 황제는 국사를 돌보느라 국민들의 일반 예배에 매일 참석하기는 어려웠기 때문에, 궁정 내에 자신의 수호신인 태양신께 바치는 신전을 지었다. 그의 정원은 신들의 상과 제단으로 가득 채워졌으며, 궁정 내의 각 방은 장엄한 신전처럼 꾸며졌다. 매일 아침마다 빛의 근원이신 태양신께 희생을 바쳐 예를 올리고 해가 지평선 아래로 질 때면 새로운 희생물을 바쳤다. 달, 별, 밤의 수호신들도 각각 때를 맞춰 율리아누스가 지치지도 않고 계속 올리는 공물을 받았다. 엄숙한 축일에는 정기적으로 그날에 해당되는 신의 신전을 방문하여 모범을 보임으로써 관리들과 시민들의 종교적 열의를 고취하고자 노력했다. 율리아누스는 화려한 의복이나 자신을 둘러싼 호위대의 금빛 방패로 군주로서의 지위를 내세우려 하지 않고, 신에게 경배를 바치는 데 도움이 되는 일이라면 공손한 열의로 아무리 미천한 일이라도 마다하지 않았다. 신전에 봉사하기 위해 모여든 신성한 척하지만 방탕한 사제들과 하급 관리들 그리고 무희들의 틈바구니 속에서 나무를 나르고 불을 피우고 칼을 다루고 희생물을 도살하여 피 묻은 손을 숨이 끊어져 가는 짐승의 몸 속으로 밀어넣어 심장이나 간을 끄집어 내고, 숙련된 기술로 창자를 보고 미래의 예언을 읽어 내는 따위의 모든 잡일을 황제가 가리지 않고 다 했을 정도였다. 그리하여 이교도들 사이에서도 현명한 자들은 신중함이나 품위 따

> 이교의 부활을 위한 율리아누스의 열정과 헌신

위는 아랑곳하지 않는 듯한 이 지나친 미신 행위를 비판했다. 율리아누스는 엄격하게 근검 절약을 실천했으나, 종교 의식에는 세입의 상당 부분을 아낌없이 쏟아부었다. 신들의 제단에 바치기 위해 먼 지방에서 희귀하고 아름다운 새들이 끊임없이 수송되어 왔으며, 하루에 백 여 마리의 소가 율리아누스의 손에 희생되는 일도 흔했다. 그러니 그가 페르시아 전쟁에서 이기고 돌아오는 날에는 뿔 달린 가축이 남아나지 않으리라는 농담이 나올 지경이었다. 그러나 이 비용도 세월의 흐름 속에서 낡고 그리스도교인들의 약탈로 피해를 본 고대 신전들을 수리하고 단장하는 비용과 로마 제국의 모든 성소에 보낸 휘황찬란한 선물들에 비하면 별로 대단하지 않은 것이었다. 이 신앙심 깊은 군주의 본보기와 관대한 지원에 자극받아 제국의 여러 도시와 가정에서도 잊혀졌던 의식들이 되살아났다. 리바니우스는 황홀경에 취해 외쳤다.

세계의 모든 항구가 우리 종교의 승리 — 불이 타오르는 제단의 광경, 피흘리는 제물들, 향의 연기, 사제들과 예언자들의 장엄한 행렬을 두려움 없이 과시하고 있었다. 기도하는 소리와 음악 소리가 가장 높은 산 정상에서 들려왔다. 황소 한 마리를 잡아 신들에게는 제물을 바치고 기쁨에 넘친 신도들에게는 저녁을 주었다.

이교의 개혁

그러나 율리아누스의 천재성과 권력도 신학상의 원칙, 도덕적 계율, 성직의 규율도 없는 종교를 부활시키는 임무를 감당하기는 어려웠다. 고대 종교는 이미 급속히 쇠망과 붕괴의 길로 접어들고 있었으므로, 그의 노력에도 불구하고 어떤 구체적이고 일관된 개혁을 받아들일 여지가 없었다. 대제사장의 지배권은 황제의 존엄과 결합된 뒤로 로마 제국 전체에 걸쳐 더욱 강력하게 행사되었다. 율리아누스는 자신의 위대한 계획의 실행에 협력할 자격을 충분히 갖추었다고 생각되는 사제들과 철학자들을 몇몇 속주에 대리자로 임명했다. 그의 편지들 중 이른바 목회서한은 그의 의중과 목표를 매우 상세히 보여 준다. 그는 모든 도시의 성직 계급은 출생이나 재산에 따른 차등 없이 오로지 신과 신도들에 대해 진실한 애정을 가진 자들로 구성되어야 한다고 지시하고 있다.

만일 그들이 수치스러운 죄를 저지른다면, 대제사장으로부터 견책을 받거나 강등되어야 한다. 그러나 그들이 자기 직위에 머무르는 동안만은 마땅히 관리들과 국민들의 존경을 받아야 한다. 그들은 평소에는 검소한 의복으로 겸손함을 보이고, 예복은 화려하게 입어서 존엄을 보여 주어야 할 것이다. 제단 앞에서 집전할 차례가 되면 지정된 기간 동안은 신전 경내를 떠나서는 안 되며, 국가와 개인의 번영을 위해 기도와 희생을 바치는 일을 하루라도 걸러서는 안 된다. 이 신성한 직분을 수행하면서 몸과 마음에 흠없는 순결을 유지해야 할 것이니, 신전에서 일상생활의 직분으로 돌아간 후에라도 다른 동료 시민들보다 미덕과 품위 면에서 보다 나은 모습을 보일 의무가 있다. 신들을 모시는 사제는 극장이나 술자리에 절대 모습을 보여서는 안 된다. 대화에는 품위가 있어야 하며, 음식을 절제하고 평판이 나쁜 자들을 가까이하지 말아야 할 것이다. 공공 광장이나 궁정을 방문할 일이 있더라도 정의나 자비를 구하는 자들의 대변자로서만 나서야 한다. 연구하는 주제도 신성한 직분에 맞아야 한다. 음탕한 이야기나 희극, 풍자물 따위를 서재에

두어서는 안 된다. 서재는 역사와 철학에 관한 저작들로만 채우되 역사물은 진실에 입각한 것이어야 하며, 철학은 종교와 관련된 것이어야 한다. 에피쿠로스파와 회의파의 불경스러운 의견들은 혐오하고 경멸해야 마땅하겠지만,21 피타고라스, 플라톤, 스토아파는 신들이 존재하며, 세계가 신들의 섭리에 의해 지배되고 있고, 신들의 선함이야말로 모든 현세의 축복을 가져오는 근원이며 인간의 영혼을 위해 내세에 인과 응보가 준비되어 있다고 이구동성으로 가르치는 만큼 열심히 연구해야 한다.

이 밖에도 대제사장은 설득력 있는 어조로 자선과 환대를 베풀 의무를 되풀이해 강조하며, 성직자들에게 그러한 덕을 널리 실행하도록 권하라 이르고 있다. 또한 국고의 부로 극빈자들을 돕겠다고 약속하는 한편, 가난한 자들이 국적이나 종교에 따라 부당하게 차별받는 일없이 치료를 받을 수 있도록 모든 속주에 병원을 세우겠다고 선언하였다. 율리아누스는 교회의 현명하고 자비로운 원칙에 부러움을 느끼고 있었다. 그는 그리스도교인들이 자선과 선행으로 얻은 우월한 위치뿐 아니라 찬사까지도 빼앗아 왔으면 좋겠다고 솔직하게 털어 놓기도 했다.22 황제는 이를 모방하고 싶은 마음에 그리스도교의 제도 중에서 이용 가치와 중요성이 인정된 몇 가지를 채택하려 했던 것 같다. 그러나 이 비현실적인 개혁 계획이 현실화되었다 하더라도 강제적이고 불완전한 모방에 불과할 뿐이어서, 이교 신앙에 득이 되기보다는 그리스도교의 명예를 드높이는 데 그쳤을 것이다.23 선조의 관습을 평화로이 따르던 이교도들은 이러한 낯선 관습의 도입을 반기기보다는 놀랄 따름이었다. 이에 율리아누스는 짧은 재위 기간 동안 자기 편의 열정이 부족하다

21 독실한 이교도로서 이 불경스러운 종파들과 그들의 저작까지 소멸된 데 기뻐했을 만도 하다. 그러나 자신의 비위에 맞지 않는 의견과 주장들은 모두 묻어 버려야 한다는 생각은 철학자로서의 면모에는 어울리지 않는다.

22 그러나 그는 그리스도교인들이 자선이라는 미명하에 아이들을 그들의 종교와 부모로부터 꾀어내 배에 태워 먼 나라에 데려가 노예로 만드는 등 희생물로 삼는다고 암시한다. 하지만 이런 혐의가 사실이라면 비난할 게 아니라 처벌하는 것이 그의 의무일 것이다.

23 나지안주스의 그레고리우스는 경박하지만 재치 있고 논쟁을 즐기는 인물이었다. 그는 이러한 헛된 모방은 어리석은 짓이라고 조롱하면서, 그리스의 우화에서 신학적인 것이든 도덕적인 것이든 도대체 어떤 교훈을 끌어낼 수 있겠느냐고 비웃는다.

고 여러 번 불평을 토하곤 했다.[24]

율리아누스는 종교적 열정에 넘쳐 유피테르를 받드는 자들은 누구나 자신의 벗이자 형제로 끌어안았다. 종교적 소신을 지키는 그리스도교인들은 곱지 않게 보았던 그였지만, 황제의 총애보다 신들의 총애를 선택했던 이교도들의 고귀한 인내심에 대해서는 경의를 표하며 응분의 보상을 베풀었다.[25] 그들 중 그리스의 종교뿐 아니라 문학에도 조예가 있는 자는 뮤즈를 자신의 수호신들 중 하나로 모시는 율리아누스로부터 우정 이상의 대우를 받았다. 율리아누스의 종교에서는 신앙과 학문이 거의 같은 것이었으므로 수많은 시인들, 수사학자, 철학자들이 어리석은 콘스탄티우스를 나쁜 길로 유혹했던 사제들이 쫓겨난 빈자리를 차지하려고 서둘러 황궁으로 몰려왔다. 그의 후계자 율리아누스는 혈족 관계보다도 같은 신도로서의 유대 관계를 훨씬 더 신성하게 여겼다. 그리하여 마술과 점복술 등 비학(秘學)에 깊은 조예를 가진 현인들 가운데서 총신을 골랐으므로, 미래의 비밀을 읽어 내는 능력을 가장한 사기꾼들이 호시절을 만나 명예와 부를 누렸다. 철학자들 가운데 막시무스는 황제와의 사제 관계에서 맺은 우정 덕에 가장 높은 자리를 얻었다. 그는 제국이 내전을 앞둔 긴장 상태에 있을 당시 율리아누스의 행동과 의견, 종교적 계획 등에 대해 율리아누스와 기탄없이 의견을 교환했다. 율리아누스는 콘스탄티노플 궁정의 주인이 되자마자 막시무스를 간곡히 청하는 초대장을 보냈다. 막시무스는 당시 리디아의 사르데스에서 학문적 동료인 크리산티우스와 함께 살고 있었다. 소심하고 미신적인 크리산티우스는 점을 쳐 보고 여행이 위험하며 불길하다는 점괘가 나오자 여행을 포기했으나, 대담한 광신도인 막시무스는 여러 번 되풀

철학자들

[24] 그는 자신의 제사장들 중 한 사람이 비밀에 그리스도교 주교와 장로들과 공모했다고 비난했다.

[25] 그는 페넬로페 못지않은 굳은 정절을 지녔던 케레스의 여사제 칼리크세네에게 찬사를 보내면서, 페시누스에서 프리기아 여신을 받드는 성직을 수여함으로써 보답해 주었다. 또한 히에라폴리스의 소파테르에 대해서도 배교하라는 콘스탄티우스와 갈루스의 거듭된 압력에도 굴하지 않았다고 칭찬했다.

26 리디아에서 떠나기를 거부했던 크리산티우스는 속주의 대사제가 되었다. 그는 권력을 행사하면서 신중과 절제를 기했으므로, 혁명 이후까지 목숨을 안전하게 부지하고 평화로운 삶을 영위했다. 반면 막시무스는 그리스도교 대신들의 손에 처형당했다.

이해 점을 쳐서 결국 자신과 황제의 소망에 부합하는 결과를 억지로 얻어 냈다. 아시아의 여러 도시를 지나는 막시무스의 여행은 철학자의 허영심을 만족시키기에 충분했는데, 즉 행정관들은 군주의 친구를 위해 준비한 영예로운 접대에 그를 부르려고 북새통을 벌였다. 율리아누스는 원로원 앞에서 연설을 하던 중 막시무스의 도착 소식을 받자 연설을 중단하고 당장 그를 만나러 갔다. 황제는 그를 따뜻하게 포옹한 뒤 모여 있던 사람들 가운데로 손을 잡아 이끌고는 이 철학자의 가르침으로부터 많은 도움을 얻었다고 말했다. 이에 막시무스는 자신감을 얻었고 곧 국정에까지 영향력을 행사하게 되면서 자기도 모르게 궁정의 유혹에 이끌려 타락하기 시작했다. 그의 옷은 점점 더 화려해지고 태도는 하늘 높은 줄 모르고 거만해졌다. 결국 이 플라톤의 제자는 뒷날 율리아누스의 후계자로부터 황제의 총애를 받은 그 짧은 기간 동안에 어떻게 그렇게 수치스러울 만큼 많은 부를 손에 넣었는지에 대하여 불명예스러운 조사를 받기까지 했다. 다른 철학자들과 궤변가들 중에서도 율리아누스의 손에 선택되거나 막시무스의 예를 따라 궁정에 들어와 살도록 초빙된 자들이 있었으나, 깨끗한 도덕성을 유지하거나 평판을 지킨 이는 거의 없었다.26 돈, 토지, 집 등 관대한 하사품들도 그들의 끝없는 탐욕을 만족시켜 주기에는 부족했다. 그러니 비참한 가난을 겪고 있는 민중의 상황과 사심 없어야 할 철학자들의 본래 직분을 생각하면 민중이 분노하는 것도 당연했다. 율리아누스의 통찰력이 항상 기만당하지는 않았으나 그는 자신의 존경을 받을 만한 재능을 가진 사람들의 인격을 멸시하고 싶지 않았으며, 경솔하고 변덕스럽다는 이중의 비난을 받는 것도 원치 않았다. 또한 이교의 신을 거부하는 자들의 눈에 학문과 종교의 영예가 추락할지 모른다는 염려도 있었다.

율리아누스는 선조들 이래로 변치 않고 예배를 드려 온 이교도들에게나 타산적인 동기에서 군주의 종교를 받아들인 그리스도교인들에게나 거의 동등하게 은전을 베풀었다. 그의 영혼을 가득 채운 신앙심과 미신, 허영심은 새로운 개종자를 얻는 데에서[27] 더없는 만족을 느꼈다. 그래서 설령 자신이 모든 사람을 미다스보다도 부유하게 만들어 주고 모든 도시를 바빌론보다도 훌륭하게 만들 수 있다 하더라도, 불멸의 신들에게 반항하는 불경스러운 국민들을 개심시키지 못한다면 자신을 인류의 은인이라 할 수 없다고 전도자로서의 열정을 갖고 단언하기까지 했다. 황제는 인간 본성에 대해 잘 알고 있는데다가 로마 제국의 부까지 손에 넣었으므로, 그리스도교인들의 계급에 따라 자신의 논거와 약속, 보상 등을 조정했다. 따라서 적절한 때에 개종하기만 하면 그 보상으로 공직을 맡고자 하는 자의 결함을 눈감아 주었고, 심지어는 죄인이라도 사면해 주었다. 군대는 절대 권력을 받쳐 주는 가장 강력한 수단이었으므로 율리아누스는 군대의 종교를 개종시키는 데 특별히 열의를 기울였다. 군대로부터 진심에서 우러난 동의를 얻지 못한다면 어떤 정책도 위험에 처하거나 실패할 것이 틀림없기 때문이었다. 병사들을 정복하는 것은 중대한 것이었지만 그 기질이 단순하여 쉽기도 했다. 갈리아의 군단들은 연전연승하는 지도자의 운명뿐 아니라 신앙까지도 따랐으므로, 콘스탄티우스 생전에도 율리아누스는 이들이 주둔지에서 자주 치렀던 살찐 황소 백 마리를 바치는 희생 제의에서 열렬한 신앙심과 왕성한 식욕으로 자신을 돕는다고 친구들에게 자랑하곤 했다. 동방의 군대들은 십자가와 콘스탄티우스의 깃발 아래에서 훈련되었기 때문에 그들을 설득하는 데는 훨씬 더 많은 돈이 들었고, 더 교묘

개종

[27] 루이 14세가 통치하던 시절, 그의 국민들은 신분에 관계없이 누구나 개종자를 만들려는 열정에 불타 성공을 거둔 자를 뜻하는 '개종시키는 자'의 영광스러운 칭호를 얻으려 물불을 가리지 않았다. 이제 그 용어와 개념은 프랑스에서 한물 가고 말았으니, 부디 영국까지 건너오는 일은 없기를!

한 지혜가 필요했다. 엄숙한 국가 축제일이면 황제는 군대로부터 예를 받고 상을 내렸다. 그의 왕좌는 로마와 공화국의 군기로 둘러싸였는데, 그리스도의 성스러운 이름은 십자가 대군기에서 지워지고 대신 전쟁과 왕의 권위, 이교의 미신을 나타내는 상징들로 빽빽하게 뒤덮여 있었다. 따라서 독실한 그리스도교도라면 군주에게 절할 때마다 우상 숭배를 하고 있다는 죄의식을 느끼지 않을 수 없었다. 병사들은 열을 지어 행진하면서 각자의 지위와 노고에 따라 율리아누스의 손에서 후한 하사금을 받기 전에, 먼저 제단 앞에서 타오르는 불꽃 속에 약간의 향을 던져 넣어야 했다. 신앙을 고수하는 일부 그리스도교인들은 저항했을지도 모르고, 일부는 회개했을 수도 있다. 그러나 거의 대다수가 황금에 눈이 어두워지고 황제의 위엄에 압도된 나머지, 거부하지 못하고 신성 모독 행위를 하고 말았다. 그러니 그 이후로는 의무감과 이해관계 어느 쪽으로 보나 더욱더 이교의 신들에게 숭배를 바치지 않을 수 없게 되었다. 이러한 술수를 되풀이하고 스키타이족의 절반을 용병으로 쓸 수 있을 만큼 막대한 돈을 쓴 결과, 율리아누스는 그의 군대를 있지도 않은 신들의 가호 아래로 끌어들였을 뿐 아니라, 로마 군단으로부터 막강하고 효과적인 지지를 얻어 냈다. 이와 같이 이교를 부흥시키는 과정에서 다수의 가짜 그리스도교도들이 본색을 드러냈다. 이들은 콘스탄티우스 치하에서는 일시적인 이익을 구하고자 지배 종교인 그리스도교에 귀의했다가, 이후에 율리아누스의 후계자들이 다시 그리스도교를 공언하자 죄책감 없이 본래의 신앙으로 되돌아갔다.

유대인들

믿음 깊은 군주는 선조들의 종교를 부흥하고 전파하느라 끊임없이 노력하던 중에, 예루살렘의 신전을 재건축하자는 색다른 계획을 받아들였다. 여러 속주에 퍼져 있는 유대인 집단에 보낸 공개 서한에서 그는 그들의 불행에 동정을 표하고 압제자들을 비난하는 한편, 유대인의 굳은 지조에 찬사를 보내면서 자애로운 보호자를 자처했다. 덧붙여 페르시아 전쟁에서 돌아오면 예루살렘의 성스러운 도시에 있는 전능하신 신께 감사의 서원을 드리고 싶다는 경건한 소망을 전했다. 이 불행한 추방자들의 맹목적인 미신과 비참한 노예 상태를 보면 이 철학적인 황제로서는 경멸감을 품지 않을 수 없었겠지만, 그리스도교의 이름을 깊이 증오한다는 점에서는 그들과 같은 편이 될 수 있었다. 황폐해진 유대 교회는 그리스도교 교회의 번영을 미워하고 질투할 수밖에 없었으나, 유대인들의 힘은 마음에 품은 악의에 비해 턱없이 부족했다. 그러나 아무리 근엄한 랍비라도 배교자의 살해를 눈감아 줄 정도였으니,[28] 이교 행정관들은 무사안일에 빠져 있다가도 유대인들의 소란스러운 고함 소리에 소스라쳐 깨어나곤 했다. 콘스탄티누스 치하에서 유대인들은 자신들을 배반했던 자들의 자손들에게 복종하는 몸이 되어 가혹한 폭정을 경험했다. 세베루스가 승인했던 시민으로서의 면책 특권도 그리스도교 황제들에 의해 점차 폐지되었으며, 팔레스타인의 유대인들이 일으킨 무분별한 폭동은 콘스탄티우스의 주교들과 환관들의 압제를 오히려 정당화하는 결과를 가져왔다. 다만 유대교의 장로들만은 여전히 자의적인 지배권의 행사를 허용받으며 티베리아스에 거주했고, 인근 팔레스타인 도시에는 약속된 땅에 어리석을 만큼 집착하는 자들로 가득 차 있었다. 그러나 하드리아누스의 칙령은 날이 갈수록 강화될 뿐이었으므로, 그들은 십자가의 승리와 그리스도교인들의 예배로 더럽혀진 성스러운 도시의 성벽을 멀리서 바라볼 수밖에 없었다.

[28] 미슈나는 고유의 종교를 버린 자들에게 공공연히 죽음을 선언했다. 콘스탄티누스는 유대교에서 그리스도교로 개종한 자들을 보호하기 위한 법률을 만들었다.

29 당빌(M. d'Anville)의 희귀하고 기이한 저작물들을 참고했다. 이 고대 도시의 둘레는 27스타디아, 혹은 2550투아즈였다. 그 둘레는 제거할 수 없는 자연적인 표지물들로 정해진다.

30 황제는 이와 마찬가지로 베들레헴, 감람산, 맘브레에도 신전을 지었다.

31 서기 333년, 보르도에서 예루살렘까지의 순례 여정이 순례자들을 위해 만들어졌다. 히에로니무스는 순례자들 중에는 브리튼인들과 인도인들도 있다고 언급한 바 있다. 이러한 미신적인 유행의 명분에 대해 학식 있는 사람들 간에 토론이 일어났고, 이는 웨슬링(Wesseling)의 서문에도 기록되어 있다.

예루살렘

바위 투성이의 불모지에 위치한 예루살렘의 성벽들은 둘레가 약 3영국마일로, 시온과 아크라, 두 개의 산이 타원 형태의 도시를 에워싸고 있었다.29 시온 산 오르막쯤에는 윗마을과 다윗의 요새가 남쪽을 향해 서 있었고, 북쪽으로는 아랫마을의 건물들이 아크라 산의 광활한 꼭대기까지 뒤덮고 있었다. 사람들의 노동으로 평평하게 만든 모리아라는 이름의 언덕 한쪽에는 유대 민족의 장려한 신전이 서 있었다. 티투스와 하드리아누스는 신전을 무력으로 완전히 파괴한 후 유대인의 종교를 영원히 금지한다는 표시로 그 신성한 땅을 농경지로 바꾸어 버렸다. 시온은 버려진 땅이 되었고, 빈자리에는 아일리아 주민들의 공공 건물과 개인 저택들이 가득 들어차 골고다 부근 언덕까지 퍼져 나갔다. 성지(聖地)들은 우상을 숭배하는 기념물로 더럽혀졌으며, 의도적이었는지 우연이었는지 그리스도가 숨을 거두었다가 부활하여 신성한 곳이 된 바로 그 장소에 베누스에게 바치는 사원이 세워졌다. 그런 엄청난 사건들이 있은 지 거의 300년이 지나서야, 콘스탄티누스의 명으로 베누스의 불경스러운 사원이 파괴되고 흙과 돌이 치워져 신성한 무덤이 세인들의 눈앞에 비로소 그 모습을 드러내었다. 그 신비의 땅 위에 최초의 그리스도교도 황제인 콘스탄티누스가 웅장한 교회를 세웠으며, 그의 관대한 손길은 신의 아들, 족장들, 예언자들의 발자국으로 신성해진 모든 장소에까지 뻗쳤다.30

순례

인류의 구원을 증거하는 최초의 유적들을 직접 보고 싶어 하는 순례자들의 끝없는 행렬이 대서양 연안과 멀고먼 동방의 나라들로부터 예루살렘까지 이어졌다.31 모후였던 헬레나의 모범은 이러한 순례를 더욱 권위 있게 만들었다. 그녀는 고령으로 귀가 얇아진데다가, 개종한 지 얼마 안 되어 신앙심이 매우 뜨거웠던 것 같다. 현인들과 영웅들이 고대의 지혜와 영광을 보여 주는 인상적인 장소들을 방문하고 나서 그 장소의 분위기로부터 영감을 받았다고 고백하듯이, 성스러운 무덤 앞에 무릎을 꿇은 그리스도교인들은 성령의 영향으로 강한 믿음과 뜨거운 신앙심을 전해 받았다고 믿었다. 예루살렘의 성직자들은 탐욕스러울 만큼 열성적으로 이 방문객들의 숫자를 늘리는 데 힘썼다. 그들은 전통에 의거해 기억할 만한 사건이 일어났던 장소들을 선정했다. 또한 그리스도의 수난시 사용되었다는 도구들을 전시했는데, 그의 손발과 옆구리를 뚫었던 못과 창, 머리에 씌워졌던 가시면류관, 채찍질을 당할 때 묶여 있었던 기둥 등이 있었다. 무엇보다도 그리스도가 매달려 고통받았던 십자가가 전시되었는데, 이를 땅에서 파낸 자들은 로마 군단의 군기에 그리스도교의 상징을 넣은 군주들이었다.32 이러한 기적의 증거들이 어떻게 그렇게 잘 보존될 수 있었으며, 또 어떻게 그렇게도 때맞춰 발견되었는지에 대해서는 설명이 필요할 것 같지만 이후 아무런 반론도 받지 않고 전파되었다. 부활절 축일에 엄숙하게 대중 앞에 공개된 십자가를 보관하는 일은 예루살렘의 주교에게 맡겨졌다. 그는 이 십자가를 작은 조각으로 쪼개어 순례자들이 금이나 보석에 박아 자기 나라로 자랑스럽게 가져가도록 나누어 줌으로써 그들의 호기심에 찬 신앙심을 만족시켰다. 하지만 계속 그렇게 하다가는 이 수지 맞는 장사도 곧 끝나 버릴 것이 확실했으므로 그는 이 기적의 나뭇조각이 계속해서 자라나는 신비한 힘을 가지고 있어서 아무리 쪼개도 여전히 줄지 않고 원래 모습 그대로라는 편리한 구실을 만들어 냈다.33 보통은 성소의 분위기와 영원한 기적에 대한 믿음이 사람들의 신앙심뿐 아니라 도덕심까지도 높여 줄

32 바로니우스와 티유몽 (M. de Tillemont)은 콘스탄티누스가 통치하던 시절 이러한 십자가의 기적에 관한 증거품들을 역사적으로 고증하고 옹호한 자들이었다. 파울리누스, 술피키우스 세베루스, 루피우스, 암브로시우스, 예루살렘의 키릴루스 등이 그들의 증언을 뒷받침해 주었다.

33 이러한 십자가의 증식을 주장한 자는 파울리누스였는데, 이는 키릴루스의 수사학적 미사여구로 진짜 사실처럼 윤색되었던 것 같다. 이와 동일한 초자연적 특권이 성처녀의 젖, 성인들의 머리 등 기타 유적에까지 부여되어 수많은 교회들로 퍼져나갔던 것이 틀림없다.

34 종교적 순례의 악용과 남용을 비난하는 내용의 서간문은 가톨릭 성직자들에게는 고통스러운 것인 반면, 개신교 논객들에게는 귀중한 자료이다.

35 그는 정통파가 수여하는 성직을 거부하고 부사제로 일하다가 아리우스파에게서 다시 성직을 받았다. 그러나 키릴루스는 시간이 가면서 변화를 일으켜 니케아 신조를 신중히 따랐다. 티유몽은 그의 행적을 애정과 존경심을 갖고 기록하면서, 본문에서는 그의 덕에 주로 초점을 맞추고, 책의 말미에서만 조심스럽게 모호한 어조로 그가 저지른 잘못들을 다루었다.

36 예루살렘의 사원은 이방인들 사이에서조차도 널리 알려져 있었다. 그들은 도시마다 많은 사원을 세웠으나(시켐에 5개, 가자에 8개, 로마에 424개), 유대 국가의 부와 종교는 오직 한 곳에만 집중되어 있었다.

37 율리아누스의 숨은 의도를 폭로한 인물은 학식 있고 독선적인 워버턴(Warburton)으로, 바로 글로스터의 전임 주교였다. 그는 신학자로서의 권위를 가지고 하느님의 동기와 행동을 규정했다. 율리아누스라는 제목이 붙은 이 글은 워버턴 특유의 온갖 기이한 사고들로 채워져 있다.

것으로 기대할 것이다. 그러나 교회 사가들의 말에 따르면 예루살렘의 거리는 장사치들로 북적였고 쾌락을 좇는 소란으로 떠들썩했을 뿐 아니라 성스러운 도시의 주민들치고 간통, 도둑질, 우상 숭배, 독살, 살인 등 온갖 종류의 악에 물들지 않은 자가 없었다고 한다.34 한편 예루살렘의 교회가 누리는 부와 명성은 정통파뿐 아니라 아리우스파의 욕심까지도 자극했으니, 사후에 성인의 칭호를 받은 키릴루스의 미덕도 주교직을 수행하는 과정에서 보여 준 것이지 이를 얻는 과정에서는 그렇지 못했다.35

예루살렘 신전의 재건을 시도한 율리아누스

어리석게도 자만심 강하고 야심찬 율리아누스는 예루살렘의 신전이 누렸던 고대의 영광을 부활시키려는 열망에 들떠 있었을지도 모른다.36 그리스도교인들은 모세의 율법에 영원한 파멸의 선고가 내려졌다고 굳게 믿었으므로, 궤변을 좋아하는 황제로서는 자신의 계획을 성공시켜 예언의 신뢰성과 계시의 진실성을 부인하는 그럴듯한 증거를 만들어 내고 싶었던 모양이다.37 그는 유대 교회의 예배 의식이 못마땅했지만 이집트의 의식과 관례 중 상당수를 채택한 모세의 율법에는 호의적이었다.38 율리아누스는 신의 수를 늘리기를 좋아하는 다신론자였던 만큼 야훼가 유대인만의 민족신일지라도 진지하게 존중해 주었다.39 희생 제물 바치기를 무척이나 좋아하는 율리아누스로서는 예루살렘의 교회 헌당식에 2만 2000마리의 황소와 120마리의 양을 바쳤다는 솔로몬 왕의 신앙심과 한번 겨루어 보고 싶은 경쟁심을 느꼈을지도 모른다.40 이러한 생각들이 그의 계획에 영향을 주었을 수도 있겠지만, 당장 상당한 이점이 있을 것이라 생각한 이 성미 급한 군주가 멀리 떨어진 페르시아에서의 불확실한 전쟁의 결과만 기다리고 있지는 못했을 것이다. 그는 즉시 모리아의 전망 좋은 고지에 골고다 언덕 위에 세워진 부활 교회의 빛을 바래게 할 만한 장려한 신전을 짓고, 자기 이익을 위해서라도 열심히 그리스도교도들의 술책을 탐지해 내고 그들의 야심에 맞서 싸울 사제를 임명할 결심을 했다. 또한 광신에 불타 이교도 정권의 적대적인 조치를 언제라도 기꺼이 따를 준비가 되어 있을 뿐 아니라, 내심 기대까지 하고 있는 유대인들을 불러들이기로 했다. 율리아누스는 친히 자신의 친구들(황제라는 이름과 친구의 이름이 양립할 수 있다면) 중에서 덕망 있고 학식 높은 알리피우스에게 최고의 직책을 내렸다. 알리피우스는 인간적인 면과 함께 엄격한 정의감과 남자다운 강인함을 두루 갖춘 자로서, 브리튼족을 다스리는 데 능력을 발휘하는 한편 사포 풍의 부드러움과 조화를 모방한 시를 짓기도 했다. 율리아누스가 사소한 일이든 진지한 고민이든 기탄없이 나누었던 이 관리에게 예루살렘 신전의 고유한 아름다움을 회복시키라는 특명이 하달되었다. 알리피우스는 근면 성실함으로 팔레스타인 통치자의 든든한 지원을 얻어 냈다. 유대인들은 자신들의 위대한 구원자의 부름에 제국의 모든 속주로부터 선조들의 신성한 산으로 모여들었다. 그들의 승리감에 찬 오만방자한 모습은 예루살렘의 그리스도교 주민들을 경악과 격분에 빠뜨렸다. 원래 신전의 재건은 노소를 막론하고 이스라엘의 자손들에게 가장 큰 소망이었다. 이렇게 기다리던 상서로운 때를 맞자 남자들은 예전의 탐욕을 잊고 여자들은 타고난 섬세함을 잊는 것도 당연했다. 부자들은 과시욕에서 은으로 만든 삽과 곡괭이까지 내놓았고, 자줏빛 비단 망토로 쓰레기를 나르게 했다. 누구나 돈주머니를 열어 아낌없이 기부했고, 너도나도 신성한 노동에 한몫 하겠다고 나섰다. 이와 같이 전 유대 민족이 열성을 다해 위대한 군주의 명령을 실행에 옮겼다.

38 미신적인 성직자들의 두려움과 어리석음, 거짓됨을 비웃었던 마이모니데스(Maimonides), 마샴(Marsham), 스펜서(Spencer), 르 클라크(Le Clerc), 워버턴 등을 참조할 것.

39 율리아누스는 그를 메가스 테오스(μέγας Θεός)라고 정중하게 칭하면서, 다른 곳에서는 그를 더욱 우러르는 태도로 언급했다. 그는 그리스도교도들이 유대인들의 종교를 믿는다는 사실과 거부한다는 사실 두 가지를 들어 비난했다. 그들의 신은 진짜 신이지만, 유일한 신은 아니었다.

40 그리스도교 랍비인 라이트푸트는 수많은 희생 제물들의 피와 연기가 거슬린 나머지, 기적을 일으켜 이것들을 치워 버렸다고 한다. 르 클라크는 대담하게도 그 숫자의 정확성에 의문을 제기한다.

41 이 사원은 서기 644년에 사망한 제2대 칼리프인 오마르가 세웠다. 이 거대한 모스크는 신성한 유대교 사원 부지를 완전히 다 덮고 있으며, 약 760투아즈의 면적에 이른다.

42 암미아누스는 율리아누스의 의견들을 언급하기에 앞서, 서기 363년 당시의 집정관들에 대해 기록했다. 워버턴은 그 계획에 대해 남몰래 기대를 품었으나, 과거의 경험으로 보아 이러한 공사의 실행에는 여러 해가 걸린다는 사실을 잘 알고 있었을 것이다.

실패

그러나 권력과 종교적 열정이 합해졌음에도 불구하고 이 경우만큼은 성공을 거두지 못했다. 지금은 그 자리에 회교도의 사원(모스크)이 세워져 있지만,[41] 그 이전까지 유대교 사원 자리는 파멸과 황폐의 실상을 교훈적으로 보여 주는 광경에 불과했다. 이 역사(役事)가 중단될 수밖에 없었던 이유는 아마도 황제의 부재와 죽음, 그리고 그 이후 새로운 그리스도교 황제의 정책에서 찾을 수 있을 것이다. 공사가 시도된 기간은 겨우 율리아누스가 죽기 전 6개월 정도였다.[42] 한편 그리스도교도들은 이 주목할 만한 종교 간의 대결에서 어떤 놀라운 기적이 일어나 그리스도교의 명예를 지켜 주리라는 경건한 기대감에 부풀어 있었다. 즉 신전 재건 과정에 지진, 회오리바람, 화산 폭발 등 천재지변이 일어나 새 신전의 토대를 무너뜨린 일이 있었다는 여러 증거가 약간의 편차는 있지만 동시대인들의 증언을 통해 전해진다. 한 예로 밀라노의 주교 암브로시우스는 테오도시우스 황제에게 보낸 서신에서 이 유명한 사건을 설명했는데, 이는 유대인들의 격렬한 비난을 불러일으키고도 남을 내용이었다. 크리소스토무스 역시 웅변술을 발휘하여 안티오크 교회의 장로급 신도들의 기억을 끌어 냈고, 나지안주스의 주교 그레고리우스는 같은 해에 이 기적들을 기술한 책을 출판하여 이를 거들었다. 이 저자들 중에서도 그레고리우스는 이 초자연적인 사건에 대해 불신자들 중 누구도 반론을 제기하지 않았다는 대담한 주장을 폈다. 그의 주장은 좀 수상한 면이 있기도 하였지만 암미아누스 마르켈리누스의 나무랄 데 없는 증언으로 뒷받침되었다. 철학자이면서 군인이었던 그는 편견을 배제하고 덕을 사랑한 자로서, 자기 시대의 역사를 공정하고 솔직하게 집필하면서 어떤 기이한 사건들이 예루살렘 신전 재건을 방해했는지에 대해 기록했다.

  속주 총독의 도움을 받아 알리피우스가 열성적으로 작업 수행을 독려하던 중, 무시무시한 불덩어리가 수시로 건물의 토대 주위에서 솟아올라 일꾼들에게 화상을 입히거나 날려 버려 접근할 수 없게 만들곤 했다. 이런 사건은 마치 그들을 물리치고 말겠다는 굳은 결심이라도 한 듯이 반복되었고 끝내 작업을 포기하게 만들었다.

  권위 있는 자의 이와 같은 증언은 신앙심이 두터운 사람들은 믿게 했고 그렇지 않은 사람들은 놀라게 했을 것이다. 그러나 명색이 철학자라면 공정하고 이성적인 목격자들의 증언을 첨부했어야 했다. 이런 중대한 위기 상황에서는 어떤 우연한 사건 하나만 일어나도 진짜 기적처럼 그럴듯하게 포장되어 그런 불가사의가 으레 갖는 효과를 만들어 내는 법이다. 어쨌거나 이처럼 영광스럽게도 공사가 중단되어 그리스도교의 성지가 구원되자, 예루살렘의 성직자들은 기적에 관한 것이라면 무엇이든 쉽게 믿어 버리는 그리스도교인들의 어리석음에 힘입어 이 사실을 교묘하고 그럴듯하게 과대 포장하였다. 심지어 20여 년이 지난 후에도 한 로마 역사가는 자신의 저작에서 신학상의 논쟁은 안중에도 없이 이 허울 좋은 기적에 대해 사실인 양 서술하기까지 했다.[43]

[43] 라드너(Lardner)는 그리스도교 평자들 중에서 이 유명한 기적의 진실성을 의심한 유일한 인물이다. 히에로니무스가 침묵을 지켰다는 사실은 멀리 떨어진 곳에서는 찬양의 대상이 되었던 이야기가 정작 그 장소에서는 무시당했을지 모른다는 의혹을 불러일으킨다.

  유대교 사원의 복구 사업은 그리스도교 교회의 파괴 작업과 은밀하게 연결되어 있었다. 율리아누스의 전반적인 관용 정책이 정의감에서 비롯된 것인지 관대함에서 나온 것인지는 알 수 없지만, 그는 여전히 종교의 자유를 내세웠다. 그는 그

율리아누스의 편파성

리스도교인들을 자신의 삶에서 가장 중요한 목표를 잘못 택한 불행한 인간들이라며 동정하는 척했지만, 그 동정은 경멸감으로 바뀌었고 경멸감은 증오심으로 더욱 격화되었다. 율리아누스는 냉소적인 기지의 형식을 빌려 자신의 감정을 표현했는데, 군주의 입에서 나오는 말마다 상대에게 깊고 치명적인 상처를 가했다. 율리아누스는 그리스도교인들이 그들의 구원자인 그리스도의 이름을 거룩하게 여기는 것을 알고 있었기 때문에 갈릴레아인이라는 덜 명예로운 호칭을 사용하도록 했는데, 이는 사실 명령이나 다름없었다.[44] 그는 이 갈릴레아인을 인간들에게는 경멸당해 마땅하고 신들에게는 미움을 받을 광신도들 중 하나로 폄하하면서, 그 어리석음 때문에 제국이 멸망의 위기에 처했다고 공공연히 말했다. 그뿐 아니라 공개 칙령을 통해 광증 환자가 때로는 건전한 폭력으로 치유될 수 있다고 암시하기까지 했다. 율리아누스의 마음속에는 국민들의 종교에 따라 어떤 이들은 그의 은전과 은혜를 받을 자격이 있지만, 어떤 이들에게는 거부하기에는 그의 정의감이 허락하지 않아서 동등한 혜택을 주고 있을 뿐이라는 옹졸한 차별의식이 자리잡고 있었다. 악의와 차별로 가득 찬 원칙에 따라, 황제는 콘스탄티누스와 그 아들들이 교회에 주었던 국고 수입 중 하사금의 자유로운 사용권을 자기 종교의 제사장들에게 넘겨주었다. 그리스도교 성직의 영예와 면제 특권을 보장했던 체계는 과거 세심한 주의와 노력을 들여 제정한 것이지만 모두 폐지하였으며, 콘스탄티누스 대제의 유언으로 지정된 기부금 역시 엄격한 법령을 만들어 중단했다. 사정이 이렇게 되니 그리스도교의 사제들은 국민들 중에서도 가장 비천한 자들이나 다름없는 처지가 되었다. 이 규제들 중에서 성직자들의 야심과 탐욕을 억제하는 데 필요하다고 생각되는 것들은 나중에 정통파 군주들도 지혜롭

[44] 그리고 이 법률은 율리아누스 자신이 실행에 옮김으로써 확고히 자리잡았다. 플라톤주의자들은 말이 갖는 효력을 믿었다고 말한 워버턴의 관찰은 정확한 것이다. 그리스도의 이름에 대한 율리아누스의 혐오는 경멸감뿐 아니라 미신적인 생각에서 나온 것이기도 하다.

게 모방했다. 정책적으로 혹은 미신적인 이유로 성직자 계급에 베풀어지는 특별 대우는 국교를 받드는 사제들에게만 한정되어야 했다. 그러나 입법자의 뜻은 편견과 맹목적인 열정에서 벗어나지 못했다. 그리하여 그리스도교인들을 세상 사람들로부터 존경받게 만들었던 여러 명예와 특권의 박탈만이 율리아누스의 음흉한 정책의 목표가 되었다.

그리스도교인들이 문법과 수사학을 가르치지 못하도록 한 법률에 대해서는 당연히 맹렬한 비판이 퍼부어졌다. 이 부당하고 억압적인 조치를 정당화하기 위하여 황제가 내세운 동기는 그가 통치하는 동안 노예들을 침묵시키고 아첨꾼들의 찬사를 강요했다. 또한 율리아누스는 그리스의 언어와 종교에도 똑같이 적용되어야 할 표현의 애매모호한 의미를 악용했다. 그는 맹목적인 신앙을 좇는 자들은 학문의 이득을 요구하거나 향유할 자격이 없다고 경멸하면서, 그들이 만일 호메로스와 데모스테네스의 신들을 경배하지 않겠다면 갈릴레아인들의 교회에서 누가복음과 마태복음을 해석하는 것으로 만족해야 한다고 주장했다.[45] 로마 제국의 모든 도시에서 젊은이들의 교육은 문법과 수사학을 가르치는 교사들에게 맡겨졌는데, 이들은 행정관에 의해 임명되어 국가로부터 경비를 받으면서 금전적인 면에서뿐만 아니라 명예에 있어서도 많은 특권을 누렸다. 율리아누스의 칙령은 의사와 모든 교양 과목의 교사들까지 포함했던 것 같다. 황제는 교사가 되려는 자들을 승인할 자격이 있었으므로 학식 높은 그리스도교인들의 굳은 신앙심을 더럽히고 탄압할 권한을 법으로 부여받은 것이나 마찬가지였다. 결국 다루기 힘든 교사들이 사임하고 이교 궤변론자들이 위세를 떨칠 수 있게 되자, 율리아누스는 아직 유연한 정신 세계를 가진 젊은이들은

그리스도교인이 학교에서 가르치는 것을 금지함

[45] 그 훈령은 율리아누스가 쓴 서신들 속에 아직도 남아 있는데, 이는 그레고리우스의 저주문에 비할 만하다. 티유몽은 고대와 근대 간의 외견상의 차이점을 수집했는데, 이들 사이에는 서로 통하는 데가 많다. 그리스도교도들은 이교도들의 학교에 가지 않으려 했기 때문에 가르치는 것은 직접적으로 금지되었고, 배우는 것도 간접적으로 금지되었다.

46 그들은 자기 자신들의 학교를 위한 방편으로 책을 썼다. 아폴리나리우스는 몇 달 만에 호메로스, 핀다로스, 에우리피데스, 메난드로스의 작품들을 그리스도교식으로 모방하여 개작했다. 소조메노스는 그의 개작물들이 원작에 못지않으며, 어떤 것은 더 훌륭하다고 만족감을 표했다.

문학과 이교의 영향을 잘 받아들일 것이라는 확신에 차서 그들을 공립 학교에서 자유롭게 수학하도록 불러들였다. 만일 그리스도교인 청년들이 그들 자신이나 부모님의 양심의 가책 때문에 이 위험스러운 교육 방식을 받아들이지 않는다면 교양 교육의 혜택을 포기해야 했다. 그러므로 그 상태로 몇 년만 지나면 교회는 원시적인 무지 상태로 퇴보하고 당대의 학문과 수사법에서 상당한 위치를 점하고 있던 신학자들도 무식하고 맹목적인 세대가 잇게 되어, 자신들의 원칙을 방어하거나 다신교의 어리석음을 들추어 낼 능력을 잃게 되리라고 율리아누스가 기대한 것도 당연하다.⁴⁶

그리스도교도들의 불명예와 억압

율리아누스가 그리스도교인들이 우위를 누리고 있는 부와 지식, 권력을 박탈하려는 의도를 품었다는 것은 의심의 여지가 없다. 그러나 그리스도교인들을 신용과 이익을 얻을 수 있는 모든 자리에서 부당하게 배제시킨 것은 명문화된 법의 직접적인 결과라기보다는 그가 편 정책 전반에서 온 결과였다고 보아야 한다. 높은 공훈을 세운 자라면 특별히 예외를 둘 수도 있었겠지만, 대부분의 그리스도교 관리들은 날이 갈수록 군대와 속주의 관직에서 자리를 잃고 밀려났다. 황제는 그리스도교인들이 정의나 전쟁을 위해 칼을 쓰는 것은 법에 어긋난다는 주장을 하며 법정과 막사에서 배제시켰다. 이러한 공공연한 편파 조치로 새로 공직에 들어가고자 하는 자들 또한 진출할 길이 막혀 버렸다. 이제 정부의 권력은 선조들의 종교에 열성을 바치겠다고 공언한 이교도들이 장악하게 되었다. 황제는 점을 쳐서 그 결과에 따라 인재를 선택하기도 했는데, 이에 따라 어떤 총신들은 신의 선택을 받았다는 이유로 황제의 총애를 받았지만 대중에게는 외면당했다. 이렇듯 그리스도교인들은 적들의 지배를 받으면서 많은 고통과 근심 속에서 살아야 했다. 물론 율리아누스는 본래 잔인함을 혐오하는 성격인데다가 철인 군주로서 온 세상의 눈앞에 노출되어 있는 자신의 평판을 고려했기 때문에 근래에 자신이 제정한 정의와 관용의 법률들을 어기는 일만은 삼갔다. 그러나 황제의 권한을 대행하는 속주 관리들은 아무래도 그보다는 눈에 덜 띄는 자리에 있었다. 그들은 자의적으로 권력을 행사하면서 군주의 명령보다는 군주가 원하는 바를 염두에 두고 행동했으므로, 열성적인 신도들에게 순교의 영예를 내리는 것까지는 금지령 때문에 참는다 하더라도 은밀한 탄압은 적극적으로 행했다. 황제는 자신의 이름으로 자행되는 불의를 못 본 척하였고, 설사 보고 꾸짖는다 해도 부드럽게 나무라는 정도로 그치고 실제로는 포상을 내려 관리들의 행동에 대한 자신의 속마음을 드러냈다.

그들이 사용한 가장 효과적인 탄압 방법은 이전에 그리스도교인들이 위세를 누릴 때 파괴했던 신전들에 대해 보상하게 하는 법이었다. 그 당시 승리감에 도취한 교회들은 국가 권력의 제재를 받는 날이 오리라고는 꿈에도 생각하지 못했으므로, 면책 특권을 확신한 주교들이 신도들을 이끌고 어둠의 제왕의 요새인 이교 신전을 공격하는 일이 자주 있었다. 율리아누스는 이러한 공격 뒤에 군주와 성직자들의 재산으로 귀속되었던 토지들을 가려내어 원래 소유권을 회복시켜 주었다. 그러나 이런 토지에 있던 이교 미신의 폐허 위에 그리스도교인들이 자기들의 종교 건축물을 세운 경우도 많았다. 따라서 이런 경우에 사원을 재건하려면 먼저 교회를 없애야 했기 때문에, 황제의 정의와 신앙심은 한쪽으로부터는 찬사를 받은 반면, 다른 한쪽으로부터는 신성 모독적인 폭력이라는 맹비난을 받았다. 건물을

> 이교 신전들을
> 재건하라는 형을
> 선고받은 그리스도교들

철거한 다음에는 그리스도교도들에게 먼지로 변한 장려한 신전을 재건하는 데 필요한 비용과 앞서 그리스도교인들이 가져간 귀중한 신전 장식물들의 반환을 요구했는데, 이는 곧 그들에게 엄청난 액수의 피해액과 빚이 되었다. 그러나 그리스도교도들은 그 엄청나게 누적된 요구액을 갚을 능력도 그럴 의사도 없었다. 이때 율리아누스가 입법자로서 공정하고 온건한 중재역을 맡아 과도한 청구액을 조정해 주는 지혜를 발휘할 수도 있었을 것이다. 그러나 율리아누스의 무분별한 칙령은 전 제국, 특히 동로마 지역을 혼란의 도가니로 몰아넣었다. 이교 관리들은 복수심에 불타 채무자가 빚을 청산할 능력이 없는 경우에는 신체형으로 대신한다는 잔혹한 로마법의 특권을 남용했다. 역대 황제 치하에서 아레투사의 주교 마르코스[47]는 사람들을 개종하기 위해 설득보다 더 효과적인 수단으로 무력을 썼다.[48] 관리들은 그의 편협한 열정 탓에 파괴되었던 사원을 본래 가치대로 보상할 것을 요구했다. 그러나 가난한 그에게서 만족할 만한 보상을 얻지 못하자, 하다못해 가벼운 보상으로 그의 완고한 정신이라도 굴복시키려 했다. 관리들은 그를 잡아다가 잔인하게 채찍질을 하고 턱수염을 잡아뜯었다. 그런 다음 옷을 벗기고 몸에 꿀을 발라 그물에 묶어 공중에 매달아 놓아, 시리아의 뜨거운 태양빛 아래서 벌들에게 쏘이게 했다. 그러나 그는 이처럼 힘든 상황 속에서도 줄기차게 자신의 범죄가 영광된 것임을 주장했고, 박해자들의 분노가 아무런 효과도 거둘 수 없다며 오히려 그들을 모욕했다. 결국 그는 관리들의 손에 구조되어 자신의 신성한 승리를 누릴 수 있었다. 아리우스파들조차도 이 신성한 증거자의 미덕을 찬양했으며, 가톨릭교도들은 그와의 유대 관계를 자랑스럽게 내세웠다. 한편 수치나 모욕에 둔감한 이교도들도 이런 효과도 없는 잔인한 행위를 반복

[47] 레스탄, 다른 이름으로 아레투사는 에메사와 에피파니아에서 각각 16마일 정도 떨어진 중간 지점에 있는데, 셀레우코스 1세가 발견했든지 아니면 이름을 붙여 주었다고 한다. 에메사와 아레투사는 아랍인 삼프시케라무스에게 침략당했는데, 그의 후손은 로마의 가신이 되어 베스파시아누스 치하에서도 명맥을 유지했다.

[48] 순교하지 않고 끝까지 신앙을 지킨 자로서의 종교적 업적을 드높여 줄 만한 이야기를 그레고리우스와 테오도레투스가 묻어 버린 데 놀라지 않을 수 없다.

하지는 못했다. 그리고 마침내 율리아누스는 이 아레투사 주교의 목숨을 살려 주었다. 그러나 어린 시절 율리아누스의 생명을 구해 준 사람이 바로 그이고 보면, 후세인들은 황제의 관용 조치를 칭송하기보다는 배은망덕한 행위로 비난할 수도 있을 것이다.

안티오크에서 5마일 정도 떨어진 곳에 시리아의 마케도니아 왕들이 아폴론에게 바친 신전이 있는데, 이는 이교 세계에서도 가장 우아한 신전 중 하나라고 할 만했다. 이 장엄한 신전은 빛의 신을 기리며 우뚝 서 있었는데, 드넓은 성소를 거의 채우다시피 한 거대한 신상은 금과 보석을 주렁주렁 달고 그리스 장인들의 솜씨로 치장된 것이었다. 그 신상은 한 손에 금으로 된 컵을 들고 땅 위에 제주(祭酒)를 부으면서 몸을 숙인 자세를 하고 있었는데, 마치 아름답고 냉정한 다프네가 자기의 팔에 안기게 해 달라고 모신에게 간청하는 듯이 보였다. 시리아 시인들의 공상이 이 연애담의 배경을 페네우스 강에서 이곳 오론테스 강으로 옮겨 놓음에 따라 이 장소는 신화의 내용에 따라 신성한 곳으로 여겨졌다. 그리스의 고대 의식은 안티오크 식민지의 왕족들에 의하여 모방되었다. 영험하기가 델포이 신탁 못지않게 유명한 예언이 카스탈리아의 다프네의 샘으로부터도 흘러나왔다.[49] 인근 들판에는 엘리스로부터 사들인 특권으로 건설된 경기장이 있었으며,[50] 시의 비용으로 올림피아 경기가 치러져서 해마다 3만 파운드에 달하는 국고가 대중의 오락을 위해 사용되었다.[51] 어느새 신전 주변에는 순례자와 구경꾼들의 끝없는 행렬이 모여들어 번성한 다프네의 마을을 이루었는데, 이 마을은 별다른 칭호는 없어도 장려함 면에서 속주의 도시들에 뒤떨어지지 않았다. 월계수와 사이프러스의 빽

신전과 다프네의 신성한 숲

[49] 하드리아누스는 카스탈리아의 샘에 빠진 나뭇잎에서 자기 미래의 운명을 읽었다고 하지만, 반달(Vandale)의 말에 따르면 그 정도는 화학 약품의 조작으로 간단히 만들어 낼 수 있는 속임수일 뿐이라고 한다. 황제는 이러한 위험한 술수를 금지했으나, 왕성한 호기심의 소유자인 율리아누스가 다시 부활시켰다.

[50] 이 경기 개최권은 서기 44년, 아흔 번째 올림피아 경기를 치르기 위해 사들인 것이다. 그러나 콤모두스의 치세가 오기 전까지 안티오크의 올림피아 경기는 정기적으로 개최되지는 않았다.

[51] 아우구스투스 때 사망한 소시비우스가 금 15탈렌트를 유산으로 남겼다.

빽한 관목 숲 속 깊숙이 자리잡은 신전과 마을의 주변 길이는 10마일에 달했으며, 아무리 삼복 더위의 찌는 듯한 여름에도 시원하고 짙은 그늘이 졌다. 골짜기마다 맑은 물이 흘러넘쳐 대지를 푸르게 하고 온도를 쾌적하게 유지해 주었다. 또한 조화로운 소리들과 좋은 향이 감각을 즐겁게 해 주므로, 사람들은 이 조용한 관목 숲 덕분에 건강과 기쁨, 쾌락과 사랑을 부족함 없이 누릴 수 있었다. 혈기 넘치는 젊은이들은 아폴론처럼 욕망의 대상을 좇고, 처녀들은 다프네의 비운을 가슴에 새기어 지나치게 수줍어하는 어리석음은 범하지 말라는 경고를 얼굴을 붉히며 받아들였다. 다만 이곳에서는 종교를 가장한 쾌락이 그들도 모르는 사이에 남성으로서의 미덕인 강건함을 녹여 버리기 때문에, 군인과 철학자라면 이 관능적인 낙원의 유혹을 피하는 편이 현명했을 것이다. 다프네의 관목 숲은 오랜 세월 동안 계속해서 원주민들과 이방인들의 경배를 받았다. 그 후로도 신성한 땅의 특권은 황제들의 관대함에 힘입어 더욱 확대되었고, 한 세대씩 거쳐갈 때마다 사원을 빛내는 새로운 장식이 더해졌다.

다프네의 방치와 신성 모독

때마침 연례대제를 지내는 날이었다. 율리아누스가 다프네의 아폴론 신전에 경배를 드리고자 서둘러 도착했을 때, 그의 종교적 열정은 뜨겁게 달아올라 주체할 수조차 없을 지경이었다. 그의 왕성한 상상력은 넘쳐흐르는 희생 제물과 제주와 향, 순결의 상징인 흰옷을 걸친 젊은이들과 처녀들의 긴 행렬, 떠들썩하게 운집한 군중들이 이루는 일대 장관을 그리고 있었다. 그러나 그리스도교가 실권을 잡은 뒤부터 안티오크의 신앙열은 다른 방향으로 흘러갔다. 신전에 도착한 황제가 본 것은 도시의 부유한 가문들이 수호신에게 희생 제물로 바치던 살찐

소 백 마리 대신, 쇠락해 버린 신전에 홀로 거주하는 한 신관이 자비를 털어 마련한 거위 한 마리뿐이었다. 이에 황제는 불평하지 않을 수 없었다.[52] 제단은 황폐화한 채로 방치되었고, 신탁은 침묵에 잠겼으며, 신성한 땅은 그리스도교의 도입으로 더럽혀져 있었다. 그리고 바빌라스[53]가 무덤 속에서 안식을 취하게 된 지 거의 1세기가 지난 뒤, 그의 유해는 갈루스 부황제의 명에 따라 다프네 숲 가운데로 옮겨져, 그의 유해 위에 장엄한 교회를 세웠다. 이 신성한 땅의 일부는 성직자들을 부양하는 데 쓰였고, 또 나머지 일부는 자신들의 주교의 발치에 묻히고 싶어 하는 안티오크 내 그리스도교인들의 소망을 들어 주는 데 쓰였다. 아폴론을 모시던 신관들은 이러한 일들에 놀라고 분개한 신도들과 함께 쫓겨났다. 그러나 이제 또 한차례 세상이 뒤집혀 이교가 대세를 잡을 기미가 보이자 성 바빌라스의 교회는 파괴되고, 일찍이 시리아의 왕들이 세웠으나 이제는 무너져 가던 건물 옆에 새로운 건물이 세워졌다. 그러나 무엇보다도 율리아누스의 최대 관심사는 죽어서나 살아서나 기만과 광신의 목소리로 자기들을 억눌러 온 밉살스러운 그리스도교인들의 존재로부터 자신의 신들을 구해 내는 것이었다.[54] 그리하여 오염된 곳은 고대 의식에 따라 정화되었고, 유해들은 정중하게 파내어졌으며, 교회의 성직자들에게는 성 바빌라스의 유해를 안티오크 성벽 안, 예전의 무덤으로 옮겨가도 좋다는 허락이 떨어졌다. 그리스도교도들이 좀 더 신중하게 행동했더라면 황제 측도 경계심을 누그러뜨렸겠지만, 그들은 격분한 나머지 그러한 고려는 깡그리 무시해 버렸다. 수많은 군중들이 바빌라스의 유물을 나르는 마차 뒤를 따르면서, 우레와 같은 환호와 함께 우상과 우상 숭배자들을 경멸하는 내용의 다윗의

유해의 제거와
신전의 대화재

[52] 율리아누스는 자기 성격의 특징이 순박함, 즉 항상 진짜 웃음을 자아내는 무의식적인 단순함이라는 사실을 알고 있었다.

[53] 바빌라스라는 이름은 안티오크의 주교직을 승계하면서 에우세비우스가 지어 준 이름이다. 크리소스토무스는 그가 두 황제에 대해 거둔 승리를 장황하게 찬양했다.

[54] 교회 사가들, 특히 유적을 아끼는 사람들은 아폴론 신이 죽은 자 하나의 존재 때문에 편안히 지내지 못했다는 율리아누스와 리바니우스의 고백에 몹시 기뻐했다. 그러나 암미아누스는 예전에 아테네인들이 델로스 섬에서 거행했던 의식에 따라 모든 땅을 깨끗이 정화했다.

[55] 율리아누스는 그들의 유죄를 단정 짓기보다는 슬쩍 암시했다.

찬송가를 불렀다. 성인의 귀환 장면은 마치 승자의 개선 행렬 같았으며, 그 승리는 황제의 종교에 대한 모독이었다. 황제는 자존심이 매우 상했으나 가까스로 분노를 감추었다. 그런데 이 지각 없는 행렬이 끝난 밤에, 다프네 신전은 화염에 휩싸였고 아폴론상은 불타 버렸으며, 건물 벽은 헐벗은 채 끔찍한 폐허의 잔재로 남겨졌다. 안티오크의 그리스도교인들은 성 바빌라스의 기도가 하늘에 닿아 신전 지붕에 번갯불을 내렸다고 떠들어댔다. 그러나 율리아누스는 다프네의 화재가 누군가의 방화인지 아니면 기적인지 결정해야 할 상황에 처하자, 물증이 없음에도 불구하고 심증만으로 주저없이 이를 갈리레아인들의 복수로 돌렸다.[55] 율리아누스는 즉각 명을 내려 안티오크의 교회들을 모두 폐쇄하고 재산을 몰수하는 보복 조치를 취했다. 유죄를 입증할 증거가 충분했다면 이는 정당한 조치였을 것이다. 이 소동과 화재를 일으킨 자, 교회의 부를 은닉한 자를 찾아 내기 위해 몇몇 성직자들에게 고문이 가해졌다. 테오도레투스라는 이름의 한 고위 성직자는 군대의 명으로 참수되기까지 했다. 그러나 이 성급한 행동은 황제의 비난을 받았다. 그는 진심인지 꾸밈인지 모르지만, 신하들의 무분별함 때문에 자신의 통치가 박해라는 오명을 쓰게 되었다고 탄식했다.

안티오크의 교회들을 폐쇄한 율리아누스

율리아누스는 눈살을 찌푸리며 신하들을 제지했으나, 국가의 아버지인 왕이 이미 자신을 한 종파의 지도자로 선언한 상황에서 일반 민중들의 분노까지 쉽게 제지할 수는 없는 노릇이어서 일관성 있게 처벌하기는 힘들었다. 실제로 율리아누스는 공문서에서 시리아의 성스러운 도시들의 신앙심 깊은 주민들이 단번에 갈리레아인들의 묘를 파괴한 일에 대해 언급하면서, 그들의 신앙심과 충의를 칭찬했다. 반면 그들의 행동이 자신이 허용한 것보다 많이 과격하다 싶은 경우에 한해서만 약간의 비난을 하고 있을 따름이었다. 이 비난은 마지못해 한 느낌이 강해서 오히려 교회 사가들의 기록이 사실임을 확인해 주는 듯하다. 교회 사가들은 가자, 아스칼론, 카이사레아, 헬리오폴리스를 비롯한 여러 도시에서 이교도들이 양심의 가책도 없이 손에 넣은 힘을 마구 휘둘렀다고 전한다. 잔인한 이교도들의 표적이 된 불행한 자들은 죽음으로써만 고문에서 해방될 수 있었다. 그들은 희생자들의 시체를 토막 내어 길거리에 끌고 다닌 후, 요리사들이 쓰는 요리용 꼬챙이에 꿰거나 물렛가락 같은 것에 꿰었다고 한다. 게다가 피에 굶주린 광신도들은 그리스도교 사제와 처녀들의 창자를 맛본 뒤 보리와 섞어서 짐승들에게 던져 주었다는 것이다.[56] 이러한 종교적 광기는 인간 본성에서 가장 비열하고 증오스러운 면을 보여 준다. 그러나 알렉산드리아에서 일어난 학살은 믿을 만한 사실이라는 점과 희생자들의 신분, 이집트의 수도로서의 위상 등의 요소 때문에 훨씬 더 주목할 만하다.

  게오르기우스[57]는 출생 때문이었는지 그가 받은 교육 때문이었는지 카파도키아인으로 불렸는데, 킬리키아의 에피파니아에서 실 다듬는 직공의 아들로 태어났다. 그는 이처럼 비천한 출생 신분을 타고났지만 남에게 기생하는 뛰어난 재주 하나로 출세한 인물이었다. 그가 자신의 후원자에게 얼마나 열심히 아부를 했던지 그 후원자는 이 쓸모없는 식객을 위해 군대에 돼지고기를 공급하는 계약을 얻어 주었다. 이 일 자체도 비천한 것이었지만, 그는 일의 격을 더욱 떨어뜨렸다. 그는 비열하기 짝이 없는 사기와 타락한 술수로 부를 축적했으나, 공금을 횡령했다는 사실이 들통나서 법의 심판을 피해 도망가지 않

카파도키아의 게오르기우스

[56] 소조메노스는 공정한 목격자라고는 할 수 없어도, 최초의 목격자라 할 수 있다. 그는 가자의 주민으로 백 살까지 살았다는 마이우마의 주교 제노에게 이를 전했다. 필로스토르기우스는 몇 가지 비극적인 설명을 이에 덧붙였는데, 그리스도교도들 중 일부는 문자 그대로 신의 제단에서 희생되었다고 한다.

[57] 카파도키아의 게오르기우스의 삶과 죽음에 대해서는 암미아누스, 나지안주스의 그레고리우스, 에피파니우스 등이 서술했다. 그중 두 성인의 악담은 냉정하고 공정한 이교도의 증언이 뒷받침되지 않았다면 그다지 믿을 만한 것이 못 되었을 것이다.

을 수 없었다. 명예를 버리고 재산을 구한 결과가 된 이 불명예스러운 사건 이후, 그는 진심인지 위장인지 알 수 없으나 아리우스주의자가 되었다. 학문에 대한 애정 때문이었는지 겉치레였는지, 그는 역사·수사학·철학·신학에 관한 귀중한 책들을 수집했다. 그리하여 당시 위세를 떨치던 이 교파가 카파도키아의 게오르기우스를 아타나시우스가 있던 주교 자리에 올리기에 이르렀다. 이 새로운 대주교의 등장은 야만인 정복자가 나타난 것이나 다름없었으니, 그의 재위 기간은 온통 잔학 행위와 탐욕으로 얼룩졌다. 알렉산드리아와 이집트의 가톨릭 교도들은 태생으로 보나 교육 정도로 보나 가혹한 박해를 행하고도 남을 폭군의 손에 떨어져서, 게오르기우스의 교구에 거주하는 이상 누구도 그의 박해를 피해 갈 수 없는 처지가 되었다. 이 이집트의 수석 대주교는 높은 지위에 올라 화려하게 꾸미고 거만을 떨면서도 비열하고 천박한 혈통이 지닌 악덕을 숨기지는 못했다. 그는 초석, 소금, 종이, 장례 등 온갖 분야들을 부당한 방법으로 광범위하게 독점하여 알렉산드리아의 상인들을 빈곤에 빠뜨렸다. 명색은 위대한 영적 아버지라고 하면서 뒤로는 밀고자를 쓰는 등 상스럽고 간악한 술수를 서슴지 않았다. 그는 이집트 왕조의 건립자가 후계자인 프톨레마이오스와 로마 황제들에게 토지의 영구 소유권을 양도했다는 진부한 주장을 바탕으로 도시의 모든 집에 세금을 부과하기까지 했으니, 알렉산드리아인들로서는 용서할 수도 잊을 수도 없는 일이었다. 이교도들은 자유와 관용을 얻을 희망에 현혹되어 그의 끝없는 탐욕을 부추겼다. 알렉산드리아의 화려한 신전들은 위협적인 목소리로 "이런 무덤 따위가 얼마나 갈 성싶으냐?"라고 고래고래 외치는 이 오만한 성직자에 의해 약탈당하고 모욕당했다. 콘스탄티우스 치하에서 그는 민중의 분노에 의해, 아니

그보다는 정의에 의해 추방되기도 했다. 그러나 곧 국가의 정치적·군사적 권력을 총동원하여 민중의 폭력적인 저항을 물리치고 권위를 회복하여 복수를 자행했다. 그러던 중 율리아누스의 즉위는 대주교의 몰락을 뜻했다. 게오르기우스는 자신의 비위를 누구보다도 잘 맞췄던 두 신하, 디오도루스와 조폐국 관리인 드라콘티우스와 함께 수치스럽게도 사슬에 묶여 감옥에 갇히는 몸이 되었다. 그리고 24일이 지난 어느 날 장황하게 진행되는 심판 절차에 참을 수 없었던 군중들이 분노에 차서 감옥 문을 강제로 열어 젖혔다. 신과 인간의 공동 적이라 할 이들은 성난 군중의 잔인한 모욕 아래 숨을 거두었으며, 숨이 끊어진 몸뚱이는 낙타 등에 태워져 온 거리로 끌려 다녔다. 한편 아타나시우스파는 이에 대해 아무런 행동도 취하지 않음으로써 오히려 복음서가 설파하는 인내심을 보여 준 좋은 본보기라며 칭송받았다. 이 악한들의 유해는 바다에 던져졌다. 이 소요의 주모자들은 그리스도교도들의 신앙심을 꺾어 놓을 것이며, 종교적 적대파에게 처벌받은 자들이 나중에 순교자의 영예를 누리게 되는 일이 없도록 하겠다고 선언했다.58 이러한 이교도들의 우려는 당연했으나, 이는 미리 경계한다고 될 일이 아니었다. 이 대주교의 죽음은 생전에 그가 저지른 온갖 악독한 행적을 다 지워 버렸다. 그가 아타나시우스의 적수였다는 점만으로도 아리우스파에게는 소중하고 신성한 존재였을 뿐 아니라, 아리우스파 신도들의 개종으로 가톨릭 교회에까지 그에 대한 숭배가 유입되었다.59 그 결과 이 혐오스러운 이방인은 때와 장소를 잘 만난 덕에 순교자, 성인, 그리스도교 영웅의 가면을 쓰게 되었고,60 악명 높던 카파도키아의 게오르기우스는

서기 361년 12월, 군중들에게 살육당한 게오르기우스

성인과 순교자로 숭배된 게오르기우스

58 에피파니우스는 아리우스파에게 게오르기우스가 순교자가 아니었다는 사실을 증명했다.

59 일부 도나투스파들과 프리스킬리아파들은 가톨릭 성자들과 순교자들의 명예가 더럽혀졌다는 태도를 취했다.

60 카파도키아의 성인인 바실리우스와 그레고리우스는 이 동료 성자에 대해 전혀 알지 못했다. 성 게오르기우스를 인정한 최초의 가톨릭교도는 교황 겔라시우스로, 그를 순교자의 반열에 올려놓았다. 그는 자신의 판정이 이교도들이 꾸며 낸 것이라며 부인했다. 그 가짜 판정들 중 일부는 아직도 여전히 남아 있으며, 온갖 허구가 난무하는 속에서 카파도키아의 성 게오르기우스가 알렉산드라 여왕 시절 마법사 아타나시우스에 대항하여 벌인 싸움에 대한 이야기를 찾을 수 있다.

[61] 6세기경부터 시작된 성 게오르기우스 숭배의 기이한 역사는 헤일린(Heylin)과 볼란드파들의 기록에서 찾을 수 있다. 유럽, 특히 영국에서의 그의 명성과 인기는 십자군 원정 때부터 시작되었다.

[62] 이러한 둔갑은 절대적으로 확실하게 일어나는 것이 아니라, 매우 그럼직하게 일어난다.

무기와 기사도의 수호 성인으로 명성 높은 영국의 성 조지[61]로 둔갑했다.[62]

율리아누스가 알렉산드리아의 소요 사건에 대해 보고받았을 무렵, 그는 에데사에서 아리우스파 중 거만하고 부유한 한 교파가 발렌티니아누스파의 약세를 빌미 삼아 모욕을 주고, 기강이 잡힌 국가에서라면 처벌받아 마땅할 소란을 일으켰다는 첩보를 받은 참이었다. 격분한 황제는 법의 심판을 기다릴 여유도 없이 에데사의 행정관들에게 교회의 모든 재산을 몰수하여 돈은 병사들에게 분배하고 땅은 국가에 귀속시키라는 명을 내렸다. 다음과 같은 황제의 냉소적 태도는 이 조치를 더욱 신랄하게 만들었다.

짐이 갈리레아인들의 참된 벗임을 보여 주겠노라. 경탄해 마지않을 그들의 법은 빈자들에게 천상의 왕국을 약속했으니, 모름지기 짐의 도움으로 현세에서 소유의 무거운 짐을 벗고 덕과 구원의 길로 나아가야 할 것이다.

군주는 더욱 진지한 어조로 말을 이었다.

그대들이 짐의 인내심과 자비심을 어떻게 시험했는지 잘 보라. 이런 소란이 계속된다면 행정관들에게 대중이 저지른 범죄에 대한 책임을 묻겠노라. 그러니 그대들은 몰수와 추방뿐 아니라, 불과 검 또한 마땅히 두려워해야 할 것이니라.

알렉산드리아의 폭동은 의심할 필요 없이 이보다 더 잔혹하고 위험했으나, 율리아누스에게는 그리스도교 주교 한 명이 이교도들의 손에 죽은 사건에 불과했다. 율리아누스의 공개 서한은 그의 편파적인 통치 행태를 보여 주는 생생한 증거이다. 알렉산드리아 시민들에 대한 그의 질책에는 존중심과 애정의 표현이 뒤섞여 있었으며, 질책이라고 해 봤자 그들의 그리스 혈통다운 점잖고 관대한 태도에서 벗어난 행동이었다며 애석해하는 정도였다. 그는 정의와 자비에 반하는 범죄를 엄숙하게 비판하면서도, 그렇게 오랫동안 알렉산드리아 시민들이 게오르기우스의 불경스러운 폭정을 견디느라고 얼마나 힘들었겠냐고 동정을 금치 못했다. 율리아누스는 현명하고 강력한 정부라면 대중의 무례함을 처벌해야 한다는 원칙을 인정하면서도, 그들의 시조인 알렉산드로스와 수호신인 사라피스를 생각하면서 이 도시가 지은 죄에 자비로운 사면을 베풀고자 했다. 그는 이 도시에 대해 또 한번 형제의 정을 느꼈던 것이다.

알렉산드리아의 폭동이 가라앉은 후, 아타나시우스는 대중의 환호 속에서 신경 쓸 가치도 없는 그의 경쟁자(게오르기우스)가 위신을 떨어뜨렸던 그 자리에 복귀했다. 이때 대주교는 신중한 태도로 권력을 행사함으로써 대중을 흥분시키기보다는 진정시키고자 노력했다. 성직자로서의 그의 활동 역시 이집트의 좁은 범위 안에 국한되지 않았다. 적극적인 정신의 소유자인 그의 주된 관심사는 그리스도교 세계가 현재 처한 상태였다. 그는 나이로 보나 그간의 업적으로 보나 명성으로 보나 위험한 시기에 영적 지도자라는 중책을 맡을 자격이 충분했다. 서로마 주교들 대다수가 리미니 공의회의 신조에 서명한 지 채 3년도 지나지 않았을 때였다. 그들은 회개하기도 하고 믿음을 재차 다지기도 했지만, 이 정통파 형제들의 지나친 엄격함을 두려워했다. 사실 신앙보다 자존심을 먼저 생각했더라면 그들을 미천한 평신도의 지위로 격하시킬 공개 참회의 치욕을 피해

서기 362년 2월, 아타나시우스의 복권

63 여기서는 한가하게 카글리아리의 루시페르의 맹목적인 완고함에 대해 언급할 틈이 없다. 티유몽의 글을 참조할 것. 그리고 그가 종파 분립론자가 되면서 이야기의 분위기가 어떻게 서서히 바뀌어 가는지 관찰해 보아도 좋다.

아리우스파의 품에 몸을 던졌을 것이다. 거의 같은 무렵에 가톨릭 신학자들 사이에서는 신격에 관한 견해차로 인한 논쟁이 뜨겁게 일어나고 있었는데, 이 형이상학적인 논쟁이 진행되면서 그리스 교회와 라틴 교회들은 회복할 수 없을 만큼 분열될 위험에 빠졌다. 이에 대처하기 위해 특별 종교 회의가 열렸는데, 여기에 아타나시우스가 참석함으로써 전체 회의에 버금갈 권위를 갖게 되었다. 이 회의 결과 경솔하게 과오를 저질렀던 주교들도 니케아 신조에 서명만 하면 과거의 잘못에 대해서 형식적으로나마 인정하거나 신학적 견해를 밝힐 필요조차 없이 교회 종파에 받아 주기로 했다. 이집트 대주교의 충고에 따라 이미 갈리아와 에스파냐, 이탈리아와 그리스의 성직자들도 이 유익한 조치를 받아들일 준비를 했다. 일부 과격한 사제들의 반대에도 불구하고,63 공동의 적에 대한 공포가 그리스도교인들 사이에 평화와 화합을 가져왔다.

서기 362년 10월, 율리아누스의 박해를 받고 추방된 아타나시우스

이집트 대주교는 자신의 능력으로 열성을 다해 평화로운 시기를 일구었으나, 황제의 적대적인 칙령이 발포되면서 이마저도 끝이 나고 말았다. 그리스도교인들을 멸시했던 율리아누스에게 아타나시우스는 특히 증오의 대상이었다. 율리아누스가 이전에 내렸던 성명의 정신과는 배치되는, 오로지 그를 겨냥해서 임의적인 차별 조치를 취했다. 즉 황제는 갈리레아인들이 대사면을 받고 추방지에서 돌아오기는 했지만, 그들의 교회 소유권까지 회복시킨 것은 아니라고 주장했다. 또한 선대 황제들의 판결에 따라 거듭 단죄당한 죄인이 감히 군주의 명령도 기다리지 않고 법의 권위를 모독하면서 알렉산드리아의 주교직을 차지하고 있는 데 놀라지 않을 수 없다고 했다. 그는 죄라고 할 수도 없는 죄에 대한 벌로 아타나시우스를 또다시

도시에서 추방했다. 그러고는 이 판결이 신앙심 깊은 국민들의 뜻에도 잘 부합될 것이라며 만족했다. 그러나 곧 탄원의 물결이 거세게 일자, 비로소 알렉산드리아 시민의 대부분이 그리스도교인이며, 그들 중 절대 다수가 탄압받는 대주교의 주장을 굳게 지지하고 있다는 사실을 확실히 알게 되었다. 그러나 율리아누스는 추방령의 철회를 고려하기는커녕 오히려 화를 내며 추방령의 범위를 이집트 전역으로 확대시켰다. 대중들의 열정에 율리아누스의 마음은 더욱 차갑게 굳었다. 게다가 이 선동적인 도시에 대담하고 인기 있는 지도자를 남겨 놓았다가 어떤 위험이 닥칠지 모른다 생각하니 모골이 송연하지 않을 수 없었다. 분노에 찬 그의 어투는 아타나시우스의 용기와 능력에 대한 그의 생각을 잘 보여 준다. 이집트 총독인 엑디키우스는 신중을 기하느라고 그랬는지 아니면 태만한 성격 탓이었는지 선고의 실행을 계속 늦추다가 결국은 황제의 혹독한 책망을 받고서야 정신을 차렸다. 율리아누스는 그에게 이렇게 말했다.

그대가 다른 문제에 대해서라면 짐에게 보고하기를 게을리 하더라도 개의치 않겠지만 적어도 신들의 적인 아타나시우스에 대해 어떤 조치를 취했는가에 대해서만은 알릴 의무가 있다. 짐은 이미 오래전에 짐의 의도를 그대에게 전했다. 위대한 사라피스 신께 맹세코, 그믐달 초하루까지도 아타나시우스가 알렉산드리아, 아니 이집트를 떠나지 않는다면, 그대의 관료들은 금 100파운드의 벌금을 바쳐야 한다. 그대는 짐의 성정을 잘 알 것이다. 나는 꾸짖을 때도 서두르지 않지만, 용서할 때는 훨씬 더 신중하느니라.

이 서신에는 강조하기 위함이었는지 황제의 친필로 쓰여진

64 아타나시우스에 관한 자신의 의도와 행동을 밝힌 율리아누스의 서신 세 통은 연대기적 순서에 따라 26, 10, 6으로 배열되어야 한다.

짧은 추신이 있었다.

모든 신들에게 가해진 모욕은 짐의 마음을 분노와 슬픔으로 채우고 있도다. 아타나시우스의 추방보다 더 기쁜 소식은 없을 것이다. 발칙하기 그지없는 놈! 짐의 통치하에서 고명한 그리스 귀부인 여럿이 세례를 받은 것도 다 그가 괴롭혔기 때문이다.

이때 율리아누스가 아타나시우스를 죽이라고 분명하게 명령한 것은 아니었으나, 이집트 총독은 성난 군주의 명령을 무시하기보다는 좀 더 적극적으로 실행하는 편이 안전하다고 생각했다. 그러나 대주교는 빈틈없는 사람이었던지라 사막의 수도원에 조심스럽게 몸을 숨김으로써 적의 덫을 피하는 데 성공했다. 황제는 갈리레아인들에 대한 모든 적의를 아타나시우스 한 사람에게 돌렸다고까지 공언했으나, 결국 그가 황제보다 오래 살아남아 승리를 누렸다.[64]

그리스도교도들의
열정과 무분별

지금까지 율리아누스가 직접적으로 범죄 행위를 저지르거나 박해를 가했다는 비난을 받지 않고서도 충분한 효과를 얻기 위해 어떤 교묘한 수단들을 사용했는가를 충실히 보여 주고자 했다. 그러나 광신의 치명적인 영향이 덕망 높은 군주의 정신과 이성을 그릇된 길로 이끌었다면, 이와 동시에 그리스도교인들이 겪었던 수난 역시 실제보다 과장된 면이 있다는 점을 인정해야 한다. 복음서에 나오는 초기 사도들의 특징이라고 할 유순함과 인종의 미덕은 후세인들에게는 반드시 따라야 할 모범이라기보다는 그저 찬사의 대상일 뿐이었다. 그리스도교인들은 이제껏 40년간 제국의 민정과 성직을 독점해 온 결과, 번영이 가져온 오만한 악덕에 물들어 성자들만이 지상을 통치할 자격이 있다고 믿게 되었다. 그들은 콘스탄티누스가 베풀어 준 성직자의 특권을 율리아누스가 모두 박탈해 버리자 잔인하기 짝이 없는 탄압이라고 불평했다. 우상 숭배자들과 이단자들의 꼴을 보고도 참아야 한다는 것이 정통파에게는 슬픔이고 치욕이었다. 종교적 열정에 들뜬 자들은 관리들이 더 이상 묵인해 주지 않는데도 여전히 폭력을 행사했다. 페시누스에서는 황제 앞임에도 불구하고 키벨레의 제단이 거의 뒤집힐 뻔했고, 카파도키아의 카이사레아에서는 이교도들에게 남겨진 유일한 예배 장소였던 행운의 여신의 신전이 성난 대중의 폭동으로 파괴되었다. 이럴 때마다 황제는 신들의 명예가 더럽혀진 데 대해 슬퍼하면서도 정의의 원칙을 버리지는 않았다. 그러나 선동꾼으로 처벌을 받아 마땅할 광신도들이 순교자로서의 영광을 누리게 될 것을 생각하면 그의 마음은 분노로 타올랐다. 율리아누스의 국민들 중 그리스도교인들은 자신들의 군주가 적대적인 의도를 품고 있다고 확신했으므로, 이를 경계한 나머지 그의 통치를 둘러싸고 이루어지는 일마다 불만과 의혹을 가졌다. 국민의 대다수를 차지하는 그리스도교인들 중 정상적인 법 집행에 따른다면 처벌받아야 할 자들이 수도 없이 많았지만, 그리스도교 관리들은 방약무도하게도 판결의 근거는 따져 볼 생각도 하지 않고 무조건 그들의 무죄를 인정하고 항의를 받아 주면서, 황제가 종교적 박해를 가하려는 편파적인 악의에서 가혹한 판결을 내렸다고 주장했다.65 그리고 그들은 지금의 견디기 힘든 이런 고난도 앞으로 닥칠 재난에 비하면 별것 아닌 서곡에 불과하다고 믿었다. 그리스도교인들은 율리아누스를 잔인하고 간교한 폭군이라 믿었으므로, 그가 페르시아 전쟁에서 개선하고 돌아온 이후에 본격적으로 복수를 할 것이라고 생각했다. 그들은 그가 로마의 외적들에게 승리를 거두게 되면 곧바

65 율리아누스는 가자 항, 마이우마에 있는 새로운 그리스도교 도시를 법으로 심판할 것을 결심했다. 그의 판결은 편협한 행동의 소산으로 볼 수도 있겠지만, 후계자들 중 누구도 반대하지 않았다.

66 그레고리우스는 이에 대한 정보를 율리아누스의 가까운 친구로부터 얻었다고 거짓으로 주장했다.

67 그레고리우스의 사임은 참으로 교훈적이다. 그러나 율리아누스의 부하가 나지안주스의 교회를 빼앗으려 시도하다가 주교와 신도들의 열정에 굴복하지 않았더라면 그는 목숨을 잃었을 것이다.

로 진저리나는 위장 가면을 벗어 던질 것이며, 그렇게 되면 로마의 원형극장은 수행자들과 주교들의 피로 강물을 이루고, 신앙을 버리지 않는 그리스도교인들은 자연과 사회로부터 부여받은 은혜를 박탈당할 것으로 예상했다.66 그리하여 그의 반대자들은 공포와 증오심에서 이 배교자 황제의 평판을 더럽힐 온갖 비방과 중상을 무조건 다 믿어 버렸다. 무분별한 소문들은 존경과 아부를 받아 마땅한 자리에 있는 군주의 심기를 거슬렀다. 그들은 불경스러운 황제에 대항할 자신들의 무기라고는 눈물과 기도뿐이며, 폭군의 머리는 분노한 신의 심판에 맡기는 수밖에 없다고 주장했다. 그러나 한편으로는 자신들의 힘이 약해서 복종하고 있는 것은 아니며, 인간의 덕이란 불완전한 만큼 인내를 원칙으로 삼는다 해도 박해가 계속되면 더 이상 참지 않을 수도 있다는 암시를 은근히 내비쳤다. 종교적 열정이 율리아누스의 양식과 인간성을 얼마 만큼 압도했는지 짐작하기는 어려우나, 교회의 힘과 기세를 진지하게 고려해 본다면 황제가 그리스도교를 뿌리뽑기 전에 온 나라가 끔찍한 내전의 참화에 휘말렸으리라는 점만은 확신을 갖고 단언할 수 있다.67

24

THE DECLINE AND FALL
OF THE ROMAN EMPIRE

율리아누스의 안티오크 체류 · 성공적인 페르시아 원정 · 티그리스 강 도하 · 율리아누스의 퇴각과 사망 · 요비아누스의 추대 · 굴욕적인 강화 조약으로 로마군을 구하다

율리아누스가 『황제들의 경연』이라는 제목으로 쓴 철학적인 우화는 고대의 풍자물 중에서도 가장 유쾌하고 교훈적인 작품 중 하나로 손꼽을 만하다.[1] 자유와 평등을 외치는 함성이 드높은 사투르날리아 축제에 로물루스는 그를 동료로 택해 준 올림푸스의 신들과, 호전적인 국민들과 정복한 국가들을 잘 다스려 준 역대 로마 황제들에게 감사를 전하기 위해 향연을 준비했다. 신들은 지위와 서열에 따라 제각기 자리가 정해졌고, 황제들의 식탁은 달 아래 공중에 차려졌다. 그리고 신과 인간의 만남을 더럽힐지도 모를 폭군들은 무자비한 복수의 여신 네메시스의 손에 의해 지옥의 나락 속에 처박혔다. 나머지 황제들도 줄을 지어 자기 자리로 나왔다. 그들이 지나갈 때, 냉소적이며 나이 많은 도학자(道學者)인 실레누스가 바쿠스 신의 가면을 쓰고 철학자의 지혜를 숨긴 채 역대 황제들의 성격 속에 숨은 악덕과 결점을 심술궂게 꼬집어 냈다.[2] 축제가 끝나자마자 메르쿠리우스가 가장 훌륭한 공덕의 소유자에게 천상의

[1] 스판하임(Spanheim)은 그의 책 서문에서 비극 이후 공연되었던 극작품인 그리스 풍자극의 어원, 기원, 유사성과 차이점, 그리고 라틴 풍자극과 시나 산문으로 된 잡문들에 대해 깊이 있게 논했다. 그러나 율리아누스의 작품은 이 비평가로서도 어느 범주에 넣어야 할지 혼란을 느꼈을 것이다.

[2] 실레누스의 이러한 복합적인 인물상은 베르길리우스의 여섯 번째 목가에 잘 그려져 있다.

왕관을 내리겠다는 유피테르의 뜻을 널리 알렸다. 율리우스 카이사르, 아우구스투스, 트라야누스, 마르쿠스 아우렐리우스가 가장 유력한 후보자로 선택되었다. 콘스탄티누스 대제도 이 명예로운 경쟁에 끼었으며,3 알렉산드로스 대왕도 로마의 영웅들과 영광스러운 상을 겨루기 위해 초대되었다. 후보자들은 저마다 질세라 자신의 위업을 과시했으나, 신들이 보기에는 마르쿠스의 겸손한 침묵이 오만한 경쟁자들의 화려한 연설보다 더 호소력 있게 다가왔다. 이 엄격한 판정자들이 역대 황제들에게 행동의 동기까지 세심하게 따지고 들자, 스토아 철학자로서의 풍모를 지닌 마르쿠스의 우월성이 더욱 두드러졌다.4 결국 알렉산드로스, 율리우스, 아우구스투스, 트라야누스, 콘스탄티누스는 얼굴을 붉히면서 명성이나 권력, 또는 쾌락이 자신들의 진짜 목표였다고 인정하지 않을 수 없었다. 신들은 왕좌에 앉아 있으면서도 철학의 가르침을 실천에 옮겼을 뿐 아니라, 불완전한 인간이면서도 신성이 지닌 도덕성을 따르고자 했던 고결한 인간 마르쿠스를 경의와 애정의 눈으로 바라보았다. 이러한 내용의 이 유쾌한 작품은 저자가 높은 지위와 신분을 지닌 사람이라는 점 때문에 한층 더 높이 평가되고 있다. 황제는 선임자들의 악덕과 미덕을 자유로이 묘사하면서, 매 행마다 자신의 행동에 대한 비판과 평가도 병행하고 있다.

3 공정한 독자라면 누구라도 숙부 콘스탄티누스와 그리스도교에 대한 율리아누스의 편파적인 태도를 알아차리고 비난할 것이다. 이런 경우 해석자로서는 더 신성한 대의를 위해 평소의 충성심을 접고 작가로서의 명분도 버리지 않을 수 없다.

4 율리아누스는 겉으로 드러내진 않았지만 로마인보다 그리스인을 더 좋아하는 편이었다. 영웅과 철학자를 놓고 진지하게 비교해 보면, 알렉산드로스보다는 소크라테스에게 인류가 훨씬 더 큰 은혜를 입었다고 생각했다.

서기 362년, 페르시아로 진군을 결정한 율리아누스

마음을 차분하게 하고 심사숙고하는 순간에는 율리아누스 역시 마르쿠스 아우렐리우스의 실용적이고 자애로운 덕성이 마음에 들었지만, 그의 야심만만한 기백은 알렉산드로스의 영광에 좀 더 이끌렸다. 그는 현자들의 존경과 대중의 갈채를 다 같이 누리고 싶었다. 게다가 그는 이제 막 인생의 절정기를 맞아 몸과 마음에 활력이 넘쳐 있었다. 그리하여 게르만 전쟁의 성공을 통해 얻은 경험과 자신감을 바탕으로 좀 더 영광스럽고 기억될 만한 업적을 거두어 자신의 치세를 드높이고 싶다는 포부를 품었다. 당시 동방의 인도 대륙과 실론 섬에서는 사절단을 보내[5] 로마의 황제에게 공손하게 예를 바쳤다.[6] 서방의 국가들 또한 평화시에나 전시에나 율리아누스가 보여 준 재능들을 우러르는 한편 두려워하기도 했다. 그에게는 고트족에게서 얻은 승리 따위는 우스울 정도였고, 도나우 강 연안의 탐욕스러운 야만족들은 그의 이름만 들어도 공포에 떨 지경이었다. 또한 트라키아와 일리리쿰의 국경선에 추가로 요새를 쌓아 방어를 강화해 두었으므로, 그곳의 여러 민족들이 다시는 조약을 어길 마음을 먹지 못할 것이라는 기대에 흡족해 하고 있었다. 그러니 이제 그가 무력을 겨룰 유일한 경쟁자로는 키루스와 아르타크세르크세스 1세의 후계자뿐이었다. 율리아누스는 마지막으로 페르시아를 정벌하여 오랫동안 로마 제국의 위엄에 저항하며 모욕해 온 이 오만한 나라를 징벌하기로 마음먹었다.[7] 한편 페르시아의 군주는 콘스탄티우스의 왕좌가 아주 다른 성격의 황제에게로 넘어갔다는 소식을 듣자 곧바로 평화 협상을 맺기 위한 교묘하고도 진지한 교섭에 들어갔다. 그러나 곧 샤푸르의 자만심은 여지없이 짓밟혔다. 율리아누스는 메소포타미아의 도시들이 화염에 휩싸이고 폐허가 된 마당에 평화 협상 개최는 말도 안 되는 얘기라며, 이에 덧붙여 황제 자신이 몸소 페르시아의 궁정을 속히 찾아갈 계획이니 굳이 사절을 보내어 교섭할 필요도 없다고 했다. 성미 급한 황제는 전쟁 준비를 부지런히 독려했다. 이 중대사를 위해 장군들이 임명되었고 방대한 규모의 군대가 조직되었다. 율리아누스는 콘스탄티노플에서 행군을 시작하여 소아시아의 속주들을 거쳐 그의 전임자가 죽은 지 약 8개월 만에 안티오크에 도착했다. 율리아누스는 한

[5] 이 섬의 이름은 타프로바나 세렌디브, 실론으로 계속 바뀌었는데, 이는 코모린 곶 동쪽의 바다와 섬들에 대한 로마인들의 지식이 얼마나 불완전했는지를 보여 준다. 1. 클라우디우스 시대에 한 자유민이 우연히 바람에 휘말려 이 미지의 해변에 닿은 적이 있었다. 그는 원주민들과 6개월 동안 지냈는데, 실론의 왕이 로마의 힘과 정의에 대해 처음으로 듣고서 황제에게 사절을 보낼 생각을 하게 되었다고 한다. 2. 한 지리학자는 이 신세계의 크기를 열다섯 배 이상이나 과장하여 그 크기가 적도와 중국 부근까지 미쳤다고 했다.

[6] 이 사절들은 콘스탄티우스를 접견하러 온 사람들이었다. 암미아누스는 신중함을 잃고 아부에 정신이 팔려, 길이 얼마나 멀었고 율리아누스의 통치 기간은 얼마나 짧았었는지 잊어 버린 것이 틀림없다.

[7] 알렉산드로스는 아시아인들이 거둔 승리의 명성과 업적을 업신여기는 카이사르에게 크라수스와 안토니우스가 페르시아의 화살에 패배를 맛보았고, 300년에 걸친 전쟁에서도 로마인들이 메소포타미아나 아시리아의 속주 하나도 정복하지 못했음을 일깨워 주었다.

8 율리아누스의 풍자와 성 크리소스토무스의 설교는 안티오크에 대해 같은 의견을 전하고 있다.

9 라오디케아는 전차를 모는 전사들에게 필요한 것들을 공급해 주었고, 티레와 베리투스는 희극 배우들을, 카이사레아는 무언극 배우들, 헬리오폴리스는 가수들, 가자는 검투사들, 아스칼론은 레슬링 선수들, 카스타발라는 줄타기 곡예사들을 공급했다.

서기 362년 8월, 콘스탄티노플에서 안티오크로 진군하는 율리아누스

시바삐 페르시아 깊숙이 진군하고 싶었으나, 제국의 재정비가 급선무였으므로 자신의 욕망을 억눌러야 했다. 이교 신들에 대한 예배를 부활시키는 일도 그의 발목을 잡았고, 현명한 측근들 역시 소진한 갈리아 군단의 힘을 회복시키고 동로마 군대의 군율과 기강을 잡으려면 겨울 동안은 시간을 두고 막사에서 야영하는 편이 좋겠다고 충고했다. 율리아누스에 대한 악의로 가득 찬 사람들은 그가 출발을 서둘러도 경멸을 보내고 늦추어도 비난을 퍼부을 테지만, 일단 황제 역시 권고를 받아들여, 이듬해 봄까지는 안티오크에 머물기로 했다.

안티오크 사람들의 방탕한 태도

만약 율리아누스가 동로마 수도와의 개인적인 관계 덕분에 시민들과 잘 지낼 수 있으리라고 스스로 믿었다면 자기 자신의 성격이나 안티오크의 분위기를 크게 잘못 파악한 것이다.[8] 따뜻한 기후 덕에 안티오크의 토박이들은 평온함과 부유함만을 좇는 생활에 빠지기 쉬웠으며, 그리스인들의 생기발랄한 방종함은 시리아인들의 타고난 온유함과 잘 융합되었다. 안티오크의 시민들에게는 유행만이 유일한 법이었고 쾌락만이 목표였으며, 의복과 가구의 화려함만이 서로를 평가하는 기준이었다. 온갖 기교를 부린 사치가 높이 평가되었고, 진지하고 남성다운 미덕들은 조롱거리일 뿐이었다. 여성의 정숙함과 경건한 원로들을 경멸하는 풍조에서 이 동방의 수도에 만연한 타락상을 엿볼 수 있었다. 게다가 구경거리에 대한 탐닉은 시리아인들에게는 취미를 넘어 열정에 가까웠으므로, 가장 솜씨가 뛰어난 예인들을 인근 도시들로부터 데려왔고,[9] 국고의 상당액을 대중의 오락거리에 쏟아 부었다. 극장과 원형경기장에서

벌어지는 화려한 경기들은 안티오크의 기쁨이자 자랑이었다. 따라서 이러한 기쁨과 자랑을 하찮게만 여기고 즐길 줄 모르는 황제의 촌스러운 태도는 섬세한 취향을 지닌 안티오크 시민들의 혐오감을 불러일으켰다. 여성적인 취향을 지닌 동로마인들로서는 율리아누스가 늘상 자랑하곤 하는 꾸밈없는 검소함을 도저히 흉내 낼 수도 없고 칭찬할 수도 없었다. 율리아누스가 철학자인 척하며 행하는 엄격함을 벗어 버리는 날이라고는 고대의 관습에 따라 신들의 영광에 바치는 축제일뿐이었지만, 안티오크의 시리아인들에게는 그 축제일이 유일하게 쾌락의 유혹을 거부할 수 있는 기간이었다. 대다수의 시민들은 선조들이 처음으로 만들어 낸 그리스도라는 이름의 영광은 인정했으며,10 도덕적 계율은 따르지 않아도 그리스도교의 추상적인 교의에는 철저히 집착했다. 안티오크의 교회는 이단과 분파의 난립으로 어지러웠으나, 아리우스파와 아타나시우스파, 멜레티우스와 파울리누스11의 추종자들 모두가 공동의 적에 대해서는 신성한 증오로 일치단결했다.

그들은 여러 다양한 교파들의 애정을 한몸에 받았던 황제의 적이자 후계자인 이 배교자에 대한 적대감으로 불타고 있었으므로, 그가 성 바빌라스의 유해를 이장한 일은 불에 기름을 부은 꼴이 되었다. 게다가 국민들은 미신적인 분노에 싸여 안티오크의 기근이 콘스탄티노플에서 안티오크까지 황제의 발걸음을 좇아 들어왔다고 불만을 터뜨렸다. 황제가 굶주린 자들의 불만을 덜어 준답시고 취한 분별없는 조치는 사태를 더욱 악화시켰다. 궂은 날씨 탓에 시리아의 작황이 나빠진 결과, 안티오크 시장의 빵 가격이12 곡물 품귀 현상에 비례하여 상

율리아누스를 혐오하는 안티오크 사람들

곡물 부족과 대중의 불만

10 안티오크 시민들은 그리스도와 콘스탄티우스에 대한 애정을 공공연히 표명했다.

11 안티오크의 분열은 80년간이나 지속되었는데(서기 330~415년), 율리아누스가 이 도시에 거주하고 있을 때, 파울리누스가 경솔하게 성직을 내린 일이 발단이 되었다.

12 율리아누스는 곡물량의 수급 상황에 따라 금화 한 닢 당 5, 10, 15모디우스로 비율을 각각 달리하도록 지시했다. 이 사실과 몇몇 부차적인 예를 통해 콘스탄티누스의 후계자들 시대에 밀의 적정 가격은 영국식으로 따지면 1쿼터에 약 25실링 정도였다는 결론을 내릴 수 있다. 이는 금세기 초 64년간의 평균 가격과 맞먹는다.

승했다. 더군다나 탐욕스러운 술수까지 부려 독점하는 자들이 생겨나면서 공정하고 합리적인 가격 상승 비율이 깨지는 현상이 일어났다. 토지에서 수확된 생산물을 한쪽에서는 독점적으로 소유하고, 다른 한쪽에서는 이윤을 위한 거래 대상으로 이용하였다. 이와 같이 불공정한 경쟁 속에서도 소비자들은 필사적으로 양식을 구해야 했으므로 중간 거래상들 역시 힘없는 소비자들로부터 이익을 축적할 수 있었다. 조바심과 불안으로 대중의 고통은 더욱 심해져 갔고, 식량 품귀 현상은 점차 기근의 양상으로 번져 갔다. 사치를 일삼던 안티오크 시민들이 가금류와 생선 가격에 대해 불평하자, 율리아누스는 검소한 도시라면 마땅히 일정량의 포도주, 기름, 빵만으로도 만족할 줄 알아야 한다고 꾸짖었다. 그러면서도 그 역시 군주로서 자신의 국민들이 생계를 유지하도록 도와 줄 의무가 있음을 인정했다. 그리하여 매우 위험하고도 효과조차 의심스러운 수단인 법으로 곡물 가격을 고정하는 조치를 과감하게 취했다. 그는 곡물이 귀해진 이때에 풍작인 해에도 들어 보지 못한 낮은 가격에 곡물을 매매하도록 하는 법률을 정했다. 그러고는 법률의 효과를 높이고자 스스로 모범을 보여 히에라폴리스, 칼키스, 심지어 이집트의 곡창 지대에까지 영을 내려 곡식 42만 2000모디우스를 끌어 모아 시장에 풀었다. 예상했던 결과는 금세 현실로 나타났다. 황제의 밀은 부유한 상인들이 매점해 버렸고, 토지나 곡물 소유주들은 도시에서 평소 이루어지던 공급마저도 중단했다. 시장에 나온 소량의 양곡은 비밀리에 훨씬 높은 암거래 가격에 팔렸다. 그러나 율리아누스는 여전히 사정도 모른 채 자신이 취한 조치에 만족하여, 국민들의 불만은 높아 가는데도 은혜를 모르는 자들의 투정쯤으로만 여겼다. 이렇게 되자 안티오크 시민들은 그가 형 갈루스의 잔인한 성격까지는 아니라도 적어도 고집스러운 기질은 물려받았다고 생각했다. 이런 마당이니 시 원로원의 간언도 그의 완고한 자세를 더 굳힐 뿐 아무 소용이 없었다. 그는 지주들이나 상업에 관련된 자들로 이루어진 안티오크 원로원 의원들이야말로 국가의 재난에 원인을 제공한 자들이라고 확신했기 때문에, 그들이 올린 무례하고 대담한 간언도 공적인 의무감이 아니라 사리사욕을 채우려는 동기에서 나온 것이라고 판단했다. 아마도 황제의 추측은 사실이었던 것 같다. 시민들 중에서도 가장 신분이 높고 부유한 자들 200여 명으로 구성된 원로원 전체가 삼엄한 경비하에 감옥으로 보내졌다. 그들은 밤이 다 가기 전에 귀가를 허락받았지만, 그처럼 쉽게 용서를 내린 황제 자신은 시민들의 용서를 얻지 못했다. 불만을 일으켰던 원인은 계속해서 똑같은 불평의 주제가 되면서 재치 있지만 경박스러운 시리아의 그리스인들의 입에 끊임없이 오르내렸다. 사투르날리아 축제 기간 중 도시의 거리마다 황제의 법과 종교, 개인적 품행, 심지어 턱수염까지 조롱하는 내용의 오만방자한 노래들이 울려 퍼졌다. 그러나 관리들은 이를 묵인하고, 대중들은 이러한 관리들에게 갈채를 보냈으니 안티오크의 분위기가 어땠었는지 알고도 남을 만하다.[13] 황제는 자칭 소크라테스의 사도였기에 대중의 이러한 모욕에 깊은 충격을 받은데다, 예민한 감수성에 절대 권력까지 소유한 자임에도 불구하고 복수로 분을 달랠 생각은 하지 않았다. 그가 폭군이었다면 신분을 막론하고 안티오크 시민들의 생명과 재산을 빼앗아 버렸을 것이며, 그랬다면 나약한 시리아인들로서는 황제에게 충성하는 갈리아 군단의 탐욕과 잔인성을 묵묵히 참아 내는 수밖에 없었을 것이다. 설사 좀 더 관대했다 하더라도 동로마의 수도로서 누리던 영예와 특권들을 박탈당했을 것이며, 율리아누스의 대신들뿐 아니라 국민들까지도 이

[13] 리바니우스는 마치 능란한 변호인처럼 몇몇 신원 불명의 술주정뱅이들 때문에 고통받은 사람들의 어리석음을 맹렬히 비난했다.

14 리바니우스는 안티오크 시민들에게 최근에 카이사레아가 응징을 받은 사실을 일깨워 주었다. 율리아누스조차 타렌툼이 로마의 사절단에 모욕을 가했다가 얼마나 혹독한 사죄를 해야 했는지를 은근히 흘렸다.

15 율리아누스의 우아한 야유는 결국 심각하고 노골적인 저주로 바뀌었다.

안티오크를 적대하는 풍자시를 지은 율리아누스

를 공화국 수장으로서의 위엄을 지키는 정의로운 조치로 환영했을 것이다.14 그러나 율리아누스는 사사로운 복수에 국가의 권위를 남용하는 대신 누구에게도 해가 되지 않을 보복 조치를 취하는 정도로 만족했으니, 이러한 방법을 취할 수 있는 군주는 그 외에는 없을 것이다. 그는 풍자와 비방의 글로 모욕을 당했으므로, 이에 대한 보복으로 '수염 혐오자(Misopogon)'라는 제목으로 자신의 결점을 역설적으로 고백하는 한편, 안티오크의 방탕하고 유약한 관습을 통렬히 풍자하는 글을 지었던 것이다. 황제의 이 회답문은 왕궁 문 앞에 공개적으로 내걸렸다. 「수염 혐오자」는 지금까지도 율리아누스의 분노와 기지, 자비심, 경솔함을 보여 주는 특이한 기념물로 남아 있다. 그는 이렇게 글로써 웃어넘기려고 했지만 안티오크 시민들을 쉽게 용서할 수는 없었다.15 그는 이런 시민들에게 어울린다고 생각되는 총독을 임명함으로써 안티오크 시민들에게 경멸을 보내는 한편 복수심을 만족시킬 수 있었다. 황제는 이 배은망덕한 도시를 영원히 버리고 다음 겨울은 시칠리아의 타르수스에서 보내겠다는 결심을 천명했다.

그러나 율리아누스가 보기에 안티오크에도 그 재능과 덕으로 도시 전체의 악덕과 어리석음을 벌충하고도 남을 만한 사람이 한 명 있었다. 바로 철학자 리바니우스가 이 동로마의 수도 출신이었던 것이다. 그는 니케아, 니코메디아, 콘스탄티노플, 아테네에서 수사학과 웅변술을 가르쳤으며, 남은 생을 안티오크에서 보냈다. 그의 학교에는 그리스 젊은이들이 끊임없이 모여들어 제자들의 수가 여든 명이 넘을 때도 있었는데, 한결같이 그들은 자신들의 선생을 비길 데 없는 인물로 칭송했

소피스트 리바니우스

다. 그는 경쟁자들의 질투 때문에 이 도시 저 도시로 옮겨다니기도 했으나, 이는 리바니우스의 재능이 그만큼 뛰어나다는 증거였다. 율리아누스의 개인 교사들은 성급하게도 율리아누스에게 그들의 적인 리바니우스의 강의에 절대 참석하지 않겠다는 약속을 억지로 받아 냈으나, 젊은 율리아누스의 왕성한 호기심을 억누르지는 못했다. 율리아누스는 이 위험스러운 철학자의 저작을 몰래 입수하여 공부한 결과, 리바니우스가 한 집에서 지내며 가르치는 제자들 중 가장 성실한 자들보다도 더 완벽하게 그의 문체를 모방할 수 있을 정도의 수준이 되었다. 율리아누스는 왕좌에 오르자마자 이 타락한 시대에도 그리스의 풍류와 관습, 종교의 순수성을 지켜 온 이 시리아계 철학자에게 상을 내리겠다고 포고했다. 더욱이 이 철학자가 조심스럽게 내비치는 자부심은 황제의 호감을 배가하기에 충분했다. 리바니우스는 다른 사람들처럼 앞다투어 콘스탄티노플의 궁정을 찾아가는 대신 안티오크에서 조용히 그의 도착을 기다렸다가, 황제가 초면에 냉정하고 무관심한 태도를 보이자 바로 궁정에서 물러나왔다. 그 후 공식 초청장을 받은 후에야 궁정을 방문했으니, 황제가 국민에게 복종을 명할 수는 있어도 벗으로서의 애정을 얻으려면 황제 스스로가 그만한 가치가 있는 인물이어야 한다는 중요한 가르침을 준 셈이었다. 어느 시대에나 철학자들은[16] 우연히 고귀한 출생으로 얻은 신분과 부를 최소한 경멸하는 척이라도 해야 하며, 자기들 못지않은 정신적인 우월함을 갖춘 자들에 대해서는 존경을 바치는 법이다. 율리아누스는 황제의 자의를 무조건 숭앙하는 부패한 궁정인들의 박수갈채는 멸시했으나, 이 독립적인 정신을 가진 철학자의 솔직한 칭찬과 훈계에는 기뻐해 마지않았다. 그는 율리아누스의 총애를 사양하면서도 그의 인격을 사랑해 주고 명성을 찬양하며 황제

[16] 에우나피우스는 리바니우스가 속주 총독의 명예로운 자리를 철학자의 칭호보다 못하다며 거부했다고 전한다. 평자들은 리바니우스의 서신들 가운데에서도 비슷한 언급을 발견한 바 있다.

17 리바니우스는 2000통 가까이 되는 편지를 남겼으며, 이는 이미 출판되었다. 평자들은 편지들이 날카롭고 우아한 간결성을 갖추었다고 칭찬할지 모르지만, 벤틀리(Bentley)의 말도 틀리지는 않다. "당신은 그 편지들의 공허함 때문에 탁자에 팔을 얹고 있는 몽상적인 현학자와 대화를 나누고 있는 것처럼 느낄 뿐이다."

18 그는 서기 314년에 출생했다. 그는 자기 나이가 76세라고 했는데(서기 390년), 그 이후로도 많은 일을 겪었던 것 같다.

19 안티오크에서 칼키스 지역의 리타르베까지의 길은 언덕과 습지가 많아 대단히 험했다. 로마인들이 안티오크와 유프라테스 연안 지역 사이의 교통에 그렇게 관심이 없었다는 것은 기이한 일이다.

에 대한 기억을 후세를 위해 간직해 주었다. 리바니우스의 방대한 저작들은 지금도 현존하는데, 그중 대부분은 말재주만 갈고 닦은 웅변가의 공허하고 무의미한 글에 불과하다. 자기가 살고 있는 시대는 아랑곳하지 않고 오로지 트로이 전쟁과 아테네 공화국에밖에는 관심이 없는 은둔거사의 저작이라 해야 할 것이다. 그러나 이 안티오크의 철학자도 허공에 뜬 세계에서 가끔은 지상에 내려올 때도 있었다. 그는 다채롭고 세련된 서신 교환을 즐겼고,17 동시대의 미덕들을 찬양하거나 공적·사적 생활에서의 악습들을 대담하게 비판하기도 했다. 또한 율리아누스와 테오도시우스의 당연한 분노에 대해서도 오히려 안티오크 나름의 대의명분을 웅변적으로 변호하기도 했다. 노년이 되면 누구나 소망해 왔던 것들을 잃는 고통을 겪는 법이지만,18 리바니우스는 이에 더하여 자신의 재능을 아낌없이 바쳤던 종교와 학문들이 쇠락하는 모습을 살아서 지켜보아야 하는 불행을 겪었다. 율리아누스의 벗이었던 그는 분노에 차서 그리스도교의 승리를 바라볼 수밖에 없었다. 그의 완고한 마음속에서 현세의 전망은 온통 어두울 뿐이었고, 천상의 광영과 행복에 대해서조차 한 조각의 희망도 가질 수가 없었다.

서기 363년 3월, 유프라테스 강으로 진군한 율리아누스

봄이 오자 율리아누스는 무인다운 조급성에 들떠 출정했다. 그는 다시는 안티오크에 돌아오지 않겠다고 결심하고, 시 경계선까지 황제를 배웅하겠다는 안티오크 원로원들을 경멸과 질책으로 쫓아 버렸다. 이틀간의 고된 행군 끝에19 3일째 되는 날 베로이아(다른 이름으로는 알레포)에 도착했으나, 그곳의 원로원이 거의 다 그리스도교인임을 알고 그는 마음이 몹시 상했다. 그들은 황제에게 형식적으로만 경의를 표하면서 이교 사도의 열정적인 설교를 냉담한 태도로 들었다. 베로이아의 가장

명망 높은 시민 중 한 사람의 아들이 이해관계를 고려해서였는지, 아니면 본심으로 그랬는지 황제의 종교를 받아들였다가 성난 부모로부터 상속권을 박탈당한 일이 있었다. 이에 황제는 아버지와 아들을 불러들였다. 그리고 율리아누스는 그들 사이에 앉아 관용이라는 가르침을 받아들이도록 열심히 설득했으나 성공을 거두지 못했다. 그는 부자의 천륜도, 신하로서의 의무감도 모두 잊은 듯한 연로한 그리스도교인의 무분별한 종교열에 귀를 기울이는 척하며 참아 냈으나, 결국은 괴로워하는 아들에게 몸을 돌리고는 말했다. "네가 아버지를 잃었으니 이제 그의 자리를 대신해 주는 것이 짐의 의무일 것이다." 히에라폴리스에서 약 20마일 정도 떨어진 사이프러스 숲 속에 자리잡은 조그만 도시인 바트나에서는 훨씬 더 호의적인 태도로 황제를 맞이했다. 아폴론과 유피테르를 수호신으로 섬기는 바트나 주민들은 엄숙한 희생 제의도 준비해 놓았다. 그러나 경건하고 진지한 성격의 율리아누스는 시민들의 소란스러운 환호가 거슬렸다. 그는 제단에서 피어오르는 연기가 신앙심보다는 아첨에서 나왔음을 분명히 알 수 있었다. 그렇게 오랜 세월 히에라폴리스를 신성하게 만들어 주었던 고대의 장려한 신전은 이제 더 이상 남아 있지 않았다. 300명이 넘는 신관들의 풍족한 삶을 보장해 주었던 사원의 막대한 부도 이제는 거의 바닥난 지경이었다. 그러나 율리아누스는 이곳에서 그의 벗인 한 철학자를 만나는 기쁨을 누릴 수 있었다. 그는 굳은 신앙심의 소유자였다. 일찍이 콘스탄티우스와 갈루스가 히에라폴리스를 지나갈 일이 있을 때마다 그의 집에 머물면서 여러 차례 집요하게 간청했음에도 불구하고 그 철학자는 자신의 신념을 지켰다. 전쟁 준비로 바쁠 때나, 가까운 지인들에게 보낸 편지에서 보듯 편안히 휴식을 취할 때나 황제의 신앙심은 변함이 없었

20 서로 몇 마일밖에 떨어지지 않은 세 군데의 길이 있었다. 1. 고대인들이 찬양했던 제우그마 2. 근대인들이 많이 이용하는 비르 3. 도시에서 4파라상 정도 떨어진 거리에 있는 멘비그지의 다리.

21 카레(다른 이름으로는 하란)는 시바인들과 아브라함의 오랜 거주지였다. 슐텐스(Schultens)의 지리 자료를 볼 것. 여기에서 시리아와 인근 나라들의 고대와 근대 지리에 대한 동방의 지식을 많이 얻을 수 있다.

다. 율리아누스는 중대하고 힘겨운 전쟁을 목전에 두고 있었으므로 앞으로 다가올 일에 대한 근심 때문에 아무리 사소한 징조라도 놓치지 말고 기록하도록 하였다. 그는 리바니우스에게 우아한 문체로 쓰여진 편지를 보내어 히에라폴리스까지의 여정에 대해 알려 주었는데, 이는 그의 문학적 재능뿐 아니라 안티오크의 철학자에 대한 따스한 애정까지도 보여 준 예라 할 수 있다.

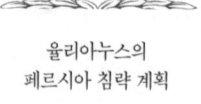

율리아누스의 페르시아 침략 계획

로마군은 유프라테스 강변에 위치한 히에라폴리스를 로마군의 총집결지로 정하고 이곳에 미리 건설해 놓은 선교를 이용해 강을 건넜다.[20] 율리아누스가 역대 황제들과 비슷한 기질이었다면 한 해 중 바쁘고 중요한 이 계절을 사모사타의 경기장이나 에데사의 교회에서 허비해 버렸을 것이다. 그러나 콘스탄티우스가 아니라 알렉산드로스 대왕을 본받고 싶어하는 이 호전적인 황제는 히에라폴리스에서 80마일 정도 떨어진 거리에 있는 메소포타미아의 아주 오래된 도시 카레[21]로 지체없이 출발했다. 율리아누스는 그곳에 도착하자 달의 여신 신전에 참배드리고 싶어했지만, 페르시아 전쟁을 위한 방대한 준비를 마무리하느라고 며칠간의 주둔 기간을 다 보내고 말았다. 이때까지 율리아누스는 진격 계획을 비밀에 붙이고 그의 심중에만 간직하고 있었다. 그러나 카레는 두 개의 대로가 갈라지는 지점이었기 때문에 샤푸르의 영토를 티그리스 강 쪽에서 공격할 것인지 아니면 유프라테스 강 쪽에서 공격할 것인지 결정해야 했다. 황제는 더 이상 자신의 계획을 숨길 수가 없었다. 황제는 친족인 프로코피우스와 이집트의 두크스인 세바스티아누스의 지휘 아래 3만 명의 병사를 파견했다. 그들은 니시비스를 향해 진군하여, 군대가 티그리스 강 도하 작전을 시도하기 전에 적들의 산발적인 습격으로부터 국경 지대를 확보하라는 명령을 받았다. 이후의 작전 지휘는 두 장군들의 재량에 맡겼다. 그러나 율리아누스는 자신이 유프라테스 강변을 따라 비슷한 속도로 행군하여 페르시아 왕국의 수도를 포위할 즈음이면, 그들도 메디아와 아디아베네의 비옥한 땅을 불과 검으로 초토화한 후 크테시폰 성벽 아래 도착하리라고 예상했다. 이처럼 이 작전 계획은 세심하게 짜여졌지만 그 성공 여부는 아르메니아 왕의 적극적인 협조 여하에 상당 부분 달려 있었다. 아르메니아 왕은 자신의 영토를 위험에 노출시키지 않고서도 로마를 원조하기 위해 4000명의 기병과 2만 명의 보병을 보내 줄 수 있었다. 그러나 아르메니아 왕 아르사케스 티라누스는 티리다테스 대제의 남성다운 미덕에는 아버지 호스로우보다도 한참 뒤떨어진 나약한 인물이었다. 이 무기력하고 나약한 군주는 위험을 무릅쓰고 영광을 좇는 일 따위는 딱 질색이었기 때문에, 종교상의 이유도 있고 은혜를 저버릴 수 없다는 그럴듯한 변명을 내세워 소심하고 나태한 자신의 속마음을 감추려 했다. 그는 콘스탄티우스에 대해 깊은 애정을 표했는데, 그가 민정 총독 아블라비우스의 딸인 올림피아스를 아내로 맞을 수 있었던 것은 모두 콘스탄티우스 황제가 주선해 준 덕분이라는 것이었다. 본디 콘스탄스 황제의 아내로 내정되어 교육받아 온 이 여성과의 혼인은 야만족 왕의 권위를 드높여 주었다. 또한 티라누스는 그리스도교도로서 그리스도교 국가를 통치하고 있었다. 따라서 양심상으로나 이해 득실을 따져 보나, 교회의 파멸을 부추길지도 모를 승리를 돕는 일은 할 수 없다는 것이었다. 티라누스는 애초부터 율리아누스 군대를 도울 마음이 없던 차에 율리아누스가 경솔하게도 자신을 그의 노예처럼 다루면서 신들

아르메니아 왕의 불만

의 적으로 취급하자 더욱 격분했다. 황제의 오만하고 위협적인 명령은, 비록 지금은 굴욕적인 종속 상태에 있지만 한때는 동방의 패권을 쥐고 로마에 맞섰던 아르사케스 왕조의 후손임을 아직도 잊지 않고 있는 왕의 마음속에 잠자고 있던 분노를 깨웠다.

군대의 준비

율리아누스는 타고난 군인답게 능숙한 솜씨로 샤푸르의 첩자들을 속여넘겨 샤푸르 왕의 주의를 딴데로 돌려놓았다. 로마 군단은 니시비스와 티그리스를 향해 진군하는 듯 보였다. 그러다가 그들은 갑자기 오른쪽으로 방향을 틀어 카레의 평원을 횡단해서 3일째 되는 날, 유프라테스 강변의 마케도니아 왕들이 세웠던 니케포리움, 다른 이름으로는 칼리니쿰으로 불리는 도시에 도착했다. 거기에서부터 황제는 굽이치는 유프라테스 강의 흐름을 따라 90마일 이상을 행군하여, 마침내 안티오크에서 출발한 지 한 달 만에 로마 영토의 동쪽 끝인 키르케시움의 탑까지 왔다. 사실 율리아누스의 군대는 그때까지 황제들이 페르시아 원정에 동원한 군대 중에서 최대 규모인 6만 5000명 가량의 정예 부대들로 구성되었다. 로마인과 야만족으로 구성된 노련한 보병과 기병 부대들은 각기 다른 속주에서 뽑혀 온 자들이었다. 강인한 갈리아 병사들은 경애하는 군주의 왕좌와 옥체를 지키는 데 충성심을 아끼지 않는 것으로 이미 명성이 드높았다. 막강한 스키타이 용병 부대도 거의 딴 세상이라고 할 만큼 먼 지방에서 그들로서는 이름도 위치도 모르는 머나먼 나라를 치기 위해 이동해 왔다. 사라센 족과 유목 생활을 하는 아랍족들 중 몇몇 부족도 약탈과 전쟁의 유혹에 이끌려 황제의 깃발 아래 모여들었는데, 율리아누스는 이들을 자기의 지휘 아래 두기는 했지만 통상 지급하는 보조금의 지불은 딱 잘라 거절했다. 유프라테스 강의 넓은 수로는 로마의 군사 작전에 참여하거나 물자를 보급하는 1100여 척의 배들로 이루어진 함대로 붐볐다. 함대의 전투력은 50여 척의 갤리선으로 구성되어 있었으며, 그 옆으로는 같은 수의 평저선(平底船)들이 따라붙어 필요한 경우에는 선체를 연결하여 임시 다리 형태를 만들기도 했다. 나머지 배들 중 일부는 목선이고 일부는 생가죽을 씌운 것으로, 여기에는 어마어마한 양의 무기와 여러 장비들, 군량미 등을 실었다. 빈틈없는 성격의 율리아누스는 병사들이 먹을 대량의 식초와 비스킷까지 싣도록 했으나 술을 싣는 것만은 금했으며, 지나치게 많은 수의 낙타를 군대 뒤에 이끌고 가는 것도 엄격하게 금지했다. 키르케시움은 카보라스 강이 유프라테스 강과 합류하는 지점에 위치하고 있었다. 행군의 시작을 알리는 나팔 소리가 울리자마자, 로마군은 적대적인 두 강대

4월, 페르시아 영토에 진입한 율리아누스

국을 가르는 작은 강을 건넜다. 옛적부터 내려오는 군율에 따르자면 그쯤에서 출정 연설을 하는 것이 관례였고, 율리아누스 또한 자신의 웅변술을 과시할 기회를 놓칠 사람이 아니었다. 그는 선조들의 불굴의 용기와 영광스러운 승리들을 예로 들어 군단의 사기를 고무했다. 그는 페르시아인들의 오만함을 생생하게 묘사하여 그들의 분노를 자극하면서, 자신은 이미 로마를 기만해 온 나라를 멸망시키든지 아니면 공화국의 대의를 위해 생명을 바치기로 결심했으니, 자신의 그런 굳은 결심을 따르라고 격려했다. 율리아누스의 웅변은 모든 병사들에게 각각 은 130닢씩을 하사함으로써 그 효과가 배가되었다. 그는 오로지 출정의 성공에 일신의 안위를 맡긴다는 각오를 다지기 위해 카보라스의 다리를 끊어 버렸다. 그러나 황제는 신중을 기하기 위해 적대적인 아랍족의 내습에 항상 노출되어 있는 변경 지대

22 호르미스다스의 모험담들은 몇 가지 허구와 뒤섞여서 전해진다. 그가 장자이며 유복자인 아이의 형제라는 설은 거의 근거가 없고, 암미아누스가 이런 말을 한 것도 본 기억이 없다.

메소포타미아의 사막 지대로 진군하는 율리아누스

의 방비를 굳건하게 다져 놓고 싶었다. 그래서 키르케시움에 4000명의 병력을 잔류시켜, 그 중요한 요새를 지키는 정규 수비대의 병력은 1만여 명에 이르게 되었다.

로마군은 적국에 들어서자마자 행군 대열을 3열 종대로 재편성했다. 사실상 군의 전 병력을 차지하는 보병대는 대장 빅토르의 특별 지휘하에 중앙에 배치되었다. 오른편은 용감무쌍한 네비타가 몇 개 군단의 대열을 이끌고 함대가 보이는 유프라테스 강변을 따라 행군했다. 그리고 왼편은 기병대가 지켰다. 기병 대장에는 호르미스다스와 아린테우스가 임명되었는데, 여기서 호르미스다스[22]의 기이한 모험담들을 잠시 언급하지 않을 수 없다. 그는 사산조 황족 출신의 페르시아 왕자였는데, 샤푸르가 미성년이던 때 분쟁에 연루되어 감옥에 투옥되었다가 콘스탄티누스 대제의 궁정으로 탈출해 와서 보호를 요청했다. 호르미스다스는 처음에는 새로운 군주들의 동정을 받았지만, 나중에는 용맹과 충성심을 인정받아 로마군의 영예로운 직책까지 맡게 되었다. 그는 그리스도교도이긴 했으나, 자기를 저버린 조국에 원한을 지닌 자가 그 나라의 가장 위험한 적이 될 수 있음을 보여 주겠다는 생각으로 은밀히 복수의 칼을 갈아 왔다. 한편 세 개 종대의 주된 배치는 다음과 같이 이루어졌다. 군대의 전면과 측면은 루킬리아누스가 경무장한 1500명의 군사로 이루어진 날렵한 분대를 이끌고 호위했다. 이들은 경계를 늦추지 않고 아무리 사소한 이상 징후라도 즉시 포착하여 적의 접근을 사전에 통지했다. 다갈라이푸스와 오스로에네의 두크스인 세쿤디누스는 군대를 이끌고 대열의 후방을 방위했다. 여기에 안전을 기하고자 대열 사이사이로 군용 수하물을 운송하다 보니, 실용적인 이유에서인지 아니면 병력을 과시하려는 뜻에서였는지 군대의 대열이 거의 10마일이나 뻗어 있었다. 원래 율리아누스의 자리는 중앙 대열의 맨 선두였으나, 군주의 위치보다는 장군으로서의 의무를 더 중히 여겼기에 그는 경무장한 기병 몇 명의 호위를 받으면서 앞, 뒤, 옆으로 민첩하게 움직이며 로마군의 행군에 힘을 불어넣거나 보호하는 역할을 맡았다. 카보라스에서 아시리아의 농경 지대까지 가면서 통과한 지역은 인간이 가진 어떤 기술로도 개간이 불가능하여 버려진 거칠고 메마른 황무지로, 아라비아 사막의 일부로 간주되는 곳이었다. 율리아누스는 700년 전 젊은 키루스가 밟았으며, 그의 원정에 동반했던 지혜롭고 영웅적인 인물 크세노폰이 묘사했던 바로 그 땅 위를 행군했다.

이 지역은 바다처럼 평평하게 펼쳐져 다북쑥류의 풀이 무성히 자라는 평원 지대이다. 여기에서 자라는 관목이나 잡풀은 어떤 종류든지 강한 향내를 풍긴다. 그러나 나무는 한 그루도 볼 수가 없다. 느시와 타조, 영양과 야생 당나귀들만이 이 사막 지대의 유일한 주민인 것 같다. 이들을 사냥하는 일을 오락 삼아 행군의 피로를 풀었다.

사막의 모래는 종종 먼지구름과 함께 모래바람을 일으키곤 했으므로, 수많은 병사들이 예기치 않은 폭풍의 습격에 갑자기 천막째 땅 위에 내동댕이쳐지곤 했다.

메소포타미아의 모래 평원에는 사막의 영양들과 야생 당나귀들만 살았지만, 유프라테스 강변과 그 강의 흐름에 의해 만들어진 섬에는 꽤 많은 인구를 가진 도시와 마을들이 쾌적하게 자리잡고 있었다. 아랍 족장의 실제 거주지인 아나, 다른 이름

율리아누스의 성공

으로는 아나토는 두 개의 긴 거리로 이루어져 있었는데, 이 거리들은 천연의 요새로 둘러싸여 중앙에 작은 섬 하나와 유프라테스 강 양편의 비옥한 두 지역을 에워싸고 있었다. 호전적인 아나토 시민들은 처음에는 로마 황제의 행군을 저지하려고 나섰다. 그러나 다가오는 함대와 군대의 위용에 위축이 되었는지 호르미스다스 왕자의 온건한 권고를 받아들이고 마음을 바꾸어 치명적인 위험을 피하기로 했다. 이에 율리아누스는 아나토 시민들에게 관용을 베풀어 시리아 칼키스 근방의 적당한 정착지로 이주시켰을 뿐 아니라, 통치자인 푸사이우스에게는 그가 맹세한 봉사와 충성에 걸맞은 명예로운 직책을 내려 주었다. 그러나 난공불락인 틸루타의 요새는 포위 공격의 위협에도 끄덕하지 않았다. 이에 황제는 페르시아 내부의 속주들까지 다 점령하게 되면 그때는 틸루타도 정복자의 승리에 예를 바치겠다는 굴욕적인 약속을 받아 낸 것에 만족하고 물러나는 수밖에 없었다. 한편 요새 밖의 주민들은 저항할 힘도 없고 그렇다고 항복하기도 내키지 않았는지 황급히 도망가 버렸다. 이에 율리아누스의 병사들은 전리품과 양식이 가득한 주민들의 집을 차지하고는 양심의 가책도 없이 힘없는 여자들을 학살하고는 처벌도 받지 않았다. 행군이 계속되는 동안 페르시아 장군인 수레나스와 가산족의 이름 높은 수장인 말레크 로도사케스[23]가 끊임없이 로마 군대 주변을 맴돌면서 괴롭혔으니, 낙오자가 생기는 족족 사로잡아 가고 분대마다 공격을 가했다. 용맹스러운 호르미스다스조차도 그들 손을 피해 간신히 탈출했을 정도였다. 결국 이 야만족들은 격퇴되었으나, 날이 갈수록 주변 환경은 기병대의 작전 수행에 불리하게 바뀌어 갔다. 마케프락타에 도착한 로마군은 아시리아의 선왕들이 메디아인들의 침입으로부터 영토를 지키고자 세웠다는 성벽이 폐허로 변한 모습을 보

[23] 암미아누스는 이 아랍인에 대해 과장된 찬사를 전한 바 있다. 가산족은 시리아 변경 지역에 정착해 살면서, 31대 왕조 시절에는 폼페이 시대부터 칼리프 오마르 시대까지 한동안 다마스커스를 통치하기도 했다. 로도사케스의 이름은 나와 있지 않다.

았다. 여기까지 율리아누스의 초반 원정에는 약 보름 정도가 소요된 것으로 보이는데, 거리로 따지면 키르케시움의 요새에서 마케프락타의 성벽까지 300마일 가까이 온 것으로 생각된다.

티그리스 너머 메디아의 산악 지대까지 뻗어 있는 아시리아의 비옥한 속주24는 마케프락타의 옛 성벽에서 유프라테스 강과 티그리스 강이 합쳐져 페르시아 만으로 흘러드는 바스라까지 400마일에 걸쳐 펼쳐져 있었다.25 그 지역이야말로 메소포타미아라는 이름에 걸맞은 곳이었다. 그 두 개의 강은 간격이 가장 먼 곳에서도 50마일을 넘지 않으며, 바그다드와 바빌론 사이에서는 25마일 이내의 거리까지 접근한다. 부드럽고 비옥한 땅이라 그다지 힘들이지 않고 건설된 무수히 많은 인공 운하들은 두 강을 연결해 주면서 아시리아 평원을 가로질렀다. 이 인공 운하들은 다양한 용도로 요긴하게 이용되었다. 이 운하들은 강이 범람하는 계절이 되면 한쪽 강에서 다른 강으로 여분의 수량을 방출하는 역할을 했다. 또한 더 작은 지류들로 무수히 갈라지면서 메마른 땅을 적셔 주고 부족한 강우량을 보충해 주었다. 따라서 운하들이 지역의 화합과 상업 교류에 한몫하고 있다고 할 만했다. 또한 금세 붕괴시킬 수 있었기 때문에, 침략군이 밀고 들어올 때는 갑작스러운 대홍수를 일으켜 적들의 진격을 저지하는 수단도 될 수 있었다. 아시리아의 토양과 기후는 포도주, 올리브, 무화과나무 등 자연이 주는 은혜 중 몇 가지의 생장 조건에는 맞지 않았지만, 생명을 유지할 식량, 특히 밀과 보리에는 잘 맞았다. 농부들이 땅에 씨를 뿌리면 200~300배까지 수확을 얻는 일도 드물지 않았다. 그 지역의 앞쪽으로는 무수히 많은 야자나무 관목 숲이 드문드문 흩어져 있었다. 근면한 토박이들은 시와 산문을 지어 줄기, 가지,

아시리아

24 암미아누스는 니누스와 아르벨라를 차지했던 고대의 아시리아가 아디아베네라는 고유의 이름을 가지고 있었다고 말했다. 그는 아시리아의 현 속주 가장 외곽에 위치한 도시로 테레돈, 볼게시아, 아폴로니아를 거명하는 것 같다.

25 두 줄기의 강이 아파메아(다른 이름으로는 코르나)에서 합쳐져 파시티그리스의 큰 물줄기로 흘러든다. 유프라테스 강은 예전에는 분리된 다른 물길을 타고 바다까지 흘러들었지만, 우루크의 시민들이 지금의 바스라 남동쪽까지 약 20마일을 막아서 물줄기를 바꾸어 놓았다.

잎, 즙, 과실을 이용하는 360여 가지 방법을 찬양했다. 몇몇 제조업자들, 특히 가죽과 아마포 제조업자들은 수많은 직공들을 고용하여 외국과의 무역에 귀중한 물자들을 공급했으나, 이는 주로 타지 사람들의 손으로 이루어졌던 것 같다. 바빌론은 왕족들의 정원으로 바뀌었으나 황폐화된 고대 수도 가까이에는 새로운 도시들이 연달아 세워졌다. 햇볕에 말린 벽돌로 지어진, 그리고 바빌론 토양 특유의 산물인 역청으로 굳혀 건설된 도시와 마을들의 엄청난 수에서 그 지역의 인구를 가늠할 수 있었다. 키루스의 후계자들이 아시아를 통치할 당시, 아시리아 속주들의 생산물만으로도 왕가의 사치스러운 식탁을 1년 중 3분의 1은 지탱해 주었다. 왕의 인도산 개들을 키우기 위해 큰 규모의 마을 네 곳이 지정되었고, 왕실 마구간의 종마 800마리와 암말 1만 6000마리는 그 지역의 비용으로 사육되었다. 이뿐 아니라 일상적으로 지방 총독에게 바치는 공물의 양이 영국 화폐로 은 1부셀에 달했으니, 아시리아의 연간 세입이 120만 파운드를 웃돌았으리라는 계산이 나온다.26

서기 363년 5월, 율리아누스의 아시리아 침입

이렇게 풍요로웠던 아시리아의 평원이 이제 율리아누스에 의해 전화에 휩말리게 된 것이다. 이 철학자 황제는 그들의 오만방자한 군주가 그간 로마의 속주들에서 저질러 온 약탈과 만행의 대가를 죄 없는 국민들에게 요구하려 했다. 공포에 질린 아시리아인들은 적을 막기 위해 강을 범람시키기로 했다. 그들 자신의 손으로 자기 나라를 파괴하는 일이지만 어쩔 수 없었다. 도로들은 통행이 불가능하게 되었고, 범람한 물이 막사를 덮쳐서 율리아누스의 군대들은 며칠간 고생해야만 했다. 그러나 로마군은 위험뿐 아니라 노역에도 제법 익숙했으므로 인내로써 모든 장애를 극복했다. 게다가 로마군 총지휘자의

26 아시리아는 페르시아의 지방 총독에게 매일은 1아르타바를 바쳤다. 무게와 질량, 금과 은의 비중, 금속의 가치 사이의 비율에 따라 쉽게 연간 세입을 계산해 낼 수 있을 것이다. 그러나 페르시아 왕은 아시리아로부터 1000유보이크 이상은 받지 않았다. 헤로도투스에서 발췌한 두 대목을 보면 페르시아의 총 수입과 순수입, 속주들이 낸 총액과 황실 국고에 유치된 금이나 은 사이에 중대한 차이가 있음을 알 수 있다. 군주는 국민들에게서 거둔 1700만~1800만 파운드 중 360만 파운드 정도를 해마다 절약할 수 있었을 것이다.

기백은 그들의 사기를 더욱 높여 주었다. 피해가 점차 복구되면서 범람했던 물길도 바로잡혔다. 병사들은 야자나무를 베어다가 도로의 부서진 부분을 보수했다. 군대는 공기주머니를 달아 띄운 뗏목으로 다리를 만들어 넓고 깊은 운하들을 건넜다. 아시리아의 두 도시는 로마 황제의 무력에 저항할 결심을 했으나, 곧 자신들의 경솔함에 대한 무거운 대가를 치러야 했다. 황제가 머무는 크테시폰에서 50마일 떨어진 페리사보르, 또는 안바르로 불리는 도시는 속주에서 둘째 가는 도시였다. 이 도시는 크고, 인구도 많으며, 방비를 잘 갖추고 있었다. 이중의 성벽으로 둘러싸인 도시를 유프라테스 강의 지류가 거의 감싸다시피 흘렀으며, 막대한 수의 주둔군까지 있었다. 그들은 호르미스다스의 투항 권고도 코웃음치며 물리치고는, 왕족으로서의 출생 신분도 잊고 자신의 왕과 조국에 맞서 이방인들의 군대를 이끌고 왔다고 귀가 따갑도록 비난을 퍼부었다. 아시리아인들은 굳은 결의로 방어전에 나서서 자신들의 충성심을 보이고자 했다. 그러나 결국 한 방의 공성 무기가 성벽 한모퉁이를 부수어 커다란 균열을 내자, 그들은 황급히 내부의 성채로 피신했다. 이러한 행운의 일격으로 율리아누스의 병사들은 거침없이 도시로 난입하여 실컷 욕심을 채우고는 페리사보르를 잿더미로 만들어 버렸다. 그러고는 연기가 오르는 집들의 잔해 위에 성채를 공격할 무기들을 다시 설치했다. 서로 끊임없이 날아다니는 무기를 주고받으면서 전투는 계속되었다. 로마인들은 노궁(弩弓)과 노포(弩砲) 등 공성 무기의 힘과 성능 면에서 우위에 있었고, 포위된 자들은 지형상의 이점을 차지하고 있었으므로 양측의 공방은 막상막하였다. 그러나 방벽의 가장 높은 지점과 맞먹는 높이의 이동식 공성대(攻城臺)가 세워지

페리사보르 포위 공격

자, 이 가공할 만한 위력의 회전식 포탑을 보고 공포에 질린 성채의 방어군들은 마침내 항복하고 말았다. 결국 율리아누스가 페리사보르 성벽 아래 모습을 나타낸 지 이틀 만에 그들은 항복한 셈이었다. 그 많던 시민들 중 마지막까지 남은 사람들은 남녀를 합해 고작 2500여 명이었다. 이들에게는 퇴거가 허락되었고, 막대한 양의 곡물, 무기, 화려한 가구 집기들 일부는 군대에 배분되고 일부는 공용으로 쓰도록 남겨놓았다. 불필요한 비축 물자들은 태워 버리거나 유프라테스 강 속에 처넣었다. 이처럼 로마군은 페리사보르를 철저히 초토화함으로써 아미다가 겪었던 비운에 대해 보복한 셈이었다.

마오가말카 포위 공격

마오가말카는 열여섯 개의 대형 망루, 깊은 해자, 벽돌과 역청으로 된 이중의 튼튼한 벽으로 방어되고 있어서 도시라기보다는 차라리 요새에 가까운 곳으로, 페르시아의 수도를 지키기 위해 수도에서 11마일 밖에 건설되었다. 황제는 이런 중요한 요새를 뒤에 남겨 두고 간다는 것이 마음에 걸렸던지 마오가말카를 즉시 포위 공격하기로 하고 로마군을 세 개 부대로 재편성했다. 기병대와 중무장한 보병대를 이끄는 빅토르는 티그리스 강변과 크테시폰 교외까지의 지역을 싹 쓸어 버리라는 명을 받았다. 공격 지휘는 율리아누스가 몸소 맡았는데, 그는 성벽 앞에 세운 공격 무기에 온 기대를 걸고 있는 것 같았다. 그러면서 한편으로는 군대를 도시의 심장부까지 은밀히 끌어들일 더 효과적인 수단을 강구했다. 병사들은 네비타와 다갈라이푸스의 지휘 아래 상당히 먼 거리부터 시작하여 점차 해자 끝까지 참호를 파 나갔다. 해자는 금세 흙으로 채워졌다. 병사들은 성벽의 토대 아래로 땅굴을 파고 적당한 간격마다 통나무를 받쳐 지탱했다. 선발된 세 개의 보병대가 한 줄로 나아가면서 조용히 어둡고 위험한 통로를 조사했다. 조사가 끝나자 이 보병대의 두려움을 모르는 지도자는 이제 적의 도시 한가운데로 뛰어들 태세가 되었음을 뒤쪽에 속삭여 알렸다. 이에 율리아누스는 확실한 성공을 거두기 위하여 병사들의 흥분을 진정시키는 한편, 전면 공격 개시의 소란스러운 함성으로 상대 수비대의 주의를 분산시켰다. 페르시아인들은 성벽에 서서 로마군의 공격이 별 효과를 거두지 못하는 것을 보고 승리의 노래를 부르며 샤푸르의 영광을 찬양하고 있었다. 그뿐 아니라 황제에게 난공불락의 도시 마오가말카를 손에 넣기를 바라느니 오르무즈 신의 신전에 오르기를 바라는 게 나을 것이라는 장담까지 했다. 그러나 도시는 이미 적들의 손에 넘어간 뒤였다. 역사는 땅굴에서 뛰어나와 텅 빈 탑으로 올라간 첫 번째 병졸의 이름을 기록하고 있다. 그의 뒤를 이어 용맹을 떨치고 싶어 몸이 단 병사들이 땅굴을 더 넓혔다. 그리하여 순식간에 1500명의 적군이 도시 한가운데로 진입했다. 수비대는 혼비백산하여 안전을 지켜 줄 유일한 희망이었던 성채를 버렸고, 성문은 즉시 활짝 열렸다. 병사들은 정욕과 탐욕을 채우느라 잠시 멈출 때를 제외하고는 무자비한 살육으로 복수심을 채웠다. 시의 통치자는 자비를 바라며 항복했으나, 며칠 후 호르미스다스 왕자의 명예에 대해 무례한 말을 내뱉은 죄로 산 채로 화형을 당했다. 요새는 완전히 파괴되어 마오가말카라는 도시가 존재했다는 흔적조차 남지 않게 되었다. 페르시아 수도 주변에는 동방 군주의 사치욕과 자만심을 만족시킬 만한 온갖 물건들로 공들여 채워 놓은 세 개의 장려한 궁전이 있었다. 티그리스 강변을 따라 위치한 과거 아름다운 정원에는 페르시아의 취향에 따라 좌우 대칭을 이루도록 만들어진 꽃, 분수, 그늘진 산책로 등이 조화를 이루었고, 광대한 사냥터에는 곰, 사자, 멧돼지 등을 가둬 놓고 왕족들이 사냥을 즐길 수 있도록 상당한 비용을 들이고 있었다. 그러나 이제 사냥터의 벽들은 파괴되었고, 사나운 사냥감들은 병사들의 화살 세례를 받았으며, 샤푸르의 궁전들도 로마 황제의 명령에 따라 재로 변했다. 이때 율리아누스는 문명 시대에는 적대적인 군주들 사이에서라도 신중하고 세련된 태도를 보여야 한다는 예의범절 따위는 아예 모르거나 알아도 신경 쓰지 않는다는 태도를 취했다. 그러나 이처럼 함부로 저질러진 파괴 행위에 대해 우리가 동정하거나 분노할 필요는 없다. 그리스인 예술가의 손으로 완성한 단순한 나체 조각상 하나가 야만족들의 노동으로 빚어진 이 모든 조야하고 비싸기만 한 기념물들보다 훨씬 더 가치가 있다. 만일 궁전 하나가 파괴된 데 대해 오두막집 하나가 불타 버린 것보다 더 깊은 충격을 받는다면, 인간의 삶의 불행에 대해 크게 잘못된 기준을 가지고 있는 것이다.

율리아누스의 개인 행동

이제 율리아누스는 페르시아인들의 공포와 증오의 대상이 되었다. 페르시아의 화가들은 자기 나라를 침략한 자를, 입에서 내뿜는 불길로 모든 것을 다 태워 버리는 사나운 사자의 모습으로 그렸다. 그러나 그의 벗들과 병사들에게 이 철학자적인 영웅은 매우 경애롭게 보였으며, 그의 생애에서 가장 활동적인 시기였던 이 마지막 시기만큼 그의 미덕들이 돋보였던 적도 없었다. 그는 타고난 절제와 중용의 자질을 자연스럽게 실천했다. 그리고 정신과 육체에 절대적인 지배권을 행사하는 지혜의 명령에 따라, 아무리 자연스러운 욕망이라도 거기에 탐닉하지 않도록 자신을 엄격하게 통제했다.[27] 아시리아의 온화한 기후는 쾌락을 구하는 사람들에게 온갖 종류의 관능적인 욕망을 충족시키도록 유혹했지만, 이 젊은 정복자는 순결을 지켰다. 아

[27] 키루스, 알렉산드로스, 스키피오의 유명한 선례는 정의를 따르고자 한 행동이었다. 율리아누스가 순결을 지킨 것은 자발적인 행동이었으며, 스스로도 이를 값어치 있는 행동으로 평가했다.

름다운 여자 포로들은 저항하기는커녕 그의 품에 안기는 영광을 차지하려고 서로 다투는 상황이었지만 그는 호기심에서조차 들여다볼 생각도 하지 않았다. 그는 애욕의 유혹에 저항하는 것 못지않게 굳은 마음으로 전쟁의 고난도 이겨 냈다. 로마군이 홍수로 잠긴 평원 지대를 지나 행군할 때, 그들의 군주는 선두에서 함께 걸으면서 병사들의 노고를 나누고 그들을 독려했다. 율리아누스는 어떤 노역에든지 팔을 걷고 나서서 힘을 아끼지 않았으니, 황제의 자의는 젖고 더러워져서 가장 미천한 병사의 거친 의복과 다를 바가 없었다. 두 번의 포위 공격에서 그는 개인적으로 무용을 떨칠 좋은 기회가 여러 차례 있었는데, 오늘날과 같이 군사 기술이 진보된 시대라면 신중한 장군으로서는 그런 위험천만한 행동은 모방하지 않을, 그런 일들이었다. 황제는 자신이 얼마나 위험한 상태에 있는지는 아랑곳하지도 않고 페리사보르의 성채 앞에 서서 철로 된 성문을 부수는 군대를 격려하다가, 하마터면 그를 겨냥하여 쏟아지는 화살과 바윗돌에 목숨을 잃을 뻔했다. 한번은 그가 마오가말카의 외곽 성채를 순찰하는데 나라를 위해 목숨을 버리기로 작정한 두 명의 페르시아인들이 언월도를 휘두르며 달려든 일이 있었다. 황제는 방패를 들어 그들의 공격을 받아 내고는 멋지게 일격을 날려 적들 중 한 명을 발앞에 쓰러뜨렸다. 이처럼 황제 자신이 군인으로서의 재능을 지녔으므로, 이러한 황제로부터의 인정이 병사들에게는 가장 귀한 보상이었다. 또한 율리아누스의 개인적인 능력이 뒷받침된 권위에 힘입어 엄격한 고대의 군율을 부활시켜 시행할 수 있었다. 그는 기병 세 개 소대가 수레나스와의 접전에서 군기를 빼앗기는 망신을 당하자 사형이나 불명예를 주어 벌했고, 마오가말카 공격시 선두에 서서 용맹을 떨친 병사들에게는 흑요석 왕관을 내려 치하했다. 페리사보르 포위 공격이 있은 후, 병사들이 보상으로 겨우 은 백 닢의 하사금밖에 받지 못했다고 불평하자, 군대의 방자한 탐욕에 대해 엄격한 태도를 보여 주기도 했다. 그는 로마인다운 근엄하고 단호한 말투로 병사들을 책망했다.

그대들이 바라는 바가 재물인가? 그 재물은 페르시아인들의 손에 있다. 이 부유한 나라의 전리품들이 그대들의 용맹과 극기에 대한 상이 될 것이다. 짐을 믿으라.

로마 공화국도 이전에는 이에 못지않은 막대한 보화를 소유했으나, 이제는 곤궁하고 비참한 지경이 되었다. 이는 모두 우리의 황제들이 제 잇속만 차리는 나약한 대신들의 말에 넘어가 야만족들에게 금으로 평화를 산 탓이다. 이로써 세입은 바닥나고 도시들은 황폐해졌으며 속주민들은 빠져나갔다. 짐으로 말할 것 같으면, 짐이 왕조의 선조들로부터 물려받은 유산이라곤 오로지 두려워할 줄 모르는 정신뿐이로다. 무릇 모든 진정한 가치란 정신에 있음을 확신하는 바, 덕스럽던 옛시절에 파브리키우스가 영광으로 여겼던 영예로운 가난을 부끄러운 일이라 생각하지 않는다. 그대들이 천상의 목소리와 지도자의 목소리에 귀기울인다면 그러한 영광과 미덕이 그대들의 것이 될지니라. 그러나 만일 그대 중 경솔하게도 이전에 저지른 수치스러운 선동을 반복하겠다는 자가 있다면 앞으로 나오라. 사람들 가운데서도 최고 지위에 있는 황제로서, 짐은 언제라도 죽을 각오가 되어 있다. 뜻하지 않은 열병에 숨을 거둘 수도 있는 이 덧없는 생명 따위는 언제든 가볍게 버릴 준비가 되어 있는 것이다. 만일 짐이 영을 내리기에 부족한 인간으로 드러난다면, 이 중대한 전쟁을 수행하기에 걸맞은 경험과 능력을 가진 자가 그대들 가운데(자부심을 갖고 기쁘게 이를 밝힌다.) 있을 것이다. 짐은 항상 이러한 마음으로 통치에 임해 왔으니, 후회나 걱정 없이 일개 사인(私人)의 자리로 돌아갈 것이다.²⁸

율리아누스의 겸허한 결의는 로마군 전체가 만장일치로 박수갈채를 보내고 환호하며 복종을 다짐함으로써 화답받았다. 로마군은 이 영웅적인 황제의 깃발 아래에서 싸우는 한 승리를 확신했다. 그들의 사기는 율리아누스가 이런 말을 외칠 때마다 더욱 높아갔다.

페르시아인들을 굴복시키게 하소서!
그리하여 공화국의 힘과 영광을 되살리기를!

명예욕은 그의 영혼에 더없이 뜨거운 열정이었으나, 마오가 말카의 폐허를 밟고 서서야 이렇게 말할 수 있었다.

이제야 안티오크의 철학자에게 얼마간 선물을 보내게 되었다.

율리아누스의 용맹은 크테시폰의 문 앞에서 그의 행군을 막았던 모든 장애물을 정복했다. 그러나 아직은 페르시아 수도의 함락은 고사하고 포위 공격조차 요원했다. 그러나 여기서 우리는 그의 대담하고 기민한 작전의 무대가 된 지역에 대한 지식이 없이는 그가 취한 군사적 행동을 제대로 이해하기 어렵다. 관심 있는 여행자라면 바그다드 남쪽 20마일 떨어진 티그리스 강의 동쪽 연안에서 율리아누스의 시대에는 훌륭하고 번성한 도시였던 크테시폰 궁전들의 잔해를 찾아볼 수 있다. 인

²⁸ 이 연설은 실제 원문 그대로를 옮긴 것이다. 암미아누스가 이를 듣고 기록해 두었을 수는 있겠으나, 지어 낼 수는 없었을 것이다. 내가 약간의 윤문을 가해 되도록 힘 있는 문장으로 끝맺도록 했다.

유프라테스 강에서 티그리스 강으로 함대를 옮기는 율리아누스

접한 셀레우키아의 명성과 영광은 영원히 잊혀졌고, 남은 그리스 식민지의 일부만이 아시리아의 언어와 관습을 유지하여 코케라는 옛 명칭을 이어받았다. 코케는 티그리스 강 서쪽에 위치해 있었으나, 자연히 크테시폰의 교외 지역으로 간주되어 상설 선교로 연결되어 있었다고 추측해 볼 수 있다. 그 지역들은 그런 식으로 연결되어 알 모다인이라는 하나의 도시를 이루었는데, 이 도시가 사산 왕조의 겨울 주거지였다. 페르시아 수도의 외곽은 강이 감싸고 흐르는데다 높은 벽과 도저히 사람이 뚫고 다닐 수 없는 늪 지대 등이 튼튼한 요새의 구실을 했다. 로마군은 셀레우키아의 폐허 근처에 막사를 세운 다음, 도랑을 파고 방벽을 세워서 막강한 코케 수비군의 습격에 대비했다. 풍요롭고 기후가 좋은 나라여서 로마군은 물과 마초를 얼마든지 얻을 수 있었다. 또한 작전 수행에 방해가 될지 모를 몇몇 성채들도 로마군의 용맹에 얼마간 저항하다 결국 무릎을 꿇었다. 함대는 유프라테스 강을 출발하여 수도로부터 하류 지점 가까이 있는 인공 수로로 들어섰다. 하지만 이때 나하르말카[29]라는 이름의 이 운하를 계속 따라갔다면 그 중간에 위치한 코케 때문에 율리아누스의 함대와 군대는 서로 갈라질 수밖에 없었을 것이다. 그리고 티그리스 강의 물살을 거슬러 노를 저어 가서 적의 수도 한복판으로 밀고 들어가려는 위험천만한 시도를 한다면 로마 해군 전체를 파멸로 몰아넣기 딱 알맞았을 것이다. 그러나 신중한 황제는 이러한 위험을 미리 예견하고 대책을 마련해 놓았다. 그는 트라야누스가 바로 그 지역에서 전개했던 작전을 면밀히 연구한 적이 있었으므로, 이 호전적인 전임자가 썼던 방법을 곧 생각해 냈다. 그것은 코케를 오른편에 끼고 배가 지나갈 수 있을 정도의 폭으로 새 운하를 파서 도시 위쪽에서 얼마간 떨어진 거리에 있는 티그리스 강으로 나

[29] 이 거대한 운하는 끊임없이 복구·변경·분할되었던 듯하며, 이러한 변화들이 고대의 기록에 보이는 혼란의 원인이 되었던 것 같다. 율리아누스의 시대에는 크테시폰 아래를 지나 유프라테스 강으로 흘러들었을 것이다.

하르말카의 물길을 돌리는 방법이었다. 농부들에게서 얻은 정보를 토대로, 율리아누스는 거의 지워지기는 했으나 과거의 작전이 행해진 흔적을 확인할 수 있었다. 병사들은 쉬지 않고 노역을 하여 금세 유프라테스 강을 끌어들일 수로를 넓고 깊게 파냈다. 그 다음에는 튼튼한 둑으로 나하르말카의 흐름을 막아 새로운 수로로 많은 물을 끌어들였다. 이렇게 하여 로마 함대는 크테시폰의 페르시아인들이 그들의 통과를 막기 위해 세웠던 방어벽이 쓸모없어진 것을 비웃으며 티그리스 강으로 노를 저어 들어섰다.

이제 로마군을 티그리스 강 너머로 이동시키는 일이 남아 있었는데, 이는 앞서의 여정보다 힘은 덜 들지 몰라도 매우

티그리스 강 통과와 로마인들의 승리

위험한 일이었다. 강은 폭이 넓고 유속이 빨랐으며 강둑의 경사도 급한데다가, 반대쪽 강둑 등성이 위에 구축한 참호에는 (리바니우스의 과장된 표현을 따른다면) 로마의 한 개 군단을 들판의 곡식 밟듯 손쉽게 짓밟아 버릴 만한 수의 중기병들, 일곱 궁수들, 거대한 코끼리들의 대군이 진을 치고 있었다. 이러한 적들이 버티고 있으니 다리를 놓기란 불가능한 일이었다. 대담한 황제는 유일하게 가능하다고 판단한 방책을 생각해 내고는, 야만족들이 눈치 채지 못하도록 이를 실행하는 순간까지 자신의 군대뿐 아니라 장군들한테까지도 비밀에 붙였다. 그는 군수품의 상태를 조사한다는 구실로 여든 척의 배에서 짐을 내리게 하고, 비밀 작전을 위해 지명된 분대에게는 첫 번째 신호가 떨어지면 바로 전투 태세를 취하도록 명령했다. 율리아누스는 자신감에 넘치는 미소로 마음속의 은밀한 불안감을 감추고 대담하게도 코케 성벽 바로 아래에서 전투 행동의 경기를 즐기는 척하여 적국을 속였다. 그날 하루는 그저 온통 즐기기 위한

날인 듯했다. 그러나 저녁 식사가 끝나자마자, 황제는 장군들을 그의 막사로 불러들여 비로소 바로 그날 밤 티그리스 강을 건널 계획임을 알려 주었다. 그들은 놀란 나머지 멍하니 서 있을 뿐이었다. 그러나 명망 높은 살루스티우스가 자신의 연륜과 경험을 들어 이번 명령의 위험성에 대해 간언하자, 나머지 장군들도 그의 신중한 간언에 동의의 뜻을 표했다. 이에 율리아누스는 승리 여부는 시도하기 나름이며, 적의 수는 줄어들기는커녕 계속 보강될 텐데 시간을 끈다 해서 강폭이 줄어들 것도 아니고 강둑이 낮아질 것도 아니라며 장군들을 설득했다. 그리하여 결국 장군들도 황제의 말을 따르기로 했다. 성미 급한 군단병들이 먼저 강에서 가장 가까운 곳에 정박되어 있던 다섯 척의 배에 뛰어올랐다. 그들은 대담하고 부지런히 노를 움직여 금세 밤의 어둠 속으로 사라졌다. 불꽃이 반대편에서 솟아오르자 율리아누스는 첫 함대가 상륙하려다가 적의 공격을 받은 것이 확실하다고 생각했으나, 이러한 극히 위험스러운 상황을 승리의 전조로 멋지게 바꾸었다. 그는 열정적으로 부르짖었다.

우리의 동료 병사들이 벌써 강둑을 점령했다. 보라, 약속된 신호를 보내고 있지 않느냐. 이제 우리도 서둘러서 그들 못지 않은 용기를 보여 주고 힘을 보태 주자.

대함대는 일치단결하여 거센 물결을 헤치고 급히 티그리스 강 동쪽 해안에 도착해 불을 끄고 선발로 적진에 뛰어들었던 모험적인 동료들을 구출했다. 무거운 갑옷을 걸친데다 밤의 어둠 때문에 높고 가파른 강둑을 기어오르는 일은 더욱 어려웠다. 돌, 화살, 불꽃이 끊임없이 공격군의 머리 위로 비처럼 쏟아졌으나, 격렬한 싸움 끝에 강둑에 올라 방벽을 점령하는 데 성공했다. 이렇게 하여 적과 대등한 위치를 점하게 되자, 경무장한 보병대를 이끌고 공격의 선두에 서 있던 율리아누스는 예리한 눈으로 노련하게 대열을 훑어 보았다. 최정예 병사들이 호메로스의 가르침을 따라 전방과 후방에 나누어 배치되었고, 로마군의 나팔 소리가 전투 개시를 알렸다. 로마군은 일제히 의기충천하여 함성을 지르면서 군악대의 기운을 북돋는 음악에 발맞추어 전진해 나갔다. 그들은 먼저 창을 던져 기세를 제압한 다음, 야만족들이 미처 화살이나 투창을 던질 틈을 주지 않고 칼을 뽑아 휘두르며 돌진했다. 교전은 열두 시간이 넘게 이어졌다. 결국 페르시아군은 점차 밀리다가 나중에는 지휘관들을 필두로 무질서하게 도주해 버렸다. 그들은 크테시폰 성문 앞까지 쫓겨갔다. 이때 화살에 치명상을 입은 빅토르 장군이, 만일 이번 공격이 성공하지 못한다면 치명적인 결과가 될 터이니 경솔한 짓은 삼가도록 설득하지 않았더라면 로마군은 혼란에 빠진 시내까지 치고 들어갔을지도 모른다. 로마군들의 인명 손실은 고작 75명에 불과했으나, 야만족들은 전장에 남겨 놓은 시체만 적어도 2500명에서 6000명에 달했다. 전리품도 동방의 병영이 누리는 부와 사치로 미루어 기대한 바에 어긋나지 않았으니, 엄청난 양의 금과 은, 화려한 무기들과 세간들, 은으로 치장한 침대와 탁자 등이 있었다. 승리를 거둔 황제는 병사들의 무용에 대한 보상으로 그가 아시아의 부보다도 더 귀중하게 여기는 영예로운 선물인 떡갈잎관, 흉장관(胸章冠) 등을 골고루 나눠주었다. 전쟁의 신에게도 희생 제물을 바쳤으나, 제물의 모습은 지극히 불길한 흉조를 예고하고 있었다. 이뿐 아니라 더 분명한 다른 전조들에 의해서, 율리아누스는 이제 자신의 운이 막바지에 다다랐음을 알게 된다.

전투가 있은 지 이틀째 되던 날, 국경 수비대를 맡았던 요비

30 함대와 군대는 세 개 부대로 편성되어, 그중 첫 번째 함대만 밤을 이용하여 강을 건넜다. 조시무스가 셋째 날 이동시킨 군대는 지원군들로 구성되어 있었던 듯하며, 그들 중 역사가인 암미아누스와 나중에 황제가 된 요비아누스가 아마도 종종 국경 수비대의 역할을 했던 요비아누스와 헤르쿨리아누스 휘하에 있었던 것 같다.

서기 363년 6월, 율리아누스의 입장과 완고함

아누스와 헤르쿨리아누스가 전군의 거의 3분의 2를 차지하는 남은 군대를 이끌고 안전하게 티그리스 강을 건너왔다.30 페르시아인들이 크테시폰 성벽에서 폐허가 된 주변 지역을 바라보는 가운데 율리아누스는 샤푸르의 수도까지 의기양양하게 진입했다. 그는 이제 부관인 세바스티아누스와 프로코피우스도 그에 못지않은 용기와 열의로 진군해 와 합류하리라는 기대에 차서 북쪽 방향을 계속 바라보았다. 그러나 그의 기대는 아르메니아 왕의 배신으로 무너지고 말았다. 아르메니아 왕은 아르메니아의 지원군들이 로마의 막사에서 도망가는데도 내버려 두었는데, 아마도 그의 지시에 따른 행동이었던 것 같다. 게다가 세바스티아누스와 프로코피우스의 불화로 그들은 서로 작전 계획을 짠다거나 협력 작전을 실행할 수도 없었던 것이다. 결국 황제는 이들 지원군이 합류하리라는 희망을 포기하고 작전 회의를 열어 충분한 토론을 거친 끝에, 크테시폰 공격은 무익하고 그릇된 시도라는 장군들의 의견을 받아들이기로 했다. 도대체 크테시폰에서 어떤 방어책이 마련되었길래 일찍이 로마 황제들에게 이미 여러 차례 포위 공격을 당하고 점령당하기도 했던 이 도시를, 용감하고 노련한 장군의 지휘와 충분한 수의 배와 군량, 대포, 군수품의 지원을 갖춘 6만여 명의 로마군이 함락시킬 수 없다고 생각했는지 이해하기 어려운 대목이다. 그러나 명예욕과 용기라면 누구에게도 뒤지지 않을 율리아누스였던 만큼, 어떤 사소한 장애물 때문에 단념하고 물러선 것은 아니었으리라는 사실만은 충분히 짐작할 수 있다. 그는 크테시폰 포위 공격을 단념했던 바로 그때, 평화 협상을 하자는 페르시아의 비굴한 제안을 완강하게 거부했다. 샤푸르는 오랜 세월 콘스탄티우스가 시간을 끌며 거드름만 피우는 꼴을 보는

데 익숙해져 있었던 터라, 그 후임자의 두려움 모르는 열정에 놀라지 않을 수 없었다. 이에 샤푸르는 즉각적으로 인도와 스키타이까지 멀리 떨어진 속주의 총독들에게도 군대를 집결하여 군주를 도우라는 명을 내렸으나, 그들의 준비는 더디게 이루어졌고 움직임도 굼뜨기 짝이 없었다. 게다가 샤푸르가 전장으로 군대를 이끌고 나가기 직전, 아시리아가 초토화되고 그의 궁전들이 폐허가 되었으며 티그리스로 가는 통로를 방어하던 최정예 부대가 전멸했다는 우울한 소식이 전해졌다. 왕의 자부심은 처참하게 꺾여 심지어 땅바닥에서 식사를 하고 머리를 산발한 채 깊은 슬픔과 근심을 드러냈다. 아마도 그는 남은 절반이라도 안전할 수만 있다면 왕국의 절반을 내놓기를 마다하지 않았을 것이며, 평화 협정에 기꺼이 서명하여 로마 황제의 충성스러운 동맹군이 되겠다고 맹세했을 것이다. 그는 개인적인 용무를 구실로 믿을 만한 고관을 비밀리에 급파하여, 호르미스다스의 발밑에 무릎을 꿇고 로마 황제를 뵙게 해 달라고 간청했다. 이 사산 왕조의 왕자도 자만심이나 자비심에서든, 자신의 출생 신분이나 현재 위치의 입장에서든, 어느 쪽으로 생각해 보아도 페르시아의 재난을 종식시키고 로마의 승리를 보장해 줄 조치를 취하는 쪽으로 마음이 쏠리지 않을 수 없었다. 그러나 율리아누스는 사실 그 자신에게나 조국에게나 불행한 일이었지만, 알렉산드로스 대왕이 다리우스의 제안을 한결같이 거부했던 일을 떠올리고 전혀 흔들림 없이 굳은 마음으로 설득을 거부하여 호르미스다스를 놀라게 했다. 율리아누스는 안전하고 영예로운 평화에의 희망이 군대의 끓어오르는 열정을 식힐 수 있다고 판단했기에, 호르미스다스에게 샤푸르의 신하를 은밀히 돌려보내고 이 위험한 유혹이 절대로 새어 나가지 않도록 간곡히 부탁했다.[31]

[31] 교회 사가들은 평화 협상이 결렬된 책임을 막시무스의 충고 탓으로 돌리고 있다. 이와 같은 충고는 철학자로서 할 만한 것이 아니었으나, 이 철학자는 사실 마술사나 다름없는 자로서, 군주의 희망과 감정에 아부하여 부추겼다.

32 이 조피루스의 계교에 관한 이야기는 두 사람의 증언(섹스투스 루푸스와 빅토르)과 리바니우스, 암미아누스의 간략한 언급이 뒷받침해 주고 있다. 암미아누스의 글에서는 부적절한 공백이 역사 서술의 흐름을 망쳐 놓는 경우가 있다.

자신의 함대를
불태운 율리아누스

율리아누스가 난공불락인 크테시폰 성벽 아래에서 시간을 허비한다면 그의 이익에나 명예에나 도움이 되지 않을 것이 뻔했다. 그래서 성을 방어하는 야만족들에게 넓은 평원으로 나와 한번 겨루어 보자고 여러 차례 도발해 보았지만, 그때마다 그들은 용맹을 발휘해 보고 싶다면 샤푸르의 본대를 찾아가라고 대꾸할 뿐이었다. 이에 황제는 모욕감을 느끼며 그 충고를 받아들였다. 그는 유프라테스 강과 티그리스 강변까지로 진격 범위를 제한하지 않고, 알렉산드로스 대왕의 대담한 정신을 본받아 내륙 깊은 곳의 속주까지 전진하여 아르벨라 평원쯤에서 그의 적수가 아시아 제국을 걸고 그와 한판 겨루지 않을 수 없게 만들겠다고 결심했다. 그런데 이때 한 페르시아 귀족이 자신의 조국을 위하여 위험과 거짓, 수치를 감당해야 하는 역할을 맡기로 결심하고, 율리아누스 앞에 나타나 그의 관대함을 찬양하는 척하다가 결국 배반하는 사건이 일어났다.32 그는 일군의 충성스러운 추종자들을 데리고 황제의 막사로 탈주해 와서 그가 겪은 고난에 대해 꾸며낸 이야기를 퍼뜨렸다. 그는 샤푸르의 잔인성, 국민들의 불만, 왕조의 취약성 등을 과장해서 들려 주고 로마군의 인질이 되어 길잡이 노릇을 하겠다고 제안했다. 이때 노련하고 현명한 호르미스다스는 이 탈주자들을 의심해야 할 지극히 타당한 근거를 제시했으나 그의 충고는 받아들여지지 않았다. 사람을 잘 믿는 율리아누스는 이 탈주자들을 받아들여 누가 보더라도 비난할 만큼 경솔한 명령을 내림으로써 결국 위험을 자초하는 결과를 가져왔다. 그는 겨우 한 시간 만에 그토록 많은 노고와 희생을 치러 500여 마일이 넘는 거리를 이동해 온 전 해군의 함대를 파괴해 버린 것이다. 이제 남은 것은 열두 척, 소형 선박까지 합쳐도 기껏해야 스물두 척뿐이었다. 남은 배들은 강을 건널 임시 다리를 만드는 데 쓰기 위해 마차에 실어 행군하는 군대와 함께 운반했다. 병사들을 위해서는 겨우 20일 정도 버틸 식량만 남겨 놓고 나머지 군수품은 티그리스 강에 정박되어 있던 1100여 척의 함대와 함께 황제의 엄명에 따라 불태워 버렸다. 그리스도교 주교 그레고리우스와 아우구스티누스는 이를 두고 배교자가 자신의 손으로 신의 정의를 집행한 것이나 마찬가지라며 조롱했다. 그들의 권위는 아무래도 군사적인 문제에 대해서는 좀 무게가 떨어질 수밖에 없어서, 이 대화재를 목격한 병사들의 불평은 당연하다고 말한 한 경험 많은 병사의 객관적인 증언을 추가해 놓았다. 그러나 율리아누스의 결심을 정당화할 근거가 없는 것은 아니다. 유프라테스 강의 뱃길로는 바빌론 이상 올라갈 수 없었고, 티그리스 강을 따라가면 오피스까지밖에는 올라갈 수 없었다. 로마군 막사에서 오피스까지의 거리는 그리 멀지 않았다. 게다가 강의 물살이 급하고 여러 지점에서 자연 폭포와 인공 폭포가 길을 막고 있었으므로, 대함대를 이끌고 이를 거슬러 올라가려는 시도를 해 보았자 소용없다고 보고 포기하기로 한 것이 틀림없다. 돛이나 노의 힘만으로는 부족하므로 강의 흐름을 거슬러 배들을 끌고 가자면 2만여 명의 병사들은 이 진저리나는 노역에 완전히 녹초가 될 것이 뻔했다. 만약 로마군이 티그리스 강둑을 따라 행군을 계속한다면, 지도자의 재능과 운에 값할 만한 대사업을 성취하지 못하고 귀향만을 바라게 되었을 것이다. 따라서 반대로 내륙 지역으로 전진해 들어가는 쪽을 택했을 때 크테시폰의 성문에서 갑자기 쏟아져 나올지도 모를 엄청난 수의 군대에게 귀중한 전리품을 뺏기지 않기 위해서는 함대와 군수품을 파괴하는 길밖에 없었다. 만일 율리아누스의 군대가 승리를 거두었더라면, 이 과감한 조치는 병사들에게서 퇴각

33 아가토클레스와 코르테즈가 아프리카와 멕시코의 해안에서 배를 불태움으로써 성공을 거두어 찬양을 받았던 일을 생각해 보라.

34 티그리스 강은 아르메니아 산맥 남쪽을, 유프라테스 강은 북쪽을 각각 덮친다. 전자의 범람은 3월에, 후자는 6월에 일어난다. 이러한 사정은 스펠만(Spelman)의 시루스 탐험기에 삽입된 포스터(Foster)의 지리 논문에 잘 설명되어 있다.

35 암미아누스는 그를 괴롭혔던 홍수, 더위, 곤충 떼에 대해 묘사하고 있다. 아시리아의 농군들은 투르크족의 압제에 시달리고 쿠르드족, 아랍족에게 약탈당하는 비참한 처지에서 농사 기술도 없이 뿌린 씨의 열 배, 열다섯 배, 스무 배까지 달하는 수확을 거두었다.

할 희망을 빼앗음으로써 죽음이냐 정복이냐 양자택일의 배수진을 친 영웅의 용기 있는 행동이었다는 찬사를 받았을지도 모른다.33

샤푸르와 맞서기 위해 진군하는 율리아누스

군대의 작전을 지체시키는 주체스러운 포병대나 마차 따위는 로마군과는 무관했지만, 시대를 막론하고 신중한 장군이라면 6만여 명의 병력을 부양하는 문제를 최우선 과제로 삼지 않을 수 없을 것이다. 게다가 군량을 보충할 방법이 적국으로부터 그것을 빼앗는 길밖에 없을 때는 더욱 그렇다. 율리아누스가 티그리스 강에 놓인 다리를 그대로 둔 채 아시리아의 점령지를 파괴하지 않고 남겨 두었더라도, 그때가 1년 중에서도 유프라테스 강의 범람34으로 토지가 침수되고 무수한 곤충 떼가 하늘을 뒤덮을 때라서 충분한 식량을 정기적으로 공급받기는 어려웠을 것이다.35 그보다는 적국으로부터 군량을 빼앗는 편이 훨씬 더 나을 것 같았다. 티그리스 강과 메디아 산맥 사이에 펼쳐진 광활한 지역에는 마을과 도시들이 빽빽이 들어차 있었고, 토지는 비옥해서 경작하기에 아주 좋았다. 율리아누스는 무기와 금이라는 두 가지의 강력한 설득 수단을 지닌 정복자였다. 그는 무기로 원주민들을 위협하고 금으로 달래면 쉽사리 충분한 원조를 얻을 수 있으리라고 기대했다. 그러나 막상 로마군이 접근하자마자 이 기대는 순식간에 무너져 버렸다. 그들이 진군하는 곳마다 그곳의 주민들은 이미 마을을 버리고 요새화된 도시로 피난해 버린 뒤였다. 게다가 주민들은 피난하면서 가축류는 끌고 갔고 곡식과 풀은 불태워 버렸다. 율리아누스의 행군길을 가로막는 화염이 사그라든 뒤에는 연기가 피어오르는 헐벗은 황무지의 광경만이 암울하게 펼쳐졌다. 국민들이 망하는 한이 있더라도 독립만은 지키겠다는 의지에서였는지, 아니면 독재 정부가 국민들에게 선택의 자유를 주지 않고 오로지 국가 전체를 위하여 밀어부친 것이었는지 몰라도 이와 같은 극단적인 결단이 아니었다면 비록 효과적이기는 했지만 이처럼 로마군에게 절망적인 방어책을 실행에 옮기지는 못했을 것이다. 즉 이 경우는 샤푸르 왕의 명령에 페르시아인들의 애국심과 복종심이 더해진 결과였다. 황제는 이제 식량 부족 사태에 직면했다. 행군의 방향을 잘 잡았더라면 식량이 완전히 고갈되기 전에 에크바타나, 다른 이름으로는 수사라고 불리는 부유하고 평화로운 도시에 도착할 수도 있었을 것이다.36 그러나 황제는 지리에 어두웠던데다가 안내자의 속임수에 빠져 이 마지막 물자 공급원을 손에 넣지 못했다. 로마군은 여러 날 동안 바그다드 동쪽 일대를 헤매었다. 페르시아에서 도망쳐 왔다던 귀족은 그들을 교묘하게 함정에 빠뜨린 뒤 탈출해 버렸다. 그를 따라왔던 자들만이 고문을 못 이기고 곧 음모에 얽힌 비밀을 실토했다. 오랜 세월 율리아누스의 마음을 유혹했던 히르카니아와 인도 정복의 꿈이 이제는 그에게 큰 고통을 안겨 주었다. 이번 재난이 자신의 경솔함 탓이라 여긴 황제는 안전과 승리 중 어느 쪽을 좇아야 할지 근심스럽게 가늠하여 보았으나, 신들로부터도 사람들로부터도 만족스러운 답을 얻기 힘들었다. 결국 실행 가능한 유일한 수단은 티그리스 강변으로 퇴각해 코르두에네 국경까지 서둘러 행군하여 군대를 구하는 길 뿐이라고 생각했다. 그곳은 풍요롭고 우호적인 속주로 로마의 통치권을 인정하고 있었다. 이리하여 페르시아의 왕좌를 타도할 꿈에 부풀어 카보라스를 건넌 지 겨우 70일 만에 로마군은 낙담한 채 퇴각 명령에 따라야 할 상황이 되었다.

서기 363년 6월

로마군들이 페르시아 안쪽으로 진군해 들어갈 동안, 페르시

36 카락스의 이시도레는 셀레우키아에서부터의 거리를 129스케니로 계산했으며, 테베노(Thévenot)는 바그다드에서 에크바타나까지 행군하는 데 걸리는 시간을 128시간으로 계산했다. 이 수치는 보통 1파라상, 로마 마일로는 3마일을 넘지 않는 것이었다.

로마군의 고민

아 기병대 몇 개 대대가 멀리서 그들의 행군을 주시하며 도발을 해 왔다. 그들은 때로는 산개 대형으로, 때로는 밀집 대형으로 나타나 로마군과 가벼운 접전을 벌이기도 했다. 그러나 이 파견대 뒤에는 막강한 병력이 버티고 있었으므로, 행군 대열이 티그리스 강을 향해 앞머리를 돌리기가 무섭게 평원에서는 먼지 구름이 피어올랐다. 이제 로마군들은 퇴각 명령이 떨어지기만을 애타게 기다리던 터라, 이 무시무시한 광경을 보며 그것이 야생 당나귀 떼나 아니면 어떤 우호적인 아랍족들이 접근해 오는 것이라고 애써 믿으려 했다. 그들은 그 자리에 정지해 천막을 치고 막사의 방비를 강화한 다음, 불안에 떨면서 밤을 보냈다. 그러다 새벽이 밝아올 무렵, 그들은 페르시아군에 포위되었음을 알았다. 처음에는 야만족의 선봉 부대 정도로만 여겼으나, 그들 뒤로 명성 높은 장군 메라네스가 이끄는 중기병대, 궁수대, 코끼리 부대로 이루어진 대부대가 나타났다. 그와 함께 왕의 두 아들과 태수들뿐 아니라 샤푸르도 몸소 남은 병력을 이끌고 천천히 전진해 오고 있었다. 메라네스의 병력은 온 세상에 자자한 명성 때문이었는지 실제보다 더욱 공포스럽게 느껴졌다. 로마군의 행군 중 지형의 변화에 따라 긴 대열이 우회하거나 끊어지지 않을 수 없었는데, 이는 호시탐탐 기회를 노리던 적들에게는 공격하기에 더없이 좋은 기회가 되었다. 페르시아군은 계속해서 여러 차례 습격해 왔으나 번번이 격퇴당했다. 특히 마롱가에서의 교전은 전투라고 부를 만한 규모였는데, 페르시아의 태수들과 코끼리들도 상당한 피해를 입었다. 이런 눈부신 전과를 올리자니 로마군 편에서도 상당한 인명 손실을 피할 수가 없어서, 훌륭한 장군들 여럿이 죽거나 부상당했다. 게다가 아무리 위험한 상황에서라도 군대의 용맹을 앞장서 독려하고 이끌던 황제 자신도 위험 앞에 목숨을 내걸고 전능력을 발휘해야만 했다. 로마군들이 전투를 하고 몸을 보호하는 데 중요한 역할을 해 온 공격용 무기와 방어용 무기들은 상당히 무거워서 장시간에 걸쳐 효과적인 추격을 하기가 어려웠다. 반면에 동방의 기수들은 잘 훈련되어 전속력으로 달리면서 어느 방향으로든 창을 던지고 화살을 쏠 수 있었기 때문에, 페르시아 기병대가 빠른 속도로 난폭하게 치고 들어올 때보다 더 무서운 때가 없었다. 그러나 무엇보다도 로마군의 가장 치명적이고도 돌이킬 수 없는 손실은 시간을 지체한 것이었다. 아무리 그들이 강건한 역전의 정예 부대들이라 해도, 갈리아와 게르마니아의 추운 기후에 익숙해져 있었기 때문에 아시리아의 무더위는 견디기 어려웠다. 결국 그들의 힘도 끊임없이 되풀이되는 행군과 전투에 바닥이 나 버렸다. 또한 날랜 적군을 경계하느라 군대의 전진 속도가 떨어질 수밖에 없었고 위험한 상황이 자주 발생했다. 날이 가고 시간이 흐를수록 보급품의 물량은 줄어가고 양식 값은 치솟았다.37 율리아누스는 굶주린 병사도 불평할 만큼 질 나쁜 음식에도 항상 만족하며, 황실용 양식뿐 아니라 장교들과 장군들의 말을 먹이려고 비축해 놓았던 식량까지도 군사들에게 배급했다. 그러나 이런 정도의 미봉책은 오히려 극한 상황에 처했다는 위기 의식을 더욱 고조시킬 뿐이었다. 이리하여 로마군들은 제국의 국경선에 닿기도 전에 굶어 죽든지, 야만족들의 칼에 맞아 죽든지 전멸하고 말 것이라는 절망에 빠지기 시작했다.

율리아누스는 이처럼 거의 극복하지 못할 것 같은 난국에 처해 사투를 벌이는 와중에도, 조용한 밤 시간에는 여전히 연구와 명상에 몰두했다. 짧고 불안한 잠에 빠질 때마다 그의 마

37 안토니우스가 퇴각할 때는 보리빵 한 개가 그 무게와 맞먹는 양의 은과 바꾸어졌다고 한다. 플루타르코스의 흥미로운 이야기를 읽다 보면 안토니우스와 율리아누스가 같은 적에게 쫓기면서 같은 곤경에 빠졌었음을 알 수 있다.

치명적인 상처를 입은
율리아누스

38 율리아누스는 다음과 같이 말했다. "신들과 그 오만한 추종자들 사이에서 이러한 기묘한 싸움이 벌어지는 것은 그리 드문 일도 아니다. 저 신중한 아우구스투스조차도 그의 함대가 두 번이나 침몰하자, 제신께 바치는 숭배 행렬에서 넵투누스를 빼 버렸던 것이다."

39 그들은 에트루스키에서 발명된 이 쓸모 없지만 수익은 꽤 되는 학문에 대한 독점권을 여전히 가지고 있었으며, 투스카니의 현자인 타르퀴티우스가 고대에 쓴 책에서 상징과 예언에 대한 지식을 얻었다고 주장했다.

음은 고통스러운 근심들로 어지러웠으므로, 제국의 수호신이 장례의 베일로 머리와 뿔을 감싸고 그의 앞에 나타났다가 천천히 황제의 막사에서 나가는 꿈을 꾸었을 때조차도 그다지 놀라지 않았다. 한번은 퍼뜩 잠에서 깨어 일어나 한밤중의 냉기로 지친 정신을 식히려고 밖으로 나왔다가, 유성 하나가 꼬리를 길게 끌며 하늘을 가로질러 갑자기 사라지는 것을 보았다. 율리아누스는 이는 필시 전쟁의 신이 보내는 위협적인 경고라고 확신하고38 회의를 소집하여 동물의 창자로 점을 쳐 보았다.39 그러자 하나같이 행동을 삼가라는 괘가 나왔다. 그러나 이번 경우만큼은 미신보다는 당면한 상황이 요구하는 바와 이성적 판단을 따르지 않을 수 없었으므로, 결국 새벽이 오자 진군의 나팔을 울렸다. 곧 군대는 험준한 지역을 통과하여 행군을 시작했는데, 그 지역의 언덕마다 페르시아군들이 비밀리에 매복해 있었다. 율리아누스는 유능한 장군답게 노련하고 신중하게 선봉 부대를 이끌고 가다가, 적이 후방을 기습했다는 소식에 깜짝 놀랐다. 무더운 날씨 때문에 흉갑을 벗은 상태였음에도 개의치 않고 황제는 수행하던 병사의 방패를 나꿔채어 증원군을 이끌고 후방의 병사들을 구하러 서둘러 달려갔다. 이때 전방에도 기습 공격이 가해졌고 황제는 다시 앞쪽을 방어하기 위해 발길을 돌려야 했다. 황제가 대열 사이를 서둘러 질주하던 중, 이번에는 좌측 중앙으로 성난 페르시아군의 기병대와 코끼리 부대가 순식간에 로마군을 제압해 버릴 기세로 치고 들어왔다. 그러나 마침 때맞춰 경무장한 보병대가 뛰어들어와 노련한 솜씨로 기병대의 배후와 코끼리의 다리에 무기를 던져 그들을 격퇴했다. 야만족들이 도주하자, 어떤 위험에서도 몸을 사릴 줄 모르는 율리아누스는 고함과 격렬한 몸짓으로 추격을 부추겼다. 적군과 아군이 무질서하게 뒤엉킨 가운데 흩어져 고전하던 그의 호위대는 두려움 모르는 군주에게 그렇게 갑옷도 입지 않고 싸우다가는 언제 위험이 닥칠지 모르니 우선 몸을 보호해야 한다고 간청했다. 그들이 황제에게 이렇게 외치고 있을 때, 갑자기 패주하던 기병 대대가 화살과 투창을 비처럼 쏘아댔다. 이 중 창 하나가 황제의 팔을 스치고 지나가 갈비뼈를 꿰뚫고 간장 아래쪽에 꽂혔다. 율리아누스는 옆구리에 박힌 창을 뽑아내려 했으나, 날카로운 창날에 손가락을 잘리고 의식을 잃은 채 말등에서 떨어졌다. 호위대가 달려와 부상당한 황제를 조심스럽게 땅에서 일으켜 전장의 혼란을 피해 근처 막사로 옮겼다. 이 우울한 소식은 곧 전군에게 전해졌으나, 로마군들의 슬픔은 불굴의 용맹과 복수욕에 불을 당겼다. 양군은 피비린내 나는 사투를 계속하다가 밤이 되어 칠흑 같은 어둠이 세상을 뒤덮고서야 싸움을 중지했다. 페르시아군은 로마군의 좌측을 공격하여 총무 장관 아나톨리우스를 죽이고 민정 총독 살루스티우스는 가까스로 목숨을 건져 달아나게 만드는 전과를 올렸다. 그러나 이날의 전투 결과는 크게 볼 때 야만족들의 패배로 끝을 맺은 셈이었다. 그들은 전쟁터를 포기했고, 두 장군 메라네스와 노호르다테스[40]를 비롯해 쉰 여 명의 귀족들과 태수들, 최정예 부대 다수를 잃었다. 만일 이때 율리아누스가 목숨을 건지기만 했더라면 로마군은 이날의 승전을 발판삼아 결정적인 승기를 잡을 수도 있었을 것이다.

[40] 샤푸르는 죽은 태수들의 가족들에게 선물로 자기 주인 옆에서 함께 목숨을 버리지 않은 수비대와 군관들의 목을 보내어 위로하는 것이 자신의 할 일이라고 로마군에게 선언했다.

대량 출혈로 인해 실신 상태에 빠졌던 율리아누스가 정신을 회복하고 내뱉은 첫 마디는 그의 무인다운 기개를 잘 보여 주었다. 그는 말과 무기를 가져오라며 어서 다시 전장으로 돌격하고 싶어 했다. 이렇게 무리하게 힘쓴 탓에 그의 남은 기력은 더욱 소진되었다. 그리고 그의 상처를 살펴본 의사들은 곧 다

서기 363년 6월 26일

41 율리아누스의 성격과 상황으로 보아, 그가 이전에 미리 공들여 작성해 둔 연설문을 암미아누스가 듣고 기록했다는 추측도 가능하다. 브레트리(Abbé de la Bléterie)의 번역이 원문에 충실하면서 유려하다. 원문에 희미하게 스며 있는 발산에 관한 플라톤적 사고를 표현하고자 그의 것을 따랐다.

42 헤로도투스는 한 유쾌한 이야기를 통해 그러한 교리를 보여 준 바 있다. 그러나 유피테르가 그의 아들 사르페돈의 죽음에 피눈물을 뿌리면서 탄식하는 모습에서는 무덤 너머의 행복이나 영광에 대해 그다지 확실한 관념이 없는 듯하다.

가올 죽음의 징후를 발견했다. 그는 영웅이자 현인다운 견결한 태도로 임종의 순간을 맞았다. 이 불행한 여정에 동행했던 철학자들은 율리아누스의 막사를 소크라테스의 감옥에 비유했으며, 의무감 또는 우정 때문에 혹은 호기심 때문에 그의 침상 주위에 모여든 목격자들은 비탄에 잠겨 죽어가는 황제의 마지막 유언에 귀를 기울였다.[41]

벗들이여, 그리고 짐의 병사들이여, 이제 짐이 떠나야 할 때가 되었으니, 기꺼이 빚을 갚으러 가는 채무자처럼 즐거운 마음으로 자연의 부름에 따르리다. 짐은 일찍이 철학을 통해 영혼이 육체보다 값진 것이니, 더 고귀한 실체가 육체로부터 분리되는 것은 고통스러워할 일이 아니라 마땅히 기뻐해야 할 일임을 배웠소. 또한 종교를 통해서는 때이른 죽음은 신의 보상을 받는다고 배웠소.[42] 그러니 이 죽음의 일격을, 지금까지 덕과 인내로 지켜 온 짐의 인격을 더럽힐지도 모를 위험으로부터 안전하게 구해 주려는 신의 호의로 받아들이오. 짐은 생전에 죄 없이 살았으니 후회 없이 가오. 짐의 사생활이 순결했음을 기쁘게 생각하는 바이며, 신들의 힘의 발화라 할 제왕으로서의 최고 권력이 짐의 손 안에서 순수하고 흠없이 유지되었다고 자신 있게 말할 수 있소. 짐은 전제 정치의 타락하고 파괴적인 원칙을 혐오했고, 국민의 행복을 정부가 취해야 할 목표라 여겨 왔소. 짐이 취한 행동들은 신중함과 정의와 중용의 법을 따랐으며, 모든 것을 신의 섭리에 맡겨 왔소. 평화가 공공의 이익에 합치하는 한 짐의 목표는 평화였으나 조국이 짐에게 무기를 들라고 절박하게 청할 때는, 짐이 언젠가는 검을 맞고 쓰러질 운명임을 분명히 알면서도(이를 예언으로부터 알았소.) 위험 앞에 나서기를 주저하지 않았소. 이제 잔인한 폭군이나 음모자의 단검, 혹은 질병의 느린 고통으로 죽는 괴로움을 면하게 해 주신 영원한 존재에게 감사를 바치고 싶소. 또한 신은 짐에게 명예로운 삶을 살던 가운데 이 세상을 영광스럽게 떠나도록 해 주셨소. 운명의 일격을 간청하는 것도 그것을 거부하는 것과 마찬가지로 어리석고 비겁한 일일 것이오. 이상이 짐이 말하고자 한 것이오. 이제 짐의 힘이 다하여 죽음이 임박했음을 느끼고 있소. 다음 황제의 추대 문제에 관해 여러분의 선택에 영향을 미칠지도 모를 말은 삼가도록 하겠소. 짐의 선택은 신중하지 못하거나 현명하지 못할 수도 있소. 또한 군대의 동의를 얻지 못한다면, 이는 짐이 천거한 인물에게 치명타가 될 수도 있소. 짐은 한 사람의 선량한 시민으로서, 모쪼록 로마인들이 덕망 높은 군주를 얻는 축복을 누리게 되기만을 바랄 뿐이오.

율리아누스는 단호하면서도 부드러운 목소리로 유언을 마치고 나서, 유언장에 따라[43] 개인 재산을 분배하겠다고 말했다. 그리고 왜 아나톨리우스가 그 자리에 없는지를 묻고는 살루스티우스의 대답에서 그의 죽음을 눈치 채고, 자신이 한 말과는 앞뒤가 안 맞지만 친구를 잃은 것을 슬퍼했다. 동시에 머리맡에 모인 사람들에게 지나치게 슬퍼한다고 책망하면서, 잠시 후면 천상으로 올라가 별과 함께 하게 될 황제의 운명을 남자답지 못한 눈물로 더럽히지 말라고 타일렀다.[44] 이에 사람들이 잠잠해지자 율리아누스는 철학자 프리스쿠스와 막시무스를 상대로 영혼의 본질에 대한 형이상학적인 토론을 시작했다. 그러자 이와 같은 육체적·정치적인 무리가 황제의 죽음을 재촉했던지 상처가 벌어져 다시 피가 흘렀고 혈관이 부풀어올라 호흡이 흐트러졌다. 그는 냉수를 청하여 조금 마시고는 곧 고통도 없이 숨을 거두었다. 때는 한밤중이었다. 이리하여 한 비범

[43] 군인들이 남기는 구두 유언은 로마법의 정규 절차에서 제외된다.

[44] 인간의 영혼과 우주의 신적 영기체와의 결합은 피타고라스와 플라톤의 교리였다. 그러나 어떤 개인적인 혹은 의식적인 불멸성을 포함하지는 않는 것 같다.

45 율리아누스의 죽음에 관해서는 이성적인 목격자였던 암미아누스가 모두 설명하고 있다. 공포심에 싸여 차마 보지 못하고 눈을 돌렸던 리바니우스가 이에 대한 몇 가지 보충 설명을 제공했다. 그레고리우스의 비방과 더 나중의 성인들이 전한 일화는 지금은 아무도 귀담아 듣지 않을 것이다.

한 인간의 삶이 막을 내렸으니, 그의 나이 32세, 콘스탄티우스 사후 왕위에 오른 지 1년 8개월 만이었다. 어느 정도는 허세가 섞여 있을지도 모르나, 그는 최후의 순간까지도 그의 삶 전체를 지배해 온 덕과 명예에 대한 열정을 보여 주었다.[45]

요비아누스를 황제로 선출

그의 사후 그리스도교의 승리와 제국에 닥친 온갖 재난의 책임은 어느 정도는 율리아누스에게 있을 것이다. 그는 제때에 현명하게 공동 통치자나 후임자를 지명하여 자신의 계획들이 사후에도 순조롭게 실행될 수 있도록 만전을 기해 놓는 데에는 소홀했다. 물론 황제의 입장을 이해할 수는 있다. 콘스탄티우스 1세의 혈통은 이제 율리아누스 단 한 사람밖에는 남지 않았을 뿐 아니라, 로마인들 중에서 가장 훌륭한 인물에게 왕위를 넘겨 줄 것을 진지하게 고려한다 해도, 선택에 따르는 여러 가지 어려움은 물론이고 권력욕과 배신에 대한 우려, 게다가 자신의 건강과 젊음, 성공에 대한 자신감 등이 겹쳐 그러한 결심을 뒤로 미루었을 것이다. 그러나 율리아누스가 예기치 않은 죽음을 맞음으로써, 제국은 디오클레티아누스를 황제로 선출한 이래 80여 년 만에 처음으로 지도자도, 후계자도 없는 혼란스럽고 위험한 상태에 빠졌다. 정부는 순수하고 고귀한 혈통 따위는 잊은 지 오래여서 출생 신분은 거의 중요하게 여겨지지 않았으며, 공직을 얻을 자격도 구체적이고 확실한 기준 없이 그때그때 바뀌었다. 따라서 공석이 된 옥좌를 노리는 야심찬 후보자들은 개인적인 업적이나 대중의 지지만으로도 황제가 될 수 있을 것이라 생각했다. 그러나 당시 군대는 굶주리고 있었고 사면이 적군으로 둘러싸인 상황이었던지라, 황제의 죽음을 슬퍼하고 후임자의 추대 문제를 깊이 생각하기에는 시간이 부족했다. 이러한 공포와 고난 속에서 황제의 유해는 그의 유언대로 정중하게 향료로 처리되어 미라로 만들어졌다. 날이 밝을 무렵, 장군들은 군사 평의회를 열고 군단장들과 기병대와 보병대 지휘관들도 참석시켰다. 그 전에 이미 서너 시간에 걸쳐 몇몇 은밀한 논의들이 진행된 바가 있었던지라 회의가 시작되어, 황제의 추대 문제가 제기되자 각 파벌들 간의 당파 싸움으로 회의가 어지러워지기 시작했다. 빅토르와 아린테우스는 콘스탄티우스의 잔당들을 규합했으며, 율리아누스의 벗들은 갈리아의 대장인 다갈라이푸스와 네비타를 중심으로 모였다. 이 두 파벌은 성격이나 이해관계, 통치 원리, 종교적 신념 등 모든 면에서 극과 극이었으므로, 그들 간의 불화는 대단히 치명적인 결과를 가져올지 모른다는 우려를 낳았다. 이러한 분열을 화해시키고 뜻을 모을 수 있는 인물은 덕망 높은 살루스티우스뿐이었다. 이 존경받는 민정 총독이 고령과 노환을 이유로 자신은 왕관을 받을 수 없다고 강력하게 고사하지만 않았더라면, 그는 그 자리에서 율리아누스의 후임으로 추대되었을 것이다. 살루스티우스의 거절에 놀라고 당황한 장군들은 한 하급 무관[46]의 충언에 귀를 기울이기로 했다. 그는 황제의 부재시에 마땅히 취해야 할 행동에 대해 얘기하면서 무엇보다도 일단은 현재의 난국에서 군대를 구하는 데 온 힘을 쏟아야 하며, 운이 좋아 메소포타미아 국경까지 가기만 한다면 시간을 가지고 적법한 군주의 선출에 대해 협의할 수 있으리라고 했다. 그러나 이렇게 토의가 진행되는 중에도 몇몇의 목소리는 아직 친위대 부(副)대장[47]에 불과한 요비아누스를 황제와 아우구스투스의 칭호로 부르기 시작했다. 그러다 요란한 갈채와 환호가 막사를 둘러싼 호위대들로부터 몇 차례 터져 나왔고, 얼마 지나지 않아 대열 끝까지 퍼져 나갔다. 요비아누스는 황제라는 뜻밖의 행운에 놀라움을 금치 못하면서도 서둘러 황제로서의 격식을

[46] 아마도 이 인물은 암미아누스 자신이었을 것이다. 이 온건하고 현명한 역사가는 추대 장면을 묘사하고 있는데, 이 현장에는 틀림없이 그도 참석해 있었을 것이다.

[47] 제일인자는 원로원 의원의 권위를 누렸으며, 일개 군단 참모장교에 불과할지라도 군대에서 두크스의 지위를 차지했다. 이러한 특권은 아마도 요비아누스의 시대보다 더 나중에 부여되었던 것인 듯하다.

갖추고, 바로 얼마 전까지만 해도 그가 호의와 보호를 구했던 장군들로부터 충성의 서약을 받았다. 요비아누스가 천거된 데는 그의 아버지인 바르로니아누스의 공이 매우 컸는데, 그는 오랜 세월 국가에 봉사를 한 대가로 명예롭게 은퇴하여 여생을 즐기던 차였다. 그다지 눈에 띄지 않는 신분 출신이었던 그의 아들은 나름의 자유를 누리며 한때 주색에 탐닉하기도 했으나, 그리스도교인이자 군인으로서의 평판도 잃지 않았다.[48] 요비아누스는 사람들의 찬탄과 질투를 불러일으킬 만한 야심적인 자질을 보여 준 적은 없었으나 잘생긴 외모와 쾌활한 성격, 격의 없는 재치로 동료 병사들의 애정을 얻었다. 양 파벌의 장군들은 내키지는 않으나 어쨌든 반대파의 간계로 이루어진 일은 아니었으므로 마지못해 동의했다. 사실 이처럼 뜻밖에 왕위에 올랐다는 기쁨과 자랑스러움도 바로 그날 당장 새로운 황제로서의 생명과 치세가 끝장날 수도 있는 당시의 어려운 상황을 생각하면 빛이 바랠 수밖에 없었다. 상황이 급박했던 만큼 지체없이 그에게 복종하지 않을 수 없었으므로, 선임자가 숨을 거둔 지 몇 시간 만에 요비아누스는 첫 명령을 내려 로마군을 현재의 난국에서 구해 내기 위해 행군을 시작했다.[49]

적이 상대를 얼마만큼 경외하고 있는가는 그에 대해 느끼는 공포가 어느 정도인가로 가장 잘 알 수 있을 것이며, 그 공포의 정도는 상대의 손에서 놓여나게 되었을 때 느끼는 환희의 정도와 정확히 맞먹을 것이다. 율리아누스의 사망이라는 희소식이 한 탈영병에 의해 샤푸르의 막사에 알려지자, 절망에 빠져 있던 군주는 갑자기 승리의 확신에 부풀었다. 그는 즉각 1만 명으로 구성된 황실 기병대[50]를 파견하여 추격을 강화하는 한편, 로마군의 후위에 전 병력을 동원해 공격을 가했다. 로마군의 후방은 혼란 상태에 빠졌으며, 디오클레티아누스와 그의 용감한 전

---

[48] 교회 사가인 소크라테스, 소조메노스, 테오도레투스는 요비아누스를 이전 황제 밑에서 신앙을 증거한 자로 추켜세웠으며, 전군이 한 목소리로 자신들이 그리스도교인이라고 외치자 그때서야 비로소 자의를 받았을 것이라고 상상했다. 암미아누스는 냉정하게 서술을 계속해 나가면서, 단 한 문장으로 이 전설을 뒤엎어 버린다.

[49] 암미아누스는 편견 없이 요비아누스의 인물됨을 그려 냈으며, 빅토르가 이에 몇 가지 주목할 만한 언급을 덧붙였다. 브레트리는 그의 짧은 통치의 역사를 정교하게 재구성해 내었는데, 이는 우아한 문체, 비판적인 탐구, 종교적 편견 등 주목할 만한 특징을 보여 주는 작품이다.

[50] 이 황실 기병대는 키루스 왕과 그 후임자들 휘하에서 너무나도 유명하여, 사산 왕조 때까지도 존속되었다고 프로코피우스가 전한다.

우들로부터 직위를 받았던 명성 높은 군단들조차도 코끼리 떼에 짓밟히는 신세가 되었다. 이 와중에 장교 세 사람이 병사들의 도주를 막으려다 목숨을 잃었다. 그러나 로마군은 끝까지 용맹을 발휘하여 결국 전세를 역전시켰으며, 페르시아군은 엄청난 인명과 코끼리 떼의 손실을 입은 채 퇴각했다. 군대는 긴 여름날 하루를 꼬박 행군하고 전투를 치른 끝에 저녁 무렵에는 크테시폰 상류에서 백 마일 남짓 떨어진 티그리스 강변의 사마라에 닿았다.51 다음 날, 야만족들은 행군 대열을 습격하는 대신 깊은 골짜기 외진 곳에 자리잡은 요비아누스의 막사를 공격했다. 구릉 지대에서 페르시아의 궁수들은 지쳐 기진맥진한 로마의 군단병들을 조롱하며 성가시게 굴었다. 또한 페르시아의 기병대 한 개 대대는 로마 근위병들이 지키는 문을 뚫고 들어가 황제의 막사 옆에서 난투를 벌인 끝에 살육당했다. 다음 날 밤에는 카르케의 높은 강둑이 둘러쳐진 곳에 막사를 쳤다. 로마군은 사라센족의 성가신 추격에 끊임없이 시달리면서 율리아누스가 죽은 지 나흘째 되는 날에는 두라52 근방에 막사를 쳤다. 티그리스 강을 왼편에 낀 채 행군이 계속되면서 이제 로마군에게는 희망도 군량도 거의 바닥난 상태였다. 제국의 국경선이 머지 않았다고 믿고 버티던 병사들도 더 이상 참기 힘들어지자, 새로운 군주에게 하늘에 운을 맡기고 도강 작전을 한 번 시도해 보자고 간청했다. 요비아누스는 현명한 장군들과 함께 이러한 경솔함을 말리려고 애썼다. 그들이 깊고 빠른 물살을 거슬러 갈 만한 힘과 기술이 있다 하더라도, 이미 반대쪽 강변을 점령한 야만족들 앞에 무방비 상태로 노출될 수밖에 없다는 것이 그 이유였다. 그러나 결국은 병사들의 끈덕진 간청에 못 이겨 라인 강과 도나우 강에서 잔뼈가 굵어 온 갈리아와 게르마니아의 병사 500명을 뽑아 대담한 모험을 시도하기로

51 내륙 지역의 외진 마을들은 모두 점령당했다. 율리아누스가 쓰러졌던 전장의 이름을 확실히 알 수는 없으나, 당빌(M. D'Anville)은 티그리스 강변의 수메르, 카르케, 두라라고 증명해 보였다. 서기 9세기경, 수메르(다른 이름으로는 사마라)는 칼리프의 거주지가 되면서 이름이 약간 바뀌었다.

52 두라는 안티오크가 메디아와 페르시아의 역도들에 대하여 벌인 전쟁 중 요새화된 곳이었다.

53 이와 비슷한 원정 계획이 1만 명의 병사를 이끄는 지도자들에게 제안된 적이 있었으나, 현명하게도 그들은 이를 거부했다. 바람 주머니 위에 뗏목을 띄워 티그리스 강에서 무역과 항해를 하는 데 이용했던 것으로 보인다.

54 요비아누스가 황제의 자리에 오른 후 내린 최초의 군사 명령에 대해서는 암미아누스, 리바니우스, 조시무스가 설명하고 있다. 리바니우스가 과연 공정한가에 대해서는 의심의 여지가 있다 하더라도, 에우트로피우스가 본 그대로 증언한 바를 들으면 암미아누스가 로마군의 승리를 지나치게 질시했다는 의심을 품지 않을 수 없다.

결정을 내렸다. 이 시도의 결과가 남은 군대에게 격려가 될지 경고가 될지 모르지만 나름대로 효과가 있으리라는 판단에서였다. 그리하여 마침내 이들은 조용한 밤에 티그리스 강을 헤엄쳐 건너가 방심한 적의 수비대를 기습하였고, 새벽녘에는 그들의 결단에 행운이 따랐음을 보여 주는 신호를 올릴 수 있었다. 이 시도의 성공에 힘입어 황제는 양, 소, 염소의 가죽에 공기를 넣어 띄우고 그 위를 흙과 나뭇가지로 덮어 부교를 만들자는 건축공들의 제안에 귀가 솔깃해졌다.53 그러나 이러한 시도는 무익한 노동에 금쪽 같은 이틀의 시간만 버리는 결과가 되었다. 이미 굶주림의 고통에 지쳐 버린 로마군들은 티그리스 강과 야만족들을 향해 절망스러운 눈길을 던질 따름이었다. 야만족들의 숫자와 물러설 줄 모르는 끈기는 로마군의 고통을 가중시켰다.54

서기 363년 7월,
평화 협상

이와 같이 절망적인 상황에서 평화 협상의 소식이 들려오자 로마군의 꺼져 가던 기운이 되살아났다. 자신감을 이미 상실한 샤푸르 역시 로마군과 지지부진한 전투가 되풀이되는 속에서 가장 충성스럽고 용감한 귀족들과 정예 부대들, 코끼리 부대의 상당수를 잃자 진지하게 생각을 돌리지 않을 수 없었다. 그뿐 아니라 이 경험 많은 군주는 로마군이 절망감에서 필사적으로 저항한다면 언제 상황이 바뀔지 모른다고 생각했고, 율리아누스의 후임자를 구하기 위해, 혹은 그의 원수를 갚기 위해 로마 제국이 곧 무궁무진한 힘으로 반격해 올지도 모른다는 생각에 두려움마저 느꼈다. 이런 연유로 장군 한 사람이 태수를 대동하고 요비아누스의 막사에 나타나 로마 황제는 물론이고 포로 신세나 다름없이 된 로마의 군대를 용서하고 돌려보내 주겠노라는 페르시아 군주의 자비로운 뜻을 전했다. 목숨을 구할 희망이 보이자 로마 병사들의 굳은 의지도 허물어져 내렸다. 이에 황제는 신하들의 충고와 병사들의 탄원에 떠밀려 평화 협상 제의를 받아들일 수밖에 없었다. 요비아누스는 페르시아 왕의 의중을 알아보기 위해 살루스티우스와 아린테우스를 즉각 파견하였다. 그러자 교활한 페르시아 왕은 갑자기 어려운 문제를 들고 나온다든가 설명을 요구하는 등 다른 편법을 내놓고, 양보하기로 했던 것을 철회하면서 요구 조건을 늘리는 등 이런저런 구실을 붙여 협상을 나흘 간이나 질질 끌어서 결국은 로마군의 막사에 남은 식량 비축분마저 바닥나게 만들었다. 여기서 만일 요비아누스가 대담하면서도 신중한 조치를 실행에 옮길 능력이 있는 인물이었더라면 협상이 이루어지는 동안일지라도 포기하지 않고 행군을 계속했을 것이다. 그랬더라면 일단은 평화 조약의 협상이 진행 중인 상황이었던 만큼 야만족들로부터의 더 이상의 공격은 없었을 것이고, 나흘이 다 가기 전에 백 마일 남짓밖에 떨어져 있지 않은 코르두에네의 풍요로운 땅까지 안전하게 도착할 수 있었을 것이다.[55] 그러나 우유부단한 황제는 적의 함정을 돌파하는 대신 체념에 빠져 자신에게 닥칠 운명을 기다리기만 하다가, 더 이상은 거부할 힘도 남지 않게 되어 굴욕적인 화평 조건을 감수했다. 일찍이 샤푸르 왕의 조부가 양도했던 티그리스 변경의 다섯 개 속주가 다시 페르시아 군주의 영토로 반환되었다. 또한 그는 세 차례의 연이은 포위 공격에도 끄덕 않고 버텼던 난공불락의 도시 니시비스도 손에 넣었다. 메소포타미아 최대 요충지들 중 하나인 싱가라와 무어족들의 성도 이 협상을 통해 로마로부터 떨어져 나갔다. 페르시아 왕은 이 요새들의 거주민들에게 가재 도구와 재산을 챙겨 떠나도록 허락해 준 것만도 특별히 은혜를 베풀어 주는 것인 양 생색을 냈다. 게다가 정복자는 이에 만족하지 않

[55] 군인이자 목격자인 암미아누스의 의견을 논박한다면 주제넘은 짓일지도 모른다. 그러나 어떻게 코르두에네의 산들이 티그리스 강과 대(大)자브 강이 합류하는 지점 정도의 낮은 고도에 위치한 아시리아의 평원까지 뻗어 있을 수 있는지, 어떻게 6000명의 군대가 나흘 동안 100마일을 행군할 수 있는지는 이해하기 어렵다.

고 로마인들은 아르메니아의 왕과 왕국을 영원히 포기해야 한다고 엄하게 선언했다. 결국 평화 조약이라기보다는 30년간의 긴 휴전 조약이라 할 협정이 양국간에 체결되었다. 그리고 양국은 엄숙한 맹세와 종교 의식 아래 협정을 준수할 것을 맹세하고, 협상 조건들의 차질 없는 수행을 보장하기 위해 신분 높은 인질들을 서로 교환했다.

요비아누스의
약점과 불명예

안티오크의 철학자인 리바니우스는 그의 영웅이었던 율리아누스의 왕홀이 이처럼 나약한 그리스도교도의 후계자 손에 넘어가는 것에 매우 못마땅해 했던 터라 샤푸르가 유프라테스 강까지 야심을 뻗쳤더라도 전혀 힘들이지 않고 요구한 바를 얻었을 텐데 로마 제국의 작은 일부분만으로 만족하다니 그의 중용에 감탄하지 않을 수 없다고 비꼬았다. 또한 그가 페르시아 국경을 오론테스, 키드누스, 상가리우스, 심지어 트라키아의 보스포루스까지 넓혔더라도 요비아누스의 궁정에 넘쳐나는 아첨꾼들은 이 겁쟁이 군주에게 남은 속주만으로도 권력과 사치의 단맛을 누리기에는 충분하다고 속살거렸으리라고 조롱했다. 이 악의적인 풍자를 전적으로 받아들이지는 않는다 해도, 그렇듯 굴욕적인 조약이 이루어질 수 있었던 데에는 요비아누스의 개인적인 야심도 한몫 했을 것이라 추측하는 것에는 별 무리가 없는 듯하다. 잘 알려지지도 않았던 일개 신하의 위치에서 자신이 성취한 업적 때문이라기보다는 그저 운이 좋아서 왕좌에 오른 그로서는 일단 페르시아 왕의 손에서 놓여나는 것이 급선무였다. 그래야만 메소포타미아의 군대를 지휘하는 프로코피우스가 황제 몰래 계략을 꾸미지 못하도록 사전에 막을 수 있었다. 또한 티그리스 강 너머에서는 아직도 황제가 선출된 사실조차 모르고 있었을 정도였으니, 다른 군단과 속주에까지 요비아누스의 불안한 지배를 확고히 하려면 한시가 급했다. 두라에서 얼마 떨어지지 않은 이 티그리스 강변의 인근은 과거에 1만여 명의 그리스인들이 장군도, 안내자도, 식량도 없이 고국에서 1200마일이나 떨어진 곳에서 승리한 적국 군주의 분노 앞에 무방비 상태로 내버려진 적이 있었다. 즉 지금의 로마군과 같은 상황에 처해 있었던 것이다. 그러나 그들이 취한 행동과 그 결과는 지금의 로마군과 전혀 달랐다. 그들은 단 한 사람의 개인적인 판단이나 의향에 순순히 운명을 맡기기보다는, 군중 집회로 뜻을 모아 단합된 합의를 도출해 냈다. 시민들의 마음속마다 영광에 대한 갈망, 자유민으로서의 자긍심, 죽음도 가벼이 여길 만한 용기가 가득 차 있었다. 무기와 군율 면에서 야만족보다 앞선다는 자부심을 가지고 있었던 그들은 굴복을 치욕으로 여기고 거부했다. 결국 그들은 인내와 용기, 무용으로 모든 장애물을 극복하고 기념비적인 퇴각 작전에 성공함으로써 페르시아 군주의 나약함을 만천하에 공개하여 모욕했다.56

굴욕적인 양보의 대가로, 황제는 굶주린 로마군들을 충분히 먹일 만큼의 식량과,57 페르시아인들이 건설한 다리로 티그리스 강을 건너도록 해 줄 것을 요구했던 듯하다. 요비아누스로서는 자신의 이러한 요구 사항들이 결코 무리한 조건이 아니라고 생각했겠지만, 동방의 오만한 군주는 이를 한마디로 거절했다. 그가 베푼 관용이란 그의 나라를 침략한 자들을 용서해 주는 것까지가 전부였다. 하기야 사라센족들은 이따금씩 행군에서 낙오된 자들을 사로잡아 갔으나, 샤푸르의 군대와 장군들은 휴전 협정을 지켰으므로 요비아누스는 강을 건너기에 가장 적당한 장소를 찾을 수 있었다. 이때 함대를 소각할 때 남

계속해서 니시비스로 후퇴하는 요비아누스

56 『키루스의 교육(Cyropædia)』은 내용이 모호하고 활력이 없는데 반하여, 『아나바시스(Anabasis)』는 상세하며 활기가 넘친다. 이런 것이 허구와 사실 간의 넘을 수 없는 차이라 할 것이다.

57 루피누스의 말에 따르면, 즉각적인 식량 공급이 협정의 조건으로 요구되었다고 하며, 테오도레투스는 페르시아인들이 이를 충실히 실행에 옮겼다고 주장한다. 이러한 사실은 개연성이 전혀 없지는 않지만, 의심할 여지 없는 거짓이다.

겨 두었던 소형 선박들이 가장 중요한 역할을 해 내었다. 먼저 황제와 그의 총신들을 배로 실어 나른 다음, 여러 차례에 걸쳐 병사들을 거의 다 실어 날랐다. 하지만 누구나 자기 한몸의 안전을 구하기에 급급한 처지였으므로, 적국의 해변에 남겨지게 될까 두려웠던 일부 병사들은 배가 돌아오기까지의 시간을 기다리지 못하고, 가벼운 잡동사니나 공기를 넣어 부풀린 가죽 주머니 따위에 몸을 의지하여 말을 뒤에 이끌고서 강을 건너고자 뛰어들었다. 이 대담하기 짝이 없는 모험꾼들 중 상당수가 거친 물결에 휩쓸려 갔고, 이를 잘 버텨 낸 사람들 중에서도 또 많은 자가 거친 아랍족들의 탐욕과 잔인성에 손쉬운 먹이가 되었다. 티그리스 강을 건너면서 로마 군대가 입은 인명 손실은 하루 동안의 전투로 잃은 사상자 수와 맞먹는 것이었다고 한다. 서쪽 강변에 상륙하는 데 성공한 로마군들은 일단 야만족들의 추격으로부터는 벗어났으나, 그 다음에는 메소포타미아 평원을 가로질러 200마일 이상 고된 행군을 하면서 극도의 갈증과 굶주림을 견뎌야만 했다. 그들은 풀 한 포기, 물 한 모금 없는 70마일에 달하는 사막을 건넜다. 그 척박한 황무지에서는 친구고 적이고 사람의 발자국 하나 찾아볼 수가 없었다. 막사에서 아주 적은 양이라도 밀가루가 나오기만 하면, 밀가루 20파운드에 금화 열 닢을 내겠다고 앞다투어 덤벼드는 판국이었다. 짐을 나르던 짐승들도 모두 잡아먹었다. 사막에는 로마군 병사들의 무기와 짐들이 도처에 버려졌고, 누더기가 된 의복과 깡마른 얼굴은 그들이 겪어 온 고통과 현재의 비참상을 여실히 보여 주었다. 이때 마침 적은 양의 식량이 우르 성에서 호송되어 왔다. 이는 무엇보다도 세바스티아누스와 프로코피우스의 충성심을 보여 주는 것이었기에 더욱 반가웠다. 황제는 틸사파타에서 메소포타미아의 장군들을 기쁜 마음으로 영접했다. 한때는 그렇게도 위용을 뽐냈던 로마군도 이제는 얼마 남지 않은 병사들만이 니시비스의 성벽 아래에서 휴식을 취할 수 있었다. 요비아누스의 사절들은 이미 그가 추대된 사실과 그가 맺은 조약과 귀환 등을 온갖 아첨을 다하여 포고했다. 새로운 황제는 이해관계에서든 본심에서든 새 황제의 대의를 굳게 지지하는 장군들에게 군대의 지휘권을 맡김으로써 유럽의 군대와 속주들의 충성을 확보할 가장 효과적인 조치를 취했다.

율리아누스의 벗들은 그의 원정이 반드시 성공할 것이라고 자신 있게 단언했었다. 그들은 신전마다 동방에서 가져온 전리품으로 가득 차게 될 것이며, 페르시아는 로마의 법과 관료들의 지배를 받으며 공물을 바치는 속주로 전락하여 정복자들의 의복과 관습, 언어를 받아들이고, 에크바타나와 수사의 젊은이들이 그리스인 선생들 밑에서 수사학을 공부하게 되리라는 달콤한 꿈에 부풀었다.[58] 그러나 율리아누스의 군대가 진군해 가면서 제국과의 연락이 두절되었고, 특히 티그리스 강을 건너간 이후로는 그의 충신들조차 그의 운명이 어찌 되었는지 전혀 알 길이 없었다. 그러다가 그가 죽었다는 소문이 들려오자 승리의 꿈에 부풀었던 사람들은 불안감에 잠겼다. 그들은 그 불행한 사건의 진실을 더 이상 거부할 수 없게 된 후조차도 계속해서 소문의 진위를 의심했다.[59] 요비아누스의 사절들은 페르시아와의 평화 조약은 현명하고도 불가피한 결정이었다는 그럴듯한 이야기를 퍼뜨리고 다녔으나, 그보다 더 믿을 만한 소식통이 황제가 겪은 굴욕과 불명예스러운 조약의 조건들을 폭로했다. 존경할 가치도 없는, 율리아누스의 후계자가 갈레리우스의 승리로 얻었던 다섯 개의 속주를 적에게 넘겨주었을 뿐 아니라, 수치스럽게도 야만족들에게 더없이 중요한 도시이자

평화 협정에 반대하는 외침

[58] 이는 수사학자들로서는 당연히 품음직한 희망이자 꿈이었다.

[59] 이교를 열렬히 신봉하는 도시인 카레의 시민들은 불길한 소식을 가져온 사자를 돌무더기 속에 묻어 버렸다. 리바니우스는 이 비보를 듣고 자신의 칼에 눈을 돌렸으나, 플라톤이 자살을 비난했던 것을 상기하고 살아남아 율리아누스를 위한 찬양문을 짓기로 했다.

동방의 속주들을 지키는 든든한 방벽인 니시비스를 양도한 사실을 알게 되자 사람들의 마음은 경악과 비탄, 분노와 공포로 가득 찼다.[60] 조약의 준수가 국민의 안전과 배치된다면 어느 선까지 이를 지켜야 할 것인가라는 근본적이고도 위험스러운 문제가 공공연하게 사람들의 대화 주제가 되었다. 일부에선 황제가 애국심에서 조약을 위반하는 행동을 취함으로써 그간의 나약함을 보상할지 모른다는 헛된 기대를 품기도 했다. 로마 원로원의 굽힐 줄 모르는 기상은 사로잡힌 군대의 곤궁을 덜어 주고자 불평등한 조건을 수락하지는 않는다는 원칙을 고수해 왔다. 만일 과오를 저지른 장군을 야만족들의 손에 넘겨 줌으로써 국가의 명예를 지킬 수 있다면, 요비아누스의 국민들 대다수는 기꺼이 고대의 선례를 따랐을 것이다.[61]

[60] 암미아누스와 에우트로피우스는 일반 대중의 여론을 공정하고 신뢰감 있게 전달한 증인들로 받아들여도 좋을 것이다. 안티오크 시민들은 이 수치스러운 평화는 결국 그들을 페르시아인들 앞에 무방비 상태로 내놓는 것이라고 격렬하게 비난했다.

[61] 브레트리는 지독한 궤변론자이기는 하지만, 요비아누스는 국민들의 동의 없이는 제국을 분할하거나 양도할 수 없었기 때문에, 그의 약속을 꼭 실행해야 할 의무에 매어 있던 것은 아니라고 단언했다. 나로서는 이러한 정치적 탁상공론에서는 그다지 재미나 교훈을 찾아 내지 못하겠다.

니시비스에서 물러나고, 페르시아에 다섯 개의 속주를 반환한 요비아누스

그러나 황제의 합법적인 권위의 한계가 어디까지이든 간에, 어쨌든 황제는 국가의 법과 군사력의 절대적인 주인이었다. 그는 평화 조약에 서명한 것과 같은 동기에서 조약을 실행에 옮기려 했다. 황제는 몇 개의 속주를 희생해서라도 제국을 손에 넣으려는 초조한 마음과 더불어 종교와 명예라는 그럴듯한 명목으로 두려움과 야심을 감추었다. 황제는 충직한 니시비스 시민들의 간청에도 불구하고, 신중을 기하고 체통을 지키기 위해 니시비스의 궁정에 머물지 않았다. 그러나 그가 도착한 다음날 아침, 페르시아의 특사로 비네세스라는 인물이 시에 들어와, 페르시아 왕의 기를 성벽 위에 내걸고는 니시비스 시민들에게 그곳을 떠나든지 노예가 되든지, 양자택일하라는 잔인한 명령을 내렸다. 니시비스의 시민들은 마지막 순간까지도 로마의 황제가 자신들을 보호해 주리라는 믿음을 버리지 않고 요비아누스의 발에 매달렸다. 그들은 그렇지 않아도 페르시아의 야만적인 폭군이 니시비스 성 밑에서 세 번이나 잇단 패배를 겪은 일로 더욱 격분해 있을 것이니 우리 이 충성스러운 국민들을 넘기지 말아 달라며 로마 황제에게 애원했다. 또한 그들에게는 아직 침략자들을 물리칠 힘과 용기가 있으니, 하다못해 스스로를 방어하도록 허락이라도 해 달라고 간청했다. 이로써 그들이 독립하게 된다 해도, 다시 로마 국민의 지위를 내려 주기를 탄원하겠다고까지 말했다. 그러나 그들의 주장, 열변, 눈물, 그 어떤 것도 소용이 없었다. 요비아누스도 처음 얼마간은 당황한 듯했으나 곧 서약의 의무를 내세워 그들의 청을 물리쳤다. 게다가 그들이 선물로 바친 금으로 만든 왕관마저도 거부하자, 시민들은 그에게 더 이상 아무런 희망도 가질 수 없음을 확실히 알았다. 시민들의 대변자 중 한 사람인 실바누스는 이에 격앙하여 외쳤다.

오 황제시여! 그대의 영토 내의 모든 도시들로부터도 이런 식으로 왕관을 받으시게 되기를!

요비아누스는 지난 몇 주 간의 황제 노릇에 이미 익숙해진 터라,[62] 이처럼 거침없는 발언이 몹시 거슬렸을 뿐 아니라, 그 말 속에 숨은 진실에 심기가 상했다. 그는 국민들이 불만에 찬 나머지 페르시아 쪽으로 마음이 기울까 우려되어, 사흘의 말미를 주겠으니 그 안에 도시를 떠나지 않으면 사형에 처하겠다는 칙령을 내렸다. 암미아누스는 이 절망적인 광경을 동정의 눈으로 생생하게 묘사했다. 젊은 병사들은 울분에 차서 그들이 그렇게도 자랑스럽게 지켜 왔던 성벽을 버리고 떠났다. 비탄에 찬 상주들은 이제 곧 아들 또는 남편의 무덤이 야만족 군주의 거친 손에 더럽혀질 것을 슬퍼하며 그 위에 마지막 눈물을 뿌

[62] 그는 니시비스에서 황제의 칙령을 실행했다. 그와 같은 이름을 가진 용감한 무관으로 자의를 받을 만한 자격이 있다고 여겨진 사람이 있었는데, 저녁 식사를 하던 그를 끌어내어 우물에 던져 넣고는, 어떤 형식의 재판이나 유죄 증거도 없이 돌로 쳐 죽였다.

렸다. 나이 든 시민은 어린 시절의 추억이 깃든 자신들의 집 문지방에 입을 맞추며 문짝을 차마 놓지 못했다. 큰길은 공포에 질려 떠는 군중들로 메워졌으니, 대재난 앞에서는 지위와 신분, 남녀노소의 구분도 없었다. 너나 할 것 없이 남겨진 가산 중 하나라도 더 건져 가려고 아우성들이었으나, 말이나 마차를 구하기도 어려웠으므로 귀중한 재산의 대부분을 버리고 가야만 했다. 거기다가 요비아누스의 잔인할 만큼 냉담한 태도는 이 불행한 피난민들의 곤경을 더욱 악화시켰던 것 같다. 어쨌든 그래도 그들은 새로 지어진 아미다의 한 지역에 머물게 되었다. 그리고 이 도시는 상당한 규모의 식민지를 흡수한 덕에 곧 이전의 영광을 회복하여 메소포타미아의 수도가 되었다. 싱가라와 무어족의 성에도 주민들을 소개시키라는 앞서와 비슷한 황제의 명령이 내려졌으며, 티그리스 강 변경의 다섯 개 속주도 이와 같은 절차를 거쳐 샤푸르에게 반환되었다. 이로써 샤푸르는 승리의 영광과 그 열매를 즐기게 되었다. 이 굴욕스러운 화평은 당연히 로마 제국의 쇠망 과정에서 기억할 만한 전기가 된다. 요비아누스의 선임자들도 멀리 떨어진 곳의, 그다지 실익도 없는 속주들을 간혹 포기해야 할 때가 있었지만, 일찍이 로마가 건설된 이래 공화국의 국경을 지키는 로마의 수호신인 테르미누스가 승리한 적의 칼 앞에서 물러난 적은 한 번도 없었다.

율리아누스의 죽음에 대한 회고

이처럼 요비아누스는 국민들의 기대를 저버린 채 조약의 의무를 실행한 뒤에는 불명예스러웠던 현장을 황급히 벗어나 안티오크의 사치를 즐기러 신하들을 이끌고 돌아갔다. 그는 자신의 신앙에 구애받지 않고 오로지 자비심과 감사의 마음에서 서거한 군주(율리아누스)의 유해에 서둘러 마지막 영예를 내리기로 했다.63 단 이때 친족의 죽음을 진심으로 애통해 하던 프로코피우스는 장례를 수행하라는 그럴듯한 구실로 군대의 지휘관 자리에서 면직되었다. 율리아누스의 유해는 보름 동안 천천히 행차하여 니시비스에서 타르수스까지 운구되었다. 유해가 동로마의 도시들을 통과할 때, 서로 적대 관계에 있는 파벌들 사이에서 애도의 통곡 소리와 시끄러운 모욕의 말이 동시에 터져 나왔다. 이교도들은 벌써 자신들의 친애하는 영웅을 그가 일찍이 그 위상을 회복시켜 주었던 여러 신들의 반열에 올려놓은 반면에, 그리스도교도들은 배교자의 영혼은 지옥으로, 육신은 무덤으로 쫓아 보내라고 저주를 퍼부었다.64 한 무리는 자신들의 제단에 다가올 파멸을 생각하며 슬퍼하고, 다른 무리는 교회가 기적같이 구원받게 된 데 찬양을 보냈다. 그리스도교도들은 죄 많은 율리아누스의 머리 위를 그렇게 오랫동안 맴돌던 신이 복수의 검으로 드디어 일격을 가했다며 기뻐해 마지않았다. 그들은 이 폭군이 티그리스 강 너머에서 죽음을 맞는 순간 이집트, 시리아, 카파도키아의 성인들은 신의 계시로 이를 알았으며,65 그를 쓰러뜨린 것은 페르시아군의 화살이 아니라 초인적인 신의 보이지 않는 손이 행한 영웅적인 일격이었다고 주장했다.66 그의 적들은 악의에서, 혹은 어리석은 신앙심에서 이러한 터무니없는 주장들을 열성적으로 받아들였을 뿐 아니라, 교회의 지도자들이 로마인들 중 누군가가 그를 암살하도록 광신 행위를 조장하고 지시했다는 암시를 은밀히 흘리거나 아예 내놓고 주장했다.67 율리아누스가 죽은 지 16년이 지난 후, 리바니우스가 테오도시우스 황제 앞에서 한 대중 연설에서도 이를 들어 준엄하게 책임을 물었다. 그의 의심을 뒷받침해 줄 만한 증거는 없으나, 친애하는 벗의 차갑게 잊혀진 유골에 대한 이 안티오크의 철학자의 애정만은 높이 사 줄 만하다.68

63 브레트리는 율리아누스의 시체를 개들이 뜯어 먹게 던져 주어야 한다고 한 바로니우스의 야만스러운 편협함을 멋지게 웃음거리로 만들었다.

64 이교 철학자와 성자(리바니우스와 나지안주스의 그레고리우스)를 비교해 보라. 그리스도교 연사는 절제와 용서를 권고했으나, 율리아누스가 실제로 겪게 될 고통이 익시온이나 탄탈루스가 겪었다는 허구의 고통보다 훨씬 더 지독할 것이라고 생각하며 만족스러워했다.

65 티유몽(M. de Tillemont)은 이러한 환상의 예들을 수집했다.

66 소조메노스는 폭군 살해에 관한 그리스의 교리에 찬사를 보냈다.

67 율리아누스가 숨을 거두자마자 불확실한 소문이 로마 전체에 떠돌았다. 일부 탈영병들이 이 소문을 페르시아 진영에 전하여, 로마인들은 샤푸르와 그 국민들로부터 황제를 암살한 자들이라는 비난을 받았다. 페르시아 병사들 중 약속된 보상을 요구한 자가 아무도 없었다는 사실이 결정적인 증거로 제시되었다. 하지만 기마병이 투창을 던져 치명상을 입히고도 그 사실을 몰랐을 수도 있고, 기마병 본인이 살해되었을 수도 있다.

율리아누스의 장례식

로마인들은 고대부터 내려온 기묘한 관습을 따르고 있었다. 즉 전쟁에서 승리하여 개선식을 올릴 때뿐 아니라 장례식을 올릴 때에도 찬사를 바치는 동시에 풍자와 조롱을 보냄으로써, 주인공의 불완전한 면들이 산 자나 죽은 자의 영광을 과시하는 화려한 행렬에 묻혀 세인의 눈에서 가려지는 일이 없도록 했다.[69] 이 관습은 율리아누스의 장례식에서도 실행되었다. 희극 배우들은 연극을 경멸하고 싫어했던 율리아누스에게 반감을 품고 있었으므로, 대다수가 그리스도교인들인 관객의 박수갈채를 받으면서 고인이 된 황제의 실수와 우스꽝스러운 행동을 과장하여 재현해 보였다. 그의 종잡기 어려운 성격과 기이한 행동들은 농담과 조롱의 소재가 되기에 충분했다.[70] 그는 범상치 않은 재능들을 발휘하면서도 고귀한 신분에 걸맞지 않게 행동한 일도 많았다. 어느 때는 알렉산드로스 대왕 같았다가 디오게네스로 바뀌는가 하면, 철학자였다가 신관처럼 행동하기도 했다. 그의 덕성은 순수했으나 과도한 자만심 때문에 오점을 남긴 면도 있고, 미신으로 세상을 어지럽히고 강대한 제국의 안위를 위험에 빠뜨리기도 했다. 예기치 않게 튀어나오는 돌발적인 행동들은 작위적이었을 뿐 아니라 자신의 재능을 과시하고자 함이었다는 점에서 너그럽게 봐 주기 힘들었다. 율리아누스의 유해는 킬리키아의 타르수스에 매장되었으나, 서늘하고 평온한 키드누스[71] 강변에 세워진 그의 장려한 묘소에 대해서는 이 비범한 인간의 기억을 아끼고 기리는 충실한 벗들의 불만이 많았다. 철학자들은 그가 플라톤의 사도로서 아카데메이아의 관목 숲 속에서 영면을 취했어야 한다며 아쉬워했다. 반면에 병사들은 율리아누스의 유골은 마르스 광장에 있는 로마의 미덕을 기리는 고대 기념비들 사이에 카이사르와 함께 매

[68] 그는 의혹을 제기하고 이에 대한 조사를 요구하면서, 지금이라도 증거를 얻을 수 있을 것이라고 암시했다. 그는 훈족이 승승장구하는 것도 율리아누스의 죽음에 대한 복수를 잊은 탓이라고 했다.

[69] 베스파시아누스의 장례식에서는 한 희극 배우가 그의 역을 맡아, 이 검약한 황제가 집요하게 질문하는 장면을 연기했다. "장례식 비용이 얼마인가?" "8만 파운드이옵니다." "총액의 10분의 1만 나에게 주고, 내 유해는 테베레 강에 던져다오."

[70] 그레고리우스는 이 굴욕과 조롱을 콘스탄티우스의 장례식에서 보였던 영예로운 광경과 비교하고 있다. 장례식에서 콘스탄티우스는 천사들의 합창 속에서 타우루스 산정으로 높이 들어올려졌다.

[71] 퀸투스 쿠르티우스의 화려하기 짝이 없는 묘사는 비난의 대상이 되곤 했다. 그러나 어떤 강의 물이 알렉산드로스에게 치명적인 것이었다면, 그 강을 묘사하는 것은 역사가의 의무라고 해야 할 것이다.

장했어야 한다고 강력하게 주장했다. 사실 제왕들의 역사에서 이와 겨룰 만한 사례를 찾아 내기란 쉽지 않을 것이다.

25

THE DECLINE AND FALL
OF THE ROMAN EMPIRE

요비아누스의 통치와 사망 · 발렌티니아누스의 선출, 동생 발렌스를 공동 통치제로 선택하여 동로마와 서로마 제국을 최종 분할하다 · 프로코피우스의 반란 · 민정과 교회 행정 · 게르마니아 · 브리타니아 · 아프리카 · 동방 · 도나우 강 · 발렌티니아누스의 사망 · 그의 두 아들, 그라티아누스와 발렌티니아누스 2세가 서로마 제국을 계승하다 · 동로마 황제의 무력함

율리아누스의 죽음으로 로마 제국의 정세는 불확실하고 위험스러운 상황에 처했다. 로마 군대는 수치스럽지만 어쩔 수 없이 평화 조약을 맺음으로써 위기를 모면했다.[1] 평화를 찾자 신앙심 깊은 요비아누스는 우선 교회와 국가의 평안을 회복시키는 일에 역점을 두었다. 전임자의 무분별한 행동은 종교 간의 화해를 가져온 게 아니라 교묘하게도 종교 전쟁을 조장했다. 그는 상호 적대적인 종교 파벌들 사이에서 균형을 유지하려는 척했지만, 실제로는 각 파벌들 간의 희망과 공포가 교차하는 속에서 고대로부터의 권리와 현재의 권세를 놓고 빚어진 대립 · 경쟁이 장기화되었을 뿐이었다. 그리스도교도들은 복음의 정신 따위는 이미 잊은 지 오래였고, 이교도들은 또 그들대로 교회의 정신을 흡수했다. 맹목적인 종교열과 복수심 때문에 가정에서조차 자연스러운 가족애마저 발붙일 틈이 없어졌다. 법의 권위가 모독당하거나 남용되는 일도 비일비재했으며, 동

서기 363년, 교회의 상황

[1] 요비아누스의 메달들은 그의 모습을 승리의 상징들, 월계관, 엎드린 포로들로 장식하고 있다. 아부는 어리석은 자살 행위에 다름 아니며, 자기 손으로 무덤을 파는 짓이다.

방의 도시들은 피로 얼룩졌다. 로마인들에게 가장 무자비한 적은 다름 아닌 그들 내부에 있었던 것이다. 요비아누스는 그리스도교 신앙에 따라 교육을 받았다. 그는 니시비스에서 안티오크까지 행진해 오면서, 십자가의 기, 즉 콘스탄티누스 황제의 대군기를 다시 군단의 앞머리에 세워 자신의 신앙을 온 국민에게 널리 알렸다. 또한 요비아누스는 왕좌에 오르자마자 모든 속주의 총독들에게 자신의 신앙을 공개적으로 고백하고 그리스도교의 법적 권위를 보장한다는 내용의 서신을 회람시켰다. 율리아누스가 내렸던 칙령들은 이제 폐지되었고, 교회의 면책 특권은 부활되어 그 범위도 더욱 확대되었다. 그러나 요비아누스는 이마저도 부족했던지 때가 때인 만큼 자선 기부금의 분배를 줄여야만 하는 사정을 한탄스러워했다.2 그리스도교도들은 이구동성으로 목소리를 높여 율리아누스의 후계자를 향해 마음에서 우러나는 찬양을 보냈다. 그러나 그가 어떤 종교 교리나 공의회를 정통 신앙의 기준으로 선택할지는 아직 모르는 상태였다. 따라서 박해받던 시절 일시 중단되었던 뜨거운 신학 논쟁이 즉각 되살아났다. 서로 대립하는 교파의 지도자들은 제대로 교육받은 바 없는 군인 출신의 황제에게 누가 먼저 강한 인상을 심어 주느냐에 따라 그들의 운명이 얼마나 크게 달라질지 경험상 잘 알고 있었으므로, 서둘러 에데사와 안티오크의 궁정으로 향했다. 동로마의 대로마다 경쟁에서 뒤처지지 않으려는 호모오우시온파, 아리우스파, 반(半)아리우스파, 에우노미우스파의 주교들이 쏟아져 나와 북새통을 이루었다. 궁정 곳곳에서 이들의 고함 소리가 울리고 형이상학적 논쟁과 격렬한 욕설이 어울리지 않게 뒤섞여 쏟아져 나왔다. 이에 본래 온건한 성품인 요비아누스도 혼비백산했던지 논객들에게 화합과 자비를 권하면서 차후 회의를 열자고 제안했으나, 이는 황제가

2 요비아누스는 교회에 내리는 기부금 제도를 부활했다.

무관심하다는 소문만 낳았을 뿐이었다. 그러나 결국 그가 위대한 아타나시우스의 거룩한3 덕성에 대하여 경의를 표한 데에서 그의 마음이 니케아 신조 쪽으로 쏠리고 있음이 드러났다. 이제 70세가 된 이 대담무쌍한 종교 전쟁의 대가는 폭군 율리아누스의 죽음을 전해 듣고 은거지에서 막 나온 참이었다. 사람들은 환호로써 그를 다시 한 번 대주교의 자리에 앉혔다. 그는 요비아누스의 초대를 예상하고 있었으므로 현명하게 이를 받아들였다. 그의 존경스러운 풍모, 침착한 용기, 교묘한 화술 등은 일찍이 그가 4대에 걸친 역대 황제의 궁정에서 얻었던 평판이 헛말이 아님을 보여 주었다.4 그는 그리스도교도 황제의 신임을 얻고 곧 자신의 교구로 의기양양하게 귀환하여, 그 이후로도 10년이나 더5 원숙한 조언과 변함없는 정력으로 알렉산드리아, 이집트의 교회 조직과 가톨릭 교회를 이끌었다. 그는 안티오크를 떠나기 전, 요비아누스에게 정통 신앙을 갖는다면 오래도록 평화로운 치세로 보상받게 되리라고 장담했다. 아타나시우스로서는 이 예언이 적중하면 좋은 일이고 설사 빗나간다 해도 감사의 뜻에서 드린 기원이었다고 변명할 수 있다는 생각에서 한 말이었을 것이다.

아무리 작은 힘이라 할지라도, 그것이 자연스럽게 낙하하는 물체에 힘을 보태는 경우라면 거역하기 힘든 무게로 작용하는 법이다. 요비아누스는 당대의 시대정신뿐 아니라 가장 강력한 교파의 수적 우세와 열정을 등에 업은 종교 교리를 선택했다는 점에서 운이 좋았다.6 그의 통치하에서 그리스도교는 손쉽게 안정적인 승리를 손에 넣은 반면, 율리아누스의 교묘한 술책과 비호에 의지해 간신히 몸을 일으키던 이교의 수호신은 그의 후원이 사라지자마자 영영 회복할 길 없이 먼지 속으로

보편적 관용을 선언한 요비아누스

3 '거룩한'이라는 표현은 대주교에 대한 황제의 불경스러울 정도로 지나친 아부의 염을 희미하게나마 담고 있다. 그레고리우스는 요비아누스와 아타나시우스의 우정을 찬미했다. 대주교의 여행은 이집트 승려들의 충고에 따른 것이었다.

4 브레트리(Abbé de la Bléterie)는 안티오크 궁정에서의 아타나시우스의 행적을 유쾌한 필치로 묘사하고 있다. 그는 황제와 이집트 대주교, 아리우스파 대표의 유례없는 특이한 회담에 대해 전한다. 브레트리는 요비아누스의 천박한 농담에는 불만을 표시하면서도, 아타나시우스에 대한 편애는 오히려 그의 공정한 성품에서 나온 것으로 보았다.

5 그의 실제 사망 시기에 대해서는 여러 다른 설이 존재한다. 그러나 역사적으로나 이치상으로나 가장 타당성 있는 날짜는 서기 373년 5월 2일이다.

6 아타나시우스는 정통파 신도의 수를 늘려 놓았다.

7 브레트리는 소조메노스는 관용의 정신을 잊었고, 테미스티우스는 가톨릭 교회를 확립해야 한다는 사실을 잊었다고 일침을 가했다. 두 사람 다 자신이 싫어하는 대상은 외면해 버렸고, 자기가 생각하기에 칙령 중에서 황제 요비아누스의 명예에 누가 되는 부분은 없애 버리고 싶어 했다.

가라앉고 말았다. 여러 도시에 있는 신전들이 폐쇄되거나 황폐화되었다. 황제가 내리는 덧없는 은전을 남용하며 호시절을 누렸던 철학자들도 이제는 턱수염을 밀고 자신들의 종교색을 감추는 편이 현명하겠다고 판단했다. 반면 그리스도교도들은 이제 이전의 통치하에서 겪었던 박해에 대해 그것을 용서하거나 복수할 수 있는 위치에 서게 되자 만족해 했다. 그러나 다행히도 그들은 현명하고 인자한 관용을 베풀어 이교도들의 겁에 질린 마음을 풀어 주었다. 요비아누스는 칙령에서 신성 모독적인 마술 의식은 엄히 치죄하겠지만, 고대의 숭배 의식은 마음껏 행하도록 허락하겠다고 선포했다. 이 법의 평판을 후세까지 전한 웅변가 테미스티우스는 콘스탄티노플 원로원의 대표로 선임되어 새로운 황제에게 헌신하겠다고 맹세했다. 테미스티우스는 신성한 관용의 정신, 과오에 빠지기 쉬운 인간의 본성, 양심의 권리, 정신의 독립성 등을 들어 이교도들의 처지를 변호하고 매끄러운 화술로 철학적 관용의 원칙을 열심히 설득하면서, 어려운 상황에 처하면 미신의 도움을 청하더라도 부끄러워할 일은 아니라고 했다. 그는 최근의 변화를 겪으면서 이교와 그리스도교가 타당한 이유도 없이 부끄러운 줄도 모르고 교회에서 신전으로, 유피테르의 제단에서 또다시 그리스도교인의 신성한 제단으로 옮겨다니는 한심한 개종자들을 마구 받아들여 명예를 실추시켜 왔음을 잘 알고 있었다.7

서기 363년 10월, 안티오크에서 전진하는 요비아누스

그간 로마의 군대들은 1500마일에 달하는 대장정을 수행하면서 전쟁과 기근, 악천후 등 갖은 고난을 이겨 내며 7개월 만에 안티오크로 귀환하였다. 이미 많은 고초를 겪었고 겨울이 다가오고 있었는데도, 겁 많고 성미 급한 요비아누스는 로마군에게 겨우 6주간의 휴식만을 허락했다. 황제는 안티오크 사람

들의 무분별하고 악의적인 조롱을 견뎌 내기 힘들어 했다. 그는 혹시라도 경쟁자가 나타나 유럽의 민심을 얻고자 하는 야심을 품지 못하도록 하루속히 콘스탄티노플의 왕궁을 손에 넣어야 한다는 생각에 마음이 조급했다. 그러나 그는 곧 트라키아의 보스포루스에서 대서양 연안까지 유럽 전역이 그의 권위를 인정하기로 했다는 반가운 소식을 받았다. 그는 일찍이 메소포타미아의 막사에서 편지를 띄워 용감하고 충직한 프랑크족의 무관인 말라리크와 일전에 니시비스 방어전에서 용맹을 떨친 바 있는 그의 장인 루킬리아누스에게 갈리아와 일리리쿰의 군사 지휘권을 위임해 둔 바 있었다. 그런데 말라리크는 이를 받아들일 자격이 없다면서 거절했었고, 루킬리아누스는 랭스에서 우연히 발생한 바타비족 보병대의 폭동에 휘말려 살해당하고 말았던 것이다. 그러나 온건한 성품인 기병대 대장 요비누스는 루킬리아누스에게 불명예를 안겨 주었음에도 불구하고 이를 용서하고 폭동을 진정시켜 병사들의 불안한 마음을 안심시켰다. 이에 병사들은 환호성으로 충성을 서약했다. 서로마 군대의 대표단들은 새로운 황제가 타르수스 산에서 카파도키아의 티아나로 내려오자 예를 드렸다. 그는 티아나에서 갈라티아 속주의 수도인 안키라로 서둘러 행군을 계속하여, 그곳에서 어린 아들과 함께 집정관직을 받았다.8

그러나 안키라와 니케아의 중간쯤에 위치한 잘 알려지지 않은 도시인 다다스타나9에서, 요비아누스는 그의 여정과 삶에 종지부를 찍게 된다. 요비아누스는 저녁 식사를 양껏 즐기고 나서 휴식을 취하러 들어간 뒤 그 다음 날 아침 침대에서 죽은 채로 발견되었다. 이 갑작스러운 죽음의 원인은 여러 가지로 해석되었다. 혹자들은

서기 364년 1월

2월,
요비아누스의 죽음

8 아우구스투스와 그 후계자들은 아들이나 조카에게 집정관직을 내려 주기 위해 연령 제한을 면제해 줄 것을 정중히 청했다. 그러나 어린아이에게 최고위 관직이 내려져 관직의 명예를 떨어뜨린 적은 한 번도 없었다.

9 안토니누스의 여행기를 보면 다다스타나는 니스에서는 125로마일, 안키라에서는 117로마일 떨어진 곳에 있다. 보르도의 순례자들은 몇 단계를 생략하여 거리를 242로마일에서 181로마일까지 줄였다.

25장 419

10 암미아누스는 평소의 공평무사함과 양식도 잊고, 아무런 해도 일으키지 않은 요비아누스의 죽음을 많은 파벌들의 공포와 분노를 일으켰던 아프리카누스 2세의 죽음에 비유한다.

11 크리소스토무스는 불행을 겪었던 유명인들의 예를 들어 이 미망인을 위로하려 하면서, 그의 생전 권좌에 있었던 황제 아홉 명(부황제 갈루스를 포함하여) 중 자연사한 사람은 콘스탄티누스와 콘스탄티우스 단 두 사람밖에 없었다고 말한다. 그러나 이런 애매한 위로는 그 누구의 눈물 한 방울도 닦아 주지 못했을 것이다.

12 열흘은 군대가 행군을 마치고 황제를 선출하기에는 충분치 않아 보였다. 그러나 다음과 같은 사실을 주목해야 할 것이다. 1. 장군들은 자신들과 수행원, 사자들이 역마를 신속히 이용할 수 있게 해 달라고 요구했을 것이다. 2. 군대들은 시민들의 편의를 위해 여러 분대로 나누어 이동했다. 따라서 대열의 후미가 안키라에 정지할 즈음이면, 대열의 선두는 니스에 도착해 있는 식이었다.

이를 보고 황제가 과음을 했거나 어떤 종류의 버섯을 먹은 탓에 일어난 소화불량 때문이라고 보았다. 한편 또 다른 사람들은 숯 연기 때문에 회반죽을 칠한 지 얼마 되지 않은 방의 벽에서 유독 가스가 분출되어 취침 중에 질식사한 것이라고도 했다. 그러나 황제의 짧은 치세는 곧 망각 속에 묻히고 그의 죽음에 대한 조사도 제대로 이루어지지 않은 채, 측근에 의해 독살되었다는 흉흉한 소문만 무성하게 퍼졌다.[10] 요비아누스의 유해는 콘스탄티노플로 운구되어 선임자들의 곁에 매장되었다. 그의 아내이며 루킬리아누스의 딸인 카리토가 길 한가운데 나와 이 슬픈 장례 행렬을 맞았다. 그녀는 부친상을 당하고 비탄에 빠져 있던 중, 왕위에 오른 남편을 맞으러 급히 눈물을 닦고 나오려던 차였다. 그녀의 낙담과 애통함은 아들에 대한 근심으로 인해 더욱 깊어졌다. 요비아누스가 죽기 6주 전, 그의 어린 아들은 노빌리시무스의 칭호와 허울뿐인 집정관 기장으로 치장한 채 고위직에 앉았다. 이 어린아이는 조부의 이름을 따서 바르로니아누스라고 불렸지만, 이제는 자신의 운명이 어찌 될지도 모르는 채 죽은 황제의 아들로서 관리들의 질시를 받는 몸이 되었다. 그는 그 후로 16년을 더 살았으나 이미 한쪽 눈을 잃은 뒤였다. 그의 어머니는 무고한 희생자인 아들이 언제 자기 품에서 끌려 나가 피로 황제의 의구심을 달래 주게 될지 모른다는 생각에 밤낮으로 전전긍긍한 마음으로 지내야 했다.[11]

공석 상태의 제위

요비아누스가 죽은 후, 로마 제국의 왕좌는 열흘간[12] 공석 상태가 되었다. 대신들과 장군들은 계속해서 회의를 열어 각자 맡은 바를 수행하고 국가의 질서를 유지하면서 황제를 추대할 장소로 선택된 비티니아의 니케아까지 무사히 군대를 이끌었다.13 제국의 민정과 군정의 권력자들이 다 모인 엄숙한 집회에서, 민정 총독 살루스티우스가 또다시 만장일치로 왕위에 천거되었다. 그러나 그는 왕위를 두 번이나 거부하는 영광을 누리려 했다. 뿐만 아니라 아버지의 덕성에 이끌린 사람들이 아들을 대신 천거하자, 사심 없는 애국자답게 단호히 아버지는 노령으로 쇠약하고 아들은 경험이 없는 풋내기에 불과하니 둘 다 공직의 무거운 의무를 감당할 능력이 없다며 거부했다. 그 외에도 몇몇의 후보가 더 거론되었으나, 인품과 상황 면에서 반대 의견이 나오면서 잇달아 거부되었다. 그러다 발렌티니아누스의 이름이 거명되자, 이 무관의 업적은 전 회중의 동의를 얻었을 뿐 아니라, 살루스티우스까지 진심에서 우러난 찬성을 표했다. 발렌티니아누스14는 판노니아 속주의 키발리스 출신 코메스인 그라티아누스의 아들이었다. 그라티아누스는 출신은 미천했으나 뛰어난 힘과 재능으로 아프리카와 브리타니아의 최고 지휘관의 위치에까지 올라, 청렴성 면에서는 좀 의심스럽지만 어쨌든 막대한 재산을 가지고 은퇴했다. 그라티아누스의 지위와 그의 국가에 대한 봉사 덕에 아들인 발렌티니아누스는 무난하게 출세의 첫 단계를 밟을 수 있었다. 또한 일찍부터 자신의 우수한 자질을 발휘할 좋은 기회를 얻어 평범한 수준의 동료 병사들을 제치고 나섰다. 발렌티니아누스는 키가 크고 품위와 위엄이 있었다. 그의 남성다운 용모는 지성과 활기로 더욱 깊은 인상을 주어 친구들에게는 경외심을, 적들에게는 공포심을 갖게 했다. 게다가 그는 그라티아누스의 아들답게 담대한 용기를 뒷받침해 줄 강인한 체격도 이어받았다. 발렌티니아누스는 금욕과 절제의 습관에 따라 욕망을 억제하고 정신과 육체의 연마에 힘을 쏟음으로써 대중의 존경을 받았다. 젊

발렌티니아누스의 선출과 그의 품성

13 필로스토르기우스는 이에 관한 확실한 정보를 손에 넣었던 것으로 보이는데, 그는 발렌티니아누스의 추대에는 살루스티우스, 아린테우스, 다갈라이푸스, 다티아누스의 힘이 작용했다고 주장한다. 이들은 안키라에서 그를 강력히 추천하여 선출 과정에 막대한 영향력을 미쳤다는 것이다.

14 암미아누스와 빅토르 2세는 그에 관한 생생한 묘사를 전해 주고 있는데, 이는 자연스럽게 그의 통치 역사에 대한 설명으로 넘어간다.

15 안티오크에서 황제와 함께 사원에 가야 했던 적이 있었는데, 한 사제가 정한수로 그를 정화해 주려 하자 그를 폭행한 일이 있었다. 이러한 공공연한 도전 행위는 발렌티니아누스에게 어울리는 것이었을지 모르지만, 이보다 더한 사적인 모욕을 상상하는 철학자 막시무스의 기록은 무가치할 뿐 아니라 타당성이 없다.

16 소조메노스와 필로스토르기우스는 이전에 테베로 추방되었던 일을 기록에 삽입해 넣었다.

은 시절부터 군인으로서 생활하느라고 문학 서적 탐독 등 우아한 취미에는 소홀하여 그리스어와 수사학은 배우지 못했지만, 웅변을 해야 할 때 소심하게 불안에 싸여 할 말을 못 하는 일은 없었기 때문에 필요한 경우에는 언제라도 대담하고 거침없는 웅변으로 자신의 의견을 단호하게 피력했다. 그가 배운 법이라고는 군율에 관한 것뿐이었으나, 병영의 직무를 집행하면서 근면성실한 태도와 강직한 엄격성으로 곧 이름을 떨칠 수 있었다. 율리아누스가 통치하던 때에 통치자의 종교에 공공연히 경멸을 표하여 황제의 총애를 잃기도 했으나, 15 이후의 행동들을 보면 그처럼 분별없고 부적절한 행동을 거리낌없이 한 데는 그리스도교인으로서의 신앙심보다는 일종의 무인 정신이 더 크게 작용했던 것 같다. 그러나 당시 율리아누스는 그의 업적을 높이 평가했으므로 그를 용서하고 계속 기용했다.16 그리하여 발렌티니아누스는 페르시아 전쟁에서도 일찍이 라인 강변에서 얻었던 평판을 이을 만한 업적을 세울 수 있었다. 중요한 임무들을 수행하면서 보여 준 민첩함과 성공적인 결과들 덕에 그는 요비아누스의 총애를 얻어 황실 근위대의 제2보병대 대장의 영예로운 자리에까지 올랐다. 그리고 안티오크에서 행군 도중 안키라의 막사에 닿았을 때, 죄를 짓거나 음모를 꾸민 일도 없었는데 전혀 뜻하지 않은 부름을 받고 43세의 나이에 로마 제국의 절대 권력을 얻게 된 것이다.

서기 364년 2월, 군대의 승인을 받은 발렌티니아누스

니케아에서 대신들과 장군들에 의해 이루어진 추대는 사실 군대의 추인이 없다면 그다지 의미가 없는 것이다. 연로한 살루스티우스는 군중이 모인 자리에서는 통제할 수 없는 움직임이 일어날 수도 있음을 오랫동안 보아 왔으므로, 황제 즉위식 당일에는 자신의 지지자들을 자극할 만한 지위에 있는 인물

은 누구라도 모습을 나타내지 못하도록 하고, 만일 이를 어긴 다면 사형에 처할 것을 제의했다. 그러나 이때가 공교롭게도 윤년의 윤달이었기 때문에, 이 기간에는 하루를 더 임의로 추가한다는 고대로부터 내려오는 미신적인 관습이 있었다.17 결국 이날을 상서로운 날로 잡아 발렌티니아누스가 높이 자리잡은 집정관석에 모습을 드러냈다. 현명한 이 선택은 갈채를 받았으며, 새로운 황제는 질서 있게 집정관석 주위에 배치된 군대들의 환호 속에서 왕관과 황제의 용포를 걸쳤다. 그러나 그가 전체 군인들에게 연설하려고 손을 뻗치는 순간 갑자기 대열 사이에서 부산한 속삭임이 일더니, 순식간에 그가 당장 제국의 공동 통치 황제를 지명해야 한다는 함성으로 번져 나갔다. 이런 상황에서도 담대하고 침착한 발렌티니아누스는 일단 함성을 가라앉히고 주목할 것을 요구한 다음, 군중을 향해 입을 열었다.

17 암미아누스는 길고도 부적절한 여담에서, 경솔하게도 독자들이 알지 못하는 점성학적인 문제를 알고 있다고 주장한다. 이 문제는 켄소리누스와 마크로비우스가 더 분별 있고 적절하게 다루었다. 불길한 해를 뜻하는 윤년이라는 이름은 3월 초하루의 여섯 번째 날이 반복되는 데서 나왔다.

동료 병사들이여, 바로 얼마 전까지만 해도 나를 일개 사인의 미천한 자리에 남겨 두는 일도 전적으로 그대들의 권한이었소. 내가 살아온 행적으로 보건대 통치할 만한 자격이 있다고 판단했으니 그대들이 나를 이 왕좌에 올려놓았을 것이오. 이제 공화국의 안위와 이익을 도모하는 것이 나의 의무일 것이오. 이 제국의 무게는 확실히 연약한 한 인간의 손에는 너무 버거운 것이오. 나는 내 능력의 한계와 내 삶의 불확실성을 잘 알고 있소. 그런 만큼 훌륭한 공동 통치 황제의 조력을 거부할 생각은 전혀 없고, 오히려 진심으로 바라는 바이오. 그러나 불화라도 생긴다면 이는 치명적인 결과를 가져오게 될 터이니, 충실한 벗을 선택하기 위해서는 신중하고 진지하게 심사 숙고할 필요가 있소. 이러한 숙고는 마땅히 내가 신경을 써야 할 일이니,

18 암미아누스는 발렌티니아누스가 행한 첫 연설의 전문을 기록해 두었고, 필로스토르기우스는 간결하게 축약했다.

19 마르스의 벌판으로 유명한 헤브도몬은 콘스탄티노플에서 7스타디아 혹은 7마일 떨어진 곳에 있었다.

그대들은 부디 본분을 다하며 지조 있게 행동해 줄 것을 바라는 바이오. 그대들의 처소로 돌아가 몸과 마음을 쉬면서 관례대로 새로운 황제의 즉위에 따르는 하사금을 기대하고 있도록 하시오.18

군대는 놀라는 한편 자부심과 만족감, 공포심이 뒤범벅이 된 채 군주의 목소리를 따랐다. 그들의 성난 외침도 경외감에 차 침묵 속에 잦아들었다. 발렌티니아누스는 군단들의 독수리기와 기병대, 보병대의 각양각색의 기에 둘러싸여 니케아의 궁정으로 향했다. 그러나 그래도 신중한 새 황제는 아무래도 병사들 사이에서 성급한 발언이 나오지 못하도록 미리 막아야겠다는 생각에 대장들을 모아 회의를 열었다. 이때 다갈라이푸스는 기탄없이 그들의 본심을 전했다.

위대하신 군주시여, 만일 폐하께서 폐하의 가족만을 생각하신다면 형제 한 사람이 있을 뿐입니다. 그러나 공화국을 사랑하신다면 로마인들 중에서 가장 제위를 받을 만한 자격을 갖춘 자를 찾으십시오.

서기 364년 3월, 동생인 발렌스와 제휴한 발렌티니아누스

황제는 이 말을 듣고 불쾌해 하는 듯 보였지만, 냉정하게 자신의 감정을 억제했다. 그리고 처음 생각대로 니케아에서 니코메디아를 거쳐 콘스탄티노플로 천천히 이동했다. 그리고 즉위한 지 한 달이 지나자 그 수도 부근에서19 황제는 동생 발렌스에게 황제의 칭호를 내렸다. 일이 이리 되고 보니 아무리 대담한 애국자들이라도 황제에게 대항해 보았자 나라에도 도움이 안 될 뿐만 아니라 그들 자신에게도 치명타를 입히는 결

과만을 가져오리라고 생각했는지 황제가 선언한 절대적인 의지를 묵묵히 수용했다. 발렌스는 서른여섯의 나이였음에도 문무 어느 쪽에서도 그의 능력을 보여 준 바가 없었으므로, 그의 등장이 세상에 밝은 기대를 불러일으킬 리 만무했다. 그러나 그는 은인에게 열렬하고도 감사에 넘치는 애정을 줄 수 있는 자질만은 소유하고 있었다. 그는 어떤 일에서든지 겸손한 마음으로 기꺼이 형의 권위와 우월한 재능을 인정했다. 발렌티니아누스가 그를 선택한 것도 이 때문이었으며, 이로써 제국 내의 평화가 유지될 수 있었다.

발렌티니아누스는 속주의 분할에 앞서, 제국의 행정에 일대 개혁을 시행했다. 율리아누스 치하에서 박해와 억압을 받았던 국민은 지위를 막론하고 누구나 공개 장소에서 증언할 수 있었다. 그러나 살루스티우스에 대해서는 누구 하나 나서는 이가 없었다는 데에서 그의 한 점 흠없는 고결함이 다시 한 번 확인되었다.[20] 살루스티우스는 이제 국가의 공무에서 물러나도록 허락해 달라고 간곡히 청했으나, 발렌티니아누스는 그에 대한 애정과 존경을 정중히 표하면서 그의 청을 거절했다. 그러나 사망한 황제의 총신들 가운데에는 남을 잘 믿었던 이전 황제의 성품이나 미신적인 성격을 교묘히 악용한 자들도 적지 않았으니, 이들이 더 이상 현 황제의 호의나 법에 의해 보호받기를 바랄 수는 없었다.[21] 궁정의 대신들과 속주의 관리들 역시 대다수가 자리에서 쫓겨났으나, 몇몇 관리들은 높은 업적을 세운 공이 인정되어 구제받았다. 격분에 찬 반대파의 항의에도 불구하고, 이 까다로운 조사의 진행 과정은 상당히 현명하고 온건하게 이루어졌다.[22] 그런데 새로운 치세의 시작을 경축하는 축제가 두 황제의 갑작스러운 와병이라는 다소간 의문시되

서기 364년 6월, 동, 서 제국으로의 분할

[20] 조나라스, 『수이다스』, 파스칼 연대기의 증언에도 불구하고, 티유몽(M. de Tillemont)은 이 이야기들을 믿고 싶어 하지 않았다.

[21] 에우나피우스는 막시무스가 겪은 고통을 찬미하고 과장했으나, 이 궤변론자이자 마법사, 율리아누스의 떳떳지 못한 총신이자 발렌티니아누스의 적인 막시무스가 가벼운 벌금형만 받고 쫓겨났다는 사실은 시인한다.

[22] 티유몽은 모두에게 불명예를 내렸다는 부정확한 주장을 조사하여 반박했다.

23 그들의 인척 관계는 확실히 밝혀지지 않았다. 프로코피우스의 어머니가 율리아누스의 어머니와 숙부인 바실리나와 코메스인 율리아누스의 누이였을지도 모른다는 설이 있다.

는 이유로 중단되었다. 그러나 곧 그들은 건강을 회복했고, 또 봄이 돌아오자, 콘스탄티노플을 떠나 나이수스에서 불과 3마일 떨어진 메디아나의 성에서 로마 제국을 분할하는 엄숙한 의식을 거행했다. 발렌티니아누스는 동생에게 도나우 강 하류에서 페르시아 국경에 이르는 동방의 부유한 속주들을 분할해 준 반면, 자신의 영토로는 그리스 국경에서 칼레도니아 성벽까지, 그리고 칼레도니아 성벽에서 아틀라스 산 기슭에 이르는 일리리쿰, 이탈리아, 갈리아의 호전적인 지방을 택했다. 지방의 행정 체계는 이전대로 유지했으나, 의회와 궁정이 두 개가 되었으니 장군들과 행정관들도 두 배가 필요했다. 이에 각자의 재능과 상황을 적절히 고려하여 분배가 이루어졌으며, 기병대와 보병대 각각 일곱 명의 대장들이 곧 선출되었다. 이같은 중요한 국사를 평화롭게 처리하고 난 뒤 발렌티니아누스와 발렌스는 마지막으로 포옹을 나누었다. 서로마의 황제는 밀라노에 임시로 주거지를 정했으며, 동로마의 황제는 콘스탄티노플로 귀향하여 그 지방의 말조차 전혀 모르는 쉰 개의 속주들을 다스리게 되었다.

서기 365년 9월, 프로코피우스의 반란

그러나 동로마의 평화는 곧 반란에 의해 깨지고 말았다. 황제 율리아누스의 인척23이라는 점을 제외하고는 취할 점도, 책할 점도 없는 한 적수, 프로코피우스의 대담한 도전으로 발렌스의 왕좌가 위협을 받게 된 것이다. 그는 일개 참모장교 또는 서기관이라는 미천한 지위에서 메소포타미아군 통합 지휘관으로 고속 승진한 인물로, 여론에 의해 진작부터 자손 없이 사망한 황제의 후계자로 지목되어 있었던 인물이었다. 게다가 그의 친구들이 퍼뜨린 것인지 적들이 퍼뜨린 것인지 모르지만, 율리아누스가 카레의 달의 여신 신전 앞에서 몰래 황제의 용포를 입혀 준 일도 있었다는 뜬소문이 퍼져 나갔다.24 그는 충직하고 순종적인 행동으로 요비아누스의 경계심을 풀어 주려 애썼으며, 항의 한마디 없이 군사령관직에서 물러나 아내와 가족을 이끌고 카파도키아 속주에 소유한 광대한 사유지를 경작하며 살기로 했다. 그러나 이러한 기대도 어느 날 한 관리가 병사들을 이끌고 나타남으로써 산산이 깨지고 말았다. 새로운 군주 발렌티니아누스와 발렌스의 명을 받고 급파된 관리는 불행한 프로코피우스에게 죽을 때까지 감옥에 갇히든가 아니면 치욕스러운 죽음을 택하라는 전갈을 가지고 온 것이다. 그는 황제의 명령에 저항하지 않고 울고 있는 가족들을 포옹하도록 황제의 사신들에게 잠시만 시간을 달라고 청했다. 그러고는 병사들에게 풍성한 주연을 제공해 긴장을 푼 틈을 타 교묘하게 흑해의 해변으로 탈출하여 보스포루스로 건너갔다. 그는 외진 곳에서 여러 달을 보내면서 유형의 고통과 고독, 궁핍에 시달려야 했다. 그리고 우울한 기분으로 자신의 불행한 처지를 곰곰이 헤아려 보면 볼수록 그의 불안감은 깊어졌다. 행여 그의 이름이 드러나기라도 하는 날에는, 신의 없는 야만족들은 손님을 환대하는 관습도 저버리고 양심의 가책 없이 그를 배신할 것이 불 보듯 뻔했다. 이러한 절망감에 휩싸여 더 이상 견딜 수가 없게 되자, 프로코피우스는 어차피 한 국민으로서 안전을 보장받을 수 없게 되었으니 차라리 군주의 지위를 노려 보자는 대담한 생각을 품고 한 상인의 배에 올라 콘스탄티노플로 향했다. 그는 먼저 비티니아의 마을에 몸을 숨기고 계속해서 거처와 외관을 바꾸었다.25 그는 원로원 의원과 환관인 두 친구의 신의에 생명과 운을 맡기고 조금씩 수도를 향해서 이동하던 중, 제국의 현 정세에 관한 소식들을 얻어듣고 얼마간 희망을 품었다. 국민들 사이에 불만의 기운이 퍼져 나가고 있었는데,

24 암미아누스는 상당히 주저하는 태도로 이를 전하고 있다. 그러나 이는 프로코피우스가 이교도였다는 사실을 드러내 준다. 하지만 그의 종교가 그의 주장을 뒷받침하지도, 막지도 못했던 것 같다.

25 그의 은신처 중 하나는 이교도인 에우노미우스의 시골 별장이었다. 주인은 집에도 없었고 이에 대해 전혀 몰랐으나, 후에 사형 선고를 가까스로 면하여 마우리타니아의 오지로 추방되었다.

그들은 동로마의 총독 자리에서 면직된 살루스티우스의 공정함과 능력을 아쉽게 여기고 있었던 것이다. 국민들은 발렌스의 성품이 무기력하면서 교양도 없고, 온화한 것도 아니면서 나약하기만 하다고 경멸했다. 그들이 두려워한 인물은 발렌스의 장인인 페트로니우스였는데, 잔인하고 탐욕스러운 그는 아우렐리우스 황제 이래 다 걷히지 않고 남은 세금의 미징수분을 가혹하게 거두어가기까지 했다. 이런 상황을 보면 황제의 자리를 노리는 이 음모자의 계획에 유리한 환경이 조성되어 있는 셈이었다. 때마침 페르시아에서 심상치 않은 움직임이 있어 발렌스가 시리아에 가야 할 일이 생기는 바람에 군대도 도나우에서 유프라테스 강으로 이동하게 되어, 수도는 트라키아와 보스포루스를 왕래하는 병사들로 붐비고 있었다. 갈리아의 보병대 두 개 부대는 후한 하사금 약속에 마음이 동해 음모자의 비밀스러운 제안에 귀가 솔깃해진데다가, 율리아누스의 기억을 아직도 가슴에 품고 있던 터라 추방자 신세가 된 그의 친족이 상속자로서의 권리를 찾도록 돕는 데 쉽게 동의했다. 동틀 무렵 그들이 아나스타시아 온천 근방에 모여들자, 프로코피우스는 군주라기보다는 배우한테나 어울릴 것 같은 자주색 의복을 걸치고 마치 죽은 자들 사이에서 부활한 듯한 모습으로 콘스탄티노플 한복판에 등장했다. 그를 맞을 준비를 하고 있던 병사들은 두려움에 떨고 있는 군주를 기쁨의 환호성으로 맞이하며 충성할 것을 맹세했다. 인근 지방에서 모인 억센 농부들이 여기에 가세하여 그 수는 순식간에 배로 늘어났다. 프로코피우스는 무장한 추종자들에 에워싸여 법정, 원로원, 궁정을 차례로 장악했다. 소란스럽게 통치를 개시한 뒤 처음 대한 시민들의 반응이 대의 따위에는 관심이 없어서인지, 결과가 불안스러워서인지 의외로 무겁고 덤덤하자 그는 놀라는 한편 겁도 났다. 그러나 어쨌든 그의 군사력은 어떤 저항이라도 물리칠 정도였다. 체제 불만 세력들이 반군의 깃발 아래 모여들기 시작하면서 가난한 자들은 희망에 들떴고 부자들은 약탈당할지도 모른다는 두려움에 떨었다. 맹목적인 선동에 휩쓸리기 쉬운 대중은 다시 한 번 혁명이 가져다 줄 이득의 장밋빛 약속에 넘어갔다. 관료들은 사로잡혔고 감옥과 병기고의 문이 활짝 열리고 성문과 항구도 점령되었다. 이로써 프로코피우스는 몇 시간 만에 비록 불안하지만 황제 도시의 주인이 되었다. 찬탈자는 대담하고 능란하게 이 예상 밖의 성공을 다져 나갔다. 그는 교묘하게 자신에게 유리한 소문들과 여론들을 퍼뜨리는 한편, 거짓으로 꾸민 먼 나라의 사절들을 계속 접견하는 모습을 보여 주어 대중을 현혹했다. 트라키아의 도시들과 도나우 강 하류의 요새에 주둔하고 있던 대규모의 군대들도 점차 반란군에 합류했으며, 고트 족의 왕들도 가공할 병력의 원군 수천 명으로 콘스탄티노플의 군주를 지원하는 데 동의했다. 그의 장군들은 보스포루스 해협을 건너 비록 무력은 약하지만 부유한 비티니아와 아시아 지방의 속주들을 손쉽게 점령했다. 키지쿠스의 도시와 섬도 완강히 저항했으나 결국은 그의 힘 앞에 굴복했으며, 요비아누스와 헤르쿨리아누스의 이름 높은 군단들도 찬탈자를 쳐부수라는 명령을 거부하고 오히려 그의 대의명분을 따랐다. 이렇게 역전의 정예 부대들까지도 계속해서 새로운 군대로 모여들어, 그는 곧 수적으로뿐만 아니라 용맹에서도 경쟁자의 위세에 밀리지 않을 만한 군대의 우두머리가 되었다. 패기와 능력을 가진 젊은 이인 호르미스다스의 아들[26]도 동로마의 적법한 군주에 맞서 칼을 뽑고 나서서 즉시 로마 총독의 권한을 부여받았다. 콘스탄티우스 2세의 미망인 파우스티나도 찬탈자의 손에 자신과 딸의 운명을 맡기기로 하고 동맹 관계를 맺어 그의 대의에 권

26 이 페르시아 왕자는 명예롭고도 안전하게 몸을 피하여, 나중에는(서기 380년) 비티니아 지방 총독의 자리에 복귀했다. 그의 후손이 번성했는지의 여부는 알 수가 없다. 서기 514년경 호르미스다스라는 이름의 사제가 있었지만, 그는 이탈리아의 프루시노 출신이다.

27 이 어린 반역자는 나중에 그라티아누스 황제의 아내가 되었으나, 후사도 남기지 못하고 요절했다.

위와 명분을 실어 주었다. 그때 다섯 살에 불과했던 콘스탄티아는 가마를 타고 군대의 행렬과 함께했다. 그녀는 양아버지의 팔에 안겨 대중 앞에 모습을 드러냈는데, 그녀가 대열 사이를 지나갈 때마다 그녀를 향한 애정이 병사들의 마음속에 파고들어 호전적인 용맹성에 불을 붙였다.27 그들은 콘스탄티누스 가의 영광을 떠올리고 충성심에 넘쳐 환호성을 지르며 이 어린 황녀를 지키기 위해서라면 마지막 피 한 방울까지 아낌없이 뿌리겠노라고 맹세했다.

서기 366년 5월, 프로코피우스의 패배와 죽음

이렇게 사정이 돌아가던 중, 발렌티니아누스는 동로마에서 일어난 반란 소식을 듣고 경악을 금치 못했다. 그는 게르만 전쟁을 치르던 중이었기에 당장은 자기 영토의 안전을 지키는 데 전력을 다해야만 할 처지였다. 게다가 모든 소식통이 두절되거나 매수당한 상태여서, 발렌스가 패배하고 죽임을 당했으며 프로코피우스가 동로마의 유일한 지배자가 되었다는, 확실치 않지만 불안스러운 소문이 일파만파로 퍼져 나가고 있었다. 물론 발렌스는 살아 있었다. 그러나 카이사레아에서 반란 소식을 듣자 자포자기 상태에 빠져 찬탈자에게 협상을 제의하면서 황제의 자리에서 퇴위하겠다는 속내까지 내비치는 상황에 있었다. 이 소심한 군주는 그를 따르는 대신들의 굳은 결의 덕에 불명예와 파멸을 모면했을 뿐이며, 오로지 그들의 능력이 이 내전에서 그의 승패를 좌우했다. 평화롭던 시절에 살루스티우스는 불평 한마디 없이 퇴임했었으나, 국가의 안위가 위험에 처하게 되자 적극적으로 위험과 고난이 따르는 일을 자청해 나섰다. 이 덕망 높은 대신의 동로마 민정 총독직으로의 복귀는 발렌스가 자신의 과오를 참회했다는 증거이면서, 국민들의 마음을 풀어 주는 첫 번째 조치였다. 프로코피우스의 통치는 겉보기에는 강력한 군대와 속주들의 지지를 받고 있었다. 그러나 민정뿐 아니라 군 쪽에서도 고위직들 중 상당수는 로마 국민으로서의 의무감이 아니면 이해타산이었을 뿐, 이 반란 사건에 연루되기를 꺼려 발을 빼고 싶어하거나 찬탈자의 대의를 배신하고 그를 버릴 순간만을 노리고 있었다. 루키피누스는 발렌스를 돕기 위해 시리아 군단을 이끌고 황급히 진군에 나섰다. 힘과 용모, 용맹 어느 면으로 보나 당대의 어떤 영웅과 견주어도 빠지지 않는 인물인 아린테우스는 소수에 불과한 군대를 이끌고 압도적인 우위에 있는 반란군을 공격했다. 그는 이전에 자신의 휘하에 있던 반란군들의 얼굴을 보자 우렁찬 목소리로 지도자를 참칭하는 자를 사로잡아 넘기라 외치니, 그의 능력을 익히 아는 이들로서는 즉각 복종하지 않을 수 없었다.[28] 콘스탄티누스 대제 치하에서 용맹을 떨쳐 집정관직까지 맡았던 노장 아르베티오도 다시 한 번 몸을 일으켜 군대를 이끌고 전장으로 나왔다. 한창 전투가 벌어지고 있을 때, 그는 조용히 투구를 벗고 흰머리에 덮인 외경스러운 풍모를 드러내고 프로코피우스의 병사들을 자식이나 벗을 대하듯 애정 넘치는 이름으로 부르면서, 더 이상 비열한 폭군의 허망한 대의를 좇지 말고 그들에게 여러 차례 영광과 승리를 안겨 주었던 노장군을 따르라고 간곡히 타일렀다. 이리하여 티아티라[29]와 나콜리아에서 벌어진 두 차례의 교전에서, 프로코피우스의 군대는 이미 마음이 떠난 지휘관들을 따라 불운한 프로코피우스를 저버렸다. 그는 프리기아의 숲과 산 속을 헤매다가, 낙심한 부하들의 배반으로 황제의 막사에 넘겨져 곧바로 참수형을 당했다. 그는 보통 실패한 찬탈자가 겪는 운명을 밟은 셈이었으나, 법과 정의의 이름으로 승리자가 저지른 잔혹한 이 처형은 널리 사람들의 동정과 공분을 일으켰다.[30]

[28] 성 바실리우스는 새로운 헤라클레스라고 불렸던 아린테우스의 강인함과 준수한 용모를 찬양하면서, 신이 흉내 낼 수 없는 인류의 모범으로 그를 창조했다고 말했다. 화가와 조각가들조차 그의 용모를 다 담아 낼 수가 없었다. 하지만 그의 공훈에 대한 역사가들의 설명은 좀 믿기 어려운 데가 있다.

[29] 똑같은 전장을 놓고 암미아누스는 리키아에 있다고 하고, 조시무스는 티아티라에 있다고 했는데, 두 장소는 서로 150마일이나 떨어져 있다. 필사하는 사람들이 잘 알려지지 않은 강을 유명한 속주로 바꿔 놓았을 수도 있다.

[30] 프로코피우스가 겪었던 모험과 찬탈 기도, 몰락에 대해서는 암미아누스와 조시무스가 순서대로 기술했다. 그들은 종종 상대방의 글을 인용했고, 부인하는 일은 거의 없었다. 테미스티우스는 이에 약간의 찬사를, 에우나피우스는 악의적인 풍자를 곁들였다.

<sup>서기 373년 등,
로마와 안티오크에서
마법의 범죄에 대한
가혹한 심문</sup>

폭정과 반란은 응당 이와 같은 결과를 가져오는 법이다. 한편 두 형제의 치세하에 로마와 안티오크에서는 마술 의식이 하늘의 노여움과 인간들의 타락을 보여 주는 결정적인 징후로 해석되면서, 이를 행하는 죄를 범한 자들에 대한 조사와 심문이 매우 엄격히 이루어졌다.[31] 오늘날 유럽에서도 문명국이라면 전 세계적으로 모든 종교 체제에 파고들어 있는 잔인하고 혐오스러운 편견이 폐기된 데[32] 대해 한껏 자부심을 느껴도 좋을 것이다.[33] 그러나 로마 제국의 민족들과 종교 분파들은 한결같이 지상의 영원한 질서와 인간 정신을 지배할 수 있는 흑마술[34]의 실재를 믿었다. 그들은 주문과 마법, 강력한 약초, 혐오스러운 의식들로 사람을 죽이거나 소생시키고, 영혼의 열정에 불을 지피고, 창조의 힘을 마르게 하고, 악령을 구슬러 미래의 비밀을 알아 내는 등 신비스러운 힘을 행사할 수 있다고 믿고 두려워했다. 그들은 주름살 가득한 노파나 방랑하는 마법사들이 가난과 멸시 속에 숨어 살면서 사악한 의도나 이기적인 동기로 천상, 지상, 지옥의 초자연적인 영역을 관장한다고 믿었다.[35] 여론이나 로마법 모두 마술 의식을 단죄했으나, 마술은 인간의 내면에 잠재된 감정들을 만족시켜 주는 면이 있었기 때문에, 금지해도 계속해서 실행되었다. 경우에 따라서는 허구가 현실 세계에 심각하고 해로운 결과를 가져오는 수도 있었다. 헛된 야심을 자극하고 충성심을 흐트러뜨리려는 계산 아래 황제의 죽음이나 음모의 성공 등에 대한 은밀한 예언들을 퍼뜨리고 마법 의식을 행함으로써 실제로 반역 행위와 신성 모독 행위를 유도해 내어 무서운 결과를 낳기도 했다.[36] 이러한 헛된 공포는 사회의 평화를 어지럽히고 개인의 행복한 삶마저 방해했다. 초로 만든 인형을 불꽃에 서서

³¹ 리바니우스는 대중의 광란에 개탄했으나, 황제들의 심판은 비난하지는 않았다.

³² 오늘날 프랑스와 영국의 변호사들은 마술에 대해 이론적으로는 시인하더라도 실행되지는 않는다고 본다. 사적인 동기가 항상 공적인 지혜를 막거나 앞서는 법이기에, 몽테스키외는 마법의 존재를 부인한다.

³³ 베일(Bayle)의 저작을 참조할 것. 이 로테르담 출신의 회의론자는 그의 습벽에 따라 부정확한 지식과 생기발랄한 재치가 기묘하게 혼합된 잡문들을 보여 주고 있다.

³⁴ 이교도들은 백마술과 흑마술을 구분했다. 하지만 그들이라도 베일의 날카로운 논리에 맞서 이런 모호한 구분을 옹호할 수는 없었을 것이다. 유대교와 그리스도교에서는 모든 정령들은 지옥의 마귀들이며, 그들과의 영적 교섭은 어떤 것이든지 우상 숭배이며 배교 행위이므로, 마땅히 죽음과 저주로 벌받아야 한다.

³⁵ 호라티우스의 카니디아는 천박한 마녀이다. 루카누스의 에리크토는 지루하고 역겹지만 장엄미가 느껴지는 부분도 있다. 그녀는 복수의 여신들이 꾸물거린다고 비난하면서, 그들의 진짜 이름을 밝히겠다느니, 헤카테의 악마 같은 참모습을 보여 주겠다느니, 지옥</sup>

히 녹이는 행위는 그 자체로는 아무런 해도 입히지 못하지만, 이런 행위의 목표가 된 인물의 공포에서 나온 환상으로부터 강력하고 파괴적인 힘을 얻을 수 있다. 초자연적인 힘을 가졌다는 약초 혼합물 제조에서 시작해 더 강한 독을 사용하는 행위로 옮겨가기는 아주 쉽고 간단한 일이다. 인간의 어리석음은 종종 가장 잔악한 행위를 하게 만드는 도구이자 그를 은폐하는 위장이 된다. 밀고자들은 발렌스와 발렌티니아누스의 대신들의 충동질에 힘입어 죄질이 약하고 그다지 악의가 없는 성질의 범죄, 자주 발생하는 사소한 범죄에 대해서까지도 촉각을 곤두세우게 되었다. 일찍이 신앙심은 깊지만 지나치게 엄격했던 콘스탄티누스 대제는 이러한 범죄에 대해서도 사형으로 다스리겠다고 공포했었다. 반역과 마법, 독살과 간통 등 서로 연관성이 없는 범죄 행위들이 마구 뒤섞이면서 유죄와 무죄, 사면과 가중 처벌의 판결이 분명한 기준도 없이 어지럽게 남발되었으니, 이는 심리 과정에서 판사들이 감정에 치우치거나 매수되어 혼동을 빚은 결과로 보인다. 그들은 자기 법정에서 쏟아 낸 처형자들의 숫자로 황실이 법관으로서의 성실성과 능력을 판단한다는 사실을 금세 눈치 챘다. 그러다 보니 그들은 무죄 방면 판결의 선고를 기필코 피하려고 했을 뿐만 아니라, 누구보다도 존경받는 인물들에게 씌워진 도통 말이 되지 않을 것 같은 죄상들을 입증하기 위해 위증으로 얼룩진 증거나 고문으로 얻은 증언이라도 주저하지 않고 채택했다. 심문이 진행될수록 범죄에 가까운 고발 행위의 대상들은 계속 늘어났으며, 뻔뻔스러움이 극에 달한 밀고자들은 거짓임이 탄로나고도 벌받지 않고 무사히 넘어갔다. 비참한 지경에 처한 희생자들이 아무리 상대방의 진실이나 또는 거짓의 공범자를 밝혀 내더라도 그들이 겪은 오명에 대한 보상을 받는 일은 드물었다. 이탈리아와 아시아의

밑에 숨겨진 비밀스러운 힘을 불러 내겠다는 등 무시무시한 말로 위협을 가한다.

36 안티오크에 대한 박해는 한심스러운 논의가 야기한 결과였다. 알파벳 스물네 자를 마법의 삼각대 주변에 배열해 놓고, 중앙에 놓인 바퀴가 춤을 추며 돌다가 그중 어느 문자를 가리키면, 네 번째 문자까지 다음 황제의 이름을 뜻한다는 것이다. 이런 방식으로(같은 문자가 들어간 다른 이름들도 많았을 텐데) 테오도루스 역시 처형당했다.

국경 지대에서도 남녀노소를 가리지 않고 수많은 무고한 사람들이 사슬에 묶여 로마와 안티오크의 법정으로 끌려 나왔다. 그리고 원로원 의원들, 귀부인들, 철학자들 모두 가릴 것 없이 수치스럽고 잔인한 고문 끝에 절명했다. 감옥을 지키는 병사들조차도 동정으로 분노를 느낀 나머지 그들의 숫자만으로는 이렇게 많은 죄수들의 탈옥이나 저항을 막기에 부족하다고 호소할 정도였다. 부유한 가문들조차도 벌금과 재산 몰수를 견뎌내지 못하고 몰락했으며, 선량하기 짝이 없는 시민들까지도 안전을 확신할 수 없어 불안에 떨었다. 심지어 어떤 속주들의 경우, 죄수와 유배자들, 도망자들이 인구의 대다수를 이루었다는 어느 고대 작가의 일견 터무니없어 보이는 주장으로 미루어 그 정도를 짐작할 만하다.37

> 37 로마와 안티오크에 가해진 잔인한 박해에 대해서는 암미아누스와 조시무스가 묘사하고 있는데, 아마도 상당 부분이 과장되었을 것이다. 철학자 막시무스는 어느 정도는 근거가 있는 것이기는 하지만 마법을 썼다는 죄에 연루되었고, 젊은 크리소스토무스는 우연한 기회에 금서를 손에 넣었다가 처벌을 받았다.
>
> 38 빅토르는 그가 겁이 많다고 주장했지만, 누구나 그렇듯이 군대의 선두에서는 제법 과감하게 행동했다. 그는 자신의 분노가 누구에게도 해를 끼치지 않았다는 사실을 입증하려 했다.

서기 364~375년, 발렌티니아누스와 발렌스의 잔인성

타키투스가 초대 카이사르의 잔인성에 희생된 선량하고 훌륭한 로마인들의 죽음을 묘사한 예로 볼 때, 역사가의 솜씨나 희생자들의 업적은 독자들의 공포, 경탄, 연민의 감정들을 더없이 생생하게 자극한다. 이에 비하면 암미아누스의 거칠고 평면적인 서술은 피투성이가 된 희생자들의 모습을 구역질 날 만큼 자세하고도 지루하게 묘사하는 데 그친다. 그러나 자유와 굴종, 과거의 위대함과 현재의 비참상의 대조에만 언제까지 주의를 쏟을 수는 없으니, 로마와 안티오크에서 두 형제의 치세를 불명예스럽게 만든 잦은 처형에서 이제 다른 쪽으로 관심을 돌리는 편이 좋겠다. 발렌스는 비겁한 성격을,38 발렌티니아누스는 성마른 기질을 지닌 인물이었다. 국가를 통치하면서 발렌스에게는 자신의 개인적 안위에 대한 걱정이 가장 지배적인 관심사였다. 일개 국민의 위치에 있을 때 두려움에 떨면서 압제자의 손에 입맞추었던 그로서는 왕좌에 오른 지금 그의 국민

역시 과거의 자신과 똑같이 공포에 떨면서 그에게 참고 복종하기를 기대했다. 발렌스의 재정 상태로는 총신들을 부유하게 해줄 수 없었지만, 그들은 강탈과 재산 몰수의 특권을 남용하여 부를 축적했다.³⁹ 그들은 어떤 반역 행위든지 혐의만으로도 충분한 증거가 될 수 있다고 그럴듯한 언변으로 주장했다. 즉 누군가 권력을 가진 자가 있다면 황제에게 위해를 끼칠 의도가 있다고 보아야 하고, 의도를 품은 것만도 실제 행동을 취한 것 못지않은 범죄이므로, 만일 국민 중 누군가의 존재 자체만으로도 군주의 안전에 위협이 되거나 평안함을 방해한다면 마땅히 살려 두어서는 안 된다는 것이었다. 발렌티니아누스는 때때로 오판을 할 때도 있었고 지나친 자신감 때문에 과도한 행동을 하기도 했지만, 밀고자들이 위험에 대한 경고로 그의 꿋꿋한 태도를 흔들고자 했다면 그는 경멸에 찬 미소로 무시하고 넘어갔을 것이다. 황제의 굽힐 줄 모르는 정의감은 찬양의 대상이 되었다. 다만 아쉬었던 것은 그가 정의를 추구한다면서 자비를 인간의 나약함으로, 분노를 미덕으로 여기는 오류를 범하곤 했다는 점이다. 그는 경쟁자들과 목숨을 건 대담한 투쟁을 벌일 때에도 상처를 입고 가는 일은 거의 없었고, 모욕을 참아 넘긴 적 또한 결코 없었다. 그는 비록 신중하지 못하다는 비난은 받았지만 그의 기백은 찬사를 받았으며, 아무리 세력 있는 장군들이라도 이 두려움 없는 무인의 분노를 사는 일만은 피하려 했다. 발렌티니아누스는 제국의 주인이 되고 나서부터는 불행히도 반항이 전혀 허용되지 않는 곳에서는 용기 있는 행동도 있을 수 없다는 사실을 잊어 버리고 이성과 관대함을 따르기보다는 격노한 감정을 마구 쏟아 내었다. 이런 일들은 그 자신에게는 불명예가 되었을 뿐 아니라, 분노의 대상이 된 무력한 국민들에게 치명적인 결과를 가져왔다. 궁정을 돌보거나 제국을

³⁹ 탐욕스럽다는 비난은 발렌스보다는 그 아랫사람들이 받아야 할 것이다. 보통 왕보다는 대신들이 더 탐욕스러운 법이다. 끊임없는 소유만이 그들의 탐욕을 달래준다.

다스리면서 온갖 경미한 죄, 심지어 저지르지도 않은 죄, 경솔한 말 한 마디, 무심결에 저지른 태만, 본의 아닌 지연조차도 즉각적인 사형 선고로 처벌했다. 서로마 황제의 입에서는 쉴새 없이 "저놈의 목을 쳐라", "저놈을 산 채로 화형시켜라", "저놈을 죽을 때까지 쳐라"40 등의 말이 떨어졌다. 그가 가장 총애하는 대신들이라도 경솔하게 그의 살벌한 명령에 이의를 달거나 제지하려 나섰다가는 함께 불복종의 죄를 뒤집어쓰고 처벌받을지 모를 상황이었다. 이처럼 정의를 가장한 야만 행위를 되풀이하면서 그의 마음은 동정심이나 후회 따위의 감정에는 더욱 무감각해졌으며, 잔인성이 극도화되면서 감정의 폭발도 매우 빈번해졌다.41 그는 태연한 태도로 만족해 하며 고문과 죽음의 단말마의 고통을 지켜볼 수 있었으며, 자신과 기질이 맞는 충직한 자들 하고만 가까이 지냈다. 가령 막시미누스는 로마의 가장 고귀한 가문들을 학살했으나, 왕은 이를 승인했을 뿐 아니라 갈리아 속주 총독의 자리로 그의 업적을 보상해 주기까지 했다. 막시미누스와 함께 그의 총애를 누렸던 것은 인노켄티아와 미카 아우레아라는 이름의 사납고 몸집 큰 곰 두 마리였다. 이 믿음직한 파수꾼들의 우리는 항상 발렌티니아누스의 침실 옆에 놓여 있었다. 포악한 두 짐승들이 자신들에게 내던져진 죄인들의 피 흘리는 사지를 찢고 먹어치우는 모습은 황제에게 즐거운 구경거리로 제공되었다. 로마 황제는 그들의 식사와 건강 상태를 세심하게 살폈으며, 인노켄티아가 오랫동안의 충실한 봉사에서 해방될 때가 되었다는 생각이 들자, 이 충성스러운 짐승을 다시 그가 태어난 숲으로 돌아가 자유를 누리도록 풀어 주었다.

　그러나 이러한 두 황제도 비교적 냉정하게 자기를 돌아볼 때는 좀 달랐다. 즉 발렌스의 마음이 공포로 흔들리지 않고 발

40 그는 때로는 유쾌한 어조로 사형 선고를 내리곤 했다. 너무 성급하게 스파르타 사냥개를 풀어놓은 소년, 광을 낸 흉갑을 적정 무게보다 약간 모자라게 만든 병기공 등이 그의 분노의 희생물이 되었다.

41 밀라노의 관리 한 사람과 행정관 세 사람은 죄가 없었으나 발렌티니아누스에게 유죄 판결을 받았다. 암미아누스는 기묘하게도 부당하게 처형된 사람들은 모두 그리스도교인들에 의해 순교자로 숭배를 받았다고 생각한다. 그가 부당하게도 침묵을 지킨다고 해서, 의전관이었던 로다누스가 직권 남용죄로 산 채로 화형당했다는 이야기를 믿을 수는 없다.

렌티니아누스의 분노가 가라앉아 조용히 생각에 잠길 수 있는 순간이 오면, 왕된 자로서의 감정, 적어도 행동이나마 취할 수 있었다. 서로마 황제는 냉철한 판단력으로 자신과 공공의 이익이 무엇인지 분명히 파악하고 정확히 따를 수 있었으며, 동로마 군주 또한 형으로부터 전수받은 여러 본보기들을 잘 따르면서 살루스티우스의 지혜와 덕성으로부터 가르침을 구하기도 했다. 두 군주는 재위 기간 중 변함없이 순결하고 온건한 사생활을 유지했으므로, 그들의 치세에서 궁정에서 행해진 오락거리가 사람들의 얼굴을 붉히게 하거나 탄식을 자아내는 일은 없었다. 그들은 콘스탄티우스 황제 시대의 악습들을 차츰 개혁해 나가면서 율리아누스와 그 후계자가 계획했던 일들을 적절하게 채택하고 개선하여, 후세인들이 그들의 인격과 통치에 대해 상당히 호감을 가질 만한 입법 양식과 정신을 보여 주었다. 인노켄티아의 주인이 한 일이라고 생각하기는 어렵지만, 발렌티니아누스는 갓난아기들의 유기 행위를 유죄 판결하고, 로마의 열네 개 행정구역에 실력 있는 의사 열네 명을 급여와 특권을 주어 배치하는 등 국민들의 복지를 위한 배려를 취했다. 그는 비록 일자무식의 군인 출신이었으나, 젊은이들에게 유익한 교양 교육을 제공하는 학교를 세워 기울어 가던 학문 연구를 지원했다. 그의 계획은 모든 속주의 수도에서 젊은이들이 라틴어와 그리스어로 수사학과 문법 교육을 받을 수 있게 하는 것이었다. 일반적으로 학교의 규모와 위상은 도시의 중요성에 비례했으므로, 로마와 콘스탄티노플의 학교들은 타의 추종을 불허할 만큼 위풍당당한 모습을 자랑했다. 발렌티니아누스의 포고문들 중 이와 관련된 것들이 일부 남아 불완전하나 콘스탄티노플 학교의 모습을 보여 주고 있는데, 이는 이후 법

발렌티니아누스와 발렌스의 법률과 통치

규들에 의해 차차 개선되었다. 그 학교는 각 학문 분야별로 교사 서른한 명으로 구성되었다. 철학자 한 명, 법률학자 두 명, 소피스트 다섯 명, 그리스어 문법 교사 열 명, 웅변술 교사 세 명, 라틴어 문법 교사 열 명, 그 밖에 고전 작가들의 작품을 정확하고 깨끗하게 필사해서 공공 도서관에 공급하는 필경사 일곱 명 등이 있었다. 학생들이 따라야 하는 행동 규범도 정해 놓고 있었는데, 이 규범은 근대적인 대학의 형태, 편제와 학과에 대한 최초의 윤곽을 제공한다는 점에서 매우 흥미로운 것이었다. 학생들은 출신 속주의 관리들로부터 적절한 증명서를 받아와야 했다. 공공 기록부에 그들의 이름과 직업, 주거지가 정기적으로 기록되었다. 학생들은 극장이나 축제에서 시간을 낭비하는 것이 엄격히 금지되었다. 그들의 교육 기간은 20세까지로 한정되었다. 속주 총독은 게으르고 말 안 듣는 학생은 채찍질을 가하거나 퇴학시킬 권한을 가졌으며, 해마다 국가에 대한 봉사에 활용할 만한 학생들의 지식과 재능에 관한 보고서를 제출하게 되어 있었다. 발렌티니아누스의 교육 기관들은 국가의 평화와 부흥에 기여한 바가 컸다. 도시들은 보민관(保民官) 제도의 창설로 보호를 받았다. 보민관이란 호민관 겸 국민들의 대변인으로, 자유 선거에 의해 선출되었다. 그들은 국민들의 권리를 지켜 주고 불만이 있으면 시의 법정이나 경우에 따라서는 황제의 법정에까지 제소할 수 있게 해 주었다. 한편 오래전부터 개인 재산을 엄격히 운용해 왔던 두 황제는 재정을 착실히 관리했다. 여기서 세입의 징수와 지출을 살펴보면 동로마와 서로마의 운영에 얼마간 차이가 있음을 알 수 있는데, 발렌스는 왕실이 부를 누리려면 민중을 쥐어짜는 수밖에 없다는 사실을 알고 있었으므로, 당장 국민들에게 곤궁을 안겨 주면서까지 미래의 부강과 국민의 번영을 꾀할 생각은 없었다. 그리하여

40년 전부터 점차 인상되어 마침내 현재 두 배 수준에 달해 있는 세금 부담을 더 늘리는 대신, 집권 첫해에 동로마의 조세를 4분의 1로 줄여 주었다.42 이에 반해 발렌티니아누스는 국민들의 짐을 덜어 주는 데는 무심했다. 그는 국고 운영상의 악습을 개혁할 수도 있었으나, 개인들이 호사를 누리도록 놔 두느니 세금으로 징수해 국가의 방위와 발전을 위해 쓰는 편이 훨씬 더 이로울 거라는 생각에 아무런 가책감도 없이 개인 재산의 상당 부분을 세금으로 강제 징수했다. 동로마의 국민들은 당장 이득을 누릴 수 있었으므로 군주의 관대함을 칭송했다. 반면 발렌티니아누스의 업적은 실속은 있으나 빛은 덜하여, 후대에 가서야 인정받을 수 있었다.43

이러한 발렌티니아누스도 칭찬해 줄 만한 부분이 있었는데, 그것은 종교 분쟁의 시대에 한결같이 온건한 태도로 공명정대함을 굳게 견지한 점이다. 그의 강인한 판단력은 교육에 의해 교화되지는 않았으나 오염된 적도 없었으므로, 신학 논쟁의 온갖 미묘한 문제들에 대해서는 나름대로 존중해 주면서도 무심한 태도로 일관했다. 지상의 제국을 통치하는 일만이 그의 전력을 요구하고 야심을 만족시켜 주는 관심사였다. 종교 문제에 있어서 자신은 어디까지나 교회의 일개 신도일 뿐이라는 사실을 유념하면서도 주교의 군주라는 사실 또한 잊지 않았다. 배교자 율리아누스가 통치하던 시기에도 그리스도교의 영예를 드높이겠다는 종교적 열정을 숨기지 않았던 그는 통치자가 된 후 일찍이 자신이 취했던 특권을 그의 국민들에게도 허용했다. 그리하여 국민들은 비록 황제가 때로는 지나치게 자기 감정대로 행동하기도 했지만 공포나 위선을 모르는 황제의 대사면령을 감사와 신뢰로 받아들였다. 이교도들, 유대교인들, 그 밖의

서기 364~375년, 종교적 관용을 지속한 발렌티니아누스

42 암미아누스의 글 중 일부에서 그는 테미스티우스의 아첨과 현학, 진부한 도덕 설교로 가득 찬 연설을 좋게 평가하고 있다. 능변가인 토마스(M. Thomas)는 테미스티우스가 당시 전혀 쓸모 없는 인물은 아니었다며 그의 덕성과 재능을 찬양했다.

43 그가 사치스러운 악습에 대해 행한 개혁은 찬사를 받을 만한 가치가 있었다. 그러나 어떤 자들은 그의 검약을 탐욕이라고 칭했다.

여러 교파들도 그리스도교의 신성한 권위를 인정하기만 하면 법에 의해 권력의 횡포나 대중의 모욕으로부터 보호받을 수 있었다. 발렌티니아누스는 나쁜 목적으로 종교를 참칭하여 이루어지는 비밀 의식을 제외하고는 어떤 형태의 숭배 의식도 금하지 않았다. 마술은 잔인한 처벌로 엄격히 금지했으나, 원로원의 승인 아래 투스카니 출신 창자 점쟁이들이 행하는 고대로부터의 점복술만은 공식적으로 구분하여 보호했다. 또한 그는 이교도들 중에서도 이성적인 자들의 동의를 얻어, 야밤에 치러지는 희생 제의를 금지시켰다. 그러나 아카이아의 지방 총독 프라이텍스타투스가 엘레우시스 밀교 의식의 귀중한 축복을 그리스인들에게서 빼앗아 간다면 그들의 삶은 쓸쓸하고 고적해질 것이라고 탄원하자, 즉시 이를 인정해 주었다. 아마도 인간의 마음속에 잠재한 광신의 치명적인 근원을 부드러운 손으로 뿌리뽑을 수 있다고 자신할 수 있는 것은 (아마도 호언장담 이상이 되지는 못하겠지만) 철학뿐일 것이다. 그러나 발렌티니아누스가 현명하고도 강력한 통치로 상호간의 거듭된 반목을 중지시킴으로써 가능했던 12년간의 휴전 또한 종교 분파들의 편견을 누그러뜨리고 적대적인 태도를 유화시키는 데 한몫 했다.

서기 367~378년,
아리우스파를 신봉하고,
아타나시우스파를
박해한 발렌스

그러나 불행히도 이와 같은 관용 정책을 취한 발렌티니아누스 황제는 가장 분쟁이 격심한 지역에서 멀리 떨어져 있었다. 서로마의 그리스도교도들은 리미니 신조의 함정에서 빠져나오자마자 정통 교리로 복귀했으며, 여전히 시르미움이나 밀라노에 숨어 명맥을 유지하던 소수의 아리우스파 잔당은 분노를 사기보다는 멸시의 대상으로 여겨졌다. 그러나 흑해 연안에서 테베 끝에 이르는 동로마의 여러 속주에서는 서로 반목하는 교파들의 힘과 신도 수가 엇비슷했으므로, 평화로운 관계를 유지하기보다는 종교 전쟁의 공포가 계속되었다. 수도승들과 주교들은 비난과 욕설을 주고받으며 논쟁을 계속했으며, 때로는 폭력 사태가 뒤따르기도 했다. 아타나시우스는 여전히 알렉산드리아에서 세력을 휘두르고 있었지만 콘스탄티노플과 안티오크의 주교직은 아리우스파 성직자들이 독점한 상태였으며, 교회에 공석이 생기기만 하면 분란이 일어났다. 호모오우시온파는 쉰아홉 명의 마케도니아인, 혹은 반(半)아리우스파 주교들과 화해함으로써 세력을 굳혔으나, 내심으로는 성령의 신성을 받아들이기를 꺼리고 있었으므로 그들의 승리는 완전한 것이라고는 할 수 없었다. 발렌스가 그의 치세 첫해에 형의 공평무사한 조치를 모방하여 내린 포고는 사실상 아리우스파가 거둔 중요한 승리였다. 두 형제는 개인적으로는 입문자 정도 수준의 종교 생활을 해 왔지만, 발렌스는 신앙심이 깊은 편이어서 고트족과의 전쟁에 나서게 되자 그 전에 황급히 세례식을 받고자 했다. 그는 황제의 도시 주교였던 에우독소스[44]에게 당연히 이러한 뜻을 전했다. 그 결과 무지한 군주가 아리우스파 주교에게 이끌려 이단적인 신학 교리를 배우게 되었으니, 이후 그가 저지른 행동은 죄라기보다는 그의 불행이었으며, 잘못된 선택에 따른 필연적인 결과였다. 황제의 결정이 무엇이었든 간에 그것은 무수히 많은 그리스도교도들을 상심에 빠뜨렸다. 호모오우시온파와 아리우스파의 지도자들 모두가 그들 자신이 지배권을 잡지 못한다면 잔인한 탄압과 박해를 받게 될 것이라고 믿었다. 따라서 황제도 이 결정적인 조치를 취하고 난 뒤부터는 공평무사하다는 평판이나 미덕을 유지하기가 지극히 어려워졌다. 그는 콘스탄티우스처럼 깊이 있는 신학자로서의 명성까지는 바라지도 않았다. 그러나 에우독수스의 교의를 순진하게 존경심을 품고 받아들였으므로, 그

[44] 에우독소스는 온화하고 소심한 성품의 소유자였다. 그는 학식 있고 신앙심 깊은 순교자인 루키아누스 밑에서 55년간 신학을 연구해 왔으므로, 발렌스에게 세례를 행했을 때(서기 367년)는 매우 고령이었을 것이다.

45 나지안주스의 그레고리우스는 아리우스파의 정신을 오류와 이단의 확실한 징후로 보고 모욕을 가했다.

의 양심은 이 영혼의 안내인이 이끄는 대로 맡겨 두고 아타나시우스파의 이단자들을 정통파 교회로 재통합시키는 데에만 황제로서의 권위와 영향력을 기울였다. 처음에는 황제도 아타나시우스파의 무지를 불쌍히 여겼을 따름이었으나, 점차 그들의 완고함에 짜증이 나면서 어느새 자신을 적대시하고 있는 그 교파들을 증오하게 되었다.⁴⁵ 심약한 발렌스는 항상 가까이 있는 사람들의 말에 따라 이리저리 흔들리곤 했다. 게다가 일개 시민의 추방이나 투옥 정도는 전제적인 궁정에서 아주 쉽사리 승인되는 사안이었다. 이러한 처벌은 호모오우시온파의 지도자들에게 자주 타격을 입혔다. 이때 여든 명의 콘스탄티노플 사제들이 배 위에서 타죽은 불행한 사건이 있었는데, 아마도 우연한 사고였겠지만 이마저도 황제와 아리우스파 대신들이 악의를 품고 사전 모의한 만행으로 생각되기까지 했다. 분쟁이 나기만 하면 가톨릭교도들은 자기들이 저지른 죄뿐 아니라 상대방의 죄까지 뒤집어쓰고 벌을 받아야 했다. 어떤 선거에서나 아리우스파 후보들의 요구가 우선권을 얻었다. 아리우스파 후보들은 다수가 그들에게 반대하는 경우조차도 관헌의 권위를 등에 업고 나섰으며, 심지어는 군사력으로 위협하기까지 했다. 이렇게 적들이 아타나시우스의 말년을 어지럽히자, 그는 부친의 묘소로 몸을 피하여 생애 다섯 번째의 은둔을 해야만 했다. 그러나 곧 분노한 시민들이 무기를 들고 일어나자 위협을 느끼고 겁에 질린 속주 총독은 대주교가 47년간의 봉직 기간을 평화롭고 영광스럽게 마치도록 허락해 주었다. 아타나시우스의 죽음은 이집트에 가해질 박해를 알리는 신호탄이었다. 발렌스

서기 373년 5월, 아타나시우스의 죽음

의 대신 중 한 이교도는 보잘것없는 인물인 루키우스를 대주교 자리에 강제로 앉혀 놓고는 그리스도교 형제들의 피와 고

통으로 지배파의 총애를 샀다. 이교도와 유대교의 예배 의식에 무조건적인 관용이 베풀어지자 가톨릭교도들의 불행은 가중되었고, 동로마의 불경스러운 폭군의 죄가 갈수록 깊어지는 데 대해 비통해 하는 탄식이 흘러 나왔다.[46]

정통파의 승리는 발렌스의 평판에 지워지지 않을 박해라는 오명을 남겼다. 이 황제의 악덕뿐 아니라 미덕조차도 약한 이해력과 소심한 기질에서 비롯되었으니 굳이 옹호하려고 애쓸 가치도 없다. 그러나 편견을 배제하고 잘 살펴보면 발렌스의 성직자들이 군주의 명령 이상의 행동을 했거나 심지어는 그의 의도만으로도 월권 행위를 한 일이 있으며, 그의 적대자들이 흥분하여 소문을 쉽게 믿어 버린 나머지 사실을 실제 이상으로 과장했다고 의심할 만한 몇 가지 근거를 찾아볼 수 있다.[47] 1. 발렌티니아누스가 침묵을 지킨 사실로 보아, 공동 통치 황제의 속주에서 발렌스의 이름으로 자행된 부당한 가혹 행위들은 종교적 관용이 확립된 체제에서 일어난 사소한 일탈 사례에 불과하다고 추정할 수 있다. 어떤 현명한 역사가는 형의 침착한 기질을 칭찬했지만, 서로마의 평온함과 동로마의 잔인한 박해를 비교 대조해 보여 주지는 않았다.[48] 2. 애매모호한 기록들을 얼마나 신뢰할 수 있을지 모르겠지만, 삼위일체설을 신봉했던 아타나시우스의 후계자인 카이사레아의 주교 바실리우스를 대한 개인적 태도에서 발렌스의 성격이나 행동이 뚜렷이 드러난다.[49] 바실리우스의 친구들과 찬미자들이 당시의 정황을 전했는데, 수사학적 표현이나 기적담의 두꺼운 휘장을 걷어 내고 읽어 보면 이 아리우스파의 폭군이 예상과는 달리 온화한 모습을 보여 준 데 놀라지 않을 수 없다. 발렌스는 바실리우스의 확고부동한 의지에 경탄을 보냈으며, 만일 주교가 폭력을 쓴다면 카파도키아 속주에서 일대 반란이 일어날지 모른다는 우려

[46] 발렌스의 교회 정부에 대한 이 같은 묘사는 소크라테스, 소조메노스, 테오도레투스, 티유몽의 편집물에 나와 있다.

[47] 조틴(Jortin)이 이미 같은 의혹을 품고 암시한 바 있다.

[48] 이러한 영향은 너무나 명백하고 강력한 것이었으므로, 오로시우스는 발렌티니아누스의 사후까지 박해를 미루었다. 반면 소크라테스는 테미스티우스가 서기 374년에 발표한 철학적인 연설문 덕에 박해가 진정되었다고 추측한다. 이러한 불일치로 인해 발렌스의 박해 여부에 대한 내용은 믿기도 어렵고, 범위도 줄어든다.

[49] 티유몽은 각각 바실리우스의 형제와 친구였던 두 사람의 그레고리우스가 쓴 찬양문에서 가장 믿을 만한 자초지종을 추려 냈다. 바실리우스의 편지에서는 박해에 관한 생생한 설명을 찾아볼 수 없다.

의 말까지 했다. 주교는 굽힐 줄 모르는 자부심으로 황제 앞에서 자기 의견의 진실성과 지위의 위엄을 주장했음에도 불구하고 자신의 양심과 대주교직까지도 아무 제약 없이 그대로 유지할 수 있었다. 황제는 교회의 엄숙한 의식에 열성적으로 조력하였고, 추방령을 내리기는커녕 오히려 바실리우스가 카이사레아 인근에 세운 병원에 막대한 사유지까지 기부했다.50 3. 테오도시우스가 아리우스파에 불리한 법을 제정했듯이 발렌스가 아타나시우스파에 불리한 법을 공포했다는 증거를 찾을 수 없다. 그의 포고령 중 가장 큰 소란을 불러일으킨 것조차도 그렇게까지 비난할 만한 것으로는 보이지 않는다. 황제는 국민들 중 일부가 종교를 구실 삼아 게으름을 피우면서 이집트 수도승들과 모종의 관계를 가졌음을 알고, 동로마의 코메스에게 명하여 그들을 은거지에서 끌어 내어 현세의 소유를 포기하든지, 아니면 시민으로서의 공적인 의무를 다하든지 둘 중 하나를 선택하게 했다.51 발렌스의 대신들은 황제의 군대 병적에 젊고 건강한 육체를 가진 수도승들을 올릴 권리를 요구하고 있었으므로, 자신들의 목적을 위해 이 형법 조항의 의미를 확대 적용했던 것 같다. 그리하여 3000명의 기병대와 보병대로 구성된 군대가 5000명의 수도승들이 살고 있는 알렉산드리아 인근 니트리아 사막으로 행군해 갔다. 아리우스파 성직자들이 이 군대를 이끌었는데, 군주의 명령에 불복한 수도원에서는 상당한 규모의 학살이 있었다고 전한다.52

50 이 웅장하고 자비로운 건축물은 위용 면에서는 아닐지라도, 가치 면에서 본다면 피라미드나 바빌론 성벽을 능가할 만했다. 이는 주로 나환자들을 수용할 목적으로 지어졌다.

51 고드프루아(Godefroy)는 논평자이자 옹호자로서의 임무를 수행했다. 티유몽은 정통파인 그의 친구들이 발렌스의 칙령을 거짓으로 전달하여 선택의 자유를 억누르는 데 대해 변명할 구실을 만들어 주기 위해 또 다른 법이 있었다고 가정한다.

52 이집트의 수도승들은 많은 기적을 행했다고 하는데, 이는 그들의 신앙심이 진실된 것이었음을 입증한다. 이에 대하여 조틴은 다음과 같이 말한다. "그 말이 맞다. 하지만 그 기적들의 진실은 무엇으로 입증할 것인가?"

서기 370년,
성직자의 탐욕을
제한하는
발렌티니아누스

성직자 계급의 부와 탐욕을 억제하기 위해 현대의 입법자들이 지혜롭게 짜 놓은 엄격한 규제들의 기원을 거슬러 올라간다면, 발렌티니아누스 황제의 예에서 그 뿌리를 찾을 수 있을 것이다. 로마 주교인 다마수스에게 보낸 그의 칙령은53 도시의 모든 교회에서 공개적으로 낭독되었다. 그는 성직자들과 수도승들이 과부와 처녀들의 집에 무상으로 출입해서는 안 되며, 이에 불복종한다면 판관의 견책을 받게 될 것이라고 경고했다. 또한 성직자를 영적 아버지로 믿고 따르는 여성 신도에게서라도 선물이나 유산을 절대 받을 수 없게 만들었다. 이 칙령을 거스르는 유언장은 모두 무효로 선언되었으며 불법적인 증여는 압수되어 국고에 귀속되었다. 이후에 다시 보완된 규제에 의하면 이런 조항들은 수녀와 주교들에게까지 확대 적용되어, 성직에 종사하는 사람은 누구든지 유언으로 선물을 받을 수 없게 되었으며, 유산 상속은 법적으로 타당한 권리가 있는 친족인 경우만으로 엄격하게 한정되었다. 나라의 행복과 덕을 지키는 수호자로서, 발렌티니아누스는 부정이 발생할 소지를 없애고자 이와 같이 엄격한 조치를 적용했다. 제국의 수도에는 고귀하고 부유한 가문 출신으로 막대한 재산을 소유한 여성들이 많이 있었다. 그들 중 상당수가 그리스도교도로, 이성적으로 교리를 받아들인 사람들도 있었지만 유행에 끌려 열광적인 신도가 된 사람들도 있었다. 그들은 화려한 의복을 걸치고 사치를 즐기려 한 대신, 순결하다는 칭송을 받고자 결혼 생활의 행복까지도 포기했다. 진짜 신성한 의무라고 생각해서였는지 아니면 명목상에 불과한 것이었는지 모르지만, 어떤 성직자들은 특별히 선택되어 이런 귀부인들의 연약한 양심을 인도하고 공허한 마음을 달래 주는 일을 맡기도 했다. 그러나 어떤 경우는 귀부인들이 이런 성직자들을 성급하게 신임한 결과 악한들과 광신자들에게 이용당하는 일도 적지 않았다. 또한 수도승이라는 직업상의 특권을 화려한 무대에서 마음껏 누려 보고자 동방의 변경 지역에서부터 황급히 달려오는 자들까지 생겨 났다. 이들은 겉으로는 속세에 대한 경멸을

53 고드프루아는 바로니우스의 예가 있은 후, 이 중요한 법에 대한 교부들의 언급을 편견 없이 모두 수집했다. 그러한 정신은 오랜 세월이 지난 후 영국의 프레드릭 2세, 에드워드 1세와 12세기 이래 통치했던 그리스도교도 왕들에 의해 되살아났다.

54 내가 사용한 표현들은 히에로니무스의 격렬한 저주에 비하면 온건하고 약한 편에 속한다. 그는 형제 수도승들에게 죄를 뒤집어 씌웠다는 비난을 받았다. 스켈레라투스는 파울라라는 과부의 정부임이 밝혀져 공개적으로 고발당했다. 그가 어머니와 딸 모두에게 애정을 품었다는 사실은 의심의 여지가 없어 보이지만, 개인적이거나 관능적인 목적을 위해 자신의 영향력을 남용하지는 않았다고 항변했다.

내세우면서 젊고 아름다운 여인의 사모를 받고, 부유한 가문들이 제공하는 호사를 누리고, 원로원 가문의 노예들, 자유민, 예속 평민들 할 것 없이 모두로부터 정중한 봉사를 받는 등 사실상 속세의 모든 이권을 다 얻었다. 로마의 귀부인들은 아낌없이 기부금을 바치고 값비싼 순례 여행을 하는 데 막대한 재산을 낭비해 버렸다. 교활한 수도승들은 여신도의 유언장에 첫 번째로, 혹은 유일한 상속자로 이름을 올려놓고는 위선적인 얼굴로 자신은 자선을 행하는 도구이며 빈자들을 위해 재산을 관리하는 자에 불과하다고 지껄여 댔다. 정당한 권리를 가진 상속인들이 받아야 할 유산을 갈취하는 성직자 계급의 수법은 아무리 돈은 된다지만 수치스럽기 짝이 없는 것이어서,54 미신이 만연한 시대에도 사람들의 공분을 일으켰다. 가톨릭계의 존경받는 교부들 중 두 사람도 발렌티니아누스의 불명예스러운 칙령이 사실 정당할 뿐 아니라 꼭 필요한 것이며, 희극 배우들, 전차몰이꾼들, 우상 숭배자들도 누리는 특권을 그리스도교 사제들만 빼앗긴다 해도 할 말이 없다고 매우 솔직하게 고백했다. 그러나 입법자들의 지혜와 권위가 자기 이익을 지키려고 혈안이 된 자들의 잔꾀와 겨루어 승리한 예는 거의 없다. 히에로니무스나 암브로시우스 같은 성직자들이라면 건전한 법이든 무력한 법이든 간에 그 정의에 인내심을 가지고 따랐겠지만, 성직자들은 개인적인 이득을 좇을 길이 막히자 교회의 부를 늘리기 위해 더 고상해 보이는 사업에 뛰어들어 신앙심이니 애국심이니 하는 눈가림으로 자신들의 탐욕을 그럴듯하게 포장하기에 바빴다.

서기 366~384년,
로마의 대주교
다마수스의 야망과 사치

로마의 대주교인 다마수스는 발렌티니아누스의 법령 공포로 성직 계급의 탐욕을 비난해야 할 입장에 처하여, 올바른 양식을 갖춘 덕분이었는지 운이 좋은 탓이었는지 학식 높은 히에로니무스의 열정과 능력을 활용할 수 있었다.55 이 성인 또한 이에 감동하여 정체가 불분명한 인물인 다마수스의 장점과 청렴성을 찬양했다. 그러나 발렌티니아누스와 다마수스의 통치 아래에서 자행된 로마 교회의 눈 뜨고 보기 어려울 정도의 악덕에 대하여 특히 관심을 갖고 관찰했던 사가 암미아누스는 다음과 같은 의미심장한 말로 편견 없이 자신의 의견을 피력했다.

유벤티우스 총독의 치세는 평화롭고 풍요로웠으나, 이러한 평화는 곧 다른 마음을 품은 자들의 피비린내 나는 선동으로 어지럽혀졌다. 다마수스와 우르시누스의 주교직에 대한 욕망은 보통 인간의 야심을 뛰어넘는 것이었다. 그들의 파벌 싸움으로 추종자들의 부상과 죽음이 잇달았다. 총독은 폭동에 저항할 힘도, 폭동을 진정시킬 힘도 잃은 채 폭력에 눌려 교외로 피신하는 지경에 이르렀다. 결국 다마수스가 우세를 차지하여 승리는 그의 분파의 것이 되었다. 이 과정에서 그리스도교도들의 종교 집회 장소인 시키니누스 성당56에서 137구의 시체57가 발견되었다. 사람들의 성난 마음이 다시 본래의 평정심을 회복하기까지는 상당한 시간이 필요했다. 제국 수도의 장려함을 생각해 보건대, 그토록 영광스러운 자리가 야심가들의 욕망에 불을 당겨서 무서울 만큼 격렬하고 집요한 투쟁을 가져왔다 해도 놀랄 일은 아니다. 일단 성공을 거둔 자는 귀부인들의 헌납으로 부를 얻게 될 것이 자명하며,58 직책과 품위에 어울리는 의복을 걸치고 마차에 올라 온 로마 시내를 활보할 수 있다.59 뿐만 아니라 황제의 화려한 식탁도 로마 주교의 취향에 맞춰진 풍성하고 우아한 호사에는 비길 바가 못 된다. 이러한 사치 생활을

55 히에로니무스의 말은 그의 모든 과오를 씻어내 주었으며, 티유몽까지도 눈감아 주게 만들었다.

56 시키니누스 혹은 리베리우스의 바실리카는 아마도 에스퀼리누스 언덕에 있는 산타 마리아 마지오레의 교회일 것이다.

57 반목하는 두 파벌의 성직자들이 남긴 비방문의 원문은 놀랍게도 남아서 전해졌다. 그들은 바실리카의 문들이 불타 버렸고, 지붕의 타일은 벗겨져 있었다고 주장한다. 또한 다마수스가 성직자들, 무덤 파는 일꾼들, 전차몰이꾼들, 고용된 검투사들을 이끌고 왔으며, 그의 무리들 중에서는 죽은 자가 아무도 없었지만, 160구의 시체가 발견되었다고 주장했다. 이 탄원서는 서몬드(P. Sirmond)의 저작집 중 다섯 번째 권에 실려 있다.

58 다마수스의 적들은 그를 귀부인들의 귀나 긁어 주는 자라고 불렀다.

59 나지안주스의 그레고리우스는 제국의 도시들에서 세도를 부린 고위 성직자들의 오만과 사치, 그들의 금칠한 마차며 준마들, 긴 행차 등에 대해 묘사하고 있다. 당시 성직자들이 거친 말을 몰고 나서면 군중들은 길을 비켜 주어야 했다.

60 암미아누스는 이 속주 총독에 대해 공정하게 전하고 있다. 단 두 줄로 이루어진 그의 비명은 그가 종교와 민정에서 얻은 명예를 보여 준다. 한 줄은 그가 태양신과 베스타, 히에로판테스 등의 제사장이었다고 새겨져 있으며, 다른 줄에는 1. 집정관이었고, 2. 투스카니와 움브리아의 감사관, 3. 루시타니아의 집정관, 4. 아카이아의 지방 총독, 5. 이탈리아 총독, 6. 일리리쿰 총독이었다고 적혀 있다.

영위하게 된 변명으로 도시의 위용 따위를 내세우기보다는, 절제와 온건, 검약한 의복과 겸손한 태도로 신과 참된 숭배자들로부터 순결하고 신중한 미덕의 소유자로 칭송받았던 속주 주교들의 모범적인 삶을 따랐더라면, 이 대주교들이 얼마나 제대로 참된 행복을 구한 것이었겠는가.

다마수스와 우르시누스의 싸움은 결국 후자의 추방으로 끝이 났고, 프라이텍스타투스60 총독의 지혜로 도시는 평정을 회복했다. 프라이텍스타투스는 학식과 우아한 취향, 공손함을 갖춘 철학적인 이교도로, 로마 주교직을 손에 넣을 수만 있다면 망설일 것도 없이 기꺼이 그리스도교로 개종하겠다는 가시 돋친 농담을 던졌다. 4세기 교황들이 누린 부와 사치에 관한 이 생생한 묘사는 청빈한 삶을 살았던 어부 출신 사도들에서 시작하여, 그 영역을 나폴리 국경 지대에서 포 강변까지 확장해 속세의 군주 못지않은 권세를 누리게 되기까지의 중간 단계를 보여 준다는 점에서 더욱 흥미롭다.

서기 364~375년, 대외 전쟁들

장군들과 군대가 투표를 거쳐 로마 제국의 왕홀을 발렌티니아누스의 손에 넘겨 준 데에는 무용과 군사 기술, 경험 면에서의 평판과 함께, 고대로부터의 군사 규율의 정신뿐 아니라 형식도 지키려는 그의 강한 의지가 주요한 동기로 작용했다. 또한 그에게 공동 통치 황제를 지명하도록 군대가 압력을 넣은 것은 국가가 위험에 처한 상황 때문이었다. 발렌티니아누스 자신도 아무리 적극적인 정신의 소유자라 할지라도 침략자들이 들끓는 제국의 머나먼 변경 지대를 혼자서 방어하기에는 힘이 부친다는 사실을 잘 알고 있었다. 야만족들은 율리아누스의 죽음으로 공포에서 해방되자마자, 이제야말로 마음껏 약탈하고 정복할 수 있다는 희망에 들떠 동쪽, 북쪽, 남쪽에서 저마다 들썩거렸다. 그들의 침략은 그저 성가신 정도에 불과한 경우가 대부분이었지만, 때로는 정말로 위협적이었다. 그러나 발렌티니아누스는 12년간의 통치 기간 내내 불굴의 의지와 경계심으로 영토를 보호했으며, 나약한 동생에게까지 강력한 힘을 불어넣어 이끌어 주었던 것으로 보인다. 연대기 형식으로 서술한다면 두 황제의 관심사의 차이가 확실히 드러나겠지만, 지루하고 산만한 서술로 독자의 주의를 흐릴지도 모른다. 따라서 전쟁이 벌어진 지역 다섯 군데(게르마니아, 브리타니아, 아프리카, 동방, 도나우 강 지대)로 나누어 살펴보는 쪽이 발렌티니아누스와 발렌스 치하 제국의 군사 정세를 좀 더 잘 보여 줄 것이다.

61 발레시우스는 이 총무 장관에 대해 길고 적절한 주석을 달아 놓았다.

1. 총무 장관 우르사키우스[61]는 절약을 한다는 명분으로 관례상으로나 조약상으로나 새로운 황제의 즉위에 따라 응당 내려야 할 하사품의 양과 질을 줄여 버리는 부적절한 조치를 취했다. 알레만니의 사절단들은 그의 거칠고 오만한 행동에 심히 불쾌감을 느꼈다. 그들은 자기 민족이 모욕당했다는 수치감을 강경한 태도로 전했다. 족장들은 멸시당했다고 느끼고 격분했으며, 호전적인 젊은이들이 그들의 깃발 아래 구름같이 모여들었다. 그 뒤 발렌티니아누스가 알프스 산맥을 넘어오기도 전에 갈리아의 마을들은 화염에 휩싸였다. 다갈라이푸스 장군이 알레만니족과 조우했을 때는 이미 그들은 게르마니아의 요새에 포로와 전리품을 안전하게 숨긴 뒤였다.

게르마니아: 서기 365년, 갈리아를 침입하는 알레만니족

다음 해 초, 알레만니족은 모든 군사력을 모아 북쪽 지방의 혹독한 겨울 추위 속에서도 라인 강의 방어선을 돌파했다. 이 와중에 두 명의 로마 코메스들이 패배하여 치명상을 입었으며, 헤룰리족과 바타비

서기 366년 1월

족은 깃발을 빼앗기는 모욕을 당했다. 깃발은 곧 되찾아왔으나, 바타비족은 엄격한 판관의 눈으로 보기에는 불명예스러운 패주의 치욕을 회복하지는 못했다. 발렌티니아누스가 보건대, 그의 병사들은 적에 대한 두려움을 떨쳐 버리기에 앞서 자신들의 지휘관들을 두려워할 줄 알아야 했다. 삼엄한 분위기 속에서 소집되어 두려움에 떠는 바타비족들을 황제의 군대가 에워쌌다. 그러자 발렌티니아누스는 비겁자들에게는 사형으로 벌 줄 가치도 없다는 듯이, 잘못된 지휘와 무기력한 행동으로 패배의 제1원인을 제공한 지휘관들에게 씻을 수 없는 오명을 내렸다. 바타비족들은 각자의 지위에서 파면되어 무기를 빼앗기고 최고 입찰자에게 노예로 팔리는 선고를 받았던 것이다. 이 무시무시한 선고에 군대들은 일제히 땅바닥에 엎드려 황제에게 분노를 거두어 달라고 빌면서, 한 번만 더 기회를 준다면 로마인과 로마의 병사로서의 이름에 값할 자격이 있음을 보이겠노라고 간청했다. 발렌티니아누스는 짐짓 마지못한 척 그들의 간청을 받아 주었다. 바타비족들은 다시 무장을 하고 알레만니족의 피로 불명예를 씻고야 말겠다는 불굴의 결의를 다졌다.62 그러나 다갈라이푸스는 제1선의 지휘를 맡기를 거부했다. 지나칠 정도로 신중한 이 경험 많은 장군은 대장의 책임을 수행하는 데 크나큰 어려움이 따를 것이라 생각한 것이다. 그러나 전투가 다 끝나기도 전에 그의 경쟁자 요비누스가 전세를 유리하게 이끌어 분산되어 있던 야만족들을 격파하는 모습을 지켜보는 굴욕을 겪어야 했다. 요비누스는 군기가 잘 잡힌 기병대, 보병대, 경무장한 군대의 선두에 서서, 신중을 유지하면서도 빠른 속도로 메츠 지역의 스카르폰나63까지 진군했다. 요비누스는 알레만니족 군대가 무기를 잡을 틈도 주지 않고 그

알레만니족의 패배

62 동시대의 군인 한 사람은 군인으로서의 명예를 고려하여 바타비족이 겪은 굴욕을 은폐했으나, 다음 시대의 그리스 철학자는 이에 개의치 않았다.

63 암미아누스가 확실히 밝히지는 않았지만, 모스코우는 모젤이란 이름을 분명히 알고 있었다.

들을 기습 공격하여 아군의 피해 없이 손쉬운 승리를 거둠으로써 병사들의 사기를 북돋우었다. 한편 적의 또 다른 부대는 인접 지역을 잔인하게 마음껏 유린한 다음, 모젤 강변의 그늘진 곳에서 휴식을 취하고 있었다. 요비누스는 장군으로서의 안목으로 그 지형을 관찰한 다음 숲이 우거진 깊은 골짜기로 몰래 접근하여, 게르만족의 방비가 느슨해졌음을 확인했다. 어떤 자들은 강에서 우람한 몸을 씻는 중이었고, 어떤 자들은 아맛빛 긴 머리를 빗질하고 있었으며, 한 편에서는 맛좋은 술을 들이켜는 자들도 있었다. 이때 갑자기 로마군의 진군 나팔 소리가 울려 퍼지면서 로마군들이 게르만족의 막사에서 튀어 나왔다. 게르만족은 혼비백산한 나머지 어쩔 줄 몰라 우왕좌왕하다가 도주하기 시작했다. 아무리 용감한 전사들일지라도 이런 혼란한 상황에서 군단병과 보조군의 칼과 창을 피할 길이 없었다. 일부의 게르만족은 샹파뉴 지방의 샬롱 부근 카탈라우니 평원에 진을 치고 있던 가장 큰 규모의 제3주둔지로 간신히 도망쳤으며, 낙오한 분대들은 각자의 깃발 아래 황급히 재집결했다. 야만족 족장들은 동료들의 운명에 놀라 경각심에 차서, 승리를 거둔 발렌티니아누스의 병력과의 일전을 준비했다. 이리하여 막상막하의 용맹으로 일진일퇴를 반복하는 가운데 집요한 혈전은 꼬박 여름날 하루 동안 이어졌다. 결국 로마군이 1200명의 인명 손실을 입은 끝에 승리를 거두었다. 알레만니족은 6000명이 죽고 4000명의 부상자를 냈다. 용감무쌍한 요비누스는 도주하는 패잔병들을 라인 강변까지 쫓아 버린 후 파리로 귀환하여 황제로부터 찬사와 함께 이듬해의 집정관직까지 받았다.64 그러나 로마군의 승리도 포로로 잡힌 적의 왕에게 가한 잔인한 처우로 인해 오점을 남기고 말았다. 로마 병사들은

64 이 전투는 암미아누스가 묘사했는데, 그는 발렌티니아누스도 현장에 있었다고 추측한다.

7월

자기들의 장군도 모르게 그의 목을 베어 내걸었던 것이다. 그나마도 이러한 수치스러운 잔혹 행위는 흥분된 군대 탓으로 돌릴 수 있었다. 그러나 잇달아 게르만족의 왕인 바도마이르의 아들 위티카브가 모살되는 사건이 일어났다. 이 젊은이는 비록 신체는 허약하여 병약자처럼 보였으나 정신만은 강인한 사람이었다. 국내에서 벌어진 이 암살극은 로마인들이 조장했을 뿐 아니라 비호하기까지 했다. 인간애와 정의의 율법까지 저버린 이 사건은 기울기 시작한 제국의 약점을 로마인들도 내심으로는 우려하고 있음을 은연중 드러낸 것이었다. 무릇 사람이란 칼의 힘에 자신이 있는 한, 공적인 회의에서 단검 따위를 쓰는 일은 없는 법이다.

서기 368년, 라인 강을 건너는 발렌티니아누스

이리하여 알레만니족은 일단 기가 꺾인 듯했으나, 발렌티니아누스는 상(上)게르마니아의 제일 도시인 모군티아쿰, 다른 이름으로는 멘츠가 예기치 않은 기습을 받은 일로 자존심이 상했다. 그리스도교 축일을 맞아 긴장이 풀어진 틈을 타, 대담하고 영리한 족장 란도가 오랜 계획 끝에 갑자기 라인 강을 건너 무방비 상태의 도시를 습격하여 남녀 주민 다수를 포로로 끌고 간 것이다. 발렌티니아누스는 알레만니족에게 복수를 하겠다고 단단히 결심하고, 코메스인 세바스티아누스에게 이탈리아와 일리리쿰의 부대를 이끌고 라에티아 방면을 침략하라는 명령을 내렸다. 황제 또한 아들 그라티아누스를 데리고 막강한 군대의 선두에 서서 라인 강을 건넜으니, 서로마의 기병대 대장 요비누스와 보병대 대장 세베루스가 각각 양 측면을 보위했다. 알레만니족은 마을을 유린당하자, 비르템베르크 공국의 영지에 있는 거의 접근이 불가능할 만큼 높은 산정에 진을 쳤다. 이에 발렌티니아누스는 겁도 없이 적의 수비가 없는 비밀 통로를 조사해 보자고 주장하고 직접 찾아보다가 일촉즉발의 위험에 처했다. 야만족의 군대가 매복하고 있다가 갑자기 공격하였던 것이다. 황제는 급히 말에 박차를 가하여 가파르고 미끄러운 길을 질주해 몸을 피했으나, 그의 갑옷 운반꾼이며 금과 보석으로 화려하게 꾸며진 투구는 모두 남겨 두고 올 수밖에 없었다. 총공격 신호가 떨어지자, 로마군은 솔리키니움 산을 삼면에서 포위해 올라갔다. 한 걸음씩 전진해 나갈 때마다 그들의 전의는 치솟았고 그럴수록 적의 저항은 약해졌다. 전 병력이 힘을 합하여 산 정상을 점령한 다음, 야만족들을 세바스티아누스가 퇴로를 차단하고 있는 북쪽 내리막길로 맹렬히 몰아댔다. 이렇게 하여 통쾌한 승리를 거둔 발렌티니아누스는 트레브에 있는 동계 주둔지로 귀환하여 승리를 축하하는 화려한 경기를 열고 시민들과 기쁨을 나누었다.65 한편 이 현명한 군주는 게르마니아를 정복할 야심을 품기보다는 갈리아 변경 지대의 방어라는 중요하고도 어려운 일에만 총력을 집중하기로 했다. 갈리아 변경 지대에는 북방의 아주 멀리 떨어진 부족의 용감한 자원병들까지 물밀 듯이 몰려들어 나날이 병력이 증강되고 있었다. 사정이 이러했으므로, 라인 강변에는 수원지에서부터 바다로 흘러드는 해협에 이르기까지 튼튼한 성채들과 탑들을 빽빽이 지어 놓고 있었다. 또한 기계를 다루는 데 일가견이 있었던 군주는 재능을 발휘하여 새로운 무기를 고안해 내고, 로마와 야만족의 젊은이들을 징집하여 온갖 종류의 군사 연습으로 엄격하게 훈련시켰다. 이러한 노력 덕분에 때로는 가벼운 도발이 있기도 했고 때로는 심각한 공격도 있었으나, 발렌티니아누스가 통치한 이후 9년의 기간 동안 갈리아의 평화가 유지되었다.

신중한 황제는 디오클레티아누스의 현명한 가르침을 부지

65 발렌티니아누스의 원정에 대해서는 암미아누스가 전하고 있으며, 아우소니우스가 이를 찬양했는데, 그는 어리석게도 로마군이 도나우 강의 수원지를 몰랐다고 생각했다.

66 역사가들과 여행자들이 기이한 사실들을 일반적인 법칙인 양 부풀리곤 하지 않는지 항상 의심하게 된다. 암미아누스는 비슷한 관습이 이집트에도 있다고 했으며, 중국인들은 이를 로마 제국의 관습이라고 믿었다.

67 아마도 소금을 생산했으며, 고대로부터 분쟁의 대상이 되어 왔던 살라 강의 소유권을 놓고 다투었을 것이다.

서기 371년, 부르군트족

런히 실천에 옮기는 한편, 게르마니아의 여러 부족들의 내부 분열을 조장하고 선동하는 데에도 힘을 쏟았다. 4세기 중반경, 아마도 루사체와 튀링겐이라고 생각되는 엘베 강 양편에 자리잡은 두 나라가 부르군트족이라는 잘 알려지지 않은 종족의 지배권 아래 들어간 적이 있었다. 이 호전적이고 수가 많은 반달족 사람들은 처음에는 눈에 잘 띄지 않았으나 서서히 강력한 왕국으로 팽창해 나가 결국에는 번성한 나라로 자리를 잡았다. 부르군트족에 고대로부터 내려오는 관습 중 가장 주목할 만한 것은 민정 제도와 성직 제도의 분리였다. 왕이나 장군에게는 헨디노스라는 호칭이 주어졌고, 고위 성직자에게는 시니스투스라는 칭호가 주어졌다. 성직자는 신성한 존재로 취급받았고 그의 존엄성은 영원한 반면, 속세의 통치자의 재위 기간은 불안정했다. 만일 국왕이 전쟁 등 유사시에 현명하고 용기 있게 대처하지 못하면 즉각 폐위되었다. 토지의 비옥함이나 절기의 순조로움 등의 문제도 성직자의 영역에 속해야 할 것 같지만 왕의 책임이었다.[66] 당시 알레만니족과 부르군트족은 몇몇 염전의 소유권을 놓고 잦은 분쟁을 일으키고 있었으므로,[67] 부르군트족은 로마 황제의 은밀한 권유와 풍부한 보조금 제안에 쉽사리 넘어갔다. 게다가 그들이 과거에 드루수스 요새의 주둔군으로 남겨졌던 로마 병사들의 후손이라는 터무니없는 전설까지도 쌍방의 이해관계에 따라 받아들여졌다. 이리하여 8만여 명에 이르는 부르군트족 군대는 곧 라인 강변에 도착하여 발렌티니아누스가 약속한 지원과 보조금을 초조하게 기다렸다. 그러나 발렌티니아누스는 갖은 변명과 이유를 둘러대며 버티는 전술을 써서 결국 그들이 지쳐 퇴각하지 않을 수 없게 만들었다. 그들은 당연히 분개했으나 갈리아 변경 지대의 병력과 방비를 생각하면 참을 수밖에 없었으므로, 그 분풀이로 포로들을 학살했다. 이리하여 부르군트족과 알레만니족 사이의 오랜 불화는 더욱 깊어졌다. 현명한 군주가 이렇게 변덕을 부린 이유는 아마도 주변 정황의 변화와 관련하여 설명될 수 있을 것이다. 게르만족 국가들 중 어느 한쪽이 멸망한다면 힘의 균형이 뒤집힐 것이 뻔하므로, 발렌티니아누스의 본래 의도는 그들을 파괴하기보다는 위협하는 것이었다. 알레만니족 왕들 가운데 마크리아누스라는 인물은 로마인의 이름을 가진 자로서 군인과 정치가로서의 역할을 동시에 맡고 있었는데, 발렌티니아누스는 특히 이 자를 증오하기도 했지만 높이 평가하기도 했다. 황제는 몸소 경무장한 부대를 이끌고 라인 강을 건너 적지 내로 50마일을 진군했다. 이때 군대가 너무 서두른 나머지 그의 현명한 조치를 망쳐 놓지만 않았더라도 마크리아누스를 쉽게 사로잡을 수 있었을 것이다. 그러나 어쨌든 이후 마크리아누스는 황제와 개인적으로 회담할 기회를 갖는 영광을 누렸고, 이때 그에게 베풀어진 호의에 감읍하여[68] 죽는 순간까지 공화국의 진실하고 변치 않는 우방으로 남았다.

발렌티니아누스는 내륙 쪽은 철저히 요새화했으나 갈리아와 브리타니아 쪽의 해변은 색슨족의 약탈에 무방비 상태로 방치하고 있었다. 우리에게 친밀감을 주며 관심을 끄는 이 유명한 이름은 타키투스에게는 관심 밖의 대상이었으며, 프톨레마이오스의 지도에서도 킴브리 반도의 좁은 목 부분과 엘베 강 하구 쪽에 면한 세 개의 작은 섬으로 희미하게 표시되어 있을 뿐이다.[69] 현재의 슐레스비히 공국, 또는 홀슈타인에 해당하는 이 좁은 지역에서 대양을 지배하고 영국의 섬들을 그들의 언어와 법으로 식민화했으며, 샤를마뉴 대제의 무력에 맞서 북방의

색슨족

[68] 부르고뉴인들과 알레만니족의 전쟁과 협상에 대해서는 암미아누스 마르켈리누스가 상세히 기술했다. 오로시우스와 히에로니무스의 연대기, 카시오도루스는 몇몇 날짜와 정황 설명을 밝혀 놓았다.

[69] 프톨레마이오스는 반도 북쪽 말단에 킴브리의 나머지 부분이 위치한다고 본다. 그는 색슨족과 킴브리 사이의 지역에는 여섯 개의 잘 알려지지 않은 부족이 사는데, 이들은 6세기경 연합하여 데인이란 국가를 이루었다고 했다.

자유를 그토록 오랫동안 지켰던 지칠 줄 모르는 색슨족의 대군이 쏟아져 나왔다는 사실은 참으로 믿기 어렵다. 이에 대한 해답은 게르마니아 부족들의 관습이 많은 점에서 서로 닮았다는 것과 그들의 느슨한 제도에서 쉽게 찾을 수 있는데, 그들은 이러한 특성 때문에 아주 사소한 충돌이나 친선과 같은 어떤 접촉만 있으면 쉽게 섞일 수 있었다. 토박이 색슨족들은 여건상 어부나 해적이 되는 위험한 길을 택할 수밖에 없었다. 그리고 그들의 최초 모험이 성공하자 자연스럽게 이에 뒤지지 않는 용맹을 가진 동족들의 경쟁심을 자극하였다. 그들은 음침하고 쓸쓸한 고향의 숲과 산을 더 이상 참을 수 없게 되었다. 그리하여 강인하고 대담무쌍한 동료들이 끝없이 펼쳐진 대양을 보고 미지 세계의 부와 사치를 맛볼 꿈에 부풀어 통나무배에 몸을 싣고 앞서거니 뒤서거니 엘베 강을 따라 내려갔다. 그러나 이러한 색슨족들 가운데 대다수는 발트 해 해안을 따라 거주하는 종족들이었을 가능성이 크다. 그들은 무기와 배가 풍부하고 항해술과 해전 경험도 갖추었으나, 헤라클레스의 기둥 북단을 통과해 나오기가 어려워서(1년 중 몇 개월 동안은 얼어서 길이 막혔다.), 광대한 호수 안에서 그들의 기술과 용기를 썩히고 있었다.[70] 그러던 차에 다른 군대가 엘베 강 입구를 통과하는 데 성공했다는 소문을 들은 그들은 자극을 받고 좁은 슐레스비히 해협을 건너 대해를 향해 배를 띄웠다. 해적과 모험가들로 이루어진 다양한 무리들은 같은 깃발 아래에서 싸우면서, 처음에는 함께 약탈하는 집단에 불과했으나 서서히 지속적인 결사체의 성격을 띠게 되었다. 그리하여 군사 연합으로 시작했던 것이 결혼과 혈족 관계의 완만한 작용에 힘입어 시간이 갈수록 하나의 국가 체제를 이루게 되었다. 이렇게 되자 인접한 부족들도 동맹을 청해 오기 시작했고 색슨족이라는 이름과 법을 수용하

[70] 드루수스의 함대가 사운드(Sound)(헤라클레스의 기둥과 매우 닮았다 하여 붙여진 이름)를 건너려 시도했으나 접근조차 못했으며, 다시는 시도되지도 않았다. 로마인들이 발트 해의 군사력에 관해 가지고 있던 지식은 호박을 찾느라 그들의 땅을 여행하면서 얻은 것이었다.

게 되었다. 의심의 여지없는 확실한 증거들이 사실을 뒷받침해 주고 있으니 망정이지, 그렇지 않다면 색슨족들이 게르마니아 해, 브리타니아 해협, 비스케이 만의 파도를 용감하게 헤치고 다닌 배들을 묘사해도 독자들이 곧이듣지 않을지도 모른다. 그들이 탔던 배는 크고 바닥이 평평한 배로, 용골은 가벼운 목재로 짜여 있었으나, 위쪽과 측면은 가느다란 나뭇가지만으로 짜서 그 위에 단단한 가죽을 덮었다. 먼길을 가는 느린 항해 중에 그들은 늘 위험에 노출될 수밖에 없었으며, 난파되는 불운도 비일비재했을 것이 분명하다. 그러니 색슨족의 해상 연대기는 브리타니아와 갈리아 해안에서 겪은 실패담들로 가득할 수밖에 없었다. 그러나 해적들의 꺾일 줄 모르는 기백은 바다와 육지 어디서든 용감하게 위험에 맞섰으며, 모험이 계속될수록 그들의 솜씨는 발전했다. 그리하여 수병들 가운데 가장 솜씨가 뒤떨어지는 자라도 능히 노를 다루고, 돛을 세우고, 배를 움직일 수 있을 정도가 되었다. 색슨족은 정체를 숨기고 적의 함대를 분산시키곤 했기 때문에 폭풍우가 몰아칠 기미라도 보이면 오히려 기뻐했다. 이들이 서방 제국의 연안 속주들에 대한 정확한 정보를 습득한 후 약탈 무대를 넓히고 나서자, 아무리 외진 지역이라도 안전을 확신할 수가 없게 되었다. 색슨족의 배들은 흘수(吃水)가 매우 얕아서 강을 80마일에서 100마일까지 쉽게 거슬러 올라갈 수 있었으며, 무게도 가벼워 한 강에서 다른 강으로 마차에 실어 옮길 수도 있었다. 센 강이나 라인 강 하구에 진입한 해적들은 론 강의 급류를 타고 지중해로 내려갈 수도 있었을 것이다. 발렌티니아누스 치하에서도 갈리아

서기 371년

연안 속주들이 색슨족의 시달림을 받게 되자, 코메스 한 사람이 해안과 아르모리카 국경 지대의 경비를 위해 배치되었다.

71 암미아누스는 해적, 즉 도둑 떼와의 신의를 어긴 것일 뿐이라며 이를 정당화했다. 오로시우스는 그들의 죄상을 더 분명히 밝혔다.

72 심마쿠스는 계속해서 소크라테스와 철학의 신성한 이름을 들먹인다. 클레르몽의 주교인 시도니우스라면 색슨족을 희생물로 바치는 행위를 비난했을 것이다.

73 캠든(Cambden)은 트로이인 브루투스의 로맨스를 정중하나 회의적인 태도로 부정했다. 이제 그는 파라오의 딸 스코타와 그녀의 수많은 후손들과 함께 망각 속에 묻혔다. 그러나 아일랜드 원주민들 사이에서는 아직도 밀레토스 식민지의 전사들을 발견할 수 있다. 자신들의 현재 상태에 만족하지 못하는 민족은 과거나 미래의 영광에 대한 어떤 비전이라도 잡고 싶어 하는 법이다.

그러나 그는 자신의 힘과 능력으로는 맡겨진 임무를 감당해 낼 수 없다는 사실을 깨닫고 보병대 대장 세베루스에게 원조를 청했다. 색슨족은 수적으로 우세한 로마군에 포위되어 전리품을 포기한 채 강건한 젊은이들로 한 부대를 만들어 황제의 군대에 바쳐야만 했다. 이때 그들은 무사히 퇴각하게 해 줄 것을 조건으로 요청했다. 로마 장군은 이 조건을 기꺼이 받아들였으나, 단 한 명의 색슨족이라도 살아남아 무장하고 있는 한 보복을 당할지도 모른다는 생각에 배신71할 생각을 품었다. 그러나 깊은 골짜기에 매복하고 있던 보병대가 조급하게 행동한 탓에 정체를 노출시키고 말았다. 때마침 흉갑 기병의 대부대가 전투가 벌어지는 소리에 놀라 황급히 달려와서 담대한 색슨족의 용맹을 꺾고 동료들을 구출해 내지 않았더라면, 그들은 아마도 스스로 꾸민 배신 행위의 희생자가 되었을 것이다. 포로로 잡힌 색슨족 중 일부는 가까스로 목숨을 건졌으나 결국 그들은 원형 경기장에서 피를 흘리는 운명을 맞았다. 웅변가인 심마쿠스는 야만족들 가운데 스물아홉 명은 절망한 나머지 스스로 목을 매어 죽는 바람에 오락거리를 기대하고 있던 대중을 실망시켰다고 불평을 토로했다. 그러나 로마 시민들 가운데서도 교양과 이성을 갖춘 사람들은 색슨족 포로들의 10분의 1이 희생 제의의 신들에게 제공되었는데, 이때 야만적인 제의에 바칠 대상을 제비뽑기로 정한다는 말을 듣고 깊은 공포를 느꼈다.72

브리타니아: 스코트족과 픽트족

2. 이집트와 트로이, 스칸디나비아와 에스파냐의 식민지 건설에 관한 전설은 우리의 미개했던 선조들의 자만심을 기쁘게 해 주었으나, 과학과 철학의 조명을 받으면서 서서히 빛을 잃었다.73 이제는 대영 제국과 아일랜드의 섬들에 갈리아의 인근 대륙에서 온 이주민들이 점차 정착했다는 간결하고 합리

458

적인 설명으로 만족해야 한다. 켈트족의 기원에 대한 흔적은 켄트 해안에서 카이스네스와 얼스터 국경까지 유사한 언어·종교·관습 속에 뚜렷이 남아 있으므로, 브리튼족의 독특한 특징은 환경에서 영향받은 부수적이고 국지적인 것에 불과하다고 보아도 좋다.[74] 로마의 속주는 개화되어 평화로워졌으며, 야만족들이 자유를 누릴 수 있는 곳은 칼레도니아의 좁은 지역뿐이었다. 그 북쪽 지역의 주민들은 콘스탄티누스 대제 시절부터 두 개의 대부족, 스코트족과 픽트족[75]으로 나뉘어 매우 다른 운명을 밟았다. 픽트족은 어느 정도의 세력이었는지는 고사하고 성공한 경쟁 부족들에 의해 흔적조차 사라진 반면, 스코트족은 오랜 세월 독립국으로서의 위엄을 유지한 끝에 평등하고 자발적인 연합을 이루어 영국 국민이라는 영광스러운 이름을 갖게 되었다. 스코트족과 픽트족이 고대로부터 각기 다른 특징을 갖게 된 데에는 자연 환경의 차이가 크게 일조했다. 전자는 구릉 지대의 주민들이며 후자는 평원 지대의 주민들이었다. 칼레도니아의 동쪽 해안은 기복이 없는 비옥한 지역으로서 경작 기술이 조야했던 시절에도 상당한 양의 곡물을 수확할 수 있었다. 왕성한 식욕을 가진 고지 사람들은 이를 보고 경멸, 혹은 질투하는 마음이 생겼고, 그러한 뜻을 담아 픽트족에게 밀을 먹는 사람들이라는 의미의 크루이트니크(cruitnich)라는 별명을 붙였다. 토지 경작을 통해 소유권이 확립되었고 정착 생활이 널리 퍼졌으나, 픽트족은 여전히 전투와 약탈을 그 무엇보다도 좋아했다. 픽트족 전사들은 전투에 나설 때는 옷을 다 벗어 버리고 몸에 야단스러운 색깔로 괴상한 문양들을 그려 넣곤 했는데 이러한 습속은 로마인들의 눈에 기이하기 짝이 없는 모습으로 비쳤다. 칼레도니아의 서부 지역은 거칠고 황량한 언덕들이 마구 솟아 있는 구릉 지대여서, 농부가 아무리 땀을

[74] 아그리콜라의 장인이었던 타키투스는 브리타니아의 부족들 중 일부는 게르만이나 에스파냐 사람과 닮은 용모를 가지고 있다고 말했다. 그러나 그것은 그들의 냉정하고 신중한 의견이었다. 카이사르는 그들이 공통의 종교를 가지고 있다는 사실에 주목했으며, 그의 시대에는 벨기에 갈리아인들의 이주는 적어도 역사적인 사건이었다. 영국의 스트라보라 할 만한 인물인 캠든은 우리의 진짜 선조를 확실하게 밝혀 주었다.

[75] 고대 칼레도니아에 관해서는 알려진 바가 별로 없어서, 출생이나 교육 정도로 보아 적합한 자격을 갖추었다고 생각되는 학식 있고 영리한 스코틀랜드 고지인 두 사람의 저작을 길잡이로 삼았다. 존 맥퍼슨(John Macpherson)이 1768년에 집필한 칼레도니아인들의 기원과 유물에 대한 논문과, 제임스 맥퍼슨(James Macpherson)이 1773년에 집필한 대영 제국과 아일랜드의 역사 서문을 참조할 것. 존 맥퍼슨은 스카이 섬의 목사였다. 박학다식함과 비평으로 가득 찬 작품이 헤브리디스에서 가장 멀리 떨어진 지역에서 집필됐어야 했다는 것은 현재로서는 영광스러운 일이다.

쏟아 보았자 소출은 보잘것없었고 소 먹이는 목초지로밖에는 쓸 데가 없었다. 그러니 이 지역의 고지인들은 양치기나 사냥꾼 일밖에는 할 것이 없었다. 이들은 한곳에 눌러앉아 사는 일이 거의 없었으므로, 켈트어로 방랑자, 혹은 유랑자라는 뜻을 가진 스코트라는 이름을 얻었다. 이 황무지 주민들은 신선한 양식을 구하려면 물가를 찾아야만 했다. 그들이 사는 지역을 가로지르는 깊은 호수와 만에는 물고기가 풍부했기에, 그들은 점차 위험을 무릅쓰고 대양의 파도를 헤치며 그물을 던지게 되었다. 스코틀랜드 서쪽 해안을 따라 무수히 흩어져 있는 헤브리디스 제도 근해는 그들의 호기심을 자극하는 한편, 기술을 연마하는 장이 되어 주었다. 그들은 조금씩 기술이라기보다도 습관에 의지해 배를 이끌고 폭풍우 치는 거친 바다로 나가거나, 익숙해진 별빛을 따라 밤에도 항해를 할 수 있을 정도가 되었다. 칼레도니아에 있는 가파른 곶 두 군데는 광대한 섬의 해안에 거의 닿을 정도로 가까운 위치에 있었다. 이 섬은 숲이 울창하게 우거져서 그린(Green)이라는 별명을 얻었다가, 약간 바뀌어서 에린(Erin), 또는 이에른(Ierne), 아일랜드라는 이름으로 불리게 되었다. 멀고먼 옛날부터 얼스터의 비옥한 평야를 식민지로 삼았던 배고픈 스코트족이, 일찍이 로마 군단병들의 무력에도 대담하게 맞섰던 북쪽의 이방인인 그들이, 이 외딴 섬의 양순한 원주민들과 야만인들을 정복해 나갔다는 것도 있을 법한 일이다. 로마 제국이 쇠퇴기에 접어들 즈음에는 칼레도니아, 아일랜드, 맨 섬에 스코트족이 거주하고 있었다. 혈연관계로 이어진 부족들은 연합하여 군사 작전을 펴는 일이 자주 있었기 때문에, 서로의 운명이 상호 연관되어 깊은 영향을 주고받았던 것이 틀림없다. 이러한 이유로 그들은 같은 이름과 조상을 가졌다는 전통을 오랫동안 소중히 여겨 왔다. 그래서 세인트 섬(아일랜드의 별명)의 선교사들이 북브리타니아에 그리스도교의 빛을 전파하러 왔을 때에도, 아일랜드 주민들이 스코틀랜드인들의 영적인 조상일 뿐 아니라 진짜 조상이기도 하다는 터무니없는 주장을 내세웠다. 8세기경의 어둠에 빛을 던져 주었던 인물인 베드가 이 불확실하고 모호한 전통을 지켜 왔다. 이렇게 미약하기 짝이 없는 토대 위에서 음유 시인들과 수도승들은 허구를 지어낼 수 있는 특권을 남용하여 방대한 우화의 구조를 조금씩 세워 나갔다. 스코틀랜드 사람들 또한 그릇된 자부심에서 아일랜드 혈통설을 받아들였으며, 보이티우스는 허구적인 왕들의 긴 연대기에 자신의 공상을 덧붙이고 부캐넌은 이를 고전적인 우아한 문체로 장식했다.⁷⁶

콘스탄티누스의 사후 6년이 지나 스코트족과 픽트족의 거센 침략을 맞아 서로마 제국 지배자의 막내아들이 나섰다. 콘스탄스는 브리타니아를 몸소 찾았으나, 그가 거둔 성과의 중요성을 평가할 수 있는 기록은 적의 소부대에 대해 거둔 승리를 찬양하는 글 정도밖에 없는데, 이는 불로뉴 항구에서 샌드위치 항까지 운좋게도 안전하고 쉽게 통과했다는 정도에 불과한 것 같다. 침략을 받은 속주민들은 그렇지 않아도 외국과의 전쟁에서 국내의 폭정까지 온갖 재난에 시달림을 겪어 온 터에 콘스탄티우스의 환관들의 부패한 통치까지 더해져 상태는 더욱 악화되었다. 그들은 유덕한 율리아누스에게서 짧은 위안을 얻었으나 이마저도 곧 그의 부재와 죽음으로 사라져 버렸다. 주민들은 군대의 임금을 지급하기 위해 금과 은을 힘겹게 모아 계속 퍼날라야 했지만, 탐욕스러운 지휘관들은 이를 중간에서 가로챘으며 돈만 내면 공공연히 군역을 면제해 주었다. 병사들은 법적으로 보장된 얼마 안 되는 임금마저 부당하게 빼앗기자 불

서기 343~366년, 스코트족과 픽트족의 브리타니아 침입

76 스코트족의 아일랜드 혈통설은 막 사라지려는 마지막 순간에 휘태커(Whitaker)의 노력으로 되살아났다. 그러나 그는 다음과 같은 사실을 인정했다. 1. 암미아누스 마르켈리누스의 스코트족(서기 340년)은 이미 칼레도니아에 정착해 있었다. 또한 로마 사가들은 그들이 다른 나라에서 이주해 왔다는 암시를 전혀 준 적이 없다. 2. 이러한 이민자들에 대해서 아일랜드 음유 시인들, 스코틀랜드 역사가들, 영국 고고학자들(부캐넌(Buchanan), 캠든, 어셔(Usher), 스틸링플릿(Stillingfleet) 등)이 주장했거나 수용했던 설명들은 모두 허구에 불과하다. 3. 프톨레마이오스가 언급한 바 있는(서기 150년) 아일랜드의 세 부족들은 칼레도니아 혈통이었다. 4. 핀갈 가의 칼레도니아 왕들의 분가가 아일랜드 왕좌를 차지했다. 이 사실을 받아들인 이후부터는 휘태커와 그 반대자들 간의 차이는 거의 눈에 띄지 않을 만큼 사소하고 미미해져 버렸다. 그가 오시아누스의 사촌이며 아일랜드에서 칼레도니아로 이주해 온(서기 320년) 페르구스에 대해 서술한 역사는 아일랜드에 대한 추측성의 보충 설명과 14세기 수도승인 키렌케스터의 리차드가 제시한 미약한 증언을 토대로 한 것일 뿐이다. 휘태커는 이 골동품 애호가의 활달한 정신에 매혹되어 그만 그가 그렇게 열

만에 차 탈영하는 일이 잦았으니, 군기는 느슨해지고 거리에는 도둑이 들끓었다. 선량한 자들은 억압을 받고 사악한 자들은 오히려 벌을 면하여 섬 전체에 불만과 반란의 기운이 퍼져 나가자, 야심적인 국민은 물론이거니와 절망에 빠진 유랑자조차도 무력하고 혼란에 빠진 브리타니아 정부를 타도하고픈 마음을 품게 되었을 법도 하다. 적대 관계에 있던 북방의 부족들은 그렇지 않아도 세계의 왕(로마 제국 황제)의 권력과 자만심을 혐오하고 있었으므로, 부족 간의 불화와 반목은 일단 접어 두고 육지와 바다 할 것 없이 스코트족, 픽트족, 색슨족 모두 억누를 수 없는 분노에 차서 안토니우스의 방벽에서 켄트 해안까지 세력을 확장해 나갔다. 인공의 산물이거나 자연의 산물이거나, 필수품이거나 사치품이거나 가릴 것 없이 그들이 만들어 내거나 무역으로 얻을 수 없는 것은 모두 브리타니아의 부유하고 비옥한 속주에 쌓여 있었다.77 철학자라면 인류의 영원한 불화에 비탄을 금치 못하겠지만, 정복욕보다도 전리품에 대한 욕망이 더 강한 자극이라는 점은 인정하지 않을 수 없을 것이다. 콘스탄티누스 시대부터 플랜태저넷 시대까지 이러한 탐욕은 가난하지만 강인한 칼레도니아인들을 끊임없이 부추겼다. 그리하여 관대한 인간애로 오시아누스의 노래에 영감을 주었을 것 같은 그 사람들이 평화나 전쟁의 법 따위는 거침없이 무시해 버리는 수치스러운 행동을 저질렀다. 스코트족과 픽트족의 잔인한 약탈 행위로 고초를 겪은 남쪽의 이웃 부족들은 이를 좀 과장했다.78 그 예로 칼레도니아의 용맹스러운 부족인 아타코티족79은 발렌티니아누스의 적이었다가 나중에는 그의 휘하로 들어간 사람들인데, 그들이 인육을 즐긴다는 말이 회자되어 비난을 받은 것이다. 그들은 숲에서 먹잇감을 사냥할 때도 양 떼보다는 양 떼를 끄는 양치기를 노린다고 했다. 또한

정적으로 토론하고 단정적으로 결론 내린 문제의 본질 자체를 잊고 만 것이다.

77 칼레도니아인들은 이 방인이 가진 금, 종마, 등불 따위를 칭찬하면서 몹시 탐냈다.

78 리틀턴(Lyttleton)과 달림플(David Dalrymple)은 법과 종교, 사회가 스코트족의 원시적인 풍습을 유화했으리라고 생각되는 시대(1137년)에조차도 야만스러운 침략 행위를 자행했음을 가볍게 언급한 바 있다.

79 캠든은 그들의 진짜 이름을 히에로니무스의 글 속에 밝혀 놓았다. 히에로니무스가 갈리아에서 보았다는 아타코티족의 무리들은 나중에 이탈리아와 일리리쿰에 정착했다.

희한하게도 남자나 여자나 가장 억센 부위를 골라 끔찍한 식사를 준비한다고 했다. 상업과 학문의 도시인 글래스고 부근에 식인 종족들이 실제로 존재했었다면, 스코틀랜드 역사 속에 문명과 야만의 양극단이 공존하고 있다고 생각해야 될 것이다. 이런 식으로 생각을 전개하다 보면 생각의 범위가 점점 확대되어, 뉴질랜드에도 언젠가 미래에는 남반구의 흄(Hume)과 같은 인물이 나오리라는 즐거운 희망도 품어 볼 수 있을 것이다.

브리타니아 해협을 건너 도망쳐 온 사자들은 하나같이 발렌티니아누스에게 우울하고 불안하기 짝이 없는 정보만을 가지고 왔다.

서기 367~370년,
브리타니아를 되찾은
테오도시우스

황제는 곧 두 명의 속주 군 지휘관이 야만족들에게 기습을 당해 참수된 사실을 알았다. 이에 근위대의 코메스인 세베루스가 황급히 파견되었다가 곧 트레브의 궁정으로 소환되었다. 요비누스의 진술만으로도 적의 세력이 얼마나 강한가를 짐작할 수 있었다. 길고도 진지한 논의 끝에, 브리타니아의 방어라기보다는 오히려 탈환에 가까운 임무가 용감한 테오도시우스의 능력에 맡겨졌다. 차후 황제 가계의 조상이 되는 이 장군의 업적은 당대의 문필가들이 입을 모아 칭송할 정도였다. 실제 능력도 그러한 찬사를 받을 만했으므로, 군과 속주 모두 그의 임명을 승리의 확실한 전조로 여기며 반겼다. 그는 항해하기 좋은 때를 골라 헤룰리족과 바타비족으로 구성된 요비아누스 군단과 빅토르 군단의 경험 많은 대부대를 이끌고 무사히 상륙했다. 테오도시우스는 샌드위치에서 런던까지 행군하면서 야만족 부대 여럿을 격파하고 다수의 포로들을 풀어 주었을 뿐 아니라, 전리품 중 적은 양만을 병사들에게 나누어 준 후 나머지는 원래 소유자들에게 돌려주어 사심 없고 정의롭다는 명성을 얻었다. 거의 절망 상태에 빠져 있었던 런던 시민들은 성문을 활짝 열었다. 테오도시우스는 트레브 궁정으로부터 군 지휘관과 민정 관료를 지원받아 곧 브리타니아를 구하는 힘겨운 임무의 수행에 착수했다. 떠돌아다니던 병사들을 깃발 아래 다시 집결시켰고, 사면 칙령을 내려 주민들의 불안을 풀어 주었으며, 솔선수범하여 고된 군사 훈련의 고충을 함께 나누었다. 야만족들은 바다와 육지 양쪽에서 출몰해 산발적인 공격을 가해 그에게서 승리의 영광을 빼앗아 갔으나,

서기 368년, 369년

이 로마 장군은 두 차례의 전투에서 신중한 정신과 완벽한 전술을 발휘하여 속주의 전 지역을 잔인하고 탐욕스러운 적의 손아귀에서 잇따라 구해 내었다. 테오도시우스는 마치 아버지 같은 손길로 도시의 영광과 성채의 안전을 회복시켰다. 또한 강인한 손으로 두려움에 떠는 칼레도니아인들을 섬의 북쪽 구석으로 몰아넣고 그곳을 새로운 속주로 만들어, 발렌티아라는 이름을 붙여 발렌티니아누스 치세의 영광을 영원히 기리도록 했다. 툴레라는 미지의 지역이 픽트족의 피로 물들었다. 또한 테오도시우스의 선단은 히페르보레이 해까지 헤치고 나아갔다. 머나먼 오크니 제도에서도 색슨 해적들과 해전을 벌여 승리를 거두었다는 시와 찬양문의 내용이 전부 거짓은 아닌 듯하다. 그는 뛰어난 능력의 소유자일 뿐 아니라 공정한 인물이라는 찬사를 뒤로 하고 속주를 떠났으며, 신하의 공적에 대해 질시하지 않고 찬사를 보낼 수 있는 군주였던 발렌티니아누스는 그를 기병대 대장으로 진급시켰다. 이 브리타니아의 정복자는 도나우 상류 지역의 요지에서 알레만니족 군대를 물리친 다음 아프리카의 반란을 진압할 임무를 부여받았다.

3. 황제가 신하들에 대해 재판관으로서의 역할을 거부하면, 국민들은 황제를 그 신하들과 한통속이라고 생각할 수밖에 없

다. 아프리카의 군사 지휘권은 코메스인 로마누스가 오랫동안 맡아 왔는데, 그의 능력은 지위에 모자람이 없었다. 그러나 그는 오로지 야비한 사리사욕에 따라 움직이는 자였으므로, 대부분의 경우에 속주의 적이자 사막의 야만족의 우방처럼 굴었다. 트리폴리라는 이름 아래 오랫동안 하나의 연합 국가를 형성하고 번영을 누려 온 세 도시 오에아, 렙티스, 사브라타는[80] 처음으로 적의 침입에 맞서 성문을 닫아걸어야 할 상황을 맞았다. 존경받는 시민들 중 여럿이 기습을 받고 살해당했고, 마을과 교외가 약탈당했을 뿐 아니라, 비옥한 토지의 포도나무와 과일나무들도 악랄한 야만족 가이툴리족의 손에 남아나지 않았다. 도탄에 빠진 속주민들은 로마누스의 보호를 청했으나, 곧 그들의 지배자야말로 잔인함과 탐욕 면에서는 야만족들에 조금도 뒤떨어지지 않는 인물임을 알게 되었다. 그는 트리폴리를 도우러 가는 조건으로 4000마리의 낙타와 엄청난 공물을 요구했다. 그러나 이를 마련할 능력이 없는 속주민들에게 그의 요구는 사실상 돕기를 거절한다는 의미였으므로, 당연히 온 나라를 재난으로 몰아넣은 장본인이라는 비난이 쏟아졌다. 세 도시는 연례 집회를 열고 두 명의 대표를 임명하여, 발렌티니아누스의 발치에 보은한다는 의미라기보다는 의무에서 나온 관례적인 공물을 바치면서, 이와 함께 적의 침략으로 나라가 멸망의 위기에 처했고 지배자에게는 배신당했다는 불만을 전하기로 했다. 이때 발렌티니아누스의 엄격한 성정이 올바른 방향으로 향했더라면, 죄인 로마누스의 머리를 겨누었어야 옳았다. 그러나 로마누스는 온갖 부패한 책략을 오랫동안 섭렵해 온 자였던 만큼, 그 전에 발빠르고 믿을 만한 사자를 급파하여 총무장관 레미기우스를 이미 그의 편으로 매수해 두었다. 황제의

아프리카: 서기 366년 등, 로마누스의 폭정

[80] 암미아누스는 이들의 사회 조직, 연간 소득, 법률 체계 등에 대해 자주 언급하고 있다. 렙티스와 사브라타는 오래 전에 파괴되었으나, 아풀레이우스의 고향인 오에아는 아직까지도 트리폴리의 한 속주로 번영을 누리고 있다.

[81] 티유몽은 로마누스의 역사를 연대순으로 정리하는 데에 있어 난제들을 검토했다.

지혜로운 고문들마저 술책에 속아 넘어갔으며, 로마누스의 지연 공작 때문에 이들의 정당한 분노도 식어 버렸다. 그러나 그 지역의 재난이 계속되자 거듭된 호소가 받아들여져, 팔라디우스가 아프리카의 실정과 로마누스의 행태를 조사하러 트레브 궁정으로부터 파견되었다. 그러나 팔라디우스의 엄격한 공명정대함도 쉽게 무력화되고 말았으니, 그는 유혹에 넘어가 이끌고 온 군대에게 지불할 공금의 일부를 자기 몫으로 빼돌리기까지 했다. 자신도 죄를 짓게 되자 그는 로마누스의 결백과 공적을 증언해 줄 수밖에 없었다. 트리폴리인들의 비난은 거짓된 것이고 신경 쓸 가치도 없는 하찮은 것이라는 보고가 황제에게 올려졌고, 팔라디우스는 이런 불경한 음모를 꾸민 자가 누구인지 찾아 내어 처벌하라는 특별 임무를 띠고 트레브에서 아프리카로 재차 파견되었다. 그의 심문은 교묘하게 성공적으로 진행되었고, 최근에 있었던 8일간의 포위 공격을 견뎌 낸 렙티스 시민들로 하여금 그들이 했던 주장을 부인하고 직접 뽑았던 대표들의 행동을 비난하지 않을 수 없게끔 만들었다. 이에 발렌티니아누스는 경솔하게도 지체없이 피비린내 나는 처형 선고를 내렸다. 속주가 처한 상황을 안타깝게 여겨 왔던 트리폴리의 지사는 우티카에서 공개 처형되었으며, 시의 저명 인사 네 사람도 사기극을 꾸며 낸 공범으로 몰려 사형에 처해졌고, 다른 두 명은 황제의 특명에 따라 혀를 잘리는 형벌을 받았다. 로마누스가 아무런 벌도 받지 않은 채 계속해서 군 지휘권을 맡게 되자, 결국 아프리카인들은 그의 탐욕을 참다못해 무어인 피르무스의 반란군에 합류했다.[81]

서기 372년,
피르무스의 반란

피르무스의 아버지인 나발은 무어족 왕들 가운데서도 가장 부유하고 강력한 자들 중 한 사람으로, 로마의 패권을 인정하고 있었다. 그러나 그는 아내와 첩들로부터 너무나 많은 자손을 얻은 후 죽었다. 그리하여 막대한 유산을 놓고 자손 간에 치열한 다툼이 벌어지게 되었다. 집안 싸움 끝에 그의 아들 중 하나인 잠마가 동생인 피르무스에게 살해당했다. 로마누스는 이 살인 사건에 법으로 대응하겠다고 준엄한 태도를 취하고 나섰으나, 사실 그 동기는 탐욕이 아니면 개인적 원한이었던 것 같다. 하지만 어쨌든 이 경우만큼은 그의 주장이 정당했으며 영향력 또한 막강했으므로, 피르무스는 사형 집행인에게 목을 바치든지 그렇지 않으면 황제의 법원이 내린 판결에 무력으로 맞서야 할 처지에 놓였다.82 그는 이 기로에서 후자를 선택했고 그 결과 조국을 구할 자로 떠받들렸다. 또한 로마누스의 힘이 자신에게 복종하는 속주에만 통한다는 사실이 드러나자, 이 아프리카의 폭군은 만인의 경멸의 대상이 되었다. 이때 마침 카이사레아가 방자한 야만족들의 공격을 받고 약탈당한 뒤 불태워져 멸망했는데, 이는 순종하지 않는 도시들이 저항할 위험을 확인시켜 주는 계기가 되었다. 피르무스의 힘은 적어도 마우리타니아와 누미디아 속주에서는 확고해져서, 그에게는 무어 왕의 왕관을 받을 것인가 로마 황제의 용포를 입을 것인가 하는 문제만 남은 듯이 보였다. 그러나 무모하고 운 나쁜 아프리카인들은 경솔하게 반란을 일으키고 나서 얼마 지나지 않아 그들 자신의 힘과 지도자의 능력을 충분히 숙고해 보지 않았다는 사실을 깨달았다. 그는 위대한 테오도시우스가 소규모의 노련한 정예 부대를 이끌고 아프리카 해안의 이길길리스, 다른 이름으로는 지제리 부근에 상륙했다는 소식을 받을 때까지도 서로마의 황제가 반란 진압군을 이끌 장군을 임명했다는 사실이나, 수송선 함대가 론 강 하구에 집결했다는 사실

서기 373년, 아프리카를 되찾은 테오도시우스

82 암미아누스의 연대 배열은 부정확하고 애매모호하며, 오로시우스는 피르무스의 반란이 발렌티니아누스와 발렌스 사망 이후라고 보고 있는 것 같다. 티유몽은 그의 방식을 취하려고 한다. 알프스의 인내심 강하고 착실한 노새라면 아무리 미끄러운 길에서라도 믿어도 좋을 것이다.

조차 전혀 모르고 있었다. 소심한 찬탈자는 덕성 면이나 군사적 재능 면에서 그와는 비교도 안 되었다. 피르무스는 비록 병력과 자금이 있었지만 승리할 가망이 없다고 생각하자, 즉시 꾀많은 유구르타가 과거 같은 나라에 같은 상황에서 썼던 전술을 사용하기로 했다. 그는 겉으로 굴복한 듯이 꾸며서 로마 장군의 경계심을 늦추고 군대의 충성심이 해이해지도록 꾀하는 한편, 그의 싸움을 지지하거나 도주를 도와 줄 아프리카의 독립 부족들을 잇따라 끌어들여 전쟁을 장기화하려고 했다. 이에 테오도시우스는 그의 전임자인 메텔루스의 본보기를 따라 성공을 거두었다. 즉 피르무스가 탄원자를 가장하여 자신의 경솔함을 자책하고 황제의 관용을 겸허히 청하자, 발렌티니아누스의 장군은 그를 받아 주었을 뿐 아니라 자애롭게 포옹까지 해 주었다. 그러나 테오도시우스는 진심으로 뉘우치고 있음을 보여 줄 실질적이고 유효한 표시를 강력히 요구하면서, 말로만 평화를 장담하는 정도로는 잠시라도 전쟁을 중지할 수 없다고 했다. 그는 날카로운 통찰력으로 숨겨진 음모를 감지한 것이다. 한편 그는 은밀하게 사람들의 분노를 부추겨 놓고는 기꺼이 이를 풀어 주는 조치를 취했다. 피르무스의 공모자들 중 몇몇은 고대로부터의 관습에 따라 군대의 소란스러운 방식으로 처형되었으며, 더 많은 자들이 양손을 절단당하고 교훈적인 구경거리로 전시되었다. 이를 보고 반란군들은 증오와 함께 공포에 질렸으며, 로마 병사들 역시 두려움과 함께 경외감을 느꼈다. 그러나 끝없이 펼쳐진 게툴리아 평원과 아틀라스 산의 무수히 많은 계곡들 가운데서 피르무스의 도주를 막기란 불가능한 일이었으므로, 이 찬탈자가 상대방의 인내심이 다할 때까지 시간을 끌 수만 있었더라면 멀고먼 오지 깊숙이 몸을 숨기고 훗날 다시 반란을 일으킬 희망도 품어 볼 수 있었을 것이다.

그러나 테오도시우스의 끈기가 그보다 앞섰다. 그는 이 참칭자가 죽어야만 전쟁이 끝날 것이며, 그의 대의를 지지한 아프리카인들은 누구든 그와 함께 파멸을 겪어야 한다고 확고히 결의한 터였다. 로마 장군은 3500명을 넘지 않는 소규모의 군대를 이끌고 조금도 성급해 하거나 두려워하지 않고서 신중하게 그 지역 내로 깊숙이 전진해 들어갔다. 그는 때로는 2만 명에 달하는 무어인 군대로부터 공격을 받기도 했으나, 규율이 없는 야만족들은 그의 대담한 돌격에 기가 질리고 시의 적절하고 질서정연한 퇴각에 당황했다. 또한 어디서 나온 것인지 그들로서는 알 수 없는 전투 기술에 계속 놀라면서 문명국의 지도자가 확실히 우위에 있음을 통감하고 인정하지 않을 수 없었다. 테오도시우스가 이사플렌스족의 왕 이그마젠의 광대한 영토에 진입했을 때, 이 오만방자한 야만인은 도전적인 투로 그의 이름과 원정의 목적을 밝힐 것을 요구했다. 이에 테오도시우스는 경멸하는 태도로 단호하게 대답했다.

> 나는 세계의 주인이신 발렌티니아누스 황제의 장군이오. 황제께서는 자포자기에 빠진 약탈자를 붙잡아 처벌하도록 나를 여기에 보내셨소. 그를 즉시 내 손에 넘기도록 하시오. 만일 나의 무적의 군주가 내리신 명령에 복종하지 않겠다면, 그대나 그대가 지배하는 국민들이나 멸망을 피할 수 없을 것이오.

이그마젠은 그의 적에게 이 무시무시한 위협을 실행에 옮길 만한 힘과 결의가 있다고 보고, 곧 도망자 한 명을 희생시켜 평화를 구하는 데 동의했다. 그리고 피르무스의 신병을 확보한다는 명목하에 감시병들을 배치하여 탈출의 희망을 빼앗아 버렸다. 이 무어족의 참칭자는 술로써 죽음에 대한 공포감을 지

83 암미아누스의 책에 나오는 이 긴 장의 원문은 엉터리인데다 오류가 많아 믿기 어렵다. 서술도 연대와 지리적 배경이 제대로 표시되어 있지 않아 혼란스럽다.

운 다음, 한밤중에 목을 매어 로마군의 승리감에 찬물을 끼얹었다. 이그마젠이 정복자에게 내어 줄 수 있는 유일한 선물이 된 그의 시체는 낙타 등에 아무렇게나 실렸다. 테오도시우스는 시티피로 개선군을 이끌고 돌아와 기쁨과 충의에 넘친 따뜻한 환영을 받았다.⁸³

서기 376년, 카르타고에서 처형된 테오도시우스

이처럼 아프리카는 로마누스의 악행으로 상실되었다가 테오도시우스의 덕행으로 탈환되었으니, 이 두 사람이 황제의 궁정에서 각각 어떤 대우를 받았는가에 관심이 쏠리지 않을 수 없다. 로마누스는 기병대 대장에 의하여 직권을 일시 정지당하고 전쟁이 끝날 때까지 안전하고 명예로운 구금 상태에 놓였다. 결국 부정할 수 없는 증거로 그의 죄는 입증되었고, 국민들은 초조하게 정의가 실현되기를 기대했다. 그러나 그를 편애하던 멜로바우데스는 그에게 판결에 항소하면서 시간을 벌어 가까운 사람들을 목격자로 내세우게 하고, 나아가 사기와 문서 위조 등 부차적인 죄로 죄상을 은폐하도록 도와 주었다. 이 즈음 브리타니아와 아프리카를 탈환했던 테오도시우스는 그의 명성과 위업이 일개 신하의 지위를 넘었다는 애매모호한 혐의를 쓰고 불명예스럽게도 카르타고에서 참수되었다. 이때 발렌티니아누스의 치세는 이미 끝난 뒤였으니, 로마누스의 면죄뿐 아니라 테오도시우스의 죽음은 대신들이 간교를 부려 경험 없는 애송이에 불과한 그 아들의 신임을 남용하고 기만한 결과였다.

아프리카의 상황

역사가 암미아누스가 테오도시우스의 브리타니아 정벌을 서술하면서 지리적으로 정확성을 기했더라면, 그가 우리나라(영국)에서 행군한 발자취를 흥미롭게 따라가 볼 수도 있었을 것이다. 그러나 잘 알지도 못하고 별로 관심도 없는 아프리카 부족들을 지루하게 열거하느니 다음과 같이 간략하게 요약하는 정도로 그치겠다. 그들 모두가 피부색이 거무스름한 무어족으로, 아랍족들이 이름을 붙여 준 이래로 대추야자와 메뚜기의 나라로 불리는 마우리타니아와 누미디아 속주의 정착촌에 거주했다. 그러나 이 부족은 아프리카에서 로마의 세력이 쇠퇴한 이후로는 문명화된 관습과 경작지의 경계 밖으로 서서히 사라졌다. 무어족의 땅 바깥에는 광막하고 인간이 접근하기 어려운 남부 사막이 니제르 강변까지 1000마일 이상 펼쳐져 있다. 아프리카의 거대한 반도에 대해 매우 불확실하고 불완전한 지식밖에는 없었던 고대인들은 작열하는 사막 지대에는 영원히 아무도 살 수 없거나,[84] 혹은 그 광막한 공간에 머리 없는 인간들이나 괴물들, 머리에는 뿔이 나고 발굽이 갈라진 사티로스들,[85] 켄타우루스,[86] 학과 싸움을 벌이는 피그미족[87]이 살고 있다는 공상을 즐겼다. 적도를 사이에 두고 무수히 많은 종족들이 있으며, 그들이 피부색만 다를 뿐 보통 인간들의 모습과 다르지 않다는 사실을 알았더라면 카르타고인들은 두려움에 떨었을 것이다. 반면 로마 제국의 국민들은 북쪽에서 쏟아져 나온 야만족들의 대부대가 그들 못지않게 사납고 무서운 남쪽의 야만족 대부대와 조우하게 되리라고 기대했을지도 모른다. 이러한 공포는 아프리카의 적들이 어떤 존재인지 잘 모르는 데서 온 것이다. 아프리카 흑인들의 성격을 살펴보면, 타고난 성격이나 무기력함 때문에 활발히 활동하지 않는 것은 아닌 듯하다. 그들도 다른 인간들과 마찬가지로 감정과 욕망에 빠질 때가 있고, 이웃 부족들과 자주 반목을 빚기도 한다.[88] 그러나 거칠고 무지한 천성 탓에 방어용이나 공격용으로 쓸 만한 무기는 한 번도 발명해 본 적이 없고, 대규모의 지배나 정복 계획 따

[84] 고대의 지리학이 발달하면서 알려지지 않은 지역은 점차 줄어들어, 위도 45도 지역에서 24도 지역, 심지어는 16도 지역까지 축소되었다.

[85] 사티로스라고 생각했던 것이 거대한 유인원인 오랑우탄이었다면, 그 종들 중 하나가 실제로 콘스탄티누스 시대에 알렉산드리아에 살고 있는 것이 목격되었을 수도 있다. 그러나 성 안토니우스가 테베의 사막에서 이 신앙심 깊은 야만인들 중 한 사람과 대화를 나누었다는 기록이 있고 보면 여전히 해결되지 않은 난제가 남는다.

[86] 성 안토니우스는 이 괴물족들 중 하나와도 만난 적이 있다고 하며, 클로디우스 황제도 그들의 존재를 진지하게 주장했다. 대중은 비웃었지만, 이집트의 한 총독이 방부처리한 켄타우루스의 시체 표본 한 구를 보냈으며, 이것은 황제의 궁정에서 한 세기 가까이 보관되었다고 한다.

[87] 피그미족에 대한 이야기는 호메로스만큼이나 유래가 깊다. 인도와 에티오피아의 피그미족들은 신장이 27인치에 불과했다. 해마다 봄이 되면 그들의 기병대(양과 염소의 등에 탄)가 학의 알을 깨뜨리기 위해 전투대형을 이루어 행군에 나섰다. 그들의 집은 진흙과 깃털, 알 껍데기로 지어졌다.

88 해안가에 위치한 부족들은 유럽과의 교역을 통해 개화되었으며, 내륙 지방의 부족들은 무어인들의 식민지의 영향을 받아 발전했다.

89 암미아누스가 제시한 증거들은 참신하고도 결정적이다. 코레네의 모세스와 프로코피우스의 글도 참조되어 오긴 했으나, 이 역사가들은 명백한 사실을 혼동하고 같은 사건들을 반복해 기록하고, 이상한 이야기들을 끌어들이는 등의 오류를 범하고 있으므로, 이용하려면 신중을 기해야 할 것이다.

위를 구상할 능력도 없는 것 같다. 이들은 정신적 기능이 확실히 열등한 탓에, 이를 간파한 온대 지역의 민족들에게 이용당해 왔을 뿐이다. 기니아 해안에서 6000여 명의 흑인들이 해마다 배에 태워졌으나, 그들 중 누구도 다시는 고향 땅을 밟지 못했다. 그들은 사슬에 묶여 승선했는데, 두 세기에 걸쳐 끊임없이 이루어진 이 강제 이주는 전 세계를 뒤덮을 만한 숫자의 군대라도 공급할 수 있을 만한 규모로, 유럽의 죄상과 아프리카의 나약함을 보여 주는 예이다.

동방: 서기 365~378년, 페르시아 전쟁

4. 로마는 요비아누스의 군대를 구해 냈던 저 수치스러운 조약을 충실히 실행해 왔다. 로마가 아르메니아와 이베리아에 대한 통치권과 동맹 관계를 엄숙히 포기했으므로, 이 속국들은 이제 로마의 어떤 보호도 받지 못하고 페르시아 군주의 무력 앞에 노출되었다.89 샤푸르는 흉갑 기병, 궁수, 용병들로 이루어진 막강한 대부대를 이끌고 아르메니아 영토로 진격해 왔으나, 전쟁과 협상을 병행하면서 여전히 거짓말과 약속 위반을 가장 강력한 정책 수단으로 삼고 있었다. 그는 짐짓 아르메니아 왕의 신중하고 온건한 행동에 찬사를 보내서 티라누스를 방심하게 만든 뒤 교활하게도 거듭 친선 관계를 다짐했다. 한편 티라누스는 이에 넘어가 신의라고는 조금도 없는 잔인한 적의 손에 그의 일신을 맡겼다. 그러다 화려한 향연이 베풀어지던 중에 사로잡혔으니, 그나마 아르사케스 왕조의 핏줄을 존중해 준다는 의미에서 특별히 은 사슬에 묶인 채였다. 그는 엑바타나에 있는 망각의 탑에 잠시 구금되었다가, 단검으로 자살했는지 암살자의 칼에 당한 것인지 모르지만 그 불운한 삶을 마감했다. 이로써 아르메니아 왕국은 페르시아의 속주로 전락했으며, 이름 높은 태수 한 명과 총애받는 환관 한 사람이 공동

으로 통치하게 되었다. 다음으로 샤푸르는 지체없이 이베리아인들의 호전적인 정신을 꺾고자 행군에 나섰다. 사우로마케스가 로마 황제들의 허가를 얻어 그 지역을 통치하고 있었으나, 우세한 대군에 밀려 추방당했다. 샤푸르는 로마의 위엄에 모욕을 가할 뜻으로 그의 신하 중에서도 비천한 신분인 아스파쿠라스의 머리에 왕관을 씌워 주었다. 아르토게라사[90]는 아르메니아의 도시들 중에서 유일하게 그의 무력에 저항할 힘이 있는 도시였다. 이 튼튼한 요새에 쌓여 있는 재화는 샤푸르의 탐욕을 자극했으나, 아르메니아 왕의 처였지만 이제 과부 신세가 된 올림피아스가 국민들의 동정심을 자극해 국민들과 병사들의 마음속에 목숨을 걸고 싸워 보겠다는 용맹심을 불러일으켰다. 그리고 이 대담무쌍하고 잘 짜인 농성군은 아르토게라사 성벽 아래에서 페르시아인들은 격파했다. 그러나 샤푸르의 병력은 계속해서 충원되고 증강되었으므로, 수비군의 필사적인 용기도 힘이 다하여 튼튼한 성벽도 마침내 무너지고 말았다. 자만심에 찬 정복자는 반도들의 도시를 불과 검으로 마음껏 유린한 다음, 좀 더 행복했던 시절에는 콘스탄티누스 대제의 아들의 신부가 될 운명이었던 불행한 왕비를 포로로 잡아 끌고 갔다.[91] 그러나 이미 두 개의 속국을 손쉽게 정복하는 개가를 올렸다고 해도, 국민들의 마음에 적의와 반항심이 남아 있는 한 한 나라를 완전히 정복했다고는 할 수 없다는 사실을 샤푸르는 곧 깨달았다. 그는 태수들을 신뢰하는 수밖에 없었으나, 그들은 민심을 얻는 일을 더 중히 여기면서 페르시아에 대한 끈질긴 증오심을 드러내기 시작했다. 아르메니아인들과 이베리아인들은 개종한 이래 그리스도교인들을 신의 총아로, 마기교도들을 신의 적으로 여겨 왔으므로, 미신을 좇는 자들에게 큰 영향력을 발휘하는 성직자들은 한결같이 로마의 편이었다.

[90] 아마도 아르타게라(Artagera) 또는 아르디스(Ardis) 등의 이름으로 불리기도 했을 것이다. 이 도시의 성벽 아래에서 아우구스투스의 손자인 가이우스가 부상을 당했다. 이 요새는 티그리스 강의 발원지들 중 한 군데 부근. 아미다 위쪽에 위치해 있다.

[91] 티유몽은 연표를 통해 올림피아가 파라의 어머니임이 틀림없다고 밝혔다.

25장 473

따라서 콘스탄티누스 대제의 후계자들이 아르타크세르크세스의 후계자들과 이 중간 지대에 위치한 속주들의 지배권을 놓고 다툼을 벌이는 동안, 종교적 관계는 항상 로마 제국 쪽에 결정적으로 유리하게 작용했다. 무수히 많은 당파들이 티라누스의 아들 파라를 아르메니아의 적법한 군주로 인정했을 뿐 아니라, 그는 500년간 내려온 왕위 세습의 전통에 따라서 왕위를 요구할 정당한 자격이 있었다. 이베리아인들이 이에 만장일치로 동의함으로써, 나라는 두 명의 왕 밑으로 분열되었다. 샤푸르에게 선택되어 왕관을 썼던 아스파쿠라스는 폭군에게 인질로 잡힌 자기 자식들의 안위가 염려되어 페르시아와의 동맹 관계를 공개적으로 철회할 수가 없다고 공표했다. 발렌스 황제는 조약의 의무를 존중했을 뿐 아니라 동로마 제국이 위험한 전쟁에 말려들까 염려했기 때문에, 이베리아와 아르메니아 왕국의 로마쪽 파벌에 대한 지원 조치를 천천히 신중하게 취했다. 키루스 강변에 열두 개의 군단이 배치되어 사우로마케스에게 힘을 보태 주는 한편, 용맹한 아린테우스로 하여금 유프라테스 강을 지키게 했다. 또한 트라야누스 장군과 알레만니족의 왕 바도마이르의 지휘하에 강력한 군대가 아르메니아 국경 지대에 진을 쳤다. 그러나 이들 군대는 조약의 침해 행위로 오인될 소지가 있으니 절대 먼저 적대 행위를 취해서는 안 된다는 엄명을 받고 있었다. 로마 장군들은 이와 같은 명령에 절대적으로 복종했다. 로마군은 비처럼 쏟아지는 페르시아군의 화살 세례 속에서도 훌륭하게 인내하며 퇴각한 결과, 결국 명예롭고 정당한 승리를 주장할 수 있었다. 그러나 쓸모없고 지루한 협상이 벌어지면서 이러한 교전 상황도 서서히 가라앉았다. 양측은 서로에게 야심가니 배신자니 하고 비난을 던지면서 자신들의 주장만 내세웠다. 협상에 참석했던 두 나라 장군들의 편파적인 증언에만 의지해 결론 없는 주장을 내세울 수밖에 없었던 것으로 보아, 원래 조약[92]의 문구가 매우 모호한 표현으로 이루어져 있었던 것 같다. 여기에 머잖아 로마 제국의 기초까지 뒤흔들어 놓을 고트족과 훈족의 침략을 받게 되어, 아시아의 속주들을 샤푸르의 무력 앞에 무방비로 내놓을 수밖에 없었다. 그러나 샤푸르는 노령으로 병약해지자 평화와 온건책으로 통치 방침을 바꾸었다. 70년에 걸친 통치 끝에 찾아온 샤푸르의 죽음은 일순간에 페르시아의 궁정과 보좌 기관들을 변화시켰다. 그들은 국내 문제와 먼 변방에서 터진 카르마니아 전쟁[93]에 발목이 잡혀 다른 데 눈 돌릴 틈이 없었던데다가 평화로운 세월을 즐기다가 오래전에 겪은 위험과 피해의 기억도 잊었다. 아르메니아와 이베리아 왕국은 묵시적이긴 하지만 로마와 페르시아 양 제국의 상호 동의에 따라 어정쩡하나마 예전의 중립 상태를 회복하도록 허용되었다. 테오도시우스의 치세 초기에는 페르시아의 사절이 콘스탄티노플에 와서 이전 왕이 취했던 부당한 조치에 대해 사과하고, 우호의 뜻이라기보다는 오히려 존경의 뜻에 가까운 공물로 보석, 비단, 인도 코끼리 등의 호화스러운 선물을 바쳤다.

서기 380년

서기 384년, 평화 협정

발렌스 치하의 동방의 정세를 대략 살펴보자면, 가장 이목을 끄는 특기할 만한 사건들 중 하나로 파라의 파란만장한 생애를 언급하지 않을 수 없다. 그는 어머니 올림피아스의 설득에 따라 아르토게라사를 포위하고 있던 페르시아군을 뚫고 탈출하여 동로마 제국의 황제에게 보호를 청했다. 겁 많은 그의 신하들은 그를 지지했다가 이를 철회했다가, 다시 그를 왕위에

아르메니아 왕 파라의 모험

[92] 암미아누스는 날짜를 기록하지 않고서 페르시아 전쟁에서 벌어진 사건들을 설명했다. 코레네의 모세스는 몇몇 사실들을 추가해 주었으나, 어떤 것이 진실이고 어떤 것이 허구인지 구별하기가 대단히 어렵다.

[93] 아르타크세르크세스 1세는 샤푸르 대왕의 후계자이자 동생(친사촌)이었으며, 그의 아들인 샤푸르 3세의 후견인이기도 했다. 역사가들은 박학다식을 과시하며 열심히 사산 왕조에 대해 기록했으나, 로마사와 동방의 역사를 두 개의 별개의 역사로 나누는 것은 불합리하기 짝이 없는 배열이다.

올렸다가 또 배신하기를 밥 먹듯 반복했다. 아르메니아인들은 적법한 혈통을 이어받은 그들의 군주가 생존해 있다는 데에서 위안을 얻었다. 또 발렌스의 대신들은 그들대로 이제는 자기들의 신하가 된 파라가 왕관과 왕의 칭호는 얻지 못했어도, 국가적 신의는 지켰다는 만족감을 느꼈다. 그러나 곧 페르시아 왕이 비난과 위협을 가해 오자, 당황해 하며 자신들의 경솔함을 후회하기 시작했다. 그리고 그들은 파라를 신뢰할 수 없다는 근거를 찾아 내려고 애썼다. 즉 그의 기질이 잔인하고 변덕스러워서 사소하기 그지없는 혐의로 가장 충성스러운 신하들의 목숨을 빼앗고, 아버지를 암살한 조국의 적과 비밀리에 불명예스러운 내통을 했다는 점을 들고 나왔다. 그리하여 공통의 이해가 걸린 문제에 대해 로마 황제와 의논할 것이 있다는 그럴 듯한 구실을 내세워, 파라가 그의 도당들과 무장하고 숨어 있던 아르메니아의 고지에서 내려와서 배신의 의도를 숨기고 있는 로마 궁정에 안전을 의탁하도록 설득했다. 그는 자기 눈으로 보나 국민들의 눈으로 보나 아르메니아 왕이었으므로, 통과하는 속주마다 관리들에게 그에 합당한 영접을 받았다. 그러나 킬리키아의 타르수스에 도착하자 여러 가지 구실이 그의 여정을 막았을 뿐 아니라, 예우를 받는 가운데서도 그의 일거수 일투족은 철저히 감시당했다. 점차 그도 자신이 로마군의 손안에 든 죄수의 몸임을 깨달았다. 파라는 분노를 억누르고 공포심을 숨기면서 몰래 탈출할 채비를 차린 다음, 충성스러운 추종자들 300여 명을 이끌고 말등에 올랐다. 그의 방문 앞에 배치되어 있던 무관이 즉각 킬리키아 집정관에게 그의 도주 사실을 전하자, 집정관은 교외까지 따라가 무모하고 위험스러운 계획을 단념하라고 설득했다. 그러나 소용 없는 일이었다. 한 개 군단이 이 도망자를 추격하라는 명령을 받았으나, 보병대로 추격해 보앗자 경무장한 기병대에게는 그다지 위협이 될 수 없었다. 파라 측의 허공을 가르는 첫 번째 화살 공격에 이미 추격대는 타르수스 성문까지 급히 퇴각하고 말았다. 이틀을 밤낮으로 쉬지 않고 행군한 끝에, 파라와 그가 이끄는 아르메니아인들은 유프라테스 강변에 도착했다. 그러나 강을 건너려면 헤엄쳐 가는 수밖에 없었기 때문에, 시간의 지연과 얼마간의 인명 손실이 불가피한 상황이었다. 이 위급 사태가 온 나라에 알려지자, 코메스 한 사람과 참모장교 한 사람이 1000여 명의 말 탄 궁사들을 이끌고 유프라테스 강에서 불과 3마일 떨어져 있는 두 개의 길을 점거했다. 이때 우연히 지나가던 여행자 한 사람이 파라에게 호의를 베풀어 곧 닥칠 위험과 탈출할 방도를 알려 주지 않았더라면, 그는 우세한 병력에 굴복했을 것이다. 아르메니아 군대는 덤불숲을 헤치고 거의 지나가기도 힘든 좁고 어두운 길을 통과하여, 대로변을 지키고 서서 파라가 오기만을 기다리고 있던 코메스와 참모장교를 따돌릴 수 있었다. 그들은 결국 자신들의 실패를 변명하고 용서받기 위해 황제의 궁정으로 되돌아가서는, 아르메니아 왕이 뛰어난 마법사라서 자신과 추종자들을 변신시켜 마법의 그림자로 몸을 숨긴 채 자기들의 눈앞을 통과해 도망쳤다고 진지하게 주장했다. 파라는 고국으로 귀환한 뒤에도 여전히 자신은 로마인들의 벗이며 맹우라고 주장했으나, 그의 탈출은 로마인들에게는 너무나 뼈아픈 상처였으므로 그의 존재를 용납할 수가 없었다. 그리하여 그를 처형한다는 비밀 선고가 발렌스의 회의에서 가결되었다. 이 피비린내 나는 처분을 실행에 옮길 사람으로 세심하고 신중한 성격의 소유자인 트라야누스가 결정되었다. 그는 파라의 심장에 칼을 꽂을 기회를 얻고자 교묘한 방법으로 남의 말에 잘 속는 왕의 환심을 사 두었다. 그는 동방의 모든 호사와 관능적인 쾌락을 다

[94] 헤르만릭의 통치와 정복에 관한 간략한 설명은 요르난데스가 아블라비우스와 카시오도리우스가 쓴 고트족 역사에서 뽑아 온 귀중한 단편들 중 하나인 것으로 보인다.

서기 374년

도나우 강: 헤르만릭의 정복

한 연회를 준비해 파라를 초대했다. 연회장에 즐거운 음악이 울리고 참석자들의 취기가 달아올랐을 즈음, 트라야누스는 잠시 자리에서 물러나 칼을 뽑아들고 파라를 죽이라는 신호를 보냈다. 즉시 한 건장한 야만인이 아르메니아 왕에게 덤벼들었다. 그는 손이 닿는 대로 아무 무기나 집어들고 용감하게 맞섰으나, 곧 식탁은 이 손님이자 맹우가 흘린 피로 얼룩졌다. 정치적 이익이라는 의심스러운 목적을 달성하고자 국가 간의 법과 손님을 환대할 신성한 도의마저도 온 세상이 보는 앞에서 냉혹하게 저버렸으니, 로마 제국의 통치 원칙이 이렇게 나약하고 타락한 지경에까지 이르게 되었던 것이다.

5. 30년간 평화로운 시기가 이어질 동안, 로마인들은 국경 방비를 다졌으나 고트족은 영토 확장에 나섰다. 동고트족의 왕이자 아말리 왕조에서 가장 고귀한 자인 대(大)헤르만릭[94]이 거둔 승리는 동족들이 알렉산드로스의 원정에 비유했을 정도였다. 알렉산드로스의 승리와 다른 점이 있다면, 참으로 믿기 어려운 일이지만 이 고트족 영웅의 무인 정신은 젊음에서 나온 정력으로 뒷받침된 것이 아니라 80세에서 110세까지의 노년기에 영광과 성공을 거두었다는 점이다. 독립을 유지해 오던 부족들은 동고트족의 왕을 고트국의 군주로 인정해야만 했다. 그리하여 서고트족, 즉 테르빙기의 족장들은 왕의 칭호를 버리고 판관(Judge)이라는 호칭으로 자신을 한껏 낮추었다. 이러한 판관들 가운데 아타나리크, 프리티게른, 알라비부스 세 사람은 로마 속주에 인접한 지역을 지배했는데, 개인적인 능력 면에서도 가장 걸출한 인물들이었다. 헤르만릭은 이처럼 국내를 정복하여 군사력을 키우게 되자, 자신의 야심찬 계획을 더욱 확대

했다. 그는 북쪽의 인접국들을 침공하는 것으로 시작하여, 그 명칭과 국경선이 정확히 알려지지 않은 중요한 국가들 열두 개를 잇달아 고트족의 무력 앞에 굴복시켰다.95 마이오티스 호 부근의 늪 지대에서 거주하는 헤룰리족은 강인함과 민첩함으로 명성을 떨쳐서, 야만족들 사이에서 전쟁이 벌어질 때마다 다들 헤룰리족의 경무장한 보병대의 원조를 앞다투어 얻고자 할 만큼 높은 평가를 받고 있었다. 그러나 헤룰리족의 민활한 기상도 고트족의 느리지만 끈질긴 인내에 제압당하고 말았으니, 피비린내나는 전투 끝에 왕은 살해당하고 살아남은 자들은 헤르만릭의 진영에 편입되어 퍽 쓸모있는 보조군이 되었다. 다음으로 베네디족을 치고자 행군에 나섰는데, 이들은 지금의 넓디넓은 폴란드 평원을 가득 채울 만큼 수만 많았을 뿐 무기를 쓰는 기술은 보잘것없었다. 수적으로도 밀리지 않았던 고트족은 용병술과 군율 면에서의 결정적인 이점을 이용하여 그들을 기세 좋게 압도해 버렸다. 베네디족의 항복을 받아 낸 후, 정복자는 아무런 저항도 받지 않고 에스티족의 경계선까지 전진했다. 이들은 역사가 깊은 민족으로, 에스토니아라는 이름도 여기에서 유래했다. 멀리 떨어진 발트 해안에 거주하던 이들은 농업으로 생계를 유지하는 한편, 호박(琥珀) 무역으로 부를 얻었으며, 특이하게도 신들의 어머니를 숭배했다. 그러나 철 생산량이 부족하여, 에스티족 전사들은 나무 곤봉으로 만족할 수밖에 없었다. 하지만 헤르만릭은 압도적인 무력보다는 지략으로 이 부유한 나라를 항복시켰다. 도나우 강에서 발트 해까지 펼쳐진 그의 영토는 고트족의 발상지에다가 최근에 새로 얻은 영토를 더하게 되니, 이제 헤르만릭은 권위 있는 정복자로서, 때로는 잔인한 폭군으로서 게르마니아와 스키타이의 대부분을 다스리게 되었다. 그러나 그가 다스렸던 지역은 영웅들의 영광

95 뷔아(M. de Buat)는 헤르만릭의 무력에 굴복한 나라들을 조사했다. 그는 바시노브론카이족의 존재는 그 이름이 지나치게 길다는 이유로 부인했다. 그러나 라티스본이나 드레스덴에 파견된 프랑스 사절이라면 메디오마트리키 지역을 틀림없이 횡단했을 것이다.

96 뷔아는 신기하게도 이 지원 부대의 진짜 숫자를 자신 있게 제시했다. 암미아누스와 조시무스는 고트족 군대의 첫 번째 부대의 숫자에 대해서만 각각 3000명, 1만 명으로 제시했다.

을 영원토록 기려 주고 드높여 줄 만한 능력이 없는 세계의 한 모퉁이였을 뿐이다. 헤르만릭의 이름은 거의 망각 속에 묻히고 그의 원정도 제대로 다 알려지지 않아서, 로마인들은 북방의 자유와 제국의 평화를 위협했던 그의 위세가 어느 정도였는지 잘 알지도 못했던 것 같다.

서기 366년,
고트 전쟁의 원인

고트족은 콘스탄티누스 대제의 권력과 관대함에 대한 수없이 많은 증거를 보아 왔기 때문에, 그의 황실에 대해 대대로 애정을 가지고 있었다. 그들은 양국간의 평화를 존중했으므로, 때로 적의를 품은 무리들이 로마의 국경선을 침범하는 일이 있다 해도 야만족 젊은이들의 통제 불능의 객기 탓으로 돌리곤 했다. 그러나 콘스탄티누스 대제 이후 국민들의 손으로 선출된 두 명의 황제가 왕좌에 오르자, 고트족들은 잘 알지도 못하는 이 새 군주들을 대단치 않게 여기며 좀 더 대담한 희망을 품었다. 그리하여 고트족의 깃발 아래 연합군을 진격시킬 모종의 계획을 논의하던 중 프로코피우스의 반란이 일어나자, 그의 일당과 손잡고 그들을 원조하여 로마 내의 내분을 조장할 위험한 생각을 했다. 국가 간의 조약은 원군의 숫자를 1만 명 이하로 제한하고 있었으나, 서고트족 족장들은 이 계획에 너무나 열성을 보여 도나우 강을 넘은 군대의 수는 3만 명에 이르렀다.96 그들은 불굴의 용맹을 발휘하여 자신들의 손으로 로마 제국의 운명을 결정짓겠다는 자신감에 부풀어 자랑스럽게 진군에 나섰다. 트라키아의 속주들은 주인처럼 거들먹거리면서 적들이 하듯 방종하게 구는 야만족들을 감당하기 어려워하며 허덕였다. 그러나 이들의 진군은 무절제한 탐욕으로 지연되었다. 그리하여 고트족이 프로코피우스의 패배와 죽음에 대한 확실한 정보를 입수했을 때는 이미 반대파인 발렌스 황제가 민정과 군정의 권력을 다시 손에 넣은 뒤였다. 발렌스의 군대가 효과적으로 배치해 놓은 무수히 많은 주둔 부대와 요새들 때문에 그들은 앞으로 진격하지도 뒤로 퇴각하지도 못하게 되었을 뿐 아니라, 물자 보급로도 차단당했다. 사정이 이렇게 되니 흉포한 야만족들도 굶주림에 지치고 불안에 빠진 나머지, 분류를 삼키며 식량과 사슬을 내미는 정복자의 발밑에 무기를 버렸다. 이리하여 수많은 포로들이 동방 제국의 모든 도시에 분배되었다. 속주민들은 곧 이들의 사나운 외양에도 익숙해져서, 그토록 오랫동안 공포의 대상이 되어 왔던 무시무시한 적들을 상대로 힘을 겨루어 볼 정도가 되었다. 스키타이 왕은 이러한 국가적 재난에 비탄과 분노를 토했다. 그의 사절들은 발렌스의 궁정을 찾아가서 그토록 오랫동안 로마인들과 고트족 사이에 유지되어 온 고대로부터의 엄숙한 동맹 관계를 위반했다고 목청 높여 불만을 토로했다. 그들은 어디까지나 동맹국으로서의 의무를 다하고자 율리아누스 황제의 친족이며 후계자인 프로코피우스를 원조했을 뿐이라고 주장했다. 또한 그들은 포로들 중 귀족 신분인 자들을 즉각 돌려보내 줄 것을 요구하면서, 무장한 채 호전적인 군대를 이끌고 진격한 고트족 장군들에게 사절로서의 신성불가침성과 특권을 인정해 주어야 한다는 매우 기묘한 주장을 내세웠다. 기병대 대장인 빅토르는 야만족들의 이 같은 터무니없는 요구에 동로마 제국 황제의 정당한 성명을 강력하고 위엄 있게 전달함으로써 정중하나 단호한 거부 의사를 표했다.[97] 협상은 결렬되었고, 발렌티니아누스 황제는 소심한 동생에게 남자다운 훈계를 전하여 제국의 손상된 명예를 회복하도록 격려해 주었다.

동시대의 사가 한 사람은 이 고트족 전쟁의 장려함과 엄청난 규모를 찬양했으나,[98] 이 사건은 로마가 제국의 쇠망기로

[97] 이 행군과 그 후 벌어진 협상에 대해서는 에우나피우스가 단편적으로 전하고 있다. 속주민들은 나중에 야만족들에 대해 잘 알게 되자, 그들의 힘이 실제로는 겉보기만큼 강하지 않다는 사실을 알게 되었다. 그들은 키만 컸지 다리도 약하고 어깨도 좁았다.

[98] 그리스 철학자인 에우나피우스는 테오도시우스가 승리를 거두어 평화가 찾아올 때까지 전개된 고트족 역사의 전 과정을 하나의 같은 전쟁 과정으로 보고 있음이 틀림없다.

> 서기 367년, 368년,
> 369년, 전쟁과 평화

접어드는 예비 단계가 되었다는 점 외에는 후세인의 주목을 받을 만한 가치가 없다. 고트족의 노쇠한 왕은 게르마니아와 스키타이족을 이끌고 도나우 강을 넘어 콘스탄티노플 성문까지 진격하는 대신, 연약한 손으로 강대한 국가의 힘을 휘두르고 있는 적에 맞서서 방어전을 치러야 할 영광과 위험을 모두 용감한 아타나리크에게 넘겨 주었다. 한편 로마군은 도나우 강에 배를 띄워 다리를 만들어 놓고 발렌스가 모습을 드러내자 의기충천했다. 발렌스는 전술에는 무지했지만, 개인적인 용맹과 기병대와 보병대 대장인 빅토르와 아린테우스의 현명한 충고로 이런 약점을 보충할 수 있었다. 그러나 그들의 기술과 경험 아래 전투 작전이 수행되었음에도 불구하고, 산 속에 굳게 진을 친 서고트족을 몰아 내기란 불가능했다. 게다가 겨울이 다가와 평원이 황폐해지자 로마군은 다시 도나우 강을 건널 수밖에 없었다. 다음 해 여름에는 계속해서 내린 비로 강물이 불어나 사실상 공격을 일시 중지할 수밖에 없어, 발렌스 황제는 마르키아노폴리스의 진영에만 머물렀다. 전쟁이 3년째로 접어들자 로마군의 상황은 유리한 국면으로 접어든 반면, 고트족에게는 가장 불리한 상황이 닥쳐왔다. 전쟁으로 무역이 중단되는 바람에, 야만족들은 이미 그들의 생활에 필수품이 된 사치품들을 공급받지 못하게 되었을 뿐 아니라, 국토의 상당 부분이 황폐화하여 기근의 공포로 위협받게 되었다. 아타나리크는 어쩔 수 없이 위험을 무릅쓰고 평원 지대에서 전투를 벌였으나 패배하고 말았다. 고트족의 목을 황제의 진영으로 가져오는 자에게는 큰 보상을 내리겠다는 로마 장군들의 약속 때문에 추격전은 한층 더 피비린내 나는 양상이 되었다. 마침내 야만족들이 항복하자 발렌스와 신하들의 분노도 가라앉았다. 황제는 만족해

하며 콘스탄티노플 원로원의 구변 좋은 아첨이 섞인 간언에 귀를 기울였으니, 원로원이 국사에 한몫 거들고 나선 것은 이것이 처음이었다. 전쟁을 성공적으로 이끈 빅토르와 아린테우스는 화평 조건을 정리할 권한을 부여받았다. 고트족이 여태까지 누려 왔던 무역의 자유는 도나우 강변의 두 도시로 제한되었고, 그들의 지도자들이 취한 경솔한 행동에 대해서는 연금과 보조금의 정지 조치로 엄하게 다스렸다. 아타나리크만은 예외적인 취급을 받았는데, 이는 서고트족의 판관에게는 명예롭다고까지는 할 수 없어도 확실히 유리한 것이었다. 이때 아타나리크는 군주의 명령을 기다리지 않고 자신의 이익을 먼저 고려했는데, 즉 발렌스의 대신들이 제안한 개인 접견에 응하여 자기 자신과 부족의 위신을 유지했다. 그는 선언문에서 앞으로 황제의 영토에 결코 발을 들이는 일이 없을 것이며, 만일 이를 어긴다면 위증죄로 심판받겠다고 맹세했다. 그가 이렇게 서약의 신성한 의무를 다할 것을 굳게 다짐한 것은 당시 로마가 반역자들에게 어떤 보복 조치를 가하는지 보았기 때문일 것이다. 두 개의 독립 국가의 경계선을 이루는 도나우 강이 협상 장소로 선택되었다. 동로마 제국의 군주와 서고트족의 판관은 같은 수의 무장한 부하들을 동반한 채, 각각 배에 올라 강의 중심부를 향해 나아갔다. 이후 조약이 비준되고 인질 교환이 있은 뒤 발렌스는 콘스탄티노플로 개선했고, 고트족은 이후 6년간 평온을 유지했다. 그러나 6년 후, 그들은 결국 북방의 광대한 동토에서 내려온 스키타이족의 대군에 밀려 로마 제국으로 밀어닥치게 된다.[99]

도나우 하류 지역의 통치를 동생에게 넘긴 서로마 제국 황제에게는 이제 유럽의 강들 대부분을 따라 수백 마일까지 펼

[99] 고트족 전쟁에 관해서는 암미아누스, 조시무스, 테미스티우스가 각각 서술했다. 웅변가였던 테미스티우스는 황제의 승리를 경축하기 위해 콘스탄티노플 원로원의 명을 받고 파견되었다. 그는 비굴하게도 도나우에서의 발렌스를 스카만데르에서의 아킬레우스에 비유하는 연설을 했다.

서기 374년, 콰디 전쟁과 사르마티아 전쟁

쳐진 라에티아와 일리리쿰 속주들의 방어가 당면 관심사가 되었다. 발렌티니아누스는 적극적인 정책을 펴 국경 방비를 위해 계속 새로운 요새를 증축했으나, 이러한 정책은 야만족들의 분노를 자극했다. 콰디족은 서로마가 요새를 짓기로 한 땅이 그들의 영토를 침범했다고 항의했는데, 그들의 불평은 정당하고 온건했으므로, 일리리쿰의 대장인 에퀴티우스는 황제의 의중을 더 정확히 알게 될 때까지 공사 실행을 일시 중단하는 데 동의했다. 그러나 무자비하기 짝이 없는 갈리아의 민정 총독인 폭군 막시미누스는 이를 경쟁자를 음해하고 아들의 앞길을 닦아 줄 더없이 좋은 기회로 여겼다. 본래 기분 내키는 대로 움직이곤 했던 발렌티니아누스는 어리석게도 그의 총신인 막시미누스가 발레리아의 통치와 공사 지휘를 자신의 아들 마르켈리누스의 열성에 맡겨 준다면 더 이상 야만족들의 무엄한 항의에 시달림을 받지 않게 해 주겠다고 장담하자 귀가 솔깃해졌다. 로마 국민들과 게르마니아 원주민들은 무능력한 애송이가 중책을 맡아, 자기의 고속 승진은 뛰어난 능력의 증거이자 보상이라면서 오만불손하게 행동하자 모욕감을 느꼈다. 그는 콰디족의 왕인 가비니우스의 온건한 청원을 관심 있게 받아들이는 척했으나, 교활하게도 공손한 태도 밑에 음흉하고 잔혹한 계획을 감추고서 남을 의심하지 않는 왕의 성격을 이용하여 그의 간곡한 초대를 받아들이게 했다. 같은 해에, 지역상으로는 제국 내에서도 서로 멀리 떨어진 곳이기는 하나, 손님이자 맹우로 초대된 왕들이 황제의 장군들의 명에 따라 그들의 면전에서 무자비하게 살해되어 식탁을 피로 붉게 물들인 이 유사한 범죄 행위를 연관지어 보아야 할지, 아니면 구분하여 서술해야 할지 당혹스러울 뿐이다. 가비니우스와 파라는 같은 운명을 밟았으나, 비굴한 기질의 아르메니아인들과 자유롭고 대담한 기상의 게르만인들은 그들의 군주가 당한 잔인한 죽음에 전혀 다른 식으로 반응했다. 콰디족은 마르쿠스 아우렐리우스 시대에 로마의 성문까지 진격해 공포에 떨게 했던 막강한 전력에 비하면 지금은 많이 쇠퇴한 상태였다. 그러나 여전히 무력과 용기를 지니고 있었으므로, 절망은 오히려 그들의 용기에 힘을 불어넣어 주었다. 콰디족은 동맹국인 사르마티아족으로부터도 기병대를 지원받았다. 생각이 너무나 짧았던 암살자 마르켈리누스는 하필 피르무스의 반란을 진압하고자 최정예군이 다 나가 있던 때에 그런 일을 저질렀다. 따라서 온 속주의 방어 태세가 지극히 약한 상태에서 분노한 야만족들을 맞게 되었다. 그들은 수확기를 맞은 판노니아를 침략하여 가져가기 힘든 약탈 대상은 모조리 무자비하게 파괴했으며, 텅 빈 성채들은 무시하고 지나치거나 파괴해 버렸다. 콘스탄티우스 황제의 딸이며 콘스탄티누스 대제의 손녀인 콘스탄티아 공주는 가까스로 몸을 피했다. 한때 순진하게 프로코피우스의 반란을 지지하기도 했던 이 황족 처녀는 지금은 서로마 황제의 상속자와 정혼한 상태였다. 그녀는 무장도 하지 않은 채 화려한 마차를 타고 평화로운 속주를 가로질러 가던 중이었다. 속주의 총독인 메살라의 노력 덕분에 그녀는 위험에서 벗어났고 공화국은 불명예를 모면했다. 메살라는 그녀가 식사를 하려고 잠시 멈춘 마을이 야만족들로 거의 포위되었다는 소식을 듣자마자, 황급히 자기 전차에 그녀를 태워 26마일 떨어진 시르미움 성문까지 전속력으로 달렸다. 관리들과 국민들이 대경실색하여 허둥거릴 동안 콰디족과 사르마티아족이 부지런히 진군했더라면 시르미움조차도 무사하지 못했을 것이다. 그들의 진군이 지연된 탓에, 민정 총독 프로부스는 정신을 차리고 시민들의 용기를 되살릴 시간을 벌 수 있었다. 그는 시민들을 훌륭하게 지휘하여 파괴

100 암미아누스는 그다운 신랄한 표현으로 페트로니우스 프로부스의 폭정을 비판했다.

된 성채들을 보수하고 강화하는 한편, 일군의 궁수들로부터 시의적절하고도 효과적인 원조를 얻어 일리리쿰 속주의 수도를 지켜냈다. 시르미움 공격이 성과를 거두지 못하자 실망한 나머지, 분개한 야만족들은 그들의 왕이 살해된 책임을 부당하게도 변방군 대장 에퀴티우스에게 돌리고 공격의 방향을 그쪽으로 바꾸었다. 에퀴티우스가 전장에 끌고 나갈 수 있는 병력은 고작 두 개 군단에 불과했으나, 모에시아와 판노니아의 최정예 병력이 포함되어 있었다. 그러나 헛된 명예심에 빠져 계급과 서열을 놓고 완고하게 다투다가 패배당하고 말았다. 그들은 제각기 분열되어 행동하다가 사르마티아 기병대의 기습을 받고 완패했다. 이 침략군의 승리는 제국과 국경을 마주한 부족들을 자극했다. 국경의 군 지휘관이며 두크스인 젊은 테오도시우스가 그들을 패배시킴으로써 아버지의 위업에 못지않으며 장래 제위에 오를 만한 용맹무쌍한 재능을 보여 주지 않았더라면, 모에시아 속주도 틀림없이 야만족의 손에 떨어졌을 것이다.

서기 375년, 발렌티니아누스의 원정

그때 트레브에 있던 발렌티니아누스는 일리리쿰의 재난에 깊이 상심했으나, 계절이 이미 겨울에 접어들어 이듬해 봄까지는 그의 계획을 미루어야 했다. 때가 되자 그는 갈리아의 병력 중 상당 부분을 이끌고 몸소 모젤 강변에서 행군길에 올랐다. 그는 도중에 사르마티아에서 탄원하고자 보낸 사절들을 만나자, 일단 현지에 도착해서 상황을 살펴보고 의견을 말하겠다는 애매한 대답을 전했다. 그는 시르미움에 도착하여 일리리쿰 속주들이 보낸 대표들을 알현했다. 그들은 민정 총독 프로부스의 선정 아래 더없이 행복한 삶을 누리고 있다고 말했다.[100] 발렌티니아누스는 그들이 이처럼 충성심과 감사의 뜻을 요란스럽게 전하는 데 기분이 좋아져서, 솔직 대담한 견유학파 철학자인 에피루스의 대표 이피클레스에게 경망스럽게도 그 역시 속주민들의 소망에 따라 기쁘게 온 것이냐고 물었다. 그러자 그는 다음과 같이 대답했다.

국민들은 내키지 않았으나 눈물과 신음으로 저를 보냈습니다.

황제는 말문이 막혔으나 신하들을 처벌하지는 않았다. 이는 그에게 충성하기만 한다면 국민들을 억압해도 좋다는 나쁜 원칙을 세운 결과가 되었다. 만약 황제가 이때 그들의 품행을 엄히 심문했더라면 국민들의 불만을 가라앉힐 수 있었을 것이다. 가비니우스의 살해에 대해서도 엄히 죄를 묻는 것만이 게르만인들의 신임과 로마 제국의 명예를 회복하는 길이었으나, 오만한 군주는 자기의 잘못을 인정할 만큼 통 큰 인물이 못 되었다. 그는 먼저 원인을 제공한 쪽이 누구였는지는 깡그리 잊고 그들의 침략으로 입은 피해만을 기억하여, 아직도 피와 복수에 목말라 하며 콰디족의 땅으로 진군하고자 했다. 황제나 로마 제국의 눈으로 보기에는 그들의 땅을 철저히 초토화하고 무차별로 살육하는 것은 그들이 한 만큼 똑같이 잔인하게 보복해 주는 정당한 행동이었던 것이다. 적들은 혼비백산하여 잘 단련된 로마군에 제대로 맞서지도 못했으므로, 발렌티니아누스는 단 한 명의 인명 손실도 없이 다시 도나우 강을 넘어 돌아올 수 있었다. 그는 재차 전투를 감행하여 콰디족을 완전히 궤멸시키겠다고 결심했으므로, 오늘날의 프레스부르크 부근인 도나우 강 유역의 브레게티오에 동계 진영을 설치했다. 혹심한 겨울 추위 때문에 전쟁 수행이 일시 중단되었을 동안 콰디족은 겸손한 태도로 정복자의 분노를 풀어 보려는 시도를 했다. 그

리하여 에퀴티우스가 성심으로 주선한 끝에, 콰디족 사절들은
황제에게로 안내되었다. 그들은 머리를 조아리고 잔뜩 기죽은
모습으로 황제 앞에 나아갔다. 자신들의 왕이 살해당한 데 대
해서는 항의 한 마디 하지 못하고, 최근에 있었던 침략은 법을
어기고 제멋대로 구는 몇몇 도적 떼들의 소행일 뿐이며, 대중
의 여론도 이들을 비난하며 미워하고 있다고 엄숙히 맹세하며
단언했다. 그러나 황제의 답변에는 그들에게 관용이나 동정을
줄 수 있는 희망은 손톱만큼도 들어 있지 않았다. 황제는 몹시
거친 말투로 콰디족의 비열함, 배은망덕, 오만함을 꾸짖었다.
그의 눈빛, 목소리, 안색, 몸짓 모든 것이 격렬한 분노를 드러
내었다. 그는 격정에 온몸을 부들부들 떨다가 대동맥이 갑자기
터져서 시종들의 팔에 쓰러졌다. 시종들은 그의 상태를 숨겼으
나, 그는 마지막까지 의식은 있어서 침대를 둘러싼 장군들과
대신들에게 그의 의사를 전하려고 애쓰다가 실패하고 결국 고
통 속에서 숨을 거두었다. 이때 발렌티니
아누스의 나이 54세였으니, 12년간의 치
세 기간에서 딱 백 일이 모자랐다.

*서기 375년 11월,
발렌티니아누스의 죽음*

한 교회 사가는 발렌티니아누스의 중혼설을 진지하게 주장
한 바 있다.

황후 세베라는 이탈리아 총독의 딸인 사랑스러운 처녀 유스
티나와 가깝게 지냈는데, 그녀가 목욕하면서 보여 준 매혹적인
나신에 대해 경솔하게도 온갖 찬사의 말로 경탄을 표하여, 이를
들은 황제는 그의 침상에 두 번째 아내를 맞고 싶은 유혹을 느
꼈다. 그리하여 칙령을 내려 스스로에게 내렸던 것과 똑같은 집
안에서의 특권을 제국의 모든 국민들에게까지 확대해 주었다.

그러나 역사적 증거뿐 아니라 논리적으로 따져 보아도, 발렌티니아누스가 세베라, 유스티나와 중혼을 했던 것 같지는 않다. 그보다는 교회의 비난에도 불구하고 여전히 법에 의해 허용되고 있는 고대로부터의 이혼 허가를 이용했을 것이다. 세베라의 아들이 그라티아누스인데, 그는 의심의 여지 없이 서로마 제국의 왕위 계승권을 요구할 모든 권리를 다 가지고 있었던 것 같다. 그는 군주의 장자였고, 더욱이 그 군주는 영광스러운 통치로 동료 병사들의 자유롭고 명예로운 선택이 올바른 것이었음을 확인시켜 준 인물이었다. 그는 아홉 살이 채 되기도 전에 그를 몹시 사랑한 아버지의 손에서 아우구스투스의 칭호와 함께 자주색 예복과 왕관을 하사받았다. 이는 갈리아 군대의 동의와 갈채로 엄숙하게 비준되어,101 그라티아누스의 이름은 로마 정부의 모든 법적 문서에 발렌티니아누스와 발렌스의 이름과 함께 올려졌다. 그뿐 아니라 콘스탄티누스 대제의 손녀와 결혼함으로써 플라비우스 왕조가 세습하는 모든 권리를 얻었으니, 삼대에 걸쳐 이어지는 황제들이 모두 시대, 종교, 국민들의 존경 등 어느 모로나 인정을 받게 되었다. 부친이 사망할 당시 그는 열일곱 살이었으나, 벌써 훌륭한 미덕의 소유자로 군대와 국민의 칭송을 얻고 있었다. 그러나 발렌티니아누스가 브레게티오의 진영에서 급사했을 때 그라티아누스는 수백 마일 떨어진 트레브의 궁정에 머물고 있었다. 이렇게 되자 황제의 중신들 사이에서는 군주의 생전에 오랫동안 억눌러 왔던 야심이 되살아나기 시작했다. 일리리쿰과 이탈리아 군대를 지휘하고 있던 멜로바우데스와 에퀴티우스는 어린아이의 이름으로 제위를 차지할 야심적인 계획을 교묘하게 실행에 옮겼다. 그들은 적법한 계승자의 권리를 옹호하고 나서지 못하도

황제 그라티아누스와 발렌티니아누스 2세

101 암미아누스는 이 군에 의한 선출 형식에 대해 설명했다. 발렌티니아누스는 로마의 원로원에 의견을 묻기는커녕 알리지도 않았던 것 같다.

102 티유몽은 그라티아누스가 이탈리아, 아프리카, 일리리쿰을 통치했음을 증명했다. 그는 애매모호한 방법을 써서 동생의 영토에까지 권력을 행사했다.

록 갈리아 군대와 인기 있는 지도자들을 제거할 아주 훌륭한 명분을 짜내었으니, 국내외의 적들을 좌절시키려면 대담하고 결정적인 조치를 취해야 한다고 주장했다. 황후 유스티나는 이때 브레게티오에서 100마일 남짓 떨어진 궁정에 있었는데, 죽은 황제의 아들을 데리고 진영으로 와 달라는 정중한 초대를 받았다. 발렌티니아누스가 숨을 거둔 지 6일째 되는 날, 이제 겨우 네 살밖에 안 된 아버지와 같은 이름의 어린 황제가 어머니의 팔에 안겨 군단들 앞에 나타나, 군의 환호 속에서 최고 권력자의 칭호와 기를 받았다. 이리하여 내전의 위기가 목전에 닥쳤으나, 황제 그라티아누스가 시의적절하게 현명하고도 온건한 행동을 취함으로써 무사히 넘어갔다. 그는 군의 선택을 기꺼이 받아들여 유스티나의 아들을 항상 경쟁자로서가 아니라 형제로서 대하겠노라고 공언했다. 그리고 자신은 더 통치하기 힘든 알프스 산맥 이북 지역을 맡겠으니, 황후 유스티나는 아들 발렌티니아누스와 함께 이탈리아의 아름답고 평화로운 속주 밀라노에 정착하도록 권했다. 그라티아누스는 이러한 음모를 꾸민 자들을 안전하게 처벌하거나 제거할 수 있게 될 때까지 분노를 숨겼다. 그는 한결같이 그의 어린 공동 통치 황제에게 애정과 관심을 보였지만, 서로마 제국을 통치하면서 조금씩 군주의 권위와 함께 보호자로서의 직분을 행사했다. 이제 로마 제국의 지배는 발렌스와 그의 두 조카들의 이름으로 이루어지게 되었으나, 형의 제위를 계승한 나약한 동로마 제국 황제는 서로마 제국의 통치에는 어떠한 비중이나 영향력도 갖지 못했다.102

26

THE DECLINE AND FALL
OF THE ROMAN EMPIRE

유목 민족들의 풍습 · 중국에서 유럽으로의 훈족의 이동 · 고트족의 패주 · 고트족이 도나우 강을 넘다 · 고트 전쟁 · 발렌스의 패배와 사망 · 그라티아누스가 테오도시우스에게 동로마 제국을 맡기다 · 그의 인품과 승리 · 고트족의 평화와 정착 · 아타나리크의 죽음과 장례

발렌티니아누스와 발렌스의 치세 두 번째 해의 7월 21일 오전, 강력하고 파괴적인 지진이 로마 제국 전역을 강타했다. 지진의 영향력은 해안까지 미쳐 지중해 연안은 갑작스레 바닷물이 빠져나가는 바람에 바닥이 드러나 손으로 엄청난 양의 물고기를 잡을 수 있을 정도였으며, 큰 배들도 개펄에 묻혀 좌초했다. 호기심 많은 한 구경꾼[1]은 태초 이래 한 번도 태양 아래 그 모습을 드러낸 적이 없는 계곡과 산들의 다양한 모습을 보고 공상의 나래를 펴기도 했다. 그러나 밀물이 들자 엄청난 해수가 역류하여 시칠리아, 달마티아, 그리스, 이집트의 온 해안이 침수되었다. 큰 배들은 물에 쓸려 가 지붕 위에 걸리거나 해안가에서 2마일이나 떨어진 곳에서 발견되기도 했고, 사람들은 살던 집과 함께 바닷물에 쓸려 가 버렸다. 이 범람으로 무려 5000명이 희생되었으니, 알렉산드리아는 그 후로 이 날을 기념일로 삼아 해마다 추도했다. 이 재난의 소식은 다른 속주

> 서기 365년 7월 21일, 지진

[1] 이렇게 실제 사실과 은유를 잘 구분해 놓지 않는 것이 암미아누스의 나쁜 습관이다. 그러나 그는 펠레폰네수스의 메도네에서 썩은 배의 잔해를 보았다고 자신 있게 주장한다.

로 전해지면서 더욱 부풀려져 로마 국민들을 경악과 공포로 몰아넣었다. 겁에 질린 이들의 상상은 일시적인 불운을 실제 이상으로 확대시켰다. 그들은 팔레스타인과 비티니아의 도시들을 멸망시켰던 과거의 지진들을 상기하고 이 심상치 않은 재난을 앞으로 다가올 훨씬 더 무시무시한 재난들의·전조로 받아들여, 제국이 쇠망하고 세계가 몰락할 징조라고까지 믿게 되었다.² 뭔가 기이한 사건이 터지기만 하면 이를 신의 어떤 특한 뜻의 발현으로 보는 것이 당시의 풍조였으므로, 자연의 모든 이변은 뭔가 보이지 않는 연결 고리에 의하여 인간의 도덕적·형이상학적 사고와 연관되어 있다고 믿었다. 게다가 현명하다는 성직자들마저도 각자의 선입견에 따라 이단이 설치면 지진이 일어나는 법이라느니, 대홍수는 죄와 과오가 세상에 만연된 데서 오는 필연적인 결과라느니 하는 식의 해석을 내렸다. 역사가라면 이런 고매한 공론들의 진위 여부를 따지는 일은 그만두고, 경험적으로 증명될 수 있는 사실에 주목하여 인간은 자연계의 격동보다는 동료 인간들의 격정에서 훨씬 더 큰 공포를 느낀다는 사실을 간파해 내야 할 것이다.³ 지진이나 홍수, 태풍, 화산 폭발 등 자연 재해로 인한 피해는 일반적인 전쟁으로 인한 참화에 비하면 아주 미미한 수준에 지나지 않는다. 지금은 유럽 군주들이 자비심과 신중함으로 절제할 줄 알게 되어, 여가를 즐기고 국민들의 용기를 단련하기 위해 군사 기술을 연습하는 정도라고 해도 그렇다. 그래도 근대 국가들의 법과 관습은 패전국의 병사들에게도 자유와 안전을 보장해 주고 있으며, 평화롭게 사는 시민이라면 자신의 생명이나 재산이 전쟁의 참화 앞에 놓일 걱정을 할 이유는 거의 없다. 발렌스 치세부터 시작되었다고 보아야 할 로마 제국의 쇠망기에는 개인의 행복과 안전이 위험에 처했으며, 여러 시대에 걸쳐 이루

² 지진과 홍수는 리바니우스, 조시무스, 소조메노스, 케드레누스, 히에로니무스가 여러 가지로 설명하고 있다. 에피다우루스는 현명한 시민들이 이집트 수도승인 성 힐라리온 상을 해변에 세워 두지 않았더라면 가라앉고 말았을 것이다. 그가 성호를 긋자 흔들리던 산이 멈추고 절을 하고는 제자리로 되돌아갔다고 한다.

³ 소요학파 철학자인 디케아르쿠스는 이 명백한 사실을 입증하고자 논문까지 썼는데, 인류에게는 그다지 명예로운 일이라고는 볼 수 없겠다.

어진 노고의 결실과 예술품들이 스키타이와 게르마니아의 야만족들에 의해 마구잡이로 더럽혀졌다. 훈족의 침략은 서로마 제국 속주에 고트족을 끌어들이는 계기가 되었다. 이들은 채 40년도 걸리지 않아 도나우 강에서 대서양까지 진출하여, 그들 자신보다도 더 야만적인 수많은 민족들이 침략할 길을 열어 주었다. 대이동의 근본적인 동기는 멀리 떨어진 북방의 여러 민족들에게 숨겨져 있으므로, 스키타이족[4]과 타타르족[5]의 유목 생활에 대한 흥미로운 관찰은 이러한 대이동의 숨은 원인을 밝혀 줄 수 있을 것이다.

서기 376년, 훈족과 고트족

세계의 문명국들을 구분 짓는 특징은 이성을 어떻게 사용하거나 악용하는가에 달려 있다고 할 수 있다. 이로 인해 유럽인이나 중국인의 관습과 사고가 매우 다양하게 형성되며 인위적으로 구성된다. 그러나 본능의 작용은 이성의 작용보다 더 확실하고 단순하기 때문에, 철학자의 사색을 확실하게 파악하는 것보다는 포유류 동물의 식욕을 조사하는 편이 훨씬 더 쉽다. 마찬가지로 인류 중에서도 미개한 야만족들은 동물의 조건에 더 가깝기 때문에, 자기들끼리는 물론 이민족들 간에도 서로 더 많은 유사점이 있다. 그들의 관습을 관찰해 보면 거의 변화가 없음을 알 수 있는데, 이는 그들의 정신적 능력이 불완전한 데서 오는 당연한 결과이다. 처한 상황에 거의 변화가 없으므로, 그들의 요구, 욕망, 향락에도 거의 변화가 없다. 음식이나 기후는 보다 개명된 사회에서라면 크게 영향을 미치지 못하겠지만, 야만족들에게는 민족의 성격을 형성하고 유지하는 데 있어서 무엇보다도 강력한 요인으로 작용한다. 스키타이와 타타르의 광막한 평원에는 어느 시대에나 사냥꾼들과 양치기

스키타이족과 타타르족의 유목 생활

[4] 헤로도투스의 말에 따르면 본래 스키타이인들은 도나우와 팔루스 마에오티스, 반경 4000스타디아 내(400로마마일)에만 거주했다. 디오도루스 시쿨루스는 그들이 점차 영역을 확장하는 과정을 표시했다.

[5] 타타르인들은 원시 상태를 벗어나지 못한 부족으로, 무굴 왕조의 경쟁자였다가 결국은 그들의 신민이 되었다. 타타르인들은 칭기즈 칸과 그 후계자들의 군대에서 선봉에 섰으며, 외국인들의 귀에 제일 먼저 전해진 이름이 전 부족의 것이 되었다. 여기에서 유럽 북쪽 지역과 아시아의 유목민들을 언급할 때는 모두 스키타이인이나 타타르인으로 통칭했다.

6 헤로도투스의 제4권에서는 부족하나마 스키타이인들에 대한 생생한 묘사를 제공한다. 같은 장면을 서술한 현대인들 중에서도 히바의 칸인 아부알 가지 바하두르는 민족감정을 드러내고 있다. 그가 쓴 타타르족의 계보는 프랑스와 영국의 편집자들에 의해 많이 예증되었다.

7 우즈베크인들은 원시적인 풍습에서 많이 벗어났다. 1. 마호메트교의 감화에 의해서, 2. 부카리아의 도시들과 산물을 손에 넣음으로써 가능했다.

들로 이루어진 유랑 민족들이 거주해 왔다. 그들은 게으른 탓에 토지를 경작하지 않으며, 마음이 항상 들떠 있어 정착 생활을 구속으로 여기고 경멸한다. 스키타이족과 타타르족은 시대를 막론하고 불굴의 용맹과 빠른 정복으로 명성을 떨쳐 왔다. 이 북방의 양치기들은 아시아의 왕좌를 여러 차례 전복시켰으며, 유럽의 풍요롭고 용맹스러운 나라들까지도 유린하여 공포를 던졌다. 다른 많은 경우들처럼 이 경우에도, 냉철한 역사가라면 반드시 달콤한 환상에서 깨어나 평화를 사랑하고 순진무구하다는 등으로 미화되어 온 유목 민족들에게 사실은 군대 생활의 거칠고 잔인한 습성들이 훨씬 더 잘 어울린다는 사실을 내키지 않더라도 인정해야 한다. 이를 뒷받침하기 위하여 이제 양치기들과 전사들로 이루어진 민족의 풍속을 음식, 주거지, 육체적 단련 세 항목으로 나누어 살펴보겠다. 고대에 대한 서술은 현대의 경험이 뒷받침해 주고 있는데,6 볼가, 보리스테네스, 셀링가 강변에서는 비슷한 토착 풍습이 현재까지도 여전히 변함없이 유지되고 있기 때문이다.7

일상의 음식물

1. 밀이나 쌀은 문명화된 국민들에게는 일상적으로 소비하는 식량이지만, 사실 농부들의 근면한 노고 없이는 얻을 수 없는 것이다. 열대 지방의 야만인들은 운이 좋아서 자연의 혜택을 풍성하게 누릴 수 있겠지만, 북방의 혹심한 추위 속에 사는 양치기 민족들은 그들의 소와 양 떼밖에는 식량을 얻을 데가 없다. 동물성 음식을 섭취하는지 식물성 음식을 섭취하는지의 여부에 따라 인간의 기질이 영향을 받는다거나, 육식과 잔인성 사이에 어떤 관련이 있다거나 하는 생각을 무지에서 나온 편견이라고 치부하기 전에 다른 각도에서 고려해 볼 가치가 있는지는 유능한 전문의가 결정할 일이다.(그들이 결정할 수 있다

면 말이지만.) 그러나 집안에서 매일 저질러지는 잔인한 행위를 보면서 부지불식간에 동정심이 무뎌질 수도 있다면, 유럽에서는 세련된 기술로 가려 놓은 그러한 끔찍한 광경들이 타타르인 양치기의 천막에서는 있는 그대로, 구역질 날 만큼 노골적으로 펼쳐진다는 사실을 상기해야 한다. 소와 양은 매일 양식을 주던 그 손에 도살될 것이며, 피가 뚝뚝 떨어지는 사지는 거의 조리도 되지 않은 채로 별 감정을 느끼지 못하는 도살자의 식탁에 오를 것이다. 군인들의 경우, 특히 대부대의 경우에는 짐승의 고기를 먹이면 아주 확실한 효과를 보게 되는 것 같다. 곡물은 부피가 크고 썩기 쉬워서, 군대를 먹이려면 어쩔 수 없이 엄청난 분량을 사람이나 말의 힘으로 오랜 시간을 들여 수송해야만 한다. 반면 소와 양 떼는 타타르인들이 진군할 때 옆에 끌고 가기만 하면 우유와 살코기의 확실한 공급원이 되어 주며, 양도 더 늘면 늘었지 줄지는 않는다. 경작되지 않은 황무지에서는 어디서든 잡초가 빨리 무성하게 자라기 때문에, 아무리 불모지라 해도 북방의 튼튼한 소들에게는 목초지가 된다. 타타르인들은 식성이 까다롭지 않은데다 끈기있게 절제할 줄 알기 때문에 식량 공급은 오히려 더 늘어나고 기한도 연장된다. 그들은 식용으로 잡은 것이든 병으로 죽은 것이든 동물의 고기면 가리지 않고 먹는다. 말고기는 유럽과 아시아의 문명국들에서는 시대와 지역을 막론하고 금기시해 왔지만, 이들은 그마저도 탐욕스럽게 먹어 치울 정도이다. 이러한 특이한 식성이 군사 작전의 성공에도 도움이 되었음은 말할 나위도 없다. 스키타이의 민첩한 기병대는 먼 지역을 기습할 때는 항상 여분의 말 떼를 충분히 끌고 가서, 행군 속도를 높이거나 배를 채우는 데 이용한다. 병사들의 사기를 올리고 궁핍을 보충할 방법은 많다. 타타르인들은 진영 주변의 말꼴을 소들이 거의 다 뜯어먹으면, 가축들을 대부분 도살해서 고기를 훈제하거나 햇빛에 말려서 보관한다. 급히 행군해야 할 비상 사태라도 생기면, 작은 치즈 덩어리(치즈라기보다는 굳힌 우유에 가까운)를 필요한 만큼 지참하여 식사 대용으로 삼는데, 때로는 이것을 물에 풀어서 먹기도 한다. 이 식사는 빈약하기는 하지만 참을성 많은 전사들이 여러 날 동안 생명과 기력을 지탱할 수 있게 해 준다. 하지만 스토아 학파나 은자들이나 기꺼이 따를 듯한 이런 금욕 기간이 끝나면, 으레 엄청난 양의 음식을 실컷 먹어 치운다. 기후가 좋은 지방에서 나온 포도주는 타타르인들에게는 가장 고마운 선물이며 가장 귀중한 상품이다. 그들이 스스로 만들어 낼 수 있는 것이라고는 암말의 젖으로 발효시킨 술 정도인데, 이 술은 도수가 매우 높다. 먹잇감으로 삼는 짐승들과 마찬가지로, 이 야만인들은 옛날이나 지금이나 기근과 풍요를 번갈아 겪으며 산다. 그러다 보니 그들의 위는 그다지 불편함을 느끼지 않고서도 굶주림과 무절제의 양극단을 버텨 낼 수 있게 단련이 되었다.

주거

2. 농경이나 군사 분야가 아직 발달하지 않은 시절에는 병사와 농부들이 광범위한 경작지 여기저기에 분산되어 있었다. 따라서 그리스나 이탈리아의 호전적인 젊은이들이 국토 방위나 인근 부족의 영토 침략을 위해 같은 깃발 아래 모이려면 어느 정도 시간이 걸렸다. 제조업과 상업이 발전함에 따라 많은 사람들이 서서히 도시의 성벽 안으로 모여들게 되지만, 이 시민들은 더 이상 전사들이 아니며, 시민 사회의 상태를 개선하고 쾌적하게 꾸며 주는 여러 기술들은 전사 생활의 습관을 퇴화시킨다. 그런데 스키타이인들의 유목 생활 관습은 단순한 생활 태도와 세련된 생활 태도의 상이한 이점들을 결합시켰다.

같은 민족 사람들은 한 막사 안에 자주 모이기 때문에, 이 두려움을 모르는 양치기들의 타고난 정신은 상호 협조와 경쟁에 의해 더욱 북돋워지게 된다. 타타르인들의 집은 타원형의 작은 천막으로, 남녀가 섞여서 생활해야 하는 춥고 지저분한 주거 공간에 불과하다. 부자들의 집은 이에 비하면 궁전이지만 그래봤자 나무 오두막인데다, 크기도 작아서 대형 마차에 실어 20~30마리의 소 떼로 간단히 끌고 다닐 수 있다. 소와 양 떼들은 하루 종일 근처 목초지에서 풀을 뜯다가 밤이 되면 천막으로 들어온다. 이렇게 사람과 짐승이 늘 섞여 살아야 하는 상황이 되다 보니, 불미스러운 혼란 사태를 막기 위해 점차 야영의 대열 배치, 질서 유지, 경비 등 초보적인 군사 기술을 도입할 필요성이 생겨났다. 어떤 구역에 더 이상 뜯어먹을 풀이 남지 않게 되면, 양치기들의 부족은 다른 새로운 목초지를 찾아 이동한다. 이렇게 유목 생활을 영위하면서 자연스럽게 중요하고 어려운 군사 작전들에 대한 실제적인 지식을 얻게 된다. 주거지의 선택은 계절에 따라 달라진다. 여름에 타타르인들은 북쪽으로 이동하여 강변이나, 아니면 적어도 주변에 시내가 흐르는 곳에 천막을 친다. 그러나 겨울에는 남쪽으로 돌아와서, 황량한 시베리아 지역을 지독하게 추운 곳으로 만드는 북풍을 피할 수 있도록 어딘가 높은 산 너머 반대 쪽에 천막을 친다. 이러한 습관은 방랑 부족들 사이에 이주와 정복의 기질을 확산시키는 데 적절하게 이용된다. 이 민족이 자신들의 영토에 대해 갖는 결속감은 매우 약해서 아주 경미한 계기만으로도 쉽게 깨진다. 진짜 타타르인이라면 토지가 아니라 천막 그 자체가 조국이다. 그의 가족, 동료, 재산 모든 것이 항상 그 천막의 경계 안에 다 포함되어 있다. 그러므로 아무리 먼 거리까지 이동해 가더라도, 여전히 그가 소중히 아끼고 익숙해져 있는 것들에

둘러싸여 있게 된다. 지칠 줄 모르는 약탈욕, 피해에 대한 공포나 분노, 복종을 참지 못하는 기질은 시대를 막론하고 스키타이 부족들로 하여금 미지의 나라에는 더 풍부한 자원이나 더 정복하기 쉬운 적이 있으리라는 희망을 품고 대담하게 나아가도록 만드는 원동력이 되었다. 북방 민족이 일으킨 대격변이 남부의 운명을 결정하는 일도 자주 있었으니, 적대적인 국가들 간의 싸움에서 승자와 패자는 번갈아가며 중국 국경에서 게르마니아 국경까지 밀고 밀렸다.[8] 이들 민족의 대이동은 때로는 믿을 수 없을 만큼 거세게 일어나기도 했는데, 기후상의 특성이 이러한 현상을 촉진시킨 측면도 있다. 타타르 지방의 추위는 온대 지방 사람들이 보통 생각하는 겨울 추위와는 비할 수 없을 만큼 혹독하기로 유명하다. 이 같은 유별난 추위는 해수면보다 반 마일 정도 더 높이 동쪽으로 솟은 평원의 고도와 토양 속에 깊숙이 매장된 다량의 초석 때문이다.[9] 겨울이 오면 흑해, 카스피 해, 북빙양으로 흘러들던 폭이 넓고 유속이 빠른 강들이 꽁꽁 얼어붙고 들판은 온통 눈으로 덮여서, 패주하는 부족이든 승리한 부족이든 가족과 마차, 소 떼를 이끌고 광활한 평원 위를 안전하게 횡단할 수 있다.

[8] 이 타타르 이주민들에 대한 기록들은 유능하고 부지런한 중국어 번역자인 귀네스(M. de Guignes)가 발견했다. 이로써 그는 인류 역사에 중요한 새 장을 열어 주었다.

[9] 선교사들은 만리장성에서 겨우 80리그밖에 떨어져 있지 않은 중국 타타르 지방의 평원이 해수면 위로 3000보폭 정도의 위치에 있음을 발견했다. 몽테스키외(Montesquieu)는 여행자들의 이야기를 남용한 감이 있는데, 아시아에서 일어난 대변혁들은 더위와 추위, 약함과 강함이 중간 지대 없이 서로 맞부딪치는 환경에서 연유한다고 추론했다.

━━━━❀━━━━
훈련
━━━━❀━━━━

3. 유목 생활은 농업이나 제조업에 요구되는 노동에 비하면 분명 놀고먹는 생활이다. 게다가 타타르족 중에서도 신분이 높은 자들은 소 떼를 돌보고 집안을 꾸리는 일도 포로들에게 맡기기 때문에, 비천하고 힘든 노동에 여가를 빼앗기는 일은 거의 없다. 그러나 이러한 여가 시간을 연애나 사교 활동 등 우아한 향락이 아니라, 거칠고 살벌한 사냥 연습으로 보낸다. 타타르 지방의 평원에서 많이 나는 힘 좋고 쓸모 있는 말들은 쉽게 훈련시켜 전쟁이나 사냥 목적으로 쓸 수 있다. 스키

타이인들은 나이가 많든 적든 대담하고 솜씨 좋은 기수의 재능을 타고난데다가, 끊임없는 연습 덕에 말등에 한번 오르면 그대로 착 붙은 것이나 다름이 없었다. 이방인들은 그들이 먹고, 마시고, 심지어 잠자는 것까지 모든 일상사를 말 위에서 해 낼 수 있다고 믿을 정도였다. 그들은 창을 다루는 데에도 뛰어난 재능을 보였으며, 억센 팔로 타타르식의 긴 활을 당겨 정확한 조준력과 엄청난 힘으로 무거운 화살을 목표에 적중시켰다. 이 화살로 암말, 염소, 수노루, 수사슴, 고라니, 영양 등 천적이 없어서 왕성하게 번식하는 사막의 동물들을 잡곤 했다. 지칠 때까지 사냥을 함으로써 말이나 사람이나 힘과 끈기가 끊임없이 단련되었으며, 잡아 온 사냥감으로는 타타르 막사에 식량을 공급하고 사치품을 만드는 데 일조했다. 그러나 스키타이 사냥꾼들의 재능이 여리고 순한 짐승들을 잡는 데만 국한되지는 않았다. 그들은 대담하게도 추적자에게 덤벼드는 성난 야생 멧돼지와 정면으로 맞서거나 둔한 곰을 자극했고, 숲 속에서 잠자는 호랑이를 일부러 건드리기도 했다. 무릇 영광을 얻으려면 위험을 무릅써야 하는 법이니, 이처럼 용기를 발휘하기에 아주 적절한 무대를 제공해 주는 사냥 방식은 당연히 전투의 양상을 띠었으며, 전투 연습으로 간주될 수 있었다. 타타르 왕들이 자랑이자 기쁨으로 삼는 사냥 대회는 수많은 기병대에게 좋은 훈련이 되었다. 군대가 반경 수마일에 이르는 원을 쳐서 넓은 지역의 사냥감을 에워싼다. 그 다음 이 원에 맞춰 진을 이루고 발을 맞춰 중심으로 전진해 간다. 그러면 동물들은 사방을 온통 포위당한 채 결국 사냥꾼들의 화살 앞에 쓰러지게 된다. 이러한 사냥은 며칠 동안이나 계속되는 경우도 많았다. 이럴 때 기병대는 명령받은 대로 대열을 흐트러뜨리지 않으면서 언덕을 오르고, 강을 건너고, 골짜기를 돌아 천천히 진군해야 한다. 이를 통해 그들은 멀리 떨어진 목표물에 눈과 발걸음을 맞춘 채 간격을 유지하고, 오른편 또는 왼편의 군대의 움직임에 맞춰 행군 속도를 조절하고, 지휘관들의 신호를 주시하며 따르는 습관을 터득한다. 이와 같이 실용적인 훈련을 통해 지휘관들은 군사 전법의 가장 중요한 항목인 지형과 거리, 시간을 빠르고 정확하게 판단하는 법을 익힌다. 적이 짐승이 아니라 인간인 경우에도 똑같은 끈기와 용맹을 발휘하기 위해서는 똑같은 기술과 훈련에 실제 전쟁에서 요구되는 대로 약간의 수정만 가하면 된다. 그리하여 오락거리인 사냥이 한 제국의 정복을 알리는 서막의 역할을 하게 되었다.

통치 형태

고대 게르마니아의 정치 체제는 독립된 전사들로 이루어지는 자발적인 동맹 관계의 형태였다. 지금은 호즈(Hords)라는 명칭으로 불리는 스키타이의 부족들은 대단히 많은 구성원으로 이루어진 확대 가족의 형태를 띠는데, 이들은 같은 선조로부터 세대가 거듭되면서 퍼져 나왔다. 따라서 타타르인들 중에서 가장 비천하고 무지한 자들이라도 자부심을 가지고 자신들의 혈통을 소중하게 여긴다. 유목 생활에서 얻은 부가 불균등하게 분배된 결과 신분상의 차이가 생기긴 했지만, 신분이야 어떻든 간에 자기 자신뿐 아니라 서로를 부족의 최초 건설자의 후손이라는 존경심을 가지고 대한다. 그러나 포로들 중 용감하고 충직한 자들을 가족의 일원으로 맞아들이는 관습은 아직까지도 널리 퍼져 있어서, 이처럼 광범위한 혈족 관계가 상당 부분 허구적인 것에 불과할지 모른다는 의구심에도 상당한 근거가 있다. 하지만 편견이라도 일단 시간이 흐르고 세간의 여론을 얻으면 진실과 맞먹는 힘을 갖는 법이어서, 오만한 야만족들도 혈족의 우두머리에게는 기꺼이 마음에서 우러난 복종을 바쳤다. 그들의 족장은 선조들의 대표 자격으로 평화시에는 재판관, 전시에는 지도자의 역할을 수행했다. 유목 사회의 초기 단계에서는 각 족장들이 대규모의 개별 가문을 이끄는 독립적인 지위의 족장으로 행세했으며, 무력의 우위나 상호 동의에 따라 각자 고유 영역의 경계선이 정해졌다. 그러나 다양한 요인들이 끊임없이 상호 작용한 결과, 방랑 민족이던 스키타이족은 최고 지도자 한 사람의 지휘 아래 국가 공동체로 결속되었다. 지원받기를 바라는 약자들과 지배할 야심을 품은 강자들의 연합으로 탄생한 권력은 분열되어 있던 인근 부족들을 압박하여 한군데로 결집시켰다. 패자들도 승리가 가져다 주는 이득을 마음껏 나눌 수 있었으므로, 용맹스러운 족장들은 앞다투어 연합 국가의 무적의 깃발 아래 신하들을 이끌고 줄을 섰다. 타타르 왕들 중에서도 큰 성공을 거둔 자는 우월한 업적과 능력을 내세워 군사 지휘권을 맡았다. 그는 다른 왕들의 환호를 받으며 왕위에 옹립되어, 아시아 북방계 언어에서 제왕의 모든 권위를 뜻하는 칸(汗, Khan)의 칭호를 받았다. 왕위를 세습할 권리는 오랫동안 왕조 창립자의 직계에 제한되었으므로, 크리미아에서 중국 국경에 이르기까지 군림했던 칸들은 모두 이름 높은 칭기즈 칸의 직계 후예들이다.10 그러나 호전적인 국민들을 이끌고 전장에 나서는 일이야말로 타타르 군주의 피할 수 없는 의무였기에, 왕위 계승권자가 어린아이일 경우에는 그의 권리를 무시하고 왕족 중에서 나이나 용맹스러움으로 보아 적임인 자에게 선임자의 검과 왕홀을 맡기는 경우가 많았다. 부족들은 두 가지의 특이한 정규 세금을 내야 했는데, 하나는 그들 나라의 군주의 지위를 유지하는 데 쓰였고, 또 하나는 그들의 본래 족장의 지위를 유지하는 데 쓰였다. 이 세금들은 각각 부족의 재산과 전리품의 10분의 1을 차지했다. 타타르 군주는 국민들

10 『타타르족의 계보』 제2권과 칭기즈 칸의 전기 끝부분에 있는 역대 칸들의 목록을 참조할 것. 티무르가 통치하던 시대에는 그의 신민들 중 칭기즈의 후손이 여전히 칸이라는 왕의 칭호를 지녔으며, 아시아의 정복자는 아미르 혹은 술탄의 칭호로 만족했다.

11 몽테스키외는 아랍인들의 자유와 타타르인들의 영구적인 노예 상태 사이에 차이가 없었음을 설명하려고 애썼다.

의 부의 10분의 1을 세금으로 걷을 뿐 아니라, 개인 소유의 소와 양 떼들도 계속 늘어나기 때문에, 궁정의 호사스러움을 유지하고 공신과 총신들에게 보상을 내리며 군주의 준엄한 명령에 불복하는 자는 부드럽게 뇌물로 회유하여 복종하게 만들 수 있었다. 왕이나 신하들이나 유혈과 약탈에 익숙해져 있기는 매한가지여서, 문명국의 국민들이라면 공포를 느낄 법한 폭군의 부당한 행위도 그냥 보아 넘길 수 있을 것이라고 생각할지 모르지만 이는 틀린 생각이다. 스키타이의 사막에서 폭군의 권력은 결코 용납된 적이 없었다. 칸의 지배권이 직접적으로 미치는 지역은 그의 부족의 경계선 안으로 한정되어 있었다. 또한 고대로부터 유지되어 온 국가 회의가 있어 왕의 특권 행사에 제동을 가했다. 타타르인들의 의회라고 할 수 있는 코로울타이는 평원 한가운데서 봄과 가을에 정기적으로 열렸는데, 세도가의 왕들과 각 부족들의 족장들이 자기 형편에 맞게 수많은 무사들을 이끌고 말을 타고 모여들었다. 아무리 야심 많은 군주라 할지라도 무장한 국민들의 의향을 묻고 참작해야 했다. 스키타이나 타타르 국가들의 제도에서 봉건 국가의 맹아를 발견할 수 있으나, 이 적대적인 국가들이 벌이는 끊임없는 싸움은 강력하고 전제적인 제국의 확립으로 끝나는 경우가 대부분이었다. 승자는 패한 왕들이 바친 공물로 부를 쌓고 그들의 무력을 흡수하여 힘을 강화함으로써 유럽과 아시아까지 정복해 나갔으나, 이렇게 성공을 거둔 북방의 유목민들도 결국은 예술과 법, 도시에 굴복했으니, 사치를 누리게 되면서 국민들의 자유가 파괴되고 나아가 왕좌의 기초가 흔들리게 되었다.11

야만족들은 자주 먼 거리까지 이동하곤 했으나, 문맹인 탓에 과거의 사건들에 대한 기록을 오래 보존하지 못했다. 현재의 타타르인들은 자기 선조들의 정복의 역사에 대해 아는 바가 없으며,12 스키타이인들의 역사에 대한 우리의 지식은 남쪽의 박학다식하고 교양 있는 국가들, 그리스, 페르시아, 중국 등과의 교류에서 얻은 것이다. 그리스인들은 흑해를 항해하면서 그 연안을 따라 식민지를 건설하는 과정에서 스키타이의 존재를 조금씩이나마 알게 되었는데, 그 지역은 도나우 강과 트라키아의 경계선에서 영원한 동토인 마이오티스와 고대시에서 세계의 끝으로 묘사된 카프카즈 산에까지 이르렀다. 그들은 순진하게도 유목 생활의 미덕에 대해 찬사를 보냈으나,13 히스타스페스의 아들인 다리우스14의 엄청난 군사력도 가볍게 물리친 바 있는 호전적인 야만족들의 막강한 무력에 대해서는 우려했다. 페르시아의 군주들은 서쪽으로는 도나우 강변과 유럽과 스키타이의 경계를 이루는 지역까지 정복하는 맹위를 떨쳤다. 그럼에도 페르시아 제국의 동쪽 속주들은 카스피 해 쪽으로 흐르는 두 개의 거대한 강 옥수스와 야크사르테스 너머 평원에 사는 아시아의 스키타이인들로부터 위협을 받는 처지였다. 이란과 투란 양족 간에 긴 세월을 두고 벌어졌던 역사적인 싸움은 아직까지도 역사와 로맨스의 주제가 되고 있다. 그중에서 아마도 전설상의 인물인 듯하지만 페르시아의 영웅 루스탄과 아스펜디아르는 북방의 아프라시아브족에 맞서 조국을 지킴으로써 용맹을 떨친 인물들로 널리 알려져 있으며, 야만족들이 불굴의 기백으로 키루스와 알렉산드로스의 압도적인 무력에 저항한 이야기도 유명하다. 그리스인들과 페르시아인들이 보기에는, 스키타이의 실제 지리상 위치는 동쪽으로는 이마우스 산맥까지였으며, 아시아 끝의 접근이 불가능한 지역에 대한 막연한 지식들은 무지와 허구로 인해 불확실하고 혼란스러울 뿐이었다. 그러나 그 전인미답의 지역은 믿을 만한 전승에 따

스키타이 지역의 위치와 범위

12 아부 알 가지 바하두르 칸은 그가 쓴 계보의 첫 부분에서 칭기즈의 통치 이전 시대에 관한 우즈베크 타타르인들의 슬픈 전설과 전통에 대해 설명했다.

13 『일리아드』 제13권을 보면 유피테르가 피로 물든 트로이 전장에서 트라키아와 스키타이의 평원으로 눈길을 돌린다. 그가 눈을 돌린다 해도 더 평화롭거나 순진무구한 장면을 보지는 못했을 것이다.

14 다리우스가 도나우 강과 드니에스테르 강 사이에 있는 몰다비아 사막으로 진군해 들어갔을 때, 스키타이족의 왕은 그에게 쥐 1마리, 개구리 1마리, 새 1마리와 화살 5개를 보냈다. 이 얼마나 엄청난 상징인가!

15 중국 왕조의 연대는 2952년에서 2132년까지 여러 차례 수정되었다. 그러다가 현 황제의 권한으로 2637년이 법적인 신시대로 결정되었다. 이 차이는 최초의 두 왕조가 얼마 동안 지속되었는지, 두 연대 사이의 공백기가 어느 정도였는지 확실하지 않다는 데서 비롯되었다. 중국의 역사가 시작된 시기는 그리스의 올림피아 경기가 시작된 시기 이상까지 거슬러 올라가지는 않는다.

16 혼란과 폭정이 수세기 동안이나 지속된 후, 한(漢) 왕조(기원전 206년)가 학문의 부흥기를 가져왔다. 고대 문학의 잔해들이 부활되었고, 문자 체계가 발전되고 확립되었으며, 잉크와 종이, 인쇄술이 발명되어 책을 보존할 수 있게 되었다. 스마시앵(Sematsien)은 97년 전 최초의 중국 역사를 출간했다. 그의 노작은 180여 명의 역사가들이 쓴 일련의 글로 예증되고 보충되었다. 그들의 저작물 중 상당수가 현존하며, 그중 많은 책들이 지금은 프랑스 왕립 도서관에 소장되어 있다.

17 이 나라는 본래 켄시와 칸시 속주의 중국 북서쪽 지역에 위치했던 것으로 보인다. 최초의 두 왕조 시대에 주요 도시는 여전히 이동 가능한 막사 형태였으며, 마을은 드문드문 흩어져 있었고, 토지는 경작지보다는 목초지로 이용되었다. 야생

르면 4000년 이상의 역사를 가지고 있으며,15 동시대 역사가들이 여러 차례 증언한 바대로라면 거의 2000년간이나 존속한16 강력하고 문명화된 국가가 있던 곳이었다.17 중국의 사료를 보면 유목 민족들의 사정과 변화를 볼 수 있다. 이들은 다소 모호하게 스키타이인, 또는 타타르인이라는 이름으로 불리고 있지만, 위대한 제국의 속국이자 적이며 때로는 정복자가 되기도 했으므로, 중국은 정책적으로 일관되게 이 북방 야만족들의 맹목적이고 격렬한 용맹을 억눌러 왔다. 도나우 강 입구에서 동해에 이르기까지 스키타이의 전 영토는 경도 110도에 걸쳐 있으며, 위도상으로는 5000마일을 넘는다. 이렇게 광범위한 사막의 위도를 측정하기란 쉬운 일도 아니고, 정확히 측정하는 것도 불가능하다. 중국의 만리장성과 만나는 북위 40도를 기점으로 한다면 북쪽으로 1000마일 정도 쭉 가서 시베리아의 혹한 지역에 이르러 비로소 끝난다. 그렇게 황량한 기후에서는 타타르 막사의 활기찬 모습 대신, 땅이라기보다는 눈 위에서 피어오르는 연기로 미루어 지하에 퉁구스족과 사모이에데족의 거처가 있음을 짐작할 수 있을 뿐이다. 순록과 몸집 큰 개들이 부족하나마 말과 소의 역할을 대신한다. 이제 세계의 정복자들은 서서히 무기 소리만 들어도 공포에 떠는 왜소하고 못난 야만인들의 종족으로 퇴화하고 말았다.

훈족의 원주지 — 훈족은 발렌스 시대에 로마 제국을 위협했지만, 더 이전 시대로 거슬러 올라가 보면 무시무시한 힘으로 중국의 제국을 위협해 온 존재였다. 그들의 옛 영토는 메마른 황무지이기는 하지만 만리장성 북쪽의 광범위한 지역을 차지하고 있었다. 이 지역은 지금은 마흔아홉 개의 부족 집단, 약 20만 가족들로 구성된 몽골족이 차지하고 있다. 그러나 훈족의 무력은 본래 영

역의 좁은 한계를 뛰어넘어 계속 영토를 확장해 나갔으니, 선우(單于, Tanjou)라는 호칭의 족장들은 시간이 가면서 정복자가 되었고 마침내는 막강한 제국의 군주로 탈바꿈했다. 그들의 거침없이 뻗어 나가는 무력은 동쪽의 대양에 이르러서야 비로소 전진을 멈추었다. 아무르 강과 한반도 말단 사이에 띄엄띄엄 흩어져 있는 부족들은 원치 않아도 훈족의 깃발 아래 들어갈 수밖에 없었다. 서쪽으로 향한 그들은 이르티시 강 부근과 이마우스 협곡에서 더 넓은 영토와 더 많은 적들을 만났다. 선우의 부관들 중 한 사람은 단 한 차례의 정벌로 무려 스물여섯 개의 나라들을 정복했는데, 그렇게 해서 속국이 된 나라들 중에는 문자를 이용할 줄 안다는 점에서 타타르인보다 우월한 이고르족[18]도 있었다. 인간사란 때로는 전혀 예상치 못한 방향으로 전개되는 법이어서, 그 방랑 부족들 중 하나인 이고르족이 패주한 덕에 시리아의 침략에서 승리를 거둔 파르티아인들이 돌아올 수 있었다. 북쪽을 보면 훈족의 세력권은 대양까지 뻗어 있었다. 그들의 전진을 막거나 반기를 들 만한 자들이 없었으므로, 마음 놓고 시베리아의 동토를 정복하는 위업을 달성할 수 있었다. 북해가 그들 제국의 북쪽 경계선을 이루었다. 그러나 북해라는 이름은 애국자 소무가 유배당한 양치기[19]로서의 삶을 보낸 곳이라는 점을 감안하면 바이칼 호를 가리킬 가능성이 훨씬 더 높다. 바이칼 호는 길이만 해도 300마일에 달하는 광대한 호수로, 호수라는 이름이 어울리지 않을 정도인데다, 실제로 앙가라, 퉁구스카, 예니세이 등의 긴 강을 통해 북쪽의 해양들과도 이어져 있다. 먼 지방의 부족들이 그렇게도 많이 굴복했다는 사실이 선우의 자만심을 기쁘게 해 주었을지도 모르지만, 훈족의 용맹에 대한 보상이 될 수 있는 것은 남

스카타이에서의 훈족의 정복 활동

동물을 몰아내기 위해 수렵을 행했으며, 페트켈리는 사막이었고, 서쪽 속주에는 인도의 야만인들이 거주했다. 한(漢) 왕조가 들어서고 나서야 (기원전 206년) 비로소 제국의 기틀이 잡혔다.

18 이고르족(또는 비고르족이라고도 함)은 사냥꾼, 목동, 농부의 세 계급으로 나뉘어 있었는데, 마지막 계급은 다른 두 계급으로부터 무시당했다.

19 소무의 명성과 공적, 그의 기이한 모험담들은 아직까지도 중국에서 추앙되고 있다.

쪽의 제국이 가진 부와 사치뿐이었다. 기원전 3세기에 훈족의 침략에 맞서 중국의 국경을 방어하기 위해 1500마일에 달하는 긴 성벽이 건설되었으나, 세계 지도에서 눈에 확 띌 만큼 엄청난 이 토목 공사도 유순한 국민들의 안전을 지켜 주는 데에는 하등의 도움도 되지 못했다. 선우의 기병대는 보통 20~30만 명의 병력으로 구성되었다. 이들은 활과 말을 다루는 데 겨룰 자가 없을 만큼 뛰어난 솜씨를 자랑했을 뿐 아니라, 악천후에도 굴하지 않는 강인한 인내심으로 급류나 절벽, 깊은 강, 험준한 산맥도 매우 빠른 속도로 행군하는 무적의 군대였다. 그

기원전 201년,
중국과 훈족의 전쟁

들이 즉각 국경 전면에 흩어져 빠른 속도로 맹공격을 퍼붓자, 중국 군대가 진지하게 고심해 낸 전술도 혼란 상태에 빠져 효과를 거두지 못했다. 일개 병사였던 황제 고조는 일찍이 개인의 능력만으로 왕위에 오른 인물로, 중국의 내전을 거치면서 훈련된 정예 부대를 이끌고 훈족에 맞서고자 진군했다. 그러나 그는 곧 야만족들에게 포위되어 7일간 공격당한 끝에 치욕적인 조건부 항복으로 생명을 구걸해야만 했다. 고조의 후계자들은 어떻게든 전쟁을 피하고 궁정의 사치를 누리는 데에만 관심을 가졌던 자들이었던지라, 더 심한 치욕을 겪어야 했다. 그들은 무력과 방어 태세의 부족을 너무 빨리 드러내 버렸다. 사방에서 훈족의 접근을 알리는 봉화가 타오를 동안에도 중국 군대들은 머리에는 투구를 쓰고 등에는 흉갑을 걸친 채 잠에 빠져 있을 뿐이었고, 행군해 보았자 아무 성과도 없이 궤멸되고 말리라는 것을 너무 쉽게 믿어 버렸다. 일시적이고 불확실한 평화를 얻는 조건으로 금전과 비단을 정기적으로 상납해야 할 처지가 되자, 중국의 황제들도 로마 황제들이 한 것처럼 사실상의 공물을 증여금이니 보조금이니 하는 명목으로 위장하여 바

치는 비참한 방편을 썼다. 하지만 그러고도 아직 공물 중에서 인간성과 자연의 신성한 감정에 반하는 더 불명예스러운 조항이 남아 있었다. 훈족의 경우, 미개한 생활의 고생스러움 때문에 튼튼한 체격을 갖고 태어나지 못한 아이들은 유아 때 죽는 경우가 많아, 남녀 성비가 현저한 불균형 상태를 이루었다. 게다가 타타르인들은 거의 기형이라고 해도 좋을 만큼 추한 용모를 지닌 종족인지라, 동족 여성들은 가사 노동을 하는 도구 정도로 취급하고, 더 우아한 미인들에게서 욕망을 채우려 했다. 따라서 중국의 미인들을 가려 뽑아 해마다 거칠기 짝이 없는 훈족의 상대로 진상하게 했다. 오만한 선우들은 황족의 친딸이나 양녀와 결혼함으로써 동맹 관계를 유지해 주었으니, 이처럼 모욕적인 타락을 피하려 애써 봐야 헛일이었다. 이 불행한 희생자들의 삶은 한 중국 공주의 시에 잘 묘사되어 있다. 그녀는 부모의 엄명으로 야만족 남편에게로 멀리 보내진 처지를 한탄하고 신 우유와 날고기만 먹으며 천막 안에서 생활해야 하는 신세에 불만을 토로하면서, 새가 되어 이제는 영원한 비탄의 대상이 되고 만 사랑하는 조국으로 날아가고 싶다는 자연스러운 소망을 애처로울 만큼 솔직한 시구로 표현했다.

중국은 북방 유목 민족에게 두 차례 정복당한 적이 있다. 훈족의 힘도 몽골족이나 만주족에 못지않았으므로, 자신만만하게 자신들도 성공할 수 있다는 희망을 품었을 법하다. 그러나 한나라의 다섯 번째 황제인 무제가 그들의 자만심을 꺾고 진군을 저지했다. 54년에 걸친 그의 긴 치세 동안, 남쪽 속주의 야만족들은 중국의 법과 관습에 복종했으며, 제국의 국경도 황하에서 광저우 항까지로 확장되었다. 그는 소심하게 방어전을

훈족의 쇠퇴와 멸망

기원전 141~87년

20 마르코폴로나 보시우스(Isaac Vossius)의 과장이 아니더라도, 베이징 인구가 200만 명 정도는 충분히 되었을 것이다. 중국의 제조업을 담당하는 남쪽 도시들은 인구가 훨씬 더 많다.

수행하는 정도에 그치지 않고 훈족의 영토 내 수백 마일까지 공격해 들어갔다. 훈족의 끝없이 펼쳐진 사막에 병참 기지를 세우기는 불가능했고, 그렇다고 충분한 군량을 실어 오기도 쉽지 않은 일이었으므로, 군대는 참기 어려울 정도의 고난을 계속해서 겪어야 했다. 그리하여 야만족과 싸우러 갔던 병사들 14만 명 중 무사히 귀환한 자는 3만 명에 불과했다. 그러나 이 정도 손실은 이후의 눈부신 결정적 승리로 보상되었다. 중국의 장군들은 그들의 무기와 전차의 우수성, 타타르 원군의 도움을 충분히 활용했다. 선우의 진영은 단잠과 무절제한 향락에 빠져 있던 중 기습을 받았다. 훈족의 군주는 용감하게 적진을 돌파했으나, 1만 5000명의 부하들은 전장에 남겨졌다. 그러나 훈족의 세력을 파괴하는 데는 그 전후로도 무수한 혈전이 따랐던

기원전 70년

이 대승리보다는 훈족의 지배하에 있던 속국들을 그 영향권에서 효과적으로 분리해 낸 정책이 훨씬 더 기여한 바가 컸다. 동쪽과 서쪽에서 대다수의 부족들이 무제와 그 후계자들의 무력에 겁을 먹거나 그들의 약속에 마음이 흔들린 나머지 선우의 권위를 부인하고 나섰다. 제국의 동맹이나 속국이 되기로 한 부족들은 모두 훈족에게는 인정사정 없는 적이 되었다. 사실 오만불손한 훈족의 숫자도 본래의 세력으로 돌아가면 아마도 중국 도시들 중에서 규모가 크고 인구가 많은 곳 중 하나에 다 수용할 수 있는 정도에 불과했다.[20] 국민들 중 탈주하는 자가 속출하고 내전까지 일어나 나라가 더욱 혼란스러워지면서, 결국 선우도 스스로 독립된 군주로서의 권위와 호전적이고 기

기원전 51년

개 높은 국가로서의 자유를 포기하지 않을 수 없는 상황이 되었다. 중국 황제는 승자로서의 자랑스러움을 만끽하고자 왕

국의 수도인 장안에서 온갖 영예로운 의식을 준비하여 몸소 중국 군대와 함께 선우를 맞았다. 그를 위해 장려한 궁정이 준비되었고, 모든 왕족들 위에 자리가 마련되었으며, 여덟 가지 코스의 고기 요리와 아홉 곡의 장중한 음악으로 구성된 축하연이 펼쳐져 야만족 왕을 녹초로 만들었다. 그는 무릎을 꿇고 중국 황제에게 존경하는 마음으로 신하의 예를 다하겠다는 서약을 하고 자기 자신과 후계자들의 이름으로 영원히 충성할 것을 맹세하는 한편, 복종의 상징으로 하사되는 인장을 감사히 받았다. 이와 같이 굴욕적인 굴복을 한 후에도, 선우들은 기회만 되면 시시때때로 신하로서의 의무를 저버리고 약탈과 침략을 자행하곤 했다. 그러나 훈족 왕조는 점차 쇠퇴의 길을 걸었고, 결국은 내정 불화로 인하여 두 개의 왕국으로 분열되어 대립했다. 두 나라 군주들 중 한 사람은 공포와 야심 때문에 4~5만 개의 가족들로 이루어진 여덟 개의 부족 집단을 이끌고 남쪽으로 물러갔다. 그는 중국의 속주들 변두리 적당한 곳에 선우의 칭호를 내세워 정착했는데, 세력이 약하니 언젠가는 경쟁자에게 복수할 야심을 품고 어쩔 수 없이 중국에 계속하여 충성을 바쳤다. 이러한 치명적인 분열 사태가 있은 후부터, 북방의 훈족은 약 50년간 계속하여 쇠퇴 일로를 걷다가, 결국은 국내외의 적들에게 둘러싸여 사면초가의 상황에 빠지고 말았다. 어느 높은 산 정상에 우뚝 세워진 비석에 새겨진 글[21]은 중국 군대가 훈족의 영토 깊숙이 700마일까지 진군했다고 후손들에게 자랑스럽게 전하고 있다. 동방 타타르족의 한 부족인 선비족이 이전에 겪었던 피해에 대한 보복까지 가해 오자, 선우의 권세는 1300여 년의 통치 끝에 서기 1세기 말경에는 완전히 끝나고 말았다.[22]

서기 48년

[21] 비슷한 비석이 타타르 지역 여러 곳에서 발견되었다.

[22] 훈족이 통치한 시기를 중국은 예수 출생 이전 1210년간 정도로 잡는다. 그러나 왕가의 계보가 시작된 것은 230년경부터이다.

패배한 훈족 사람들은 각자 처했던 상황과 개인의 성격에 따라 저마다 다른 운명을 걸었다.²³ 그들 중에서도 가장 가난하고 무력한 자들 10만여 명은 고유의 이름과 혈통을 버리고 승리자인 선비족 밑에서 살더라도 본토에 남는 데 만족했다. 기왕이면 좀 더 나은 나라 밑으로 들어가고 싶었던 쉰여덟 개 부족 20여만 명은 남하해서 중국 황제의 보호를 구하여, 산서성과 오르투스 국경선 인근에 거주하면서 변경을 지키도록 허락받았다. 그러나 훈족들 중에서도 호전적이고 세력 있는 부족들은 악운 속에서도 조상들로부터 이어받은 불굴의 기백을 버리지 않았다. 서구 세계는 그들의 용맹을 펼칠 새로운 무대였다. 그들은 조상 대대로의 권위를 세습한 족장의 지휘 아래, 선비족의 무력과 중국의 법이 닿지 않는 머나먼 타국을 찾아내어 정복하기로 마음먹었다. 그들은 대이동에 나서서 이마우스 산맥을 넘어 중국 지도에도 없는 곳까지 나아갔는데, 현재 확인할 수 있는 바로는 두 개의 대군으로 분리되어 일군은 옥수스 강을 향해 이동하고, 다른 일군은 볼가 강 쪽으로 이동했다. 이민자들 중 첫 번째는 카스피 해 동쪽 연안 소그디아나의 광활하고 비옥한 평원을 점령하고 에우탈리테스 또는 넵탈리테스라는 별명과 함께 훈족의 이름을 지켰다. 그리스 예술의 영향²⁴을 희미하나마 여전히 간직하고 있는 풍족한 땅에서 온화한 기후 아래 오래 살다 보니,²⁵ 풍습도 유순해지고 어느새 용모조차도 이전보다 나아졌다. 이들은 피부색의 변화에 따라 백훈족이라는 이름을 얻게 되었고, 곧 스키타이족의 유목 생활도 버렸다. 그 후 훈족의 왕은 카리즈메라는 호칭 아래 잠시 짧은 번영을 누렸던 고르고에 거주하면서 국민들을 다스렸

---

²³ 거듭된 실패와 분열 탓에 각 부족의 수가 줄었을 것이다.

²⁴ 유스티누스는 박트리아의 그리스 왕들에 대한 짤막한 요약본을 남긴 바 있다. 그들이 남긴 업적에는 새로운 무역로를 터서 인도의 상품들을 옥수스 강, 카스피 해, 키루스 강, 흑해를 통해 유럽으로 수송했다는 사실도 포함시켜야 할 것이다. 그 밖의 육로와 해로는 셀레우코스인들과 프톨레마이오스인들이 장악하고 있었다.

²⁵ 카리즈메의 술탄인 모하메드가 소그디아나를 다스리던 중 칭기즈와 그가 이끄는 무굴족들이 침략해 왔다.(서기 1218년) 동양의 역사가들은 그가 멸망시킨 대도시들과 황폐화된 풍요로운 나라를 찬양했다.

서기 100년 등, 훈족의 이주

소그디아나의 백훈족

다. 그들은 소그디아나인들의 노동으로 사치스러운 생활을 영위했는데, 고대로부터의 야만적인 관습 중 유일하게 남은 흔적은 부유한 주인의 은덕을 입은 지인들 스무 명 정도를 주인이 죽으면 한 무덤에 산 채로 매장하는 풍습이었다. 훈족의 위치가 페르시아 속주들과 가까웠던 탓에, 페르시아와 유혈 충돌에 자주 휘말리곤 했다. 그러나 평화시에는 조약의 의무를 존중했으며 전시에도 자비심을 잃지는 않았으니, 페로스족, 다른 이름으로는 피루즈라 불리는 부족에게 거둔 기념비적인 승리는 야만족들의 용맹심뿐 아니라 온건함까지도 보여 준 예이다. 또한 훈족 집단은 북서쪽으로 천천히 이동하면서 혹독한 기후와 고된 행군으로 갖은 고난을 겪었다. 그들은 어쩔 수 없이 중국제 비단을 시베리아의 모피와 맞바꾸어야만 했다. 그런 가운데 미흡하나마 본래 지녔던 문명화된 생활의 흔적은 다 지워져 버렸고, 굳이 적당한 표현을 찾자면 사막의 야수들에 비할 만한 야만족들과 상대하면서 훈족의 타고난 사나운 성정은 한층 더 흉포해졌다. 그들의 독립 정신은 얼마 지나지 않아 선우의 세습권조차 거부하게 되었다. 그리하여 고유의 족장인 무르사가 각 부족을 통치하는 한편, 전체 족장 회의에서 중구난방식으로 나라의 공통 대책을 논의했다. 13세기에 이르러서야 그들은 대(大)훈가리(Great Hungary)라는 이름으로 볼가 강 동쪽 유역에 영구 정착했다.[26] 겨울에는 가축 떼를 이끌고 볼가 강 하구까지 내려왔다가, 여름이 되면 사라토프 지방이나 카마 강과 만나는 지점까지 올라갔다. 흑칼무크족의 이동 한계는 이 정도까지였는데, 그들은 약 한 세기 동안 러시아의 보호 아래 남았다가 이후 그들의 본토가 있는 중국 변경 지대로 되돌아갔다. 방랑 타타르족의 막사 전체는 약 5만 개의 천막 또는 가족

볼가 강의 훈족

[26] 13세기에 수도승 빌렘(칸의 궁정까지 여행하면서 키프자크의 광막한 평원을 횡단한 인물)은 같은 언어와 혈통을 가진 헝가리를 주목할 만한 대상으로 전하고 있다.

27 1771년에 30만 명에 달하는 칼무크족의 대이동이 있었다. 중국 황제였던 고종이 기둥에 새겨 두려고 썼던 글이 베이징의 선교사들에 의해 번역되었다. 이 황제는 친자이자 신민들의 아버지라는 이름에 어울리게 우아하고 매끄러운 언어를 사용했다.

28 캉모우(Kang-Mou)는 그들이 정복한 지역이 1만 4000리에 달한다고 했다. 그들의 기준에 따르면, 200리(더 정확하게 말하자면 193리)는 위도 1도에 해당하므로, 영국의 1마일은 중국에서는 3마일이 넘는 거리가 된다. 그러나 고대의 리가 현대의 3분의 1에도 못 미친다고 믿을 만한 확실한 근거가 있다. 세계의 어느 시대, 어느 지역에나 정통한 지리학자인 당빌(M. d'Anville)이 남긴 정교한 연구 자료를 참조할 것.

29 이후 훈족 왕조 3~4대의 역사를 살펴보면 중국에서 오랜 기간 거주했음에도 불구하고, 그들의 호전적인 정신만은 변치 않았음을 확실히 알 수 있다.

으로 이루어져 있었는데, 이들의 진군과 귀환은 고대 훈족의 머나먼 이주 여정을 보여 주는 한 예이다.27

알라니족을 정복한 훈족

볼가 강 유역의 훈족이 중국인의 눈앞에서 사라진 이후 로마인들 앞에 모습을 나타내기까지 그 공백 기간 동안 무슨 일이 있었는지는 전혀 알 길이 없다. 하지만 그들을 본토에서 내몰았던 그 힘이 유럽의 변경까지 그들을 몰고 갔으리라는 정도는 추측할 수 있다. 훈족의 인정사정 없는 적이었던 선비족의 세력은 동서로 3000마일 이상 뻗어 나가 있었던 만큼,28 훈족은 무서운 적이 이웃해 있다는 공포감과 위압감에 짓눌리지 않을 수 없었을 것이다. 또한 스키타이 부족들의 패주도 훈족의 세력을 증강시켰든지 아니면 그들의 영역을 축소시켰든지 어느 쪽으로든 영향을 미쳤을 것이 틀림없다. 그 부족들의 이름을 독자에게 알려 주어 보았자 이해를 돕기는커녕 성가시게 할 뿐이겠지만, 이 대목에서 유추할 수 있는 사실들 몇 가지를 짚고 넘어가지 않을 수 없다. 3세기 중 중국의 영역에 속해 있던 남쪽의 왕조가 멸망하면서 북방의 훈족이 상당한 규모의 증원군을 얻을 수 있었을 것이다. 전사들 중에서도 가장 용감무쌍한 자들은 자유롭고 모험심에 찬 동포들을 찾아 진군해 갔을 것이며, 전성기에 분열되었던 그들은 불운한 때를 만나 함께 고난을 겪게 되자 쉽게 다시 뭉쳤을 것이다.29 그리하여 훈족은 가축 떼와 식솔, 노예들과 동맹 부족들까지 이끌고 볼가 강 서안으로 이동하여, 대담하게도 스키타이 사막의 광활한 지역을 점령하고 있던 유목 민족인 알라니족을 침략하러 나섰다. 볼가 강과 타나이스 강 사이의 평원 지대는 온통 알라니족의 천막으로 뒤덮여 있었다. 그들의 이름과 풍습은 광범위한 정복 지역에 널리 퍼져 있었고, 아가티르시족과 겔로니족도 그들 밑에 있었다. 그들은 성났을 때나 굶주렸을 때 인육을 먹는다는 야만인들 사이를 헤치고 북쪽으로는 시베리아의 동토까지 진출했고, 서쪽으로는 페르시아와 인디아의 변경 지대까지 밀고 들어갔다. 사르마티아족과 게르만인의 피가 섞이면서 알라니족의 본래 가무잡잡한 피부색은 좀 더 희어지고 머리카락에는 노란색이 좀 돌아서 용모가 한결 나아졌는데, 이는 타타르인들에게서는 거의 찾아볼 수 없는 특징이다. 그들은 훈족과 비교하면 체격도 더 보기 좋고, 풍습도 덜 잔인했다. 그러면서도 무용과 독립적인 기백 면에서 막강한 힘을 자랑하는 훈족에 뒤지지 않았으니, 자유를 사랑하여 집안에서 노예를 부리는 것조차 거부했고, 무력을 중히 여겨 전쟁과 약탈을 기쁨이자 영광으로 여겼다. 땅에 꽂힌 언월도만이 그들의 유일한 종교적 숭배의 대상이었고, 적들의 머리 가죽으로는 값진 마구를 만들었다. 노령으로 약해지고 고질병으로 고통받는 무력한 전사들은 동정과 경멸의 대상이 되었다. 훈족과 알라니족은 타나이스 강변에서 대등한 용맹과 무력으로 맞섰으나, 결국 승패는 가려졌다. 피비린내 나는 전투 끝에 훈족이 승리를 거두고 알라니족의 왕은 살해당했으며, 패잔병들은 도주하거나 항복함으로써 뿔뿔이 흩어졌다. 일군의 도망자들은 흑해와 카스피 해 사이의 코카서스 산맥에서 안전한 피난처를 찾아 내어 이름과 독립을 지켜 나갔다. 또 다른 무리들은 한층 더 대담성을 발휘하여 발트 해 연안 쪽으로 진군해 나가, 게르마니아의 북쪽 부족들과 연합하여 갈리아와 에스파냐 지방의 로마 속주들로부터 전리품을 노획했다. 그러나 알라니족 대부분은 명예로울 뿐 아니라 이롭기도 한 훈족으로부터의 합병 제안을 받아들였다. 운이 좋지 않았을 뿐 용맹은 뒤질 것 없는 그들에게 경외심을 품고 있었던 훈족은 이 합병으로 수적으로나 자신감에서나 두려울 것

[30] 훈족의 진짜 역사에 대해 알고 있는 마당에, 그들의 기원과 발전 과정, 소나 수사슴을 찾느라 마이오티스의 진창이며 물길 속을 헤치고 다닌 길 등에 대해 잘못 전하고 있는 전설들을 굳이 반복하거나 논박할 필요는 없을 것이다.

[31] 요르난데스가 전한 이 저주스러운 기원설은 본래는 그리스 신화에서 유래했다.

이 없게 되자 고트족 왕국의 국경을 침략하러 나섰다.

서기 375년, 고트족에 승리한 훈족

헤르만릭 대왕은 발트 해에서 흑해까지 영토를 확장하고 인생의 절정기에서 최고의 명성을 누리면서 승리의 결실을 만끽하던 중에, 야만적인 그의 국민들조차도 야만족으로 치부해 버릴 법한 정체 모를 적들의 대군[30]이 습격해 오자 경악을 금치 못했다. 자신들의 토지와 마을이 화염에 휩싸이고 무차별적인 살육이 벌어지는 것을 목도하고 경악한 고트족은 공포에 질려 훈족의 숫자, 세력, 빠른 이동 속도, 무자비한 잔인성을 과장하기까지 했다. 게다가 훈족의 새된 목소리, 투박한 몸짓, 괴상한 용모에서 느낀 놀라움과 혐오감은 공포감을 배가시켰다. 스키타이의 이 야만인들은 두 다리로 몹시 어색하게 걷는 동물이나 옛날에 다리 위에 놓곤 했던 테르미누스 신상의 기형적인 외모에 비교되었다. 그들은 넓은 어깨와 납작한 코, 머리통 깊이 푹 파묻힌 작고 검은 눈 등의 특징을 가지고 있으며, 수염이 거의 나지 않기 때문에 젊은이들의 용모에는 남자다운 맛이 없고 나이 든 자들도 위풍당당하게 보이지 않는다. 그들의 외모와 풍습에 어울릴 만한 기원 설화가 퍼졌다. 스키타이의 마녀들이 추악하고 위험한 마법을 부리다가 사회에서 추방당해 사막에서 지옥의 악령들과 몸을 섞은 일이 있었는데, 훈족들은 바로 이 끔찍한 결합으로부터 생겨난 자손들이라는 것이다.[31] 공포와 모순으로 가득 찬 이 이야기를 고트족들은 증오심에서 곧이곧대로 믿어 버렸다. 그러나 그들의 증오심은 만족을 느꼈을지 몰라도, 훈족은 악마와 마녀들의 후손인 만큼 부모들의 악한 기질뿐 아니라 초자연적인 힘도 물려받았으리라는 생각에 더욱 두려운 대상이 되었다. 헤르만릭은 고트족 국가의 단결된 힘을 발휘하여 이러한 적들에 맞서고자 했으나,

그간의 억압에 불만을 품은 고트족 휘하의 부족들이 훈족의 침입을 격퇴하기는커녕 오히려 그들에게 동조할 뜻을 품고 있다는 사실을 곧 알게 되었다. 예전에 록솔라니족[32]의 족장들 중 하나가 헤르만릭에게 반기를 든 일이 있었는데, 잔인한 폭군인 헤르만릭은 죄 없는 그 반역자의 아내를 야생마들에 매어 능지처참하여 보복했다. 이 불행한 여인의 형제는 기회를 노려 복수를 감행했다. 고트족의 노쇠한 왕은 그의 단검에 치명적인 상처를 입고 쇠약해졌으니, 그로 인해 전쟁의 수행도 미루어지고 국정 회의는 질시와 불화로 혼란에 빠졌다. 결국 그는 절망에 빠져 죽음을 맞았고 비티메르의 손에 통치권이 넘어갔다. 그러나 그는 스키타이 용병들의 불확실한 원조에 기대어 훈족과 알라니족에 맞서 힘겨운 싸움을 계속하다가 결국 결정적인 전투에서 패배하고 죽음을 맞았다. 동고트족은 그들의 운명에 굴복할 수밖에 없었으니, 그 이후로 아말리 왕족의 이름은 오만한 아틸라의 신하들 속에서나 찾아볼 수 있게 되었다. 그러나 아직 어린아이였던 비테릭은 용맹과 충성으로 소문난 알라테우스와 사프락스 두 전사의 손에 구출되어, 동고트족 잔당들을 이끌고 지금은 터키 영토와 러시아 제국을 가르는 다나스투스, 다른 이름으로는 드니에스테르 강을 향해 조심스럽게 이동했다. 드니에스테르 강 연안에는 전체의 안전보다는 자기 개인의 안위를 더 신경 쓰는 신중한 성격의 아타나리크가 서고트족을 이끌고 진을 치고 있었다. 그는 승리에 들뜬 야만족들과 맞서겠다는 비장한 결심을 품고 있었지만, 그들을 자극하는 것은 현명치 못하다고 생각했다. 훈족의 행군 속도는 짐의 무게와 거추장스러운 포로들 때문에 평소보다 늦어졌지만, 뛰어난 군사적 기술로 아타나리크의 군대를 속여 거의 궤멸시켰다. 서고트족의 최고 권력자인 아타나리크가 드니에스테르 강을 방어

[32] 록솔라니족은 러시아인의 선조로 추측되며, 노브고로트 벨리키 부근에 있던 그들의 거주 지역(서기 862년)은 지리학자인 라벤나(Ravenna)가 록솔라니족의 거주지(서기 886년)라고 했던 곳에서 그다지 멀리 떨어져 있지 않을 것이다.

하고 있을 동안, 훈족의 기병대가 달빛에 의지하여 수심이 얕은 곳을 골라 단숨에 건너 그를 포위하고 공격을 가했던 것이다. 아타나리크는 결사 항전한 끝에 간신히 구릉 지대로 퇴각할 수 있었다. 그러나 이 두려움을 모르는 장군은 벌써 새로운 방어전의 계획을 짜 놓고 있었다. 그는 프루트 강과 도나우 강의 산악 지대 사이에 막강한 방어선을 구축해 놓는다면, 지금은 왈라키아라는 이름으로 불리는 광활하고 비옥한 영토를 훈족의 파괴적인 내습으로부터 지켜 낼 수 있을 것이라고 기대했다.33 그러나 그의 희망 섞인 기대는 동족들이 당황한 나머지 공포에 떨며 조급하게 행동하는 바람에 좌절되고 말았다. 그들은 공포에 질려 그들과 훈족 사이에 놓인 도나우 강만이 스키타이 야만족들의 무적의 용맹과 빠른 추격으로부터 그들을 구해 줄 유일한 방벽이라고 믿어 버렸다. 프리티게른과 알라비부스34의 지휘 아래, 고트족 부대는 황급히 도나우 강 유역으로 이동해 가서 동로마 제국의 황제에게 보호를 탄원했다. 아타나리크는 서약을 어긴 죄를 피할 생각에 카우칼란드의 산악 지역이라면 트란실바니아의 무성한 삼림 속에 몸을 숨길 수 있을 것으로 보고, 일단의 충실한 추종자들을 이끌고 퇴각했다.35

서기 376년, 발렌스 황제의 보호를 간청한 고트족

발렌스 황제는 어느 정도 영광스러운 전과를 거두고 고트족과의 전쟁을 종결 지은 이후, 아시아 쪽 영토를 통과해 진군하여 시리아의 수도에 거처를 정했다. 그는 안티오크에서 5년간36 머물렀다. 그동안 안전한 거리에서 페르시아 군주의 적대적인 계획을 탐지해 내고, 사라센족과 이사우리아족37의 약탈을 막고, 아리우스파 신학의 신앙을 논리와 설득보다는 강요에 의해 널리 퍼뜨리고, 죄 없는 자와 죄 지은 자를 가리지 않고 처형하여 불안과 의심을 잠재우는 데 힘을 쏟았다. 그러나 황

33 암미아누스의 글은 불완전하고 잘못된 부분이 많은 것 같지만, 그 땅의 성질을 보면 고트족이 세웠던 방벽이 어떤 것이었는지 알 수 있다.

34 뷔아(M. de Buat)는 알라비부스가 고트족 주교인 울피라스와 동일 인물이라는 이상한 생각을 품고 있었다. 울피라스는 카피도키아인 포로의 자손으로, 잠시 고트족의 왕이 되기도 했었다.

35 암미아누스와 요르난데스는 훈족에 의한 고트족 왕국의 멸망에 대해 서술했다.

36 암미아누스의 연대표는 애매모호하고 불완전하다. 티유몽(M. de Tillemont)은 발렌스의 연대기를 명확히 밝혀 놓으려고 애썼다.

37 이사우리아인들은 겨울만 되면 소아시아의 도로들, 콘스탄티노플 부근까지 들어와 극성을 부렸다.

제의 관심은 주로 도나우 강의 방어를 맡은 무관들이 보내오는 중요한 정보에 쏠려 있었다. 그들의 정보에 따르면 북쪽 지역은 거센 격동에 휘말린 상태였다. 무시무시한 미지의 야만 종족인 훈족의 침략으로 고트족의 세력이 무너져 버려서, 그 호전적인 민족이 이제는 자존심도 버리고 강변을 따라 수마일의 거리를 온통 뒤덮은 채 구원을 요청하고 있다는 것이었다. 그들은 땅 위에 죽 뻗고 누워 애통한 탄식을 토해 내며 지난날의 불행과 눈앞에 닥친 위험을 큰소리로 한탄했다. 그들이 안전을 구할 희망은 오로지 로마 정부의 관용에 매달리는 길뿐이었다. 그들은 황제가 은혜롭게도 관대함을 베풀어 트라키아의 황무지를 경작하면서 살도록 허락해 주기만 한다면, 충성을 다하여 보은할 것을 첫째가는 의무로 삼고 법에 복종하면서 공화국의 국경을 지키겠노라고 엄숙히 맹세했다. 고트족 사절들은 이를 거듭 다짐하면서 불행한 동족들의 운명을 최종적으로 결정짓게 될 발렌스 황제의 대답이 떨어지기만을 초조하게 기다렸다. 그런데 그 전 해 말경 발렌티니아누스 황제가 사망했으므로, 동로마 제국의 황제는 이제 더 이상 형의 지혜와 권위를 빌릴 수 없었다. 고트족의

서기 375년 11월

비참한 상황은 즉각적이고 단호한 결정을 요구하고 있었기 때문에, 지연책과 애매모호한 조치를 신중함이라고 생각할 만큼 나약하고 소심한 그로서도 평소처럼 행동할 수는 없었다. 인류의 감정과 관심사가 변하지 않는 한, 고대의 회의에서 논의되었던 전쟁과 평화, 정의와 정책의 문제들은 현대에서도 마찬가지로 토의의 주제로 자주 제기될 것이다. 그러나 유럽의 정치가들 중 가장 노련한 인물이라도 절망과 기아에 쫓겨 와서 문명국의 영토에 정착하게 해 달라고 청원하는 다수의 야만족들을 받아들일지 거부할지, 그리고 그 타당성이

나 위험을 검토해야 하는 난제는 접해 본 일이 없을 것이다. 본질적으로 국가 전체의 안위와 연결된 이 중대한 사안이 발렌스의 대신들에게 제기되자 당황하여 저마다 의견이 분분했지만, 곧 군주의 자만심, 나태, 탐욕을 가장 잘 맞춰 줄 듯싶은 아부성 의견으로 모아졌다. 이 민족적 대이동은 이전에 제국의 변경 지역에 받아들였던 부분적이고 우발적인 이주 집단들과는 완전히 판이한 성격의 것이었으나, 대신들이란 작자들은 사실상 총독이니 장관이니 하는 직함들만 장식 삼아 둘러쓴 노예들에 불과했으므로, 이 대이동의 공포를 무시하거나 가볍게 여겼다. 그들은 행운의 여신이 두터운 정을 베풀어 무수히 많은 이방인들로 구성된 무적의 군대가 발렌스 황제의 옥좌를 지켜 주고자 머나먼 나라에서 왔으니, 이제 속주민들이 징집을 면제받고자 해마다 바치는 막대한 양의 금화가 왕실의 곳간에 쌓이게 될 것이라고 찬사를 바치기까지 했다. 이리하여 고트족의 탄원이 받아들여졌고 그들은 황제의 궁정을 위해 봉사할 수 있게 되었다. 곧바로 트라키아 지역의 민정 관료들과 군 관료들에게 고트족이 앞으로 거주할 적당한 땅을 할당받게 될 때까지 이동시키고 부양하는 데 필요한 준비를 갖추라는 영이 하달되었다. 그러나 황제의 관대한 조처에는 두 가지의 혹독하고 엄격한 조건이 따랐다. 이를 로마인 편에서 보자면 신중한 조치라 하겠지만, 고트족 입장에서 보자면 고통을 강요하는 것으로 생각되어 분노를 일으킬 만한 것이었다. 하나는 도나우 강을 건너기 전에 그들이 지닌 무기를 모두 내놓아야 한다는 것이었고, 또 하나는 고트족의 자녀들을 데려가서 아시아의 여러 속주에 나누어 살게 하겠다는 것이었다. 두 번째 조치를 통해 아이들은 교육을 받아 문명화될 뿐 아니라 부모의 충성을 보장해 줄 인질 역할도 하게 되리라는 계산에서였다.

먼 거리를 사이에 두고 결과가 불확실한 협상이 계속되는 어정쩡한 상태가 지속되자, 이를 참지 못한 고트족은 로마 정부의 허가도 없이 성급하게 도나우 강을 건너려는 시도를 했다. 그들의 움직임은 강변을 따라 배치되어 예의 경계하며 주시하던 군대의 눈에 포착되어, 선발대 중 상당수가 살해당했다. 그러나 나약하고 소심하기 짝이 없는 발렌스의 중신들은 의무를 다하여 국가를 보위한 용감한 군인들을 해임하고 목숨만 겨우 살려 주었다. 마침내 황제의 칙령이 내려와 고트족의 대부대 모두가 도나우 강을 건너게 되었으나, 이 명령을 실행하는 데에는 상당한 노고와 어려움이 따랐다. 그 부근의 도나우 강은 폭이 1마일 이상 되는데다 계속 내린 비로 물이 불어난 상태였으므로, 이 대군이 강을 건너는 소란 속에서 상당수가 거친 급류에 쓸려 익사하고 말았다. 그리하여 크고 작은 배들로 이루어진 대함대가 제공되었고, 여러 날을 밤낮으로 쉬지 않고 강을 왕복하여 이들을 실어 날랐다. 이에 누구보다도 아낌없는 노고를 다해야 했던 자들은 발렌스의 부관들이었으니, 그들은 결국은 로마 제국의 기초를 무너뜨리고 말 야만족들을 한 명이라도 강 너머에 남겨 놓지 않기 위해 그 수고를 한 셈이 되었다. 그들의 숫자를 정확히 파악해 두는 것이 좋겠다고 생각되었지만, 그 일에 매달렸던 사람들은 끝이 보이지 않는 불가능한 작업에 질린 나머지 단념해 버렸다. 당대의 주요 사가 한 사람은 다리우스와 크세르크세스가 이끌었다는 경이적인 규모의 군대는 오랫동안 고대인들이 꾸며 낸 허무맹랑한 이야기로 치부되어 왔지만, 이제 고트족의 규모에 비추어 보아 사실로 입증되었다고 진지하게 주장한다. 믿을 만한 증언에 따르면 고트족 전사들의 숫자는 20만 명에 달했다고 한다. 여기

38 에우나피우스와 조시무스는 고트족의 부와 호사스러움을 보여 주는 이러한 품목들을 상세히 나열하고 있다. 그러나 이것들은 야만족들의 전쟁 전리품이거나 평화시 선물 따위로 얻은 그 속주의 산물들이었던 것 같다.

에 여자들, 아이들, 노예를 적정 비율로 더한다면, 이 엄청난 이주민들의 전체 숫자는 남녀노소 모두 합하여 거의 100만 명 가까이 될 것이 틀림없다. 고트족의 어린아이들, 특히 높은 계급의 아이들은 부모와 격리되어 지체 없이 그들을 교육하도록 배정된 먼 지역으로 끌려갔다. 이 인질 또는 포로 신세가 된 아이들의 긴 행렬이 여러 도시를 통과할 때마다 그들의 화려한 의복이며 강건하고 씩씩한 용모는 속주민들의 마음을 놀라움과 선망으로 들뜨게 만들었다. 그러나 고트족에게는 가장 굴욕적이며, 로마인들에게는 가장 중요한 또 다른 조건의 이행은 수치스러운 방법까지 써서 교묘히 피해 나갔다. 야만족들은 그들의 무기를 명예의 상징이자 안전의 보증으로 여겼으므로, 이를 내놓는 대신 황제의 군사들의 육욕이나 탐욕을 자극하여 쉽게 거부하지 못할 대가를 제공했던 것이다. 오만한 전사들은 내키지 않는 일이었지만 무기를 지키고자 아내와 딸들에게 매춘 행위를 시켰다. 아름다운 처녀나 잘생긴 소년의 매력 앞에 검찰관들마저도 눈을 감아 주었다. 그뿐 아니라 그들은 때로는 이 새로운 동맹족들의 술 달린 양탄자나 아마포 의복 따위에 탐욕스러운 눈길을 던지기도 하고,38 자기 농장을 소 떼로 채우고 집에는 노예를 들이고 싶다는 비열한 욕심에 의무를 저버렸다. 그리하여 고트족은 그대로 무기를 지닌 채 배에 오를 수 있었다. 그들이 강 건너편에 집결하자, 하(下)모에시아 언덕과 평원에 펼쳐진 엄청난 규모의 진영은 위협적인 모습을 넘어 적대적인 기색까지 띠었다. 이때 동고트족의 지도자이자 어린 왕을 호위하는 알라테우스와 사프락스도 도나우 강 북쪽에 나타나 곧바로 안티오크의 궁정에 사절들을 보내 자신들도 똑같이 충성과 감사를 바치겠으니 서고트족의 탄원을 들어 주었듯이 자신들에게도 호의를 베풀어 달라고 청했다. 그러나 발렌스 황제는 이에 대해 단호히 거절함으로써 그들의 진군을 막았으니, 이는 황제의 중신들의 마음 속에 후회와 의혹, 공포심이 자리 잡기 시작했음을 드러내 주는 것이었다.

규율도 없고 어지러운 야만족 집단을 통제하려면 무엇보다도 단호한 의지와 빈 틈없는 지배 수완이 요구되었다. 거의 100만 명에 가까운 대군의 일용할 양식을 대려면 쉬지 않고 노련하게 일을 처리해야만 했고, 작은 실수나 우연한 사고로도 끊임없이 일이 중단될 수 있었다. 게다가 고트족은 자신들이 공포나 경멸의 대상이 되고 있다고 생각되면 오만해지거나 분개하여 어떤 극단적인 행동을 취할지 몰랐다. 그러니 나라의 운명이 발렌스 휘하 장군들의 성실성과 신중함에 달려 있는 판이었다. 이 중차대한 위기에 트라키아의 군사 지휘권은 루피키누스와 막시무스가 수행하고 있었는데, 이들은 썩을 대로 썩어서 손톱만큼이라도 개인적인 이득을 볼 수 있다면 국가의 이익 따위는 모조리 무시해 버릴 수 있는 자들이었다. 자신들의 경솔하고 범죄적인 통치 행위가 가져올 파괴적인 결과를 인식할 능력조차 없었다고 말하면 그들의 죄가 조금이나마 감해질지 모르겠다. 그들은 군주의 명을 받들어 고트족의 요구를 너그러이 받아 주기는커녕, 굶주린 야만족들의 필수 물자에 무자비하게 가혹한 세금을 매겼다. 아무리 질이 형편없는 식량이라도 터무니없이 비싼 가격에 거래되었으며, 시장에는 개고기와 병으로 죽은 불결한 동물들의 고기밖에 없었다. 고트족이 빵 1파운드를 얻으려면 쓸모 있는 노예 한 명을 내놓아야 했다. 적은 양의 고기에도 앞다투어 은화 10파운드를 내놓았다.[39] 가진 재산을 다 탕진하게 되자, 필수품을 구하기 위해 아들딸들을 팔 수밖에 없게 되었다. 모든 고트족의 가슴에 살아 숨쉬는 자유

고트족의 고민과 불만

[39] '10파운드(decem libras)'는 은을 지칭하는 단어로 이해되어야 한다. 요르난데스는 고트족으로서의 감정과 적대감을 은연중에 드러내고 있다. 굴종적인 그리스인인 에우나피우스와 조시무스는 로마인이 가한 압제는 숨기고 야만족들의 배신 행위만 맹렬히 비난한다. 애국심이 강한 역사가인 암미아누스는 이 불쾌한 주제를 마지못한 태도로 가볍게 건드리고 지나간다.

에의 열정에도 불구하고, 아이들이 독립을 지키며 비참하고 무력하게 굶어 죽기보다는 노예 상태에서라도 살아남는 편이 낫다는 굴욕적인 원칙 앞에 무릎을 꿇어야만 했다. 그 후에 입은 피해로 인해 더 이상 감사하는 마음이 남지 않았는데도 불구하고, 은인을 가장하여 계속해서 보은의 빚을 가혹하게 거두어 가는 횡포를 부리자 그들은 분노를 참기 어려웠다. 야만족들의 진영에서 불만의 기운이 서서히 일어나면서, 그들이 인내하며 의무를 다해 온 점을 들어 탄원해 보기도 했지만 아무런 소용이 없었다. 이렇게 되자 새로운 맹방으로부터 받아 온 야박한 대접에 대한 불평의 목소리가 높아졌다. 그들은 겪지 않아도 될 기근을 겪어야 하는 참기 어려운 고통에 시달렸으나, 주변의 풍족한 속주에는 부가 넘치고 있었다. 그러나 압제자들의 탐욕 덕에 무기만은 여전히 지니고 있었으므로, 그들의 손에는 자기들의 처지를 구하고 심지어 복수까지 할 수 있는 수단이 있었다. 감정을 숨길 줄 모르는 군중들의 성난 고함 소리는 그들의 반항을 알리는 최초의 신호탄이었다. 이는 자기들이 지은 죄에 겁먹고 있는 루피키누스와 막시무스를 더욱 불안하게 만들었다. 이 교활한 대신들은 현명하고 유익한 의도로 정책 전반을 이끌기보다는 임시방편의 잔꾀로 대응하는 데 익숙한 자들인지라, 제국 국경 지대라는 위험천만한 위치에서 고트족을 이동시켜 내륙 속주들의 숙영지 막사에 분산 배치하고자 했다. 그들도 야만족들의 존경이나 신임을 기대할 수 없음을 잘 알고 있었으므로, 사방에서 군사력을 끌어 모아 아직은 로마 제국의 국민으로서의 자격이나 의무를 버리지는 않고서 마지못해 느릿느릿 행군길에 오른 사람들을 몰아댔다. 그러나 발렌스의 장군들은 불만에 찬 서고트족들에게만 온통 주의를 쏟은 나머지, 경솔하게도 도나우 강의 방어를 담당하는 배와 성채들의 무장을 풀어 놓는 실수를 저질렀다. 훈족의 추격에서 벗어날 기회만을 애타게 노리고 있었던 동고트족의 알라테우스와 사프락스가 이 치명적인 실수를 놓칠 리가 없었다. 그리하여 동고트족의 지도자들은 급한 대로 손에 넣은 뗏목과 배들을 이용하여 아무런 제지도 받지 않고 왕과 군대를 이송하였고 대담하게도 제국의 영토 내에 독립된 진영을 마련하였다.

알라비부스와 프리티게른은 판관의 이름으로 전시에나 평화시에나 서고트족을 이끌었는데, 출생 신분으로부터 얻은 권위는 국민들의 자발적인 동의에 의해 승인되었다. 평화로운 시절에는 두 사람이 동등한 위치에서 동등한 권력을 행사했지만, 기아와 압제로 동족들의 생활이 도탄에 빠지면서 더 우월한 능력을 가진 프리티게른이 군사 지휘권을 장악하여 국민들의 복지를 위해 일하게 되었다. 그는 서고트족의 조급한 기질을 잘 통제하여, 결국은 그들의 행동을 누가 보아도 서고트족을 압제하는 자들이 가한 모욕과 피해에 대한 정당한 저항으로 보이게 만들었다. 그러나 정의니 중용이니 하는 공허한 찬사 때문에 현실적인 이익을 희생시키지는 않았다. 그는 고트족이 같은 깃발 아래 세력을 모은다면 많은 이득을 볼 수 있으리라는 사실을 잘 알고 있었기 때문에, 비밀스럽게 동고트족과 친선 관계를 유지해 왔다. 또한 로마 장군들의 명령에 절대 복종하겠다고 공언하면서도, 도나우 강변에서 약 70마일 거리에 있는 하(下)모에시아 속주의 수도인 마르키아노폴리스를 향해 천천히 진군해 갔다. 바로 그 운명적인 장소에서 로마와 서고트족 간의 불화와 서로에 대한 증오심의 불꽃이 무시무시한 대화재로 폭발했다. 루피키누스는 고트족 족장들을 화려한 주연에 초대하고, 수행원들은 무장한 채 궁정 입구에 남게 했다. 그러나

모에시아에서의 고트족의 반란과 최초의 승리

도시의 성문들은 철저히 지켜졌고, 야만족들은 국민이자 맹방으로서 동등한 권리를 주장했지만 풍요로운 시장을 이용하지 못하도록 엄격하게 통제되었다. 겸손한 간청도 무례하게 경멸하는 태도로 거부당하자 그들의 인내심도 한계에 달하여, 시민들, 병사들, 고트족들 사이에서는 곧 성난 욕설과 함께 격한 언쟁이 일어났다. 경솔하게 누군가의 주먹이 날아가고 누군가는 황급히 칼을 뽑았으니, 이 우발적인 싸움에서 흘린 최초의 피는 길고도 파괴적인 전쟁의 시작을 알리는 신호가 되었다. 소란스럽게 질펀한 주연을 벌이던 중, 루피키누스는 한 전령으로부터 그의 병사들 중 다수가 살해당하고 무기를 빼앗겼다는 보고를 받았다. 그는 술에 취해 흥분한데다 몹시 졸린 상태여서, 경솔하게도 프리티게른과 알라비우스의 호위대를 학살하여 보복하라는 명령을 내렸다. 프리티게른은 소란스러운 외침과 죽어 가는 자들의 신음 소리에 위험이 눈앞에 닥쳤음을 알아챘다. 그는 영웅답게 냉정하고 대담한 정신의 소유자였으므로, 그에게 그토록 깊이 위해를 가한 자에게 한순간이라도 생각할 틈을 주었다가는 꼼짝없이 당하게 되리라는 사실을 알고 있었다. 고트족의 지도자는 단호하나 부드러운 목소리로 다음과 같이 말했다.

두 나라 간에 사소한 다툼이 일어난 것 같습니다. 하지만 우리가 여기 안전하게 있다는 것을 확인시켜 주어 즉각 소동을 가라앉히지 않는다면 매우 위험한 결과를 낳을지도 모릅니다.

이 말을 남기고 프리티게른과 그의 동반자들은 칼을 뽑아 들고 궁정, 거리, 성문을 가득 채운 군중을 헤치며 길을 열어, 말을 타고 경악한 로마인들의 눈앞에서 재빨리 모습을 감추었다. 고트족 장군들은 진영에 돌아오자 기쁨에 넘친 환호로 환영받았다. 곧 전쟁 결의가 이루어지고 지체 없이 실행에 옮겨졌다. 고트족의 깃발들이 조상 전래의 관습에 따라 올려지고, 야만족의 나팔 소리가 거칠고 음울하게 울려 퍼졌다. 루피키누스는 막강한 적을 겁 없이 자극해 놓고는 격퇴할 일은 생각하지도 않고 여전히 경멸하는 태도만 취하고 있다가, 이 갑작스러운 비상 사태를 맞이하여 있는 대로 급히 소집한 군 병력을 이끌고 고트족에 맞서고자 진군에 나섰다. 야만족들은 마르키아노폴리스로부터 약 9마일 정도 떨어진 곳에서 그가 오기를 기다리고 있었다. 이 경우에는 장군의 재능이 군대의 무기나 훈련 정도보다 더 중요한 역할을 했다. 프리티게른은 천재적인 재능으로 용맹스러운 고트족을 훌륭하게 지휘하여, 철저한 맹공격으로 로마 군단을 쳐부수었다. 루피키누스는 무기와 깃발, 참모들과 정예 부대를 모두 전장에 내팽개치고 도망쳐 버렸으니, 병사들이 용기를 발휘해 싸워 보았자 고작해야 우두머리의 수치스러운 도주를 돕는 결과가 되었을 뿐이다.

그날의 대승은 야만족들의 고난과 로마인들의 안위에 종말을 가져왔다. 그날 이후로 고트족은 이방인이자 유랑자라는 불확실한 지위에서 시민이자 주인의 위치로 올라서서, 도나우 강을 경계선으로 제국의 북쪽 속주들에 절대적인 지배권을 주장하며 권리를 행사하게 되었다.

한 고트족 역사가는 이와 같이 투박한 열변으로 동족들의 영광을 찬양했다. 그러나 야만족들의 지배라는 것은 고작해야 약탈과 파괴가 목적일 뿐이었다. 그들은 황제의 대신들에 의해 모든 인간이 동등하게 누려야 할 혜택과 올바른 사회적 교류의

40 하드리아노폴리스에는 황제의 방패 등을 만드는 대장간이 있었다. 이 무리들을 이끈 자들은 일꾼인 파브리켄세스였다.

트라키아로 침입한 고트족

기회를 박탈당하자, 황제의 국민들에게 그들이 겪은 불의에 대한 보복을 가했다. 루피키누스가 저지른 죄는 트라키아의 평화롭게 살던 농부들이 파멸당하고, 마을이 불태워지고, 죄 없는 가족들이 학살당하거나 포로가 됨으로써 갚아진 셈이다. 고트족의 승리 소식은 금세 인근 지역으로 퍼져 나갔다. 그 소식은 로마인들의 마음을 공포와 절망으로 가득 채웠지만, 이에 대해 경솔하게 타산적인 자세를 취함으로써 결국은 프리티게른의 무력을 증강시키고 속주의 재난을 가중시키는 데 한몫 거든 꼴이 되었다. 이 대이동이 있기 얼마 전에, 수에리드와 콜리아스가 이끄는 대규모의 고트족 무리를 제국을 보호하도록 받아들인 일이 있었다. 그들은 하드리아노폴리스의 성벽 아래 진을 치고 있었다. 그러나 발렌스의 대신들은 행여나 그들이 동포의 성공 소식을 가까이서 쉽게 전해 듣고 위험한 유혹에 빠질까 염려하여, 헬레스폰투스 해협 너머로 멀리 보내 버려야겠다고 생각했다. 진군 명령에 공손히 복종한다면 그들의 충성심에 대한 증거가 될 터였다. 그들은 충분한 식량을 내려 주고 이틀만 출발을 연기해 달라는 무리하지 않은 요구를 공손한 태도로 전했다. 그러나 하드리아노폴리스의 최고 행정관은 그의 별장에서 일어난 소요 사태로 격앙되어 있던 터라, 그들의 요구가 지나치다고 생각하고 거절해 버렸다. 그러고는 주민들과 노동자들을 무장시켜서 그들에게 적대적인 위협을 가하면서 즉시 떠날 것을 종용했다. 야만족들은 놀라 멍하니 서 있다가, 군중들의 모욕적인 고함 소리와 날아드는 무기에 분노를 느꼈다. 더 이상 참을 수 없게 된 그들은 무질서하게 모여 있던 군중을 습격하여 도망치는 적들의 등에 수치스러운 상처를 입히고, 그들에게는 아까운 화려한 갑옷도 빼앗아 버렸다.[40] 그들이 겪은 수난과 그에 대해 취한 행동은 서고트족과 유사했으므로, 그들은 승리를 거둔 서고트족의 부대와 곧 합세했다. 콜리아스와 수에리드의 군대는 프리티게른이 오기를 기다려 그의 휘하에 들어가 하드리아노폴리스에 대한 포위 공격에 나섰다. 그러나 수비대의 저항이 완강하여, 야만족들도 기술 없이 용기만 가지고는 아무리 노력해도 규율이 잘 잡힌 성채를 공격하는 데는 그다지 효과가 없다는 사실을 깨닫게 되었다. 결국 야만족들의 장군도 실책을 인정하고 포위 공격을 풀고는 다음과 같이 선언했다.

돌로 쌓은 성벽과는 싸우지 않겠다.

그러고는 인근 지역에 보복을 가했다. 그는 트라키아 금광[41]의 무정한 주인[42] 밑에서 오로지 주인의 이득을 위하여 채찍질을 당하며 노동하던 건장한 일꾼들이 돕겠다고 나서자 기쁘게 이를 받아들였다. 이 새로운 동료들은 비밀 통로를 통해 주민들, 가축 떼, 군량을 안전하게 지키고자 마련해 두었던 은밀한 장소로 야만족들을 인도했다. 이러한 안내에 힘입어 접근 불가능하거나 파괴할 수 없는 것은 아무것도 남지 않게 되었으니, 저항도 소용없고 도망칠 수도 없었다. 무력하고 죄 없는 자들은 항복하는 수밖에 없었으나, 야만족의 정복자로부터 자비를 바랄 수는 없었다. 약탈이 행해지던 중, 포로로 끌려갔던 수많은 고트족 어린아이들이 상심해 있던 부모들의 품으로 돌아왔다. 이 애정 넘치는 재회가 그들의 마음 속에 조금이나마 인간적인 감정을 되살려 주었으리라고 기대할지도 모르겠지만, 반대로 오히려 복수심에 불을 당겨 타고난 사나움을 더욱 자극하는 결과가 되었다. 그들은 포로가 되었던 아이들이 잔인하고

[41] 이 광산들은 필리피와 필리포폴리스 사이를 가르는 로도페 산맥 봉우리, 베시 지역에 있었다. 마케도니아의 이 두 도시는 알렉산드로스의 아버지로부터 그 이름과 기원이 유래했다. 그는 트라키아의 광산들로부터 해마다 1000탈렌트에 해당하는 공물을 받았다. 이 수입으로 동료들에게 보수를 주고 그리스의 웅변가들을 매수했다.

[42] 이 불행한 일꾼들이 도망치는 일이 잦았기 때문에, 발렌스는 그들을 은신처에서 끌어 오기 위해 가혹한 법을 제정했다.

음탕한 주인들로부터 받은 학대에 대해 쏟아 놓는 불만을 한 마디라도 놓칠세라 귀 기울여 들었다. 그리고 로마인들의 아들딸을 복수의 대상으로 삼아 똑같은 잔학 행위를 혹독하게 가했다.

서기 377년,
고트 전쟁의 군사 작전들

발렌스와 그의 대신들의 신중하지 못한 처사는 제국의 심장부에 적을 끌어들인 결과가 되고 말았다. 그러나 아직까지도 서고트족은 과거의 잘못들을 깨끗이 인정하고 이전의 약속을 성실하게 수행해 준다면 화해할 용의가 있었던 듯하다. 이 온건책은 동로마 제국 군주의 소심한 성품에도 잘 맞을 듯했다. 그러나 이 경우만은 발렌스가 예외적으로 강경하게 나섰으니, 때에 맞지 않은 강경책은 결국 그 자신과 국민들에게 치명적인 결과를 가져왔다. 그는 안티오크에서 콘스탄티노플까지 진군하여 이 위험천만한 반란을 진압하겠노라고 선포했다. 그 역시 이 원정에 따를 어려움을 모르는 바는 아니었으므로, 서로마 제국의 전 병력을 통솔하는 그의 조카인 황제 그라티아누스에게 원조를 요청했다. 이에 아르메니아를 방어하던 노련한 정예 부대가 급히 소환되어, 국경 지대의 요충 지역이 샤푸르 왕 앞에 풍전등화의 상태가 되었다. 발렌스가 도착하기 전까지 당장 고트족과의 전쟁을 지휘할 임무는 두 장군 트라야누스와 프로푸투루스에게 맡겨졌는데, 이들은 거짓 아첨에 홀려 자신들의 능력을 과신하고 있었다. 그들은 트라키아에서 출발하면서 경호대 코메스인 리코메르와 합류했다. 그의 지휘하에 진군해 온 서로마 제국의 원군들은 갈리아 군단들로 이루어져 있었는데, 전의라곤 전혀 없어 그들의 병력과 숫자는 허상에 불과했다. 군사 회의는 이성보다는 자만심에 의해 좌우되었으므로, 도나우 강 여섯 개 하구 중 최남단 하구 근처의 광활하고 비옥한 초원에 진을 치고 있는 야만족들을 찾아내어 공격하자는 결정을 내렸다.[43] 야만족들은 진영 주변에 전차들을 요새처럼 둘러쳐 안전을 확보하고,[44] 그 안에서 노획해 온 전리품들을 마음껏 즐겼다. 왁자하게 즐기는 와중에서도 방심하지 않는 프리티게른은 로마군의 움직임을 면밀히 관찰하고 그들의 의도를 꿰뚫어 보고 있었다. 그는 적의 숫자가 계속해서 불어나고 있음을 감지했다. 목초가 떨어져서 진영을 이동시켜야 할 때가 되면 즉각 후방을 공격하려는 적들의 의도를 간파하자, 그는 인근 지역을 뒤덮고 있던 부대들을 깃발 아래 집결시켰다. 그들은 멀리서 봉홧불이 올려진 것을 보자마자[45] 믿을 수 없을 만큼 빠른 속도로 지휘관의 신호에 복종했다. 순식간에 진영을 가득 메운 호전적인 야만족들의 무리가 빨리 싸우러 나가자고 성급하게 고함을 질러 댔으며, 장수들의 기백은 그들의 열정을 더욱 북돋우었다. 밤도 이미 깊어져, 두 군대는 각기 동이 트면 시작될 임박한 전투를 위한 준비를 갖추었다. 진격 나팔이 울리자, 고트족들은 엄숙한 맹세를 지킬 것을 서로 다짐하며 굳은 용기를 재차 다졌다. 고트족이 적을 향해 진군해 나갈 때, 선조들의 영광을 찬양하는 거친 노랫소리가 사나운 외침과 뒤섞여 울려 퍼지면서 인위적으로 조화를 이룬 로마군의 함성과 대조를 이루었다. 프리티게른은 군사적 기술을 발휘하여 유리한 고지를 차지했으나, 힘과 용맹, 민첩성 면에서 양측이 각자 있는 힘을 다하는 혈전이 계속되었다. 아르메니아 군단은 무용 면에서 그들의 명성에 부족함 없는 모습을 보여 주었으나, 적이 수적 우세를 이용하여 거세게 밀어붙이자 결국 압도당했다. 로마군의 좌측 대열이 무너지면서, 들판은 온통 살육당한 시체들로 뒤덮였다. 그러나 로마군은 이 부분적인 패배를 상쇄할 만한 부분적인 승리도 거두었으므로, 양측의 우열을 가

[43] 안토니누스의 여행기를 보면 이 지역을 토미 북쪽 60마일 지점으로 표시하고 있다. 살리카(버드나무)의 이름이 있는 것으로 보아 토양의 성질을 알 수 있을 것이다.

[44] 이렇게 마차를 원형으로 둘러치는 것을 카라고(Carrago)라고 하는데, 야만족들이 흔히 사용하는 방어술이다.

[45] 여기에서는 문자 그대로 진짜 햇불 또는 봉화의 의미로 사용한 것이다. 하지만 이것도 암미아누스의 스타일의 가치를 떨어뜨리는 그 과장된 비유들 중 하나에 불과할지도 모른다는 의심을 떨칠 수가 없다.

46 그는 이 평원들을 군인으로서, 아니면 여행자로서 직접 보았을지도 모른다. 그러나 겸양을 취하느라고 콘스탄티우스와 율리아누스의 페르시아 전쟁 이후로 자신이 겪은 모험담에 대해서는 언급하지 않았다. 그가 국가에 대한 봉사를 그만두고 물러난 시기가 언제인지, 어디에서 자기 시대의 역사를 집필했는지에 대해서는 알려진 바가 없다.

리기 힘들었다. 해가 저물어 두 군대가 각자의 진영으로 퇴각했을 때는 어느 한쪽도 결정적인 승리를 주장할 수 없는 상황이었다. 로마군은 수적으로 열세였기 때문에 실제 피해는 더 심각하게 느껴졌지만, 고트족은 이 예상치 못한 강한 저항에 너무나 당황하고 질린 나머지, 7일간이나 요새 안에서 나오지 않았다. 높은 계급의 무관들에 대해서는 사정이 허락하는 한 정중한 장례식이 치러졌으나, 이름 없는 일개 병사들은 매장도 하지 않은 채 들판에 그대로 버려졌다. 그들의 시체는 맹금류가 탐욕스럽게 파먹었으니, 그 시대의 맹수들은 이처럼 풍성한 축제를 자주 즐겼다. 몇 년이 흐른 뒤 들판을 가득 덮은 흰 유골들이 사가 암미아누스에게 살리카 전투의 참상을 전해주었다.46

고트족의 진군은 이날의 격렬했던 전투로 말미암아 저지되었다. 또한 황제의 장군들도 이러한 전투가 반복된다면 군대의 피해가 너무 클 것이므로, 숫자가 많은 야만족들을 물자 부족으로 궤멸시키려는 좀 더 합리적인 계획을 택했다. 그들은 도나우 강, 스키타이 사막, 발칸 산맥 사이의 좁은 모퉁이 지대에 서고트족을 몰아 넣어 기근을 겪게 함으로써 힘과 사기를 서서히 소진시킬 계획을 세웠다. 이 계획은 어느 정도 성공을 거두어, 야만족들은 원래 갖고 있던 군량뿐 아니라 그 지역에서 수확한 양곡도 거의 바닥날 지경에 처했다. 이를 틈타 기병 대장 사투르니누스가 열성을 다한 덕에 로마군 요새의 전력은 증강되었다. 그러나 이러한 그의 노력도 새로운 야만족의 대군이 프리티게른의 대의를 지지해서인지, 그의 예를 따르고자 함이었는지 무방비 상태의 도나우 강을 건넜다는 갑작스러운 첩보를 받고 중단하지 않을 수 없었다. 사투르니누스로서는 새로

훈족, 알라니족 등과 동맹을 맺은 고트족

운 적들에게 포위당해 제압당할지도 모른다는 우려는 당연한 것이었으므로, 고트족 진영에 대한 포위 공격을 포기하는 수밖에 없었다. 서고트족은 포위망을 돌파하고 나오자 도나우 강변에서 헬레스폰투스 해협까지 300마일에 걸쳐 펼쳐진 비옥한 속주를 거듭하여 유린함으로써 그간의 굶주림과 복수욕을 채웠다. 영리한 프리티게른은 야만족 동맹군들의 이해관계뿐 아니라 감정에도 훌륭하게 호소했다. 그들은 로마에 대한 약탈욕과 증오심에 불타고 있었으므로, 그가 보낸 사절단이 구태여 능변으로 구슬릴 필요가 없을 지경이었다. 그는 어린 왕을 보호하는 알라테우스와 사프락스가 이끄는 동고트족 대부대와 유대 관계를 공고히 했다. 경쟁 부족들 간의 오랜 원한도 공통의 이해관계 앞에서는 눈 녹듯 사라졌다. 각 부족의 부대들은 하나의 깃발 아래 힘을 합쳤으며, 동고트족 족장들도 서고트족 장군의 뛰어난 재능 앞에 무릎을 꿇었다. 그는 또한 타이팔라이족의 막강한 원조를 얻어 냈는데, 그들은 불명예스러운 관습 때문에 뛰어난 무용에도 불구하고 조롱과 경멸의 대상이었다. 모든 젊은이들은 성인이 되면서 부족의 전사 중 누군가와, 명예로운 우정이라고는 하지만 사실상 동물적인 애정 관계를 가져야 했다. 젊은이들은 숲에 사는 거대한 곰이나 멧돼지와 단판으로 싸워 이김으로써 남성성을 인정받기 전까지는 이 부자연스러운 관계에서 벗어날 수 없었다. 그러나 사실 고트족의 가장 강력한 지원군은 고트족을 고향 땅에서 몰아낸 바로 그 적들 중 하나였다. 훈족과 알라니족은 느슨한 예속 관계에 있었던데다 광범위한 영토를 소유하고 있었으므로, 정복 사업이 지연되었을 뿐만 아니라 의견도 분열되었다. 몇몇 부족들은 프리티게른의 후한 약속에 귀가 솔깃해졌다. 스키타이의 발빠른 기병대는 끈기 있고 강인한 고트족 보병대에 활력과 무게를 더

[47] 히에로니무스는 그 부족들을 나열하면서 20년간의 재난기에 주목한다. 헬리오도루스에게 보낸 이 서신은 서기 397년에 작성되었다.

해 주었다. 사르마티아족도 발렌티니아누스의 후계자를 결코 용서하지 않았으므로, 이러한 일대 혼전을 즐기면서 더욱 부추겼다. 이때 마침 알레만니족이 갈리아의 속주들을 침입하여, 서로마 제국의 주의와 병력을 그쪽으로 돌리게 되었다.[47]

서기 378년 5월, 알레만니족에게 승리한 그라티아누스

야만족들을 군대와 궁정에 들이면서 생긴 가장 위험한 불편 사항 들 중 하나는 그들이 동족들과 주고받는 편지 왕래에서 두드러지게 드러났다. 그들은 부주의에서, 혹은 악의에서 로마 제국의 약점을 동포들에게 노출시켰다. 그라티아누스 황제의 친위대 소속이었던 한 병사는 콘스탄스 호 너머에 거주하는 렌티엔세 부족민이었다. 그는 개인적인 용무로 휴가를 청하게 되었다. 가족과 친구들과의 짧은 만남에서, 호기심 어린 질문 공세가 이어졌다. 그러자 이 수다스러운 병사는 그가 국가 기밀과 상관의 계획에 대해 얼마나 자세히 알고 있는지 과시하고픈 허영심의 유혹을 뿌리칠 수 없었다. 그라티아누스가 숙부 발렌스를 돕고자 갈리아와 서로마의 병력을 이끌고 나설 준비를 하고 있다는, 그의 입에서 새어 나온 정보는 그렇지 않아도 기회만 노리고 있던 알레만니족에게 침략할 최적의 시기와 방법을 알려준 셈이었다. 몇몇 경무장한 파견 부대가 2월이 되어 얼어 붙은 라인 강을 건넜으니, 이는 다가올 중대한 전쟁의 서막이었다. 마음껏 약탈하고, 가능하면 정복까지도 해 보겠다는 대담하기 짝이 없는 소망 앞에서 나약한 신중함이나 국가적 신의 따위는 간 곳 없었다. 숲과 마을마다 기운이 펄펄한 모험가들의 무리가 쏟아져 나왔다. 알레만니족의 대군이 처음 접근해 오자, 공포에 질린 사람들은 그들의 숫자를 4만 명 정도로 추산했으나, 나중에는 아첨 떠는 황제의 궁정인들이 7만 명으로 부풀렸다. 판노니아로 진군하도록 명령받았던 군단들은 즉각

갈리아의 방위를 위해 소환되거나 출발이 유보되었다. 군사 지휘권은 나니에누스와 멜로바우데스가 나누어 맡았다. 젊은 황제는 나니에누스의 오랜 경험과 냉철한 지혜를 존경하고 있었지만, 프랑크족 왕이자 로마 친위대의 코메스라는 양립하기 힘든 두 가지 지위를 동시에 잘 수행하고 있는 멜로바우데스의 군인다운 열정을 훨씬 더 높이 사며 본받고 싶어 했다. 그의 경쟁자인 알레만니족의 왕 프리아리우스 역시 그 못지않게 무용을 앞세우는 인물이었다. 그들의 군대는 지도자들의 기백에 더욱 사기가 올라 알자스 평원의 아르겐타리아, 다른 이름으로는 콜마르[48]라고도 불리는 도시 부근에서 맞붙었다. 그날의 영광은 로마 병사들의 잘 훈련된 기동력과 투척용 무기 덕으로 돌려야 할 것이다. 알레만니족은 꽤 오랫동안 진지를 사수하며 버텼으나, 로마 병사들이 가차 없이 몰아붙이자 견디지 못하고 겨우 5000명 정도만이 살아남아 숲 속으로 도망쳤다. 알레만니족 왕은 전장에서 영광된 죽음을 맞음으로써 항상 실패한 전쟁에 대한 책임을 왕에게 물으려 하는 사람들의 비난으로부터 벗어났다. 그라티아누스 황제는 이 주목할 만한 승리로 갈리아의 평화를 확보하고 로마의 무력을 높이 떨쳐 보였으니, 지체 없이 동방 원정길에 오르리라고 예상되었다. 그러나 알레만니족의 국경 근처까지 간 후, 갑작스럽게 왼쪽으로 방향을 틀어 예상을 깨고 라인 강을 건너 대담하게도 경악에 빠진 알레만니족 영토의 심장부를 향해 진군했다. 야만족들은 지형상의 장애물을 이용하여 어떻게든 그의 진격을 저지하려 했으나, 계속하여 뒤로 밀리다가 결국은 적들의 힘과 인내 앞에 무릎을 꿇었다. 그들의 항복은 진심으로 참회한 결과라기보다는 더 이상의 고통을 견딜 수 없어 굴복한 데 불과했으므로, 이 신의 없는 부족에서 강건하고 용감한 젊은이들을 가려 뽑아 징발함으로써

[48] 당빌은 아르겐타리아, 또는 아르겐토바리아로 불린 이 전장의 위치를 스트라스부르크 남쪽으로 23갈리아리그 또는 34.5로마마일 떨어진 곳으로 보고 있다. 그 잔해 위에 콜마르 인근 도시가 세워졌다.

앞으로의 복종에 대한 가장 확실한 증표로 삼았다. 황제의 국민들은 이미 알레만니족을 무력으로 제압하거나 조약으로 구속할 수 없음을 이미 여러 차례 경험한 터라, 확고하거나 영구적인 평화를 기대하지도 않았을 것이다. 하지만 이번만은 젊은 새 군주의 덕성으로 보아 오래도록 태평성대를 누릴 수 있으리라고 기대했다. 군단병들이 산을 넘고 야만족들의 요새를 기어오를 때 그라티아누스는 앞장서서 용맹을 떨쳤다. 금박을 입히고 화려하게 색칠한 호위병들의 갑옷은 군주를 옆에서 방어하느라고 온통 뚫어지고 망가졌다. 발렌티니아누스의 아들은 열아홉 살의 나이에 평화시와 전시에 필요한 재능을 모두 소유하고 있었다. 알레만니족에 대해 그가 거둔 성공은 고트족에 대해서도 승리를 거두리라는 확실한 전조로 해석되었다.

고트족을 향해 진군하는 발렌스

서기 378년 6월

그라티아누스가 국민들의 갈채를 한몸에 모을 동안, 마침내 그의 궁정과 군대를 안티오크에서 이동시킨 발렌스 황제는 콘스탄티노플의 시민들에게 국가적 재난을 초래한 장본인이라는 비난을 받았다. 그는 수도에서 열흘간의 휴식을 채 마치기도 전에, 대경기장에서 터져 나오는 시민들의 아우성에 밀려 스스로 불러들인 야만족들을 상대하러 나가지 않으면 안 되었다. 시민들은 실제 위험이 멀리 있을 때는 항상 용감한 법인지라, 무기만 지급해 준다면 자신들의 힘만으로도 무례한 적의 파괴 행위로부터 속주를 구해 낼 수 있다고 호언장담했다. 무지한 군중들의 이러한 헛된 비난은 자포자기에 빠진 발렌스의 무모함에 불을 붙여 로마 제국의 몰락을 재촉한 셈이 되었다. 그는 사실 세간의 평으로 보나, 그의 정신 상태로 보나 공공연한 경멸을 굳건히 버텨 낼 만큼 강인한 인물은 아니었다. 게다가 부관들이 몇몇 작전에서 거둔 성공을 보고 프리티게른이 하드리아노폴리스 인근에 집결시킨 고트족의 힘을 금세 얕잡아 보았다. 용감무쌍한 프리게리두스가 타이팔라이족의 진군을 저지했는데, 이 전투에서 방자한 야만족들의 왕이 전사했고, 반항을 포기한 포로들은 이탈리아에 있는 모데나와 파르마의 황무지를 정착지로 할당받아 멀고 먼 추방길에 올랐다. 세바스티아누스[49]는 근래 발렌스 휘하에서 복무하다 보병 대장으로 진급했는데, 그의 위업은 그 자신으로서도 대단한 명예였을 뿐 아니라 공화국에도 기여한 바가 컸다. 그는 각 군단에서 300명의 병사들을 선발하도록 허락받았다. 이 특별 부대는 발렌스 치하에서 거의 잊혀지다시피 했던 군기 재무장과 무예 훈련을 받았다. 세바스티아누스는 용맹스럽게 부대를 지휘하여 고트족 대부대의 진영을 기습 공격하였고, 그들의 손에서 되찾아 온 막대한 양의 전리품으로 하드리아노폴리스와 인근 평원까지 가득 채웠다. 이 장군이 전해 온 혁혁한 전과의 소식에 황제의 궁정은 놀라 입을 다물지 못했다. 따라서 그가 아무리 조심스럽게 고트족과의 전쟁의 어려움을 간언해도, 그의 용맹만 높이 칭송받을 뿐 간언은 거부당했다. 발렌스는 자만심에 차서 궁정의 환관들이 내 놓는 아부성 제안에만 귀를 기울인 나머지, 이렇게 눈앞에 있는 정복의 영광을 빨리 낚아채야겠다는 조급함에 몸이 달았다. 그는 다수의 정예 병사들을 보강하여 병력을 증강했다. 콘스탄티노플에서 하드리아노폴리스까지의 행군은 군사적으로 매우 훌륭하게 수행되어, 군대의 진군과 군량 호송을 막기 위해 중간의 샛길들을 점령하려 했던 야만족들의 활동을 사전에 봉쇄하는 성과를 거두었다. 발렌스는 하드리아노폴리스 성벽 아래에 진을 쳤는데, 로마군의 관행대로 도랑을 파고 방벽을 쳐서 공격에 대비했다. 그러고 나서 황제와

[49] 조시무스는 세바스티아누스의 업적에 대해서는 상세히 설명하면서, 하드리아노폴리스에서의 중요한 전투에 대해서는 단 몇 줄로 처리해 버렸다. 세바스티아누스를 미워한 교회 사가들은 조시무스가 찬사를 보냈다는 사실 자체가 굴욕적인 것이라고 말한다. 그의 편견과 무지로 인해 그가 평가한 업적이 상당히 의심스러워진다는 것은 사실이다.

제국의 운명을 결정할 중대한 군사 회의가 소집되었다. 빅토르는 사르마티아인 특유의 성급한 성질을 경험을 통해 고쳐 온 인물로, 이성적으로 대처하여 작전을 늦추어야 한다고 줄기차게 주장했다. 반면 세바스티아누스는 궁정인답게 나긋나긋한 아첨 섞인 능변으로 목전의 승리를 조금이라도 의심하는 듯한 사전 대책이라든가 조치는 어떤 것이라도 무적의 군주의 용기와 존엄에 어울리지 않는다는 주장을 폈다. 이에 더하여 프리티게른의 교활한 술수와 서로마 제국 황제의 신중한 충고가 발렌스의 파멸을 더욱 앞당겼다. 야만족들의 장군은 전쟁 중에 협상을 벌임으로써 얻을 수 있는 이점을 완벽하게 파악하고 있었으므로, 그리스도교 성직자 한 사람을 성스러운 평화의 사절로 파견하여 적의 군사 회의에 파고들어 가 혼란을 일으키게 했다. 이 밀사는 고트족이 겪고 있는 악조건들을 그럴듯하게 묘사하면서, 방랑하는 동포들을 위해 트라키아의 황무지 어딘가에 조용한 정착지를 마련해 주고 충분한 양곡과 가축만 제공해 준다면 전쟁을 그만두고 오로지 제국의 방위를 위해서만 무기를 쓰겠다는 뜻을 프리티게른의 이름으로 전했다. 그에 덧붙여 은밀하게 속내를 털어 놓는 척하면서, 격분한 야만족들이 이러한 합리적인 조건들에 반대하고 있어서, 프리티게른은 황제군의 힘을 등에 업지 않고서는 조약을 성사시키기 어려울 것으로 생각하고 있다고 전했다. 이와 비슷한 무렵에 서로마 제국에서 코메스인 리코메르가 돌아와 알레만니족의 패배와 항복 소식을 알렸다. 그는 발렌스에게 그의 조카 그라티아누스가 승전한 갈리아 정예 군단의 선두에 서서 빠르게 진군해 오고 있으니, 두 황제가 합류하여 고트족과의 전쟁에서 확실한 승리를 거두게 될 때까지는 모든 위험하고 결정적인 조치를 일시 중단해 줄 것을 그라티아누스와 공화국의 이름으로 요청했다.

그러나 동로마의 나약한 군주는 오로지 자만심과 시기심 때문에 치명적인 환상에 빠져 있었다. 그는 이 간곡한 간언을 코웃음으로 넘기고 굴욕적인 원조 따위는 거부해 버렸다. 그는 아직 수염도 안 난 애송이가 얻은 명성과 불명예스럽다고까지는 할 수 없어도 내세울 것 하나 없는 자신의 치세를 남몰래 비교해 보았을 것이다. 발렌스는 그라티아누스가 서둘러 도착하여 조금이라도 승리의 영광을 빼앗아 가기 전에 승리를 쟁취하고자 전장으로 돌격했다.

발렌스 황제가 친위대의 호위 아래 자신의 짐과 군수품을 남겨 놓고, 시에서 약 12마일 정도 떨어진 곳에 진을 치고 있던50 고트족을 공격하기 위해 하드리아노폴리스에서 출정한 날인 8월 9일은 로마의 연표에 가장 불길한 날51로 기록될 만하다. 작전 명령상의 실수였든지, 지형에 무지했든 탓인지, 기병대의 오른쪽 열이 적들의 시야에 잡힐 때까지도 왼쪽 열은 아직 상당히 먼 거리에 뒤처져 있었다. 병사들은 한여름의 무더위 속에서 행군을 서두르도록 재촉을 받았으나, 지루한 혼란이 계속되고 간간이 지연되는 속에서 전열이 형성되고 있었다. 이때 고트족 기병대는 인근 지역에서 마초를 모으느라 나가 있는 상태였는데, 프리티게른은 늘 하던 대로 술책을 부렸다. 그는 로마군들이 작렬하는 태양 아래서 갈증과 배고픔, 참기 힘든 피로에 탈진할 때까지 평화 사절을 보내고, 협상 제안을 내놓고, 인질을 요구하면서 시간을 끌었다. 황제는 설득당한 끝에 고트족 진영에 사절단을 보내기로 했다. 리코메르는 이 위험한 임무를 맡을 만한 용기를 가진 유일한 인물로 천거되었다. 그리하여 온갖 휘장으로 화려하게 장식하고 두 군대 사이를 전진하던 중, 갑작스럽게 전투 소집의 호출을 받고 불려 갔

서기 378년 8월 9일, 하드리아노폴리스 전투

50 암미아누스는 8마일, 이다티우스는 12마일이라고 하여 차이를 보이고 있는데, 이는 공간이나 넓이를 고려하지 않고 대군을 숫자로만 따지는 사가들에게나 혼란을 줄 것이다.

51 하드리아노폴리스의 치명적인 전투에 대해 서술한 역사가는 암미아누스밖에 없다. 그의 문체상의 결점과 서술상의 혼란스러움, 무질서를 비난할 수도 있겠지만, 이제 이 공정한 역사가에게 작별을 고할 때가 되고 보니, 다른 무엇으로도 메우지 못할 손실에 아쉬운 마음만 앞서 차마 비난할 수가 없다.

다. 궁수 부대와 방패 부대를 지휘하는 이베리아인 바쿠리우스가 성급하고 무모하게도 공격을 시작해 버린 것이다. 그들은 경솔하게 나선 만큼 손실과 불명예만 안고 퇴각해야 했다. 이와 동시에 귀환을 초조하게 기다리고 있던 알라테우스와 사프락스의 민첩한 기병대가 구릉 지대로부터 회오리바람처럼 몰아쳐 내려와 평원을 휩쓸어 버림으로써, 야만족 군대의 무질서하나 압도적인 돌격에 새로운 공포를 더했다. 발렌스와 제국에 너무나 치명적이었던 하드리아노폴리스 전투의 결과는 다음과 같은 몇 마디 말로 요약할 수 있을 것이다.

로마인들의 패배

로마군 기병대는 패주했고, 버려진 보병대는 적에게 포위되어 무차별 살육을 당했다. 아무리 기동성이 뛰어나고 굳은 용기를 지닌 군대라도 탁 트인 평야에서 압도적인 수의 말에 포위된 보병대를 구출해 내기는 어려웠다. 더구나 발렌스의 군대는 적의 압박과 자신들의 공포심에 짓눌린 나머지, 좁은 공간에 몰려 전투 대열을 펴기는커녕 검과 창을 제대로 쓸 수조차 없었다. 혼돈과 살육, 경악의 와중에 황제는 근위대에게서도 버림받고 화살에 맞아 부상당한 채, 아직도 어느 정도 명령 체계를 유지하면서 진지를 사수하고 있는 란케아리족과 마티아리족에게서 피난처를 구했다. 그의 충직한 장군 트라야누스와 빅토르는 황제의 위험을 감지하고, 황제를 구출하지 못한다면 모든 것이 끝장이라고 큰소리로 외쳤다. 몇몇 병사들이 그들의 독려에 힘을 얻어 황제를 구하러 나섰으나, 피투성이가 된 장소에 쌓여 있는 부서진 무기류와 토막 난 시체들만 발견했을 뿐, 산 자들 속에

발렌스 황제의 죽음

서도, 죽은 자들 속에서도 불운한 황제의 모습은 찾을 수가 없었다. 일부 역사가들이 설명한 발렌스의 죽음에 대한 정황이

어느 정도 사실이라면, 그들의 수색은 애초부터 성공할 수 없는 것이었다. 발렌스의 수행원들은 그를 전투 현장에서 인근 오두막으로 옮겨 상처를 치료하고 앞날의 안전을 도모하고자 했다. 그러나 이 초라한 피난처도 곧 적들에게 포위되었다. 적들은 문을 열려고 애썼으나, 지붕에서 날아오는 화살에 약이 오른 나머지 마른 삭정이에 불을 붙여 오두막을, 그 안에 든 황제와 수행원들과 함께 전소시켜 버렸다. 발렌스는 화염 속에서 숨을 거두었다. 젊은이 하나만이 간신히 창문으로 도망쳐서 이 슬픈 이야기를 증언하고, 고트족에게 경솔함으로 인하여 헤아릴 수 없을 만큼 큰 포상을 놓쳤음을 알려 주었다. 하드리아노폴리스의 전투에서 수없이 많은 용감하고 훌륭한 무관들이 희생되었다. 실제 손실로 따지면 일찍이 로마가 칸네 전투에서 입었던 것과 맞먹을 만하며, 결과의 치명적인 영향으로 보자면 그것을 뛰어넘는 것이었다.[52] 기병대와 보병대 대장, 궁정의 고위 무관 두 사람, 서른다섯 명의 지휘관이 사망자들 속에 포함되어 있었다. 세바스티아누스의 죽음은 국난을 가져온 장본인이 결국 희생자가 되었다는 점에서 세상 사람들에게 만족감을 주었을지도 모른다. 로마 군대의 3분의 2 이상이 희생되었다. 그나마 야음을 틈타 다수의 병졸들이 도망칠 수 있었는데, 빅토르와 리코메르가 일대 혼란의 와중에서도 유일하게 냉정한 용기와 엄정한 군율을 유지하여 질서 정연하게 퇴각했다.

    슬픔과 공포가 아직도 사람들의 마음 속에 생생하게 남아 있을 때, 당대의 가장 이름난 웅변가인 리바니우스가 패배한 군대와 이미 낯선 자에게 왕좌를 넘겨 준 인기 없는 왕을 위한 조사를 썼다. 리바니우스는 솔직하게 이렇게 말한다.

발렌스와 그의
군대에 대한 추도사

[52] 폴리비우스의 말에 따르면, 370마리의 말과 3000명의 보병들만이 간신히 칸네 전투에서 살아 도망했으며, 1만 명이 포로가 되었고, 말 5630마리, 보병 7만 명이 살육당했다. 리비우스는 이보다는 손해가 적었던 것으로 보는데, 2700마리의 말과 4만 명의 보병만이 죽었다고 했다. 로마군은 8만 7200명으로 구성되어 있었던 것으로 추정된다.

황제가 신중하지 못했다고 책망하거나, 국가의 불행을 군대의 용기와 군율 부족으로 돌리는 사람들도 많이 있습니다. 나로 말하자면, 그들이 이전에 세운 위업에 대한 기억에 경의를 표합니다. 그들이 자기 대열에 서서 싸우다가 용감하게 맞은 영광된 죽음에 경의를 표합니다. 그들의 피와 야만족들의 피로 얼룩진 전장에 경의를 표합니다. 그 명예로운 자취들은 이미 비에 씻겨 사라져 버렸습니다만, 장군들, 백인대장, 용맹스러운 전사들의 뼈로 이루어진 높디높은 산은 오래도록 남아 있을 것입니다. 왕은 몸소 전투 대열의 최전선에서 싸우다 쓰러졌습니다. 황제의 시종들은 적들이 추격해 오지 못할 곳까지 그를 금세 데려다 주도록 황실의 마구간에서도 가장 빠른 말들을 그에게 바쳤습니다. 그들은 앞으로도 공화국을 위해 일할 수 있도록 황제의 귀한 생명을 보존해 달라고 헛되이 간청했습니다. 그러나 그는 국민들 중에서도 가장 용감하고 충성스러운 자들이 그렇게 많이 희생된 마당에 자신이 살아남을 수는 없다고 단언하고 죽은 자들의 산 아래 위엄 있게 매장되었습니다. 그러니 누구도 야만족들의 승리를 로마 군대의 공포, 나약함, 경솔함 탓으로 돌릴 생각을 해서는 안 됩니다. 지휘관들과 병사들은 조상들의 덕을 이어받고자 했으니, 군율과 전쟁술에서 뒤떨어지지 않았습니다. 그들의 경쟁심은 영광을 바라는 마음에 더욱 고무되어, 무더위와 갈증, 불과 검에 함께 맞서 영광스러운 죽음을 패주와 불명예로부터의 피난처로 기꺼이 받아들였습니다. 우리의 적들이 성공을 거둔 원인을 찾는다면, 오로지 신들의 분노 때문일 것입니다.

이 헌사는 발렌스의 성격이나 전투 당시의 정황과는 그다지 어울리지 않으므로, 역사의 진실은 이 내용을 상당 부분 부인할 것이다. 그러나 이 더할 나위 없이 아름답게 꾸며진 찬사의 말은 안티오크의 철학자의 웅변술과 함께 그의 관대함을 보여준다.

이 기념할 만한 승리로 고트족의 자부심은 하늘 높은 줄 모르고 올라갔으나, 탐욕에 부풀었던 그들은 왕실의 전리품 중에서도 가장 값진 것들이 하드리아노폴리스의 성벽 안에 있다는 사실을 알고 낙심천만했다. 용맹을 발휘한 대가를 얻고자 서둘렀으나, 그들이 마주친 것은 절망의 극한에 몰려 안전을 구할 한 가닥 희망에 모든 것을 걸고 결사 항전의 결의를 굳게 품은 패잔병들이었다. 성벽과 인근 진영의 방벽 주위에는 엄청난 무게의 돌을 던질 수 있는 무기들이 수없이 설치되어 있었는데, 무지한 야만족들은 실제의 공격 효과보다도 발사되는 돌의 소음과 속도에 혼비백산했다. 궁정의 병사들, 시민들, 속주민들, 관리들은 위험 앞에서 도시의 방어를 위해 일치 단결하여 고트족의 맹공격을 물리칠 수 있었다. 고트족들의 비밀스러운 배신과 기만 행위도 발각되어, 수시간 동안의 지루한 전투 끝에 자신들의 진영으로 퇴각하고 말았다. 그들은 그간의 경험으로 보아 현명한 지도자 프리티게른이 대도시들의 요새들과 암묵적으로 맺어 둔 조약을 따르는 편이 훨씬 더 바람직하겠다고 생각했다. 고트족은 로마군 탈영병 300여 명을 급히 학살한 다음(로마군의 군율 면에서 본다면 대단히 유익한 응징이었지만), 하드리아노폴리스의 포위를 풀었다. 일대 혼전이 벌어지던 곳에 순식간에 정적만 흐르고 대군의 모습은 갑자기 자취를 감추었다. 숲과 산 속 길에는 공포에 떨며 일리리쿰과 마케도니아의 먼 도시들로 피난처를 찾아 도망친 병사들의 발자국만 어지러이 남아 있었다. 궁정의 살림과 국고를 돌보던 충직한 관리들은 아직도 황제가 죽은 사실을 모르고 그를 찾으러 다녔다. 고트족의 대군은 썰물처럼 하드리아노폴리스 성벽에서 콘스탄티노플 외곽으로 빠져 나갔다. 야만족들은 동로마 수도의 휘황찬란한 외관, 길고 높은 성벽들, 방벽 주변에 무수히 몰려든 공포에 질린 부유한 시민들, 바다와 육지의 다양한 경관들을 보고 그저 놀랄 뿐이었다. 그들이 콘스탄티노플의 범접할 수 없는 아름다움에 넋이 빠져 있을 때, 다행스럽게도 그전부터 발렌스의 휘하에서 복무하고 있던 일군의 사라센인들53이 성문을 박차고 돌격해 나왔다. 스키타이 기병대도 아랍 산 말들의 경탄할 만한 신속성과 기백 앞에서 무릎을 꿇지 않을 수 없었다. 그 기수들은 비정규전을 전개하는 데 매우 능숙했으므로, 북방의 야만족들도 이 남방 야만족들의 비인간적일 정도의 잔인성에는 기가 질리고 말았다. 한 예로, 한 벌거벗은 털북숭이 아랍인은 고트족 병사를 단검으로 살해하고는 무시무시하게 기뻐하면서 그 상처에 입술을 대고 피를 빨아먹었다. 고트족 군대는 시외의 부유한 지역에서 약탈한 전리품들을 싣고 보스포루스 해협에서 트라키아의 서쪽 경계선을 이루는 산악 지대로 천천히 이동했다. 수키 지역의 중요한 통로들도 로마군 지휘관 마우루스가 두려움에서였는지 비밀리에 내통한 결과였는지, 방어를 포기해 버린 상태였으므로 야만족들은 패배하여 뿔뿔이 흩어진 동로마 군대로부터 아무런 저항도 받지 않고 멀리 이탈리아에서 아드리아 해까지 풍요로운 농경 지역을 마음껏 누볐다.54

53 사라센인들은 페니키아, 팔레스타인, 이집트 등지를 성가시게 습격하곤 했는데, 발렌스는 이들을 매수하여 친선 관계를 맺었다.

54 이 일련의 사건들은 암미아누스의 저서 마지막 장에서 더 찾아볼 수 있을 것이다. 조시무스는 아랍인들의 공격 시점을 발렌스가 사망하기 이전으로 잘못 잡았다. 에우나피우스는 트라키아, 마케도니아 등지의 비옥함을 찬양하고 있다.

55 성직자들과 어부들이 전하고 하트(Harte)가 번역한 마그데부르크를 약탈한 일에 대한 서술이 이에 해당할 것이다.

서기 378년, 379년,
로마의 속주들을
약탈하는 고트족

로마인들은 로마 군단이 자행한 이른바 정의의 응징에 대해서는 매우 냉정하고 간결하게 언급하고 넘어가지만,55 승승장구하는 야만인들의 무력에 속주가 침략당하고 초토화되었을 경우에는 자신들이 겪은 고통에 대해 아낌없이 동정과 열변을 토해 놓는다. 한 도시의 멸망, 한 가족의 불행에 대한 단순한 정황 서술이라면[56] 흥미롭고도 교훈적인 인간사의 일면을 보여 주는 것이 될 수도 있겠지만, 모호한 웅변조의 넋두리만 지루하게 반복해 늘어 놓는다면 아무리 인내심 강한 독자라도 지치고 말 것이다. 정도의 차이는 있겠지만, 이 불행한 시기의 이교도 사가들과 교회 사가들에게도 마찬가지의 비난이 적용될 수 있겠다. 그들은 당대에 널리 퍼져 있던 종교적 적개심에 불타서, 모든 대상의 실제 크기와 색채를 불순한 의도로 과장하여 왜곡하는 데에만 열을 올렸다. 예컨대 성 히에로니무스와 같이 격정적인 인물은 그의 고향인 판노니아와 콘스탄티노플 성벽에서 율리아 알프스의 산록 지대에 이르는 광범위한 속주들을 고트족과 그 야만적인 동맹군들이 침략하여 입힌 재난들, 즉 강간과 학살, 방화, 그리고 무엇보다도 교회를 마구간으로 바꾸어 신성을 모독하고 성스러운 순교자들의 유물을 더럽힌 데 대해 애통해 했다. 그러나 이 성자가 이렇게까지 말한 것은 분명히 도가 지나쳤다.

[56] 갈리아 전쟁 회고록에서 카이사르가 얼마나 무관심하게 설명하고 있는지 주목하라. 그는 자비를 구했던 베네티족의 원로원 전부를 죽음으로 몰아넣었고, 에브론족을 절멸시키려 했으며, 부르주에서는 그의 병사들의 정당한 복수라는 미명 아래 연령과 성별을 불문하고 4만 명을 학살했다.

이제 그 불모지마다 하늘과 땅을 제외하고는 아무것도 남지 않았다. 도시가 파괴되고 인류가 멸종된 이후 울창한 삼림과 뚫고 들어갈 수 없을 만큼 무성한 관목 숲만이 땅을 온통 뒤덮었다. 짐승들과 새, 물고기조차 보이지 않게 되었으니, 일찍이 선지자 제파니아가 예언했던 대로 온 세상이 황무지가 되고 말았다.

이 넋두리는 발렌스가 죽은 지 20여 년이 지난 후 나온 것이다. 일리리쿰 속주는 곧 야만족들이 거칠 것 없이 침략하면서

57 에우나피우스는 어리석게도 고트족 젊은이들의 성장을 초자연적인 불가사의로 생각하고 있다. 용의 이빨에서 쏟아져 나왔다는 카드무스의 무장한 사람들의 이야기까지 끌어넣고 있다. 그 당시의 그리스인들의 화법은 그런 식이었다.

마음껏 쓸고 다녔으나, 그 후로도 거의 천 년 동안이나 약탈과 파괴를 위해 끊임없이 새로운 물자를 공급해 주었다. 광대한 지역이 거주민 없이 버려져 더 이상 경작되지 않는다 해도, 자연적으로 짐승들이 번식하는 데에는 그리 치명적인 결과가 되지 않는 법이다. 인간의 손에 의해 길러지던 유용하고 유순한 동물들은 보호를 받지 못하게 되면 사라질 수도 있겠지만, 숲 속의 짐승들은 인적 없는 그들만의 영역에서 자유롭게 방해받지 않고 살면서 오히려 수가 늘어날 것이다. 하늘이나 물 속에서 사는 종들은 인간의 운명에는 그다지 영향을 받지 않는 법이니, 도나우 강의 물고기들이 고트족 군대의 습격보다는 욕심스러운 꼬치고기 떼가 다가오는 데 더 공포와 불안을 느낀다는 게 맞을 것이다.

서기 378년, 아시아에서 고트족 젊은이들의 대량 학살

유럽이 겪은 재난의 정도가 정확히 어느 정도였든지 간에, 유사한 재난이 평화로운 아시아의 각 나라들에까지 곧 퍼질 가능성을 우려할 만한 상황이었다. 앞서 인질로 끌고 왔던 고트족의 자녀들은 동방의 각 도시에 널리 분산 배치되었는데, 수준 높은 교육 덕에 그들의 타고난 격렬한 기질도 꽤 다듬어지고 순화되었다. 약 12년간의 기간 동안 그들의 숫자는 꾸준히 증가해 왔으며, 최초의 이민자들로 헬레스폰투스 너머로 보내졌던 아이들도 빠르게 성장하여 힘과 기상을 갖춘 어엿한 성인이 되어 있었다.57 그들의 귀에도 고트족 전쟁에 대한 소식이 흘러들어 가지 않을 수 없었다. 이 대담한 젊은이들은 감정을 위장할 줄 몰랐으므로, 아버지들의 영광스러운 본보기를 따르겠다는 욕망과 강한 의지까지도 드러냈다. 속주민들로서도 시절이 수상하니 경계와 의심의 눈초리를 보내지 않을 수 없었던 것 같다. 그리고 이러한 의심은 곧 아시아의 고트족들이 국가의 안전을 해칠 위험한 비밀 음모를 꾸미고 있다는 확신으로 발전했다. 발렌스의 죽음으로 인해 동로마 제국은 주인 없는 상태로 남겨져 있었다. 대장이라는 중책에 있던 율리우스는 성실하고 능력 있는 인물로 높은 평판을 얻고 있었는데, 콘스탄티노플의 원로원은 국가의 대표 기관인 만큼 왕이 공석일 때에는 마땅히 그들과 국사를 의논해야 한다고 생각했다. 그는 공화국의 이익에 가장 합당하다고 판단한 대로 행동해도 좋다는 자유 재량권을 얻게 되자, 곧 주요 관료들을 소집하여 그의 피비린내 나는 계획을 실행에 옮길 효과적인 수단에 대해 은밀히 협의했다. 그 결과 곧 칙령이 발포되어, 정해진 날짜에 모든 고트족 젊은이들로 하여금 각 속주의 수도에 집결하도록 명했다. 소집 이유가 그들에게 토지와 돈을 후하게 내려 주기 위해서라는 소문이 널리 퍼졌기 때문에, 그들은 즐거운 희망에 부풀어 격렬한 원한도 잊었고, 어쩌면 음모의 실행까지도 일시 중단했을지 모른다. 정해진 날이 되자, 비무장 상태의 고트족 젊은이들이 무리 지어 조심스럽게 광장에 모여들었다. 거리와 대로는 로마군들이 이미 온통 점거한 상태였고, 건물 지붕마다 궁수들과 투석병들이 빽빽이 배치되어 있었다. 동로마의 모든 도시에서 일제히 무차별 학살의 신호가 떨어졌다. 이리하여 아시아의 속주들은 율리우스의 잔혹한 지략 덕에 몇 달 후면 헬레스폰투스에서 유프라테스 강까지 불과 검을 들고 떨쳐 일어섰을지 모를 내부의 적으로부터 구원되었다.[58] 틀림없이 국가의 안전을 먼저 고려해야 한다는 급박한 사정을 앞세워 실정법 따위는 무시해도 좋다고 여겨졌을 것이다. 나로서는 도대체 이런 이유로, 혹은 다른 어떤 이유로 어느 정도까지 자비와 정의에 대한 당연한 의무를 무효화할 수 있는 것인지 알고 싶지도 않다.

[58] 암미아누스는 이 처형에 대해 명백히 찬동의 뜻을 표하면서, 효율적이고 신속하면서 이로운 조치였다는 말로 그의 저작을 마무리짓고 있다. 호기심 많고 수다스러운 조시무스는 날짜를 오인한 나머지, 테오도시우스는 아직 동로마 제국의 왕좌에 오르지도 않았었는데, 왜 율리우스가 황제인 그의 의견을 묻지 않았는지 이유를 알아 내려고 애썼다.

| 서기 379년 1월, 로마 제국의 동부를 테오도시우스에게 맡긴 그라티아누스 황제 | 그라티아누스 황제는 하드리아노폴리스의 평원을 향해 꽤 진군해 왔을 무렵에야 처음에는 갈피를 잡기 힘든 세간의 풍문으로, 나중에는 빅토르와 리코메르의

좀 더 정확한 보고를 통해 성미 급한 공동 통치 황제(발렌스)가 전투 중에 살해되었으며 로마군의 3분의 2가 승리한 고트족의 칼에 전멸당했다는 사실을 알았다. 숙부의 경솔하고 시샘에 찬 허영심이야 비난받아 마땅하겠지만, 관대한 그로서는 분노도 슬픔과 동정심으로 쉽게 누그러졌다. 그러나 공화국이 처한 심각하고 위급한 처지를 생각하면 연민의 정마저도 곧 사라져 버렸다. 그라티아누스가 불행한 공동 통치 황제를 돕기에는 이미 때가 늦었고, 그의 복수를 해 주자니 힘이 모자랐으므로, 이 용맹스러운 젊은이로서도 쇠락하는 제국을 떠받치기에는 힘이 부친다고 느끼지 않을 수 없었다. 게르마니아의 야만족들은 금세라도 무시무시한 폭풍처럼 갈리아의 속주로 몰아쳐 들어올 듯한 분위기였으므로, 서로마 제국을 통치하는 문제만으로도 그라티아누스의 마음은 무겁고 어지러웠다. 이 중대한 위기 상황에서 동로마를 통치하면서 고트족과의 전쟁까지 수행해 나가려면 영웅과 정치가의 자질을 겸비한 인물이 전력을 다하여 주의를 쏟아야 했다. 하지만 이러한 대권을 부여받은 신하가 멀리 떨어진 곳에 있는 은인에게 오랫동안 충성을 바치리라고는 생각하기 어려웠다. 따라서 황제의 신하들은 회의 끝에 그런 배은망덕한 꼴을 보게 되느니 은혜를 베풀어 주자는 현명하고도 단호한 결의를 택했다. 그라티아누스는 고결한 덕을 지닌 인물에게 황제의 자의를 내려 주기를 바랐으나, 아직 열아홉 살에 불과한 황제가 자기 대신들과 장군들의 참된 성격을 파악하기란 쉽지 않은 일이었다. 그는 공정하게 그들의 여러

장점과 단점을 따져 보았다. 야심에서 나온 경박한 자신감도 마음에 들지 않았지만, 그렇다고 국가의 운명을 체념해 버릴 정도로 지나치게 신중하기만 한 태도도 신뢰가 가지 않았다. 한시라도 지체하면 할수록 동로마의 장래 군주의 권력과 자원은 줄어들게 될 것이기에, 그가 처한 상황에서는 장황하게 토론할 여유가 허락되지 않았다. 결국 그라티아누스는 불과 3년 전에 자신의 아버지의 부당하고도 불명예스러운 죽음을 겪었던 추방자의 손을 들어 주겠노라고 선언했다. 그리하여 역사에 그 이름을 남겼으며 가톨릭 교회에서도 기리는 인물인 위대한 테오도시우스[59]가 황제의 궁정에 불려 나오게 되었다. 이때 궁정은 트라키아 국경에서 더 안전한 장소인 시르미움으로 피난해 있었다. 발렌스가 숨을 거둔 지 5개월이 지나 비로소 그라티아누스 황제는 운집한 군대 앞에 그의 공동 통치 황제이자 그들의 군주가 될 자를 내놓게 되었다. 테오도시우스는 겸손하게, 아마도 진심에서 이를 고사한 끝에, 어쩔 수 없이 만장의 환호 속에서 왕관과 자의, 아우구스투스의 칭호를 받았다. 발렌스가 통치했던 트라키아, 아시아, 이집트의 속주들은 이제 새로운 황제의 통치하에 들어가게 되었다. 그러나 그에게는 특별히 고트족과의 전쟁을 수행할 임무가 맡겨졌으므로, 일리리쿰 지역을 분할하여 다키아와 마케도니아 지역을 동로마 제국의 새로운 영토로 편입시켰다.

덕망 높은 황제 트라야누스와 재능 있는 황제 하드리아누스를 배출했던 그 속주, 아마도 그 도시[60]가 이제 또 다른 에스파냐 출신 황제 가계의 본거지가 되었으니, 이 가문은 80년 가까이 기울어 가는 로마 제국을 지배했다.[61] 그들은 본래 지방의 보잘것없는 신분이었으나, 발렌티니아누스의 연대기에서

테오도시우스의 출생과 품성

[59] 테오도시우스 대제의 전기는 마지막 세기에 쓰여져 젊은 도핀(Dauphin)의 마음을 종교적 열정으로 불태웠다. 저자인 플레시에(Fléchier)는 나중에 니스메스의 주교가 된 인물로 저명한 설교자였다. 그가 저술한 역사는 성직자다운 열변으로 더 가치가 높아진 면도 있고 오히려 손상된 면도 있다. 그러나 그는 바로니우스로부터 학문적 교양을, 성 암브로시우스와 성 아우구스티누스로부터는 원칙을 취했다.

[60] 이 도시는 에스파냐의 이탈리카로, 스키피오 아프리카누스가 그의 부상당한 정예 부대를 위해 찾아낸 곳이다. 그 잔해가 아직도 강 반대편, 세비야 위쪽으로 1리그 정도 떨어진 지점에 남아 있다.

[61] 테오도시우스가 제위에 오르기까지 비밀로 남아 있었던 황제의 가계에 미심쩍은 데가 있다는 점에는 티유몽의 의견에 동의한다. 그 이후로 테미스티우스, 빅토르, 클로디아누스가 돈에 매수되어 테오도시우스의 가계가 트라야누스와 하드리아누스의 핏줄을 이어받았다며 제시한 증거보다 파카투스의 침묵이 더 중요한 의미가 있다.

62 파카투스는 젊은 테오도시우스가 받은 군사적 교육을 그와 마찬가지로 부친 밑에서 교육받은 알렉산드로스, 한니발, 아프리카누스 2세의 것과 비교하면서, 그의 것을 더 높이 평가한다.

63 암미아누스는 젊은 테오도시우스가 거두었던 이 승리에 대해 언급하고 있으며, 테미스티우스와 조시무스도 같은 사실을 기술했다. 그러나 테오도레투스는 몇 가지 정황 설명을 덧붙이면서, 이상하게도 이 승리가 재위 기간 중에 있었던 일이라고 말한다.

64 파카투스는 테오도시우스의 소박한 전원 생활을 킨키나투스가 그랬던 것보다 높이 평가했는데, 전자는 선택의 결과이고, 후자는 가난의 결과였기 때문이다.

65 당빌(M. d'Anville)은 이 토지가 갈리시아의 옛 속주에 있는 카우카에 위치했던 것으로 보며, 조시무스와 이다티우스는 테오도시우스가 여기에서 출생했든지, 그렇지 않으면 토지를 세습받았다고 했다.

도 가장 빛나는 부분인 브리타니아와 아프리카 정벌을 수행했던 황제의 아버지 테오도시우스의 활달한 기상 덕에 이름을 떨쳤다. 그의 아들 역시 같은 이름인 테오도시우스였는데, 젊은 시절 뛰어난 교사들로부터 교양 교육을 받았으나 전쟁술에 관해서만은 아버지의 따뜻한 보살핌과 엄격한 훈련으로 지도받았다.62 이러한 지도자의 모범 아래, 젊은 테오도시우스는 머나먼 전장에서 경험을 쌓고 명예를 얻었다. 그는 다른 계절과 기후에 적응할 수 있도록 신체를 단련했고, 바다에서나 육지에서나 뛰어난 무용을 떨치면서 스코트족, 색슨족, 무어족과의 여러 전투를 경험했다. 그는 그간의 무훈에다 아프리카를 정복한 아버지의 추천에 힘입어 곧 독립된 지휘관의 위치까지 올랐다. 그는 모에시아의 두크스 지위에 있으면서 사르마티아족의 군대를 격퇴하여 속주를 구했으며, 병사들의 사랑을 한몸에 받아 궁정의 질시를 불러일으켰다.63 그러나 승승장구하던 그의 운도 곧 아버지의 추락과 처형으로 말미암아 벽에 부딪혔다. 그는 간신히 은전을 얻어 에스파냐의 고향 속주에 은거하면서 일개 사인으로서의 삶을 영위하도록 허락받았다. 그는 새로운 상황에 쉽게 적응함으로써 강인하고 절제할 줄 아는 성품을 보여 주었다. 그는 도시와 시골에서 거의 절반씩 시간을 보냈다. 그의 공적 언행을 이끌었던 정신은 모든 사회적 의무를 적극적으로 수행함으로써 빛을 발했으며, 군인으로서의 근면성은 최상급 혈통의 양산지로 유명한 비옥한 지역인 발라돌리드와 세고비아64 사이에 걸쳐진 광대한 세습 토지의 운영에 효과적으로 발휘되었다.65 테오도시우스는 그의 농장에서 사심 없이 겸손하게 일하며 보낸 지 4개월이 채 못 되어 동로마 제국의 황제로 처지가 바뀌게 되었다. 세계 역사를 다 통틀어 찾아보아도, 이렇게 아무 잡음 없이 명예롭게 등용된 예는 찾기 힘들 것이다. 부왕으로부터 순조롭게 왕홀을 물려받은 왕들은 자신들의 개인적인 자질과는 전혀 무관하게 왕위를 차지하였기 때문에 오히려 더 마음 놓고 법적 권리를 주장하고 향유할 수 있는 법이다. 그런데 군주제 국가나 민주 정치 체제에서 최고 권력을 손에 넣은 자는 동료들보다 우월한 재능이나 덕성으로 스스로 그 자리에 올랐을 수도 있지만, 아무리 덕이 있는 자라 할지라도 야심으로부터 자유롭기는 힘들다. 따라서 자질을 두루 갖춘 후보자의 대의명분도 음모나 내전으로 더럽혀지는 경우가 자주 생기게 된다. 군주에게 공동 통치 황제나 후계자를 지명할 권한을 허락하는 체제에서조차도 맹목적인 감정에 이끌려 가치 없는 인물을 선택하는 경우가 종종 나타난다. 그러나 카우카에서 홀로 은둔하고 있던 테오도시우스의 경우만큼은 아무리 나쁜 쪽으로 의심하려 해 보아도 야심찬 정치가의 술수나 욕망은커녕 그럴 염조차 찾아보기 어렵다. 그의 참되고 탁월한 덕성이 황제의 궁정에 깊은 인상을 남기지 않았더라면, 추방자로서 그의 이름은 오랫동안 잊혀졌을 것이다. 국가가 번영을 누리던 시절에는 그의 존재가 무시되었으나, 국난에 처하자 뛰어난 자질이 널리 인정받게 되었다. 그의 부친이 살해당한 일조차 공화국을 위해서라면 용서하리라고 그라티아누스가 믿을 정도였으니, 그의 고결함을 얼마만큼이나 확신했던 것이겠는가! 그리고 이 한 사람이 동로마 제국을 구하여 부활시킬 수 있으리라는 희망을 품었으니, 그의 능력에 얼마나 큰 기대를 걸었던 것이겠는가! 이리하여 테오도시우스는 그의 나이 33세에 황제의 자의를 걸치게 되었다. 천박한 자들은 그의 남자다운 풍모를 경탄하며 바라보았고, 점잖은 자들은 그의 위엄 있는 풍채를 눈여겨 보았으니, 그들 모두 새 황제를 트라야누스 황제의 초상이나 메달과 비교해 보며 기뻐해 마지

66 암미아누스는 라틴어로 이교의 역사를 기록한 최후의 로마인이었다. 다음 세기에 동로마 제국은 조시무스, 올림피오도루스, 말쿠스, 칸디두스 등의 역사가를 배출했다.

않았다. 반면에 영리한 자들은 그의 감성과 이해력에서 역대 로마 황제들 중에서도 가장 훌륭한 자들과 닮은 점을 발견해 냈다.

서기 379~382년, 고트 전쟁에서 테오도시우스가 보여 준 신중하고 성공적인 처신

대단히 유감스러운 일이지만, 이제 이쯤에서 동시대인의 정신에 일반적으로 영향을 미치기 마련인 편견과 사사로운 감정에 빠지지 않고 자기 시대의 역사를 구성해 냈던 정확하고도 충실한 안내자와 헤어질 때가 되었다. 암미아누스 마르켈리누스는 발렌스의 실패와 죽음으로 그의 저작을 끝맺으면서, 새로운 세대의 젊은 활력과 웅변에 다음 통치자의 시대를 서술할 영광스러운 주제를 넘겨 주고 있다. 하지만 새로운 세대는 그의 충고를 수용할 뜻도, 그의 모범을 따를 의향도 없었던 듯하다.66 테오도시우스의 치세에 대해 연구하려면 부득이하게 조시무스의 편파적인 서술을 기초로, 단편적인 기록과 연대기에서 얻을 수 있는 모호한 암시, 시나 찬양문의 비유적 표현, 편협한 종교적 열광에 빠져 진실성과 중용이라는 세속적 미덕을 경멸하는 교회 사가들의 신뢰하기 힘든 기록 따위에 기댈 수밖에 없다. 이러한 불리한 여건 속에서 로마 제국의 쇠망기에 해당하는 상당 부분을 이끌고 나가야 한다는 점을 생각하면 조심스럽게 주저하며 진행해 나갈 수밖에 없다. 그럼에도 불구하고 확신을 가지고 주장할 수 있는 것은 테오도시우스가 야만족들에게 주목할 만한 결정적인 승리를 거둠으로써 하드리아노폴리스 전투를 설욕하지는 못했다는 사실이다. 당시 정황을 잘 관찰해 보면 황제의 어용 웅변가들조차 의미심장한 침묵을 지키고 있음을 확실히 알 수 있다. 상상력을 과용하여 실제 재난의 정도를 과장하지 않는다면, 누대에 걸쳐 구축되어 온 강대한 국가의 조직이 단 하루의 불운으로

붕괴되어 버릴 수는 없을 것이다. 하드리아노폴리스의 평원에서 4만 명의 로마인들이 죽어갔다 해도, 수백만 명의 주민이 있는 동방의 속주들로부터 얼마든지 금세 신병을 보충할 수 있었을 것이다. 인간 본성 중 가장 값어치 없고 흔해 빠진 부분에서도 병사로서의 용기가 생겨날 수 있는 법이며, 제대로 훈련받지 않은 적병을 상대할 기술 정도는 살아남은 백인대장들이 어렵지 않게 단시간 내에 가르칠 수 있었을 것이다. 야만족들이 패배한 적들에게서 빼앗은 말을 타고 그들의 갑옷으로 무장한다 해도, 카파도키아와 에스파냐에서 나는 무수한 종마들로 새로운 기병대에게 얼마든지 새로운 말을 보충해 줄 수 있었을 것이다. 서른네 개에 달하는 제국의 병기고마다 방어용 무기와 공격용 무기들이 충분히 저장되어 있었으며, 아시아의 부는 전쟁 비용을 위한 막대한 자금을 내놓을 여력이 아직 충분했다. 그러나 하드리아노폴리스 전투가 야만족들과 로마인들의 마음에 가져온 심리적 영향은 단 하루의 한계를 훨씬 뛰어넘어 전자의 승리와 후자의 패배를 확대시켰다. 한 고트족 족장은 거드름을 피우면서 짐짓 말하기를 이제는 살육에도 신물이 날 지경이지만, 자기 앞에서는 양 떼처럼 도망쳤던 자들이 어떻게 아직도 감히 자기들의 재산과 속주의 소유권에 대해 떠들 수 있는지 놀라운 일이라고 했다. 한때 훈족의 이름이 고트족 전체를 공포로 떨게 했듯이, 이제는 로마 제국의 병사와 국민들 사이에서는 고트족의 이름이 더할 나위 없이 무시무시한 공포를 불러일으켰다. 만일 테오도시우스가 뿔뿔이 흩어진 병력을 황급히 재집결하여 전장에 나가 사기가 하늘을 찌를 듯한 적과 맞섰더라면, 그의 군대는 자신들의 공포에 짓눌려 패배당하고 말았을 것이며, 그의 경솔한 행동은 변명의 여지를 찾지 못했을 것이다. 그러나 위대한 테오도시우스는 이 중차대한 시국에 그가 부여받은 명예로운 호칭에 걸맞게 공화국의 굳건하고 믿음직한 수호자의 역할을 차질 없이 해냈다. 그는 마케도니아의 수도인 테살로니카에 사령부를 두었는데, 그곳에서는 야만족들의 불규칙적인 움직임을 주시하면서 콘스탄티노플 성문에서 아드리아 해변에 이르기까지 부관들의 군사 행동을 지휘할 수 있었다. 그러는 한편 도시들의 방어와 수비대를 강화하니, 군대들 사이에서도 군율과 기강이 되살아나면서 서서히 안전에 대한 확신이 생기고 사기가 올라갔다. 이처럼 어느 정도 안전을 확보하게 되자, 대담하게도 인근 지역에 창궐하던 야만족들에게 종종 습격을 가하게까지 되었다. 로마군은 입지 면에서나 수적으로 훨씬 우세한 경우가 아니면 거의 공격에 나서지 못하게 되어 있었기 때문에, 그들의 기도는 대부분의 경우 성공을 거두었다. 따라서 그들은 곧 경험을 통해 무적이라고 여겨졌던 적들을 이길 가능성이 있다는 확신을 갖게 되었다. 이들 분리된 수비군 파견대들은 점차 소규모의 군대로 통합되었고, 잘 조율된 대규모의 작전 계획에 따라 계속 신중한 태도로 움직였다. 하루하루 전과가 쌓일수록 로마 군대의 힘과 기량도 늘어났다. 주도면밀한 황제는 전쟁의 승리에 대한 좋은 소식이 있으면 이를 널리 퍼뜨려서 야만족들의 자만심을 꺾고 국민들에게 희망과 용기를 불어넣도록 했다. 이렇게 모호하고 불완전하게 대략의 사정을 전하는 대신, 잇단 네 차례의 전투에서의 테오도시우스의 전략과 행동을 정확히 서술할 수만 있다면, 그의 유능한 술책은 모든 군인 독자들의 갈채를 받을 것이다. 예전에 파비우스의 지연 전술 덕분에 공화국이 위기를 넘긴 일이 있었다. 자마 평원에 세워진 스키피오의 눈부신 전승 기념비도 후세인의 눈길을 끌 만하지만, 캄파니아 구릉 지대에 독재관 퀸투스 파비우스가 진을 치고 행군했던 일이야말로 운이나 군대의 역량과는 무관하게 장군 자신의 능력으로 거둔 독자적인 영예로 인정해야 마땅하다. 테오도시우스의 능력이 이에 버금갈 만했으니, 비록 그의 육체는 오랫동안 중병을 앓은 탓에 나이에 어울리지 않게 쇠약해져 있었으나, 정신의 활력을 잃거나 공무를 소홀히 하는 일은 없었다.67

로마의 속주들이 구원되어 평화를 얻게 된 것은 용맹보다는 신중함 덕이었다. 테오도시우스의 신중함에는 운도 따랐으니, 황제는 유리한 조건을 포착하여 이용하는 데 결코 소홀함이 없었다. 뛰어난 능력의 소유자인 프리티게른이 야만족들의 연합을 이끌며 군사 작전을 지휘하는 한, 대제국을 정복하기에 그들의 힘이 부족하지 않았다. 그러나 이름 높은 알라리크 왕의 선임자이자 상관이었던 이 영웅의 죽음 덕에 성미 급한 야만족들은 군율과 자제를 강요하는 참기 힘든 속박으로부터 자유로워지게 되었다. 그렇게 되자 이전까지 그의 권위에 눌려 꼼짝 못하던 야만족들은 마음 내키는 대로 행동했다. 그들의 감정에는 통일성도 일관성도 없었다. 정복자들의 군대는 붕괴되어 야만스러운 도적 떼의 무질서한 무리로 변했다. 그들의 맹목적이고 통제할 수 없는 감정의 분출은 사실 적들에게뿐만 아니라 그들 자신에게도 지극히 해로운 것이었다. 힘이 모자라 제거할 수 없거나 자신들의 취향으로는 즐기지 못할 대상은 닥치는 대로 파괴해 버리는 데에 있어서도 그들의 거친 기질이 잘 드러났다. 충동적으로 곡물 창고의 수확물들을 다 먹어 치워 버리고는 곧 식량 부족에 허덕이게 되는 경우도 종종 있었다. 느슨하고 자발적인 동맹 관계만으로 뭉쳐 있었던 각 부족과 국가들 사이에서는 불화의 기운이 꿈틀대기 시작했다. 훈족과 알라니족 군대의 입장에서는 당연히 고트족이 자신들이 얻

서기 379~382년, 고트족의 분열, 패배 그리고 항복

67 대다수의 사가들은 테오도시우스가 와병으로 테살로니카에서 오랫동안 휴양했다고 주장했다. 조시무스는 그의 영광도 빛을 잃었다 했고, 요르난데스는 고트족의 편을 들었으며, 교회 사가들은 그가 세례를 받았다고 했다.

어 낸 유리한 위치를 신중하게 이용하지 못했다고 비난할 만했다. 동고트족과 서고트족 간의 오래된 반목도 다시 고개를 들었으니, 오만한 족장들은 도나우 강 지역에 살았던 시절에 서로 주고받았던 모욕과 피해들을 아직도 잊지 않고 있었다. 부족 내의 내분이 심해지면서, 더 압도적인 감정이었던 로마에 대한 적개심은 약해졌다. 테오도시우스의 부관들에게는 아낌없는 뇌물과 약속으로 불만을 품은 무리들을 유혹해 퇴각하게 하거나 로마 편으로 넘어오도록 매수하라는 지침이 내려졌다. 그러한 공작의 결과 아말리족의 왕인 모다레스를 로마의 명분에 충실한 협력자로 얻게 되었다. 이 이름 높은 도망자는 곧 중요한 지휘권과 함께 대장의 직위를 받아, 술과 잠에 빠져 있던 동포들을 급습했다. 그는 혼비백산한 고트족들을 무참히 살육한 후, 막대한 전리품과 4000대의 마차를 이끌고 황제의 진영으로 귀환했다.68 능란한 정치가의 손에서는 전혀 다른 수법들이 같은 목적을 위해 성공적으로 이용될 수도 있는 만큼, 적진의 분열 덕분에 조성되었던 제국의 평화는 고트족 국가의 재연합을 계기로 완전히 성취되었다. 이렇게 사정이 묘하게 돌아가는 꼴을 참을성 있게 구경만 하고 있던 아타나리크가 드디어 군사를 일으킬 때를 노려 카우칼란드 숲 속 깊은 은둔지에서 나왔던 것이다. 그는 일단 행동에 나서자 지체 없이 도나우 강을 건넜다. 혼란스러운 무질서 상태에 염증을 느끼기 시작한 프리티게른의 국민들은 그의 고귀한 태생을 존경했을 뿐 아니라 뛰어난 능력도 경험을 통해 익히 알고 있었으므로, 이 고트족 판관을 왕으로 모시는 데 쉽게 동의했다. 그러나 아타나리크의 대담한 혈기도 고령으로 꽤 식은 상태였으므로, 국민들을 전장으로 이끌고 나가 승리를 위해 싸우기보다는 현명하게도

68 조시무스는 그를 스키타이인이라고 했다.

서기 381년 1월, 아타나리크의 죽음과 장례식

명예와 실리를 동시에 챙길 수 있는 조약의 제안에 귀를 기울였다. 테오도시우스도 새로운 동맹자의 힘과 위업을 익히 알고 있었으므로, 콘스탄티노플에서 수마일 떨어진 곳으로 나가 몸소 그를 맞이하고 수도의 궁정에서 벗으로서의 우의와 군주로서의 위엄을 다하여 접대했다.

야만족의 왕은 호기심에 넘쳐 주의 깊게 그의 관심을 끄는 다양한 물건들을 관찰하다가, 마침내 진심으로 열정적인 경탄을 토해 냈다. 그는 이렇게 말했다. '나는 지금 이 굉장한 수도의 믿을 수 없는 영광을 보고 있도다!' 그는 주변의 눈길 닿는 모든 것들, 도시의 유리한 입지, 성벽과 공공 건물들의 위용과 아름다움, 셀 수 없이 많은 선박들로 붐비는 넓은 항구, 머나먼 나라들로부터 끊임없이 모여드는 물자들, 군대의 무기와 군율을 세세히 살펴보며 감탄해 마지않았다. 아타나리크는 계속 말을 잇기를, 참으로 로마의 황제는 지상에 군림하는 신이라 할 것이며, 그러한 황제에게 감히 반기를 드는 건방진 자는 씻지 못할 죄를 짓는 것이라고 했다.

이 고트족 왕은 화려하고 영광스러운 접대를 그리 오래 즐기지는 못했다. 본래 절제는 그의 종족의 미덕이 아니었던지라, 황제의 주연에서 쾌락에 지나치게 탐닉한 나머지 지병이 도지고 말았다. 그러나 테오도시우스는 지략을 발휘하여 그를 동맹으로 삼아서 기대할 수 있었던 최고의 충성스러운 봉사보다도 더 실속 있는 이득을 그의 죽음으로부터 끌어냈다. 아타나리크의 장례식은 동로마의 수도에서 엄숙한 예식으로 치러졌으며, 그를 기리는 뜻에서 장려한 기념비가 세워졌다. 그가 이끌던 전군은 테오도시우스가 관대한 호의와 정중한 비탄을 표하는 데 감복하여 로마 제국의 깃발 아래 들어갔다.[69] 서고트족의 대군을 받아들임으로써 더할 나위 없이 유익한 결과를 얻었으며, 강압과 설득, 매수 등 여러 가지 방법도 나날이 더 강력하고 광범위한 효과를 가져왔다. 독립 상태에 있던 각 족장들은 고집스럽게 버티다가는 누구의 보호도 받지 못한 채 홀로 정복자의 복수 혹은 심판을 받게 될지 모른다는 염려에서 서둘러 제각기 조약을 체결했다. 고트족 전체의, 최후의 조건부 항복이 이루어진 것은 발렌스 황제가 패하여 죽은 지 4년 1개월 25일 후였다.[70]

[69] 조시무스조차도 테오도시우스의 관대함을 인정하지 않을 수 없었으니, 이는 그 자신에게는 명예로운 일이었을 뿐 아니라, 공화국에도 매우 이로운 결과를 가져왔다.

[70] 이다티우스의 표(Fasti)에 나온 짧지만 믿을 만한 단서들은 동시대의 편견으로 훼손되었다. 테미스티우스가 행한 연설 중 열네 번째의 것은 평화에 대해, 그리고 집정관 사투르니누스(서기 383년)에 대해 찬사를 바치는 내용이었다.

서기 386년 10월,
동고트족의 침입과 패배

도나우 강 인근의 속주들은 알라테우스와 사프락스가 자진하여 퇴각했으므로, 이미 동고트족의 압제로부터 해방되어 있던 터였다. 그들은 본래 한곳에 정착하지 못하는 기질인지라, 서둘러 약탈과 영광을 얻을 새로운 곳을 찾아 나섰던 것이다. 그들의 여정은 서로마 제국을 향했으나, 모험담에 대해서는 제대로 알려진 바가 없다. 동고트족은 게르마니아의 몇몇 부족들을 갈리아 속주에서 몰아내고 그라티아누스 황제와 조약을 맺었으나, 얼마 안 가서 이를 어기고 북방의 잘 알려지지 않은 지역까지 침공했다. 그러고는 4년 이상의 시간이 흐른 후 축적된 병력을 이끌고 도나우 강 하류 지역으로 돌아왔다. 그들의 군대는 게르마니아와 스키타이에서도 가장 사나운 전사들로 구성되었다. 황제의 병사들은 고사하고 역사가들조차도 예전의 적들의 이름과 얼굴을 알아 보지 못할 지경이었다. 트라키아의 변경 지대에서 육군과 해군 병력을 지휘하던 장군은 곧 로마 쪽의 우세가 오히려 제국에 불리하게 작용할지도 모른다고 보았다. 야만족들이 그의 함대와 군단의 위용에 기가 질린 나머지 어쩌면 겨울이 올 때까지 강을 건너기를 연기할지도 모른다고 생각했던 것이다. 그래서 고트족의 진영으로 민활한 첩자들을 보내 치명적인 함정으로 끌어넣을 계략을 꾸몄다. 결국 고트족은 첩자들의 설득에 넘어가 야음을 틈타 잠든 로마군을 기습한다는 대담한 시도를 하기로 하고, 전군이 황급히 3000척의 배에 나누어 탔다. 동고트족 가운데서도 가장 용감무쌍한 정예 부대가 선봉에 서고, 나머지 병사들과 민간인들이 본대를 구성했으며, 여자들과 아이들은 안전을 위해 맨 뒤를 따랐다. 달도 뜨지 않은 어두운 밤이 거사일로 선택되었다. 그들은 쉽게 상륙하여 무방비 상태의 진영을 덮칠 수 있으리라 굳게 믿고 도나우 강 서안까지 거의 다다랐다. 그러나 야만족들의 진군은 예기치 않은 장애물로 인해 갑작스레 중단되었다. 강가에는 선박들이 3개 대열로 서로 단단히 연결되어 2.5마일에 걸쳐 도저히 뚫기 어려운 방어선을 형성하고 있었다. 그들이 이런 감당하기 힘든 골칫거리를 만나 길을 뚫어 보려고 사투를 벌이던 중, 노와 조수의 힘을 빌려 급히 강을 타고 내려온 갤리선 함대가 저항할 수 없을 만큼 막강한 힘으로 우측을 강타했다. 로마의 전함들은 엄청난 힘과 속력으로 조잡하고 허약한 야만족의 쪽배들을 박살내 침몰시켰다. 그 앞에서는 야만족의 용맹함도 아무 소용이 없었고, 동고트족의 왕이자 장군인 알라테우스는 정예 부대와 함께 로마군의 칼에 맞아 죽든지 도나우 강물에 빠져 죽는 수밖에 없게 되었다. 이 불행한 함대의 마지막 분대 정도는 간신히 반대편 강기슭으로 되돌아갈 수 있었지만, 너나 할 것 없이 불안과 무질서에 휩쓸려 행동을 취하거나 묘안을 낼 수 없는 지경이었으므로, 머지않아 승리를 거둔 적에게 자비를 구하는 신세가 되었다. 다른 많은 경우와 마찬가지로 이 경우에도, 사사로운 감정과 편견으로 가득 찬 테오도시우스 시대 사가들의 기록 속에서 합치하는 부분을 찾아

71 조시무스는 가장 진지해야 할 이야기에 사소하고 신뢰성도 떨어지는 객설을 집어넣어 판단력 부족을 너무 자주 드러낸다.

내기란 쉽지 않은 일이다. 편파적이고 악의에 찬 역사가 한 사람은 그의 치세 중에 한 모든 행동에 대해 거짓으로 전하고 있는데, 이 경우에도 황제는 야만족들이 그의 부관 프로모투스의 무용에 패배당해 물러갈 때까지 전장에 얼굴 한 번 비치지 않았다고 주장한다.71 호노리우스의 궁정에서 테오도시우스 부자의 영광을 찬양했던 한 아첨꾼 시인은 테오도시우스 개인의 무용에 전적으로 승리의 영광을 돌리고 있어서, 그의 글만 보면 동고트족 왕이 황제의 손에 죽었다고 생각하게 될 정도이다. 이 극단적이고 상반된 주장들의 중간쯤에 아마도 역사의 진실이 있을 것이다.

서기 383~395년,
트라키아와 아시아에
정착한 고트족

고트족과 로마 간에 맺어진 최초의 조약은 고트족의 정착지를 정해 주고 그들의 권리를 확인하는 한편 지켜야 할 의무를 명기한 것으로, 테오도시우스와 그 후계자들의 역사를 보여주는 사료가 될 수 있다. 그러나 그들의 역사를 다룬 일련의 자료는 이 유례없는 협정의 정신과 내용을 일부만 전하고 있다. 전쟁과 폭정의 피해로 인해 비옥하지만 경작되지 않은 토지가 많이 남아 있어서, 농경에 종사할 마음이 있는 야만족들에게 제공해 줄 수 있었다. 그래서 트라키아에는 서고트족들의 집단 거주지가 무수히 많이 세워졌다. 나머지 동고트족들은 프리기아와 리디아에 배치하고 일단 급한 대로 먹고살도록 곡물과 가축을 분배해 주었으며, 일정 기간 동안 공물을 바칠 의무를 면제해 줌으로써 근면하게 노동하며 살 수 있는 여건을 마련해 주었다. 야만족들이 여러 속주로 흩어져 살아야 했더라면 황제의 정책이 잔인하고 기만적이라고 느꼈을지도 모른다. 그러나 거주지로 마을과 구역을 단독 소유할 수 있게 해 달라는 그들의 요청이 받아들여졌을 뿐 아니라, 고유의 풍습과 언어를 계속 간직하면서 전파할 수 있었다. 또한 전제 정치 체제 속에서도 그들은 내정의 자치권을 주장했으며, 황제의 주권은 인정했지만 로마의 법과 행정 관할권은 거부했다. 부족과 일족의 세습 족장들에게는 전시에나 평화시에나 아랫사람들을 지휘할 권한이 허용되었으나, 왕족의 직위는 폐지되었고, 고트족 장군들은 황제의 뜻에 따라 임명되거나 제거되었다. 4만여 명에 이르는 고트족 군대는 동로마 황제에게 계속 봉사를 바치도록 그대로 유지되었으며 포에데라티, 즉 동맹군의 칭호를 받은 오만방자한 군대에게는 특별히 금으로 된 훈장과 후한 보수, 파격적인 특권까지 내려졌다. 그들은 본래 타고난 용기에다 무기 쓰는 법을 배우고 군율을 익히게 되니 더욱 강해졌다. 이렇게 공화국이 야만족들의 미덥지 않은 검으로 지켜지고 있는 건지 위협을 받고 있는 건지 모를 상황에 놓이자, 로마인들의 마음속에서 타오르던 무인으로서의 열정은 마지막 한 점까지도 영원히 사그라들어 버렸다. 테오도시우스는 어쩔 수 없이 내놓아야 했던 화평 조건을 고트족에 대한 참된 우의의 자발적인 표현이라고 믿도록 이 동맹군들을 설득했다.[72] 또한 로마 측에서 이 수치스럽고도 위험한 양보에 비판의 소리가 나오자 변명인지 사죄인지 모를 논법으로 대항했다. 테오도시우스는 전쟁의 참화를 생생하게 묘사하는 동시에, 질서, 풍요, 안정이 회복될 징후는 과장하여 표현했다. 테오도시우스의 지지자들은 고향 땅을 잃고 자포자기 상태에 빠진 그렇게 많은 호전적인 부족들을 섬멸하기란 불가능한 일일 뿐더러, 새로운 병사들과 농부들을 공급해 줌으로써 힘이 고갈된 속주들을 되살릴 수 있을 것이라는, 어느 정도는 진실과 이성에 부합하는 주장을 폈다. 야만족들은 여전히 적대적이고 험악해 보였지만, 과거의 경험으로 보아 노동과 복종의 습관을 얻게 될 것이고, 그들의 풍습도

[72] 한 고트족 역사가는 그의 민족이 순진무구하고 평화를 사랑하며, 쉽게 성내지 않고 해를 입어도 잘 참는다고 했다. 리비우스의 말에 따르면 로마인들은 그들 자신을 지키기 위해 세계를 정복했다.

73 테미스티우스는 논리적인 사과문을 공들여 작성했으나, 그리스 수사학의 유치함을 벗어나지는 못했다. 오르페우스가 매혹할 수 있는 대상은 트라키아의 야수들 정도였겠지만, 테오도시우스는 인간들까지도 홀렸다.

74 콘스탄티노플은 한 고트족 병사를 살해한 벌로 반 일 동안 빵 배급을 받지 못했다.

75 조시무스는 이 대담한 황제가 다섯 명의 기수만을 데리고 그 지역을 헤매다가 한 노파의 오두막에서 첩자 한 명을 발견하여 매질해 죽인 길고도 터무니없는 이야기를 전하고 있다.

교육과 그리스도교의 영향으로 많이 교화될 것이며, 번영을 누리게 되면서 점차로 로마 국민들과 섞이게 되리라는 희망을 가져도 좋다는 것이었다.73

고트족의 적대감

이러한 그럴듯한 주장들과 낙천적인 기대에도 불구하고, 눈 밝은 자라면 누구나 고트족이 오랫동안 적으로 남아 있게 될 것이며, 머지않아 로마 제국의 정복자가 될지도 모른다는 사실을 분명히 알 수 있었다. 그들은 거칠고 오만한 태도로 시민들과 속주민들에 대한 멸시를 드러냈으며, 모욕적인 행동을 해도 아무런 처벌도 받지 않았다.74 테오도시우스는 야만족들의 열의와 무용에 힘입어 군사상의 성공을 거둘 수 있었지만, 그들의 원조는 변덕스럽기 그지없었다. 그들의 봉사가 가장 절실히 요구되는 순간에 불성실하고 신의 없는 기질 그대로 황제의 깃발이 내동댕이쳐진 일도 한두 번이 아니었다. 막시무스와 내전을 치르던 중, 다수의 고트족 탈영병들이 마케도니아의 늪지대로 도망가 인근 속주들을 약탈하는 사건이 일어나자, 용맹한 군주가 어쩔 수 없이 반란의 기운을 진압하고자 몸소 나서지 않을 수 없었다.75 이 소요 사태가 우발적인 충동의 결과가 아니라 마음 속 깊이 사전 모의된 계획의 결과라는 강한 의심으로 인해, 그렇지 않아도 공공연히 퍼져 있던 우려는 더욱 깊어졌다. 고트족이 음흉한 적개심을 품고 평화 조약에 서명했으며, 고트족 족장들끼리 로마인들에게 절대 신의를 지키지 말고 겉으로는 충성과 우정을 보이면서 약탈과 정복, 복수를 행할 호기를 노리자는 엄숙한 밀약을 사전에 맺었다는 설이 널리 퍼졌다. 그러나 야만족들이 감사함을 전혀 느끼지 않은 것은 아니었기에, 고트족 지도자들 중에도 제국에, 적어도 황제에게는 진심을 다하여 봉사를 바치는 자들이 여럿 있었다. 그리하여 고트족 전체가 서서히 두 개의 반목하는 파벌로 갈라지게 되었으며, 첫 번째 조약과 두 번째 조약의 의무 조항들을 비교하는 토론과 논쟁에서 온갖 궤변이 난무했다. 스스로를 평화와 정의와 로마의 벗으로 여기는 고트족들은 용맹스럽고 고결한 젊은이인 프라비타 밑에 모였는데, 그는 세련된 태도, 공평 무사함, 온화한 덕성으로 다른 동포들과 확연히 구별되는 인물이었다. 그러나 거칠고 신의 없는 인물인 프리울프 밑에 모인 무리가 더 많았는데, 그는 호전적인 추종자들의 열정을 부채질하면서 독립을 주장했다. 어느 축제일에 양 파벌의 장수들이 황제의 식탁에 초대되었다. 그들은 술에 취해 달아오른 나머지 평소의 신중함과 예의는 깡그리 잊고 테오도시우스의 면전에서 그만 그들의 내분에 관한 치명적인 비밀을 드러내고 말았다. 뜻하지 않게 이러한 놀라운 논쟁의 목격자가 된 황제는 두려움과 분노를 감추고 서둘러 소란스러운 모임을 해산시켰다. 경쟁자의 무례함에 경악과 분노를 금치 못한 프라비타는 그가 궁정을 떠나게 놔 둔다면 이는 곧 내전의 발발을 알리는 신호가 될 것이라고 보고, 대담하게도 그를 뒤쫓아 가서 검으로 베어 쓰러뜨렸다. 프리울프의 수행원들은 바로 무기를 잡았다. 때마침 황제의 근위대가 뛰어들어 그를 보호하지 않았더라면, 이 로마의 충성스러운 옹호자는 수의 열세로 인해 제압당하고 말았을 것이다.[76] 이와 같이 야만인들은 로마 황제의 궁정과 식탁을 더럽혔다. 성급한 고트족을 제어할 수 있는 것은 오로지 테오도시우스의 강인한 성격뿐이었으니, 국가의 안전이 이제 오직 한 사람의 생명과 능력에 달린 듯했다.

[76] 에우나피우스를 조시무스와 비교해 볼 것. 똑같은 이야기를 전할 때에도 상황과 이름에는 차이가 있음을 유의해야 할 것이다. 프라비타는 나중에(서기 401년) 집정관이 되어 테오도시우스의 큰아들에게도 충성을 다했다.

송은주　이화여대 영문학과를 졸업하고 같은 학교 대학원에서 박사학위를 받았다. 현재 전문번역가로 활동하고 있다. 옮긴 책으로 『미들섹스』, 『순수의 시대』, 『엄청나게 시끄럽고 믿을 수 없게 가까운』, 『모든 것이 밝혀졌다』, 『동물을 먹는다는 것에 대하여』, 『선셋 파크』, 『클라우드 아틀라스』, 『위키드』, 『집으로 가는 길』 등이 있다.

윤수인　이화여대 영문학과를 졸업하고 동 대학원 박사과정을 수료했다. 옮긴 책으로 『생존수업』, 『마지막 카니발』이 있다.

김희용　이화여대 영문학과를 졸업하고 동 대학원 박사과정을 수료했다. 배화여대, 그리스도대, 성결대 등에 출강했으며, 현재 배화여대 영어통번역과에 출강 중이다.

로마 제국 쇠망사 2

1판 1쇄 펴냄 2008년 7월 21일
1판 25쇄 펴냄 2024년 5월 27일

지은이 | 에드워드 기번
옮긴이 | 송은주, 윤수인, 김희용
발행인 | 박근섭, 박상준
펴낸곳 | (주)민음사

출판등록 1966. 5. 19.(제16-490호)
서울특별시 강남구 도산대로1길 62(신사동) 강남출판문화센터 5층 (우편번호 06027)
대표전화 02-515-2000, 팩시밀리 02-515-2007

www.minumsa.com

한국어 판 © (주)민음사, 2008. Printed in Seoul, Korea

ISBN 978-89-374-2632-2 04900
ISBN 978-89-374-2630-8 (세트)

* 잘못 만들어진 책은 구입처에서 교환해 드립니다.